ANALISIS TECNICO DE LAS TENDENCIAS DE ACCIONES

ROBERT D. EDWARDS
JOHN MAGEE

© Robert D. Edwards - John Magee

© BN Publishing
Fax: 1 (815)6428329
Contact Us: info@bnpublishing.net
www.bnpublishing.net

Primera edición, Marzo de 2009

Traducción: B.N.
Diseño Portada: J.A. Neuman

Contenidos

Segunda parte

Ilustraciones

Nota sobre las ilustraciones del presente libro: excepto aquellas adoptadas de otras fuentes, los gráficos enumerados a continuación como FIGURAS se han tomado de los propios gráficos de trabajo de los autores. Como tal, se idearon, en principio, sólo para su uso privado y sin intención de ser reproducidos, y mucho menos publicados. No son obras de arte, ni pretenden serlo, pero esperamos que, a pesar de su aspecto "casero", cumplan el propósito de ilustrar las distintas formaciones, pautas, fenómenos de mercado y principios de operación discutidos en el texto. Lamentamos que carezcan de la línea precisa y las inscripciones expertas propias del trabajo de un redactor profesional. Esperamos que el lector sepa disculparnos.

En lo que se refiere a su selección diremos, con el mayor énfasis, que no fue necesario buscar entre miles de gráficos para encontrar buenos ejemplos de todas estas formaciones técnicas. Encontramos docenas (incluso cientos para cada tipo de pauta). Cualquiera que haya aprendido a reconocerlas encontrará, por sí mismo, abundancia de buenos cuadros técnicos en un rápido examen de incluso una cartera tan pequeña como pueda ser una de cincuenta o cien gráficos. En otras palabras, las ilustraciones de este libro no son, de ninguna manera, únicas. A la hora de seleccionarlas hemos intentado solamente mostrar la mayor variedad posible y también muestras de la historia del mercado anterior y actual.

Quizá no sea necesario añadir, aunque sea costumbre hacerlo, que la información referente a precios concretos de mercado, volumen de transacciones, etc., utilizada en la preparación de nuestras ilustraciones (o citada en el texto) se ha tomado de fuentes consideradas fidedignas, aunque ésto no podamos garantizarlo.

Figura   *Pag.*

Primera parte

Segunda parte

Diagramas del texto

Los gráficos calificados anteriormente de FIGURAS representan todos ellos historia real del mercado. En contraposición, los DIAGRAMAS que se enumeran a continuación no describen la historia real de las operaciones, sino que se han dibujado simplemente con forma de situaciones de mercado simplificadas e hipotéticas para facilitar la explicación de ciertos principios de operación.

ANÁLISIS TÉCNICO DE LAS TENDENCIAS DE LOS VALORES

Primera Parte:
Teoría Técnica

Prólogo

E ste libro se ha escrito más para el profano que para el profesional de Wall Street. Sin embargo, se presupone que el lector ya posee, como mínimo, unos conocimientos elementales acerca de la naturaleza de los valores y los títulos, ha tenido tratos con algun broker y está familiarizado con las páginas financieras de los periódicos. Por este motivo, no se hace ningun intento de definir los términos y procedimientos comunes del mercado de valores, sino que se trata de explicar exhaustivamente las teorías y la terminología del objeto concreto que nos ocupa: el Análisis Técnico del Mercado.

La Primera Parte se basa, en gran medida, en las pioneras investigaciones y escritos del fallecido Richard W. Schabacker. Los estudiosos de su libro *Technical Analysis and Stock Market Profits* (cuya última revisión -agotada en la actualidad fue realizada en 1937 por el que suscribe ésto y por Albert L. Kimbali) encontrarán en las páginas de esta sección muchas cuestiones que ya les son familiares y, salvo las ilustraciones, pocas cosas son realmente novedosas. De hecho, tanto a los autores como a otros estudiosos de las técnicas del mercado les ha sorprendido que todos los nuevos controles y regulaciones de los últimos años, los nuevos impuestos, que han supuesto una enorme limitación para los inversionistas con éxito, los medios para recibir información fiable sobre los valores, enormemente aumentados y mejorados, e incluso los cambios bastante radicales que se han operado en determinadas áreas de nuestra economía básica, no hayan alterado mucho el "esquema" del mercado de valores.

Hoy en día, raramente pueden verse determinadas evidencias de manipulación por parte de consorcios como solían apreciarse antes en los gráficos. En la actualidad, unas cuantas formaciones de precios, que antes eran bastante frecuentes, sólo aparecen escasamente o pueden haber perdido gran parte de su utilidad práctica para el operador: se han omitido en este texto. Otras han alterado ligeramente su comportamiento o sus consecuencias (si bien su naturaleza fundamental) y, claro está, esos cambios se han incluido aquí. La angustiosa debilidad ocasional del mercado -uno de los indudables efectos de la regulación- ha provocado unos cuantos "movimientos en falso" adicionales y mas rachas de inactividad sin interés (nada provechosa). Pero, en su mayor parte, el mercado se limita a repetir exactamente las mismas viejas maniobras, siguiendo la antigua rutina de un modo muy semejante. La importancia que para el operador y el inversionista tiene el conocimiento de estos fenómenos no ha disminuido un ápice.

La Segunda Parte, que se refiere a la aplicación práctica de estos esquemas y fenómenos del mercado, y a las *tácticas* de negociación, es totalmente nueva. Durante más de quince años, John Magee (cuya experiencia total en el mercado se remonta a casi

treinta años), ha invertido y negociado siguiendo exclusivamente la
teoría técnica, ha llevado miles de gráficos y realizado miles de operaciones reales, probado todo tipo de apelaciones, verificado y analizado métodos, tácticas y resultados desde todos los ángulos concebibles y ha vivido de sus beneficios. Su aportación es la de quien ha probado y sabe.

Puede muy bien añadirse aquí -y así se repetirá a menudo en las páginas que siguen- que las guías técnicas para la negociaci6n de valores no son en modo alguno infalibles. Cuanta más experiencia se adquiera en su utilización, tanto más atento se estará a las trampas que tienden y a sus fracasos.

No existe ningún método seguro para "batir al mercado" y los autores no dudan en afirmar que jamás lo habrá. Sin embargo, el conocimiento y la aplicación juiciosa del análisis técnico rinde sus dividendos -es más beneficioso (y más seguro) para el inversionista medio que cualquier otro enfoque actualmente reconocido y establecido de los problemas que plantea la compra y venta de valores.

ROBERT D. EDWARDS

Capítulo I

El Enfoque Técnico de la Operación y la Inversión

En los últimos cincuenta años, pocas actividades humanas han sido estudiadas tan íntegramente, desde tantos puntos de vistas y por tantos tipos de personas, como la compra y la venta de valores de sociedades. Las distinciones que da el mercado de valores a quienes entienden son muy grandes; las pérdida que induce a los inversionistas descuidados, adormilados o "sin suerte" son terribles no es raro que haya llamado la atención a algunos de los más astutos contadores, analistas e investigadores del mundo, así como a un variopinto equipo de excéntricos, místicos y "jugadores de corazonada", además de una gran cantidad de comunes ciudadanos normales y esperanzados.

Muchas personas capacitadas han buscado, y siguen haciéndolo todo el tiempo, métodos eficaces y seguros para evaluar los estados y tendencias del mercado, para descubrir cuales son los valores que se deben comprar y el momento adecuado de hacerlo. Esta intensa investigación no ha dejado de dar sus resultados, muy al contrario. Hay muchísimos inversionistas y especuladores (utilizando la palabra en el buen sentido, sin infamia) con éxito que por un camino u otro, han conseguido adquirir la necesaria percepción de las fuerzas con que juegan, así como el juicio, la previsión y la importantísima autodisciplina que se debe tener para hacerlo de forma beneficiaria.

A largo de los años de estudio sobre el mercado de valores han aparecido dos escuelas bien diferenciadas de pensamiento, dos métodos esencialmente distintos de dar respuesta a los problemas del operador acerca del Qué y del Cuándo. En la "lenguaje de la calle" a una de ellas se la denomina fundamental o estadística, y a la otra técnica. (En los últimos años el enfoque cíclico ha hecho rápidos progresos y, aunque sigue rodeado de un "aurora de lunatismo", promete mucha aceptación a nuestro entendimiento de las tendencias económicas).

El Fundamentalista del mercado de valores depende de las estadísticas. Se inspecciona los informes de los auditores, el historial de los dividendos y las estrategias de las compañías cuyas acciones tiene bajo observación, las cuentas de resultados, los balances trimestrales, se estudian los datos de ventas, el talento directivo, la capacidad de las plantas, la competencia, se observa los informes bancarios y de tesorería, los índices de producción, las estadísticas de precios y las previsiones de rendimiento para concertar el estado de los asuntos en general, y diariamente leer las noticias de manera muy cuidadosa para alcanzar una estimación de las futuras situaciones. Se calcula el valor de sus acciones teniendo todo esto en cuenta; si después se están vendiendo por debajo de su valoración, se las considera como una compra que debe realizarse.

De hecho, poniendo a un lado a los principiantes, los recién llegados cuando se enfrentan por primera vez al problema de la inversión, para los cuales, con su falta de experiencia, cualquier otro punto de vista no es insensato sino también incomprensible, el fundamentalista puro es una pieza muy extraña. Inclusive las autoridades en cuestión de mercado que pretenden despreciar profundamente los gráficos y a los "grafistas", no dejan de recordar la "actividad" recogida en la cinta perforada, ni esconden su respeto por la teoría de Dow, la cual, tanto si son conscientes o no de ello, es en esencia puramente teórica.

Definición de Análisis Técnico

El término técnico, aplicado al mercado de valores, ha logrado obtener un significado muy especial, muy diferente de su traducción normal en los diccionarios. Se refiere al estudio de la actividad del mercado en si misma, en tanto que se contradice al estudio de los bienes de que se ocupa ese mercado. El Análisis técnico es la ciencia de registrar, habitualmente de forma gráfica, la historia real del movimiento (cambios que se producen en los precios, volumen de transacciones, etc.) de un cierto tipo de valores o de "las medias", y de deducir, a continuación, a partir de esa historia gráfica, la posible tendencia futura.

El estudio técnico argumenta lo siguiente: es inútil darle un valor interior a un título-valor. Una acción de la United States Steel, por ejemplo, valía $261dólares a principios del Otoño de 1929, y podía adquirirse a sólo $22, en Junio de1932. En Marzo de 1937 se vendía a $126 dólares y, tan sólo un año después, a $38. En Mayo de 1946 había subido hasta $97 dólares, y después de diez meses, en 1947, había caído por debajo de los $70, si bien se consideraba que las ganancias de la compañía en esta última fecha se aproximaba a una altura nunca antes vistas y que las tasas de interés general se mantenían próximas a un mínimo nunca visto. El valor de esta acción de la U.S. Steel en los libros, según el balance de la sociedad, era de alrededor de $204 dólares en 1929 (a finales de año), de $187 en 1932, de $151 en 1937, de $117 en 1938 y de $142 en 1946. Este tipo de cuestiones, esta profunda diferencia entre el valor supuesto y el precio real, no establece una excepción: así es la regla; y siempre se da así. El hecho es que el valor real de una acción del capital ordinario de la U.S. Steel se determina en un momento dado, exclusiva e inapelablemente. A través de la oferta y la demanda, que quedan reflejadas con exactitud las transacciones hechas en el ámbito de la Bolsa de Nueva York.

Está claro que las estadísticas que estudian los fundamentalistas cumplen una función en la ecuación oferta-demanda (esto se admite con entera libertad). Pero también hay muchos otros factores que la afectan. El precio de mercado refleja no sólo las diferentes opiniones sobre su valor que poseen muchos evaluadores expertos de

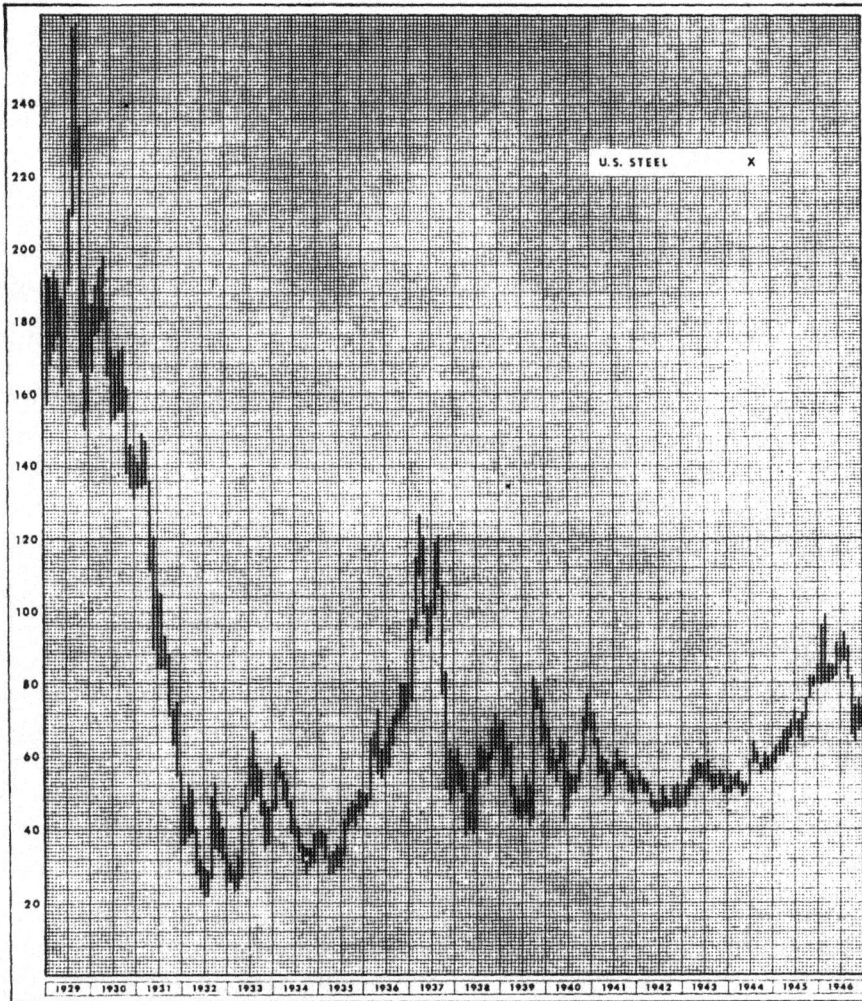

FIGURA 1. Escala de precios mensual del capital ordinario de la U.S. Steel, desde Enero de 1929 hasta Diciembre de 1946. Comparemos las grandes variaciones en el precio de mercado de estas acciones –desde 1932 (máximo externo, 261 3/4) hasta 1932 (mínimo externo, 211/4), de 1932 a 1937, de 1937 a 1938 y de 1942 a 1946– con su valor en los libros durante esos años, tal como se cita en el apartado que viene a continuación.

títulos, sino también todas las esperanzas, temores, conjeturas y estados anímicos, ya sean lógicos o no, de miles de compradores y vendedores potenciales, así como sus necesidades y recursos -factores, en definitiva, que desafían al análisis y sobre los que no se logran estadísticas, pero que de todos son resumidos, sopesados y finalmente expresados en una cifra precisa, en torno a la cual se unen el comprador y el vendedor y acuerdan la venta (por medio de sus agentes, de sus respectivos corredores de bolsa). Esta es la única cifra que cuenta.

De otra manera, el técnico declara, de modo claramente justificado, que la mayor parte de las estadísticas estudiadas por el fundamentalista son historia pasada, que ya están antiguas y son ineficaces porque al mercado no le interesa el pasado, ¡Y ni tampoco el presente! Siempre está mirando hacia el futuro, tratando de tener en con-

sideración los acontecimientos que ocurrirán posteriormente, sopesando y casando todas las estimaciones y cálculos de cientos de inversionistas que observan el futuro desde puntos de vista distintos y a través de cristales de muy diferentes colores. En resumen, el precio corriente que establece el mercado abarca, además de toda la información esencial que el analista estadístico puede aguardar aprender (y de alguna otra que tal vez sea secreta para él y que sólo conocen algunos iniciados), muchas otras cuestiones que tienen una importancia afín o incluso mayor.

Todo ello, admitiendo su verdad, tendrá poca importancia si no fuera por el hecho nunca puesto en duda por personas con experiencia de que los precios se mueven por tendencias y de que éstas tienden a seguir hasta que pasa algo que cambia el equilibrio de la oferta y la demanda. Habitualmente estos cambios se pueden ver en el movimiento del mercado mismo. En los gráficos se pueden ver ciertos esquemas de formaciones, niveles y aéreas que poseen significado y pueden interpretarse en términos del futuro desarrollo de una tendencia. Debe aclararse que no son garantizados, pero las probabilidades se decantan claramente a su favor. Una vez tras otra, tal como ha expuesto ampliamente la experiencia, son mucho más eficaces que los estadísticos mejor informados y más ágiles.

El analista técnico puede ir inclusive mas lejos en sus afirmaciones. Puede ofrecerse a interpretar el gráfico de unos valores cuyo nombre no conoce, siempre que el historial de su movimiento sea preciso y comprenda un período lo bastante amplio como para permitirle analizar los adecuados antecedentes de mercado y sus comportamientos. Puede aconsejar que sería capaz de negociar valores conociendo solamente los símbolos que presentan en la cinta perforada e ignorando cual es la compañía en cuestión, la industria, lo que fabrica o vende, o su capitalización. De más esta decir que este tipo de práctica no es recomendable, pero si su técnico de mercado es un verdadero experto en su campo, su teoría podrá hacer precisamente lo que dice. Si, a hasta este momento, el lector cree que el enfoque técnico de la negociación o la inversión, tal como se ha mostrado más arriba, es completamente aborrecible, quizá le convendrá cerrar el libro en este momento, porque el resto del mismo se especifica esencialmente de este enfoque técnico, de la ciencia del análisis técnico.

Capítulo II

Gráficos

Los gráficos son medios de trabajo del analista técnico. Han sido desarrollados en variedad de formas y estilos para articular gráficamente la mayoría de cosas que pasan en el mercado o para mostrar un "índice" a partir de ello. Puede tratarse de gráficos mensuales, en el cual se incluye la historia de movimiento de todo un mes agrupado en una única entrada puede ser tanto, semanales, diarios, por horas, "punto y figura", etc. Pueden hacerse sobre una escala matemática, logarítmica o de raíz cuadrada, o reflejarse como "osciladores". Pueden constituir medias móviles, la proporción que hay entre el volumen de actividad y el movimiento de los precios, el precio medio de las emisiones "mas activas", las transacciones de lotes sueltos, el interés a corto, y toda lo que esto relaciona, proporciones e índices -todos ellos técnicos con el objetivo de sacar conclusiones, de forma directa o indirectamente, lo que realmente se ha negociado en bolsa.

Para nuestra suerte, no tendremos que ocupamos de la mayoría de ellos; sólo poseen interés para el analista económico completamente dedicado. Muchos son consecuencia de un esfuerzo completamente inútil (al menos hasta hoy) por descubrir algún método "mecánico" o combinación de índices que muestre siempre de forma automática, sin nunca fallar o equivocarse, la existencia de un cambio de las tendencias; en nuestra experiencia, son usualmente desconcertantes y, a veces, sencillamente turbios ante una maniobra crítica. Este libro, no obstante, va dirigido al lego, al empresario o profesional que no puede dedicar todo su tiempo a las operaciones de inversión y negociación, pero cuyas operaciones tienen para él suficiente importancia o interés como para justificar la dedicación de unos minutos diarios a su estudio y gestión.

Las teorías y métodos aquí analizados solamente requerirán del gráfico de valores más elemental -un historial de las variaciones del máximo y mínimo de los precios, de los precios de cierre y del volumen de acciones operadas diariamente. Estos gráficos diarios se complementarán, para ciertos objetivos que veremos más adelante, con gráficos semanales o mensuales, que se pueden obtenerse ya elaborados. La mayoría de las ilustraciones, de las páginas que continúan, son ejemplos de este tipo de gráficos diarios. Son fáciles de hacer y llevar, y solo es preciso un suministro de papel de escala o gráfico (puede servir casi cualquier tipo), un periódico diario que tenga los informes completos y precisos de la actividad de la bolsa, un lápiz y un par de minutos.

Para preparar gráficos diarios normales de valores el más frecuente es hacer que el eje horizontal represente el tiempo y que las líneas de escala (los espacios que hay entre ellas) sean los días continuos. El eje vertical se usa para los precios, y cada línea de escala constituye entonces un nivel de precio concreto. Generalmente al final de la página se deja un espacio para incluir el volumen, es decir, el número de acciones que modifican de manos cada día. Los periódicos que anuncian informes completos sobre el mercado de valores muestran el movimiento o volumen del día (dejando a un lado las transacciones de lotes sueltos, que podemos descartar de nuestros objetivos actuales), el precio más alto y mas bajo a que se ha vendido cada acción a lo largo del día, el precio de cierre (precio al que se hizo la última venta del día) y, por lo general, el primer precio de venta o de apertura.

En nuestros gráficos, los cambios diarios de los precios se representan dibujando una línea vertical que conecta los puntos de máximo y mínimo. Después, se suma una pequeña "marca" horizontal al nivel del precio de cierre, ya sea cruzando la línea de variación vertical o ampliándose hacia afuera por su derecha. Hay veces que todas las transacciones de un mismo valor a lo largo del día se concretan a un único y mismo precio; si es así, el más alto, el más bajo y el de cierre estarán al mismo nivel y la única forma que habrá en nuestro gráfico será el guión horizontal que muestra la cifra de cierre. El volumen se muestra realizando un trazo vertical a partir de la línea inferior del grafico.

No es necesario representar el precio de apertura. La experiencia demuestra que extrañamente tiene alguna relevancia, si es que alguna vez la ha tenido, para la estimación de próximas evoluciones, que en condiciones normales es lo único que nos

concernirá. El precio de cierre es, sin embargo, importante. De hecho, es el único precio de las páginas financieras que alguna vez miran muchos lectores casuales. Publica la valoración final de las acciones realizada por el mercado a lo largo del día. Algunas veces, puede registrarse en la primera hora de actividad, siempre que no se hagan ventas subsiguientes, pero de todas formas se convierte en la cifra sobre la cual se basan sus planes para el día siguiente la mayoría de los probables operadores. De ahí su significado técnico, que volveremos a indicar con distintas connotaciones a lo largo de los capítulos siguientes.

Diferentes tipos de escala

Para la segunda sección, demoraremos la exposición de muchas sugerencias concretas sobre los detalles de los gráficos, pero hay un punto que cabe exponer aquí. Hasta hace algunos años, casi todos los gráficos de precios de valores se realizaban sobre el tipo de papel gráfico rayado que se conoce como papel de escala normal o aritmética. Pero los "grafistas" han comenzado a utilizar, cada vez más, lo que se llama papel semilogarítmico o, también llamado proporcional o de porcentaje. Nuestra propia experiencia nos indica que la escala semilogarítmica brinda ventajas claras para esta función; la mayoría de los gráficos reproducidos en este libro la utilizan.

Estos dos tipos de escala pueden diferenciarse a ojo, dado que en el papel aritmético los espacios iguales de la escala vertical (es decir, los que hay entre las líneas horizontales) simbolizan cantidades iguales de dólares, en tanto que en el papel semilogarítmico simbolizan cambios de porcentaje iguales. Así, en el papel aritmético, la distancia que hay entre el 10 y el 20 de la escala vertical es fielmente igual a la que existe entre el 20 y el 30 o el 30 y el 40. En la escala logarítmica, la diferencia entre el 10 y el 20, que representa un aumento del 100%, es la misma que existe entre el 20 y el 40, o entre el 40 y el 80, cada una de las cuales significa un aumento agregado del 100%.

Esta de más decir que las relaciones porcentuales son de gran importancia en la negociación de valores. La escala semilogarítmico permite ver la comparación de unos valores con precios altos y otros que los tengan bajos y de esa forma ayuda a elegir el que ofrece los mayores beneficios (porcentuales) sobre los fondos invertidos. Ayuda la distribución de órdenes de "eliminación de pérdida". Los esquemas de las áreas se muestran de una manera muy similar en ambos tipos de papel, pero se desarrollan de una forma más beneficiosa en la escala de papel proporcional. Habitualmente uno se acostumbra rápidamente, a hacer entradas en papel semilogarítmico. Recomendamos su uso. Sin embargo, no son tantas las ventajas que brinda como para obligar a quien prefiera el papel aritmético, por una larga familiaridad y práctica.

Después de todo, los cálculos porcentuales que crea precisos pueden hacerse en otra hoja o en el encabezamiento, y sus resultados pueden incluirse después en el gráfico aritmético, si lo que quiere es un historial. Varias compañías especialistas en la fabricación de papel gráfico, y otros suministros para ingenieros y arquitectos, ofrecen, en la actualidad, hojas diseñadas esencialmente para hacer gráficos de valores; en ellas, unas líneas más gruesas que representan la semana de trabajo marcan uno de cada seis días de la escala temporal, y la escala de precios se subdivide en varios tamaños, con escalas de precios y volúmenes de manera aritméticas o logarítmicas. En los gráficos semanales cada línea vertical muestra la actividad de la semana. Los cambios de precios de la misma se dibujan ahí. Así como habitualmente el volumen total, pero el precio de cierre puede ser excluido.

La variación abarca, por supuesto, desde el precio más alto hasta el más bajo a que se vendió un valor cualquier día de la semana; estos dos extremos pueden llegar a darse a veces un mismo día, pero el gráfico semanal no hace diferencias de días. Los gráficos mensuales se fabrican de un modo muy parecido pero, normalmente, no incluyen el volumen. Estos dos tipos -habitualmente denominados gráficos a largo o mayores son usados principalmente para establecer niveles importantes de soporte y resistencia y para indicar tendencias a largo plazo. Para los gráficos semanales puede obtener la información si es que el lector Prefiera llevar el suyo -en las ediciones dominicales de los diarios que anuncian un resumen de las transacciones de la semana (por ejemplo, el New York Times, el Barron's Business y el Financial Weekly).

Para finalizar este capítulo sobre la creación de gráficos, que seguiremos estudiando en los capítulos siguientes, cabe señalar que el gráfico en *sí* mismo no posee ninguna cualidad especial y, evidentemente, carece de magia. Es sólo un registro gráfico de la historia del valor de las acciones en que podemos estar interesados. Aquel que tenga una memoria fotográfica no requerirá trabajar sobre el papel de gráficos; en su mente registra todos los datos precisos: lleva los gráficos en la cabeza. Gran cantidad de "Lectores de cinta" expertos, que no usan gráficos, tienen ese raro don memorístico que hace innecesario acudir a los historiales gráficos. Pero la mayoría no poseemos ese talento; para nosotros el gráfico es imprescindible y útil ya que se muestra convenientemente al tipo de análisis que indica probabilidades futuras.

A este fin hay un dicho en Wall Street, el que dice: no hay nada malo en los gráficos, el problema reside en los grafistas, que simplemente es otra manera de decir que lo significativo no es el gráfico mismo, sino su interpretación.

Claro está, que el análisis de gráficos no es fácil ni es tampoco infalible. Sin embargo, más común de lo que pensamos es frecuente que un inversionista ocasional, sin conocimiento de las técnicas de mercado, observe un gráfico al azar y descubra en el algo que hasta entonces no había sospechado-algo que quizá le evitará ingresar en un compromiso desfavorable. Si usted no ha usado nunca gráficos de valores, ni tampoco les ha prestado mucha atención, puede que se vea pasmado por alguno de los puntos significativos que podrá detectar rápidamente tan pronto como empiece a estudiarlos con seriedad.

Capítulo III

La Teoría de Dow

La teoría de Dow es una de las más antiguas de todos los estudios técnicos de mercado. Aunque en muchos momentos se le ha reprochado por llegar "demasiado tarde", y ha sido a veces burlada (sobre todo en las primeras etapas de un Mercado Bajista) por aquellos que están contra a aceptar sus veredictos, sin embargo, es conocida al menos de nombre, por casi todo aquel que haya estado cerca del mercado de valores y admirada por la mayoría. Muchos que siguen esta teoría, en el instante de determinar sus políticas inversionistas, no se percatan de que es sencillamente "técnica". Esta compuesta sobre la acción misma del mercado (tal como dice en ciertas "medias"), y no logra ningún beneficio de las estadísticas de negocios sobre las que dependen los fundamentalistas.

De los escritos de su primer promulgador, Charles H. Dow, se puede concluir que no ideó su "Teoría" como un medio para adivinar el mercado de valores ni tampoco como una guía para inversionistas, sino más bien como un barómetro de las tendencias generales de negocios. Dow fue el precursor del servicio de noticias financieras Dow-Jones y se le atribuye la invención de las medias de mercados de valores. Los principios básicos de su teoría. Conocida con el nombre de su fundador. Fueron recalcados por el mismo Dow en editoriales que escribió para el Wall Street Journal. A su muerte, sucedida en 1902, su sucesor como editor de dicho periódico, Willliam P. Hamilton, acogió los principios de Dow y, tras 27 años de estudio del mercado de valores, los organizó y enunció en lo que hoy conocemos como Teoría de Dow.

Antes de seguir con la explicación de la teoría misma, será preciso investigar las *medias* de mercado que usa. Mucho antes de la época en que vivió Dow, ya era algo sabido por banqueros y hombres de negocios el hecho de que las acciones de la mayoría de compañías instituidas tienden a subir o bajar juntas el precio. Las excepciones -es decir, las acciones que se movían en dirección opuesta de la marea financiera generalmente eran anormales y, además eran inestables, no se conservaban en esa posición durante más de unos cuantos días o semanas.

Es verdad que cuando se inducía un boom, los precios de algunas acciones se elevan más rápido que los de otras, y cuando la tendencia se inclinaba hacia la depresión, algunas acciones bajaban velozmente mientras que otras brindaban un mantenimiento considerable a las fuerzas que estaban llevando al mercado hacia abajo -a pesar de esto, gran parte de las acciones tendían a oscilar juntas (esto mismo es lo que pasa ahora y lo que pasará en el futuro). Así como ya hemos descrito, durante largo tiempo este hecho ha sido conocido y aceptado y se ha dado por sabido tantas veces que su importancia se ha pasado con asiduidad por alto. Pero es muy importante, enormemente importante desde distintas perspectivas además de los estudiados en este volumen.

Uno de los trascendentales motivos por los cuales un estudiante de técnicas de mercado debe empezar por la Teoría de Dow, es el hecho de que esta teoría puntualiza la tendencia *general de mercado*. Se concluye que Charles Dow ha sido el primero en hacer un esfuerzo formidable por mostrar la tendencia general (o, nivel) del mercado de valores en términos del *precio media* de unas cuantas acciones representativas. De igual manera como se instituyó finalmente en Enero de 1987, y en la forma en que se sigue hasta hoy. Utilizadas por él en sus estudios de tendencias de mercado, había dos medias Dow-Jones. Una constaba de las acciones de 20 compañías ferroviarias solamente, ya que los ferrocarriles eran las empresas corporativas dominantes en ese momento. La otra, llamada Media Industrial, constituía otros tipos de negocios y constaba al principio solamente a 12 acciones. Este número aumentó hasta llegar a 20, en 1916, y 30, el 1 de Octubre de 1928.

Las Medias de la Dow ("dow averages")

Las acciones que están incluidas en estas dos medias se han cambiado en algunas ocasiones para así poder conservar las listas renovadas y así mayormente representativas como sea posible de sus grupos respectivos. Es interesante señalar que la única acción de ferrocarril que se ha incluido en la media Ferroviaria consecutivamente desde 1987 hasta 1956 es la de New York Central. Sólo a General Electric, de las 30 acciones industriales actuales, se incluyó en la media Industrial original y hubo una baja en un momento (en 1898) y se volvió a introducir a continuación. En 1929 todas las acciones de compañías públicas de utilidades se descartaron de la media Industrial y se creó una nueva media de Utilidad de 20 acciones; en 1938 este número se disminuyó a 15.

Las 20 acciones de ferrocarril, las 30 industriales y las 15 de utilidad se promedian ahora juntas, para establecer lo que se conoce con el nombre de Compuesto de 65 acciones de Dow-Jones. Puede ser atrayente para el lector tomarse un tiempo para informarse sobre la historia de estas medias, sobre los diferentes ajustes que se han provocado en ellas y su método de cálculo. Respecto a nuestro objetivo, solamente cabe decir que la Teoría de Dow no presta atención a las medias de Utilidad o Compuestas; sus definiciones están basadas sólo en la media Industrial y Ferroviaria. (Aunque las medias concretas de Dow-Jones son usadas siempre en unión a estas, la teoría funcionaría de forma positiva con otros índices igualmente representativos de acciones de ferrocarril e industriales).

Los valores de las Dow-Jones Averages se han calculado en los últimos años, evaluando el final de cada hora como al final del día. Estas cifras de cada hora son divulgadas en el Wall Street Journal así como el servicio de noticias DowJones. El Wall Street Journal añade también, en cada acción, un resumen de los máximos y mínimos importantes de cada media, con fecha para los dos o tres años anteriores. Los precios de cierre diarios están registrados en otros periódicos diarios.

Principios básicos

Enunciaremos aquí sus principios básicos de la Teoría de Dow:

1. Las Medias descuentan todo (excepto los "Actos divinos"). Esto es incitado a que muestra las actividades de mercado combinadas de miles de inversionistas, añadiendo también a aquellos dotados de la mayor previsión y mejor información sobre tendencias y acontecimientos; las medias con sus fluctuaciones diarias descuentan todo lo conocido, todo lo previsible, y cada condición que pueda influir a la oferta o la demanda de valores corporativos. A pesar cuando se producen desgracias naturales, éstas son valoradas y sus potenciales efectos descontados.

2. Las tres tendencias. El "mercado", lo que se comprende como el precio de las acciones en general, varían en tendencias. Las más importantes de estas son las Tendencias Mayores o Primarias. Son éstas los movimientos ampliables hacia arriba o hacia abajo que suelen prolongarse por un largo tiempo, como un año o más y traen consigo como resultado una apreciación o una depreciación de valor en más de un 20%. Puede suceder que los movimientos en la direccióndela tendencia Primaria sean interrumpidos por oscilaciones Secundarias de dirección contraria, reacciones que se confeccionan cuando el movimiento Primario se ha puesto por delante de sí mismo.

Las Secundarias, los segmentos que acompañan a la tendencia Primaria, la mayoría de las veces se agrupan juntas como movimientos Intermedios, término que nos ayudará en discusiones posteriores. Cabe señalar que las tendencias Secundarias constan de tendencias Menores o fluctuaciones de día en día, que carecen de importancia.

3. Las Tendencias Primarias. Son los completos y extensos movimientos alcistas o bajistas que generalmente, aunque no invariablemente, duran más de un año inclusive, pueden durar varios años. Cada vez que la recuperación secundaria se detiene (la tendencia de precios se vuelve de la baja al alza) a un nivel más elevado que la reacción anterior, la Tendencia Primaria es alcista. Esto se le llama Mercado alcista. Y, de forma inversa, cuando cada descenso intermedio lleva los precios a niveles cada vez más bajos y cada recuperación intermedia no logra subirlos al nivel anterior de la recuperación, la Tendencia Primaria es bajista, y esto se le denomina Mercado bajista. (Los términos alcista y bajista se usan con frecuencia libremente para señalar respectivamente, a cualquier tipo de movimientos alcistas o bajistas, pero aquí los utilizaremos solamente en relación a los movimientos Mayores o Primarios del mercado, tal como lo entendió Dow).En teoría, la Primaria es la única de estas tres tendencias que preocupa al inversionista a largo Su propósito se basa en comprar acciones lo más pronto como sea posible en un Mercado alcista, tan pronto como está seguro de que ha empezado uno y debe mantenerlas hasta, que se hace evidente que el mercado alcista ha terminado y empieza ahora uno bajista. Sabe

que puede descuidar, con toda seguridad, las reacciones Secundarias y fluctuaciones Menores. El operador, sin embargo, puede mostrar interés también por las oscilaciones Secundarias, y se verá, después que puede realizar con los beneficios.

4. Las Tendencias Secundarias. Son las reacciones importantes que obstaculizan el avance de precios de dirección Primaria. Nos referíamos a los descensos o correcciones Intermedias que se originan en los Mercados alcistas y las recuperaciones que tienen lugar en los Mercados Bajistas. Generalmente su Teoría de Dow prolongación es desde tres semanas hasta tres meses es muy raro que se exceda más. Normalmente, vuelven a trazar desde un tercio a tres tercios de la ganancia, (o de pérdida, según sea la situación) de los precios registrados en la oscilación anterior de dirección Primaria. Así, en un Mercado alcista, los precios, en términos de Media Industrial, pueden subir sólidamente, o con solo breves interrupciones, con ganancia total de 30 puntos antes de que se produzca una corrección Secundaria; se puede esperar que esa corrección cause un descenso de aproximadamente de 10 puntos y no más de 20 puntos, antes de que se desarrolle un nuevo avance Intermedio en la tendencia Primaria Alcista. Se puede señalar, sin embargo, que la regla de un tercio-dos tercios no es una ley invariable; es puramente probabilidades. La mayoría de Secundarias están confinadas a estos límites; muchas de ellas se quedan casi a medio camino, recorriendo un 50% de la oscilación Primaria precedente; no es muy común que avancen menos de un 30%, pero algunas de ellas cancelan casi todo ello.

Para ver con claridad una tendencia Secundaria tenemos dos criterios cualquier movimiento de precios contarios, en sentido, a la tendencia Primaria, que se conserva al menos tres semanas y recorre al menos un tercio del movimiento máximo precedente de dirección Primaria, (desde el final de la Secundaria precedente hasta el principio de ésta, sin tener en cuenta fluctuaciones menores), se le considera de rango Intermedio, una genuina Secundaria. A pesar de estos criterios, sin embargo, la tendencia Secundaria es generalmente imprecisa; en su identificación, en su correcta calificación en el momento que se produce y mientras está en proceso, componen el más grande problema que se le presenta al Teórico de Dow. Tocaremos este tema más a fondo posteriormente.

5. Las Tendencias menores. Son las breves fluctuaciones (de una manera extraña pueden perdurar más de tres semanas, por lo general, menos de seis días) que faltan por sí mismas de significado. Refiriéndonos a la Teoría de Dow, pero que crean las tendencias Intermedias, la mayoría de las veces, una oscilación Intermedia, puede ser una Secundaria o un segmento de una Primaria entre sucesivas Secundarias, está constituida por una serie de tres o más ondas Menores distinguibles. Las inferencias de estas fluctuaciones de cada día se inclinan a ser engañadoras.

La tendencia Menor es la única de las tres que se puede intervenir (aunque, no es seguro que pueda controlarse hasta extremos importantes).Las tendencias Primarias y Secundarias no se pueden controladas; induciría a un agotamiento de los recursos del Tesoro norteamericano realizarlo de esa forma.

Antes de seguir con el sexto principio, clarificaremos el concepto de las tres tendencias, realizando una comparación entre los movimientos del mercado de valores y los movimientos del mar. Las tendencias Mayores (Primarias) los precios de las acciones son como la marea. Podemos contrastar un Mercado Alcista a una marea ascendente o de flujo que lleva el agua cada vez más lejos hacia la playa, hasta alcanzar una marca de marea alta y empieza a volverse. De aquí que la marea que está bajando o de reflujo se pueda comparar a un Mercado Bajista. Pero las olas están todo el tiempo, mientras el flujo y reflujo de la marea, rompiendo en la playa y después bajando. Cuando la marea es ascendente, cada ola que retrocede deja a la vista un espacio de playa mayor. Estas olas son las tendencias Intermedias, Primarias o Secundarias, dependiendo de si su movimiento va a favor o en contra de la marea. Mientras tanto, la superficie del agua se ve todo el tiempo sacudida por rizos y ondas que se mueven a favor o en contra de la tendencia de las olas siendo éstas semejantes a las tendencias Menores de mercado, y sus fluctuaciones de cada día con carentes de importancia. La marea, la ola y el rizo constituyen, la tendencia Primaria o Mayor, la Secundaria o Intermedia, y las tendencias Menores del mercado.

Marea, ola y rizo

Una persona de la orilla podría concretar la dirección de la marea ubicando un palo en la playa en el punto más alto alcanzado por cada ola que se acerca. De esa forma, si la ola siguiente empujara el agua más lejos que la marca de su palo, sabría sin duda alguna, que la marea estaba subiendo. Si moviera su palo con la marca máxima de cada ola, llegaría un momento en que una ola no seguiría avanzando y empezaría a quedarse cerca de su marca anterior; de esta manera sabría que la marea se habrá vuelto, es decir, habrá comenzado a refluir. Esto es lo que hace, (de forma mucho más simplificada) el Teórico de Dow a la hora de definir la tendencia del mercado de valores.

La comparación con marea, ola o rizo se ha usado desde el principio de la Teoría de Dow. Inclusive, es posible que los movimientos del mar pudieran haberle insinuado a Dow los elementos de su teoría. Pero esta analogía no se puede usar más allá. Ya que las mareas y olas del mercado de valores no son tan regulares como las del océano. Se pueden preparar tablas, con años de anticipación, para predecir de manera exacta de flujo de las aguas, pero la Teoría de Dow no ofrece tabla alguna de tiempo para el mercado de valores. Podemos más adelante regresar a esta comparación, pero trataremos ahora del resto de principios y reglas de la Teoría de Dow.

Fases de tendencia mayor

6. El Mercado Alcista. Las tendencias Primarias alcistas suelen constituir (comúnmente) de tres fases. La primera es la fase de acumulación. En la cual los inversionistas previsores, viendo que el negocio va a dar un giro, están dispuestos a almacenar todas las acciones ofrecidas por los vendedores y a elevar sus pujas de forma gradual a medida que la venta disminuye de volumen. Los informes financieros todavía son malos, de hecho los peores, durante esta fase. El "público" está totalmente no a gusto con el mercado de valores, sino que completamente fuera de él. La actividad es sólo moderada, pero empieza a mejorar al aumento en las recuperaciones (avances menores).La segunda fase se determina por un avance regular y una actividad en aumento a través que el mejor aspecto del negocio y una tendencia ascendente en las ganancias corporativas comienzan a llamar la atención.

Es en esta fase es el momento que el operador Técnico suele ser capaz de tomar su mejor cosecha de beneficios. La tercera fase es lo último, en la cual el mercado está en su punto máximo de actividad cuando el "público" se reúnen en las salas. Todas las noticias financieras son buenas; los avances de precio son muy buenos y suelen situarse en las primeras páginas de los periódicos; se ven nuevas emisiones en un número que va en aumento. Es justo en esta fase cuando recibirá llamadas de sus amigos y le dirían: "Veo que el mercado está en alza ¿Que será bueno comprar? Claramente sin estar consciente del hecho de que el mercado ha estado subiendo durante tal vez dos años, y se está acercando ahora a la etapa en que sería más adecuado preguntar, ¿Qué será mejor vender? En la última etapa de esta fase, donde se produce muchas especulaciones, el volumen sigue aumentando, pero los "bolsillos de aire" aparecen también con una frecuencia en aumento; los "cats and dogs" (acciones de bajo precio sin ningún valor de inversión) giran muy apresuradamente, pero un número cada vez mayor de acciones de alto grado está en contra de seguirlas.

7. El Mercado Bajista. Las tendencias Primarias bajistas generalmente están determinadas por tres fases. La primera es el período de distribución, que empieza en las últimas etapas del Mercado Alcista precedente. En esta fase, son conscientes los inversionistas previsores de que las ganancias de negocios han logrado un alza anormal y se descargan de sus valores en cartera a un movimiento que va en aumento. El volumen de operaciones es todavía alto, aunque puede disminuir en las recuperaciones y el "público" sigue siendo activo, pero comienza a verse signos de frustración a medida que las metas esperadas se desvanecen.

La segunda fase es la de pánico. Los compradores empiezan a estar indecisos y los vendedores se hacen más urgentes; la tendencia a la baja de los precios se acelera de un instante a otro hacia una caída casi vertical, en la que el volumen se remonta a proporciones sobresalientes. Tras la fase de pánico, puede provocarse una recuperación Secundaria muy larga o un movimiento lateral y luego empieza la tercera fase. Esta se determina por la venta de desánimo por los inversionistas que se mantuvieron durante el pánico o, puede ser comprando en el, ya que las acciones parecían baratas en comparación con los precios que habían logrado solo algunos unos meses antes. Las noticias sobre el negocio comienzan cada vez peor. Mientras que la tercera fase sigue, el movimiento a la baja es menos rápido, pero se conserva cada vez más de desánimo por parte de aquellos que requieren aumentar el efectivo para cubrir otras necesidades.

Los "cats and dogs" pueden perder casi todo su avance Alcista anterior en las dos primeras fases. Las acciones mejores descienden más gradualmente, ya que sus propietarios siguen con ellas hasta el final, y la última etapa de un Mercado Bajista se concentra, en consecuencia, en tales acciones.

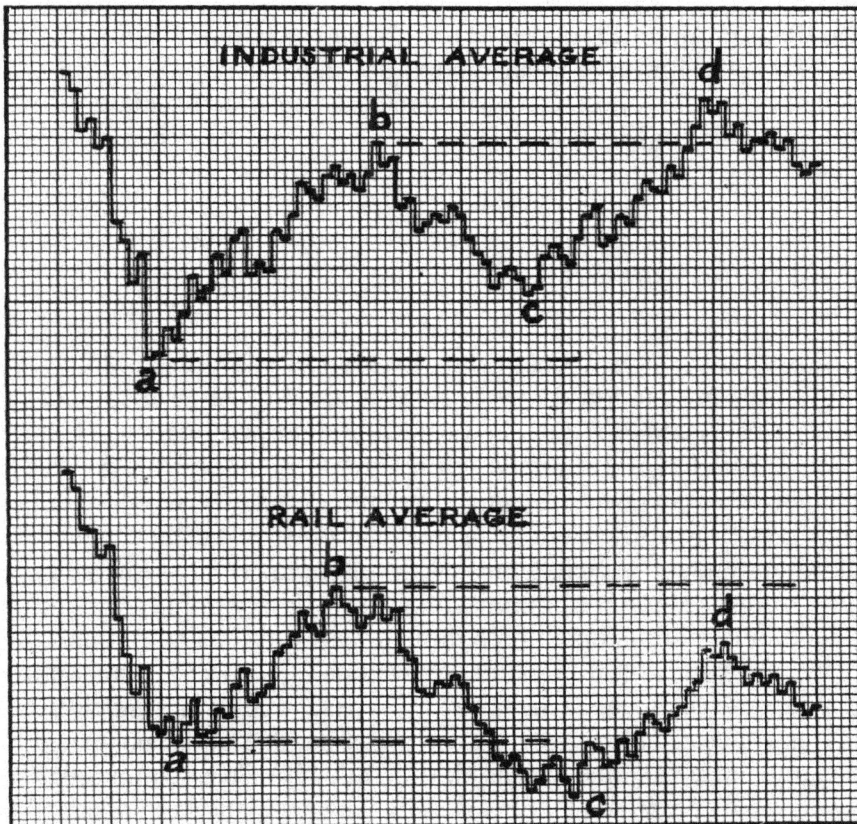

DIAGRAMA 1. Gráfico diario hipotético de mercado que muestra cómo una media puede no lograr confirmar la otra señal de Dow. Los precios de cierre, indicados por guiones cortos horizontales, están unidos por líneas verticales para hacer que la tendencia de cada día sea más fácil de seguir.

El Mercado Bajista tiene su fin cuando se ha descontado todo, se refiere a posibles malas noticias, a las peores que se pueden imaginar, y habitualmente ha terminado antes de que todas las malas noticias se propaguen. Las tres fases de Mercado Bajista, expresadas anteriormente, no son iguales que aquellas nombradas por otros que han analizado también este asunto, pero los autores de este estudio piensan que aquéllas interpretaciones simbolizan una división más clara y con más exactitud de los movimientos bajistas Primarios de los últimos treinta años. Algunos les falta de algunas de las tres típicas fases. Se han logrado unos pocos avances Mayores desde la primera a la tercera etapa con solo una breve y rápida marca intermedia. Algunos Mercados Bajistas cortos no han profesado una marcada fase de pánico y otros han terminado con una, como pasó en Abril de 1939. No se pueden decidir límites temporales para ninguna de las fases; la tercera etapa de un Mercado Alcista, la fase de especulación agitada y gran actividad de público, puede durar más de un año o acabar en un mes o dos. La fase de pánico de un Mercado Bajista se suele terminar en unas pocas semanas, si no en días, pero la baja de 1929-1932 se entremezcló con, al menos, cinco ciclos de pánico de proporciones mayores. De igual forma es preciso tener presente las características típicas de las tendencias Primarias. Al conocer las características que usualmente acompañan a la última etapa de un Mercado Alcista, por ejemplo, existen menos posibilidades que se deje engañar por su ambiente de excitación.

Principio de confirmación

8. Las dos Medias deben confirmar. Este es el más discutido y más difícil de comprender en la teoría de Dow. A pesar de eso, se ha mantenido en el paso del tiempo; el hecho de que ha conseguido dar resultados esperados, no lo refuta aquél que haya examinado los registros. Los que lo han desechado en la práctica han tenido varios momentos de arrepentirse de su postura. Lo que da a entender que la acción de una sola media no puede establecer una señal válida de cambio de tendencia. Señalemos como ejemplo, el caso que se muestra en el Diagrama I, que se muestra a continuación. En él, damos por seguro que un Mercado Bajista ha estado en funcionamiento durante varios meses y después, empezando en "a", la media Industrial aumenta, elevándose (junto con la media Ferroviaria) en una recuperación Secundaria hasta "b". A pesar que en su siguiente descenso, las Industriales cayeron únicamente hasta "c", la cual se ubica por encima de "a", y después giran hasta "d", que es más elevado que "b". En este punto, las Industriales han mostrado un cambio de tendencia de bajista a alcista. Pero vea las Ferroviarias durante este período; su descenso desde "b" hasta "c" lo situó por debajo de "a" y el avance posterior desde "c" hasta "d" no lo ha puesto por encima de "b".

Hasta aquí, se han negado a confirmar las Industriales y la tendencia Mayor del mercado se deben considerar todavía Bajista. Si fuera que las Ferroviarias subieran, a su debido tiempo, hasta instalarse por encima de "b", sólo entonces tendríamos un índice definitivo de giro de la marea. Hasta que se produce ese proceso, las Industriales no podrán, probablemente, seguir con su curso alcista y las Ferroviarias las harán, al final, bajar. En el mejor de las situaciones, el sentido de la tendencia Primaria está todavía en incertidumbre. El diagrama I muestra cómo se emplea el principio de confirmación en una de las muchas formas.

Se puede señalar también que en "c" se podría haber dicho que las Industriales no han confirmado a las Ferroviarias en el momento de seguir la tendencia Bajista, pero esto únicamente tiene que ver con la continuación o reafirmación de una tendencia existente. No es preciso que las dos medias confirmen el mismo día. Frecuentemente ambas se mueven en conjuntos hacia nueva zona de máximo (o mínimo), pero hay varios casos en los cuales una u otra se retrasan durante días, semanas o incluso, uno o dos meses. Uno debe practicar su paciencia y esperar, en tales casos hasta que el mercado se decante por una manera definitiva.

9. "El volumen se mueve con la Tendencia". Pronunciadas con asiduidad estas palabras, con gran respeto pero sin comprenderlas a fondo, forman la expresión de que la actividad operativa tiende a expandirse a medida que los precios van en movimiento en el sentido del la tendencia Primaria dominante.

Tal como en un Mercado Alcista, el volumen aumenta a medida que los precios aumentan y disminuye cuando los precios disminuyen; en los Mercados Bajistas, el número de movimientos aumenta cuando los precios bajan y se agota cuando se recuperan. En menor medida, esto se emplea también a las tendencias Secundarias, esencialmente en las primeras etapas de una recuperación Secundaria extensiva de un Mercado Bajista, cuando la actividad puede mostrar una tendencia para aumentar en las recuperaciones Menores y disminuir en los retrocesos Menores. Pero en esta regla hay también excepciones, y es difícil tener conclusiones útiles de las manifestaciones de volumen de unos pocos días, y mucho menos de una sola sesión; es la única que puede crear indicaciones útiles. Más aún, en la Teoría Dow las señales innegables, refiriéndose a la tendencia de mercado, se genera en el análisis final sólo por el movimiento de precios. El volumen muestra solo una evidencia la que puede ayudar a descifrar situaciones de duda.

Posteriormente señalaremos con más dedicación el volumen en relación precisa a otros fenómenos técnicos.

10. Las "Líneas" deben suplantar a las Secundarias. Una Línea, según el lenguaje de la Teoría de Dow, es un movimiento lateral (tal como se aprecia en los gráficos) en una o dos de las medias, que poseen un período de duración de dos o tres semanas, aunque hay posibilidades que duren muchos meses, en el período que los precios fluctúan alrededor de un 5% o menos (de su cifra principal). Al formarse una Línea señala que la presión de compra y venta se halla casi equilibrada. En ese instante,

está claro que las ofertas de esa gama de precios se agotan y todo aquel que quiere comprar acciones debe elevar sus precios para provocar a los propietarios el deseo de vender. O bien aquellos que quieren vender en la gama de precios de la "Línea" se dan cuenta de que no existen compradores y, en consecuencia, deben bajar los precios para poder vender sus acciones. De aquí se puede concluir que un avance de precios a través de los límites superiores de una Línea instituida sea una señal Alcista y, al revés, una caída a través de sus límites inferiores en una señal Bajista.

Usualmente, mientras más larga sea la Línea en duración y más estrecha su gama de precios, mayor significado incitará su ruptura última.

Como las líneas se producen tan continuamente que su identificación es precisa, por los seguidores de la Teoría de Dow. Se pueden desarrollar indicando períodos de distribución o acumulación, respectivamente, por lo general llegan con mayor frecuencia como intermedios de descanso o afianzamiento en el avance de tendencias Mayores. En estas situaciones toman el lugar de ondas normales Secundarias. A veces se puede ir desarrollando una Línea en una media mientras la otra está sufriendo una reacción Secundaria típica. Vale la pena señalar que un movimiento de precios fuera de una línea, ya sea Alcista o Bajista, suele traer consigo un movimiento adicional más extenso en la misma dirección con la se puede tomar en consideración en el momento de seguir la señal producida cuando una nueva onda empuja más allá de los límites formulados. Por una onda Primaria precedente.

La dirección de los precios fuera de una Línea no se puede establecer antes que se produzca el movimiento real. El límite del 5% que se le atribuye a una Línea de forma arbitraria, en la experiencia; se han provocado una serie de movimientos laterales un poco más amplios, que por su compresión y límites bien claros se pueden como verdaderas Líneas. (Pronto veremos cómo la Línea de Dow es muy parecida a las pautas más estrictamente definidas, conocidas como Rectángulos que se pueden evaluar en los gráficos de acciones individuales).

11. Sólo son utilizadas en los precios de cierre. La Teoría de Dow no le da mucha atención a los máximos o mínimos extremos que se pueden registrar en un día y antes el cierre del mercado, sino que presta atención sólo a las cifras de cierre, es decir, la media de los precios de venta final del día para las emisiones. Ya nos hemos referido de la importancia psicológica de los precios al final del día en los temas de la construcción de un gráfico y no es preciso extendernos; solo me gustaría señalar que esta es otra de las reglas de Dow que se ha mantenido en el tiempo.

Se ejecuta de la siguiente manera: supongamos que un avance intermedio, en una tendencia Alcista Primaria, alcanza su elevación máxima un día a las 11 de la mañana, hora en que la media Industrial se cifra, por ejemplo, en 152,45, y se provoca un caída después para cerrar en 150,70. Para mostrar que la tendencia Primaria es todavía Alcista, necesitará hacer el avance siguiente, el de registrar un cierre diario por encima del 150,70. El máximo anterior en un mismo día de 152,45 no es de gran relevancia. Al revés, usando las mismas cifras que para nuestro primer avance. Si la próxima oscilación el alza se conserva en los precios hasta un máximo, y todo pasa en un mismo día, de 152,60, pero logra registrar un precio de cierre por sobre del 150,70, la continuación de la tendencia Alcista Primaria esta todavía es dudosa.

Se han creado en los últimos años distintas opiniones entre estudiosos del mercado referido al espacio que debe desplazarse una media desde su límite anterior (cifra de techo o suelo) para mostrar una tendencia de mercado. Determinaron Dow y Hamilton, ciertamente, cualquier penetración. Incluso por lo más pequeña que sea como del 0,01, en el precio de cierre como una señal válida, pero algunos expertos actuales han requerido la penetración por un punto completo (1,00). Pensamos que el mejor testimonio lo tiene visión original, debido a que el registro muestra poco o nada en lo que se refiere a resultados prácticos para beneficiar cualquiera de las modificaciones propuestas. El acontecimiento que se produjo en Junio de 1946, al que nos referiremos en el siguiente capítulo, demuestra una decidida ventaja a favor de la regla ortodoxa de "cualquier penetración".

12. Se debe tomar por seguro que una tendencia sigue estando vigente hasta que se ha señalado terminantemente su cambio de dirección. Este principio de la Teoría de Dow ha logrado, quizá más que otros, críticas. Pero, en el momento que uno lo entiende de la forma correcta, al igual que los otros que ya hemos mencionado, resiste a una prueba práctica. Lo refleja es realmente una probabilidad. Es una alerta para impedir cambiar de una forma apresurada la posición de mercado que se haya adaptado. No es preciso que se deba retrasar la acción durante un lapso de tiempo, en el momento que haya aparecido una señal de cambio de tendencia; muestra, por el contario, que las posibilidades se desembocan a favor del hombre que se toma su tiempo hasta que está seguro y no favorecen al que compra (o vende prematuramente).

Estas posibilidades no se pueden demostrar en lenguaje matemático, tal como dos a una o tres a una; ya que se hallan en continuo cambio. Los Mercados Alcistas no están siempre subiendo y los Bajistas siempre en algún momento encuentran suelo. Cuando la acción de dos medias indica por primera vez y definitivamente una nueva tendencia Primaria. Se inclinan las probabilidades casi totalmente a favor de que se siga, sin importancia de cualquier reacción o interrupción a corto plaza. Pero, a medida que la tendencia Primaria continúa, cada existe menos posibilidades. Así cada reafirmación sucesiva de un Mercado Alcista (nuevo máximo Intermedio en una media, demostrado por un nuevo máximo Intermedia en la otra) trae consigo un peso relativamente menor.

Las ganas de adquirir, la expectativas de vender nuevas compras con beneficio, es cada vez menor después de un Mercado Alcista que se a prolongado durante varios meses que cuando se identificó por primera vez la tendencia Primaria alcista, pero este principio de Dow dice, "hay que mantener su posición pendiente de ordenes contrarias". Una definición lógica de este principio, para que veamos que no es tan contradictorio como parece. Sería: Se puede originar en un abrir y cerrar de ojos un cambio de dirección en la tendencia, una vez que el cambio se ha confirmado. Esto se le considera como un aviso de que el inversionista de la Teoría de Dow debe prestar atención incesablemente y observar el mercado, en la medida en que tenga alguna posición en él.

Capítulo IV

La Teoría de Dow en la práctica

Si el lector tiene un mínimo de conocimiento del mercado de valores, puede estar sintiendo una ligera indigestión mental. El gran bocado para aquella indigestión es la Teoría de Dow. En el capítulo anterior, nos concentramos de una forma más alejada del orden establecido de sus principios con el objetivo de facilitar su comprensión. En verdad, los doce principios que hemos señalado no presentan la misma importancia. Las reglas esenciales se presentan en los principios 2, 3, 4, 5, 8,10, y 11. El Número 1 es, la suposición básica, la justificación filosófica de estas reglas. Los puntos 6, 7, 9, y 12 comprenden "material de fondo" como dirían los autores, que ayuda a su interpretación. En teoría, ateniéndose estrictamente a las reglas básicas uno debiera lograr tanto como si utilizara la evidencia colateral.

Pero, es bueno señalar que el funcionamiento de la Teoría de Dow es, después de todo, una cuestión de interpretación. Puede saber todos sus principios perfectos y verse, sin embargo, algo desorientado al tratar de aplicarlos a una situación real de mercado. Lo más fiable será establecer nuestro conocimiento de la Teoría y lograr un cierto entendimiento con respecto a su interpretación, estudiando la acción del mercado por una serie de años y viendo como le parecía, en aquel momento, a un Teórico de Dow. Para lograr este propósito, se puede tomar el período que va desde finales de 1941 hasta principios de 1947, ya que este señala el final de un Mercado Bajista, un largo Mercado Alcista completo y parte de otro Mercado Bajista, y además hay ejemplos de los fenómenos de mercado con los que se debe usar la Teoría de Dow.

Cinco años de interpretación de Dow

La Figura 2 es un gráfico condensado del curso de dos medias de Dow-Jones desde el 1 de Enero de 1941 hasta el 31 de Diciembre de 1946, en el cual se han apartado la mayoría de las tendencias Menores, pero se han mostrado todas las oscilaciones intermedias reconocidas (Primarias y Secundarias). Este estudio complementado con gráficos diarios completos en relación a la discusión detallada que señalaremos a continuación.

El año 1941 abrió con el mercado de valores en una recuperación Menor. Al colapsarse los precios en la primavera de 1940, se señala un Mercado Bajista Primario y el Mercado Bajista seguía en vigor. Al concluir el pánico de Mayo, una oscilación de recuperación Secundaria, que se extendió más de cinco meses, las ganancias eran más de la mitad del terreno perdido anteriormente por las medias, llevando las Industriales desde su precio de cierre de 111,84 el 10 de Junio hasta 138,12 el 9 de Noviembre y las Ferroviarias desde 22, 14 el 21 de Mayo, hasta 30,29 el 14 de Noviembre. (Durante esta larga Secundaria del Mercado Bajista, el volumen tendió a aumentar en las recuperaciones, lo cual indujo a muchos que no se adhirieron estrictamente a estos principios a pensar que este aumento era el principio de una nueva tendencia Alcista, ilustrando el punto que citamos anteriormente "Volumen", en el Capítulo III). Sin embargo, desde los máximos de Noviembre, la tendencia toma un vuelco nuevamente a la baja. Luego, tal como ya hemos apuntado, se desarrolló una recuperación Menor al final del año, alcanzando su alza máxima el 10 de Enero en 133,59 en las Industriales y 29,73 en las Ferroviarias. Desde Ahí, los precios cayeron otra vez hasta 177,66 y 26.54 respectivamente, el 14 de Febrero.

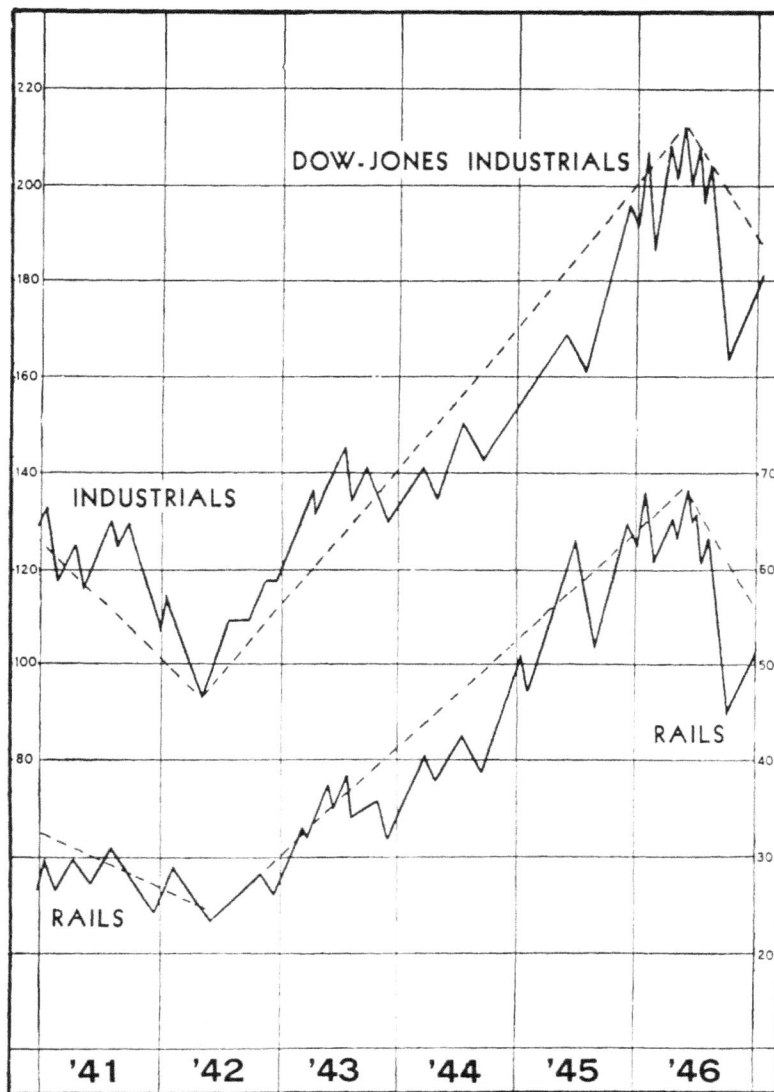

FIGURA 2. Gráfico de "oscilación" que muestra todas las tendencias Intermedias y algunas de las tendencias Menores más extensas de la media Industrial y Ferroviaria de Dow-Jones, desde Enero de 1941 hasta Diciembre de 1946. Escala de precios de la "Industrial", a la izquierda; a la derecha, la de la "Ferroviaria".

La primera prueba crítica

Es muy interesante seguir el recorrido de los siguientes meses, puesto que la Teoría de Dow fue sometida a una verdadera prueba. La Figura 3 señala las gamas diarias y los precios de cierre de las dos medias (averages) y el volumen de mercado diario total de los siete meses, desde el 1 de Febrero hasta el 31 de Agosto de 1941. Antes de explorarlo en forma detallada, chequearemos primero la situación del 14 de Febrero. Los mínimos de Mercado Bajista a fechar se habían registrado en Mayo-Junio de 1940. A partir de ahí, una recuperación Intermedia había hecho avanzar la media Industrial 26,28 puntos y la Ferroviaria 8,5 puntos. Esto va continuado por un descenso de tres meses de 20,46 y 3,75 puntos, respectivamente, y este descenso constó de tres ondas menores definidas. En lo que se refiere a duración y alcance de cambio de precios con respecto a la oscilación anterior - 46% en las Ferroviarias y casi un 78% en la Industriales -, esta oscilación bajista puede calificarse de tendencia Intermedia y los precios, en ese instante, estaban girando al alza otra vez. Los Teóricos de Dow estaban alerta. Si ambas medias pudieran seguir su ascenso hasta niveles situados por encima de sus cierres de máximo del Noviembre anterior (138,12 y 30,29), esa acción formaría una señal de un nuevo Mercado Alcista Primario, y la reinversión de fondos retirados de acciones en Mayo de 1940 estaría rápidamente en orden.

Es de gran conveniencia, también, volver y etiquetar los mínimos de Mayo-Junio de 1940 como final de un Mercado Bajista Alcista, y el descenso hasta Febrero como su primera reacción secundaria. Pero preste atención que la Regla 12 de nuestro capítulo se empleó aquí; se suponía que se trataba aun de un Mercado Bajista hasta que se produjera una señal definitiva que mostrara lo contrario.

Regresemos de nuevo a la Figura 3 y veamos lo que pasó realmente. Las Industriales se recuperaron durante seis semanas, alcanzando 124,65 el 3 de Abril. Las Ferroviarias se elevaron hasta 29,75, esa misma fecha, logrando una ganancia de porcentaje doble con respecto a las Industriales, pero ambas medias se hallaban aún por debajo de sus máximos de Noviembre. Después, las Industriales resbalaron, en dos semanas se habían caído por debajo de su mínimo de Febrero y siguieron bajando para cerrar en 115,30 el 1 de Mayo. Esta media, se encontraba aún en una tendencia bajista Intermedia. Pero, a la vez, las Ferroviarias seguían ofreciendo un tipo distinto de representación. Volvieron a caer desde su máximo del 3 de Abril durante dos semanas, se mantuvieron en 27,72, se recuperaron y luego se liquidaron de nuevo a 27,42 el 31 de Mayo.

El panorama se hizo de un instante más sugestivo aún. Había una divergencia entre las dos medias, una Falta de confirmación; tras dos oportunidades, las Ferroviarias se negaban a confirmar a las Industriales en su segunda tendencia bajista.

Falta de confirmación

Cuando los precios empezaron a aumentar en Junio, muchos comentaristas señalaron esa "falta de confirmación" un presagio alcista y la gente, propensa a la ilusión, volvió a hablar de Mercado Alcista. En Wall Street existe una tendencia a hacer mucho hincapié en tal divergencia, más aún cuando puede convertirse en un signo favorable. El hecho es que, en la Teoría de Dow, la negativa de una media a confirmar la otra nunca puede provocar una señal positiva de ningún tipo, solo puede tener movimientos negativos. Puede existir que se originen divergencias en las inversiones de la tendencia mayor. -existen varios ejemplos en la historia del mercado, de los cuales tal vez el más notable se produjo en 1901 y 1902, aunque luego examinaremos otro-, pero también se producen, al menos con la misma frecuencia de veces, cuando no se provoca ningún cambio Mayor en la tendencia, y el ejemplo que estamos mostrando era de estos últimos. De manera, que la situación a finales de Mayo de 1941 era la misma para el teorizante de Dow, en lo que atañía a la tendencia Mayor, que la del 14 de Febrero. La recuperación de Junio/Julio llegó a su alza máxima en las Ferroviarias a 30,88 el 1 de Agosto, y en las Industriales a 130,06 el 28 de Julio (comparar estas cifras con las alzas de Noviembre de 1940) y los precios fueron descendiendo luego de manera acelerada, que terminó, temporalmente, en el pánico de "Pearl Harbour". Esto puso a la media Industrial (Industrial Average) más bajo que el mínimo anterior del Mercado Bajista (11,84, el 10 de Junio de 1940), aunque las Ferroviarias no la siguieron otra vez. Acabe señalar que por esa época ya habían invadido por debajo de su mínimo Intermedio anterior (14 de febrero) por un amplio margen.

El próximo período de importancia empezó en Abril de 1942. Entonces tenemos la libertad de pasar por alto todo gráfico detallado de los meses existentes entre Diciembre y Abril, ya que no exhibieron ningún problema de la Teoría de Dow. Luego de una recuperación menor de la Ferroviarias en el mes de Enero, los precios derivaron cada vez más abajo. Pero cada vez era más claro que el volumen de negocios no aumentaba en las depresiones (descensos menores). La liquidación a su vez se estaba agotando; las salas ya quedaban vacías de clientes; el ambiente era el común de las últimas etapas de un Mercado Bajista. En el gráfico de a continuación (Figura 4) se puede representar la acción diaria de las medias entre el 2 de Marzo y el 31 de Octubre de 1942.

Se registraron nuevos mínimos (desde 1940) en ambas a finales de Abril a 23,72 el 24 para las Ferroviarias y a 92,91 el día 28 para las Industriales. Al corto tiempo, se desarrolló otra diferencia notable cuando tras reaccionar durante solo 7 días, la media Ferroviaria empezó a deslizarse. A pesar que la otra media seguía subiendo directamente. La actividad operadora se mantuvo en marea baja (lo cual, hasta finales de septiembre no se provoco ningún aumento sostenido del volumen). Las Ferroviarias cayeron nuevamente hasta mínimo, el 1 de Junio, en el cual el 2 de junio cerraron a 23.31. El 22 de Junio había una intuición que las Industriales iban a volver a bajar, pero sólo luego de un par de días empezó la mejor recuperación en meses, que condujo a las Industriales a nuevos máximos y recuperó con ganancias toda la pérdida de Abril y Mayo de las Ferroviarias (Rails). También la actividad enseguida aumentó, registrando en un día un volumen de transacciones mayores del que el mercado había presenciado desde principios de Febrero.

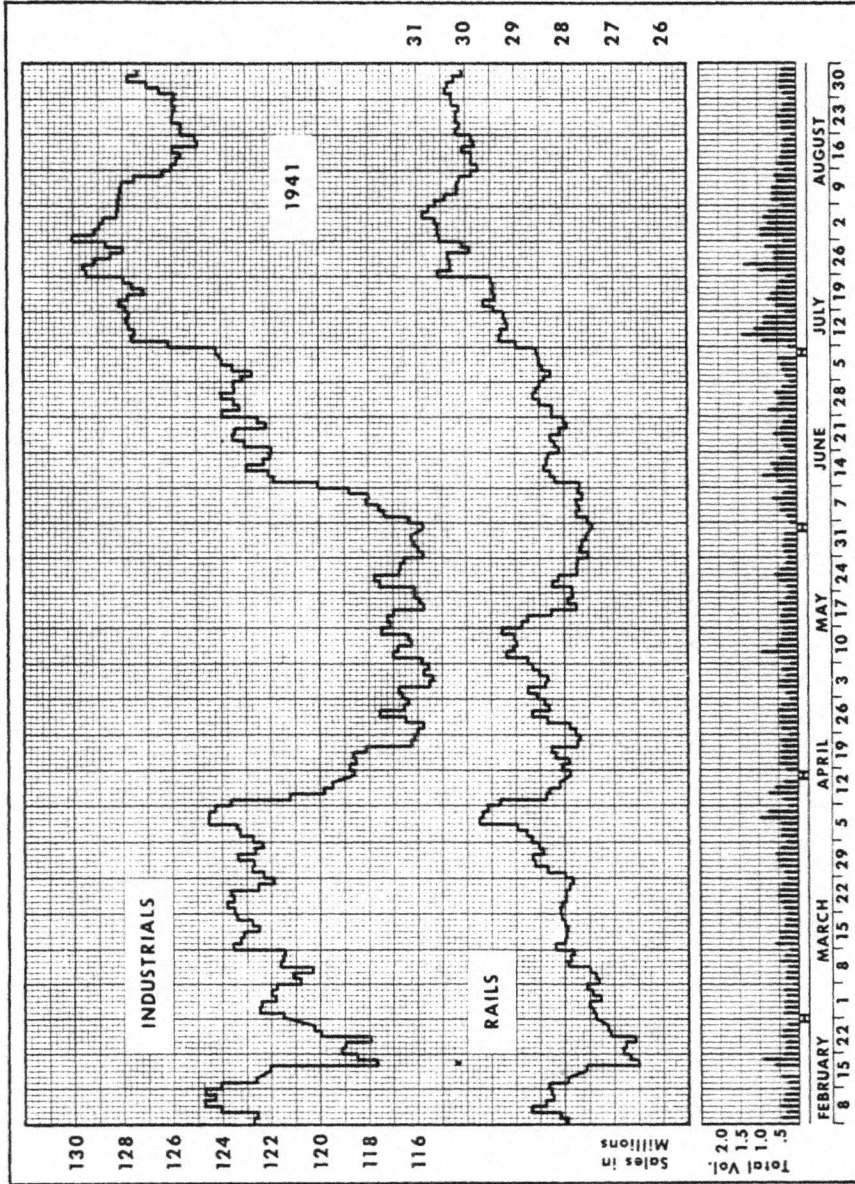

FIGURA 3. Niveles de precios de cierre de las medias Industrial y Ferroviarias de Dow-Jones, desde el 1 de Febrero hasta el 31 de Agosto de 1941, y el volumen total diario de mercado. Las líneas verticales muestran el cambio neto diario desde un nivel de cierre hasta el siguiente.

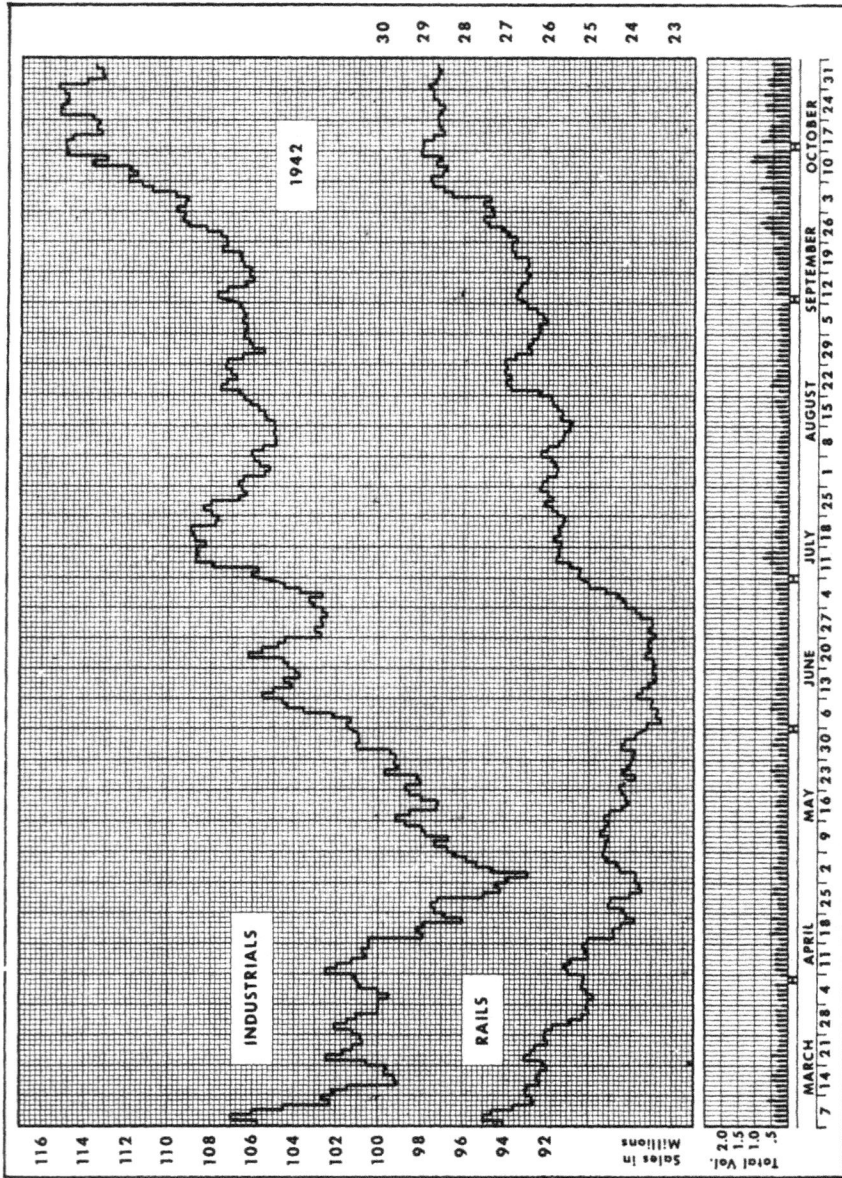

FIGURA 4. Niveles diarios de precios de cierre de las medias Industrial y Ferroviarias de Dow-Jones entre el 2 de Marzo y el 31 de Octubre de 1942 y volumen total de mercado. Este período inició un Mercado Alcista Mayor de cuatro años.

Señales de un giro mayor

Nuevamente los teóricos de Dow estaban alerta. Visiblemente se estaba produciendo un avance de proporciones Intermedias. Hasta que se manifestara lo contrario, debía considerarse Secundario en el seno del Mercado Bajista, mientas que siguiera existiendo, pero aquella tendencia Bajista Mayor llevaba existiendo por casi 3 años –la gran cantidad como para que haya podido registrarse- y su último descenso no había demostrado ninguna caída de venta, sólo una deriva lenta. Esta Secundaria podrá convertirse en una nueva Primaria: la idea de este desenlace había sido creada 12 meses antes, en una circunstancia de una sensación diferente. Las noticias generales brindan poco estímulo, pero la Teoría de Dow no se ocupa de más noticias de las que ofrece el mercado. De igual forma, no existía nada que hacer solo esperar y observar; dar el tiempo para que el mercado declare su propia situación.

A principios de Julio las Industriales empezaron a señalar su pauta de continuidad; durante 11 semanas se mantuvieron dentro de una gama de 5 puntos, formando así una típica línea de Dow, de la cual salieron a finales de Septiembre. A su vez, las Ferroviarias (Rails) alcanzaron una nueva alza en su movimiento y, para el 2 de Noviembre, las dos medias habían logrado sobrepasar sus reacciones de Enero anterior. En aquel instante, varios teóricos de Dow estaban con una actitud de propagar que se había dado la señal de un Mercado Alcista. Sus argumentos los cuales eran visiones de naturaleza no técnicas, nada que ver con la Teoría de Dow, eran los siguientes:

1. El llamativo nivel bajo del volumen en caída de Abril y Junio, es habitual del final de una oscilación Bajista (lo que es algo verdadero y evidente).

2. La media Ferroviaria se había estado en contra a seguir a la Industrial a una nueva zona de mínimo Mayor en aquel momento. Había esperado por sobre de s u nivel de cierre de Mayo de 1940.

3. La Industrial había establecido una línea y el precio había salido de ella por arriba.

4. La media Ferroviaria había apuntado, por un período de 4 meses, alzas y bajas Menores cada vez más altos. (Esto también era certero, pero no consentía una diferenciación positiva de una Secundaria en un Mercado Bajista).

Los teóricos de Dow más conservadores seguían sin estar convencidos. Suponían que aquella tendencia alcista tenía que superar aun a la prueba que debía ocurrir, de una reacción Intermedia. Era claro que el panorama era de lo más inspirador, pero provocaba la atención el hecho de que, salvo en lo que respecta al punto 1, no era mejor que el de Noviembre de 1940.

Sigamos a lo largo de los 5 meses siguientes. En nuestro siguiente gráfico (Figura 5) podremos apreciar el desarrollo diario del mercado desde el 1 de Noviembre de 1942 hasta el 30 de Junio de 1943.

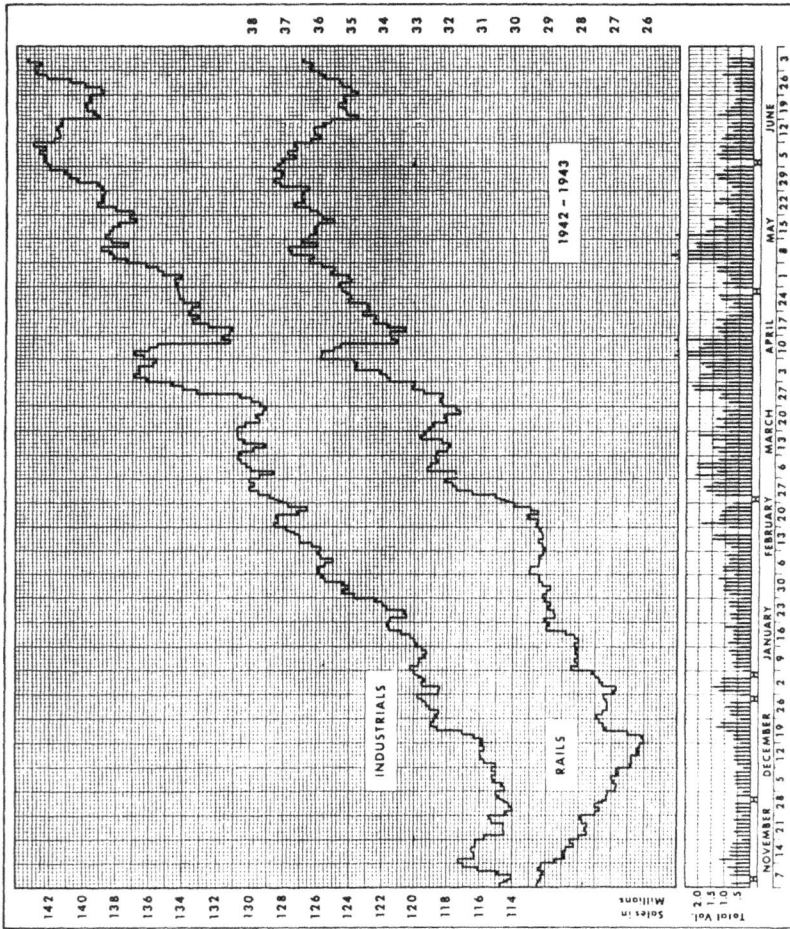

FIGURA 5. Niveles de precios de cierre diarios de la Industrial y Ferroviaria de Dow–Jones entre el 2 de Noviembre de 1942 y el 30 de Junio de 1943 y volumen total diario del mercado. Este gráfico sigue al de la Figura 4 y se puede comparar con él. El descenso de la media Ferroviaria de Noviembre y principios de Diciembre dio lugar a la primera prueba a que se sometía la tendencia Mayor desde el mes de Junio anterior. Cuando esta media se recuperó el 1 de Febrero de 1943, cerró por encima de su máximo del 2 de Noviembre, se señaló con ello un Mercado Alcista Primario con arreglo a la Teoría de Dow.

La señal alcista

Lugo de lograr 29,28 al cierre del 2 de Noviembre, la Ferroviaria (Rail) descendió a lo largo de 6 semanas, hasta llegar a 26,03 el 14 de Diciembre. Este movimiento fue sin duda calificado de Intermedio en duración y había alcanzado más de la mitad del avance total realizado por esta media a partir del punto de mínimo del 2 de Junio. La media Industrial, aguantó enérgicamente en otra línea estricta en el período de Noviembre, Diciembre y Enero. A partir del 14 de Diciembre, la Ferroviaria comenzó a ascender y, concluyendo, el 1 de Febrero de 1943, cerró a 29,55, por sobre del alza Intermedia previa de 29,28, que se había registrado el Noviembre anterior.

En aquel instante, la Industrial también había subido a nuevo ambiente de máximos. Este hecho satisfizo, posteriormente, a todos los requisitos de la teoría de Dow; había empezado un nuevo Mercado Alcista Primario. El volumen de transacciones se había ido ampliando en un avance Menor durante el otoño e invierno, pero demostrarlo no era obligatorio; el movimiento del precio se podía concluir por sí solo. La Ferroviaria había producido, las necesarias secuencias de altos (techos) y bajos (suelos) en aumento. En la Industrial, las líneas habían ayudado a los objetivos de la Teoría como sustitutos de reacciones Intermedias.

En aquel momento, ya era preciso nuevamente clasificar los movimientos alcista que acontecieron entre Abril y Junio y Noviembre de 1942 como la primera oscilación primaria de un Mercado Alcista. La baja de la Ferroviaria, entre el 2 de Noviembre y el 14 de Diciembre, se identificaba ahora como la primera secundaria que se producía en aquella tendencia alcista mayor. Llegados a este punto, podemos interpretar el desenlace de la media Ferroviaria de Junio de 1942. Ya que ésta mantenía el mínimo de Mayo de 1940, varios comentaristas declaran que el Mercado Alcista debería fecharse, en aquel año anterior, que representaría los últimos mínimos registrados.

Prescindiendo del nivel mas elevado a 1,17 de la media Ferroviaria (Rail Average) de Junio de 1942, no empezó un movimiento Alcista genuino hasta ese momento. Hay sospechas que, a un corto plazo, los Teóricos de Dow tendrán un momento para arrepentirse de la importancia que desde entonces se ha concedido a la "falta de confirmación" de la Ferroviaria (Rail) en la primavera de 1942. Cabe señalar, que esa diferencia no puede otorgar una señal positiva; en el instante en que se produce, el servicio que pude dar es sólo para negar, o poner en juicio, las implicaciones de la otra media; solamente en una actividad posterior en la dirección contraria, puede inducir la existencia de un cambio de tendencia. Si la baja de la Ferroviaria de Mayo de 1942 hubiera llevado a los precios por debajo de 22,14, pero la acción posterior de los mismos hubiera seguido su dirección que siguió en la realidad, punto por punto, pero a un nivel menor, se habría dado, sobre todo, una señal de Mercado Alcista en ese mismo instante, y no un día antes o un día después.

Además, un desacuerdo no supone precisamente que luego venga un movimiento de importancia en sentido opuesto. Ya hemos visto un ejemplo para compararlo (en la primavera de 1941) que dio un resultado distinto. De forma lógica, si hay una falta de confirmación, como la que se produjo en 1942, se debe tomar como una indicación de un cambio de tendencia, la confirmación o reafirmación por ambas medias, será un medio que proporcionará un argumento con la misma fuerza en contra de un cambio de tendencia. Y, a pesar de eso, la verdad es que habido mucho más cambios mayores cuando las medias estaban de acuerdo que cuando no lo estaban. No queremos extendernos en este punto para no quitarle tiempo al lector, pero estamos seguros que debe advertirle contra las ilusiones que inspirar toda falta de confirmación cuando el mercado se presenta en una tendencia Bajista.

Volviendo a nuestra historia, las medias cerraron a 125,88 y 29,51 el día siguiente a nuestra señal de Mercado Alcista que concluimos de Febrero de 1943. En teoría, es ahí donde un inversor, que siguiera al pie de la letra la Teoría de Dow, habría adquirido sus acciones. (Los que estaban de acuerdo que la tendencia Primaria estaba caminando en Noviembre de 1942, compraron con las medias alrededor de 114,60 y 29,20). Había razones para suponer que este Mercado Alcista que, hasta entonces, revelaba pocas de las comunes características de la segunda fase y ninguna de la tercera, seguiría algún tiempo. En los siguientes cuatro meses no se produjo desarrollo en el mercado que precisara interpretación y, por eso, podemos enfocarnos en los acontecimientos de Junio. La Figura 6 muestra la acción entre el 1 de Julio de 1943 y el 31 de Enero de 1944.

La primera corrección

El 14 de Julio, Tras cerrar en 145,82, la media Industrial terminó en otra dirección. La Ferroviaria (Rail) tan sólo diez días después, logró prosperar hasta un nuevo máximo de 28,30, pero la Industrial estaba en contra de unirse a la recuperación y ambas medias cayeron de manera abrupta a lo largo de 7 sesiones. El volumen de negocios tuvo un aumento y en la baja que se produjo fue una de las mayores que se había provocado en el Mercado Alcista hasta esa fecha, pero la mayoría pudieron percatarse de que, luego de algunos meses de un persistente avance, el mercado "tenía derecho a una corrección". Este movimiento bajista solo podía ser calificado como una tendencia Menor. Luego los tres meses siguientes de desorganizada fluctuación, con mínimos avance máximos en alguna de las medias. Hubo un aumento de la Industria hasta 141,75 el 20 de Septiembre y después volvió a moverse a la deriva, en cambio la Ferroviaria peleó para regresar a 35,53 el 27 de Octubre. A comienzos de Noviembre se provocó otra rápida ruptura que terminó en un giro de volumen alto, que disminuyó en 3,56 puntos el valor de la Industrial y 1,75 el de la Ferroviaria el 8 de Noviembre. Al recuperarse los precios un poco nuevamente volvieron a bajar logrando nuevos mínimos (desde comienzos de la primavera) el 30 de Noviembre La Industrial a 129,57 y la Ferroviaria a 31,50.

En ese instante no existía cuestión diferente del hecho de que se había provocado una Secundaria totalmente formada. La duda de los intérpretes de Dow era si había algo más. Si existía alguna forma de interpretar la primera caída de Junio como una tendencia en sí misma, y como otra oscilación Intermedia la acción de Agosto y Octubre, la ruptura de Noviembre indicaba un Mercado bajista. De hecho, no había algún teórico de Dow, que tengamos entendido, que prestó una consideración muy seria a ninguna interpretación parecida. El quiebre de Julio, como se mencionó anteriormente, no fue clasificado de Intermedia, tampoco en duración ni en puntos recuperados; todo el movimiento de Julio a Noviembre de 1943 debía ser considerado como de una unidad, como una sola reacción Secundaria. La prueba eficaz de una tendencia Mayor real no llegará hasta el próximo avance, en el momento en que se produzca; y, si el mismo dejara de llegar a las alzas máximas de Julio y los precios disminuyeran después hasta nuevos mínimos, realmente podrá estar desarrollando un Mercado bajista.

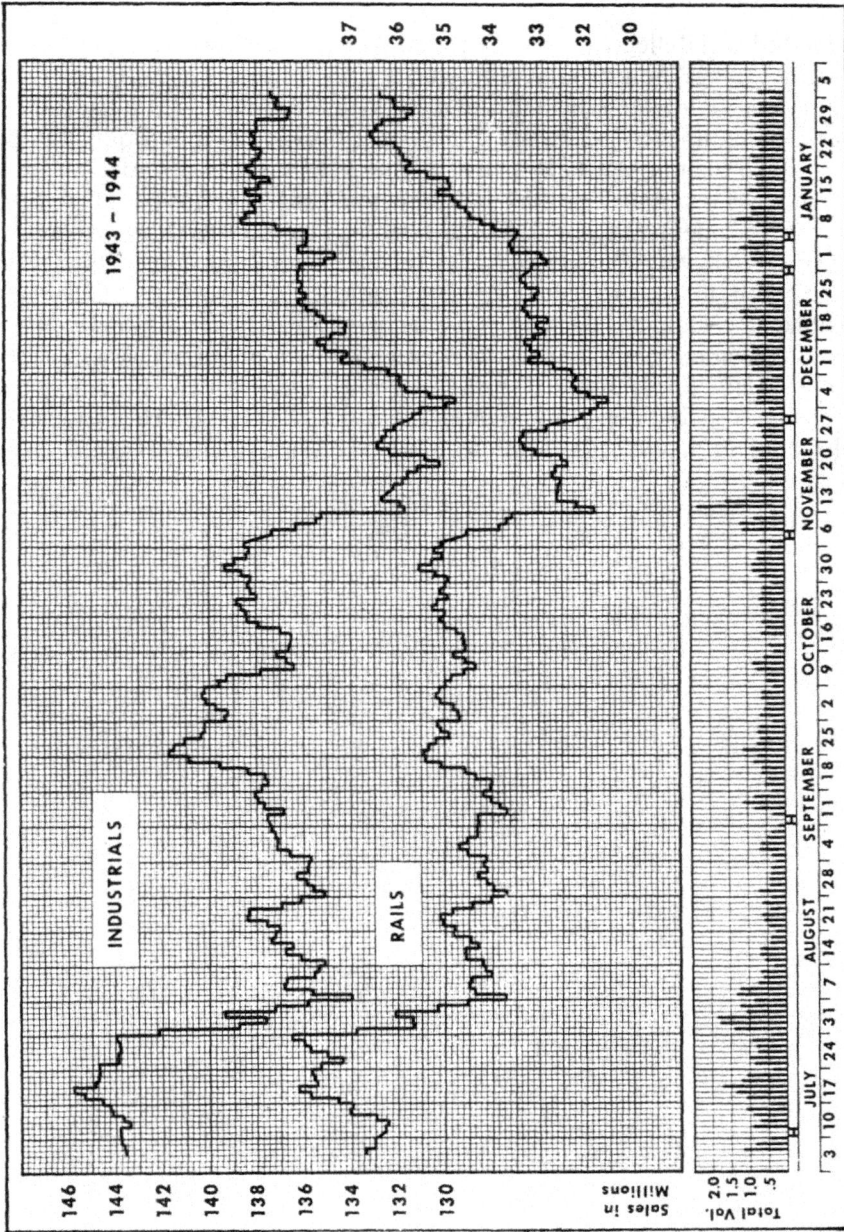

FIGURA 6. Precios diarios de cierre de las medias Industrial y Ferroviaria de Dow-Jones y volumen total de mercado entre el 1 de Julio de 1943 y el 31 de Enero de 1944.

La decisión no se ejecutó durante algún tiempo; los precios volvieron a aumentar, pero el avance de la Industrial era despacio. Las Ferroviarias seguían hacia adelante con mayor rapidez logrando sobrepasaron el 17 de Febrero de 1944 su techo de Julio, seguido hasta un alza máxima Menor de 40,48 el 21 de Marzo.

La media Industrial llego a 141 el 13 de Marzo, pero seguía casi 5 puntos más abajo de su nivel de "señal", dudaron y volvieron a caer. Era otro asunto de atención "alta de confirmación". Para los quieren atribuir una complicada significación a esos sucesos, que sólo podía poseer un significado pesimista. Pero, sin embargo, lo único que significaba era que los próximos movimientos Alcista Primario aun no habían sido asegurados, sólo si ambas medias bajaban entonces y cerraban por debajo respecto de sus mínimos del 30 de Noviembre, se debería prescindir del nuevo máximo registrado por las Ferroviarias (Rails) solas en Febrero y habría una falta de un Mercado Bajista Primario. Resumiendo, lo sucedido a finales de Marzo no se diferenciaba con lo que respecta a sus implicaciones relativas a la tendencia Mayor, de la que ya habían a principios de Enero, antes de que las Ferroviarias rompieran. Si nuestro lector siente, en este momento, que la persistente repetición de términos -Mayor. Intermedio, Ferroviarias, Industriales- comienzan a disminuir su interés e impiden su comprensión, sólo podemos decir en nuestro favor que ignoramos algún sistema de evitarlo. Adelante algunas páginas, si así lo requiere, hasta llegar a otro capítulo y retome nuevamente este estudio más tarde.

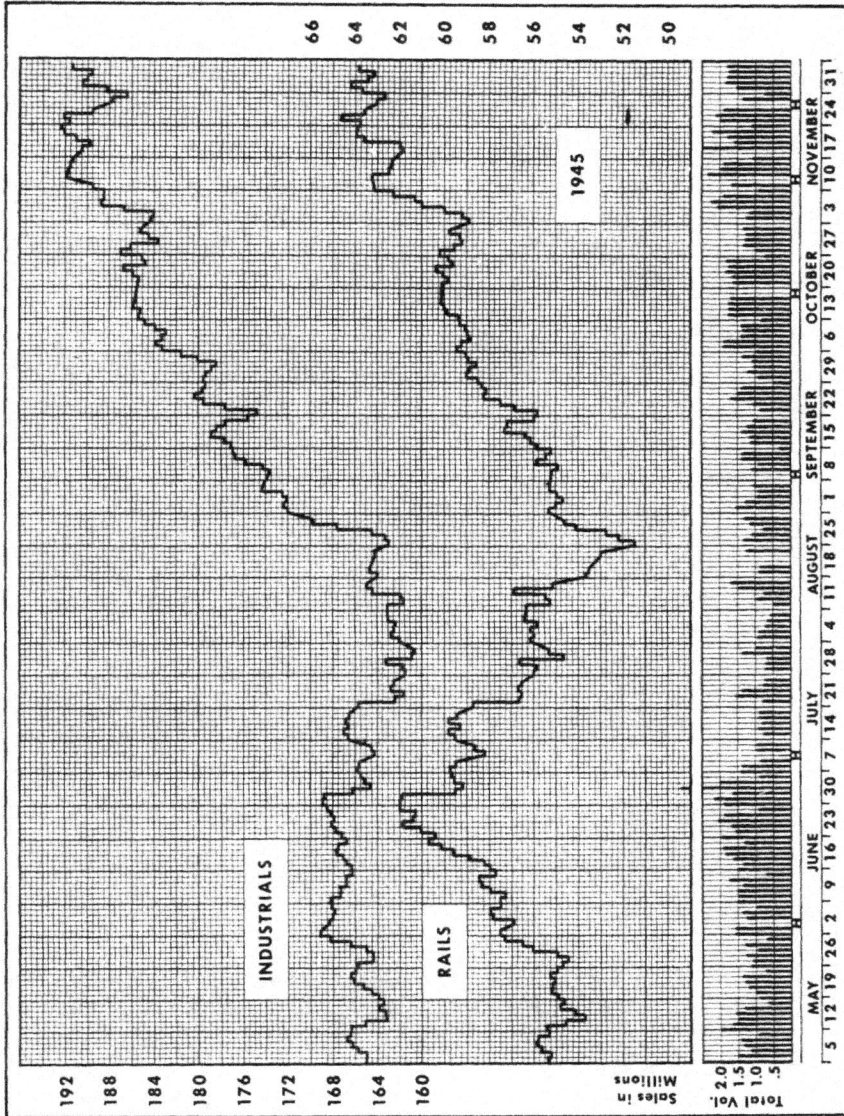

FIGURA 7. Niveles diarios de precios de cierre de las Medias Industrial y Ferroviaria de Dow-Jones desde el 1 de Mayo hasta el 30 de Noviembre de 1945 y volumen diario total de mercado. Este período, que contempló el final de la II Guerra Mundial, sólo produjo una corrección Secundaria moderada en el mercado alcista primario que llevaba existiendo ya 3 años, desde sus comienzos en Abril-Junio de 1942.

Reafirmación de la tendencia alcista

La situación seguía dudosa (pero siempre en base de la Teoría de Dow, que en el capítulo anterior hemos mencionado como 12) hasta el 15 de Junio de 1944, cuando las Industriales concluyeron definitivamente al cierre en 145,86. Les había costado 4 meses confirmar las Ferroviarias y casi todo un año reafirmar la tendencia alcista Primaria. Lo que indujo esta "señal" sobre los operadores fue electrizante: el volumen de transacciones aumentó en 650.000 acciones al día siguiente, mientras los precios avanzaban un entero más.

Los siguientes doce meses no requieren exponerse detalladamente, debido a que no brindaron nada relativo a la acción del mercado que produjera alguna preocupación para el teórico de Dow. Los precios terminaban de forma irregular durante 9 semanas, a partir de mediados de Julio, pero su pérdida máxima fue de mínimas proporciones, y luego fueron mejorando tan sólo con breves interrupciones, hasta 169,08 en la media Industrial (Industrial Average) el 29 de Mayo de 1945 y 63,06 en la Ferroviaria (Rail Average) el 26 de Junio de 1945. Fijémonos rápidamente en el siguiente período, no porque muestre algo nuevo para nuestro estudio, sino porque contiene la rendición de Japón y el final de la lucha en la II Guerra Mundial.

El gráfico siguiente (Figura 7) cubre los 7 meses que van entre el 1 de Mayo y el 30 de Noviembre de 1945. Las Industriales se mantuvieron firmemente durante 4 semanas, mientras que las Ferroviarias realizaban un esfuerzo para alcanzar al Techo del 26 de Junio. El 28 de Junio, sin mayor indicación de titulares de los periódicos un cambio de tendencia tan radical, los precios se alzaron impetuosamente y el volumen de transacciones ascendió hasta cerca de 3 millones de acciones, el total diario más elevado del Mercado Alcista hasta ese momento. Pero la media Industrial dio menos del 5% de su precio más alto. Las Ferroviarias descendieron rápidamente. El 5 de Agosto se lanzó la bomba de Hiroshima y Japón se rindió el 14. La Industriales no actuaban desde su mínimo del 26 de Julio, pero las Ferroviarias no pudieron esperar y volvieron a descender, terminado tocando suelo (en este movimiento) el 20 de Agosto a 51,48, con una pérdida mayor que del 18% sobre su valor más alto de Junio.

Las Ferroviarias se tambalean

Antes de seguir con nuestro examen de la acción del mercado, es de gran interés ver que, hasta este punto, la media Ferroviaria había sido la salvadora de nuestra narración. Comenzando por su negativa de bajar hasta un nuevo mínimo de mercado bajista en Junio de 1942, fue la iniciación de cada avance importante, como las recuperaciones más impresionantes y ganó un 170% en valor en comparación con el 82% de la Industrial. Retrospectivamente, la ilustración es clara: los ferrocarriles fueron los principales beneficiados de la guerra. Agrupaban beneficios, estaban libres del endeudamiento y bajaban sus gastos fijos a un ritmo inédito en esta generación (y seguramente no vuelva a verse nuevamente). Mientras la atención del "público" estaba centrada en las "industrias de guerra" tradicionales y con mayor publicidad, el mercado ya había comenzado, mucho después como Pearl Harbour, a valorar y tener en consideración aquellos inicios sin precedentes de las Ferroviarias. Pero, luego, se produce un giro en el panorama y las Ferroviarias se convierten en las rechazadas. Al volver ahora la vista atrás, se hace claro que, en Julio de 1945, el mercado había empezado, con el mismo entusiasmo, teniendo presente un cambio en la fortuna de las mismas: Demostración Iluminadora De La Suposición Básica (principio numero I) de la Teoría de Dow

Volviendo a nuestro gráfico, los precios comenzaron nuevamente a subir después del 20 de Agosto; ambas medias habían presenciado una reacción Secundaria y ahora los Teóricos de Dow tenían que estar muy pendientes, para ver si la tendencia alcista Primaria iba a enfrentarse a nuevos cambios, logrando nuevos máximos. Las Industriales "alcanzaron el nivel justo" cuando el 24 de Agosto cerraron a 169,89, pero las Ferroviarias aún precisaban seguir recuperándose y se vertían en las ofertas, en el momento que salían después de cada uno de los niveles de mínimos Menores de su tendencia bajista de Junio y Agosto (hecho que nos detendremos con mayor dedicación en el Capítulo sobre "Soporte y Resistencia").Hasta los inicios de Noviembre de 1945 no hubo cómo ratificar la señal de las Industriales, cerrando por encima de 63,06. En ese punto, las medias habían vuelto a anunciar que el Mercado Alcista Primario seguía en vigencia. Se había ya prolongado por 3 años y medio - mayor que la gran parte de los Mercados Alcistas y aparecían con agilidad signos de la "tercera fase"-, el público compraba, las salas estaban repletas, las noticias de la Bolsa se mostraban en las primeras páginas de, inclusive, los comunes periódicos locales, los "cats and dogs" eran aceptados y el comercio se hallaba en un boom.

Con ambas medias en una nueva alza y con el Mercado Alcista esta vez firme, podía mostrarse en es momento todos los puntos de mínimo anteriores. Por ejemplo, el mínimo de 160,91 el 26 de Julio de las Industriales y el de 51,48 del 20 de Agosto de las Ferroviarias ya no era significativo la Teoría de Dow. Residía en un punto que, hasta ahora, no hemos sobresalido, pero que es significativo. Verdaderamente, podría agregarse a la serie de reglas del capítulo anterior si no estaría implícito en los principios básicos. Cuando se confirma o reconfirmar una tendencia Primaria, uno deroga la pasada y todo gira alrededor a la acción futura. A términos de 1945, con muchos síntomas de "tercera fase", la acción de mercado había que seguirla con mucha atención. La tercera fase podía prolongarse por 2 años o más (como aconteció en 1927-1929), o concluir en cualquier momento. Nuestro próximo gráfico (Figura 8) nos lleva hasta Mayo de 1946.

La primavera de 1946

El mercado afrontó un retroceso mínimo a términos de Diciembre –hecho que se llegado a esperarse como la pauta normal de ese mes y que generalmente se le concede a la "venta de impuestos"- y se lanzó fuertemente hacia adelante, nuevamente, en Enero de 1946. El volumen diario del 18 de Enero sobrepasó los 3 millones de acciones por primera vez en 5 años. La primera semana de Febrero se produjo una agitación en los precios, con poco cambio neto. En este instante se registraron cierres de máximo extremo por las Media Ferroviaria (68,23, el 5 de Febrero) y 206,47 el 2 de Febrero, por lado de la media Industrial. El 9 de Febrero, ambas empezaron a disminuir. Volviendo luego fuertemente desde el 13 hasta el 16 y después se produjo un lapso de interrupción con una oleada de ventas. Que llegó a su máximo el 26 de Febrero con cierres a 60,53 y 186,02. La pérdida de las Industriales fue la mayor en puntos (20,95) que se ha presenciado durante todo el Mercado Alcista; En las Ferroviarias (Rails), sólo se vio vencida por su baja de Julio y Agosto del año anterior. Alcanzaba aun poco más del 10% en las primeras y del 11 % en las segundas y concedió menos de la mitad de los avances

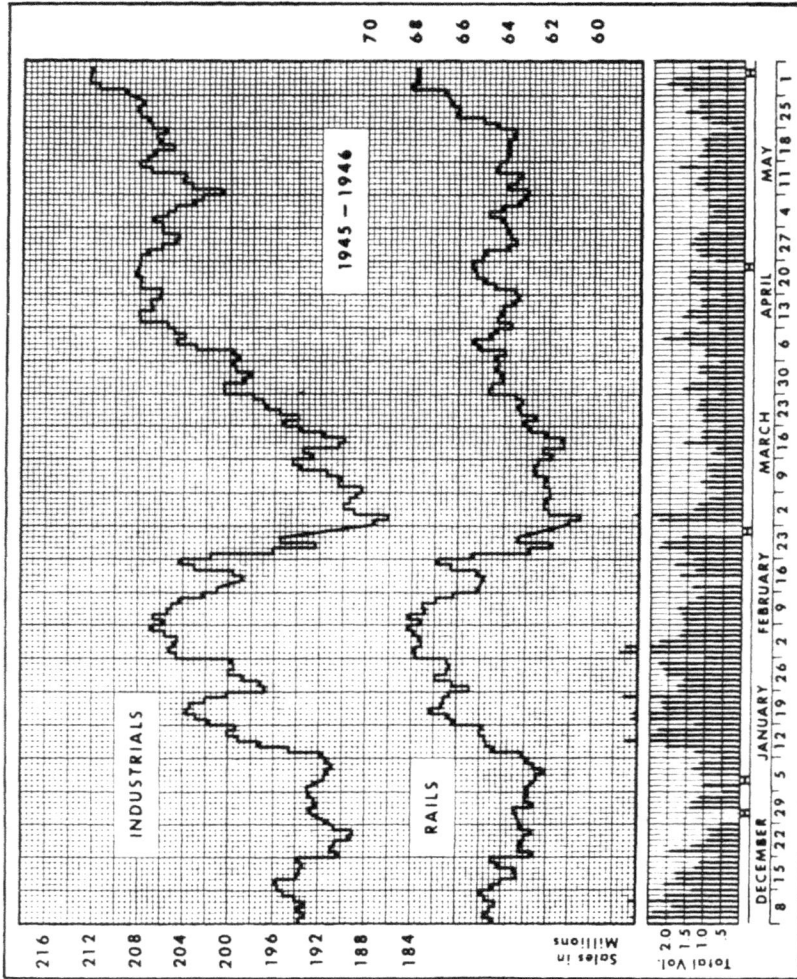

FIGURA 8. Niveles diarios de precios de cierre de las medias Industrial y Ferroviaria de Dow-Jones entre el 1 de Diciembre de 1945 y el 31 de Mayo de 1946 y volumen total de mercado. Los rasgos destacables de este período incluían el volumen extremadamente alto que prevaleció a lo largo de Enero y Febrero, en comparación con el volumen de operaciones más bajo de Abril y Mayo, así como la actuación rezagada de las Ferroviarias cuando la media Industrial ascendió a un nuevo máximo en Abril y volvió a hacerlo a finales de Mayo. En esta última fecha, los mínimos de Febrero seguían constituyendo los niveles de mínimo de "señal", según la Teoría de Dow.

hechos por ambas desde los mínimos del verano de 1945. El 26 de Febrero el la caída duraba ya 3 semanas. Era una Intermedia sin duda -en la Teoría de Dow, una reacción Secundaria dentro de la tendencia alcista Mayor todavía existente. Los enredos laborales seguían presionando a las industrias del acero y del motor en 1946 desde principios de Enero y estaba en espera una huelga del carbón. El quiebre de Febrero se ayudó a los nuevos acontecimientos, pero el motivo principal era más probable que fuera la interrupción de la operación con margen.

La junta de la Reserva Federal había pronunciado en Febrero que las acciones solo podían adquirirse a cambio de efectivo al 100%. El aumento de finales de Enero fue esencialmente por los "pequeños amigos" que se agarraban a su última oportunidad de compra con margen. (Aquellos que participaron en este lío seguramente seguirán arrepintiéndose por un largo tiempo). Los profesionales se agarraron a la oportunidad para descargar sus compromisos, pero el "pequeño amigo" se hallaba por un lapso de tiempo sin fondos. En esas situaciones, cuando miramos hacia atrás, nos resulta sorprendente que, no se esbozara un pánico mayor.

Pero el teórico de Dow no se ocupaba de las causas. El Mercado Alcista se había reafirmado a inicios de Febrero con ambas medias, cancelando todos los niveles de señal previos. Era claro que seguían operando fuerzas alcistas ya que se mantuvieron los mínimos del 26 de Febrero y los precios empezaron a recuperarse. Las Industriales regreso rápidamente y, para el 9 de Abril, había cerrado en un nuevo terreno de máximo a 208,03. La media Ferroviaria (Rail Average) se retrasó. Cuando el mercado se mostró débil a términos de Abril, la media Ferroviaria seguía casi 5 puntos más abajo de su anterior máximo de Febrero. ¿Se trataba de otra "falta de confirmación" por la que inquietarse?

El empuje final al alza

Los mínimos presentados a finales de Febrero componían es ese instante los puntos críticos en el sector de abajo; si ambas medias descendieran por más abajo de los cierres a la baja intermedios registrados, entonces, antes de que las Ferroviarias consiguiera desarrollar una nueva alza por encima de 68,23 (en este caso la señal alcista de las Industriales sería derogado), se indicara un nuevo Mercado bajista. Pero, pese a una huelga de mineros y de otra de los trabajadores del ferrocarril, a mediados de Mayo el mercado volvió a verse firme, realizando unas recuperaciones sorprendentes, que llevó a la media Industrial hasta 212,50 el 29 de Mayo de 1946 –a un punto de máximo alcista de casi 6 puntos- y la media Ferroviaria le fue difícil igualar en Mayo su cierre al aumento de Febrero por solo 0,17, sólo fue un poco hacia atrás y luego subió finalmente el 13 de Junio hasta cerrar a 68,3,1, asegurado así la media Industrial en su informe de que (desde esa fecha) la tendencia Primaria continuaba siendo alcista. Los mínimos de Febrero (186,02 y 60,53) ya no eran significativos en la Teoría de Dow, pero precisamos tener estas cifras presentes porque se hallan entrelazados en una discusión que hizo de que hablar entre los estudiosos de Dow por varios meses.

En el gráfico siguiente (Figura 9) se sobrepone a la Figura anterior y continua a la acción del mercado a partir del 4 de Mayo hasta el 19 de Octubre de 1946. Es preciso indicar que el volumen de transacciones, a finales de Mayo y comienzos de Junio, no consiguió llegar a ni a los niveles de techo de finales de Enero comienzos de Febrero ni los de suelo de finales de Febrero;

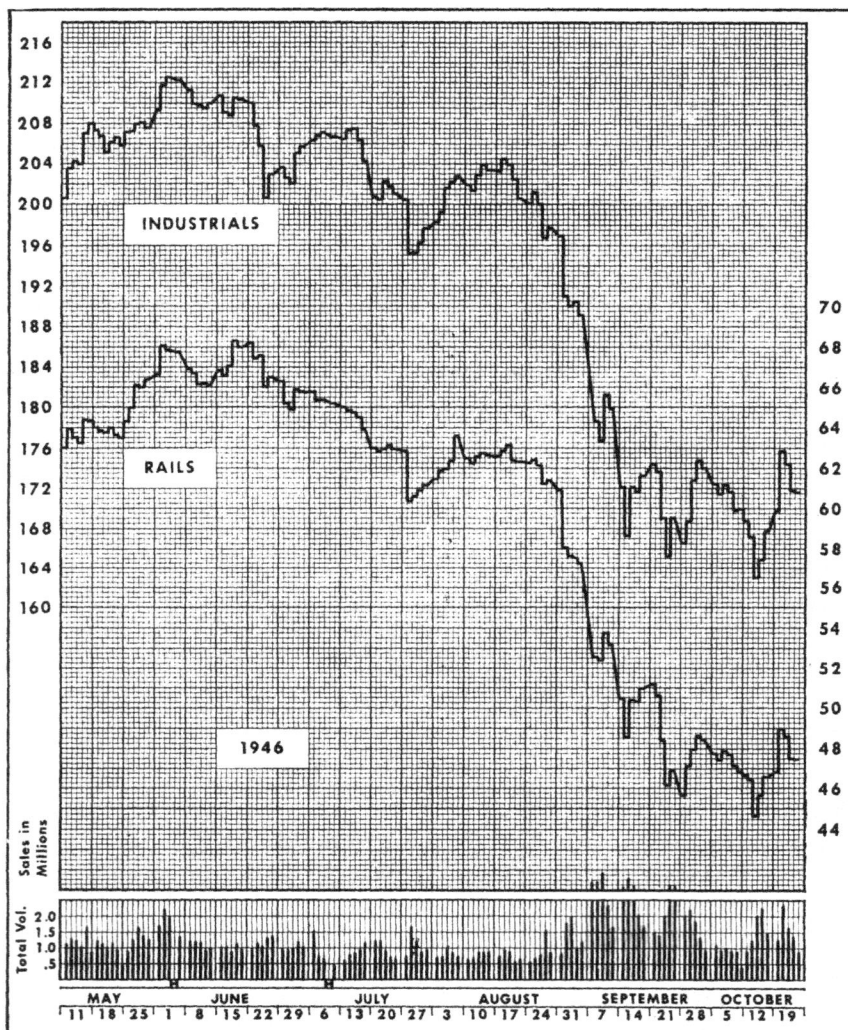

FIGURA 9. Niveles diarios de precios de cierre de las medias Industrial y Ferroviaria de Dow- Jones entre el 4 de Mayo y el 19 de Octubre de 1946 y volumen total diario de mercado. Este gráfico se superpone a la Figura 8. Compare el precio de cierre de la media Ferroviaria del 13 de Junio con su cierre alcista del 5 de Febrero. La acción de ese mes de Junio anuló la importancia previa que para la Teoría de Dow tenían los mínimos de Febrero. Observe el cambio importante en la pauta de volumen que se produjo después de Mayo, en especial durante la recuperación de Agosto.

el mercado daba la impresión de estar perdiendo vida, lo cual generaba una expresión importante pero de ninguna forma decisiva. Los precios empezaron a bajar rápidamente y enseguida de la confirmación de las Ferroviarias el 13 de Junio; las Industriales volvieron a romper el 15 de Julio y las dos medias siguieron su decaimiento, hasta que se quedaron en 19,92 y 60,41 al cierre del 23 de Julio.

De igual forma como se desarrolló anteriormente, se hallaba el final de aquella oscilación Intermedia, que según con nuestra regla 12, debía ser clasificada de acción Secundaria de un Mercado Alcista, hasta que pudiera determinar lo contrario. El mercado regreso a caminar hacia al alza. Fue lenta pero segura, con el volumen de negocios más abajo de un millón de acciones, hasta que, tan sólo tres semanas después (el 13 de Agosto), la Industrial se pudo recuperar a 204,52, un poco más que la mitad de sus perdidas de Junio y Julio y las Ferroviarias (14 de Agosto) a 63, 12, más de un tercio de las suyas. Por lo siguiente, el avance había considerado los básicos requisitos de una tendencia Intermedia. Si los precios seguían subiendo y cruzaran finalmente sus techos de Mayo y Junio, la Tendencia Alcista Mayor nuevamente sería más firme. Pero si ahora bajara y cayera más abajo de los niveles de cierre del 23 de Julio, ese hecho mostraría un cambio en la tendencia Primaria.

La señal de mercado bajista

En el gráfico de volumen ya se podía considerar que la situación era muy difícil. Desde fines de Mayo, el volumen no sólo había aumentado en las bajadas, sino, lo que era más distinguido, al agotarse en las recuperaciones. Fijémonos y comparemos la Figura 9 con la 7 y la 8, fijémonos lo llamativo que, a mediados de Agosto, se había realizado este fenómeno. Los precios volvieron a bajar, ascendiendo la actividad en las rupturas, y el 27 de Agosto los precios de cierre fueron 91,04 para las Industriales, y 58,04 para las Ferroviarias. Las medias habían hablado: un Mercado Alcista de prolongación de cuatro años había terminado e iniciaba un Mercado Bajista. Los inversionistas de Dow tendrían que haber vendido todas sus acciones al día siguiente (aproximadamente a 190 y 58 en los términos de ambas medias).

Para tener una visión más clara de la historia, era una necesidad que los teóricos de Dow volvieran atrás y definieran los máximos del 29 de Mayo y 13 de Junio de las Industriales y las Ferroviarias, como final del Mercado Alcista. La caída de Junio y Julio llego a ser el primer movimiento Primario de la nueva tendencia bajista y el avance del 23 de Julio al 14 de Agosto se transformó en la primera recuperación Secundaria dentro de la tendencia Bajista mayor. En aquel momento, había una segunda oscilación Primaria en proceso de progresión.

Seguro Ud. habrá destacado, por lo dicho posteriormente, que se indicó un Mercado Bajista enseguida que ambas medias ingresaron en sus mínimos del 23 de Julio.

Regresemos y retomemos los argumentos que señalamos en la página anterior. Algunos estudiosos de la Teoría de Dow estaban en contra de reconocer que el nuevo máximo del 13 de Junio de la media Ferroviaria era una afirmación decisiva de una tendencia Alcista. El cierre anterior debía ser mejorado, como mínimo, en un entero (1,00), declaraban muchos, para confirmar la señal previa concedida por las Industriales si tan sólo fuera 0,80 no sería concluyente. Pero si esa opinión era ratificada, tendría unas consecuencias lógicas que luego, reflejaron ser vergonzosas. Ya que, si el Mercado Alcista no se hubiera visto firme en Junio, los niveles críticos de los mínimos estarían en 186,02, para las Industriales, y 60,53 para las Ferroviarias, en los mínimos del 26 de Febrero. Por esa causa, no podía nombrarse Mercado Bajista hasta que esos precios hubieran sido iniciados por ambas medias. Hubo muchos acompañantes a esta opinión, específicamente los que no les interesaban los "detalles pequeños", tan solo querían "dar al mercado las mayores oportunidades, en vista de los todavía instructivos análisis fundamentales"

El mercado, rompió sus mínimos de Febrero, y para ese instante, ya había comenzado el pánico (segunda fase). Claramente, en este caso, la escuela estudiosa de "cualquier ingreso, sea la que sea", se llevaba la mejor parte; habían vendido, al menos, a 13 puntos por sobre en términos de la media Industrial (y, por menos, a 6 en la media Ferroviaria). Luego de seis meses, el 9 de Octubre, para ser exactos, esta segunda movimiento Primaria Intermedia terminó con las Industriales a 163,12 Y con las Ferroviarias a 44,49, y comenzó otro movimiento de recuperación Intermedio. Me gustaría señalar antes de terminar esta historia de 6 años de interpretación según la Teoría de Dow, que cabe tomar atención, que el máximo de la Media Ferroviaria (Rail Average) del 13 de Junio concede una ilustración exacta de la regla, según la cual una tendencia puede cambiar de un instante a otro luego de haber sido confirmada a reafirmada, de las cada vez menos posibilidades a favor de la continuación de la tendencia Primaria con cada reafirmación consiguientes.

Capítulo V

Los Defectos
de la Teoría de Dow

Seguro que nuestros lectores se ha sentido más aliviado al concluir el capítulo anterior el que abarcaba temas difíciles y confusos .Ahora en a este punto, algunos querrían inclusive que la Teoría de Dow jamás se hubiera creado. Y, seguro que otros habrán hallado varios de sus defectos (reales o supuestos) y tendrán preguntas que hacer. Más no es preciso dedicarnos a ello, antes de que sigamos hacia otras preguntas gráficas de mayor interés.

Primero, fijémonos en la acusación de "segunda conjetura", que frecuentemente se realiza a los que escriben sobre la Teoría de Dow. Es una acusación que seguirá otorgándonos sus resultados mientras los teóricos de Dow presenten diferencias de opinión en los períodos críticos (lo que sucede con frecuencia). Inclusive los más ortodoxos y experimentados de los analistas de Dow creen obligatorio intercambiar en ocasiones sus interpretaciones cuando la posición que se aventuró al principio ya no se pude mantener, por culpa a alguna acción posterior del mercado. No tratarán de negarlo -pero, sostienen que a la larga se pierde cantidades mínimas con esos errores de interpretación temporales. Algunos de ellos anuncian sus comentarios fijamente y pueden referirnos a archivos impresos de opiniones y consejos mencionados antes y durante el acontecimiento, así como después del mismo. Sobre el capítulo anterior de este libro, si Ud. quiere comprobar sus historiales, se dará cuenta que las interpretaciones que de el se han dado (más las observaciones hechas "retrospectivamente" y calificadas como tal), eran justamente las que publicaron en ese instante los analistas de Dow.

La Teoría de Dow llega "demasiado tarde"

Consiste en un contrapuesto más certero. A veces se demuestra a través de la afirmación inmoderada de que "La Teoría de Dow es un sistema seguro de trasladar al inversionista del primer y último tercio de cada movimiento Mayor, ¡y, a veces, ni siquiera hay un tercio de por medio!" o por ejemplo: en 1942 se inicio un Mercado Alcista Primario con la media Industrial a 92,92 y 1945 terminó a 215,50, con una ganancia total de 119,58 puntos, pero hasta que las Industriales no estuvieron a 125,88, los teóricos de Dow no podrían adquirir ni tampoco vender hasta que los precios hubieran bajado a 191,04, agarrando así, en el mejor de los casos, sólo en torno a los 65 puntos, o no mayor a la mitad del movimiento total. Esa este hecho concreto no se discutirse, pero la respuesta a la objeción es: "trate usted buscar a un hombre que haya comprado al principio sus acciones a 92,92, o, inclusive, dentro de 5 puntos a partir de ese nivel y que se haya mantenido el 100% de los años de duración y que, al final, se haya vendido a 212,50, o dentro de 5 puntos de ese nivel". Será muy interesante para el lector tatar de realizarlo; de hecho, será muy difícil inclusive ubicar a una docena de personas que lo hicieran tal como la Teoría de Dow.

Una respuesta aún mejor, ya que entiende todos los posibilidades de todos los tipos conocidos de Mercado Alcista y Bajista hasta la fecha, es el historial global en dólares y centavos de los últimas 6 décadas.

Registro de sesenta años de la teoría de Dow

Fondo original $ 100,00	Fecha	Precio de la Media Industrial	Ganancias (en %)	Ingresos $
Invertidos	12 de Julio, 1897	44,61		
Acciones vendidas	16 de Dic.,1899	63,84	43,1	143,10
Ingresos vendidos	20 de Oct.,1900	59,44		
Acciones vendidas	1 de Jun., 1903	59,59	0,3	143,53
Ingresos reinvertidos	12 de Jul., 1904	51,37		
Acciones vendidas	26 Abr., 1906	92,44	80,0	258,35
Ingresos reinvertidos	24 de Abr., 1908	70,01		
Acciones vendidas	3 de Mayo 1910	84,72	21,0	312,60
Ingresos reinvertidos	10 de Oct., 1910	81,91		
Acciones vendidas	14 de Ene., 1913	84,96	3,7	324,17
Ingresos reinvertidos	9 de Abr., 1915	65,02		
Acciones vendidas	28 de Ago., 1917	86,12	32,5	429,53
Ingresos reinvertidos	13 de Mayo., 1918	82,16		
Acciones vendidas	3 de Febr., 1920	99,96	21,7	522,74
Ingresos reinvertidos	6 de Febr., 1922	83,70		
Acciones vendidas	20 de Jun., 1923	90,81	8,5	567,17
Ingresos reinvertidos	7 de Dic., 1923	93,80		
Acciones vendidas	23 de Oct., 1929	305,85	226,1	1.849,54
Ingresos reinvertidos	24 de Mayo., 1933	84,29		
Acciones vendidas	7 de Sept., 1937	164,39	95,0	3.606,61
Ingresos reinvertidos	23 de Jun., 1938	127,41		
Acciones vendidas	31 de Mayo., 1939	136,42	7,2	3.866,29
Ingresos reinvertidos	17 de Jul., 1939	142,58		
Acciones vendidas	13 de Mayo., 1940	137,50	(Pérdida 3,6)	3.727,10
Ingresos reinvertidos	1 de febr.,1943	125,88		
Acciones vendidas	27 de Ago., 1946	191,04	51,9	5.653,71
Ingresos reinvertidos	2 de Oct., 1950	228,94		
Acciones vendidas	2 de Abri., 1953	280,03	22,3	6.911,01
Ingresos reinvertidos	19 de Ener., 1954	288,27		
Acciones vendidas	1 de Oct., 1956	468,70	62,6	11.236,65

What is the Dow Theory? por Richard Durant. Durant & Co., Detroit.

Richard Durant nos concedió el permiso para reimprimir las siguientes cuentas de lo que, en teoría, hubiera pasado si se hubiera podido invertir en un fondo de sólo 100 dólares en las acciones de la Dow-Jones Media Industrial el 12 de Julio de 1987, cuando la Teoría de Dow indicó un Mercado Alcista Primario y, después se hubieran vendido esas acciones y se hubieran vuelto a adquirir sólo cuando, la Teoría de Dow hubiera señalado, definitivamente, un cambio en la tendencia mayor.

Concluyendo, una inversión de 100 dólares de 1897 se habría convertido en 11.236,65 en 1965, sólo adquiriendo acciones de la Industrial Average (Media Industrial) en el momento que la Teoría de Dow anunciaba un Mercado Alcista y vendiéndolas cada vez que la Teoría de Dow declaraba Mercado Bajista. Durante ese lapso de tiempo, el inversionista habría realizado 15 compras y 15 ventas o, aproximadamente, una transacción sobre la Media cada 2 años.

El historial posee imperfecciones. Muestra una transacción con pérdidas y tres momentos en las que la reinversión se habría mostrado a un nivel más elevado que la liquidación anterior. Pero es algo que no requiere mayor defensa. Inclusive, no le da importancia a las comisiones y los impuestos sobre transmisiones, y tampoco añade los dividendos que el inversionista habría recibido durante el período en que mantenga sus valores; estos últimos, habrían agregado muchas más plusvalías a la cartera.

Para el hombre que cree en que sólo hay que simplemente comprar buenas acciones y dejarlas separadas, le aconsejo que compare los resultados anteriores con los mejores resultados que podrían haberse logrado con la compra de acciones sólo una vez al precio más bajo registrado a lo largo de todos esos 15 años por La Media Industrial y vendiéndolas solo una vez al más alto: 100 dólares invirtiéndolos al mínimo constante de ese período, 29,64 el 10 de Agosto de 1986, se habrían transformado en sólo 1.757,93 dólares en el máximo constante del período, en 521,05 después de 60 años, el 6 de Abril de 1956, frente a los 11.236,65 sacados del programa estricto de la Teoría de Dow.

La Teoría de Dow no es infalible

Esta más que claro que no lo es. Todo depende de la definición y ésta en conjunto a todos los peligros de la capacidad aclarativa humana. Pero, una vez más, el historial habla por sí mismo.

La Teoría de Dow a menudo deja en duda al inversionista

Es verdad en un sentido y no lo es en otro. En ningún momento la Teoría de Dow deja de conceder una respuesta presunta a la pregunta sobre la dirección de la tendencia Primaria. Esa respuesta podría ser equivocada por un período de tiempo comparativamente corto al principio de cada oscilación Mayor. También habrá momentos en las que un buen analista de Dow debería decir: "La tendencia Primaria sigue presuntamente siendo alcista, pero ha logrado obtener un estadio peligroso y no puedo aconsejarles, con seguridad, que compre ahora. Ya que puede ser tarde".

A menudo, la respuesta anterior muestra la incapacidad que presenta el crítico de aceptar el concepto base de que las medias tienen en cuenta todas las noticias estadísticas, demuestra dudas sobre la Teoría de Dow porque no puede igualar su mensaje con sus propias ideas, extraídas de otras fuentes, acerca de lo que deben hacer los valores. La Teoría, generalmente acierta.

En otras ocasiones, esta crítica sólo demuestra inquietud. Puede haber semanas, o meses como, por ejemplo, durante la formación de una Línea. En los cuales la Teoría de Dow no puede revelarse. Es natural que el operador activo se manifieste. Pero la paciencia es una virtud esencial, tanto en bolsa como en otro lugar y de hecho, ayuda para evitar graves errores.

La Teoría de Dow no ayuda al inversionista de tendencia intermedia

Realmente es así. Por lo general la Teoría da pocas señales, o ninguna, sobre cambios en una tendencia Intermedia. A pesar, si se puede sujetar una gran proporción de ellos, el beneficio llegaría a más de lo que pueda derivarse de tan sólo la tendencia Primaria. Varios operadores han establecido reglas complementarias basadas en principios de Dow, que se usan en movimientos Intermedios no obstante, en conjunto, no han demostrado ser provechosos. Lo que nos queda de nuestro libro se concentrará en llevar a cabo una mejor visión de este problema.

No se pueden comprar o vender las "medias"

Otro punto totalmente verdadero. La Teoría de Dow es un medio mecánico programado para instituir el sentido de la tendencia Primaria del mercado, lo cual posee su importancia porque, tal como dijimos al principio de este estudio, la gran parte de las acciones tienden a continuar la tendencia. La Teoría de Dow no puede decirnos qué acciones adquirir.

Nuevamente, se trata de un problema que se señalara en el resto de este libro.

Capítulo VI

Pautas importantes de vuelta

En las descripciones anteriores sobre algunas faltas que están presentes en la Teoría de Dow, claro que desde el punto de vista práctico para el operador, hablamos del caso de que la teoría no nos indica con qué acciones específicas debíamos operar. No podemos comprar o vender las "medias". Un inversionista conservador y con medios, que posee mayor interés por la seguridad que por los máximos beneficio, puede hallar la solución realizando una lista global y dividida entre los "valores seguros" y concediéndole a su corredor la orden de comprar ese paquete cuando la Teoría de Dow indique una tendencia alcista. Alguno de los valores seleccionados se comportarán mejor que otros; algunos pueden desenvolverse mal, pero la amplia diversificación dará como garantía que se logre un resultado medio. Se conseguirían mejores resultados si pudiéramos hallar una manera de seleccionar, para su compra, los valores ubicados en un punto más favorable en un momento dado, y nos las ingeniamos para venderlos pronto y cambiarlos por otros, en el instante que las perspectivas de los primeros hayan bajado.

Hay maneras de aumentar nuestras ganancias si podemos comprar, estando seguros en una tendencia alcista antes de que lo indique un Teórico de Dow y vender antes de que el mercado haya reaccionado lo máximo como para incitar una señal Bajista de Dow.

Nos referimos igualmente al hecho de que la Teoría de Dow concede mínimas o ninguna ayuda para operar en las tendencias Intermedias. Seguramente, se puede ganar más dinero si podemos obtener el beneficio total de cada movimiento en ascenso sin tener que cancelar algunos de nuestros beneficios en cada reacción, o si podemos obtener los beneficio en ambos sentidos, ejecutando tanto en el "lado a crédito" como en el "lado al descubierto" del mercado. En fin, aunque todas las acciones tienden a moverse con el mercado tal como está explicado en las medias, existen, de hecho, grandes modificaciones en los caminos del precio de los valores concretos. Después de todo, una media es solamente eso : un recurso para expresar, con una cifra, una diversidad de cifras. Con la media Industrial de Dow-Jones terminó un Mercado Alcista Primario el 29 de Mayo de 1946; pero United Airlines registró su precio más alto en Diciembre de 1945; General Motors obtuvo un ascenso máximo más alto en Enero de 1946; Goodyear en Abril; Du Pont en Junio y Schenley en Agosto.

El análisis técnico de los gráficos de las acciones concretas nos da una respuesta definitiva al primero y más importante de esos cuatro problemas: El asunto de la selección. Habitualmente, nos entrega un punto de inicio para la Teoría de Dow; también, en gran parte, soluciona el asunto de la tendencia Intermedia, aunque hay recato en cuanto a la política y el riesgo en ambos puntos, de lo que tendremos que ocuparnos en su momento; posteriormente, el análisis técnico cuidadoso debería, en la mayoría de las ocasiones, expulsarnos de una acción que establece un techo por delante de las medias mucho antes de experimentar cualquier baja considerable y, a menudo, a tiempo de transferir fondos hacia otros valores que todavía no han terminado sus avances.

Así como las medias disminuyen continuamente factores conocidos y predecibles que influyen en el futuro de los precios de los valores, la acción de mercado de una emisión individual señala todos los factores que afectan a su futuro individual. Entre esos factores, y mostrados en su gráfico, se hallan las condiciones generales del mercado que afectan a todas las variables, en mínimo o mayor grado, así como las condiciones particulares que son aplicables a la acción concreta, incluyendo las operaciones de los "iniciados".

Supongamos, que desde el principio usted, lector, no es miembro de ese círculo de personas que en las salas se denominan como los entendidos. Ese grupo, de personas informadas sobre todos los datos, cifras y acontecimientos que podrían establecer la fortuna de determinada compañía. Puede pasar de vez en cuando y puede afectar en el precio del mercado de su acción. Pero seguro que no hay, tantos "entendidos" como cree el operador aficionado, y no provocan ni la decima parte de los movimientos del mercado de los que el público les acusa, e inclusive casi seguro que los entendidos puedan estar equivocados; de hecho ellos serán los primeros en admitirlo.

Generalmente, sus planes son afectados por algún suceso que no podían prevenir, o por alguna fuerza que ridiculiza todas las estimaciones de valor de los expertos. Todo el éxito que poseen, puede lograrse comprando y vendiendo en la sala de la Bolsa. No podrían hacer ninguna de las dos cosas sin trastornar el equilibrio de la oferta y la demanda que domina los precios. Cualquier cosa que realicen, se manifiesta, en algún instante, en los gráficos, en los que usted, el "no entendido", puede determinarlo. O, al menos, detectar el modo en que la ecuación oferta-demanda se ve influida por las operaciones de los entendidos, en conjunto con los otros factores dominantes en el mercado. Así que, usted, no posee la necesidad de ser un entendido para moverse habitualmente con ellos.

Pautas importantes de cambio de dirección o vuelta

Las tendencias son las que mueven los precios de las acciones. Hay variadas tendencias, unas son rectas y otras son curvas; unas son cortas y otras se prolongan; unas son irregulares y otras son regulares o normales, constituidas en una serie de ondas de acción y reacción que muestran una gran uniformidad. Tarde o temprano, esas tendencias cambian de sentido; pueden irse (como, por ejemplo, de arriba hacia abajo) o pueden ser obstaculizadas por algún tipo de movimiento lateral y, luego de un período, seguir en su dirección anterior.

Generalmente en los casos, cuando la tendencia de un precio está cambiando, ya sea de ascender a descender, o viceversa, se establece un "área" o "pauta" en el gráfico que se distingue como una formación de cambio de sentido. Algunos de esos dibujos gráficos se forman y se completan velozmente, en cambio que otros pueden requerir varias semanas para lograr un estadio, en el que se pueda decir con toda seguridad que se ha señalado un cambio de tendencia. En términos generales, cuanto mayor sea la fluctuación del precio dentro de ella, mientras más se demore en formarse, mientras más acciones se trasfieran durante su formación, más significativas serán sus implicaciones. Hablando en general, una formación de cambio de dirección grande muestra que, después, vendrá un gran movimiento y una pequeña pauta, un pequeño movimiento. No hay necesidad de decir que la primera y más importante labor del analista técnico se basa en aprender a identificar las formaciones de cambio de dirección importantes y estudiar qué pueden significar, en términos de posibilidades de operación.

Hay una pauta de cambio de dirección reconocida, que aparece y se queda formada en un mismo día y que, por eso, se le conoce como "vuelta en un día". A veces, posee una gran significación porque determina la pausa, al menos temporal, de un movimiento a subir o a bajar, pero en sus manifestaciones más normales no involucra, en gran medida, un movimiento instantáneamente en la dirección contraria.

Es una pauta muy útil y hablaremos de ella más adelante, pero hay que aclarar que las formaciones de precios de las que empiezan las tendencias nuevas importantes, se demoran su tiempo en formarse. No se puede pausar, de un momento a otro, un coche pesado que avanza a 70 Km/hora y, a la vez, es ese segundo, hacerlo girar y avanzar por la carretera en el sentido contrario a 70 Km.

Tiempo necesario para cambiar la tendencia

No hace falta apoyarnos en una aproximación sobre coches de carreras porque hace falta tiempo (volumen y acción de precios) para desarrollar un cambio de sentido de una tendencia trascendental. Si nos tomamos sólo un instante para analizarlo nos daremos cuenta que la lógica de todo ello se ve con claridad. Se puede hacer fácilmente describiendo lo que podría haber pasado (y lo que, sin dudar, ha ocurrido muchas veces), en términos seguros. Pensemos que una camarilla bien informada y bien financiada establece que las acciones de una empresa, que ahora se venden alrededor de 40, son baratas, que los asuntos de esa empresa van prosperando tan satisfactoriamente que, a corto plazo, atraerá la atención de muchos inversionistas y que la demanda de sus acciones se hará a unos niveles mucho más elevados, quizá a 60 0 65. Nuestro grupo toma consciencia de que, si administran adecuadamente sus operaciones en el mercado, mientras que no pase nada imprevisible que arruine sus cálculos, pueden lograr 20 puntos de la situación. Así que, se dedican a comprar en todas las ofertas y se dedican al asunto lo más silenciosamente que puedan, hasta que han recolectado su línea, que puede lograr varios miles de acciones y representar prácticamente todas las emisiones sobre el valor. Después esperan. Entonces los profesionales empiezan a sospechar y se crea el rumor de que "en PDQ ocurre algo" u otros ingeniosos cazadores de ofertas descubren las perspectivas de la compañía, o los analistas de gráficos descubren señales de acumulación en la acción del mercado. Ahora los compradores se dan cuenta de que las acciones son pocas; hay escasas ofertas en los libros y tienen que aumentar sus esfuerzos para conseguirlas. Comienza un avance.

El movimiento aumenta su velocidad, Debido a la mayor cantidad de operados que se ven atraídos por los el aumento de los precios. También se ve reforzado por los buenos informes (mayores beneficios, aumento de dividendos, etc.) que nuestro grupo sabía que valía la pena aguardar. Finalmente, los precios aumentan al nivel que se esperaban los beneficios; pero esta operación -La "distribución" de sus valores en cartera- puede pedir una administración más paciente y ágil que la acumulación.

Pensemos que tienen 20.000 acciones, de las que hay que descargarse. No pueden tirarlas todas al mercado de una vez; el hacerlo acabaría en seguida con sus fines, tal vez de manera permanente. Se debe ir saltando la línea despacio poco a poco, tratando de evitar la atención, probando el camino y no admitiendo que un exceso de ofertas termine con la demanda. Si la actividad de su acción ha logrado un nivel de, digamos, de 2.000 acciones, podrán tener

500 acciones diarias de sus valores en cartera sin romper el precio a la baja. (En algún instante se encontrarían compitiendo con otros, en igual situación, que han seguido su juego, que adquirieron más abajo y que estén dispuestos a tomar beneficios en el momento como el avance de muestras de debilitarse).

Así empieza a vender en el momento que la tendencia alcista parece haber alcanzado el su momento máximo o cuando esta cerca a sus objetivos de precios, pero anteriormente de que haya logrado su límite probable, y sacan hacia afuera sus acciones tan pronto como los compradores las tomen.

Por lo general, antes de que pase mucho tiempo -antes de que hayan repartido su línea completa-, la demanda estará tranquila. Quizá los posibles compradores tengan el pronóstico del aumento de la oferta. Se provoca una reacción. Nuestro grupo deja ágilmente de vender, retira sus ofertas, e incluso quizá recomprar algunas acciones para apoyar los precios, si amenazan con bajar mucho. Con la oferta temporalmente retenida fuera del mercado, se para el descenso y vuele empezar el avance. Nuestro grupo lo deja seguir, esta vez hasta que lleve los precios a un nuevo aumento; esto concede seguridad a otros propietarios y atrae a más compradores. En el momento que la olla vuelve a hervir, empieza nuevamente la distribución y, si la maniobra ha estado bien dirigida, quizá se termine en dos o tres semanas antes de que se haya agotado la segunda onda alcista.

Nuestro grupo se ha salido ya de su acción con grandes beneficio; sus 20.000 acciones han pasado a otras manos. Si ha ajustado cabalmente el mercado y distribuido la línea a un precio aproximadamente tan elevado como pueda soportar la situación, la demanda habrá quedado satisfecha durante mucho tiempo.

Seguramente los precios vuelvan a bajar hasta algún lugar cerca del nivel en el que hallaron soporte en la caída anterior y luego rebotan despacio, por la fuerza suministrada de algunas pocas compras realizadas por operadores que esperaban, justamente, ese rebote menor, cubra las ventas de otros operadores que habían dejado de aprovechar la oportunidad de tomar beneficios en el aumento del volumen anterior y que ahora están ansiosos por salirse, y después rompa hacia una caída de proporciones Intermedias o Mayores.

Ahora vemos por que, en varias circunstancias, un área de techo, una pauta gráfica de distribución requiere tiempo y volumen para terminarse.

No importa si tenemos que dedicarnos a las organizadas operaciones de un único grupo de entendidos o de un sindicato de inversionistas o, lo que es más habitual, de las muy desordenadas actividades de todos lo inversionistas que, de una manera u otra, se interesan por un valor. El efecto es muy semejante. La distribución, que es modo que tiene la Bolsa de establecer el proceso en el que la oferta sobrepasa a la demanda, requiere tiempo y un cambio de propiedad (volumen de transacciones) de un gran número de acciones. Y es sorprendente ver cómo estos métodos de distribución, a las que, en adelante, será más sencillo referirnos a ellas como "techos", se inclinan a asumir ciertas formas bien fijas. La mayor parte de las mismas formas de pauta se presentan también como "suelos", que representan acumulación, claro está, y no distribución.

Cabeza y hombros

Si has prestado atención y ha sido capaz de imaginar exitosamente el modo del ejemplo anterior, sobre distribución, aparecería en un gráfico, ha visto una formación de techo de Cabeza y Hombros. Es una de las más comunes y, con toda posibilidad, la más fiable de las pautas de cambio de dirección o vuelta más importantes.

Posiblemente la haya escuchado mencionar, pues hay muchos operadores que conocen su nombre, pero no tanto como para saber lo que es y poder establecerla de otros desarrollos de precio similares, que no provocan un verdadero cambio de sentido de la tendencia.

El techo de Cabeza y Hombros común o, si lo prefiere, ideal, queda dibujado en el diagrama 2. Podrá ver con facilidad de dónde viene el nombre. Consta de:

A. Una gran recuperación, que es la cima de un avance, aproximadamente extenso, en el que el volumen de actividad se hace muy grande, seguido de un retroceso menor, en el que el volumen se hace significadamente más pequeño que en los días de subida y en el techo. Se designa del "hombro izquierdo".

B. Otro avance de volumen elevado, que alcanza un nivel más alto que el techo del hombro izquierdo, y luego otra reacción de menor volumen, que conlleva los precios hasta un punto cerca del nivel mas bajo del retroceso anterior, tal vez algo más bajo o algo más alto pero, cualquiera sea la condición, por debajo del techo o del hombro izquierdo. Se denomina la "cabeza".

C. Una tercera recuperación, con un volumen menor que el que acompañaba a la creación tanto del hombro izquierdo como de la cabeza, que no consigue llegar a la altura de la cabeza antes de empezar otro descenso. Se denomina el "hombro derecho".

D. Concluyendo, una baja de los precios en un tercer retroceso por medio de una línea, la "línea clavicular" trazada a lo largo de los suelos de las reacciones existentes entre el hombro izquierdo y la cabeza, y la cabeza y el hombro derecho, correspondientemente, y un cierre, por abajo de esa línea, en una cantidad aproximadamente equivalente al 3% del precio de mercado de la acción. Se denomina como la "confirmación" o "ruptura".

Fíjese que cada uno de los puntos A, B, C Y D son fundamentales para que un desarrollo de techo de Cabeza y Hombros sea valido. Si escasea alguno de ellos pone en duda el valor de predicción de la pauta. Al señalarlos, hemos dejado espacio para las muchas variaciones que se inducen (ya que no hay dos formaciones de Cabeza y Hombros exactamente iguales) y hemos indicado sólo los rasgos que deben estar presentes, si tendríamos que depender de la pauta en el momento de señalar un cambio significativo de dirección de la tendencia. Investiguemos ello en mayor detalle.

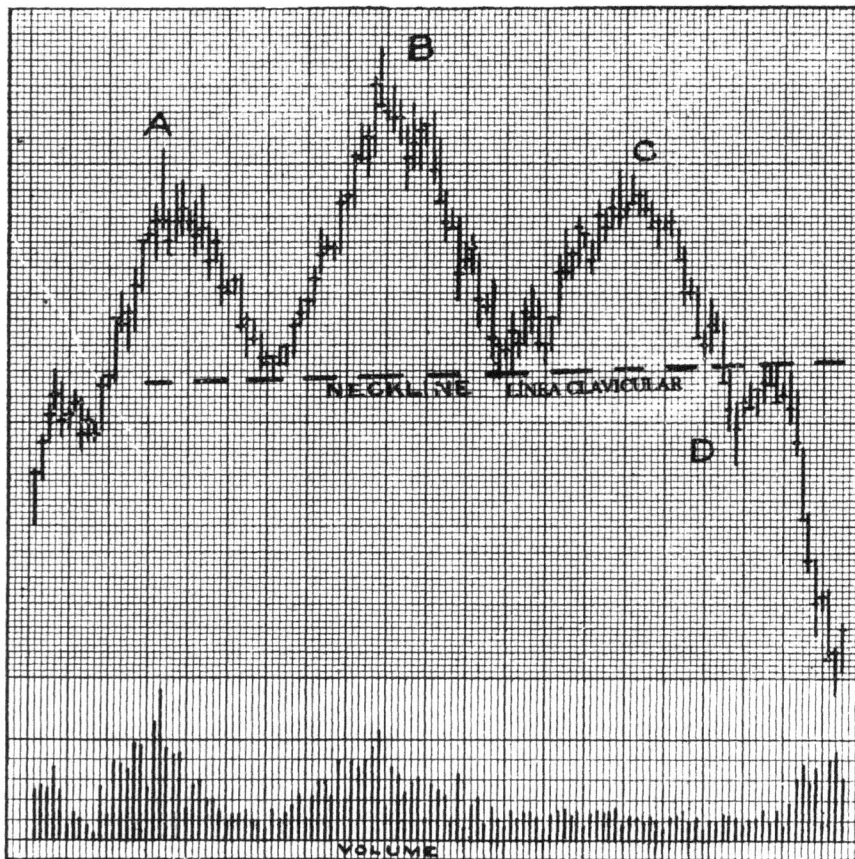

DIAGRAMA 2. Gráfico de acciones diario e hipotético –con el precio en la parte superior y el volumen en la parte inferior– dibujado para mostrar el modo en que se desarrolla una formación de cambio de dirección de un techo de Cabeza y Hombros. A. B. C y D se refieren a los rasgos esenciales mencionados anteriormente.

El volumen es importante

Investiguemos, primero que todo, el asunto del volumen. Este debe ser apreciado como una parte fundamental del panorama. El gráfico de la actividad mercantil concede una pauta de la misma forma en que lo hace el gráfico de las gamas de precio. Ambos van juntos y cada uno de ellos debe acoplarse a los menesteres de la situación. Pero fijémonos también que el volumen es relativo. Cuando se habla de volumen alto, se refiere a una tasa de operaciones significadamente mayor que la que genera para esa acción concreta en el período específico que se examina. La exactitud del numero de acciones sujetas a operación no es importante y, por lo general, para nuestros fines, no tendría significado comparar un volumen diario de, señalemos, como ejemplo, 6.500 acciones de Radio Corporation, con 500 acciones de Bohn Aluminium & Brass. La primera puede ser muy baja y la segunda muy alta con ajustes al criterio técnico ciertas_que, en cada situación, es la actividad media reciente de una misma emisión. En la circunstancia de un techo de Cabeza y Hombros, hemos mencionado que el volumen alto muestra la formación del hombro izquierdo, lo que señala que la actividad que aumenta hasta el techo del hombro izquierdo tendría que ser mayor que la de las anteriores ondas de recuperación que ha revelado la misma emisión. Luego, una caída menor con baja actividad y. después, un nuevo avance hacia un volumen alto. Hasta este instante, la acción no presenta diferencias de las que se esperaríamos del desarrollo normal de una onda en el centro de una tendencia extendida al aumento. En este sentido, como puede verse, dos ondas típicas cada vez mayores de un avance pueden convertirse en el Hombro izquierdo y la Cabeza, respectivamente, o en un cambio de sentido de Cabeza y Hombros.

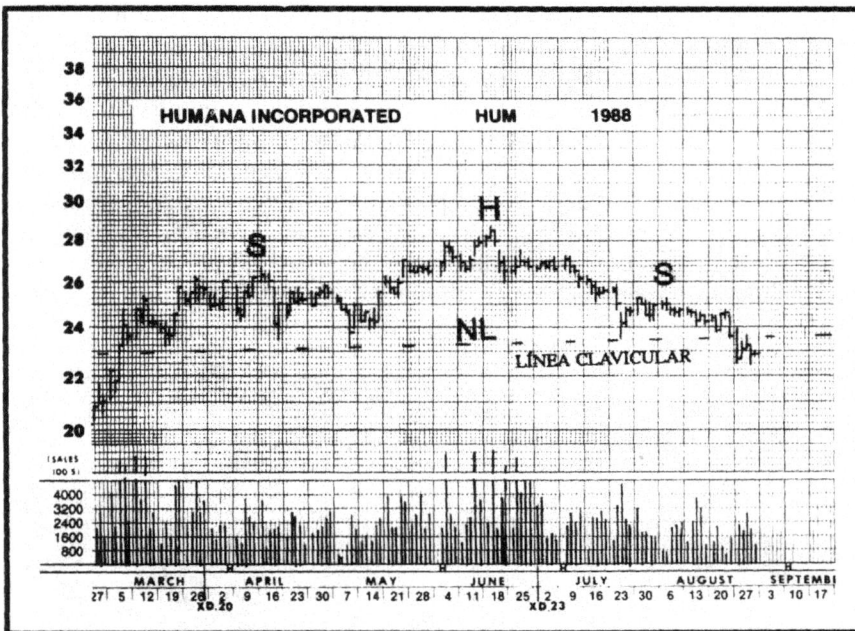

FIGURA 10. Desde Marzo, "HUM" ha formado una extensa pauta de Techo de Cabeza y Hombros en el gráfico diario. El descenso de esta semana ha penetrado la línea clavicular en un 3% confirmando la pauta de vuelta. El objetivo mínimo para el Techo de Cabeza y Hombros sería 18.

La primera señal de que se está formando una Cabeza y Hombros puede sugerirse cuando el registro del volumen demuestra que la actividad que compaña al techo más reciente es algo menor que la que la precedió. Si esa diferencia de volumen es provocativa y se hace obvio, por la forma en que los precios retroceden, que ha terminado la segunda recuperación, más alta, el grafico debería designarse con una advertencia "roja" y observe con atención los próximos acontecimientos. Pero esta advertencia preliminar no siempre es señalada, ni tampoco se le debe creer que sea concluyente cuando surge. Pensando en un cálculo mayor, aproximadamente de un tercio de formaciones de Cabeza y Hombros confirmadas manifiestan mayor volumen en el Hombro izquierdo que en la Cabeza, otro tercio manifiesta un volumen aproximadamente igual, y el último tercio manifiesta un volumen mayor en la Cabeza que en el Hombro izquierdo. Otra advertencia, habitualmente la primera, llega cuando los precios descienden en el proceso de la segunda reacción (es decir, desde la Cabeza) por debajo del nivel del techo del Hombro izquierdo. Esa acción, como veremos próximamente en nuestro estudio concreto de los niveles de soporte y resistencia, demuestra debilidad en la estructura del precio. Hasta el momento es mínima; puede ser sólo por un tiempo; realmente, no es concluyente. Pese de ello, cuando pase ésto, ponga doble etiqueta roja en su gráfico.

Rompiendo la línea clavicular

La primera información se presenta cuando la actividad deja de subir de modo apreciable en la tercera recuperación, el hombro derecho. Si el mercado se conserva inactivo mientras los precios se recuperan (período en la que se puede dibujar una línea clavicular provisional en el gráfico) y si mientras estos se acercan al nivel aproximado del aumento del hombro izquierdo y empieza a girar, el volumen sigue siendo relativamente diminuto, su techo de Cabeza y Hombros se encuentra completado, por lo menos, en un 75%. A pesar que la aplicación detallada de estos estudios de pautas a las tácticas de operación es el tema de la segunda parte de este libro, podemos ver aquí que muchos operadores en acciones venden o se cambian tan pronto como están seguros de que se ha constituido un hombro derecho de bajo volumen, sin esperar a la confirmación final que señalábamos en el apartado o como ruptura de la línea clavicular.

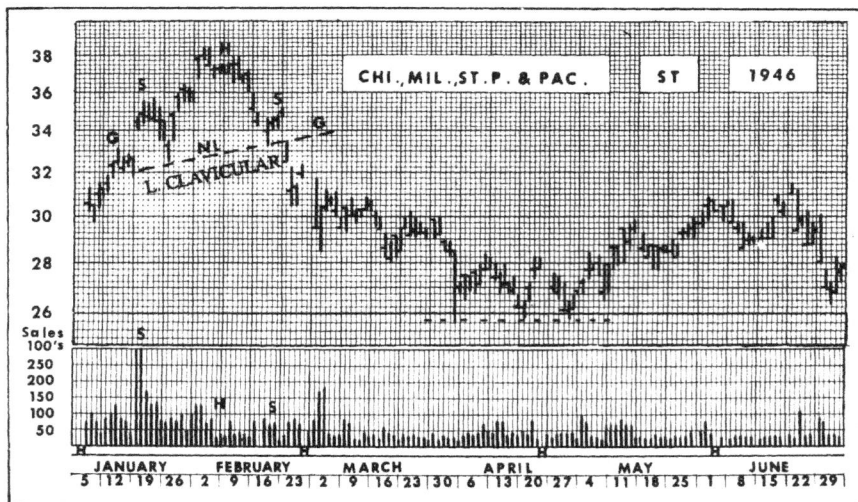

FIGURA 11. Gráfico diario del capital común de Chicago, Milwaukee, St. Paul & Pacific entre el 1 de Enero y el 29 de Junio de 1946. La Cabeza y Hombros que llevó a su punto más alto el avance Primario de esta acción en Febrero era inconfundible, a pesar de la pequeña dimensión de los hombros (S,S). Observe la pauta del volumen. La implicación de medida de esta formación se llevó a cabo alrededor de Abril. La congestión rectangular del precio del 30 de Marzo-4 de Mayo es el tema del Capítulo IX. "ST" cayó hasta el 11 1/2 en Octubre.

A pesar de eso, la Cabeza y Hombros no esta completa y no ha quedado señalado de modo concluyente ningún cambio significativo de sentido de la tendencia hasta que la línea clavicular haya sido invadido, hacia abajo, por un margen definitivo. Hasta que no se invada la línea clavicular, cierto porcentaje de desarrollo de Cabeza y Hombros -quizá el 20%- están "a salvo", es decir, los precios no siguen más abajo, sino que sencillamente vagan durante un período en la gama general del hombro derecho y, para finalizar, se ponen firmes y renuevan su avance. Los "movimientos falsos" como este son los procesos más fáciles a que debe enfrentarse el analista técnico. Favorablemente, en el caso de la Cabeza y Hombros son extremadamente extrañas. Las probabilidades se decantan tan impetuosamente a favor de que prosiga la tendencia a la baja, una vez que se ha asegurado una Cabeza y Hombros, que vale la pena creer en la evidencia del gráfico, sin importar si parece estar en desacuerdo con las noticias dominantes o la psicología del mercado.

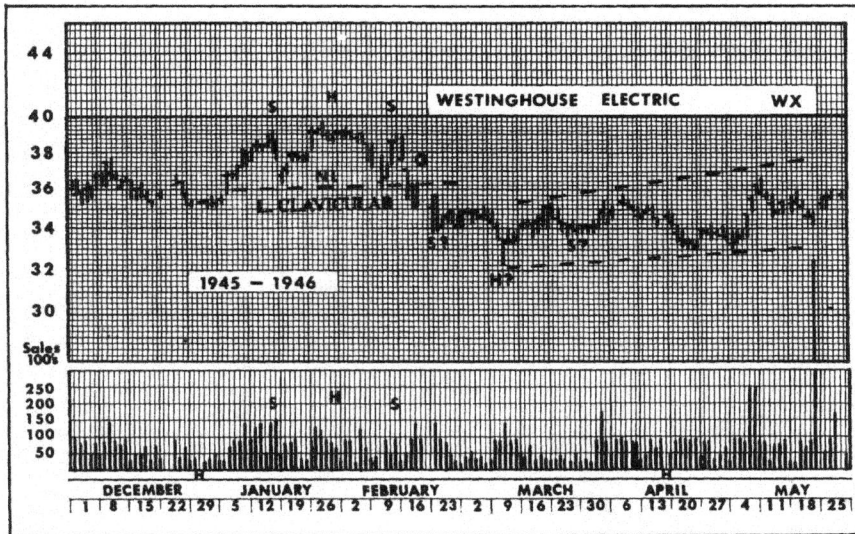

FIGURA 12. El techo de Mercado Alcista de Westinghouse Electric de 1946 fue el tipo potente y de "amplia oscilación" de Cabeza y Hombros (S-H-S). El descenso que rompió la línea clavicular (NL) el 13 de Febrero produjo el hueco de separación (G) que se expone en el Capítulo XII. La fórmula de medición exigía un descenso inicial a 33. La posible pauta de techo de Cabeza y Hombros (S?-H?-S?) que se formó en Marzo nunca se completó (ver Capítulo VII). Observe cómo los precios no subieron, en ningún momento, por la línea clavicular, a pesar de los diversos esfuerzos de recuperación a finales de la primavera, mientras que las medias generales del mercado alcanzaban realmente nuevos niveles de máximo. El Noviembre siguiente "WX" había roto y descendido hasta el 21 1/2. Estudie detalladamente el cambio de la pauta de volumen después del final de Enero.

Por último, debe decirse que en raras ocasiones queda confirmado un techo de Cabeza y Hombros por una invasión decisiva de la línea clavicular y los precios, estancados, no disminuyan mucho más.

Los "movimientos falsos" como este son los procesos más fáciles a que debe enfrentarse el analista técnico. Favorablemente, en el caso de la Cabeza y Hombros son extremadamente extrañas. Las probabilidades se decantan tan impetuosamente a favor de que prosiga la tendencia a la baja, una vez que se ha asegurado una Cabeza y Hombros, que vale la pena creer en la evidencia del gráfico, sin importar si parece estar en desacuerdo con las noticias dominantes o la psicología del mercado.

Hay algo que debe comunicarse, y merece la pena hacerlo, de las formaciones de Cabeza y Hombros que no se desarrollan o proporcionan informaciones falsas. Estas situaciones no se producen por lo general en las primeras etapas de un avance Primario. Una Cabeza y Hombros que no "funciona", es una señal de que, aunque la situación sigue todavía teniendo vida, se acerca un cambio. La próxima vez que surja en los gráficos algo similar a una pauta de cambio de dirección, puede ser decisiva.

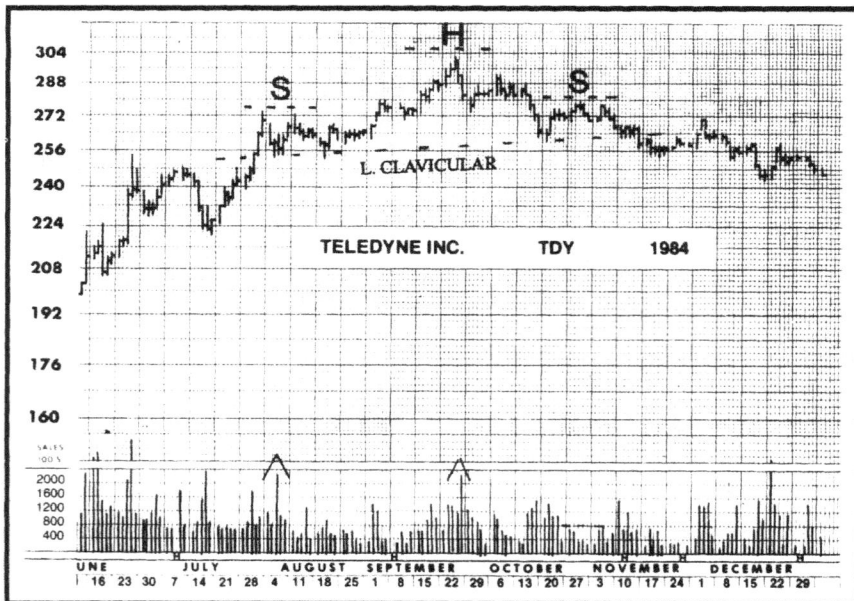

FIGURA 13. Una gran pauta de Techo de Cabeza y Hombros se ha desarrollado en "TDY" a lo largo de los últimos cinco meses, con el hundimiento de alto volumen por la línea clavicular de la semana pasada, confirmando el cambio de dirección de la tendencia. Como éste es un valor muy caro, se podría pensar en comprar las 260 opciones de venta de Abril en lugar de vender las acciones "TDY" en su totalidad. Nuestro objetivo medido en esta emisión sería 44 puntos desde la penetración de la línea clavicular en 264 ó 220.

Variaciones en los techos de cabeza y hombros

Hay una tendencia, asombrosa cuando se piensa en las extravagancias de noticias y tendencias cruzadas que pueden perturbar las operaciones cotidianas, que poseen las reglas de Cabeza y Hombros a desarrollar un alto nivel de simetría. La línea clavicular tiene inclinación a ser horizontal y el Hombro Derecho tiene inclinación a ser similar al Izquierdo en la confirmación del precio (aunque no, en el volumen); existe una especie de equilibrio en el panorama global.

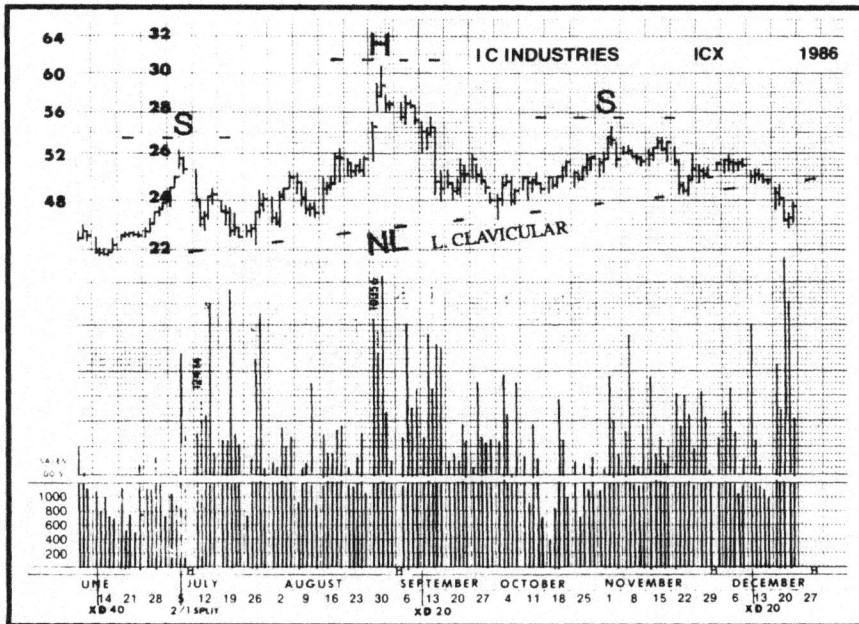

FIGURA 14. "ICX" ha estado en una poderosa tendencia alcista durante una década y las ganancias han sido espectaculares. Sin embargo, el momento ascendente ha empezado a decaer y las indicaciones del techo son evidentes. El punto máximo de Agosto completa el objetivo de la Bandera de medición formada durante 1985. El hueco de Agosto hacia los nuevos máximos fue rápidamente llenado, indicando que había un hueco de agotamiento. La reacción hasta el soporte, seguida de una recuperación lenta y de un volumen relativamente bajo hasta el máximo de Julio, formó un creíble hombro derecho. El hundimiento de alto volumen por la línea clavicular de esta semana confirma el cambio de dirección. El objetivo mínimo para la pauta de Cabeza y Hombros es 191/4, techo de la Bandera de 1985. Un posible punto de cobertura alternativo es el suelo de la Bandera en 141/4.

Pero la simetría no es la base en un desarrollo de Cabeza y Hombros significativo. La línea clavicular puede dirigirse hacia arriba (de izquierda a derecha) o hacia abajo. La única limitación que precisa una línea clavicular que aumente, es que el suelo del retroceso que hay entre la Cabeza y el Hombro derecho debe crearse por debajo del nivel general del techo del hombro izquierdo. Algunas veces, se dice que una línea clavicular descendente muestra una situación débil. Esto es tan claro, que puede dársele más peso del que merece. Debe fijarse que una parte de esa debilidad excesiva habrá desaparecido en el momento que la pauta descendente se haya desarrollado y los precios hayan roto la línea clavicular La fórmula de medición que indicaremos más adelante se usa en esas situaciones.

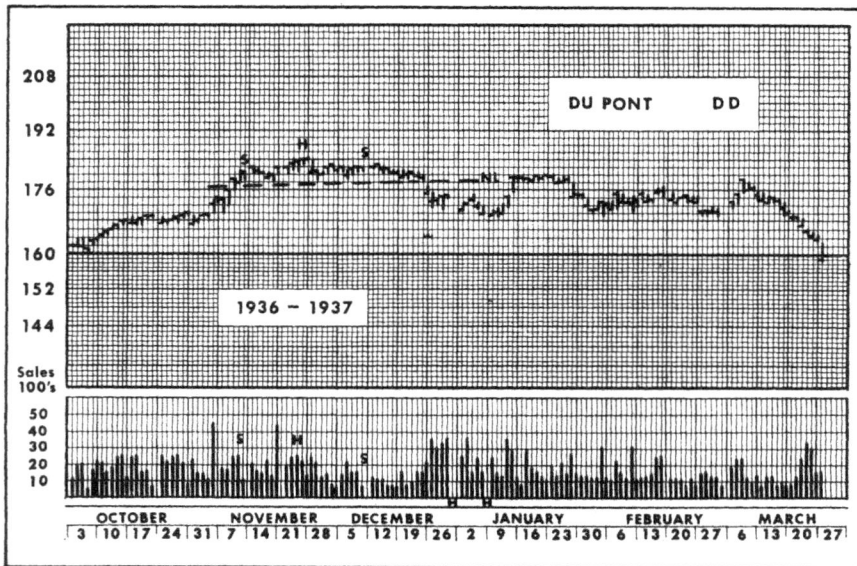

FIGURA 15. Las informaciones de cambio de dirección que se desarrollan en acciones importantes, mientras el mercado general sigue una tendencia fuerte, son, a menudo, difíciles de creer y, aún más, de actuar con ellas. Pero pueden ser muy reveladoras. Du Pont hizo techo en 1936, 4 meses por delante de las medias. A pesar de su amplio hombro derecho, (observe el volumen) las implicaciones de cambio de dirección quedaron claras el 19 de Diciembre. El retroceso de Enero, que se encontró con la oferta en el antiguo nivel de la línea clavicular, y el segundo intento de Marzo fueron interesantes y típicos de una situación de mercado semejante. Compárese con la Figura 12.

Debido a la tendencia a la simetría que presenta la formación de un hombro, algunos operadores trazan en sus gráficos, enseguida que se forma la línea clavicular. una línea paralela a la misma, que va desde el techo del Hombro Izquierdo a través de la Cabeza y hasta el Derecho. Esto concede una guía de la altura aproximada que debería alcanzar la reacción del Hombro Derecho y, con ello, un nivel de venta. Pero no veremos muchos desarrollos tan perfectos y simétricos como nuestro dibujo ideal, ilustrado por los diferentes ejemplos reales que van junto este capítulo. Alguno de ellos, o ambos, pueden lograr conseguir casi hasta el nivel de la Cabeza(pero no la igualarla, pues si eso sucediera no habría Cabeza y Hombros), o ambos pueden quedarse muy cerca de ella. Si la actividad que va junto al Hombro Derecho es anormalmente mínima, ese Hombro puede ser bajo, pero por un tiempo extendido. En general, parece existir una relación equilibrada entre los tres elementos de la regla (precio, tiempo y volumen), que es metódicamente imposible manifestar en palabras o en cifras pero, con experiencia, uno llega a sentir su desarrollo. Pero, hay más "Reglas" que las expresadas en A, B, C, y D; en esos límites, podemos buscar infinitas variaciones menores.

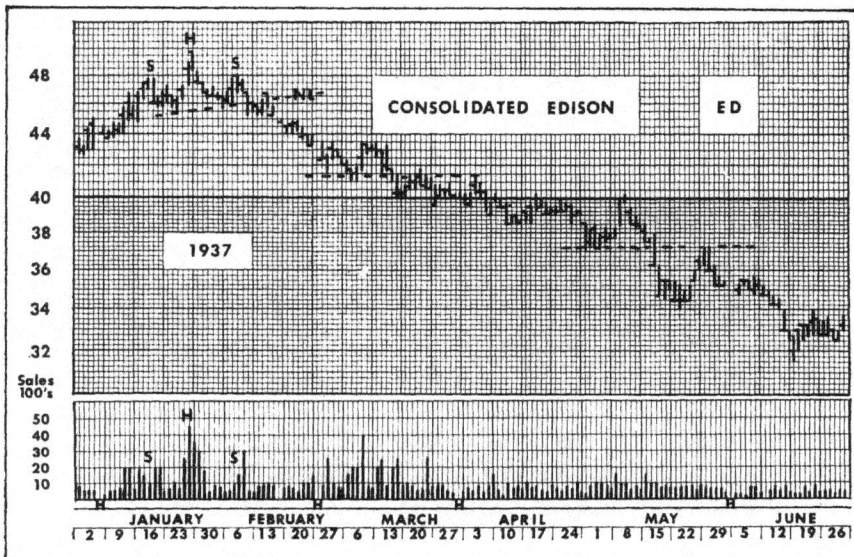

FIGURA 16. Otro techo de Mercado Alcista del año 1937 en forma de Cabeza y Hombros con sólo un rápido retroceso (10 de Febrero). En este caso, el volumen aumentó fuertemente el 5 de Febrero con la primera ruptura a través de la línea clavicular (NL). La fórmula de medición quedó cumplida en Marzo. Estudie este gráfico en relación con el de largo alcance de la "ED" (Figura 89) en el Capítulo X y vuelva a él más adelante, cuando lleguemos al estudio de Soporte-Resistencia en el Capítulo XIII.

Acción del precio posterior a la confirmación
La fórmula de medición

El paso final-la invasión hacia abajo de la línea clavicular- puede ir en conjunto de cierto incremento de la actividad, pero, por lo general, no pasa así al principio. Si el volumen sigue siendo pequeño durante unos cuantos días, mientras los precios se van decayendo, usualmente aparece un "retroceso" que vuelve a elevar las cotizaciones hasta el nivel de la línea clavicular (y extraña vez lo atraviesa).

Generalmente, se trata del "último suspiro"; después, los precios, como regla, se vuelven más velozmente hacia abajo y rompen con un volumen de negocios muy incrementado. El que se ejecute o no una recuperación de retroceso, luego de la invasión inicial, parece algo que, comúnmente, depende de las condiciones del mercado en general.

Si toda la tendencia del mercado se va hacia abajo a la vez que nuestro valor concreto, que acaba de completar su Cabeza y Hombros, es casi seguro que no exista retrocesos; en lugar de ello, los precios acelerarán su descenso con un incremento de actividad cuando ceden a las cercanías del techo. Si, por otro lado, el mercado general sigue siendo firme, entonces es probable que se haga un intento de retroceso. Así mismo, las probabilidades parecen favorecer livianamente un retroceso si la línea clavicular ha quedado rota antes de que se convierta una gran parte del Hombro Derecho pero, desde luego, no pueden dar reglas muy seguras. En cualquier circunstancia, la recuperación posee interés práctico, sobre todo para el operador, si quiere vender la acción al descubierto, o para el que la ha vendido al descubierto y luego tiene que establecer si debe ubicar una "orden de pare" para limitación de la perdida.

Ahora estamos frente a uno de los puntos más interesantes de esta formación básica de cambio de dirección -la indicación que concede sobre la amplitud (en puntos) del movimiento, que seguramente siga a la finalización de una Cabeza y Hombros. Midamos verticalmente, hacia abajo, el número de puntos que dividen la parte superior de la Cabeza y la Línea Clavicular, tal y como se hallan trazadas en el gráfico. Midamos después la misma distancia, hacia abajo, desde la línea clavicular en el punto en que en definitiva la invasión los precios, luego de terminarse el Hombro Derecho. El nivel de precio así marcado es el objeto mínimo probable de la baja. Apurémonos a indicar un requisito trascendental de la receta de medición de Cabeza y Hombros. Volvamos a nuestro conjunto original de especificaciones de Cabeza y Hombros. En A exigimos una fuerte reacción que terminara en un avance más o menos amplio. Si el movimiento alcista que antecede a la formación de un área de cambio de sentido ha sido mínimo, el movimiento descendente subsiguiente puede ser igualmente mínimo, y seguramente así sea.

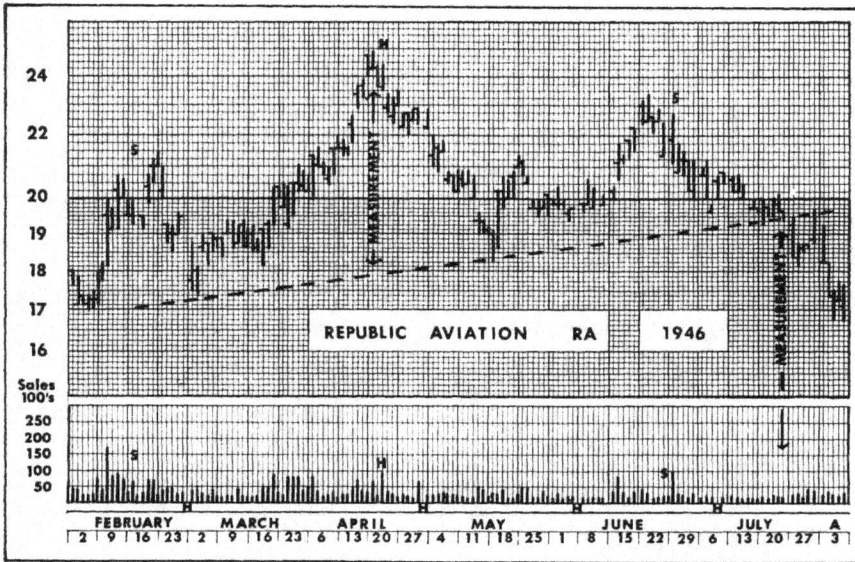

FIGURA17. El techo de Cabeza y Hombros de 6 meses de Republic Aviation de 1946. Esa pauta se convirtió en una posibilidad a observar cuando los precios se derrumbaron en Mayo por debajo del máximo de Febrero (primera "S). Referirse al requisito B del Apartado "Cabeza y Hombros". Observe también cómo la fórmula de medición de Cabeza y Hombros que se establece a continuación se aplica a pautas con líneas claviculares que suben. El requisito mínimo del lado bajo fue aquí de 121/2 que se alcanzó en Noviembre. El rápido retroceso del 27 de Julio proporcionó, al final, una buena oportunidad de venta.

Resumiendo, una regla de cambio de dirección tiene que tener algo que cambiar de dirección. De modo que poseemos, en realidad, dos mínimos: uno es el alcance del avance anterior al desarrollo de la Cabeza y Hombros y otro el derivado de nuestra receta de medición; se usará el menor de los dos. La norma de medición se indica en varios de los ejemplos que se demuestran este capítulo. Ahora, puede usted ver por qué una línea clavicular descendente muestra una situación "más débil" que otra ascendente y cuanto más débil es, así como el hecho de que más de la mitad de la debilidad mínima esperada ya se ha gastado en la bajada del techo de la Cabeza hasta la invasión de la Línea Clavicular.

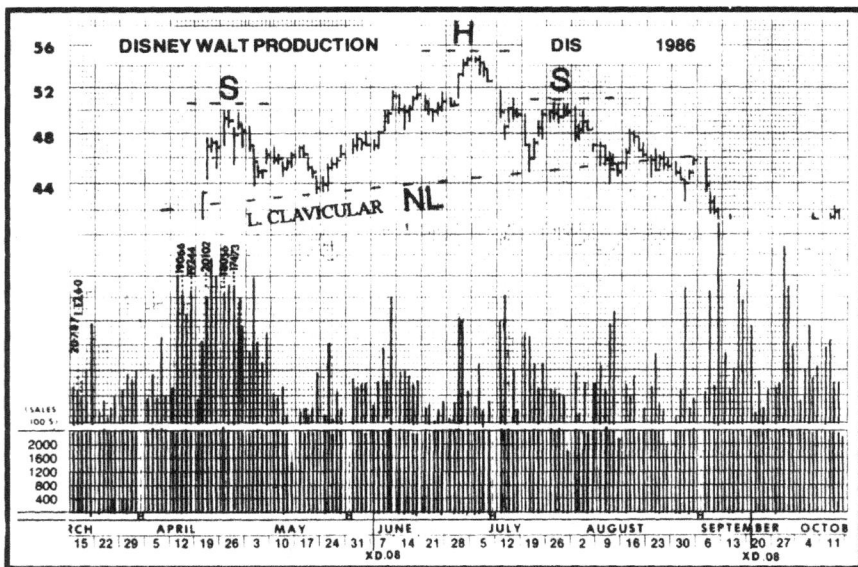

FIGURA 18. Después de una fuerte reacción desde su máximo de 1983, que duró un año y empujó a "DIS" hacia el soporte a largo plazo, los alcistas tomaron posesión y enviaron a Walt y compañía de viaje a la luna. Pero, al principio de Abril, el cohete empezó a perder poder y parece como que la reentrada esté comenzando. Desde los días de alto volumen, esta emisión ha grabado un gran Techo de Cabeza y Hombros. La penetración de alto volumen del miércoles de la línea clavicular en un 3% confirma el cambio de dirección.

Relación de la cabeza y hombros con la teoría de Dow

Seguramente, algunos de ustedes habrán previsto que la figura de Cabeza y Hombros es, en cierto modo, solamente una alternativa de la Teoría de Dow a la formación de una acción específica. Así es. El caída de los precios de la cabeza hasta la Línea Clavicular, la recuperación hasta el Hombro Derecho y luego el descenso que rompe la Línea Clavicular, instituía una secuencia de techos y suelos menores análoga a los que, en la Teoría de Dow, muestra una tendencia bajista

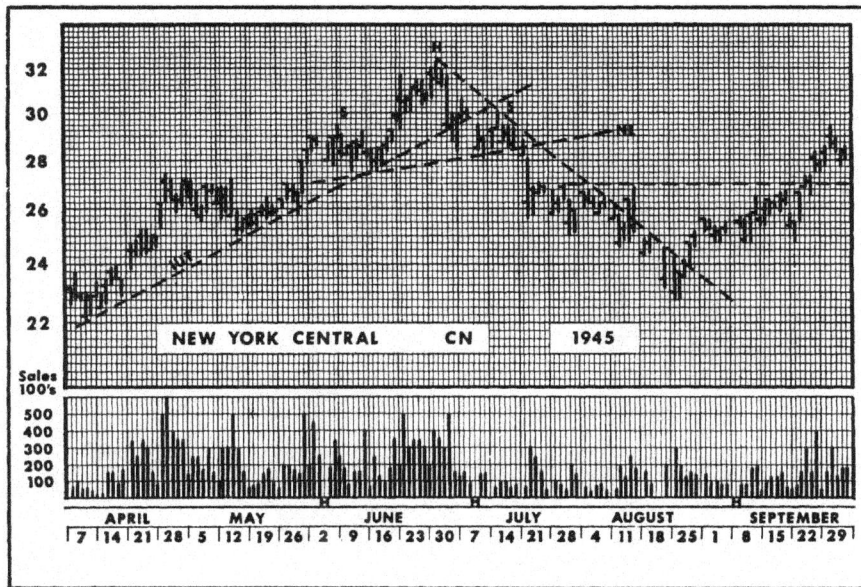

FIGURA 19. El New York Central hizo un techo de Cabeza y Hombros en Junio de 1945. La tendencia Intermedia al alza (IUT) quedó rota por una caída desde la Cabeza el 5 de Junio. La implicación mínima de media se realizó en 24, el 18 de Agosto. La reaccción terminó pocos días después en 22 3/4. Los precios se recuperaron hasta la línea clavicular proyectada (ver 25 de Septiembre), volció a caer hasta 26 7/8 en Octubre, y luego subió, dando una señal de "recompra" (en formación de línea de abanico) a 30 la primera semana de Noviembre. El máximo final del Mercado Alcista se alcanzó en Enero a 35,5. El período que media entre Agosto de 1945 y Febrero de 1946 fue difícil para los operadores técnicos de esta acción. Los que vendieron a 26-27 en Julio de 1945 podían, no obstante, felicitarse en Mayo de 1947, cuando "CN" llegó a 12.

Esta relación que hay entre la Cabeza y Hombros y la Teoría de Dow es otra razón, también de su importancia, frecuencia y desconfianza básicas, por la que la hemos puesto en primer lugar en nuestro estudio de las de desarrollo de cambio de dirección.

Pero es más decisiva, concede avisos por adelantado que son relativamente más fáciles de establecer y es más rápida en sus señales en el caso de las líneas claviculares que aumenta. Tampoco exige un tiempo mínimo para ninguno de los movimientos que la forman y ninguna confirmación por parte de otra acción o media.

Existen suelos de Cabeza y Hombros, como también techos, con implicaciones de igual importancia. El desarrollo de suelo es el objetivo de nuestro próximo capítulo.

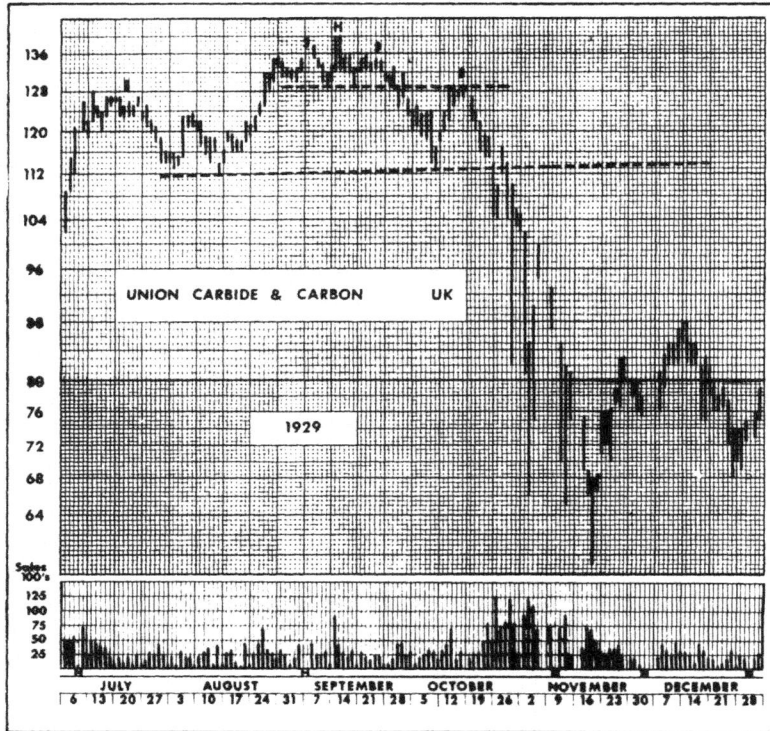

FIGURA 20. INCO se recuperó rápidamente de la quiebra de octubre y para final de año casi había vuelto a su máximo de 1987; el último fue roto con decisión en Abril. La poderosa recuperación continuó llevando la "N" más alta, poniendo a prueba el máximo de 1976 en Julio. Pero la reacción de Agosto, seguida de una pobre recuperación en Septiembre, ha creado un gran Techo de Cabeza y Hombros. La caída de principios de Septiembre rompió la línea clavicular para confirmar el cambio de dirección y que el actual rechazo, hasta la resistencia de la línea clavicular, es un excelente punto de venta.

Capítulo VII

Pautas de cambio de tendencia o vuelta Importantes (Continuación)

Suelos de cabeza y hombros

Una continuación del tipo de Cabeza y Hombros se puede formar con un cambio de sentido de la tendencia de abajo hacia arriba. En esa situación se designa, lógicamente, Suelo de Cabeza y Hombros y su regla de precios (al compararse con un Techo) aparece vuelta de arriba a abajo: esto es, se apoya sobre su cabeza. Las reglas de volumen es, de alguna manera, la misma (no de arriba a abajo), pero con cambios significantes en la segunda mitad del desarrollo, que ya analizaremos en detalle. Se pueden realizar especificaciones sobre ella usando, más o menos, las mismas palabras que usamos para el techo de cabeza y hombros. Aquí aparecen las mismas, estando subrayadas las partes que difieren en principio de las del techo.

A. Un descenso que posee como base culminante una tendencia a la baja aproximadamente amplia, y en el cual el volumen de actividad aumenta significativamente, seguido de una mínima recuperación en la que el volumen aumenta de forma menos rápida que en los últimos días de descenso final y en el suelo. Este es el "Hombro Izquierdo".

B. Otro descenso que sitúa a los precios por debajo del Suelo del Hombro Izquierdo, y en el cual la actividad señalan algún aumento (si lo comparamos con la recuperación anterior), pero habitualmente no iguala la tasa lograda en el descenso del hombro izquierdo, y va seguido de otra recuperación que los ubica por sobre del nivel de fondo del Hombro Izquierdo y en el cual la actividad tiende a aumentar y, en cualquier circunstancia, exceder la de la recuperación del hombro izquierdo. Esta es la "Cabeza".

C. Un tercer descenso con menor volumen que el fue junto a la creación del Hombro Izquierdo o de la Cabeza, y que no logra alcanzar el nivel bajo de la cabeza previo de que empiece otra recuperación. Este es el "hombro derecho"

D. Finalmente, un avance en el cual la actividad aumenta de manera significativa, ya que empuja hacia arriba por medio de la línea clavicular y cierra sobre ella con una cantidad equivalente, cerca del 3% del precio de mercado de la acción, y con una explosión de actividad visible acompañando a esta invasión. Esta es la "confirmación" o "fuga".

La diferencia básica entre formaciones de Techo y Suelo reside, en como se manifiesta, en sus gráficos de volumen. La actividad en un desarrollo de Suelo de Cabeza y Hombros comienza a demostrar, generalmente, características de tendencia alcista al principio de la Cabeza y siempre con un nivel que se puede detectar en la recuperación desde la cabeza. Esto es muy fijo, inclusive, en la recuperación del Hombro Derecho. Debe estar presente en la invasión de la línea clavicular o, de lo contrario, no se debe confiar en la fuga como ratificación decisiva.

Hay un principio primario importante de técnicos involucrados en este asunto que merece un análisis luego. Wall Street posee un proverbio que lo dice de la siguiente forma: "Hace falta comprar para situar arriba las acciones, pero estas pueden caer por su propio peso". Así, consideramos concluyente y confiamos en cualquier fuga de precios (por un margen decisivo) hacia abajo, a través de la línea clavicular de Techo de Cabeza y Hombros, inclusive aunque se desarrolle con un ligero volumen de negocios; pero no confiamos, por el contrario, en una fuga de un Suelo de Cabeza y Hombros, a menos que este conducida por volumen elevado. Una fuga o escape con volumen bajo, de una formación de suelo, puede ser sólo precoz, continuado de un avance realista después del "trabajo" ejecutado alrededor de los niveles de fondo, o pude ser un movimiento "falso". Por lo general, es preciso esperar y ver. Esta misma distinción, en cuanto a formación en volumen, se emplea a algunas de las otras reglas de cambio de dirección que hablaremos más adelante.

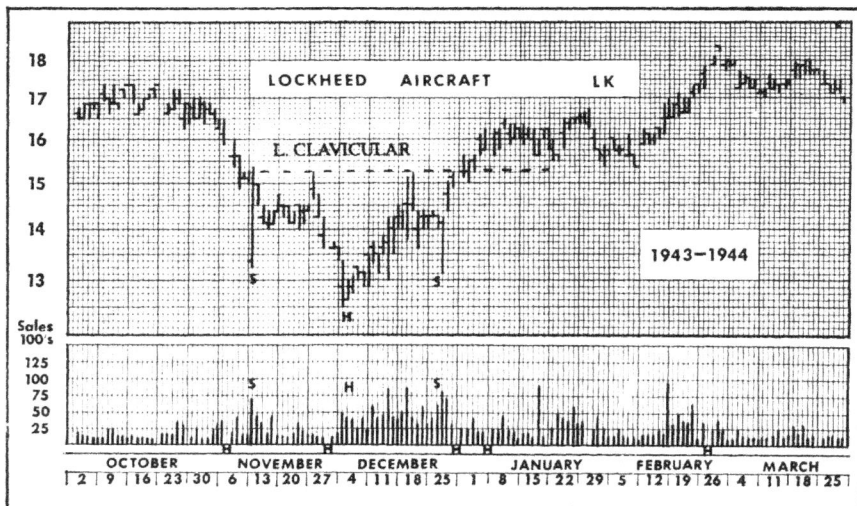

FIGURA 21. Después del "redondeo" de Octubre de 1943, en la última fase de un descenso largo desde 41 en 1940, Lockheed hizo un Suelo visible de dos meses de Cabeza y Hombros. Nótese especialmente en el gráfico el volumen de la recuperación, a primeros de diciembre y en la primera semana de Enero refiriéndose a los puntos anteriores B y D. "LK" cayó a 15 otra vez en Junio de 1944, subió después rápidamente a 23 alrededor de Noviembre, y finalmente alcanzó 45 en Enero de 1946. Una ventaja de los gráficos de escala logarítmica es la de que ellos aumentan y llaman así la atención de formaciones importantes que se desarrollan a niveles de precios bajos y que se verían obscurecidas en una escala aritmética.

Lo que queda de diferencias existente entre Techo y Suelo de Cabeza y Hombros no contiene ningún principio nuevo. Cabe agregar, que por lo general, los Suelos son más largos y planos; esto es, ocupan más tiempo en relación a la profundidad de la regla, en puntos, que las alzas. Esto es real cuando se producen con los cambios de sentido de la tendencia primaria.

El volumen neto en los Suelos tienden a ser menor que en los Techos, y las vueltas "mayor redondeadas". En el desarrollo de un Techo de Cabeza y Hombros, la actividad que ingresa en el Hombro Izquierdo sobrepasa habitualmente a la de la recuperación anterior en la tendencia alcista total.

En una tendencia a la baja, por otro lado, puede haber ventas de pánico en algunas de las primeras fases de bajada, que aumentan el gráfico de volumen hasta un punto

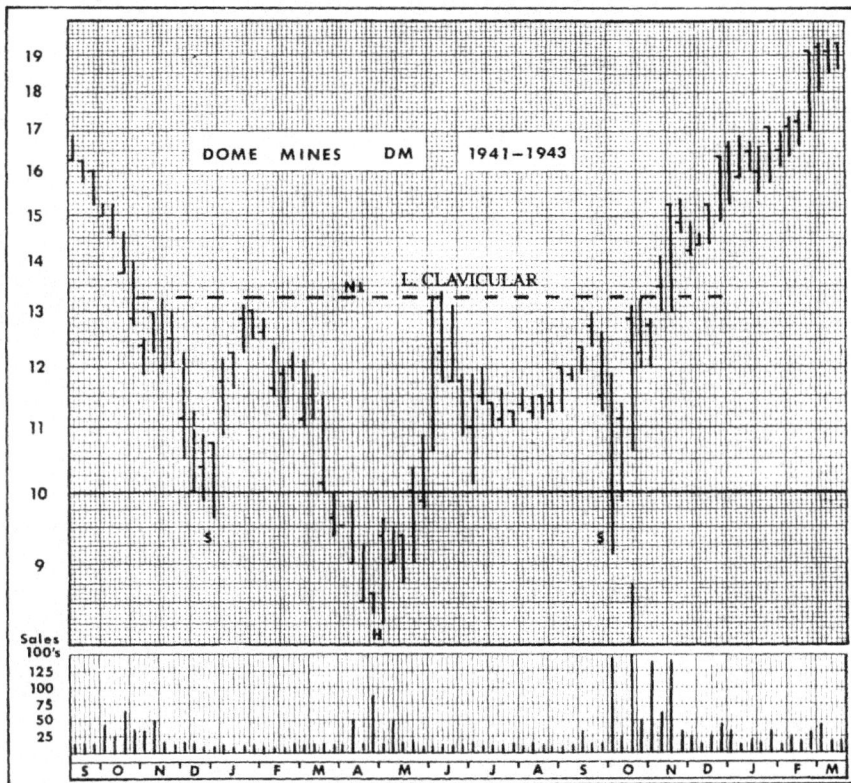

FIGURA 22. Los gráficos semanales son especialmente útiles para detectar los principales cambios de dirección mayores de suelo, ya que las formaciones de suelo tardan más en construirse que las de techo. Dome Mines creó una base típica de Cabeza y Hombros, de trece meses de duración, del cambio de dirección de la tendencia primaria de 1942. Nótese la pauta de volumen. (El detalle sobre el volumen, sin embargo, está mejor estudiado en los gráficos diarios –ver fig. 42). El poderoso suelo de cabeza y hombros de Dome fue lo bastante "alto" como para ser visible en un gráfico mensual aritmético. Alcanzó 25 en 1944.

superior que el que se registra después en la formación final de Suelo. Pero ninguna de estas diferencias interviene en nuestras especificaciones esenciales sobre Cabeza y Hombros.

Las oposiciones de medición del Suelo de Cabeza y Hombros son iguales en todos los aspectos y se emplean de la misma manera que en los Techos. La tendencia a la simetría es nuevamente la norma, aunque con modificaciones en relación a la inclinación de la línea clavicular, al tamaño relativo de los hombros, que es, aproximadamente, el mismo que en los Techos. Las reacciones, en torno a la línea clavicular, que sigue la fuga inicial del tipo de Suelo, aparecen casi con igual frecuencia y proporciones que las recuperaciones de retroceso que sigue a los colapsos iníciales del tipo de Techo.

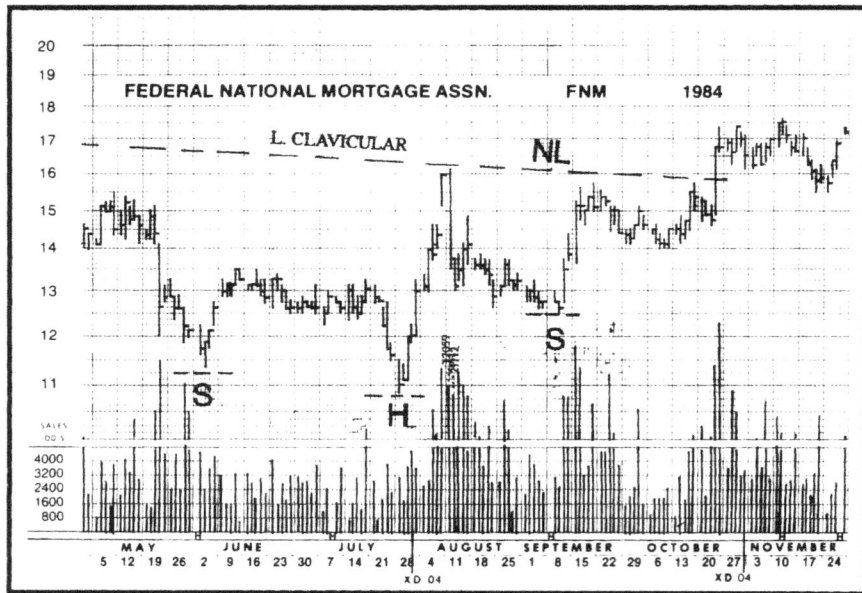

FIGURA 23. Con un fuerte movimiento hacia tipos de interés más bajos, evidente desde Junio, el esquema temporal del mínimo en "FNM" no es sorprendente. Tampoco lo es la impresionante anchura (desde Marzo hasta Octubre) de su pauta en desarrollo, que iguala exactamente la del enorme y múltiple Suelo Inverso de Cabeza y Hombros en las Letras del Tesoro (Diciembre, 1984), el 25 de Septiembre de 1984. Incluso el pequeño retraso es apropiado.

Pautas de cabeza y hombros múltiples

Los desarrollos de Cabeza y Hombros que hemos analizado hasta llegar a este punto han sido, a pesar de modificaciones pequeñas, sencillas y precisas y han estado formadas por tres elementos muy definidos. Nos hallamos ahora con un grupo de reglas relacionadas que traen consigo, en su mayor parte, la misma significación técnica,

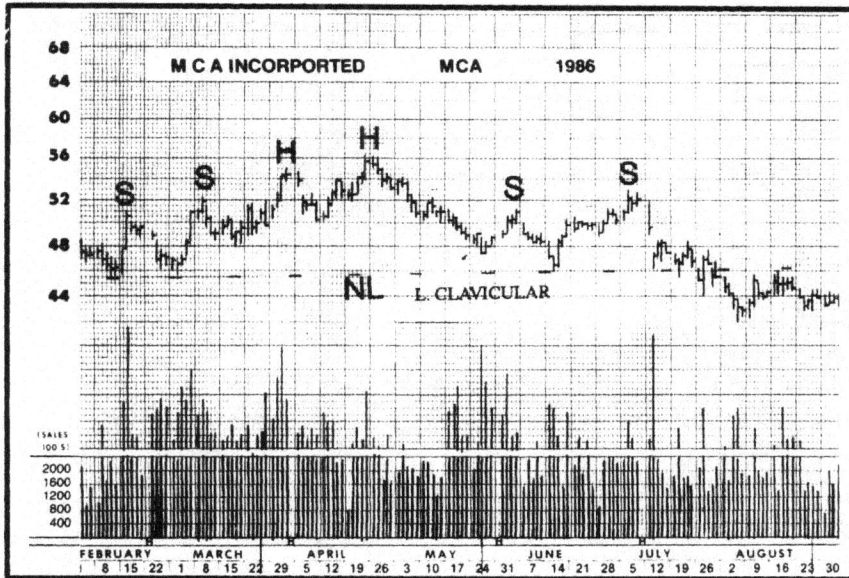

FIGURA 24. "MCA" gozó de un avance excelente durante los últimos cinco años. Sin embargo, la marcha se ha ido haciendo más y más difícil desde el comienzo del año, cuando esta emisión empezó a desafiar a su máximo de 1985. Aunque los alcistas consiguieron establecer una nueva marca de marea alta en Abril, una serie de retrocesos han mantenido esta emisión apartada de más pruebas. Realmente, un gran Techo Múltiple de Cabeza y Hombros parece estar desdoblándose con la línea clavicular mayor penetrada suavemente en la liquidación del Martes. Espere a la ruptura del 3% en 445/8 y venda en la primera operación disponible a precio más alto .

pero que poseen más elementos y están definidas de formas mucho menos clara. Se refiere a los Techos y Suelos múltiples de Cabeza y Hombros, conocidos también como Formaciones complicadas. No precisamos usar mucho espacio para definirlas o hacerlas específicas. Ya que pueden ser denominadas como cambios de tendencia de Cabeza y Hombros. En los cuales, ya sean los Hombros, la Cabeza, o ambos, se han doblado o multiplicado en varias corrientes diferentes.

Se podría cualquier tipo de combinaciones, de las cuales sólo la minoría se pueden dibujar en los ejemplos de gráficos reales como veremos en este capítulo.

Las formaciones de este tipo se muestran bastante seguidas en los techos y suelos primarios, pero más frecuente en los suelos que en los techos. Tienen menos frecuencia en los cambios de tendencia intermedios.

Una figura corriente está formada por dos hombros izquierdos de tamaño más o menos igual, una sola cabeza, y dos hombros derechos, de nuevo muy aproximados en tamaño e inclinados hacia la izquierda. Otra es la que está formada por dos cabezas, con dos o más hombros a cada lado. Hay otra más, sobre la cual verá buenos ejemplos en cualquier giro de mercado importante, que consiste en hombros dobles a cada lado de la cabeza, la cual, a su vez, está compuesta de un pequeño, desarrollo de Cabeza y Hombros.

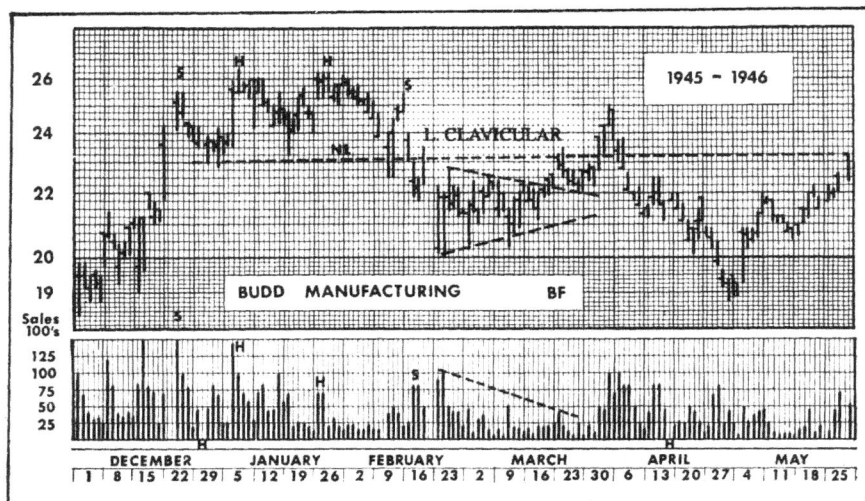

FIGURA 25. Techo múltiple "ideal" hecho por Budd en 1946 de dos cabezas. Obsérvese el volumen que la acompaña. Los precios se separan a menudo de las formaciones complejas con más rechazo que del tipo simple de cabeza y hombros (ver fig. 28). La recuperación de finales de Marzo, que retrocedió a través de la línea clavicular, fue mayor de lo normal en ese respecto, pero los índices generales de mercado estaban empujando hacia nuevos máximos por esta época. La "repenetración" de una lína clavicular no cancela las consecuencias de una formación de cambio de tendencia.

Tendencia a la simetría

Como ya dijimos, la tendencia a la simetría en el desarrollo de Cabeza y Hombros. Las reglas del tipo múltiple o complejo muestran un impulso inclusive mayor hacia la simetría, de hecho, se debe tomar consideración a la hora de establecer la política operadora. Si hay dos hombros a la izquierda, hay generalmente dos a la derecha de casi igual tamaño y duración. (Es por hecho que, uno no sabe que una múltiple se está desarrollando hasta que su hombro derecho se hace evidente). Excepto en tamaño, la mitad derecha de la regla es, en mayoría de las situaciones, una imagen recíproca aproximada de la izquierda.

Las líneas claviculares de las formaciones múltiples de Cabeza y Hombros no son siempre fáciles de dibujar, ya que las reacciones entre los hombros y entre los hombros y las cabezas pueden no detenerse en niveles que descienden todos ellos en la misma línea. Las variables inclinación hacia arriba y hacia abajo rara vez aparecen en esta clase de pautas o figuras; las líneas claviculares están usualmente muy cercanas a la horizontal. A veces, es posible calcular a simple vista dónde descienden realmente la línea crítica. Habitualmente, hay dos líneas claviculares, una interna y otra externa, y no se puede aguardar un movimiento de precios de importancia hasta que la exterior haya sido penetrada (lo cual, por supuesto, es sólo otra expresión de esa tendencia a la simetría a la que hemos mencionado anteriormente).

Interesantemente, la fuerza de una pauta múltiple de Cabeza y Hombros es más propenso a ser sobreestimado que infravalorado. A la vista de la longitud de tiempo y de la cantidad de movimiento usados en sus construcción, se podría pensar que esto muestra un movimiento (de dirección contraria a la de la tendencia que lo precedió) de mayor alcance que la Cabeza y Hombros simple. Pero, al menos en sus consecuencias instantáneas, la difícil demuestra regularmente menos poder. Las reglas de medición mínimas para ambos tipos de formaciones son iguales y se usan de igual forma. Lo diferente entre las pautas radica en la trayectoria de precios después de haberse alcanzado el mínimo. La primera oscilación a la baja de un techo sencillo de Cabeza y Hombros, sin advertir que cualquier recuperación de retroceso temprana, se originará con frecuencia las implicaciones de medición mínimas de esa regla y la excede ampliamente. La primera oscilación a la baja, en un techo múltiple, es a menudo más lenta y rara vez sobrepasa el mínimo, una posibilidad que vale tener presente cuando se está tratando con un techo intermedio en lugar de primario. Por supuesto, si la Figura Compleja se forma en un giro de la tendencia primaria, los precios andarán mucho más lejos, pero inclusive entonces existe por lo general una fuerte recuperación (o reacción, en la situación de que sea un suelo) desde el nivel de "mínimos".

Una pauta lenta

El volumen que está junto a la construcción de Cabeza y Hombros múltiple se ajusta, en general, a las pautas que hemos analizado y explicado para los cambios de tendencia e Cabeza y Hombros. En las primeras fases de desarrollo de una formación múltiple, el gráfico de volumen puede mostrar mucha irregularidad con una regla poco reconocible, pero en las etapas finales se debería apreciar visiblemente su correspondencia con la tendencia de Cabeza y Hombros. Existe algo relacionado con las formaciones múltiples de Cabeza y Hombros que es apreciado especialmente por los seguidores de los gráficos técnicos.

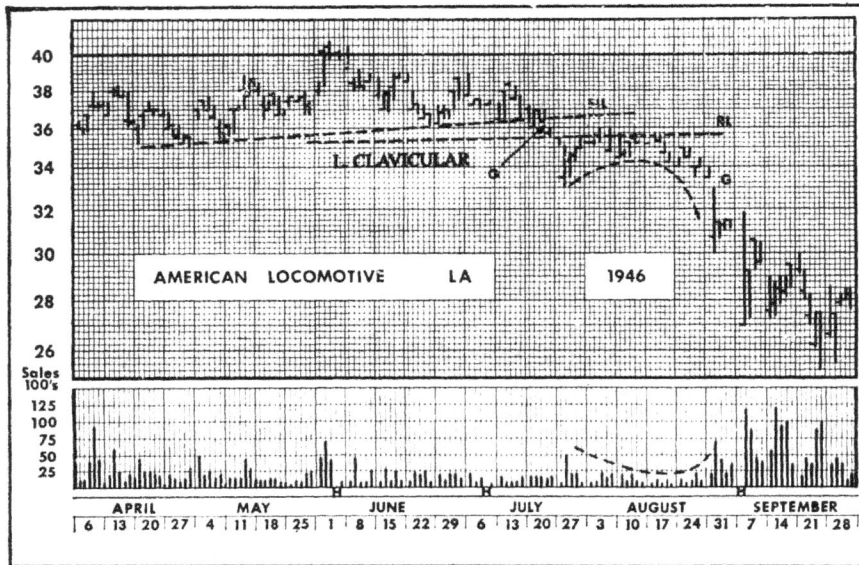

FIGURA 26. El largo techo múltiple de Cabeza y Hombros hecho por la American Locomotiv en 1946 muestra muy bien el tipo de pauta de volumen –irregular pero tomando un carácter definitivamente bajista en su segunda mitad– que es normal en esta formación. La recuperación redondeada del mercado bajista de Agosto (compárese precios y tendencias de volumen) fue incapaz de alcanzar la antigua línea clavicular, pero fue parado en una resistencia (RL) creada por niveles de suelo más recientes) ver cap. XIII). G y G marcan huecos de separación que no se "cubrieron" (ver cap. XII).

A causa de sus tendencias simétricas, es de gran gusto observarlas avanzar hacia su conclusión. Ya completadas, sin embargo, pueden terminar con su paciencia por su aparente rechazo a seguir con la nueva tendencia. Teniendo esto presente, es más sencillo a veces llegar a la conclusión de que se han "apagado", es decir, han producido una señal falsa. Excepto en la situación del alcance de movimiento de la que ya hablamos, son, en realidad, tan confiables como la Cabeza y Hombros sencilla. Los movimientos falsos son relativamente extraños en ambas. Y también, en aquellas situaciones en que la formación compleja no marcha, es una alerta, al igual que la Cabeza y Hombros simple, de que el cambio de sentido final esta próximo a venir.

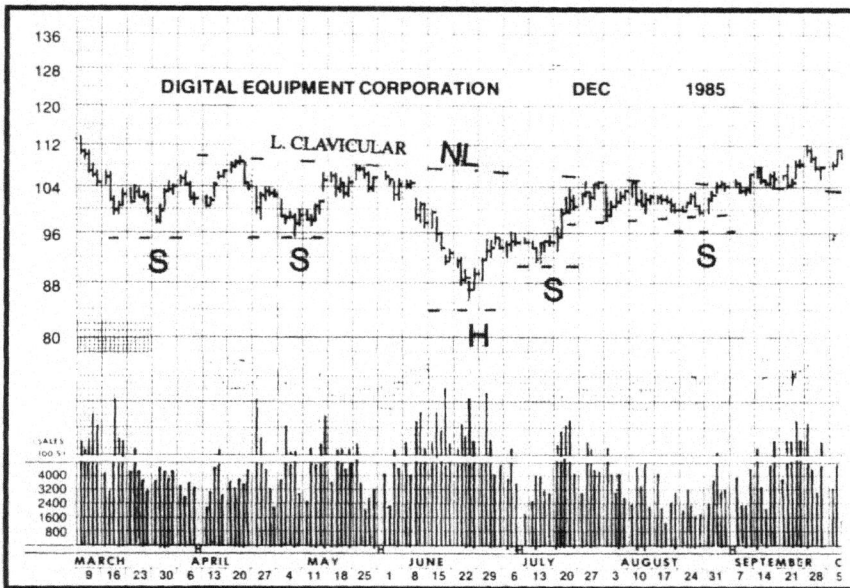

FIGURA 27. Desde un Techo de Cabeza y Hombros en Febrero, Digital bajó fuertemente a mediados de Junio, retirando aproximadamente dos tercios del avance de 1983-1985. El mínimo del verano fue la cabeza de un amplio Suelo Múltiple de Cabeza y Hombros. Sin embargo, "DEC" ha disfrutado de una penetración de alto volumen de la línea clavicular y está, por lo tanto, en posición de compra.

Techos y suelos redondeados

Las formaciones múltiples que recién analizamos se producen por una especie de extensión de la pauta normal de Cabeza y Hombros. Llévese este proceso aún más lejos, y las complejas se transformarán en nuestra siguiente clase de cambios de dirección, distinguidos como giros redondeados.

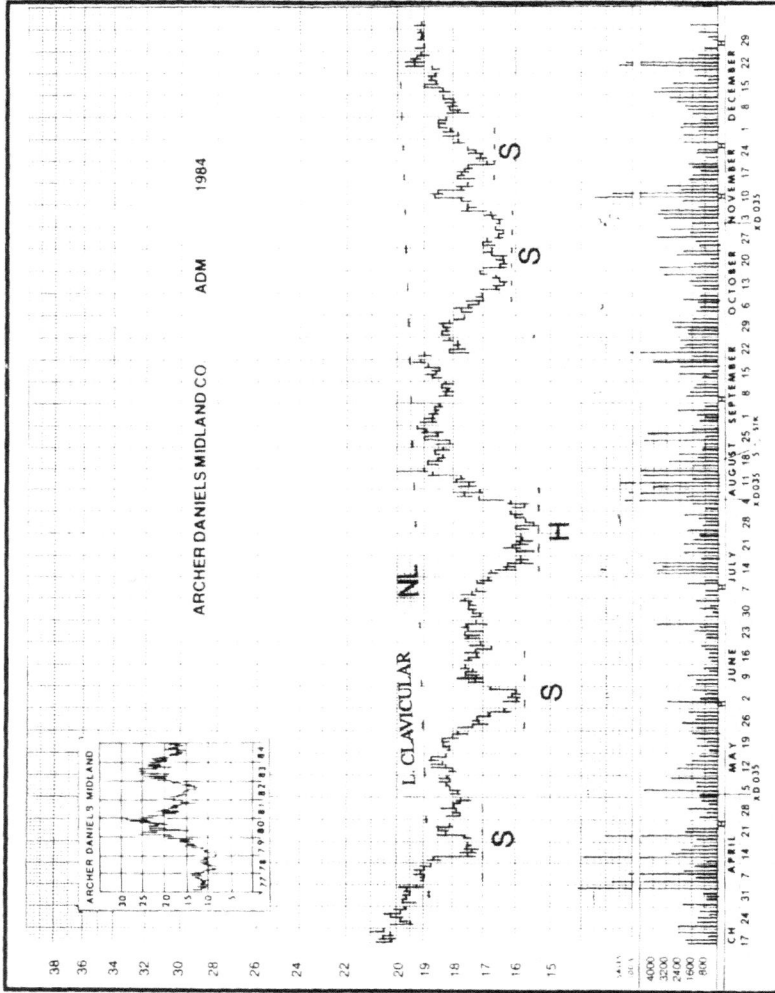

FIGURA 28. Después de poner a prueba su máximo de 1980, a mediados de 1983, "ADM" bajó fuertemente, cambiando de sentido aproximadamente el 40% del avance de 1982-1983 a mediados de 1984. Sin embargo, el mínimo del verano parece ser un suelo. En realidad, si se observa la pauta de volumen desde Abril hasta Noviembre y se la correlaciona con la actividad de precios, no es difícil crear un buen caso para un Suelo Múltiple de Cabeza y Hombros. Una línea clavicular que atraviesa los cierres nos da una señal de empuje sobre una penetración de 20 5/8.

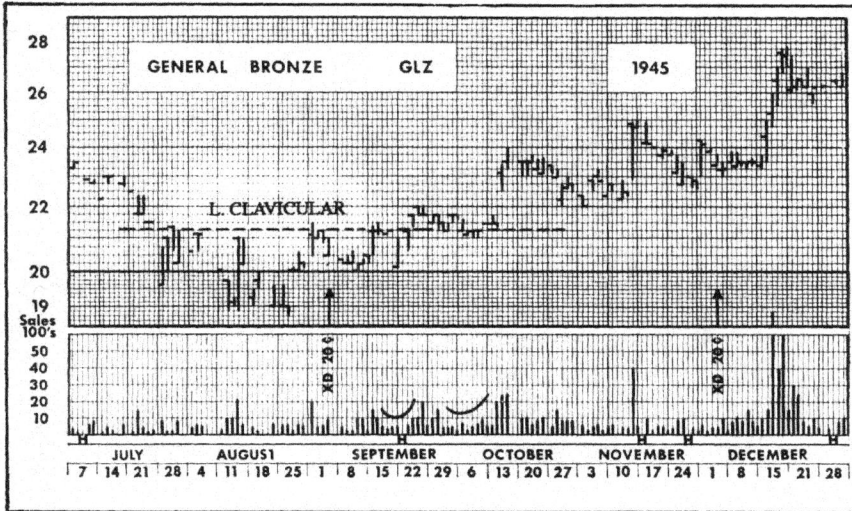

FIGURA 29. Suelo Intermedio de tipo complejo, anormal en su falta de simetría pero, a pesar d ello, fácil de reconocer. El volumen bajo de las reacciones, una vez que la cabeza se ha completado, ofreció una confirmación bajista, normal y esencial. El comienzo lento de la nueva tendencia es un rasgo común a los cambios de dirección de Cabeza y Hombros múltiple.

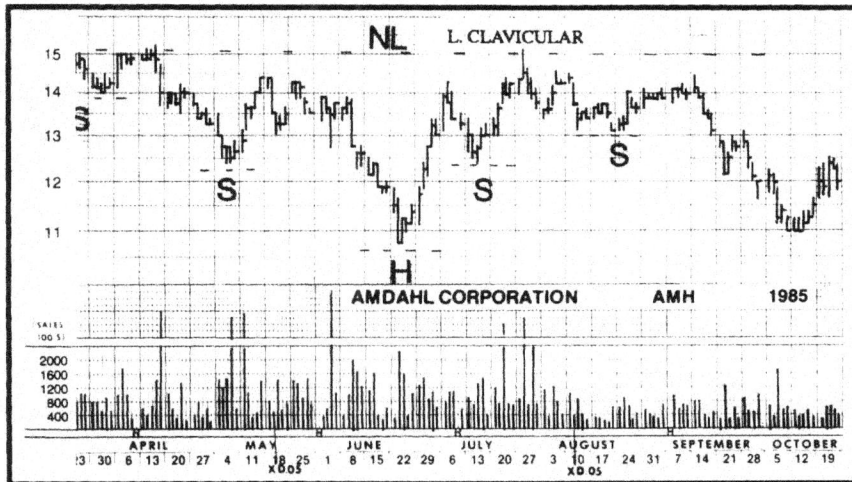

FIGURA 30.El descenso en Amdahl ocupó a los bajistas desde Marzo hasta Junio antes de que una fuerte recuperación avisara de que los alcistas todavía estaban vivos. Desde entonces, una agitada gama de operaciones laterales se ha desarrollado con el soporte cerca de los mínimos de retroceso establecidos a principios de año. En conjunto, hay una tenue simetría en este gráfico, incluyendo el volumen, que indicaba que la acción de los precios desde Marzo hasta Septiembre era, en realidad, un amplio Suelo de Cabeza y Hombros. La entrada está en una ruptura de 3% de la línea clavicular , con un objetivo mínimo de 193/4.

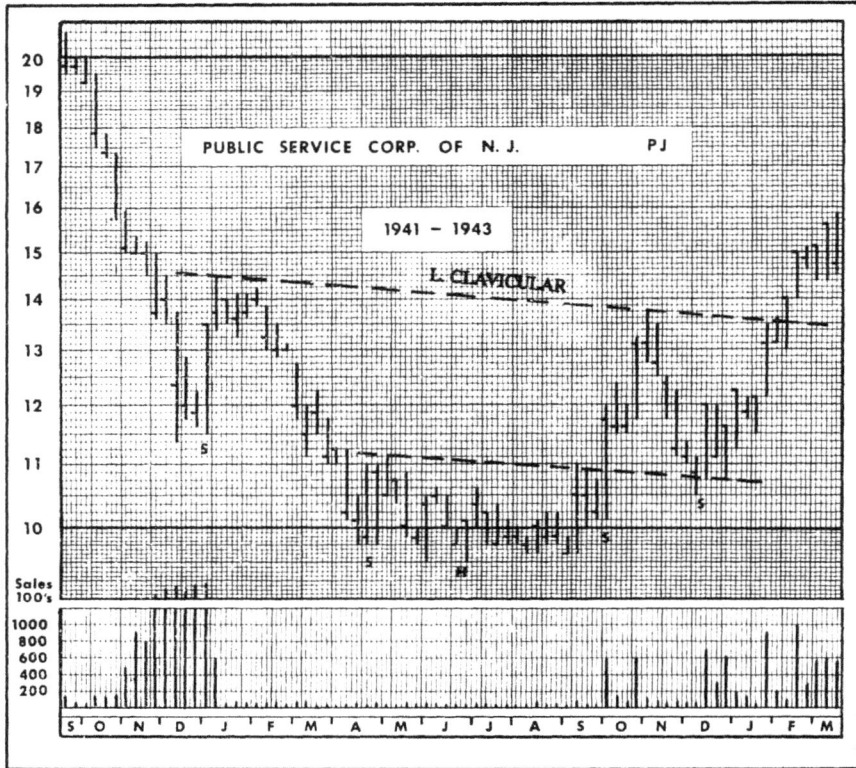

FIGURA 31. Otra variante de Cabeza y Hombros dentro de una formación de cambio de dirección principal. La pauta más pequeña de Cabeza y Hombros se pasó por alto en el gráfico diario. Y, más aún, aunque tenía una duración de seis meses, esta pauta no implica necesariamente, en sí misma un, cambio de dirección primario. Sin embargo, cuando empujó los precios hacia arriba en Octubre, hacia la gran oferta que se había situado en 12-13 el Diciembre previo, algo más que un avance secundario podría estar en perspectiva. A pesar de esto, no se señaló un movimiento alcista de importancia hasta Febrero de 1943, cuando la línea clavicular superior fue penetrada y los precios cerraron a 14. Los "Public Services" cayeron hasta 12 de Noviembre de 1943 (a la antigua línea clavicular exactamente) y después avanzaron con regularidad hacia 30.

Estudie esto de nuevo cuando se llegue a Soporte-Resistencia, Cap. XIII. Este gráfico hace hincapié en el hecho de que mientras las formaciones de techo se completan, a menudo, en un tiempo relativamente corto, los suelos Mayores requieren muchos meses, ya una dosis de paciencia mayor. Permitiéndoles más tiempo, la mayoría de las pautas al alza tienen sus réplicas en formaciones a la baja.

En el primer acercamiento que tuvimos a la teoría de las pautas gráficas de cambio de sentido, nos dimos cuenta por qué lleva tiempo y un volumen de operaciones considerable el mover una tendencia de precios establecida de arriba a abajo, o de abajo hacia arriba. En el caso de cambio de dirección de Cabeza y Hombros, la tendencia sale, lucha, pelea una y otra vez antes de rendirse y retirarse, por último. En esta lucha, el equilibrio entre las fuerzas de la oferta y la demanda fluctúa, por lo general de manera agresiva, hasta que posteriormente una vence a la otra. En las formaciones múltiples tiene lugar un proceso parecido, pero de forma menos violenta y, luego de un período, se hace aparente el cambio de equilibrio progresivo de una fuerza a la otra. El giro redondeado es una muestra de este fenómeno técnico, con mayor simplicidad y lógica. Muestra, sencilla de un cambio gradual, progresivo y bastante simétrico en el sentido de la tendencia, desarrollado por un desplazamiento gradual del equilibrio de poder entre la compra y la venta.

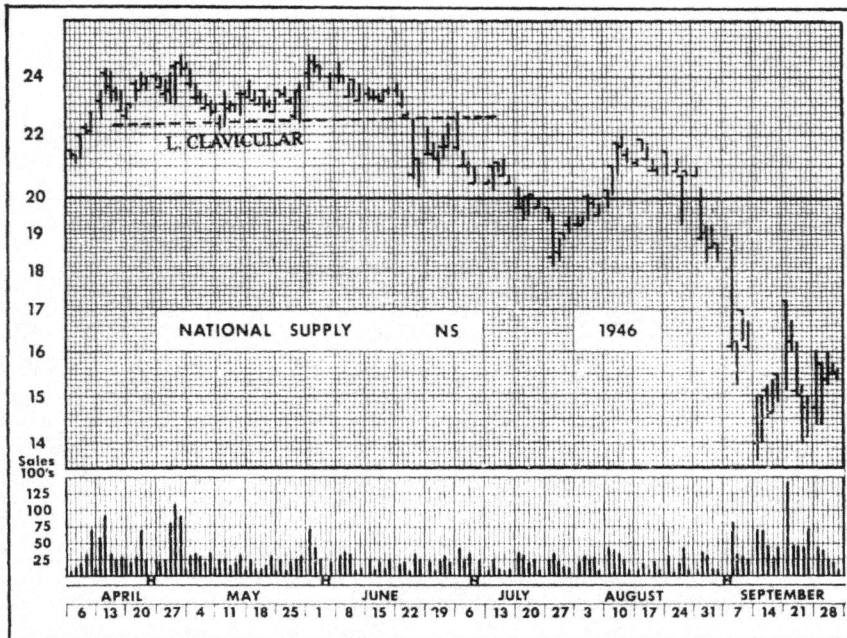

FIGURA 32. Otra forma que puede adoptar el cambio de dirección complejo. Esta se puede describir como una formación de Cabeza y Hombros con dos cabezas muy separadas. Estúdiese su pauta de volumen, notando la fuga del 20 de Junio y el retroceso posterior. Compárese con el cambio de dirección a la baja de Bethlehem Steel ofrecido en el Cap. XII, Figura 123.

Si, por ejemplo, la compra es más fuerte que la venta por alguna fase, sabemos que el resultado habrá sido una tendencia general al ascenso en el precio de nuestras acciones, tal como se muestra en nuestro registro de gráficos de su historial de operación. Mientras que los compradores de las acciones estén más deseosos y sean más numerosos, agresivos y poderosos que los vendedores, esa tendencia precedente al alza seguirá. Supongamos que, ahora, sin embargo, la venta se hace mínimamente más fuerte, mientras que la compra se conserva estacionaria en su fuerza anterior. Este cambio mínimo en el equilibrio técnico, se manifestará a través de un movimiento ligero hacia arriba del avance anterior.

Ya que la venta aumenta en poder relativo, igualará definitivamente al poder adquisitivo, con el fin de que el nivel de mercado no oscile ni hacia arriba ni hacia abajo, sino que persiste estacionario por un período (excepto en las fluctuaciones menores sin significado).

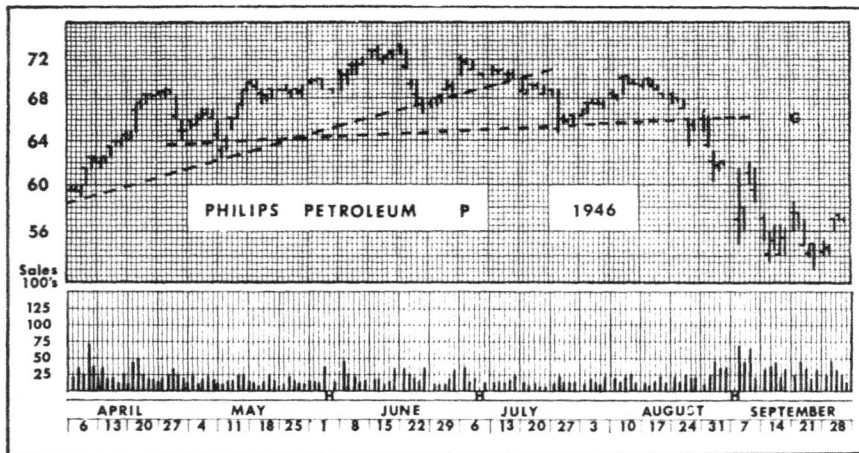

FIGURA 33. Las pautas mayores de cambio de dirección de techo en emisiones e inversión a alto precio, son con frecuencia largas y "planas". El techo de 1946 de la Phillips Petroleum se podría clasificar de Cabeza y Hombros múltiple o bien como un techo redondeado irregular. Una importante línea de tendencia (Cap. XIV) se rompió hacia abajo en Julio.

Supongamos que la nueva formación sigue y la presión en las ventas aumenta, hasta que, al final, se vuelve más fuerte que el poder de compra. El equilibrio se mueve ahora en dirección opuesta. En este instante hay más vendedores que compradores y el resultado será una baja gradual en las cotizaciones de las acciones por parte del mercado. Si este cambio en el equilibrio de poder es regular y conlleva hacia su conclusión lógica, podemos apreciar, inclusive sin la ayuda de un gráfico, que nuestro cuadro del movimiento de precios será uno con tendencia prolongada que avanza y que empieza a redondearse, estando en espera estacionaria por un tiempo, y empezando después a aislarse, cambiando así el movimiento alcista previo en una tendencia bajista, nueva y acelerada. Los suelos redondeados se les llaman normalmente pautas o formaciones de Cuenca a Platillo. Los techos redondeados se llaman, a veces, Cuencos invertidos.

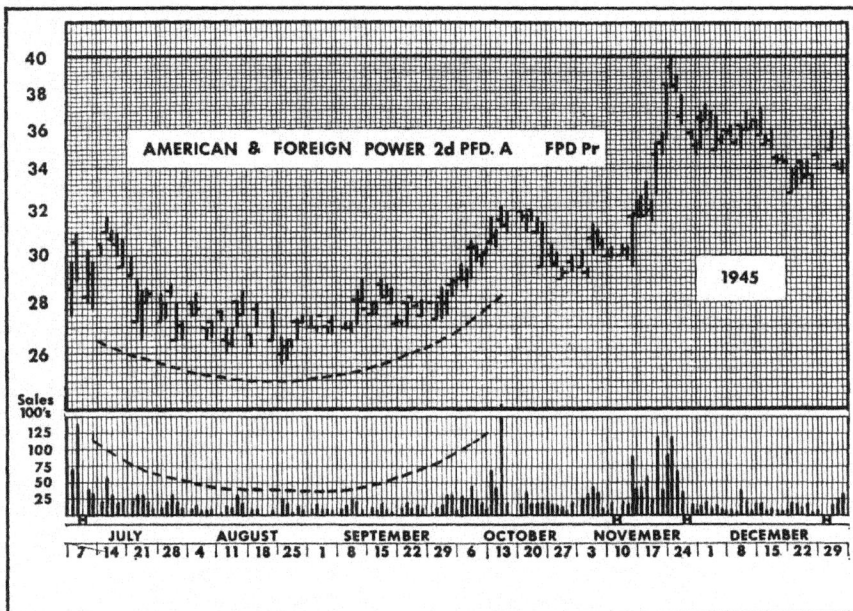

FIGURA 34. La reacción de final de la guerra de 1945 en la American & Fokreign Power 2d Preferred, al igual que en otras acciones, adoptó la forma de un suelo redondeado. Compárese el precio y las tendencias de volumen. Las implicaciones del 4 de Octubre se ven claramente aquí.

A pesar de la lógica de su construcción, ninguno de estos tipos se muestra con la frecuencia de las formaciones de Cabeza y Hombros. Las bajas redondeadas aparecen con más frecuencia en las acciones de precio bajo, con una forma extendida y de fondo plano, que requieren, por lo general, muchos meses para formarse completamente. Hubo una multitud de desarrollos durante 1942 y 1943 entre emisiones que vendían la acción por menos de $10. (Debe notarse aquí que los suelos de "platillo" de dos o tres meses de prolongación aparecen también con frecuencia, uno inmediatamente después del otro, en los gráficos de emisiones de bajo precio a través de un movimiento extendido hacia arriba. Sus características y significados los analizaremos más tarde cuando lleguemos a Consolidación).

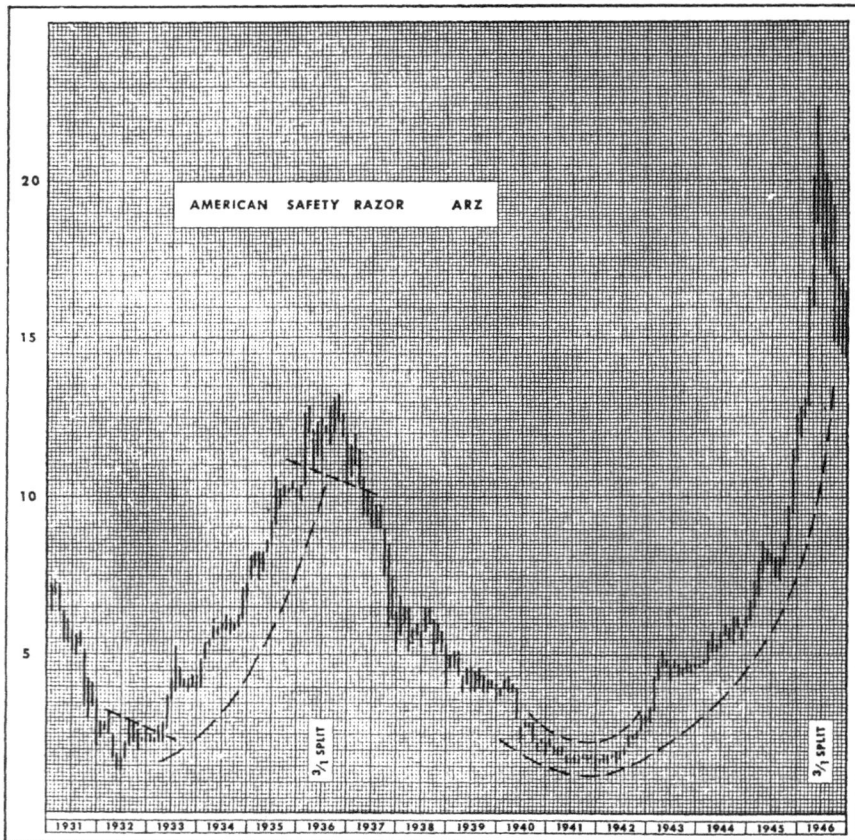

FIGURA 35. Gráfico mensual de escala aritmética. El suelo mayor de la American Safety Razors, de 1932, fue una Cabeza y Hombros, así como lo fue también el techo alcista de 1936. Su Mercado alcista de 1942-46 se creó a partir de un suelo redondeado de casi dos años y medio de duración. Ver Fig. 42. Merece la pena estudiar el gráfico mensual.

Los techos de tipo redondeado son muy raros entre las gamas de precios medios y bajos, pero se les puede ver algunas veces en los gráficos de esas acciones comunes de precio alto que dominan una tasación del AA entre los inversionistas poderosos y que por lo general, no son de interés público. Aparecen también con periodicidad en los gráficos de las acciones preferidas de alto nivel, y de manera muy natural, porque la demanda de sus acciones muestran principalmente dos factores -suministro de fondos que busca una inversión conservadora y tasas de interés-, las que tienden a cambiar muy despacio. El llamamiento especulativo que origina fluctuaciones de precios de amplia oscilación no está presente en estos asuntos. La misma línea de razonamiento explica por qué los techos redondeados casi nunca se forman en acciones comunes especulativas de menor precio; los mercados alcistas de estas están coronadas por el publico, que compra y que no toma atención a consideraciones de inversión a largo.

Cómo afectan a la actividad operadora los giros redondeados

Aún no hemos citado la mitad que corresponde al volumen del cuadro de giro redondeado. Es interesante, al tiempo que significativo. Su norma, en el caso de los suelos redondeados, es habitualmente tan precisa y decisiva como la regla de precios. El primer pasó en la conquista gradual de la oferta por la demanda, que desarrolla un suelo redondeado, se desarrolla a efecto de un debilitamiento en la presión de las ventas. El volumen, que ha sido abundante, disminuye lentamente; los precios siguen disminuyendo, el ritmo es más lento y las curvas de tendencia se acercan cada vez más a la línea horizontal. Con las dos fuerzas técnicamente en equilibrio, se establecen pocas transacciones en el suelo. En ese momento, la demanda comienza a incrementarse y, a medida que la curva de precios gira hacia arriba, el movimiento empieza a ser más activo. El volumen aumenta con la tendencia hasta que logra, a menudo, una especie de alza máxima sobresaliente, en sólo unos cuantos días de movimiento de precios casi vertical en el gráfico.

En aquellas formaciones, los extremos de las líneas de volumen en la parte inferior del gráfico. Cuando están unidas, mostrarán un arco que es a menudo casi paralelo, a grandes rasgos, con el descrito por el "cuenco" de precios de la parte superior.

Estas reglas, cuando se desarrollan después de un descenso extenso, son de gran importancia, debido que casi siempre muestran un cambio en la tendencia primaria y un avance extenso, por producirse todavía. A pesar de eso, ese avance casi nunca llega con el un efecto de "cohete", el cual perfeccionaría el movimiento principal de semanas. Por el contario. La tendencia a ascender que sigue a la conclusión de la regla tiende a ir despacio y presentar usuales interrupciones, llegando a agotar al operador impaciente, pero concediendo un beneficio sustancial.

Digamos, nuevamente, que el volumen de operaciones debería bajar a un punto bajo extremo, en la parte inferior de la regla de cuenco, si sus consecuencias son fieles. Sin embargo. Una vez que los precios han cruzado el punto muerto y comienzan su primera escalada gradual con una leve recuperación de actividad, algo en la línea de una fuga prematura se puede incitar. Una explosión de actividad puede, sin dar alerta, enviar las cotizaciones hacia arriba durante uno kds o dos días.

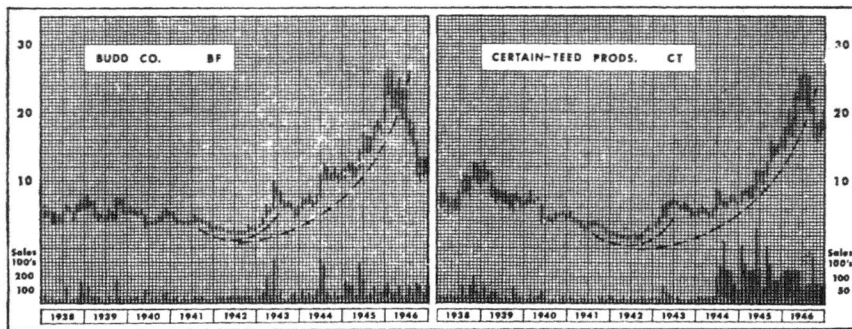

FIGURA 36. (Izquierda). Gráfico mensual del Budd Company. Obsérvese como 1942 fue el primer año que produjo una pauta lenta con forma de platillo, un suelo redondeado de importancia primordial. "BF" escaló desde por debajo de 3, en 1942, a 26 en 1946.

FIGURA 37. (Derecha). Formación similar en la Certain-teed Product, que se elevó desde por debajo de 2, en 1942, hasta situarse por encima de 25, en 1946. Estúdiese el volumen desde 1940 hasta 1945. La tendencia de mercado alcista curvada hacia arriba, que aparece en estos gráficos, se estudiará en el Cap. XV.

Este hecho no es de ninguna manera rara, pero los precios, casi invariablemente, Bajarán de nuevo a su inicio y el movimiento gradual de redondeo se da por terminado. No hay peligro especial para el operador en estos estallidos precoces, pero, si estuviera atraído a lanzarse en tan repentina demostración de fuerza, es preciso darse cuenta de que todavía requiere paciencia. Un típico ejemplo de este tipo de ruptura prematura se demuestra en una de nuestras ilustraciones adjuntas.

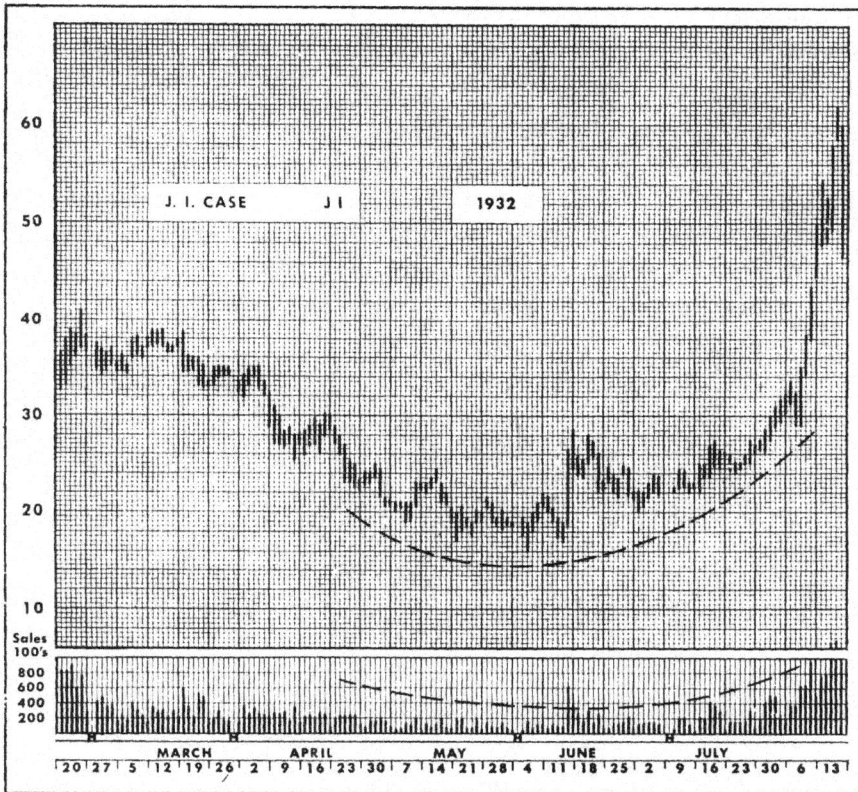

FIGURA 38. Ejemplo clásico de suelo redondeado del cambio de dirección o vuelta de tendencia Mayor de 1932. El salto fuera de la línea del 10 de Junio y el subsiguiente regreso a la pauta de platillo es un desarrollo frecuente en suelos redondeados.

La variante de suelo durmiente

Existe un tipo de gráfico de suelo mayor que se llama *Suelo durmiente,* pero que posee relación, lógicamente, con nuestra pauta de cuenco, ya que es, en cuanto a efecto se refiere. Un desarrollo extremo de la forma "extendida de suelo plano" a la que hemos mencionado anteriormente. Aparece usualmente en los valores "estrechos". Es decir. En aquellos en que el número total de acciones en circulación es muy pequeño.

En estas situaciones, el volumen de negocios de un día normal puede equivaler solo a doscientas o trescientas acciones en un mercado activo en alza. Lugo de una fuerte liquidación. Comienzan a aparecer en el gráfico días en blanco. Para terminar, pasarán semanas, e inclusive meses, en los cuales no se registrarán ventanas durante días o a un tiempo. O solamente en un lote ocasional a una cifra que fluctúa dentro de una variedad fraccional. El gráfico aparece "salpicado de moscas".

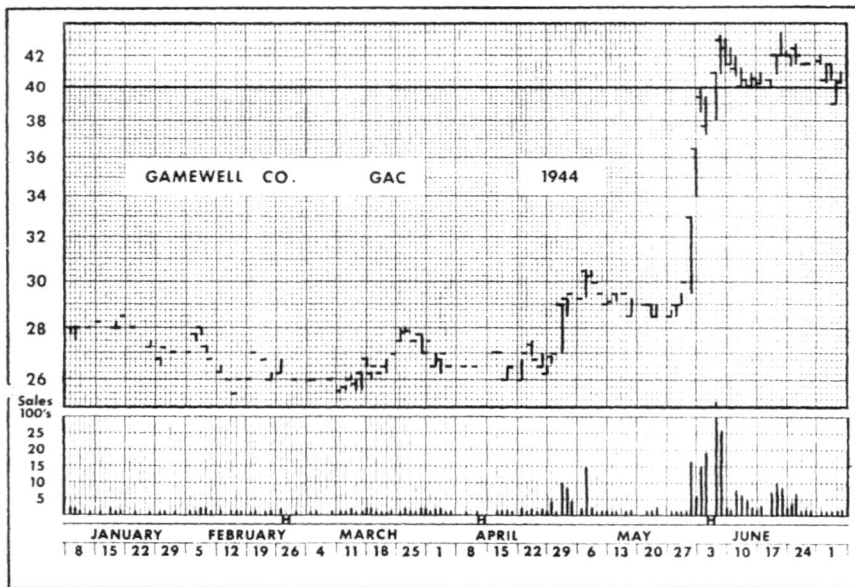

FIGURA 39. Caso extremo de "Suelo durmiente". Hubo muchos días, en los cuatro primeros meses, durante los cuales no se operó. El 26 de Abril apareció una señal de "compra". Observe el volumen.

En algún instante puede aparecer un freno de actividad inesperado y bastante inexplicable. Varios cientos de acciones se muestran en el gráfico y los precios avanzan bruscamente. Esta "ruptura de inactividad" puede ser un movimiento prematuro, tal como hemos recalcado en conexión con los típicos suelos redondeados -para ir continuado de varias semanas más de inactividad- o puede ser el primer aumento en una especie de proceso ascendente, con pausas cada vez más precisas entre cada escalón, hasta que, finalmente, se forma una tendencia al alza consistente. De cualquier forma, es una señal indicativa de que estamos tratando con un importante sector de acumulación.

Es fácil imaginar lo que ha pasado para que se formen estos Suelos durmientes. Con pocas acciones pendientes, y solo un lote ocasional puesto en venta "en el mercado", los inversionistas (tal vez entendidos, relacionados con la compañía) tendrían éxito solo en ubicar el precio fuera de alcance si comenzaran a pujar por las acciones. Lo que hacen es sencillamente "poner una canasta debajo de ellas", como dice el refrán, tomando rápidamente todo lo que sale, pero no tratando de alcanzarlo, hasta que, en su debido momento, el árbol se agita y cae toda la "fruta madura".

En ese instante pueden ellos aumentar sus ofertas un punto aproximadamente; si esto parece sacar a la luz, de nuevo, muchas acciones, vuelven a sus estrategias de espera.

Pauta de volumen en los techos

La pauta de volumen en los techos redondeados rara vez está tan bien definida como en los suelos. De hecho, tiende a ser bastante alta e irregular a lo largo de todo el movimiento de redondeo de precios. Se pueden observar fácilmente, en un examen cuidadoso, señales de cambio de actividad alcista a bajista en mínimas fluctuaciones, en el instante en que el alza máxima ha sido excedida, pero los avisos de volumen no se hacen visibles, en la mayoría de las situaciones, hasta que la tendencia a la baja se ha aumentado hacia la vertical. No conocemos ninguna fórmula de medición que se pueda usar a los giros redondeados (excepto en las restricciones mínimas que ya hemos descrito en relación con Cabeza y Hombros: esto es, no se pueden tener en consideración a la hora de producir un movimiento mayor que la oscilación anterior de precios en sentido opuesto).

Pero casi nunca engañan. Sus consecuencias se pueden extraer, a grandes características, de la magnitud de las tendencias que incitaron a ellas y de la longitud de tiempo que se usó en el proceso de redondeo. Así, los giros redondeados que se revelan seguidamente en los gráficos semanales y mensuales poseen una importancia primordial (lo cual nos conduce a la consideración general de las pautas de gráfico semanal y mensual).

Hasta el momento, hemos analizado, en detalle, sobre los desarrollos del gráfico diario, solamente, pero todas las formaciones que ya hemos visto aparecen también en

las oscilaciones más prolongadas, en las cuales los movimientos diarios se condensan en gráficos semanales y mensuales, y con igual significado. El registro de volumen puede no es muy fácil de descifrar (la actividad final puede darse en un día de la semana y el resto de los días pueden ser inactivos, lo cual no se manifestaría en la cifra final de la semana), pero es menos crítico, puede ser casi ignorado. Los ascensos de Cabeza y Hombros son concretamente abundantes en gráficos mensuales y se les debe dar la debida atención.

De hecho, cualquier norma claramente definida que se hace para completarse en un gráfico semanal o mensual es importante (teniendo siempre presente que "un cambio de sentido debe tener algo que cambiar").

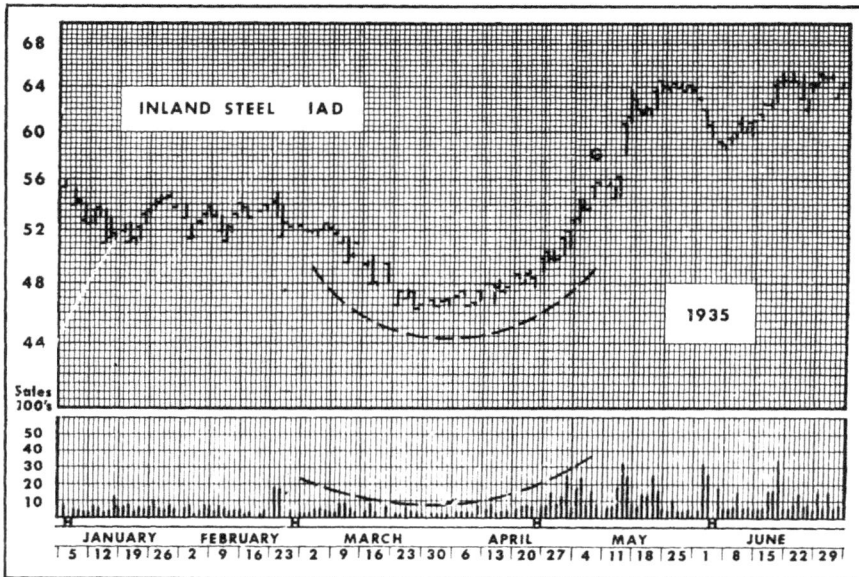

FIGURA 40. La reacción de Marzo de 1935 produjo muchos suelos redondeados. Este raya en el tipo "durmiente". El hueco (G), una escapada a través de un nivel de resistencia, no se "cerró" hasta finales de 1937 (Capt. XII).

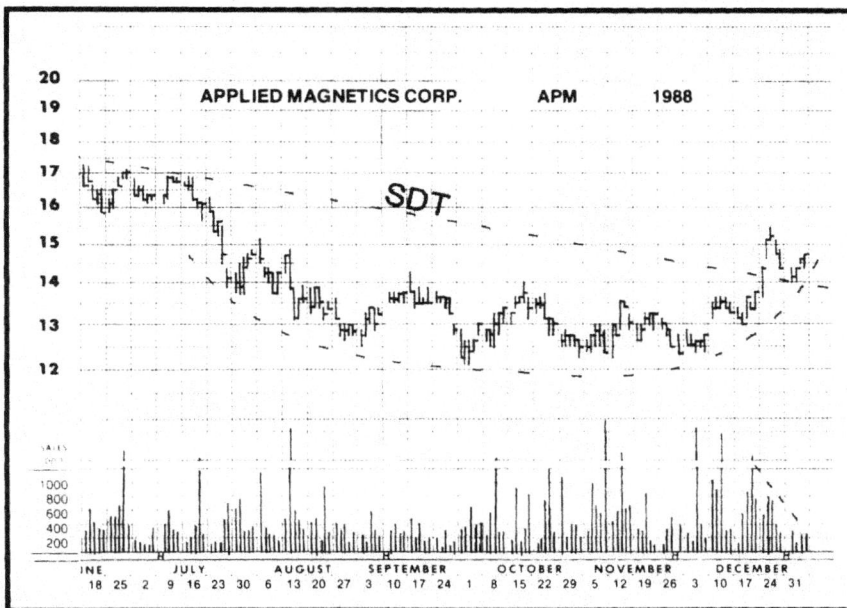

FIGURA 41. En una extensa gama de operaciones (11-17/1/2) durante 1988, "APM" bajó de la resistencia el verano pasado. Sin embargo, la reacción fue lenta, formando una pauta similar a un platillo desde
Julio hasta Noviembre en una correlación precio/volumen generalmente alcista. De interés particular es
el hecho de que el punto mínimo del Platillo estaba por encima del mínimo de Febrero, es decir, que los
mínimos más altos empezaban a salir. La recuperación de alto volumen de la semana última a través de la
línea de tendencia bajista señala el comienzo de la siguiente subida. Si esta emisión está cambiando desde
los lados hacia arriba, el siguiente avance debería probar el máximo de 1987.

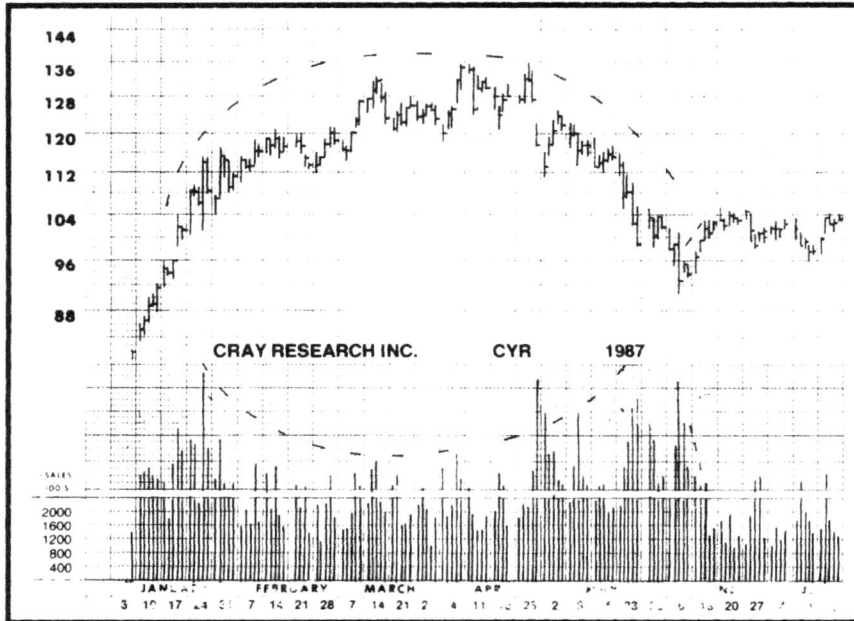

FIGURA 42. Cray Research ha sido una acción de una central eléctrica durante toda una década. Operando bajo un dólar en 1976, el máximo de este año alcanzó 135/3/4 antes de que el hueco del último Abril, a través del suelo de un Diamante de siete semanas, comenzara el actual descenso. Sin embargo, desde la recuperación de alto volumen de mediados de Junio, "CYR" también ha conseguido formar un impresionante Techo Redondeado. La pauta de volumen cóncava, evidente desde el descenso de alto volumen hasta el soporte, que siguió a la ruptura del Diamante, es significativa particularmente al iluminar esta pauta de Techo. Utilice la actual recuperación de bajo volumen hacia la línea clavicular de la formación en el área 112 para establecer una posición corta.

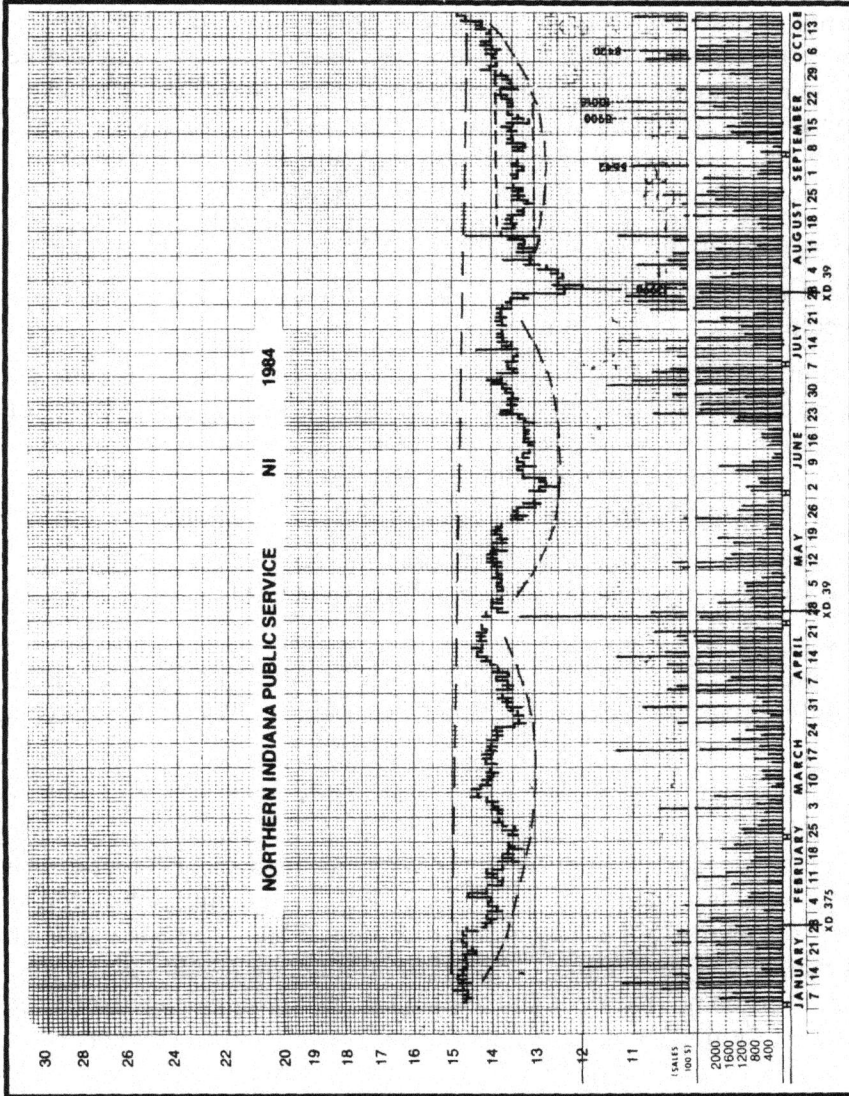

FIGURA 43. 1984. Nos encanta la tendencia Festoneante del Northern Indiana Public Service. Aunque, evidentemente, no es una pauta que anuncia el avance como un cohete, el cuadro técnico fue abrillantado considerablemente por la ruptura de alto volumen del viernes a través de la resistencia.

Capítulo VIII

Pautas importantes de cambio de tendencia.
Los triángulos

Nos hallamos ahora frente a una familia totalmente diferente de pautas técnicas, los Triángulos -un grupo que no se ha representado muy bien en los gráficos de la última década como se hizo en los años veinte y treinta. Su insuficiencia actual es deplorable, ya que forman un grupo intrigante con muy buenas potencialidades de beneficio. Antes de analizarlos en detalle, sin embargo, puede ser beneficiario realizar un chequeo rápido de la teoría básica que aporta significado y valor al análisis gráfico.

Esa teoría se puede volver a resumir en las precisas afirmaciones que siguen a continuación:

1. El valor de mercado de una acción esta determinado, solamente, por la interacción de la oferta y la demanda.

2. La oferta y la demanda están gobernadas, en cualquier momento, por varios factores, algunos racionales y otras irracionales. La información, las opiniones. Las posiciones, las suposiciones (sagaces o de otro tipo) se unen, en esta ecuación, con las necesidades ciegas. Ningún hombre podrá aislar y pesarlas, pese a eso, el mercado lo hace de forma automática.

3. Ignorando las fluctuaciones menores, los precios se mueven en tendencias, que se conservan por un período de tiempo apreciable.

4. Los cambios de tendencia que demuestran un desplazamiento importante en el equilibrio entre oferta y demanda, sin importar cual sea su causa, son perceptibles más tarde o más temprano en la acción misma del mercado.

Sin duda, las palabras que surgen en el punto anterior le habrán producido algunas inquietudes. La queja de que la teoría de Dow es, a menudo, "más tardía" ya se ha mencionado. Las pautas de cambio de dirección estudiadas en los dos capítulos anteriores no nos conceden ninguna señal cierta, hasta después de haberse provocado el cambio de tendencia -generalmente "más temprano"-, si lo comparamos con la teoría de Dow, pero nunca el precio de Techo y Suelo absolutos. El hombre que vende una acción, enseguida que un Techo de Cabeza y Hombros se ha completado en su gráfico, puede conseguir ganancias de no más de la mitad del descenso total desde su máximo extremo hasta su mínimo extremo, debido que, de acuerdo con los términos de nuestra fórmula de medición, la primera mitad del descenso podría haber pasado antes de que la formación de cambio de dirección de Techo se confirmara definitivamente. Imagínese que no hay un remedio para esto. Hubo una persona, por supuesto, que se las ingenió para vender sus acciones al octavo máximo de un punto, en el alza máxima de la "cabeza" (y alguien se las compró). ¡El vendedor fue muy dichoso! Su hazaña se puede comparar como un "hole-in-one" en el golf. Inclusive un completo zoquete también esta en el juego, de cuando en cuando, de esta emoción. Pero cuanta más experiencia tiene un jugador, más gusto conseguirá al caer a salvo en el verde y no muy lejos de la "cup". Mientras más experimentado está el inversionista, menos preocupación tendrá de obtener el último punto. O incluso los diez últimos puntos por la venta de sus títulos.

Nadie puede poseer una seguridad completa, en el momento, de que está vendiendo al máximo final. Todavía no se han creados métodos o reglas -y nunca se crearán - que aseguren la compra dentro de fracciones del mínimo, o la venta dentro de fracciones del máximo. Una persona puede estar segura de que compra una acción a su mínimo absoluto, siempre que esté preparado para adquirir todas las acciones que se ofrecen a esa cifra -inclusive la emisión entera pendiente de compra, si es necesario. En caso de estar tentado, se requerirían, en teoría, unos $3.743.000.000,00 para "poner fondo" a la U.S. Steel a 70. Quizás Ud. piensa que rezongamos mucho, verá justificadas las observaciones anteriores en el instante que hablemos de los hábitos de los Triángulos, ya que estas formaciones no son siempre una señal de un cambio de sentido de tendencia. Por el contrario, y a excepción de ciertas variedades poco comunes, aquellos son más inclinados a mostrar lo que convenientemente se ha dado en llamar "consolidación", la cual consuma un movimiento hacia arriba o hacia abajo sólo de manera temporal y, más tarde, poniendo marco a otro movimiento fuerte en igual dirección. La razón por la cual se han agregado los Triángulos en esta sección, es porque ellos se desarrollan, a veces, en etapas de cambios de tendencia importantes, y son estos justamente las etapas esenciales que el inversionista debe reconocer.

Triángulos simétricos

La forma más típica de Triangulo es aquella compuesta por una serie de fluctuaciones de precios. Cada una de ellas *menor que la inmediatamente anterior,* con aumentos menores, cada una de las cuales no logra conseguir el nivel de la recuperación precedente, y con repliegues mínimos, ubicados por sobre del nivel de la baja precedente. El resultado de esto es una especie de "Línea de Dow" contraída en el gráfico -un área de precios lateral o variedad de operaciones, cuya parte superior se puede designar, con más exactitud, con una *línea de frontera inclinada hacia abajo,* y con una parte inferior que puede poseer límites con una línea de "inclinación hacia arriba". Este tipo de triángulo se les conoce como Simétrico. Si queremos saber puntualmente cómo se le llama en el lenguaje geométrico, tendríamos que denominarlo Agudo, ya que no es preciso que sus límites inferior y superior tengan el mismo largo o, lo que es igual, que forme el mismo ángulo con el eje horizontal. Pese a eso, hay una tendencia muy fuerte en estas formaciones a acercarse a la forma simétrica, con lo cual nos ayudará el nombre que hemos puesto. Este tipo también se conoce a veces con el nombre de "espiral". Mientras que el proceso de contracción -que es el que establece la acción de precios en las reglas del triangulo simétrico- esta avanzando, la actividad operadora muestra una tendencia menguante, puede ser irregularmente pero, a pesar de eso, de forma notable a medida que pasa el tiempo. Las líneas convergentes del límite inferior y superior de la formación de precios aparecen juntas en algún lugar de la derecha (el futuro, en el sentido temporal) del gráfico, en el vértice de nuestro triángulo.

A medida que los precios van transitando hacia el vértice, en fluctuaciones cada vez más angostas, el volumen disminuye hasta lograr a un volumen de negocios diarios muy bajo. Entonces, si estamos tratando con un ejemplo común, viene la acción que sugirió por primera vez el nombre de "espiral". De improviso y sin avisar, como si una espiral se enrollara cada vez de manera más tirante y, luego, saltara, los precios se separan de su triángulo con una mejora visible en el volumen, y saltan con un movimiento fuerte que tiende a acercar, en cuanto al alcance, el movimiento hacia arriba o hacia abajo que precede a su desarrollo.

En el gráfico que contiene el Triángulo apenas dan pistas sobre el sentido en que los precios van a saltar fuera de la pauta, hasta el instante que esa acción se produzca finalmente. A veces, se puede poseer una precepción bastante aproximada de lo que puede suceder viendo lo que pasa en ese momento en los gráficos de otras acciones, pero a menudo no haya nada que hacer, sólo aguardar hasta que el mercado decida el camino que va a seguir. Y es justamente decidirse lo que parece hacer el mercado cuando forma un Triángulo; todo lo que ocurre parece ejemplificar la duda, la vacilación, hasta que se toma definitivamente una decisión.

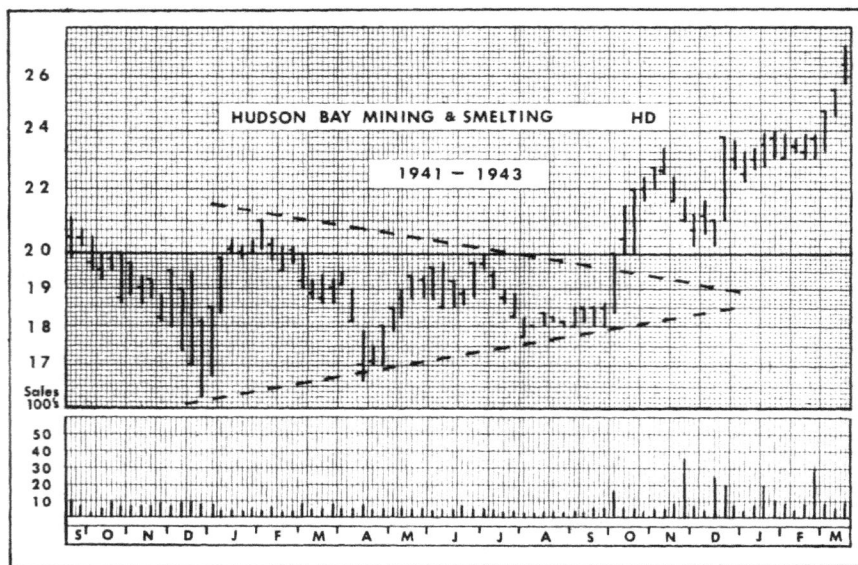

FIGURA 44. Bonita formación de cambio de dirección de un Triángulo Simétrico en un gráfico semanal. El límite posterior inclinado hacia abajo desde Febrero de 1942, la recuperación alta a 21 y el límite inferior inclinado hacia arriba del suelo de "Pearl Harbor" situado en 16 3/8 convergen en un vértice alrededor de los 18 5/8. Desde esta pauta de suelo Mayor, la "HD" avanzó hasta los 45 en 1946. Observe la contracción en el volumen mientras se formaba la pauta, y el aumento a medida que el precio se escapó por el techo en Octubre de 1942. La fuga no llegó a las tres cuartas partes de recorrido del primer techo hasta el vértice (ver. Fig. 46).

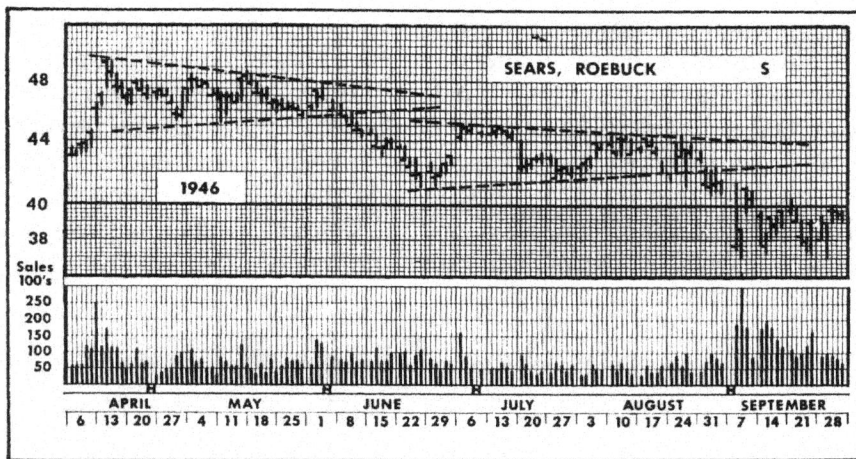

FIGURA 45. La Sears Roebuck creó un cambio de dirección de Triángulo Simétrico en su techo de Mercado alcista de 1946 y después se metió en otro Triángulo largo que resultó ser una consolidación y no una formación de cambio de dirección. (La escala de volumen logarítmica minimiza las variaciones de volumen). La señal de compra se dio a 44 1/2 y de nuevo a 41. El descenso continuó hasta los 30 1/2.

Algunas precauciones en relación a los triángulos simétricos

Un Triangulo nítido y compacto es un cuadro fantástico, pero tiene sus trucos. El principiante en el análisis gráfico es proclive, lógicamente, a buscar triángulos constantemente, y creerá generalmente que los ha hallado, cuando, en verdad, está en proceso de formación algo diferente. Recuérdese que se requieren dos puntos para determinar una línea. Un límite superior de un área de precios no se puede dibujar hasta que se han determinado, de manera definitiva, dos alzas de tendencia menores, lo que significa que los precios deben haberse movido arriba y abajo, lo suficientemente lejos de ambas como para hacer que las dos alzas máximas se muestren claras y limpias en el gráfico. Un límite de suelo, por la misma causa, no se puede trazar hasta que dos suelos de tendencia menor se hayan determinado definitivamente. Por ello, antes de concluir que un Triángulo Simétrico se está formando, se deben ver cuatro cambios de dirección se produjeron de la tendencia menor. Si después tiene lugar un avance de precios, usted debe tener primero un techo, después un suelo, luego un segundo techo menor que el primero y, para termina, un segundo suelo mayor que el primero (y los precios deben subir y alejarse del segundo suelo antes de estar seguro de que es un suelo). Sólo en ese instante se pueden dibujar los límites y proceder en la afirmación de que se tiene un Triángulo Simétrico.

También hay que tener en cuenta, es que cuanto más se adentran los precios hacia el vértice del triangulo sin exceder sus límites, la pauta parece tener menor fuerza o poder. En vez de instaurar más presión, empieza a perder su eficacia después de un cierto tiempo. Los mejores movimientos (hacia arriba o hacia abajo) parecen producirse cuando los precios rompen definitivamente en algún lugar situado entre la mitad y las tres cuartas partes de la distancia horizontal que hay desde la base (parte izquierda) al vértice. Si los precios siguen moviéndose "lateralmente" con fluctuaciones cada vez más angostas de día en día, una vez que se supere la marca de las tres cuartas partes, tienden más a conservarse a la derecha en el vértice y más allá de él, en una onda despacio que deja al analista gráfico sorprendido. Lo mejor que se puede hacer en estas situaciones es dejarlo y buscar algo más prometedor en otro lugar de sus gráficos.

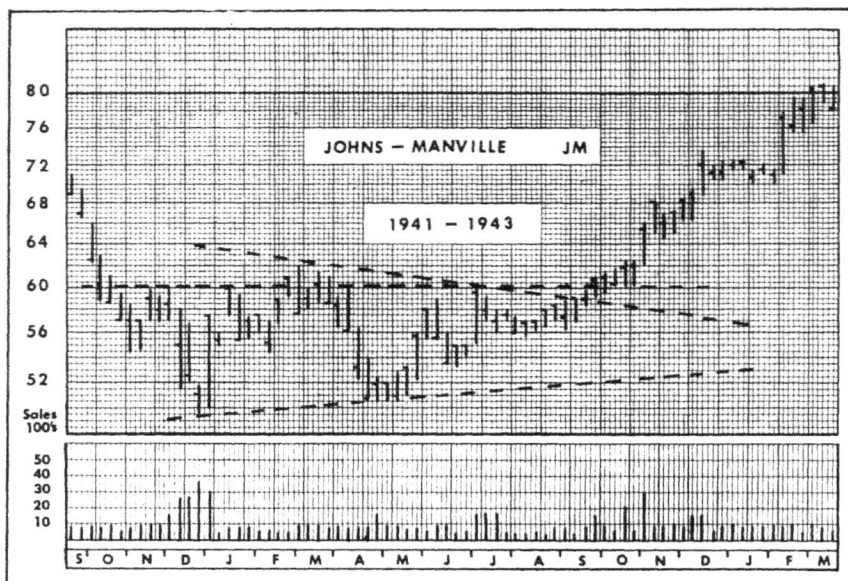

FIGURA 46. El cambio de dirección en la tendencia primaria de John's-Manville, de 1942, se desarrolló fuera de un triángulo simétrico que tuvo algunos rasgos de la pauta de Cabeza y Hombros de hombro derecho largo. Aunque se trata de un gráfico semanal, merece la pena estudiar detenidamente el volumen en relación a los precios. "JM" (acciones antiguas) avanzó más de 100 puntos los cuatro años siguientes.

Un tercer punto engañoso es el hecho de que se hace preciso, a veces, volver a dibujar uno o dos límites de un triángulo antes de completarse finalmente (es decir, antes de que los precios rompan y se separen de él de manera fija).

Esto puede pasar, por ejemplo, cuando, después de que las dos primeros aumentos de recuperación han establecido un límite superior con inclinación hacia abajo, la tercera recuperación que empieza desde el límite inferior empuja hacia arriba y por medio de la línea de techo originaria por un margen moderado y, luego, sin desarrollar un quiebre de volumen identificable en este movimiento, se frena antes de sobrepasar el nivel más elevado del techo de la pauta, es preciso eliminar el límite superior originario y dibujar uno nuevo que una los máximos de los techos de las recuperaciones primera y tercera.

Cómo se evaden los precios de un triángulo simétrico

Los precios pueden irse de un triángulo simétrico bien hacia arriba o hacia abajo. Tal como hemos analizado anteriormente, rara vez (por no decir nunca) hay pistas sobre la dirección del movimiento a seguir hasta que éste ha empezado; es decir, hasta que los precios se han escapado de su área de duda triangular de una manera concluyente. En general, los preceptos que hemos determinado para los quiebres de las formaciones de Cabeza y Hombros se pueden emplear aquí también. Por ejemplo, el margen por el cual los precios tendrían que cerrar sobre las líneas de pauta es el mismo, 3% aproximadamente. Es también necesario a un quiebre hacia arriba en los precios esté confirmada por un indicado incremento en el volumen de operaciones; si hay una falta de volumen, no confíe en el logro de los precios. Sin embargo, una rotura hacia abajo, tal como sucede en la Cabeza y Hombros, no precisa una confirmación a través de

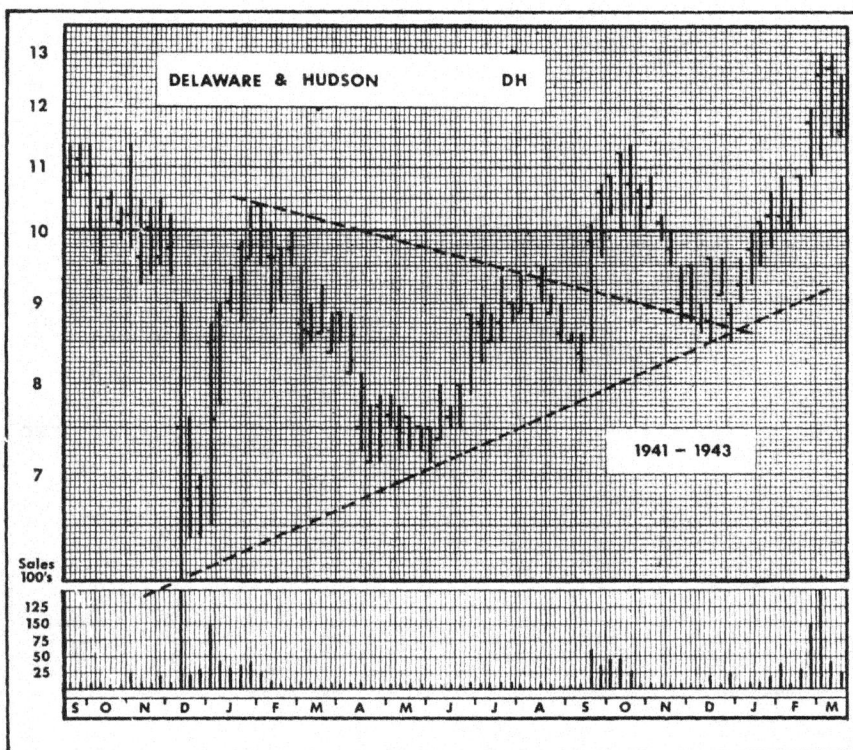

FIGURA 47. La escala logarítmica de precios en el gráfico semanal pone énfasis en desarrollos técnicos importantes a niveles bajos de precios. El suelo del triángulo simétrico de la "DH" dio comienzo a un mercado alcista que alcanzó 57 en 1945. Observe el retroceso hacia el vértice del triángulo, un desarrollo que no es infrecuente. El propio vértice es un soporte fuerte (Capítulo XIII).

un aumento de actividad. Tal como se ha registrado, el volumen aumenta visiblemente en la mayoría de los casos, pero no con un alcance muy notable -en la mayoría de las rupturas hacia abajo hasta después que los precios han caído más abajo del nivel del suelo menor precedente dentro del triangulo, el cual, como se puede establecer, puede estar varios puntos más abajo del límite en el lugar (fecha) de la ruptura real.

Lo que parece extraño es que un quiebre hacia abajo en un Triángulo Simétrico que está acompañada desde el principio por un volumen visiblemente fuerte, es más propensa a ser una señal falsa que a tratarse del comienzo de una tendencia verdadera a la baja que es útil seguir. Esto es verdad cuando la ruptura pasa después de que los precios se han movido muy hacia dentro del vértice del triangulo; de esta manera y con frecuencia, por no decir normalmente, un estallido en el volumen se convierte en una "sacudida" de dos o tres días, que se vuelve sobre sí misma rápidamente y es continuada de un movimiento auténtico *hacia arriba.*

Seguro que, el lector hallará esto muy desconcertante. Usamos una pauta muy desconcertante. Usamos una pauta muy técnica y no siempre se puede confiar en ella. Lamentablemente, los triángulos simétricos están sujetos a movimientos falsos en

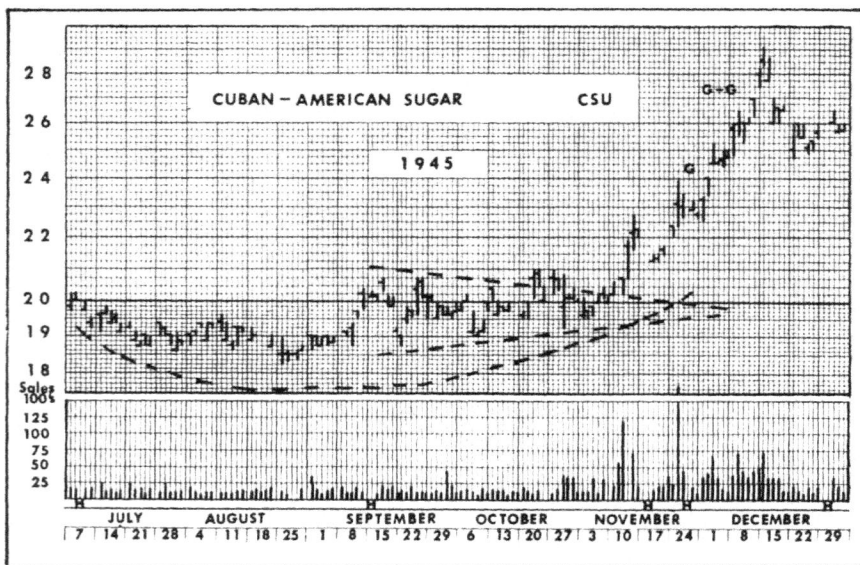

FIGURA48. Los Triángulos se configuran a menudo como parte de una pauta de otro tipo mayor y más importante. La figura simétrica que aparece aquí constituye la segunda mitad de un giro redondeado. Observe la fuga prematura del 17 de Octubre, la vuelta a la pauta y, por último, la fuga final el 8 de Noviembre.

superior medida que la Cabeza y Hombros o cualquiera de las formaciones que ya que hemos visto o que analizaremos pronto. Desgraciadamente, varios de estos movimientos falsos no se pueden identificar como tales hasta que una cantidad se ha arriesgado (aunque las buenas estrategias operativas deberán prevenir el que provoquen mucho más que una pérdida trivial). Y por desgracia otra vez, inclusive una sacudida típica, tal como dijimos en el párrafo anterior, puede incitar un cruce doble, puede seguir directamente hacia abajo en un auténtico descenso. No hay formación técnica de gráficos en que se pueda confiar al 100% y, de todas ellas, en ésta es la que menos se debe confiar.

Pero casi todos los triángulos simétricos -a los que falta un recuento estadístico, nuestra experiencia nos dice que más de dos tercios- se producen de manera adecuada, y no muestran señales falsas que no se puedan detectar antes de que el daño pase. Las rupturas hacia arriba del volumen alto pueden ser anticipadas, en el sentido de que los precios vuelven de nuevo a la regla y realizan algún "trabajo" más allí antes de que se encauce la tendencia verdadera hacia arriba, pero rara vez son falsas. Sobre las señales falsas todavía nos queda algo que decir en este capítulo y algo más adelante que esperamos sea de gran ayuda a la hora de aumentar la experiencia que requiere el operador para protegerse de ellas.

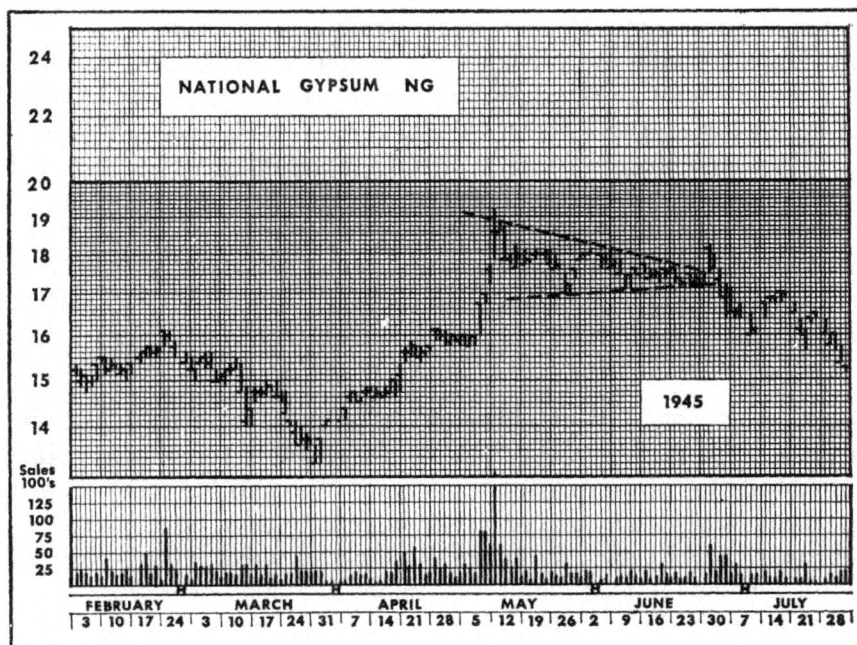

FIGURA 49. Los precios en este triángulo simétrico se apretaron dentro del vértice antes de entrar en erupción. La ruptura no es fiable en esa situación; tenemos una clara muestra de los movimientos falsos que tienen lugar aquí. El movimiento real era bajista.

Un típico desarrollo de triángulo

Los ejemplos reales de gráficos de Triángulos Simétricos que muestra este capítulo esperamos que sea de ayuda para que el lector se familiarice con su aparición en varias manifestaciones. Puede servir, inclusive, para aclarar algunos de los puntos más importantes si describimos con detalle cómo se forma una pauta típica, paso a paso.

Supongamos que esáa usted mirando en sus gráficos una acción que ha aumentado, con las vacilaciones precisas y normales y las reacciones sin consecuencias, de alrededor de 20 a 30, 32, 35 Y aun siguen subiendo (¡esperamos que usted la haya comprado a 20!). Por debajo de esto, su volumen de negocios avanzaba entre las 300 y 600 acciones diarias, pero ahora, por sobre de 30, su volumen ha ascendido hasta 1.000 aproximadamente. A medida que se acerca a las 40, la actividad se alza hasta cerca de las 2.000 acciones, el mercado se "revuelve" entre 30 y 40 y, entonces, los precios comienzan a decaer. A medida que van cayendo, usted lo observa con alguna preocupación, pero sabe que es muy poco seguro que disminuya en picada a 20; las acciones no se comportan de esa manera. Si se ha producido un cambio de tendencia en esta acción, sería preciso utilizar más tiempo y esfuerzo alrededor de sus niveles de techo, haciendo alguna especie de pauta de distribución.

La bajada sigue durante 10 días con un volumen que desciende también de forma bastante apreciable. Cuando los precios nuevamente se encuentran a 33, el volumen avanza sólo a 700 acciones diarias, aproximadamente. A 33 se puede recuperar durante un día hasta lograr llegar a las 800 o 900 acciones. Pero la reacción se pausa aquí y, después de un día o dos, los precios comienzan a aumentar otra vez, con un cambio en su tasa de volumen de negocio, muy poco perceptible. En 8 o 9 días, las cotizaciones se han vuelto nuevamente sobre los 30 y la actividad aumente y logra, por ejemplo, las 1.200 acciones en el día que consiguen los 39. En vez de seguir hasta 40 o más allá, se origina una nueva reacción y los precios vuelven a colocarse sobre 37. (Quizá sea más fácil para usted visualizar este cuadro de aumento si dibuja con un lápiz su desarrollo en un pedazo de papel de gráficos).

Está claro que ahora se ha desarrollado un segundo techo a 39; usted puede ahora dibujar una línea de pauta provisional (ya veremos que hay nombres para ella) en su gráfico por medio de las dos gamas extremas más altas (no los precios de cierre), que se inclinarán hacia abajo de izquierda a derecha. Hasta el momento, usted posee solamente un punto en el suelo, de manera que no se pueden trazar líneas desde ahí. Pero esta segunda bajada muestra inclusive menos actividad operadora que el primero. El volumen disminuye a 400 acciones y el movimiento a la baja se para en 34; el camino que siguen los precios se redondea y nuevamente vuelve hacia arriba; el movimiento operativo es muy inactivo, pero comienza a recuperarse cuando se logra llegar los 36.

Esta acción establece un segundo suelo menor y en este momento puede usted dibujar una "tangente" de suelo, una línea de inclinación en ascenso que atraviesa los precios mínimos extremos registrados en las dos reacciones, la primera a 33 y la segunda a 34. Sus dos líneas de pauta convergirán, juntándose cerca del nivel 36 1/2 luego de cuatro semanas, aproximadamente (es decir, a la derecha de su gráfico).

Ya existe un triángulo simétrico, pero no se sabe si los precios van a descender fuera de el a su debido tiempo, o despejar dudas y empujar hacia arriba en un nuevo avance que es beneficiario seguir. Puede usted ver con detenimiento formaciones posteriores y tomar, a su debido tiempo, las medidas oportunas.

La segunda recuperación lleva con ella una mejora en cuanto a actividad se refiere, consigue un volumen diario de 700 acciones aproximadamente y empuja hacia 38 para lograr, en parte de un día, a 38 1/2. Esto puede exceder, quizá por 1/4 de punto, a la línea de pauta dibujadas anteriormente (debido de que cada oscilación es más corta en puntos recorridos y, por lo tanto, en duración). Pese a ello, el volumen en esta penetración mínima es más pequeño que el del techo que la precede (a 39), y el volumencae de nuevo. Cuando la línea de gama de precios vuelve hacia atrás a 37 y 36, es mejor que usted trace una nueva tangente mayor que junte el primer techo a

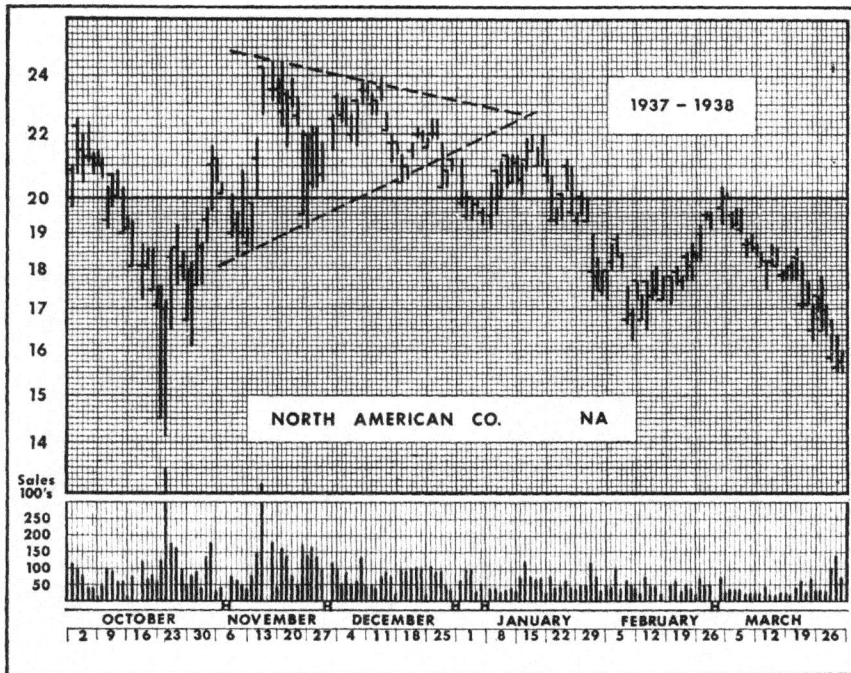

FIGURA 50. Las recuperaciones de los suelos de "pánico" están coronadas, a menudo, por triángulos, ya que aquéllas son períodos en los que prevalece la duda e indecisión (ver Figura 45). Sin embargo, la duda se suele resolver a favor de un descenso renovado. "Los suelos de pánico rara vez se mantienen". Este gráfico muestra una pauta simétrica típica que remata la recuperación del famoso apogeo de venta del 19 de Octubre de 1937. Observe el retroceso hasta el vértice.

40 y el último a 38 1/2. Esta débil "elevación" puede simbolizar que el equilibrio se inclina un poco hacia el lado de la demanda, pero no lo tenga en cuenta, No podemos exigir una exactitud perfecta: a los triángulos se les debe admitir ciertos fallos.

En la tercera reacción, la actividad desciende hacia el punto más bajo. El límite de suelo de inclinación al alza se conseguirá alrededor del nivel de 35, si los precios siguen su dirección actual. Vale la pena fijarse ahora si recorren todo el camino hasta llegar ahí esta vez o si su retroceso se para medio punto, más o menos, por sobre él-esa acción daría algún significado al abultamiento anterior a través del límite superior. Pero esto no sucede; el movimiento sigue disminuyendo hasta 35 y el volumen se mueve a un promedio diario de 200 acciones, menor de lo que se movía en las primeras fases del avance originario sobre 20. Este punto es crítico. El recorrido de los precios se aplana por un momento, se dirige hacia arriba débilmente pero se conserva en aumento, sobrepasa los 36 1/2, aumenta la actividad, consigue el nuevo límite del triángulo en 37 1/2 y, al día sigue, golpea con un volumen de 1500 acciones para cerrar a 39 1/8. Esta es una fuga: la indecisión se resuelve (impidiendo un movimiento falso -que es raro que se realice llegados a este punto) y la tendencia es, nuevamente, alcista. Nótese que no se precisa que los precios excedan el máximo previo a 40 para producir esta señal. Esta es una de las situaciones más interesantes en relación a los triángulos simétricos.

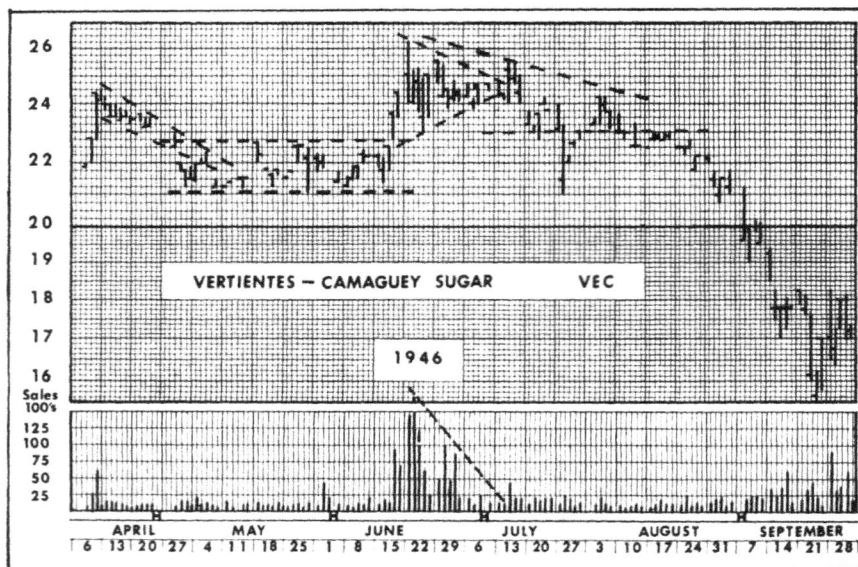

FIGURA 51. Techo mayor de Triángulo Simétrico, en el cual los precios se agolpan contra el vértice y producen después un falso movimiento hacia arriba (ver Figura 49). La "VEC" es un mal actor, técnicamente hablando, pero esta ruptura, en particular, se sospecharía de todas formas. (Ver Figura 46).

Cambio de dirección o consolidación

Hablamos de los Triángulos Simétricos como reglas de cambio de dirección y nuestro ejemplo ha resultado ser, una pauta de consolidación, esto es, una especie de etapa de pausa de una tendencia continua alcista. Tres de cada cuatro de estas formaciones, aproximadamente, resultan ser sencillamente eso. La cuarta es la peligrosa (si usted es el dueño de las acciones). ¿En qué aspecto está en contra?

El ejemplo explicado podría haber sido un cambio de sentido en vez de una formación de consolidación, en cualquier instante, hasta alcanzar al punto de la ruptura definitiva a 39. Si hubiera sido un cambio de dirección común, el primer cambio hubiera aparecido, seguramente, luego de que comenzara la recuperación final, partiendo del tercer mínimo a 35. Esa recuperación hubiera terminado alrededor de 36 1/2 Y los precios habrían comenzado a retroceder nuevamente. Así, con la actividad ascendiendo ligeramente, el límite de fonda se penetraría. Mientras las cotizaciones descendían a 34, el volumen diario podría aumentar a 600 y 700 acciones. Cualquier bajada posterior formaría una indicación a la baja y tendría como resultado una mejora en el volumen y una aceleración en la bajada de los precios, cuando las órdenes de pausa de perdida ubicadas bajo 34 "estallaron". Antes de dejar nuestro ejemplo común, deberíamos mencionar de las reacciones posteriores a la ruptura o los retrocesos que, a veces, se provocan. Al igual que en la situación de la formación de Cabeza y Hombros, el movimiento inicial de ruptura de un triángulo simétrico puede cesar antes de que los precios se alejen mucho de la regla, y puede estar seguidos de una reacción menor que dura generalmente dos o tres días, y que devolverá las cotizaciones al límite de pauta más próximo.

Así, en nuestro primer ejemplo, en el cual la ruptura situó nuestras acciones a 39 1/8, el día siguiente podría haber sido testigo de un aumento a 40 y, de esta forma, los precios podrían haber disminuido de nuevo, en un par de días de actividad decreciente, a 37 1/2 o 38. El movimiento alcista se reiniciará entonces con más vigor.

Las rupturas hacia abajo a veces van seguidas, de la misma forma, por retrocesos al límite inferior de la regla, después de los cuales la caída se resume con un aumento en el volumen. Sin embargo, estas reacciones posteriores a la fuga se originan menos a menudo en Triángulos que en Cabeza y Hombros.

Otro tema que debemos hablar, antes de seguir con el estudio de la siguiente formación, es la base lógica del Triangulo Simétrico. El tratar de deducir la variedad de hechos que podría producirlo, puede ayudar a recordar sus características. Por descontado, el mínimo esfuerzo de este tipo puede dar como resultado una simplificación en exceso que no se ajustaría con las destinas manifestaciones del Triángulo; es, a pesar de eso, es una idea interesante -y no sin provecho en nuestra formación de la teoría general de gráficos. Volvamos de nuevo a nuestro ejemplo común. Empezamos con una acción que aumentó de forma bastante regular de 20, aproximadamente, hasta 40 y, luego, reaccionó. Lo que pasó llegados a 40 es clarísimo: muchos inversionistas tenían

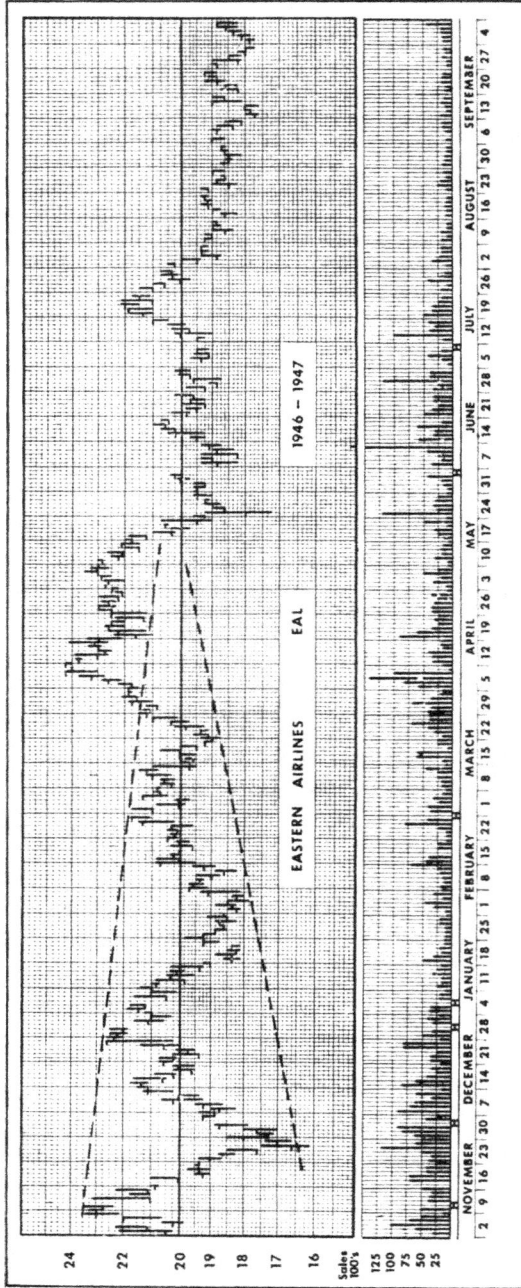

FIGURA 52. La otra cara de la moneda –un impresionante Triángulo Simétrico que no falló, aunque existan, para el técnico experimentado, avisos de que sucede algo extraño en Marzo y Abril. Eastern Aulines construyó a finales de 1946 y principios de 1947 una formación que, en lo que a pauta de precios se refiere, dejaba poco que desear. Los precios rompieron por arriba de forma definitiva a finales de marzo. Un rechazo en Abril encontró un soporte normal en el límite superior del Triángulo. Pero el avance subsiguiente se quedó corto, se debilitó, y finalmente, se desplomó, produciendo una "carrera final" alrededor del vértice. Los avisos a los que nos referimos fueron el volumen alto e irregular, sobre todo en las reacciones de Febrero y Marzo –no característico de un desarrollo válido de Triángulo y el fracaso de los precios a la hora de empujar hacia arriba rápida y vigorosamente después del rechazo del 14 de Abril.

sustanciosos beneficios en papel, aproximándose al 100%. Al situarse en ese precio. (Una cifra "redonda", como 40, 50, 75, ó 100 tienden a transformarse en una especie de objetivo mental de beneficios y, por esta causa, a traer con ella un aumento en las ventas).

Algunos de ellos querían aprovecharse de esto y así lo hicieron, oscilando el equilibrio técnico de la demanda a la oferta; por supuesto, vendieron con menor libertad ya que los precios disminuyeron. Otros futuros inversionistas se habían sentido atraídos hacia la misma acción, pero llegaron tarde para "subirse" por debajo de 30. Testarudos a "perseguirla" hasta 40. Dieron la bienvenida a la reacción y, en el momento en que los precios bajaron a 33, muchos de ellos estaban ya listos para comprar y de esa forma inclinar el equilibrio, de nuevo, del lado de la demanda.

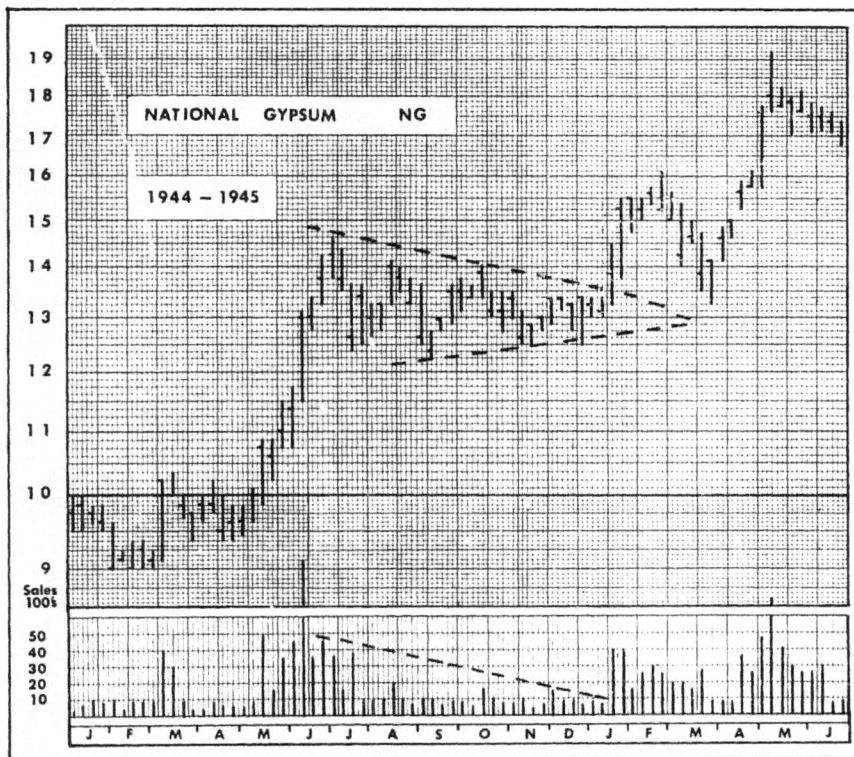

FIGURA 53. Gráfico Mensual. El área de consolidación de 1944 de siete meses en la "NG", indefinible al principio, se convirtió en un Triángulo Simétrico típico. Dos meses más tarde, la evasión del gran volumen de Enero de 1945 reaccionó casi al nivel del vértice y después empujó rápidamente. Las implicaciones de medida mínimas de este triángulo (ver apdo. "Implicaciones mínimas de medida de los triángulos, Cap. VIII) se liquidaron a 16.

Observando esta recuperación estaban los propietarios de las acciones que habían fracasado a la hora de "agarrar" sus beneficios cuando se situaban cerca de 40 en el avance anterior, y que habían decidido ser un poco menos avaros si se les concedía una segunda oportunidad. Sus ofertas empezaron a ubicarse por encima de los 37. Supongamos por ejemplo, y fueron muy abundantes a 39 como para detener el avance en ese nivel. Luego de estas imágenes, podemos imaginar este proceso repetido una y otra vez, con dinero nuevo llegando seguidamente y encontrándose con la oferta de propietarios deseosos, por momentos, de asegurar sus beneficios. En un momento fijo, las ofertas de estos últimos son absorbidas, o quizá retiradas, y entonces los profesionales, como los inversionistas optimistas, hallarán de un momento a otro que no hay acciones en el mercado y de ello resulta una precipitación por comprar.

Puesto que el avance (o bajada) que sigue a la finalización del Triángulo Simétrico generalmente se mueve en proporciones de actividad que vale la pena tener en consideración (indicaremos las implicaciones de medición más tarde), existiría una ventaja clara para el operador que podría predecir. Previo a producirse la fuga, el sentido en que los precios se irían a mover.

La posibilidad que se baraja, tal como ya hemos dicho, es la de que el nuevo movimiento seguirá en la misma dirección que la anterior a la formación del triángulo. Esta posibilidad es, sin duda, mucho más grande en las primeras etapas de un mercado al ascenso o a la baja, con la eventualidad creciente de que se hagan cambios de dirección a medida que esas tendencias principales crecen. Sin embargo, los gráficos de otras acciones dan, a menudo, evidencia colateral importantísima. Así, si usted establece, al

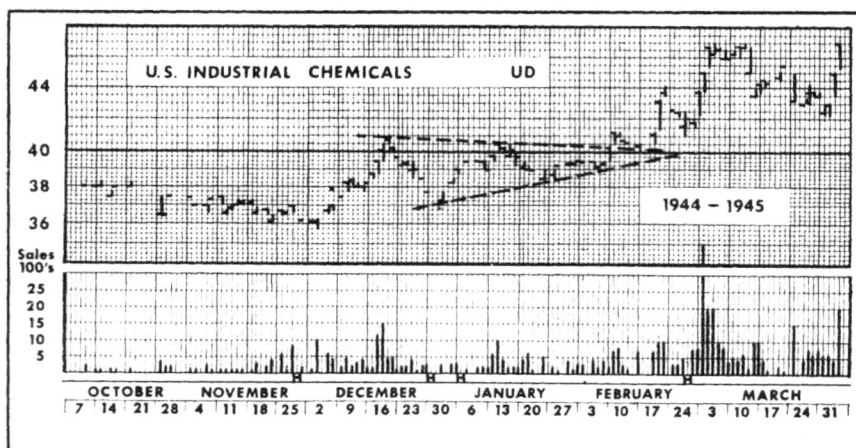

FIGURA 54. Pequeño triángulo simétrico que tiende hacia el tipo "ascendente" (ver fig. 56). Nótese que el volumen más alto que se desarrolló dentro de esta pauta, a primeros de Enero, llegó con una recueperación. Este es un hecho bastante típico tratándose de acciones muy "estrechas".

mismo tiempo, un Triángulo Simétrico en desarrollo de formación en la "PDQ", la mayoría de sus gráficos demuestran suelos de platillo o de Cabeza y Hombros o Triángulos Descendentes (así como algunas otras reglas importantes comúnmente alcista), todo esto revela el hecho de que su Triángulo Simétrico se romperá por la parte superior. Hay circunstancias en los cuales las indicaciones de avance de este tipo son lo bastante fuertes como para justificar la toma de postura sobre ellas.

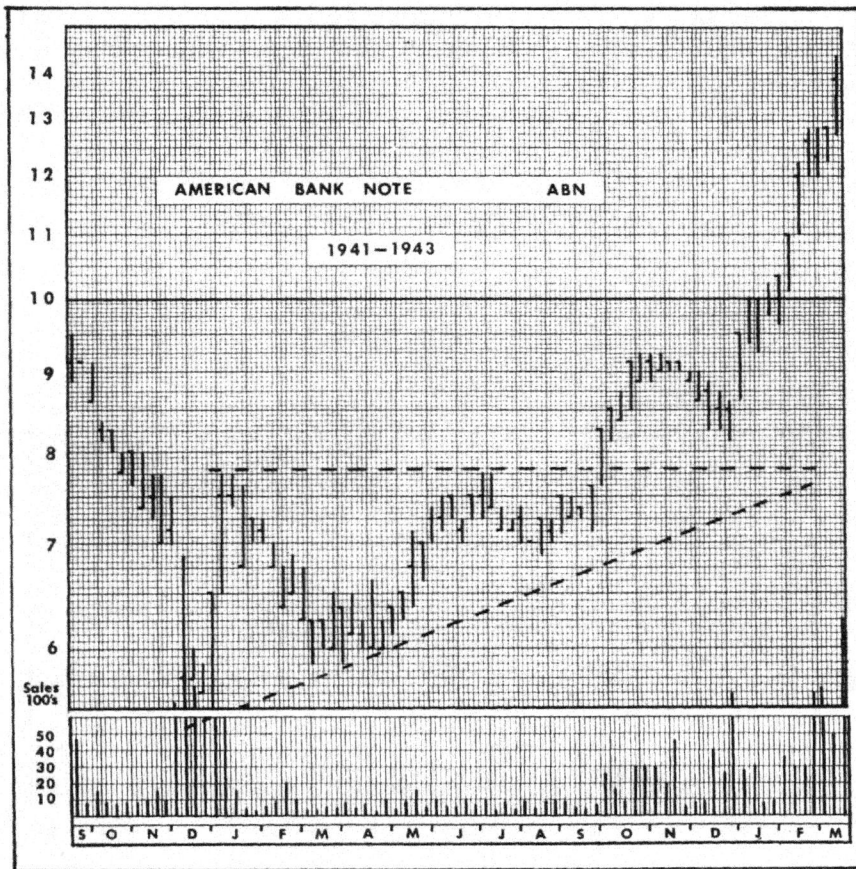

FIGURA 55. Triángulo ascendente de diez meses de duración que supuso el comienzo de una tendencia principal al alza y que llevó al "ABN" hasta 45. El rechazo de los precios a reaccionar a la frontera de pauta más baja, tal como ocurrió aquí en Agosto de 1942, es un desarrollo frecuente en las formaciones fuertes y un aviso de la próxima conclusión y fuga.

Triángulos de ángulo recto

Ya indicamos anteriormente los Triángulos Ascendentes. Los Ascendentes y los Descendentes corresponden, a las manifestaciones alcistas y bajistas de nuestra siguiente clase de reglas, los *Triángulos Rectángulos*. En la mayoría de sus características se comportan como sus hermanos simétricos, pero con alguna diferencia: avisan por adelantado de sus propósitos. De aquí sus nombres, ya que la conclusión es que los precios aumentarán para salirse de la forma Ascendente y disminuirán de la forma Descendente.

Los Triángulos simétricos que hemos destacado están formados por una serie de fluctuaciones de precios cada vez más angostas, que se pueden limitar, aproximadamente, en su sector superior por una línea de inclinación bajista y, en su sector inferior, por una línea de inclinación alcista. Los Triángulos Rectángulos se diferencian de otros por el hecho de que uno de sus limites es prácticamente horizontal, mientras que el otro se inclina hacia él. Si la línea de la parte superior es horizontal y la línea de la parte inferior se inclina hacia arriba, para juntarse con ella en algún lugar externo del gráfico (en el vértice), el Triángulo es, de tipo *Ascendente*. Si la línea inferior es horizontal y la superior se inclina hacia abajo, el Triangulo será *Descendente*.

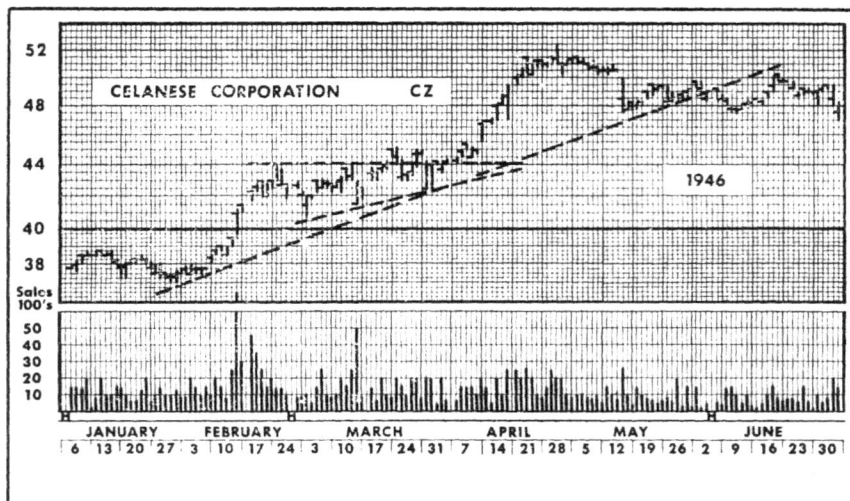

FIGURA 56. Las fugas prematuras de los triángulos de ángulo recto, tal y como aparecen en Celanese, en Marzo de 1946, son decepcionantes, durante algún tiempo, para el operador que comercia con ellas, pero dan resultado en su momento. Antes de su división de 1946, Celanese estuvo sujeta a frecuentes y peculiares sacudidas, tal como ocurrió el 9 y el 26 de Marzo.

Estas formaciones son lógicas y fáciles de explicar. El Triángulo Ascendente, por ejemplo, dibuja de la forma más fácil y normal lo que sucede cuando una demanda en aumento de unas acciones determinadas se tropieza con un bloque de acciones que está en venta a un precio fijo. Si la demanda sigue a la oferta que se distribuye en ese precio será absorbida por los nuevos propietarios que buscan niveles más elevados, y los precios, de esta forma, seguirán rápidamente. Una pauta Ascendente común comienza a desarrollarse casi de la misma manera que el Triángulo Simétrico "ideal" mencionado inicialmente, con un avance en nuestras acciones de 20 a 40, momento en el que se muestra una oferta suficiente en el mercado para ejecutar las órdenes de todos los compradores y producir una reacción. Sintiendo la saturación temporal de la demanda, está la posibilidad de que algunos propietarios inunden el mercado con el papel que poseen en sus carteras, pese a eso, las ofertas se agotan pronto a medida que los precios bajan de nuevo a 34, supongamos como ejemplo, y la demanda renovada estimula entonces una nueva recuperación.

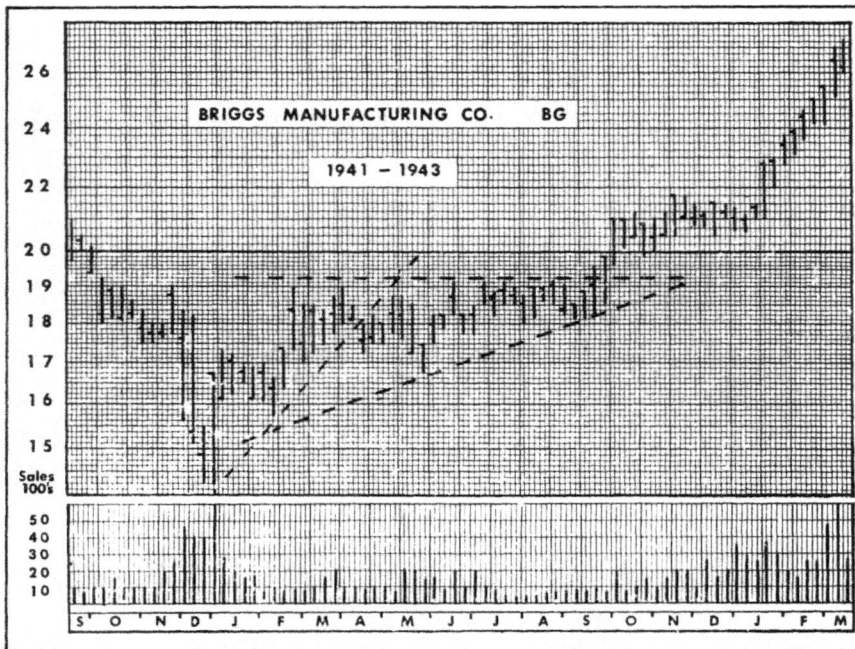

FIGURA 57. Una recuperación empinada a partir de un suelo de pánico (la venta "Pearl Harbour") se aplanó para convertirse en un fino Triángulo Ascendente. Nótese la línea de demanda que asciende gradualmente. La fuga del final de Septiembre señaló del comienzo de un avance con algunas consecuencias. Resultó ser un mercado primario alcista que elevó a Briggs a 53.

Esta tropieza de nuevo con la oferta a 40 y, reiteradamente, todos los compradores se asientan en ese nivel. El segundo retroceso, baja las cotizaciones sólo a 36, antes de que se ejecute otro movimiento ascendente. Pero el consorcio o grupo que está distribuyendo a 40 conserva aún algunos de sus valores en cartera para venderlos, por ello que es preciso usar más tiempo - retroceder y atacar de nuevo en la línea de 40, antes de que se agote la oferta y la tendencia pueda de esa forma empujar y moverse hacia arriba.

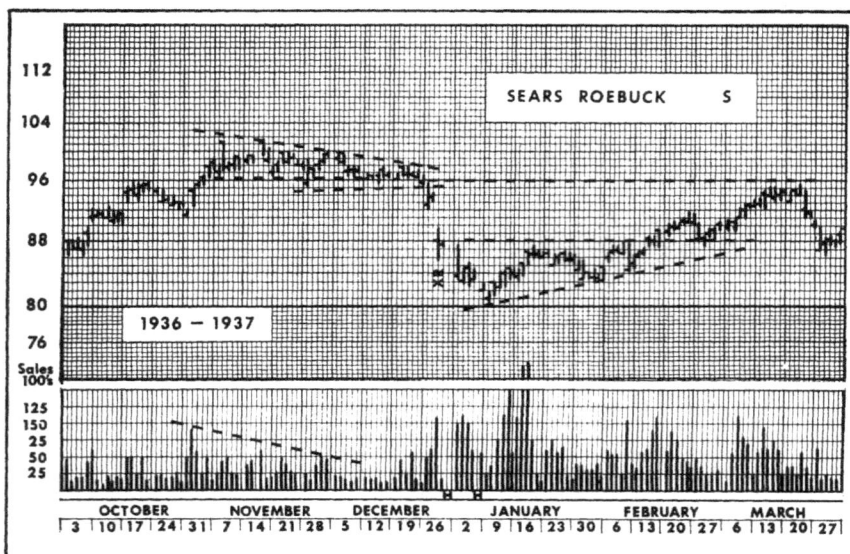

FIGURA 58. El techo del mercado alcista de Sears, en 1936, fue un Triángulo Simétrico del cual descendió 15 puntos. Un Triángulo Ascendente produjo una recuperación Intermedia en la zona de la oferta (ver Cap. XIII) en el lado inferior del Triángulo superior. Compárese este gráfico con el techo de 1946, en la figura 45.

Una distribución planificada

Este tipo de acción de mercado pone en claridad una campaña planeada por los propietarios de una gran cantidad de acciones a liquidar a un precio predeterminado. Posee sólo una pequeña cantidad de elemento de duda que caracterizaba a la pauta Simétrica. En la manera en que la demanda persista, el consorcio encargado de distribuir sabe que se puede efectuar a 40 y no hay necesidad vender por menos. Aparentemente que, en la medida en que la demanda sigue alcanzando niveles cada vez más elevados, el mercado avanzara rápida y fácilmente, una vez que la demanda ha alcanzado a 40. Tan pronto como los precios se escapan por sobre de 40, los que acapararon la demanda a esa cifra podrán apreciar que su decisión ha sido justificada y no se inclinarán a vender hasta que puedan obtener un buen beneficio. El enredo de la cuestión se halla, en las dos frases siguientes. La demanda debe seguir logrando niveles cada vez más

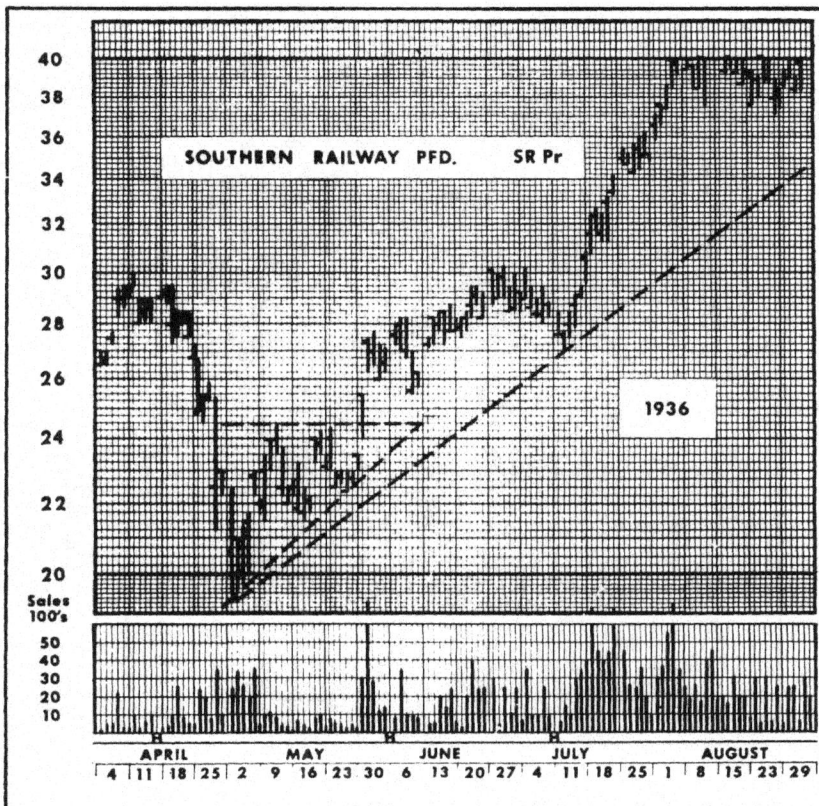

FIGURA 59. Triángulo Ascendente en un suelo Intermedio. Este gráfico abarca desde Abril hasta Agosto de 1936. La contracción extrema de la actividad del volumen, en esta formación, puso de manifiesto una situación muy fuerte técnicamente hablando.

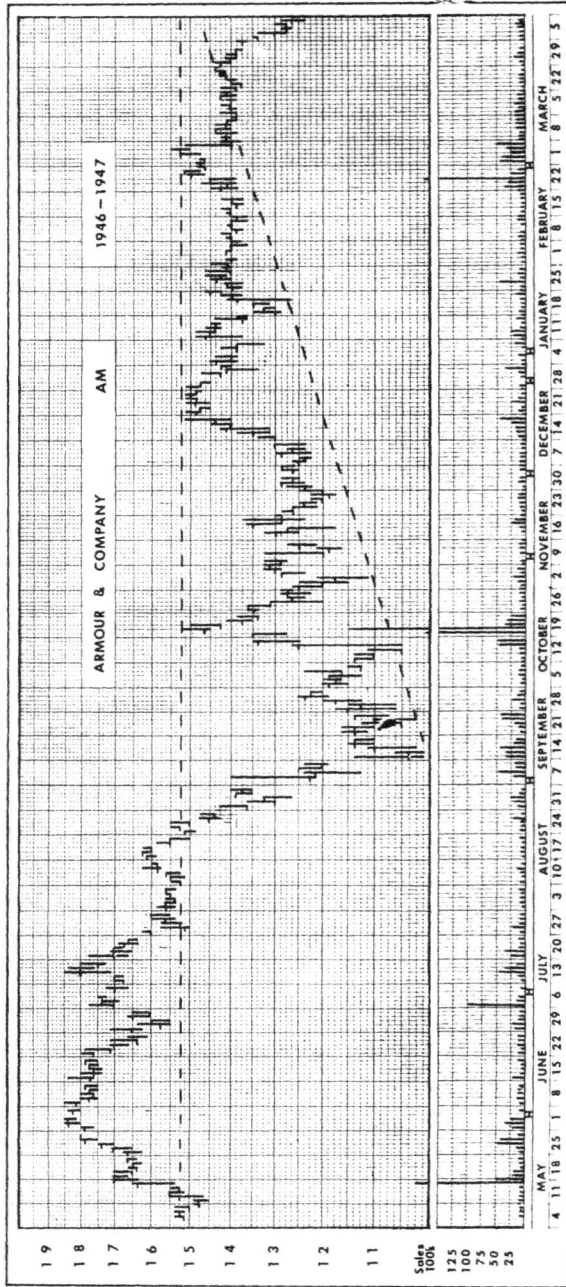

FIGURA 60. Una de las desilusiones de principios de 1947 (para los Mercados Alcistas) fue el fracaso de la "AM" a la hora de romper por la parte superior del largo Triángulo Ascendente que aparece arriba. SE trata de un ejemplo (ver Figura 59) en el cual la oferta en 15 superó, finalmente, a la demanda. Una pauta como ésta indica una situación subyacente potencialmente fuerte como para producirse el gran tirón. Normalmente, la consecuencia de un "fallo" de este tipo en un Triángulo Ascendente es el desarrollo, bien de una base rectangular extendida dentro de la gama general del Triángulo (10 ó 15, en este caso), o bien de una formación de Doble suelo en el primer mínimo o cerca de él (en este caso, cerca de 10). De todas formas, la "AM" descendió aún más después de varios intentos de superar la oferta Mayor al nivel del 15, que no se penetró de forma importante hasta 1955.

elevados o, de lo contrario, nuestra formación ya no será un Triángulo Ascendente. Y la demanda ubicada tiene que ser absorbida en su momento correcto, permitiendo una fuga por arriba. Si la demanda comienza a moverse antes de que la línea de oferta (limite superior horizontal) haya sido atravesada, la reacción consiguiente puede hacer bajar los precios "fuera de regla" y así el analista gráfico se halla frente con 1a necesidad de reconsiderar la situación.

Uno podría pensar que un desarrollo así, destruyendo las esperanzas tempranas del gráfico, pasaría bastante seguido, pero podemos decir, por experiencia, que es sorprendentemente raro. Decimos "sorprendentemente raro" porque es evidente que, en varios ejemplos de desarrollo de Triangulo Ascendente, el grupo que construye con sus ventas su limite superior, o línea de oferta, debe pensar que ese nivel es tan alto como las acciones tienen derecho ascender. Como poseedores de un bloque muy grande como para influenciar al mercado por varias semanas, y en algunas situaciones por meses, su opinión no debe ser pasada por alto.

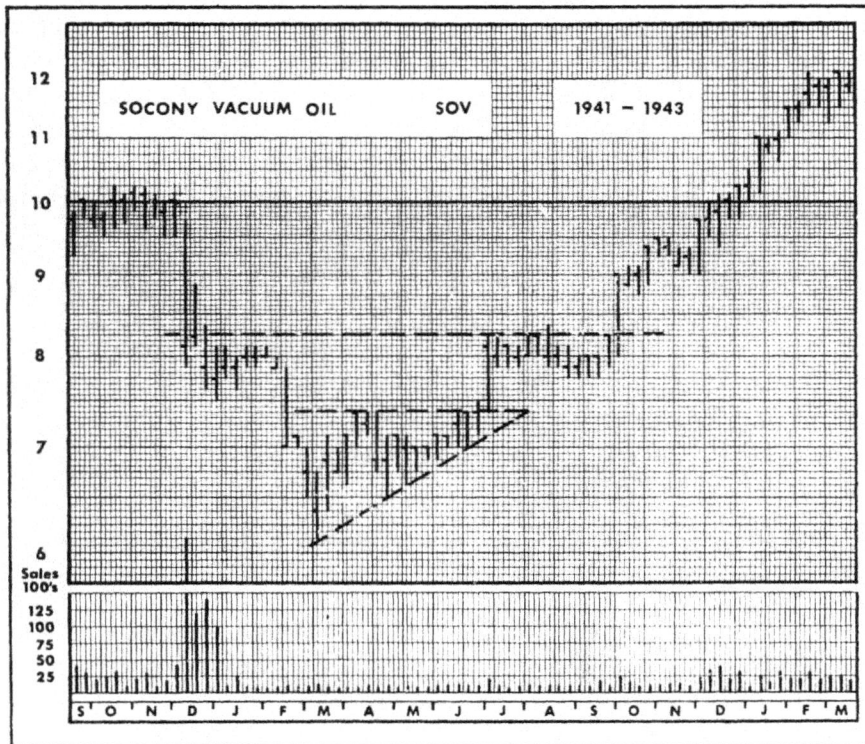

FIGURA 61. El suelo del Mercado Bajista de 1942 de la Socony Vacuum fue una formación poco común de Cabeza y Hombros que consta de un Triángulo Ascendente. Observe el aumento de volumen de la fuga del Triángulo en Julio y en la ruptura de la línea clavicular de Cabeza y Hombros en Octubre.

Pero, en el momento se hace claro que el límite inferior o línea de demanda está inclinándose hacia arriba, las posibilidades que hay se sitúan cerca de nueve, de manera que los compradores se beneficiaran al máximo de ello.

En algunas situaciones, la tercera o la cuarta reacción, dentro de una formación de Triángulo Ascendente, se romperá por medio de la línea de demanda previamente establecida (limite inferior), pero será detenida al mismo nivel que la reacción anterior. De ahí en adelante, la norma posee tendencia a formarse como un Rectángulo, formación que hablaremos en el capítulo siguiente y debería ser definida como tal. (Las tácticas de movimiento de los Triángulos Ascendentes y Descendentes, añadiéndose la protección contra las situaciones raras de colapso, se analizarán en la segunda parte del libro).

Triángulos descendentes

Los Triángulos Descendentes posen un limite horizontal inferior o línea de demanda, y un limite superior que se inclina hacia abajo, también llamado línea de oferta. Claramente que se han formado debido a condiciones de mercado opuestas a aquellas que dan lugar a la pauta Ascendente. Sus consecuencias son equivalentemente fuertes y sus fallos igualmente extraños. El desarrollo de una formación Descendente esta entorno sobre una campaña organizada por un grupo o sindicato (generalmente una compañía inversionista) con el objetivo de adquirir un bloque amplio de acciones de una determinada compañía a un precio determinado por debajo del precio de mercado.

Sus órdenes son situadas y dejadas hasta que, se ejecutan a ese nivel. Si las recuperaciones próximas que se producen a partir de ese momento, generadas por su compra, se cubren en su momento y las cotizaciones caen hacia abajo, la ruptura de la línea crítica, que muchos operadores han visto funcionar como una ayuda durante un curso de tiempo más o menos amplio, crea una inseguridad en la confianza de los propietarios que no consideraron previamente el vender. Sus ofertas llegan ahora al mercado y aumenten el descenso.

Características de volumen iguales a las de tipo simétrico

La sección de volumen del gráfico de Triángulo Rectángulo no requiere un gran comentario. Generalmente, presenta un cuadro prácticamente igual al que acompaña al desarrollo de un Triángulo Simétrico. La actividad tiende a bajar a medida que los precios se mueven fuera del vértice. En la formación Ascendente habrá normalmente una reposición en cada recuperación y una baja en volumen en cada disminución de la pauta; en la formación descendente sucede lo contrario, pero no es siempre tan claro. Estas fluctuaciones menores no afectan, sin embargo, a la tendencia total del volumen descendente hasta que consigue llegar al punto de fuga. También en relación a las fugas, prácticamente todo lo que hemos citado sobre el Triángulo Simétrico se puede usar al tipo Rectángulo. Las fugas hacia arriba (de una pauta Ascendente, por supuesto) van en conjunto de un visible aumento de la actividad operadora; en forma opuesta, tendrían que ser consideradas sospechosas.

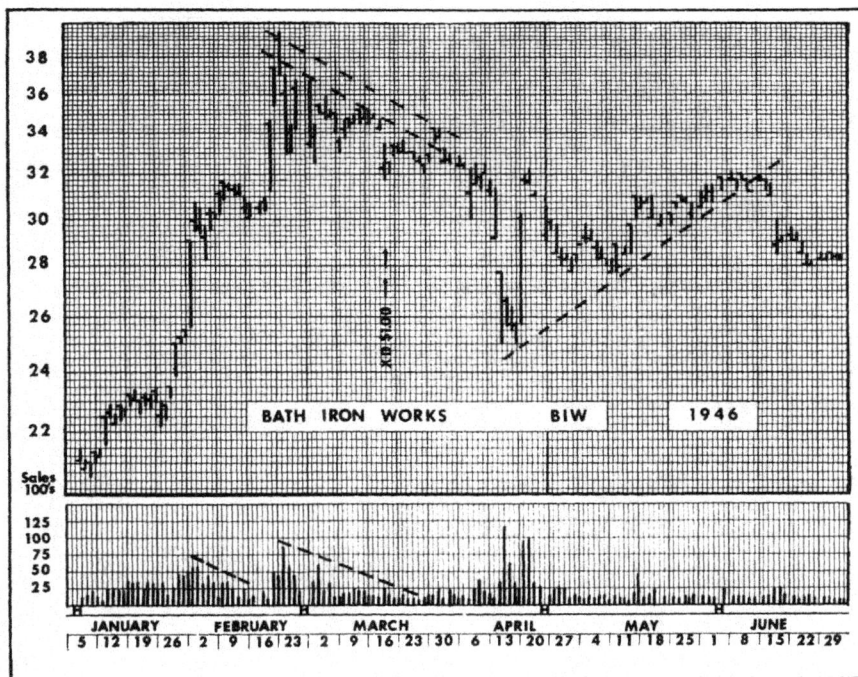

FIGURA 62. Debido a un dividendo de 1.00$ quedó sin participación el 14 de Marzo, el límite inferior de este techo de Triángulo Descendente de la "BIW" se hizo caer un punto desde 33 y se volvió a dibujar en 32. A pesar del retroceso añadido que supone, las consecuencias originarias de la pauta se llevaron a cabo rápidamente. Los precios retrocedieron tres veces a la nueva línea de límite inferior de este Triángulo –el 14 de Abril, el 16 de Abril y el 31 de Mayo–, lo que es un hecho poco común pero explicable por la existencia de una fuerte tendencia de mercado general alcista durante este período. Siempre que una acción reparte el dividendo, durante la formación de una pauta de área de cualquier tipo, las líneas que bordean esa pauta deben ser ajustadas inmediatamente al nuevo valor haciéndolas descender el espacio que corresponde a la cantidad del dividendo.

Las fugas hacia abajo (desde una pauta Descendente) pueden no mostrar una gran recuperación en cuanto a actividad, pero el volumen de negocios generalmente se arroja fuera de la regla al segundo o tercer día. Las reacciones de retroceso a la línea límite de la regla, luego de una fuga, son muy frecuentes; su aparición presenta una dependencia en gran medida de las condiciones generales de mercado. Así, si los precios se caen fuera de un Triángulo Descendente en una acción individual, en un instante en el que el resto del mercado se conserva firme, es muy seguro que intervenga una recuperación de retroceso antes de que se presente algún descenso extensivo.

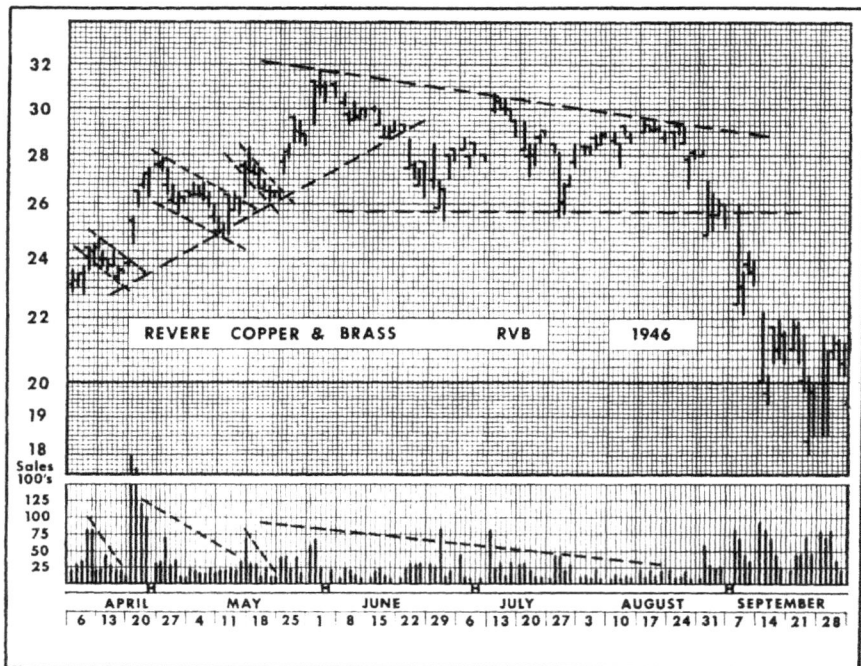

FIGURA 63. Partiendo de una base de "fundamentos", la Revere era una posesión atractiva en 1946, de lo que da cuenta su rechazo a "rendirse" cuando el mercado comenzó realmente a ir hacia abajo, en Junio de ese mismo año. Sus fluctuaciones de mediados de Mayo a últimos de Agosto crearon un gran Triángulo Descendente en el cual, sin embargo, las señales de volumen bajista ya habían aparecido a últimos de Junio y el 23 de Julio. La fuga se produjo (con un amplio hueco de separación) el 27 de Agosto, los precios se quedaron pegados al borde de la pauta durante cuatro días y después se derrumbaron. Las pequeñas formaciones subrayadas en Abril y Mayo son Banderas, de las cuales hablaremos en el Cap. XI?

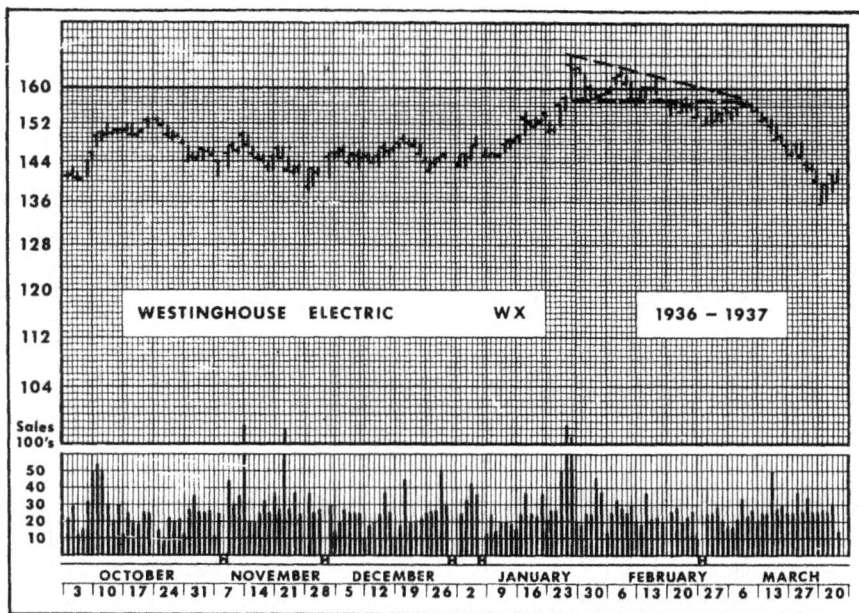

FIGURA 64. El techo del mercado alcista de 1937, en la Westinghouse, dio como resultado este Triángulo Descendente que comenzó en Enero y se interrumpió el 15 de Febrero. Los precios se colgaron del borde inferior del Triángulo durante cuatro días, se desmoronaron y después retrocedieron a su línea inferior del 4 de Marzo en un momento en que las medias generales de mercado estaban construyendo sus máximos finales alcistas. Este gráfico, junto con otros que lo han precedido, ilustra un punto importante para el técnico de mercado que se puede desarrollar de la siguiente manera: cuando un gran número de acciones individuales, tras un avance extensivo, crean pautas bien definidas de cambio de dirección de significación claramente bajista, se derrumban fuera de ellas, y sólo consiguen retroceder no más lejos de sus límites inferiores o "líneas de resistencia" —en una época en que las medias ascienden a máximos nuevos–, *el mercado entero se encuentra en una situación peligrosa* y un giro Mayor a la baja se hace inminente. Las divergencias de este tipo específico existentes entre muchas acciones importantes, junto con las medias, rara vez se desarrollan en los giros Intermedios. Este aviso es especialmente inequívoco cuando acciones del calibre de Westinghouse, Du Pont, General Motors, etc. fallan a la hora de "confirmar" nuevos máximos para las medias. Vuelva a las figuras 12,15, 18, 20 y 58, por ejemplo, y compare "la medida de duración" de aquellas con la tendencia de medias del mismo período. La pauta de reacción con forma de platillo de Octubre a Enero, en la Figura 64, se estudia como una *consolidación* compleja de Cabeza y Hombros, formación que será analizada en el Capítulo XI. A propósito, la "WX" continuó bajando hasta 130 en Abril de 1937, creó una base de Rectángulo ahí, recuperándose hasta alcanzar los 158 (ver Triángulo Descendente, Figura 64) en Agosto, y por último cayó a 88, en Noviembre. Compárese este gráfico diario con el mensual de la "WX" ,que abarca desde 1935 hasta 1938, en el Capítulo XV.

Los quiebres fiables de los Triángulos Rectángulos generalmente se originan en la misma etapa de conclusión de pauta de los Triángulos Simétricos, aproximadamente. Cuanto más enseguida se haga la ruptura, menos propensa es a convertirse en un movimiento falso (aunque se debe señalar que los movimientos falsos de las formaciones de Ángulo Recto son más extraños que los de los Simétricos). En estas situaciones poco frecuentes, en los que los precios se "agolpan" hacia afuera del vértice sin inducir una fuga definitiva, la pauta parece perder gran parte de su poder.

Implicaciones de medición de los triángulos

Ya instituimos (en el Cap. VI) una pauta de medición mínima para usar en los movimientos de precios que se desarrollan de una formación de Cabeza y Hombros, y una regla, de alguna forma parecida, se puede utilizar también a los Triángulos, una sola para ambos tipos, Simétrico y Rectángulo. No es sencillo explicar en palabras el método de derivación de la fórmula del Triángulo, pese a ello, el lector podrá familiarizarse con ella aprendiendo su aplicación a varios de los ejemplos reales que mencionan en este capítulo.

Teniendo en consideración que estamos trabajando con un movimiento alcista (fuga hacia Arriba), trace una línea paralela al límite de suelo desde el techo de la primera recuperación que inicio la pauta (en otras palabras, desde su extrema superior izquierdo). Esta línea se inclinará hacia arriba distanciándose de la pauta hacia la derecha. Se puede esperar que los precios escalen hasta que lleguen a esta línea. Como regla de comportamiento, escalarán también, siguiendo su fuga de la pauta, en el mismo ángulo aproximadamente que el que definió a su tendencia antes de ingresar en la pauta. Este principio nos permite alcanzar un nivel y tiempo adecuados para que aquellos logren llegar a la línea de medición. Las mismas reglas (pero midiendo, obviamente, hacia abajo desde la esquina inferior izquierda) se usan en un movimiento descendente. Aunque la aplicación de la forma anterior otorga un cálculo certero del alcance de movimiento que se espera de un Triángulo, no es definitivo ni tan confiable como la fórmula de Cabeza y Hombros. No se olvide las restricción primordial que menciona la pérdida de fuerza de un Triángulo si la fuga se retrasa hasta que los precios se agolpan en el vértice.

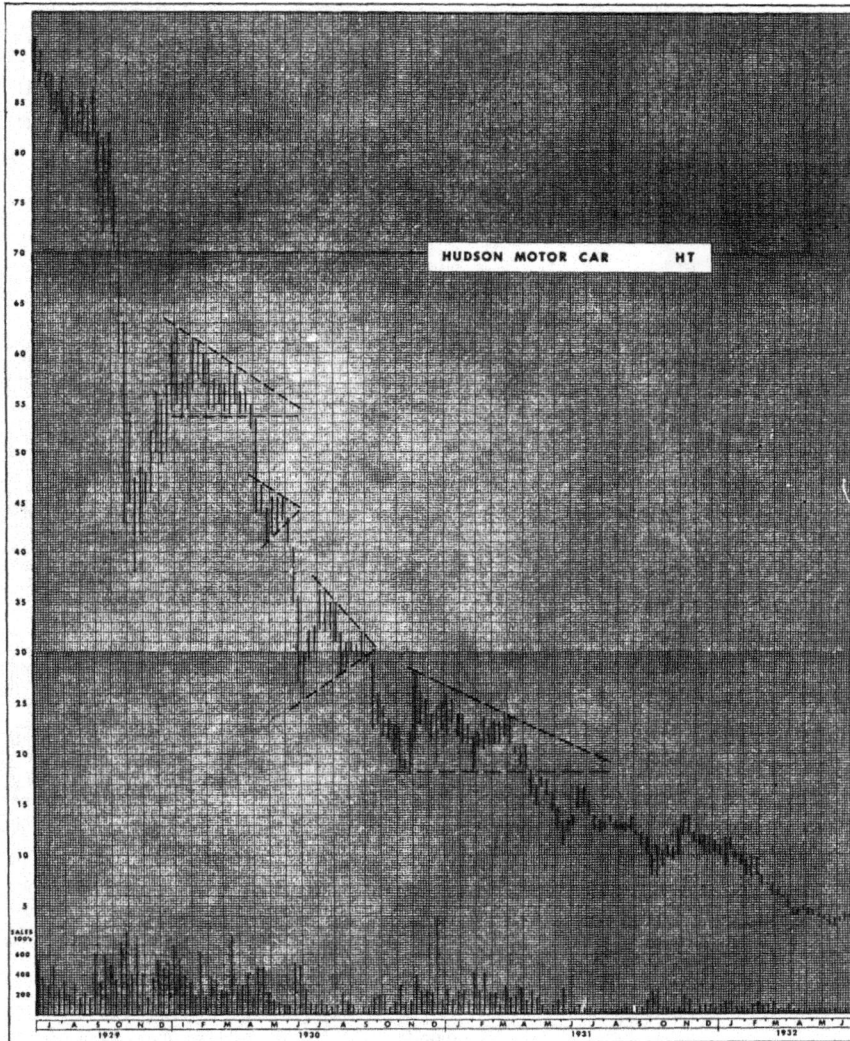

FIGURA 65. Serie de Triángulos, Simétricos y Descendentes, que se produjeron durante el Mercado Bajista de 1929-32, en la Hudosn Motors. Observe que en ningún momento apareció algo del estilo de un suelo Mayor. Nótese también cómo se llevaron a cabo las implicaciones de medición de cada Triángulo antes de desarrollarse un cese temporal o una consiguiente recuperación. Siga sus gráficos diarios para obtener la medida de tiempo adecuada de sus operaciones, pero esté atento siempre a cuadros de gama más larga que se desarrollan en las proyecciones semanales y mensuales, para conservar así su perspectiva de la tendencia Mayor.

Los triángulos de los gráficos semanales y mensuales

Hemos destacado en estudios posteriores como las formaciones de Cabeza y Hombros pueden revelarse en gráficos de gama amplia (semanales o mensuales) y tienen importancia proporcional a su tamaño. Se pueden desarrollar también Triángulos. En los gráficos semanales, sus resultados son, generalmente, claros y seguros, pero las reglas triangulares toscas que pueden mostrar los gráficos de gamas de precios mensuales, sobre todo la principal, tienen falta convergencias que cuesta años completar y es mejor que descartarlas, ya que presentan falta de significado.

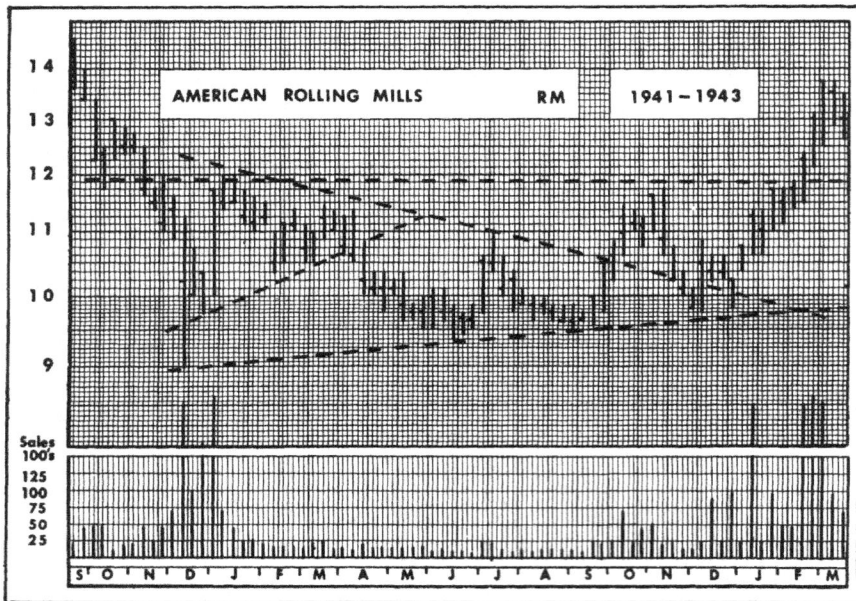

FIGURA 66. Curiosa, y confusa al principio, formación de suelo Mayor que la American Rolling Mills creó en 1941-43. La recuperación del pánico de "Pearl Harbour" se convirtió en un gran Triángulo Simétrico que se derrumbó por el lado inferior en Abril de 1942.. El descenso subsiguiente cumplió los requisitos de medida de ese Triángulo, pero no se situó por debajo del mínimo de Diciembre. La recuperación de Junio y la reacción de Agosto-Septiembre transportó el área entera a un Triángulo Simétrico más grande, en el cual forzaron los precios una entrada en la parte superior, en Septiembre. Posteriormente, la reacción de los últimos al vértice, en Diciembre de 1942, y el avance consiguiente se transformaron en un Triángulo Ascendente de quince meses que supuso el suelo Mayor final de una tendencia que, en su momento, elevó los precios a 42 en 1946. El volumen bajo de las reacciones de Junio y Agosto-Septiembre, la elevación del aumento de precios de Octubre y, lo que es más, la de Enero de 1943 y la fuga de Febrero, tuvieron indudablemente consecuencias alcistas Mayores. Recuerde que lleva su tiempo construir la base de un Mercado Alcista.

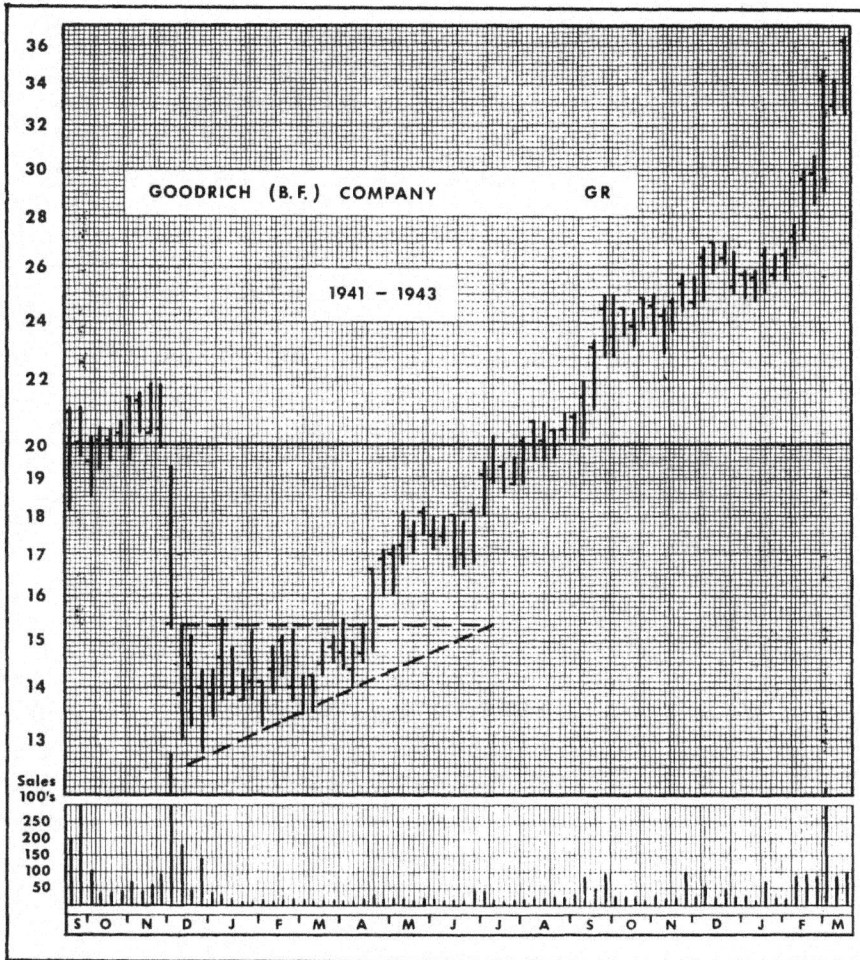

FIGURA 67. Bello y compacto Triángulo Ascendente, que resultó ser un cambio de tendencia Mayor de bajista a alcista en la Goodrich, en el año 1942. La fuga de esta pauta (en Abril) no estuvo caracterizada por ninguna recuperación extraordinaria en lo que a actividad se refiere, al menos tal y como se muestra en este registro semanal (recuerde, sin embargo, que el detalle de volumen significativo es, a menudo, difícil de observar en un trazo semanal). Las implicaciones de medición del Triángulo fueron llevadas a cabo por la primera oscilación al alza ,que alcanzó los 18 1/4 al final de Mayo. La demanda tuvo que ser absorbida en la gama de 18-21 (remítase de nuevo a este gráfico cuando estudie Soporte-Resistencia, en el Capítulo XIII), pero una señal Mayor alcista se produjo en Septiembre cuando los precios estallaron a través de esa zona con un visible aumento de actividad en el volumen.

Otras formaciones triangulares

Hay otras pautas de consolidación o congestión de precios que pueden presentar limitaciones por líneas convergentes y que podrían, ser clasificadas de Triángulos. Pero se distancian de una forma muy marcada de los verdaderos Triángulos de este capitulo, en dos o tres características significativas, que es mejor que se digan bajo otro encabezamiento. Se trata de las llamadas Banderas, Gallardetes y Cuñas. Hay aún otro grupo de reglas de gráficos que se desarrolla entre Líneas Limítrofes divergentes, por lo cual han sido llamados, a veces, Triángulos Invertidos. Sin embargo, sus causas, características y consecuencias de predicción son tan diferentes, que hemos decidido volver a nombrarlas como Formaciones de Ensanchamiento y tratarlas luego en un próximo capítulo.

Llegados aquí, el lector puede estar afligido por nuestra constante utilización de adverbios como "normalmente, generalmente y similares". Este uso es inevitable, si queremos demostrar un cuadro verdadero de lo que pasa realmente. No hay dos pautas de gráficos exactamente iguales, ni dos tendencias de mercado que se produzcan de la misma manera. La historia es repetitiva en el mercado de valores, pero nunca de la misma forma. Sin embargo, el inversionista que se acostumbra a la pauta histórica normal en la acción de mercado, y rechaza ser atraído hacia una obligación en la creencia de que "esta vez será distinto", se hallará a años luz del colega suyo por buscar la excepción y no la regla.

El principiante es singularmente afortunado. Hallará Triángulos, Cabeza y Hombros u otras pautas significativas en sus gráficos, una luego de la otra, y las podrá ver desarrollarse y completarse con movimientos rentables según la regla. Y, luego, aparece la excepción -a no ser que el descuide el cuadro mayor para encauzarse en algún desarrollo menor de pauta- y, de un instante a otro, se da cuenta de que está atrapado en un mal momento. De ahí nuestro énfasis sobre los movimientos que no se juntan a la pauta. Nuestras restricciones son precisas, ya que el análisis gráfico del desarrollo del mercado no es una ciencia exacta y nunca lo será.

Capítulo IX

Pautas importantes de cambio de dirección (continuación)

Los rectángulos, techos dobles y triples

Los desarrollos de precios triangulares que vimos en el capítulo anterior pueden ser pautas de *cambio de dirección* o de *consolidación*. En los Triángulos Rectángulos, tan rápido como han acogido una forma reconocible, el sentido que la tendencia que seguirá o debería seguir. En los Triángulos Simétricos, no hemos encontrado un método para saber si van hacia arriba o hacia abajo hasta el instante que los precios se separan de ellos, aunque, tal como hemos visto, lo más seguro es que la tendencia anterior siga, en vez de cambiar su sentido. En este y en varios aspectos más, nuestro siguiente tipo de formaciones gráficas, los *Rectángulos,* se parecen a los Triángulos Simétricos. Hay de hecho, tantas semejanzas entre ellos, que podemos dejar al margen cualquier exposición larga y detallada.

El Rectángulo está formado por una variedad de fluctuaciones de precios laterales -un área de operaciones, como se le llama a veces- que pueden estar limitadas en la parte inferior y superior por líneas horizontales. Una mirada en cualquiera de los ejemplos que muestran estas páginas nos expresará por qué se utilizó este nombre.

En extrañas ocasiones puede usted hallar una pauta de gráficos cuyas líneas limítrofes superior e inferior. Son paralelas y pueden estar débilmente inclinadas hacia arriba o hacia abajo. En la forma en que su distanciamiento de la horizontal es trivial, pueden ser denominados como Rectángulos. También a veces encontrara pautas cuyos límites, que son casi horizontales, tienden de alguna forma a converger. Estos deber ser considerados Triángulos Rectángulos o Simétricos: no tiene importancia cual de los dos tipos, ya que el resultado será el mismo en ambos casos.

Si usted hace un repaso rápido de la Cabeza y Hombros, los tipos Redondeados y Complejos, verla, ignorando la parte de sus gráficos que corresponde al volumen, cualquiera de estas pautas podría fundirse o catalogarse de Rectángulo. De hecho, sin embargo, extraña vez se mantendrá usted en lo que se refiere a su correcta clasificacion, debido a las circunstancias de actividad, el tipo de compra y venta, que conceden lugar a los Rectángulos, son diferentes, y esta diferencia se hace, generalmente, aparente.

Caracterizamos el Triángulo Simétrico como un "cuadro de conflicto". Claramente, que cualquier formación de precios compacta demuestra un conflicto en el sentido de la oferta-demanda. El techo de Cabeza y Hombros, por ejemplo, representan un conflicto entre vendedores "fuertes" y compradores "débiles", que deja evidente cual va a ser el resultado antes de que el combate haya finalizado. Sin embargo, un Rectángulo define un concurso entre dos grupos con igualdad de fuerza, aproximadamente, entre los propietarios de las acciones que quieren deshacerse de ellas a una suma determinada y otros que quieren acumularlas a una cifra establecida más baja. Golpean la pelota hacia atrás y hacia delante (eso es, hacia arriba y hacia abajo) entre ellos hasta que, por finalizar y, por lo general, súbitamente, un equipo se agota (o cambia de opinión) y el otro, entonces, procede a batear la pelota fuera del campo. Nadie puede predecir quien va a ganar hasta que una u otra línea se rompe finalmente.

Hablamos de dos grupos que operan en la formación de un área de operaciones rectangular porque, en las condiciones actuales, esto es justamente lo que pasa tras el escenario. Debo mencionar que esto no implica "manipulación" en el sentido injusto de la palabra. Una compañía inversionista, un estado o, en algunas circunstancias, un accionista fuerte, posee buenas razones para vender al precio máximo (la "línea de oferta" del Rectángulo), sin la mínima intención de confundir al gran público. Y, de la misma forma, otra compañía inversionista o grupo de financieros interesados

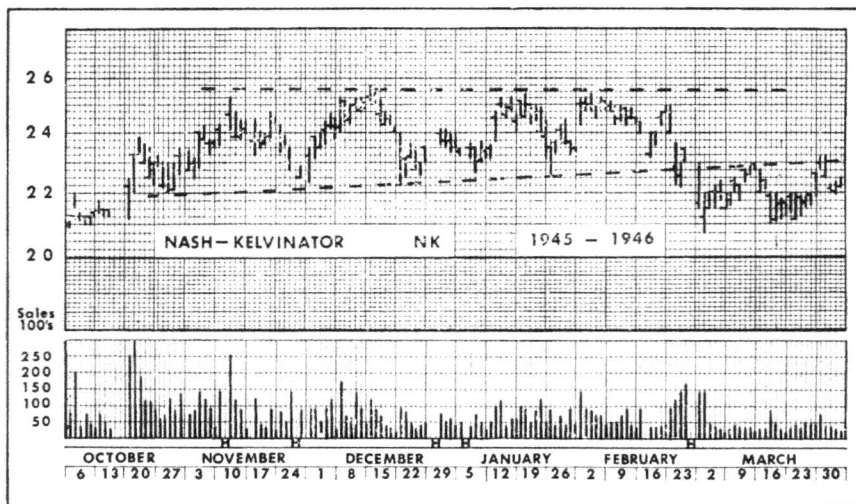

FIGURA 68. Aunque su límite de suelo tenía una ligera tendencia a la "elevación", la formación que puso un techo a la Nash-Kelvinator en 1946 fue, sin lugar a dudas, un Rectángulo de distribución de cuatro eses. Las pautas rectangulares largas y poco firmes del tipo que se muestra aquí no ofrecen siempre señales, de forma constante y apreciable, del volumen menguante; observe, a pesar de ello, la tendencia, general aunque irregular y bajista en cuanto a volumen, desde mediados de Octubre a mediados de Febrero.

en la compañía, puede disponer de buenas y sabias razones, desde su punto de vista, para comprar al precio de suelo "línea de demanda". Estas son las fuerzas de trabajo del mercado al inicio de la mayoría de las pautas de gráficos rectangulares, pero si la "prolongación" entre las líneas de la parte superior e inferior es extensa (supongamos de 8 ó 10% del valor de mercado de la acción), la situación puede atraer rápidamente otro retroceso de giro rápido de actuación profesional.

Así, un sindicato que posee un gran bloque de acciones de U.S. Steel puede determinar liquidarlas a 76. Mientras que otro grupo determina invertir fuertemente a 69. El precio de X, lógicamente, fluctuara durante un lapso entre esos dos niveles. Los operadores, al ver esto. Deciden "unirse en el juego", adquiriendo a 69 y vendiendo a 76 (quizá también haciendo una venta a corto a 76 y cubriendo a 69). Estas operaciones tienden a extender el rectángulo, aunque la cantidad de acciones involucradas en esta actividad "parasitaria" extraña vez es lo bastante grande como para influir en el resultado final. De hecho, este tipo de actividad dentro de un Rectángulo puede ser beneficiosa a veces, más aún si está protegido por paradas en stop doble (ver Parte II).

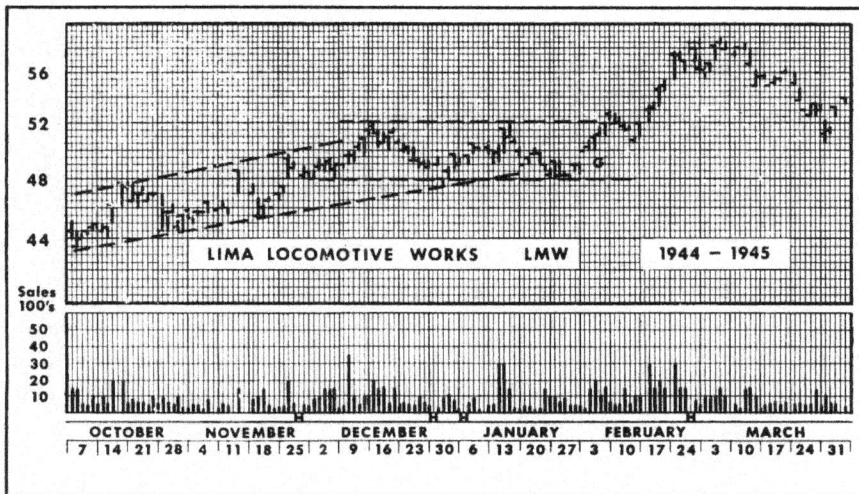

FIGURA 69. Los Rectángulos de Consolidación en las tendencias alcistas han sido menos frecuentes en años recientes que en los años veinte y treinta. El gran hueco de precios (G) de este ejemplo es del tipo de "último de la pauta". que veremos más adelante en el Capítulo XII. Cuando un hueco dentro de un área de pauta, va seguido de una fuga de esa pauta, como ocurre en este caso, el hueco rara vez se cierra de forma rápida.

Operaciones de consorcio

En el pasado, antes de que la SEC determinara ilegal su práctica, los Rectángulos estaban formados, habitualmente, por las operaciones bien organizadas de solo un sindicato o "consorcio". Tal consorcio puede encargarse de juntar un bloque de acciones de una compañía determinada con la intensión de marcarla y conseguir beneficios cuando una buena noticia, de la cual ellos ya sabían, se hacía pública. Para adquirir la "línea deseada", verán que primero se requiere sacudir las acciones mantenidas por otros operadores e inversionistas sin información. Podrían empezar vendiendo al descubierto unos pocos cientos de acciones para satisfacer cualquier demanda actual y comenzar una reacción. Así, en esta reacción al nivel de acumulación determinado previamente, empezarían a comprar, esparciendo sus órdenes y evitando cualquier publicidad. Su compra traerá con sigo, tarde o temprano, una recuperación pero, en ese instante, se crearán rumores en las salas de que tal o cual entendido estaba comprando,

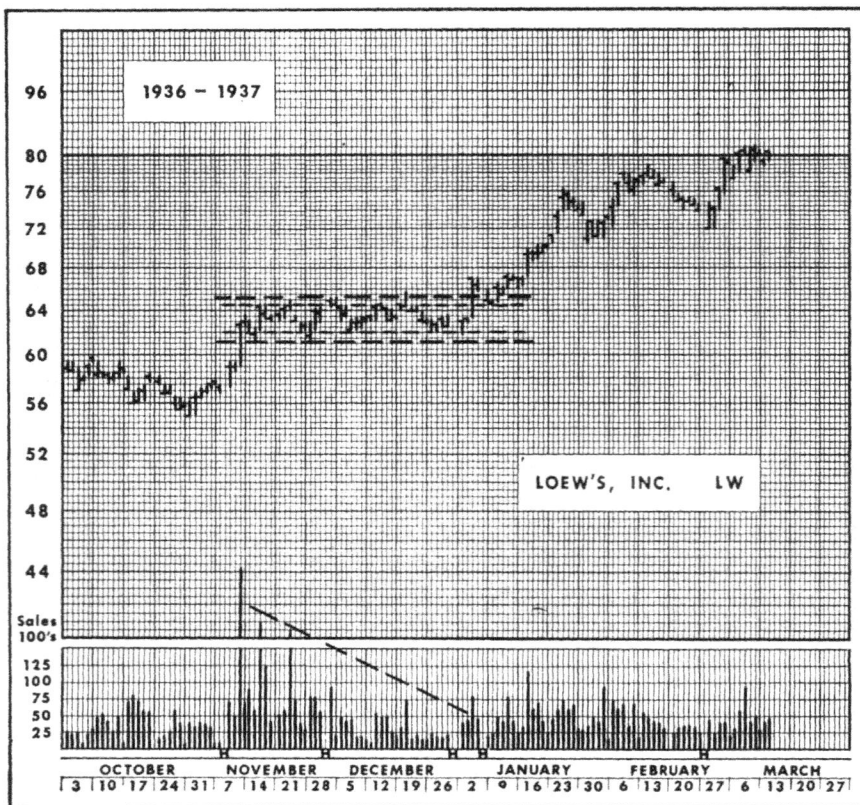

FIGURA 70. Ejemplo perfecto de Rectángulo de Consolidación que se formó en Loew's hacia finales del Mercado Alcista de 1932-37. En este ejemplo, un gran bloque de acciones del "interior" se distribuyó a 64-65, pero fue tomado por otros inversionistas que tuvieron la satisfacción de verlo subir hasta 87 el mes de Agosto siguiente. Observe el retroceso que siguió a la fuga de Enero.

de que una fusión en proyecto se ha cancelado, o de que se debería pagar un dividendo y, si es preciso, para dar más sentido al rumor, ellos mismos soltarán algunas de sus acciones compradas actualmente. Este proceso se puede realizar repetitivamente, con el "consorcio" asegurando gradualmente más y más acciones en equilibrio hasta que, llega el instante en que finalmente se ha completado la línea intencionada, o bien podría dejar de sacudir la oferta flotante. Lo que iba a pasar solía ser bastante predecible en los años veinte, perfectamente evidente, por supuesto, enseguida como los precios estallaban por la parte superior de su Rectángulo.

Estas estrategias, sin embargo, ya no están aprobadas. Las "ventas de lavado" están estrictamente prohibidas. La constante vigilancia de todas las transacciones de cambio y la perfecta investigación de cualquier noticia sospechosa correspondida con noticias o actividad de una acción, disuade con gran efecto las agresivas manipulaciones de los "consorcios" de los años anteriores. Esta es, la razón por la que los Rectángulos no eran tan habituales en los gráficos de los años cincuenta como lo fueron en los años veinte. Quizá podamos dejar claro, de una manera más rápida y simple, varios detalles en relación a la formación de Rectángulo comparándolos con esa formación tan ampliamente unida a esta, el Triángulo Simétrico, tal como sigue;

Volumen. Sigue las mismas pautas que los Triángulos, disminuyendo despacio a medida que el Rectángulo se alarga. Cualquier movimiento opuesto es sospechoso, a menos que sea una agitación por un momento de noticias.

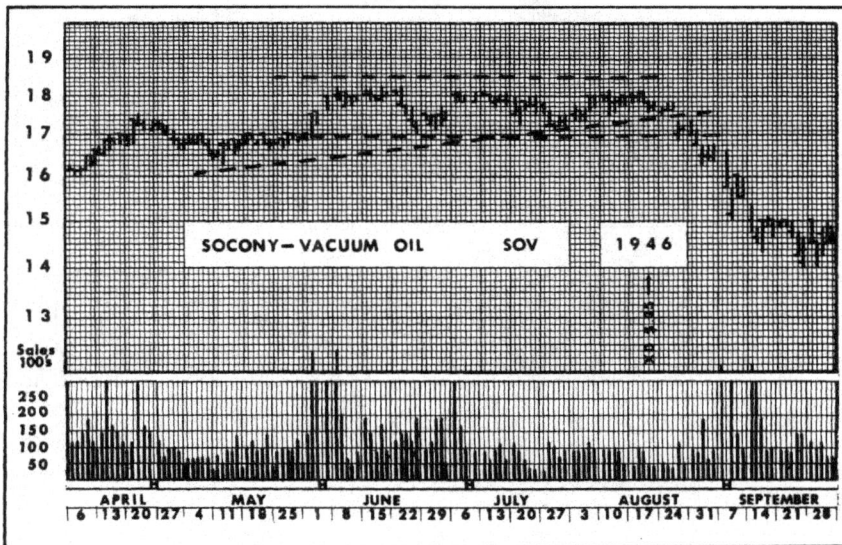

FIGURA 71. Aquí tenemos un Rectángulo de la "Socony-Vacuum", una acción cotizada a bajo precio y caracterizada por fluctuaciones dentro de una gama estrcha. Tras alcanzar un máximo de 18 3/4 en Diciembre de 1945, retrocedió a 15 1/4 y después se recuperó a mediados de 1946, tal como se muestra arriba. A últimos de Agosto los precios se derrumbaron a través de una línea de tendencia Intermedia (ver Capítulo XIV) y cuatro días después cayó fuera del Rectángulo. Esta formación, en unión del techo más temprano y más alto, implicó niveles más bajos para la "SOV" durante algún tiempo. Remítase también al comentario de la Fig. 72.

Fugas. Se aplican también las mismas reglas que para los Triángulos. Repase los requisitos de volumen, el margen de invasión, etc., y actué.

Movimientos falsos. Con menos frecuencia en los Rectángulos que en los Triángulos Simétricos. Un Triángulo definido es, de hecho, caso tan confiable como una cabeza y Hombros, aunque no con tanto poder en sus resultados.

Fugas prematuras. Sólo un poco más frecuentes, quizá, en los Rectángulos que en los Triángulos. (Nota: ***Los movimientos falsos y las fugas prematuras***, en el modo que hemos usado estos nombres, no se pueden diferenciar, en el momento en que se ejecuta, de las fugas verdaderas. Continuando las rupturas falsas y anticipadas, los precios regresan a la pauta. Pero, en el caso de un movimiento falso, la tendencia sigue para salirse de la pauta en el sentido opuesto, mientras que en el caso de un movimiento prematuro, la tendencia rompe de nuevamente y sigue en la misma dirección).

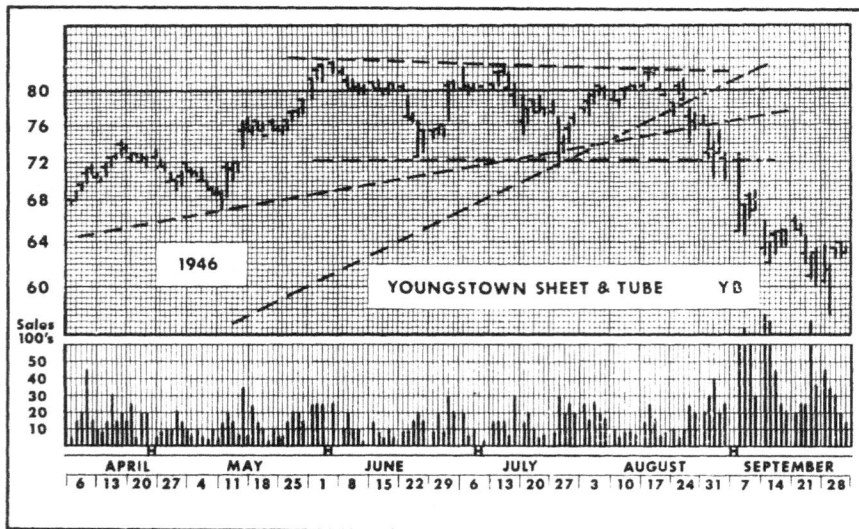

FIGURA 72. Otro Triángulo, largo y poco definido, con consecuencias de Cambio de Tendencia Mayor, similar de alguna manera al dibujado en la Figura 68. Dos líneas de tendencia Mayor, una alcista y otra intermedia (que se tratarán más adelante), fueron perforadas con decisión por la "YB" en Agosto, justo antes de que se derrumbara su Rectángulo. En la Fig. 64 tratamos un tipo de aviso de un giro Primario a la baja que se puede derivar de la comparación de gráficos de acciones individuales con los índices. Aquí tenemos otro indicio: los "Aceros y Lubricantes" de mejor grado (ver SOV. Fig. 71) normalmente se sostienen o tienen Recuperaciones Secundarias más fuertes una vez que las medias han descendido en los techos Mayores. La "calle" habla a veces de distribución bajo una cubierta de fuerza de los Aceros.

Retrocesos. El regreso de los precios al límite de pauta continuado a su penetración inicial (fuga), se ejecuta más seguido en Rectángulos que en Triángulos Simétricos. Nuestro cálculo sería el de que el retroceso o rechazo (el primero corresponde al nombre otorgado a la recuperación luego de una fuga hacia abajo; el segundo se usa para reacciones que siguen a una ruptura hacia arriba) se produciría, en un 40% de los casos, en un lapso de tres días a tres semanas.

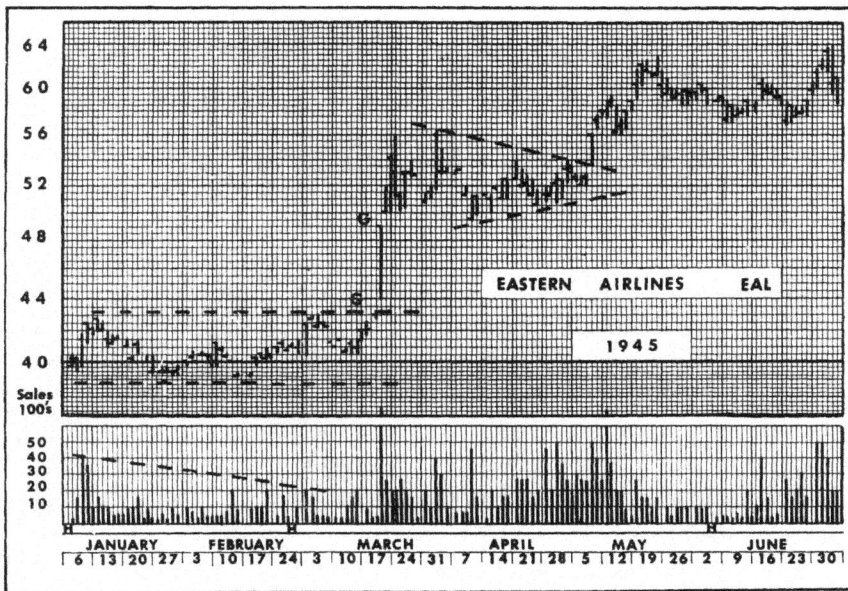

FIGURA 73. El Rectángulo de principios de 1945 en la "EAL" fue, en realidad, la última etapa de una consolidación en la elevación de casi dos años, la cual comenzó alrededor de 17 en 1942 y terminó por encima de 125, en Diciembre de 1945. G y G señalan huecos (Cap. XII), la primera una escapada y la segunda un hueco de medición, que marcó el posible objetivo del movimiento en 55. Cuando los precios alcanzaron ese nivel, se desarrolló otra consolidación, un Triángulo Simétrico. Ninguno de estos huecos se "cerró" en los siguientes años.

Tendencia Direccional. El Rectángulo es con mayor frecuencia una formación de Consolidación que una formación de Cambio de tendencia, siendo la proporción casi la misma que la de los Triángulos Simétricos. Como pautas de cambio de sentido, los Rectángulos aparecen con mayor periodicidad en las bajas (ya sean Mayores o Intermedio) que en los techos. Los Rectángulos largos, finos e inactivos no son infrecuentes en los suelos Primarios, siendo clasificados, en algunos acontecimientos, dentro del tipo de platillo con suelo plano o durmiente, vistos ya en el Cap. VII.

Implicaciones de medición. El ancho del Rectángulo concede una forma de medición mínima pero segura. Los precios tienden a moverse tan lejos, en puntos, como la diferencia existente, también en puntos, entre las líneas superior e inferior de la pauta misma. Pueden, también ir mucho mas lejos. Habitualmente hablando, las formas precisas y de oscilación amplia, que se manifiestan de una manera casi cuadrada en el gráfico y poseen un volumen activo, tienen mayor dinámica que las manifestaciones más largas y angostas. Los movimientos de estas últimas por lo general dudan o reaccionan al punto "mínimo" antes de seguir hacia adelante.

Relación del rectángulo con la línea de Dow

|Seguro que le ha venido a la mente la similitud existente entre esta formación de gráficos de acciones individuales, que hemos estudiado con el nombre de Rectángulo, y la formación de medias ya ilustrada, por los teóricos de Dow, como "Línea". Lógicamente, sus razones fundamentales y sus consecuencias de predicción son casi las iguales. Sin embargo, los verdaderos Triángulos que delimitan las fronteras de techo (oferta) y suelo (demanda) caracterizan simplemente a la actividad de acciones individuales. Las formaciones de línea en las medias extrañas veces están definidas cuidadosamente, teniendo sucesivos máximos menores que forman con exactitud en una cierta tangente horizontal y continuados suelos a un nivel horizontal igualmente exacto. Si usted se fija en los gráficos por separado de las acciones que forma una media al mismo tiempo, cuando esta media está "formando una línea", puede tener certeza de descubrir que algunos de ellos demuestran una tendencia irregular al ascenso, otros una irregular al descenso, otros pueden estar componiendo Triángulos y algunos pocos Rectángulos, pero es justamente la suma algebraica de estos, en mayor menor manera opuestos, lo que configura la "línea" de medias. Para cerciorarse. Hay alguna tendencia por parte de operadores activos a vender (o comprar) acciones en el instante que una media determinada consigue una determinada cifra, sin tener en cuenta la situación de las emisiones individuales involucradas. Un consejero de inversión dará un consejo a sus cliente, de cuando en cuando, "vender, por ejemplo, todos los valores especulativos en cartera cuando las Dow Industriales logren llegar a los 500". Pero las obligaciones de actividad basadas solamente en los niveles de medias generales se tienen en consideración muy pocas veces, que surten poco efecto.

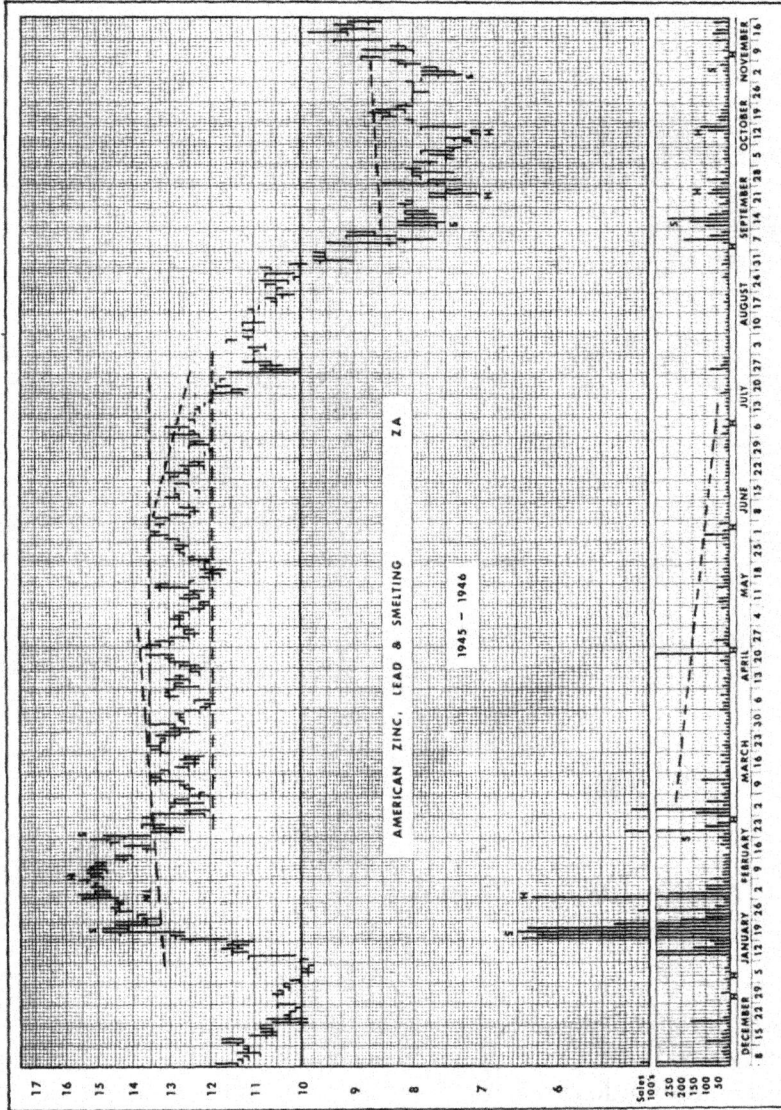

FIGURA 74. Bello y largo Rectángulo, fuera de lo común, que ese desarrolló una vez que la "ZA" se derrumbara desde un techo de Cabeza y Hombros en Febrero de 1946. SE ofreció una oportunidad perfecta para vender esta acción al descubierto, una vez que los precios se salieron del Rectángulo el día 15. El suelo múltiple de Cabeza y Hombros, creado desde Septiembre a Noviembre, trajo consigo una recuperación hasta llegar a principios de 1947

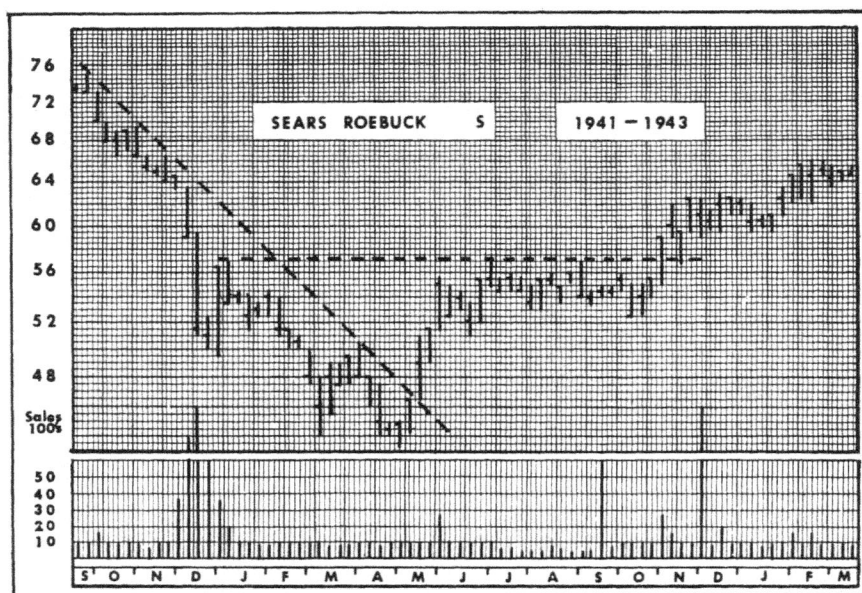

FIGURA 75. En este gráfico semanal que muestra el suelo del Mercado Bajista de la Sears Roebuck de 1942, un Rectángulo de consolidación (Junio a Noviembre) constituye el hombro derecho de una gran pauta "desequilibrada " de Cabeza y Hombros.

Rectángulos en triángulos rectángulos

En el capítulo anterior aludimos a un tipo de "fallo" parcial en el desarrollo de un Triángulo Rectángulo, que hace que requiramos clasificarlo otra vez con el nombre de Rectángulo. Una vez analizada esta pauta final, no hay mucho más que mencionar Pautas importantes de cambio de dirección sobre este fenómeno, solamente notar que las probabilidades que se barajan están todavía a favor de una fuga final en la dirección insinuada por el incipiente Triángulo. Esta débil presunción, no asegura el desprecio de una fuga contraria en la reconstrucción rectangular.

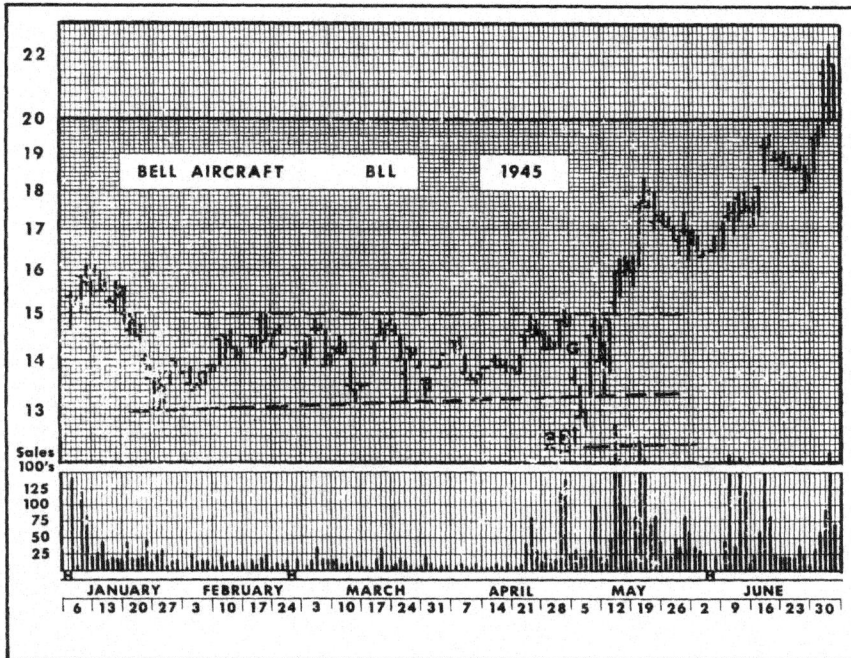

FIGURA 76. Después de avanzar hasta los 16. en Enero de 1945. la "BLL" cayó a 13 y construyó así un Rectángulo de quince semanas. Nótese que el hueco a la baja (G), del 30 de Abril, fue producido por un dividendo de 1,00$ que se disparó. La línea revisada de suelo de pauta, trazada por debajo de 1,00$, no se violó.

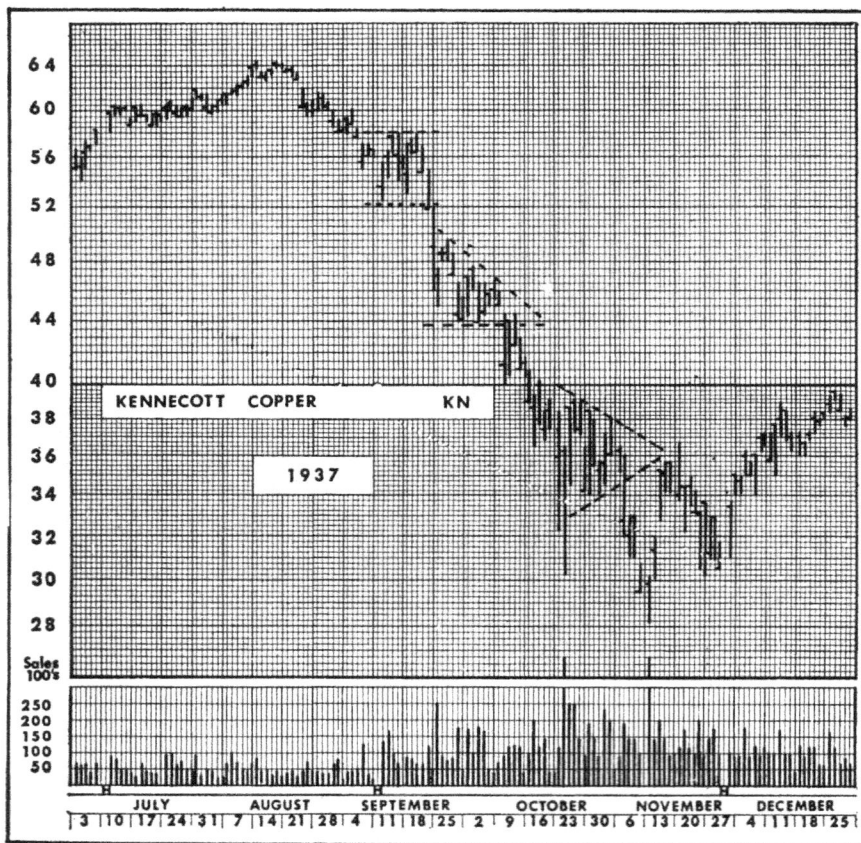

FIGURA 77. Rectángulo breve y muy "alto" que se formó en Septiembre de 1937 en el rápido descenso del Mercado Bajista de la "KN" y fue seguido de una consolidación descendiente y, después, de un Triángulo Simétrico.

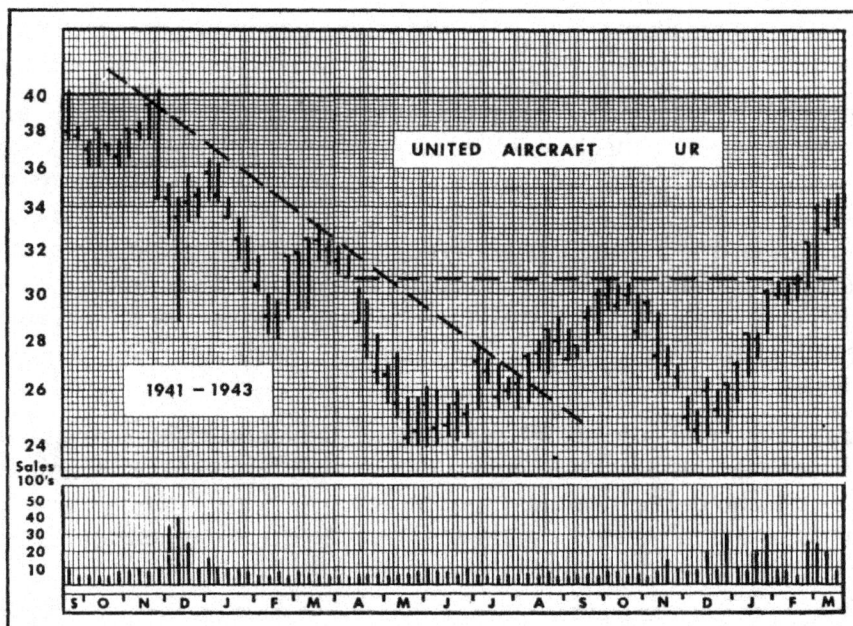

FIGURA 78. Esta formación, construida por la United Aircraft en 1942, no se completó y no se pudo denominar suelo doble hasta que los precios se elevaron por encima de los 31, en Febrero de 1943. (Ver apartado siguiente).

Techos y suelos dobles y triples

Para los operarios antiguos de la "calle", el relegar esa conocida palabra, *Techo doble,* a una posición menor en nuestra colección de formaciones de cambio de tendencia, puede ser un hecho sacrílego. Habitualmente, los operadores que tienen unas ideas superficiales del lenguaje técnico, pero un mínimo conocimiento organizado de los hechos técnicos, se le llama a ella por su nombre y de manera más seguidas que con otras pautas de gráfico. Los verdaderos techos y suelos dobles son muy extraños; las formas triples lo son aún más. Y las pautas verdaderas (diferenciándose de los cuadros de gráficos que por error se designan de esa manera, pero que se agregan en realidad en otras de nuestras formaciones de cambio de tendencia) extraña vez se pueden predecir o identificar enseguida como se producen, si utilizamos solamente los datos del gráfico.

Pero estamos adelantando acontecimientos. Tenemos que definir primero el tema que estamos hablando. Un *Techo doble* se forma cuando una acción prospera hasta alcanzar un cierto nivel, generalmente con un volumen alto al llegar ya al acercarse a la cifra de techo, luego se retira con una actividad decreciente, después aparece nuevamente con el mismo (o casi igual) precio de techo anterior y con cierta recuperación en cuanto a volumen de negocios, aunque no como la del primer aumento y, por ultimo, se vuelve hacia abajo por segunda vez, para que se ejecute un descenso intermedio Mayor, o resultante. Un *Suelo doble* correspondería, por supuesto, a la misma situación, pero opuesta. Los tipos Triples hacen tres techos (o suelos) en vez de dos.

Es posible recorrer con la vista un libro de varios cientos de gráficos mensuales y elegir dos o tres ejemplos de techos dobles mayores, quizá uno o dos suelos dobles. Uno estará con casos en los que las acciones establecieron dos ascensos máximos sucesivas de Mercado alcista a casi niveles iguales. Estos fenómenos sobresalen como el "dedo dolorido" del refrán, que sin duda dan razón del temor indebido con que el grafista devoto los trata. Este imposibilita considerar el hecho de que miles de emisiones podrían haber hecho lo mismo, pero pasó así -y que algunas de ellas se comportaron inclusive, durante un lapso, como si fueran a doblar su parte superior, pero siguieron, por el contrario, moviéndose cada vez más alto.

¿Existe, por tanto, alguna utilidad práctica para el operador o inversionista en el concepto de techo doble? Si, la hay, pero será más fácil formularla si definimos primero lo que no es un techo doble. Remítase, por un instante, a los Triángulos Ascendentes y a los Rectángulos anteriormente estudiados. Cuando estos comienzan a desarrollarse,

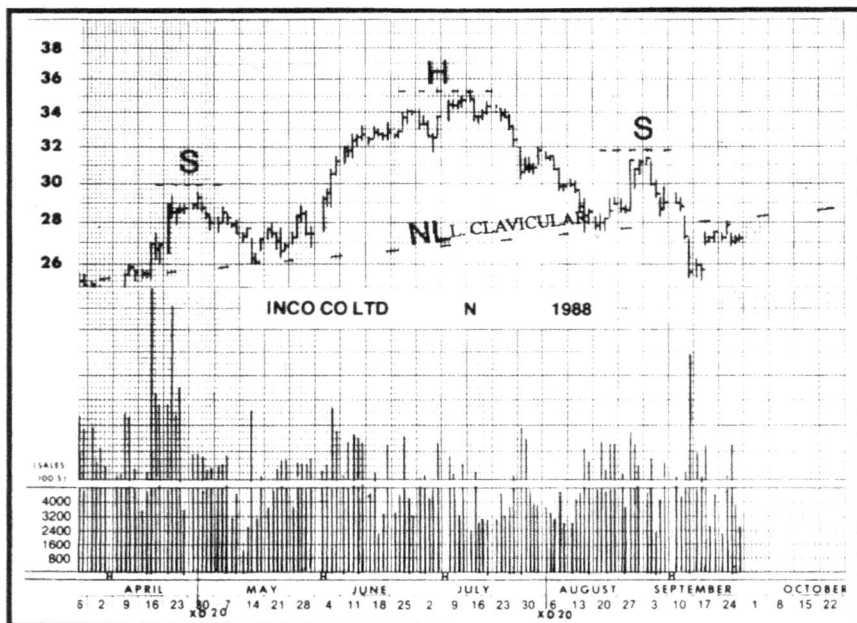

FIGURA 79. INCO se recuperó rápidamente de la quiebra de Octubre y, para final de año, casi había vuelto a su máximo de 1987; el último fue roto en Abril. La poderosa recuperación continuó poniendo la "N" más alta, poniendo a prueba el máximo de 1976 en Julio. Pero la reacción de Agosto, seguida de una pobre recuperación en Septiembre, ha creado un gran Techo de Cabeza y Hombros. El descenso de principios de Septiembre rompió la línea clavicular para confirmar el cambio de dirección y el actual rechazo, hasta la Resistencia de la Línea Clavicular, es un excelente punto de venta.

su primer paso es casi la construcción de dos aumentos a un nivel semejante con un retroceso, y con un volumen menor en el segunda aumento que en la primera. En el desarrollo normal de los acontecimientos, se desarrollara allí un tercer aumento y los precios, finalmente, romperán por medio de ella y se moverán hacia niveles todavía más elevados. Así, vemos que se requiere tener alguna regla o criterio para diferenciar una pauta de cambio de sentido verdadera de techo doble, de las alzas dobles, que no involucran cambio de sentido cuando aparecen como parte de un área de consolidación en una tendencia alcista.

Características distintivas

No se puede indicar una regla absoluta e incondicional en la que combinara para todos los casos que envuelven acciones de distintos valores y hábitos de mercado, ya que una distinción relacionada se da, por sí misma, cuando se estudian esta variedad de tipos diferentes de formaciones gráficas. Es la siguiente: "si los techos se presentan al mismo nivel, pero bastante unidos en el tiempo y con sólo una reacción menor entre ellos, es posible que sean parte de un área de consolidación; o, si va a ejecutar seguidamente un cambio de sentido de tendencia, que haya, en primer lugar, más desarrollos de pauta, mayor "trabajo" realizado en torno de esas gamas de techo. Si, por el contrario, hay una reacción extendida, inactiva, profunda y, más o menos, redondeada luego de la aparición del aumento máxima inicial, y después una obvia falta de vitalidad cuando los precios aumentan de nuevo hasta el máximo anterior, podemos sospechar, que se trata de un techo doble.

¿Cómo de profundo es lo profundo, y cómo de largo es lo largo? estas preguntas a las que, tristemente, es imposible dar respuestas simples y definitivas. Pese a eso, podemos intentar aproximaciones. Así, si dos techos están a más de un mes de distancia, no es posible que formen parte de la misma formación de consolidación o congestión. Si, también, la reacción entre el primer y segundo mínimo disminuye los precios en un 20% de su valor límite, las probabilidades se rigen hacia una interpretación de techo doble. Pero ambos criterios son arbitrarios y no faltan de excepción. Hay situaciones en los cuales las dos alzas máximas se han ejecutado con sólo dos o tres meses de diferencia. Usualmente hablando, el elemento tiempo es más crítico que la profundidad de la reacción. Cuanto más grande es el tiempo entre los dos máximos, menor será la necesidad de bajar los precios, de manera extensiva, en el intermedio.

Dadas las condiciones que hemos detallado, es decir, dos techos en igual nivel, aproximadamente, pero con más de un mes de separación en el gráfico, con menor actividad en el segundo avance que en el primero, y un tipo de retrocesión inactiva o irregular y redondeado entre ellos, podemos pensar que ya se ha desarrollado un cambio de tendencia de techo doble. En la situación de que una Cabeza y Hombros pequeña

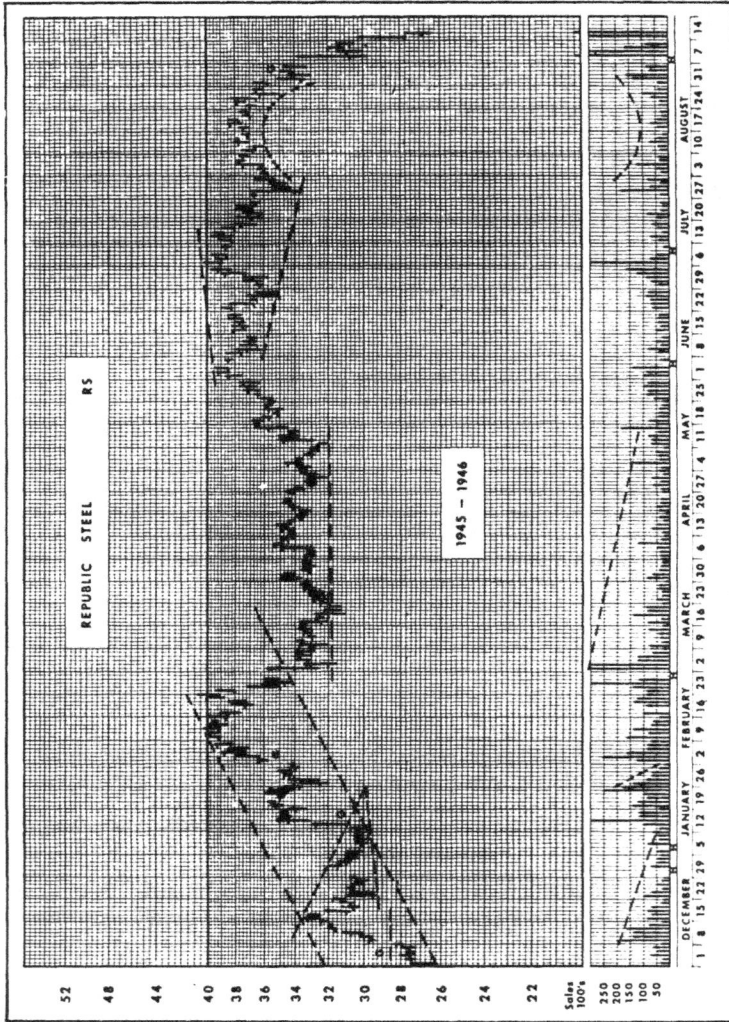

FIGURA 80. A causa del requisito de tiempo largo entre las partes superiores, n ecesario para que se produzcan verdaderos techos dobles, estas formaciones rara vez se pueden considerar como una ventaja en los gráficos diarios, pero aquí tenemos un buen ejemplo de 1946, en la Republic Steel. Nótese los cinco meses y el descenso del 20% entre las partes superiores. Este gráfico contiene también muchas formaciones interesantes menos técnicas. Las oscilaciones de "ensanchamiento" (ver Cap. X) de Junio y Julio, mientras se construyó el segundo techo, y la recuperación de redondeo de Agosto fueron extremadamente bajistas en sus consecuencias.

o un Triángulo Descendente comenzarán a desarrollarse en el segundo techo, como pasa frecuentemente, podemos estar en vigilancia en el sentido de cuidar las acciones a crédito con un stop ceñido o cambiando alguna otra cosa más para lograr un cuadro de gráficos más prometedor.

De todas formas, inclusive el conjunto de todos estos signos no son concluyentes. Esta situación aún puede ser salvada; a menudo lo es. Veamos a lo que, posiblemente, sucede detrás del escenario para realizar nuestro cuadro de gráficos hasta llegar a este punto. El primer techo, con un volumen alto, fue un hecho normal y nos da muy poca información, excepto que aquí, por el momento, la demanda se tropezó con una oferta suficiente para interrumpir el avance y producir una reacción.

Esa demanda puede haber caracterizado solamente la toma de beneficios por parte de los operadores, en cuya situación es casi seguro que la tendencia siga empujando hacia un aumento después de sufrir un débil revés. Pero, en el instante que la reacción se abandona, más arriba o más abajo, y ha dado ya el 15%, e inclusive más, del valor de mercado de la máxima de las acciones y se aplana sin repentino y vigoroso rebote, se ve notoriamente que, o bien la demanda se jugó en el avance final, o bien la venta señalo algo más que la obtención de beneficios a corto plazo. La pregunta es la siguiente: ¿ofreció la primera evidencia de una distribución trascendental y se puede apreciar mucho más en la misma gama de precios?

Sin embargo, tal como muestra nuestro gráfico, la demanda llego al final y absorbió gran cantidad de la demanda flotante como para dar la vuelta a la tendencia.

Cuando los precios empujaron hacia arriba y comenzaron a avanzar rápidamente hacia la venta nuevamente cerca del nivel del primer techo, esto era de esperarse en términos "psicológicos"; varios operadores de giro rápido conseguirían, lógicamente, beneficios en el máximo antiguo (quizá con el deseo de saltar hacia atrás desde un precio aún mayor, siempre que se sobrepase el antiguo máximo). Desde aquí, puede incitarse una pequeña vacilación. Pese a eso, el vender con una cantidad suficiente para producir otra reacción extensiva es otro asunto. Hasta el momento, hemos determinado una zona de oferta o resistencia en los niveles de aumento máximo y una zona de ayuda o demanda en el fondo del valle situado entre ellos. La última pregunta y la concluyente sería: ¿volverá a aparecer el soporte del "valle" y detendrá el segundo descenso?

La definición que concluye el techo doble viene dada por una respuesta negativa a esta última pregunta. Si los precios, en su retirada del segundo aumento máxima, caen por medio del nivel de suelo del valle, se mostrará un cambio de dirección de tendencia de arriba a abajo. Y esto es habitualmente un signo de primaria importancia.

Los techos dobles, plenamente confirmados, extraña vez aparecen en los giros de la tendencia intermedia; son, usualmente, un fenómeno de cambio de tendencia Primaria. Por esa causa, si esta seguro de que tiene uno, no lo deseche. Aunque los precios hayan disminuido un 29%, hay posibilidades de que los precios vayan aun más lejos, previos de tocar el suelo.

Con las consecuencias de medición, el techo doble no concede una fórmula comparable con la que hemos manifestado en las formaciones de Cabeza y Hombros y Triángulo, es seguro aceptar que seguirá el descenso, al menos, tan lejos (por debajo) del nivel del valle como de la distancia del alza máxima al valle. Puede requerirse un tiempo considerable para perfeccionar la caída completa en varias etapas. Los retrocesos a la gama de precios del "valle", continuando la primera ruptura, no son infrecuentes. (Siempre tenga presente la norma general de que se puede esperar que una formación de cambio de sentido realice no más que un retroceso de la tendencia que la antecedió).

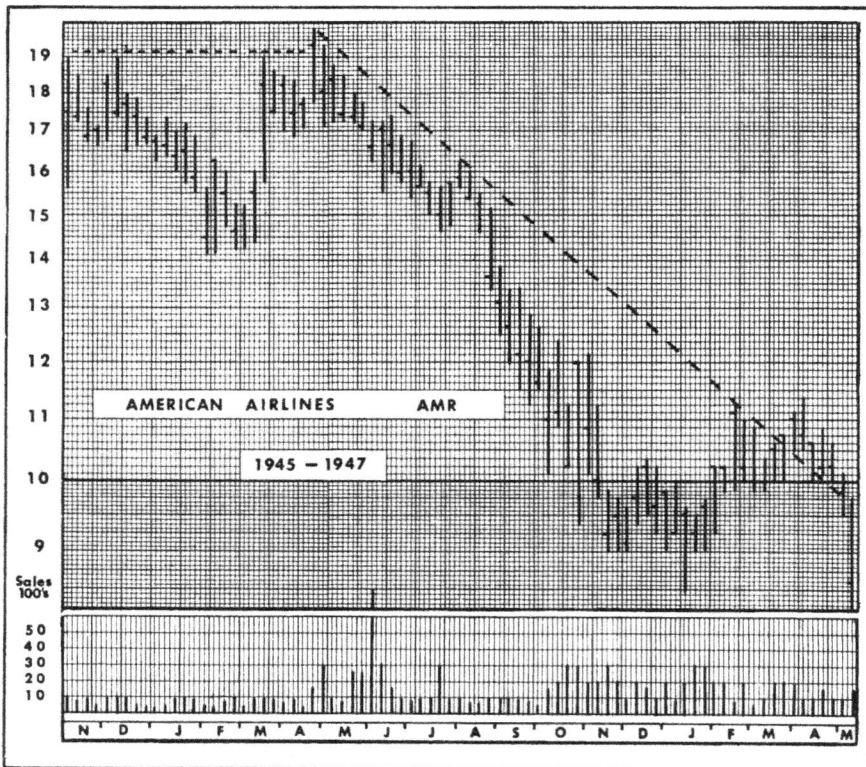

FIGURA 81. Las acciones de la "ARM", vendiéndose por aquel entonces alrededor de 90, se dividieron a 5 por 1, teniendo como resultado una rápida recuperación hacia un nuevo máximo. Pero, a pesar de todo, se hizo aparente el techo doble junto con el máximo anterior, cuando los precios se derrumbaron por el nivel de "valle" del 28 de Agosto. La venta popular que aparece a causa de las "divisiones" es de corta duración y sólo en ocasiones distorsiona el cuadro completo.

Hemos indicado que los techos no precisan formarse necesariamente al mismo nivel use aquí la regla del 3%, que trazamos anteriormente como instrumento de medición de las fugas. Dentro de estos límites entrarían, por ejemplo, un primer techo a 50 y un segundo a 51 1/2. Curiosamente, el segunda aumento máxima excede, a menudo, a la primera por una fracción. Los puntos importantes son: **1:** la compra no puede empujar los precios hacia arriba hasta superar los enteros por un margen decisivo y **2:** el soporte continuamente se rompe.

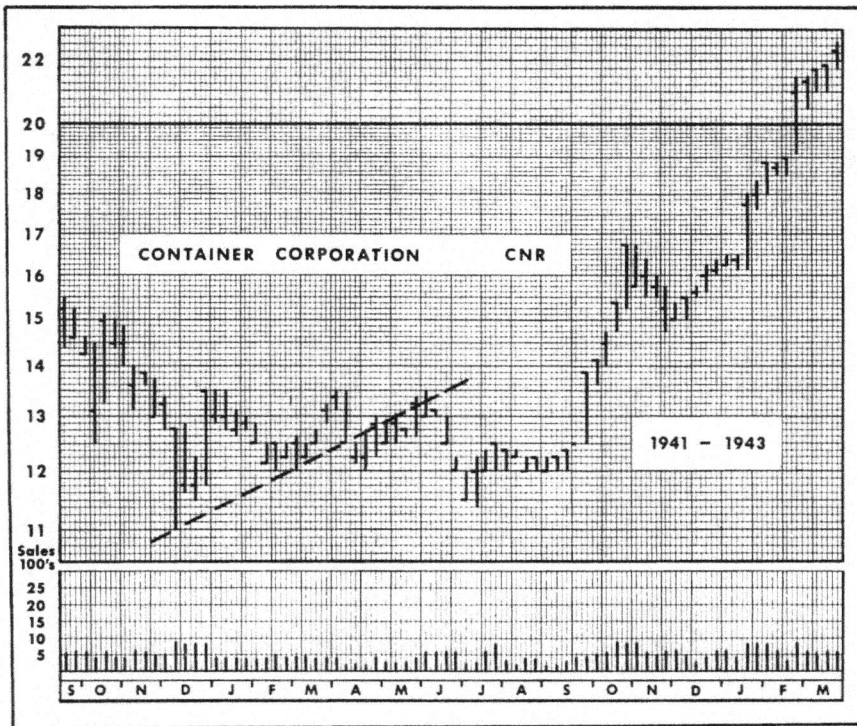

FIGURA 82. Formación de cambio de dirección mayor en la "CNR" al comienzo de un avance primario que alcanzó 54. Observe cómo un intento de crear un Triángulo Ascendente se convirtió en un suelo doble.

Suelos dobles

En el instante de identificar un suelo doble, podemos usar todos los preceptos formulados para la pauta del techo doble, pero obviamente, invirtiendo su orden. Las distinciones entre los dos cuadros son las que usted esperaba que fueran, teniendo en consideración, por ejemplo, las diferencias propias entre techos y suelos de Cabeza y Hombros. Así, el segundo suelo es, habitualmente, durmiente (poco volumen de actividad) y se inclina a ser redondeado, mientras que la segunda parte superior de un suelo doble es reposadamente activa y casi tan brusca y afilada en perfil como la primera. La recuperación hacia arriba del segundo suelo demuestra un alza de volumen y este debería recuperarse hasta un grado determinado a la altura del nivel del valle o, para ser más exacto, a la altura entre los dos suelos es excedida. Los suelos dobles aparecen más o menos con la misma frecuencia que los techos dobles en los cambios de sentido de la tendencia Primaria, y los suelos dobles también se ejecutan, algunas veces, al término de las rectificaciones Intermedias de una tendencia Mayor alcista.

Si está familiarizado con parte del lenguaje de "la calle", habrá pensado, seguramente, que el segundo mínimo de un suelo doble es un ejemplo de la acción de mercado a la que se le llama muy seguido con el nombre de "prueba". En el sentido de que es justamente lo que es -una prueba o confirmación del soporte (es decir, la demanda) que pausa la primera baja al mismo nivel. El éxito de esta prueba no se puede confirmar, pese a eso, y esto es un punto a tener en consideración, hasta que los precios han demostrado su capacidad de aumentar con un incremento de volumen sobre la altura previa (la altura de la recuperación entre los dos suelos).

Hasta que esto ha pasado, siempre está la posibilidad de que sea ineludible una segunda prueba (tercer suelo), o inclusive una tercera, y de que una de estas fracasara, con los precios entonces cayendo hacia un descenso mayor. Este razonamiento nos conlleva al siguiente tipo de formación de cambio de dirección (o vuelta).

Techos y suelos triples

Lógicamente, si hay techos dobles, podemos esperar que haya también Techos Triples, que se desarrollarán de una manera parecida. La verdad es que se producen formaciones de cambio de sentido que pueden ser clasificadas sólo de techos triples, pero son mínimas y están muy distanciadas unas de otras. Por supuesto, existen muchas pautas, provocadas como consecuencia de un giro importante en la tendencia de arriba a abajo, que contienen tres puntos superiores, pero la mayoría de ellas descienden en la órbita de los Rectángulos. Por esa causa, cualquier formación de Cabeza y Hombros, sobre todo si es más bien "plana" y posee una cabeza que no asciende demasiado por sobre del nivel de los dos hombros, se puede clasificar como una especie de techo triple.

El techo triple verdadero (diferente de otros tipos de formaciones de tres alzas máximo) posee una similitud familiar reconocible con el techo doble. Sus techos están separados por un amplio espacio y con reacciones, entre ellos, muy profundas y, generalmente, redondeadas. El volumen es comúnmente menor en el segundo avance que en el primero, y aún menor en el tercero, que frecuentemente se agota sin una recuperación apreciable en lo que a actividad se refiere. Los tres máximos no poseen la necesidad de estar separados por igual distancia. Así, el segundo techo se puede ejecutar sólo a las tres semanas, aproximadamente, del primero, y el tercer techo seis semanas más luego del segundo. De igual forma, los valles que intervienen aquí no requieren desfondarse en el mismo nivel exactamente; el primero puede ser mayor profundo que el segundo o al revés. Y los tres máximos pueden no aparecer justo con el mismo precio; nuestra regla de tolerancia del 3% es de nuevo útil aquí. Pero, a pese a estas variaciones permisibles, tendría que haber, y generalmente hay, algo familiar que induce sospechas en el cuadro completo, algo que da inminentemente la posibilidad de un techo triple para el grafista con experiencia.

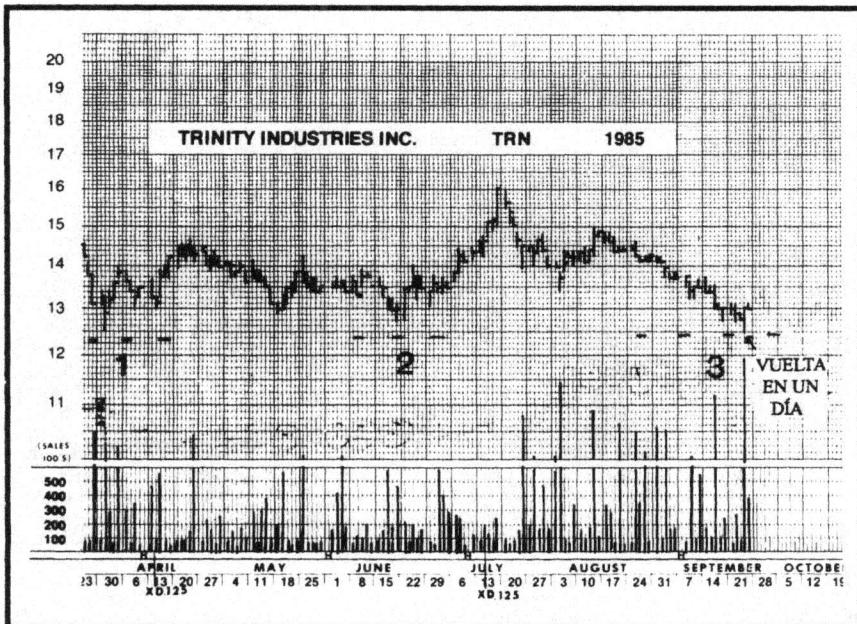

FIGURA 83. Aunque Trinity Industries no tiene la pauta bien formada mostrada por nuestras otras recomendaciones, encontramos el hundimiento de alto volumen del jueves, con el mínimo del día en la tercera prueba del mínimo del año, situación técnica muy engañosa. Básicamente es un Suelo Triple con una Vuelta en un Día para conseguir que comience la tendencia alcista. Si los alcistas no agarran esta pelota y corren, mantendremos nuestra exposición mínima con un stop de cierre por debajo del último mínimo.

La prueba irrebatible, sin embargo, es una caída del tercer techo que hace descender los precios por medio del nivel de suelo del valle (el menor, si los dos valles se forman a diferentes niveles). Hasta que esto no se ha ejecutado, no se puede decir que el efecto del techo triple se ha demostrado, debido que, en la medida en que la demanda se mantenga en la gama de precios del valle, la tendencia puede girarse hacia arriba nuevamente. Sólo se tiene justificación al "saltar el cañón" en aquellas situaciones en que se produce una falta de actividad en la tercera alza máxima y luego comienza a manifestar características bajistas aumentando el descenso siguiente.

Los suelos triples son techos triples al revés, con restricciones iguales a las que hemos mostrado para los suelos dobles. El tercer mínimo debe ir siempre emparejado de

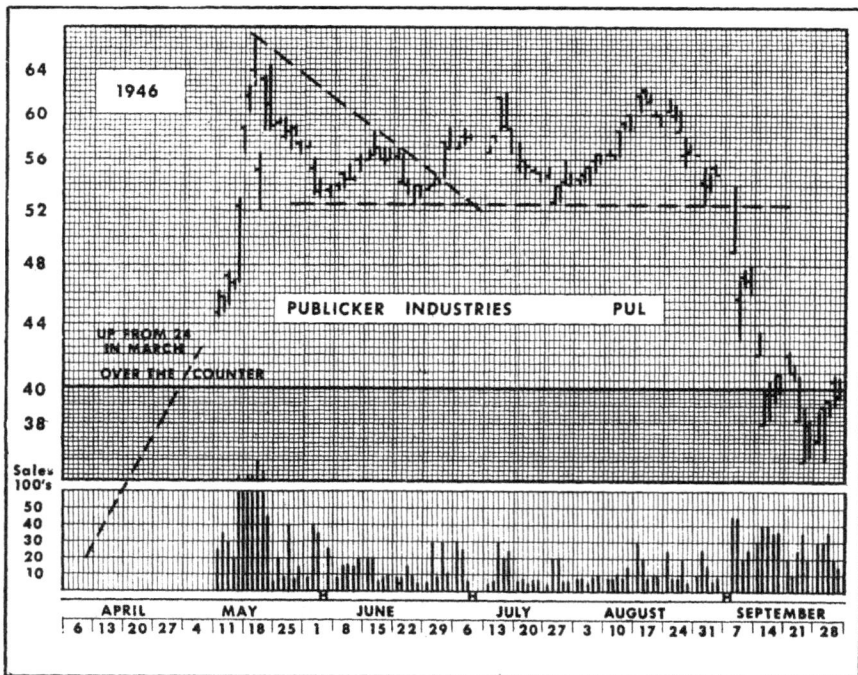

FIGURA 84. La Publicker creó su máximo de Mercado Alcista sólo unas pocas semanas después de haberse publicado en el "tablero". A continuación comenzó a crear un Triángulo Descendente, pero empujó hacia afuera de él. El resultado final fue un Techo triple completado en Agosto. (Ver Figuras 60 y 82).

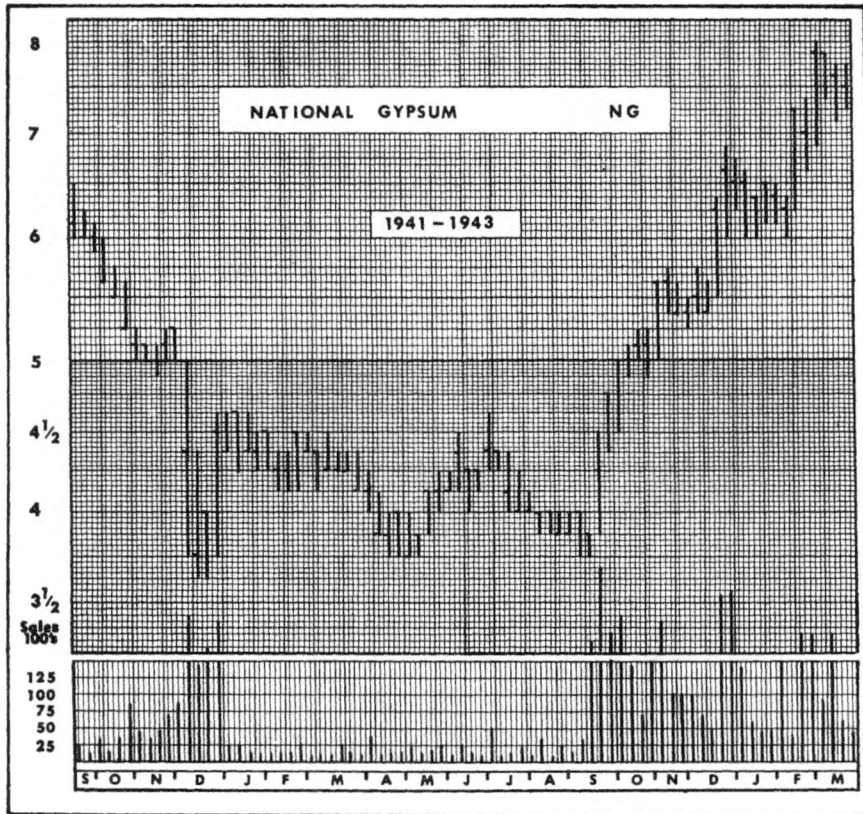

FIGURA 85. En el curso normal de acontecimientos en la época en que esta pauta de suelo se desarrolló en la "NG", y que constaba de fluctuaciones de diez meses largos dentro de una gama de sólo un punto completo, la mayoría de los operadores no le prestarían ninguna atención. Ciertamente sugería una oportunidad muy pequeña para obtener beneficios a corto. La escala logarítmica de precios, por el contrario y tal como hemos apuntado en el capítulo anterior, tenía la gran ventaja de sacar a la luz la importancia de los porcentajes de una acción de mercado significativa a niveles de precios muy bajos. Nótese que esta formación describe en cada uno de sus detalles —espacio entre suelos, alcance en tantos por ciento de las recuperaciones, volumen— un suelo triple. Por supuesto, su finalización en Octubre de 1942, no predijo necesariamente que la "NG" escalaría a 33, como hizo por último. Sin embargo, el hecho de que otras muchas acciones crearan formaciones de suelo Mayor sólido a niveles de precio más altos al mismo tiempo, garantizó la conclusión de que la "NG" estaba en su camino hacia el alza y que ésto era una ganga a 5.

un volumen pequeño, y la elevación a partir de ahí tiene que demostrar un aumento decidido en el volumen de negocios y dirigir a los precios finalmente sobre los techos de las recuperaciones que se hicieron entre los suelos.

Nunca se obtiene una justificación al "saltar el cañón" en una supuesta formación de suelo triple, a menos que la mayoría de los gráficos del mercado se hallen en una posición bajista sin duda alguna. El peligro de compra anticipada se expresa en un dicho que se escucha a veces en las salas, que dice que "un suelo triple siempre se rompe".

Esto no es verdad. En el instante que se ha establecido un suelo triple y se ha confirmado por la imprescindible fuga hacia arriba, en extrañas ocasiones falla. Habitualmente produce un avance de proporciones que puede ser beneficiario considerar. Pese a eso, un hay posibilidades de que el techo triple incompleto se debe considerar engañoso. Remítase a la regla de rupturas y se hallará a salvo.

Los techos triples son conocidos a veces con el nombre de pautas de "W" por el parecido, en algunas circunstancias, a la letra mayúscula, del gráfico. Hay una especie de mezcla entre el techo doble y triple, en el cual uno de los tres techos no consigue la altura del primero o tercero y, de esta manera, se asemeja aún más a una "W". Por la misma razón, los techos dobles se llaman a veces formaciones de "M". Ya que los elementos de las pautas Doble y Triple están, habitualmente, muy distanciados en el tiempo, son con frecuencia más fáciles de localizar y apreciarse en un gráfico mensual que semanal. Los gráficos mensuales descubren una gama de techos y suelos dobles de amplio alcance pero, por otro lado, son muy rústicos como para revelar muchas pautas certeras de techo doble y triple.

En nuestra discusión anterior del techo triple, hablamos de una especie de intuición que se presenta con la experiencia y permite al analista gráfico reconocer las potencialidades para un cambio de dirección de un cierto desarrollo de gráficos, a veces mucho antes de que haya llegado su etapa final. No es un talento raro, pero extrañamente se adquiere, a no ser a través de la investigación y la prolongada experiencia (llevando consigo, esta última, unos mínimos errores costosos). El lector de este libro no precisa desesperarse por obtener un sentido gráfico -y no sin el debido coste- si se concentra en su estudio, observa, comprueba y vuelve a comprobar en sus gráficos cada formación nueva, y prueba en su caso concreto. Es sabido que la interpretación de gráficos no es una *ciencia* sino un *arte*.

No es una ciencia exacta, porque no posee reglas que faltan de excepciones. Sus mejores puntos están en contra a la expresión de la regla o precepto. Se requiere un juicio de apreciación de muchos factores, muchos de ellos parece que, a veces, entran en crisis con otros. Pero llamarlo Arte es verdaderamente impropio, ya que este involucra la necesidad del genio o, al menos, un mínimo de talento innato. Digamos, mejor, que necesita destreza, pero una destreza adquirida por cualquiera persona de inteligencia normal.

Capítulo X

Otros fenómenos de cambio de dirección

Hasta el momento, hemos hablado de siete clases de pautas de gráficos que aparecen en cambios de sentido significativos, de la tendencia de precios.

Se trata de las siguientes:

1. Cabeza y Hombros.

2. Cabeza y Hombros múltiple o compleja.

3. Giros redondeados.

4. Triángulos Simétricos.

5. Triángulos Rectángulos.

6. Rectángulos.

7. Techos y Suelos Dobles y Triples.

De estas, la 1, 2, 3 y 7 se desarrollan, generalmente, en los giros *Mayores,* mientras que la 4, 5 y 6 se dan más consecutivamente en las etapas Intermedias.

Los números 1, 2, 3 y 5 dan indicación, previamente a completarse, del camino que seguirá la tendencia creada a partir de ellas. Los números 4 y 6 no conceden tal señal, como ya hemos estudiado, y se inclinan más a indicar consolidación o continuación de cambio de tendencia. Pese a eso, todos ellos pueden aparecer, y en algunas circunstancias lo hacen, en los techos o suelos Mayores.

Aún nos quedan por observar algunas pautas técnicas que, a causa de su limitada significación. Extrañeza, o dudosa utilidad para los operadores a largo, han sido puestas al final de nuestros estudios de cambio de dirección.

Las formaciones de ensanchamiento

Al terminar nuestra discusión sobre los Triángulos en el Capítulo VIII, indicamos ciertos tipos de congestión de precios o áreas de actividad que se la han llamado algunas veces "Triángulos Invertidos" porque, empezando con fluctuaciones muy estrechas, se ensanchan entre líneas limítrofes divergentes, en vez de las convergentes.

Debido a eso, hemos pesado que es preciso clasificarlas con el nombre de Pautas de Ensanchamiento, ya que, a excepción de ese parecido invertido en un aspecto superficial, son muy diferentes en cuanto a naturaleza e implicaciones de tendencia.

Si el Triángulo Simétrico presenta un cuadro de "duda" que espera una aclaración, y el Rectángulo un cuadro de "conflicto" controlado, se puede deducir que la Formación del Ensanchamiento insinúa que un mercado con falta de patrocinio inteligente y descontrolado-una situación en la que generalmente el "público" esta muy comprometido y se desplaza rápidamente a causa de los rumores salvajes. Nótese que decimos sólo que insinúa tal mercado. En algunas ocasiones, es evidente que son justamente esas las condiciones que forman una pauta de Ensanchamiento en los precios, pero existen situaciones en los que las razones de la misma son inescrutables. Sin embargo, el hecho de que los cuadros de gráficos de este tipo hagan su aparición de forma regular al final, o en las últimas fases de un largo Mercado alcista, da credibilidad a la caracterización que hemos hecho de ellos.

Por eso que, después de estudiar los gráficos durante unos veinte años y observando la acción de mercado que ha seguido a la aparición de las pautas de precio de ensanchamiento, llegaremos a la conclusión de que son definitivamente bajistas en el sentido de que, mientras no se descarte el avance posterior en los precios, la situación estará enfrentándose a una etapa peligrosa. No se deben ejecutar nuevas obligaciones (ventas) en una acción que produce un gráfico de este tipo y esperar a poner en camino las obligaciones anteriores, para adquirir ganancias de ellas a la primera oportunidad buena que se presente.

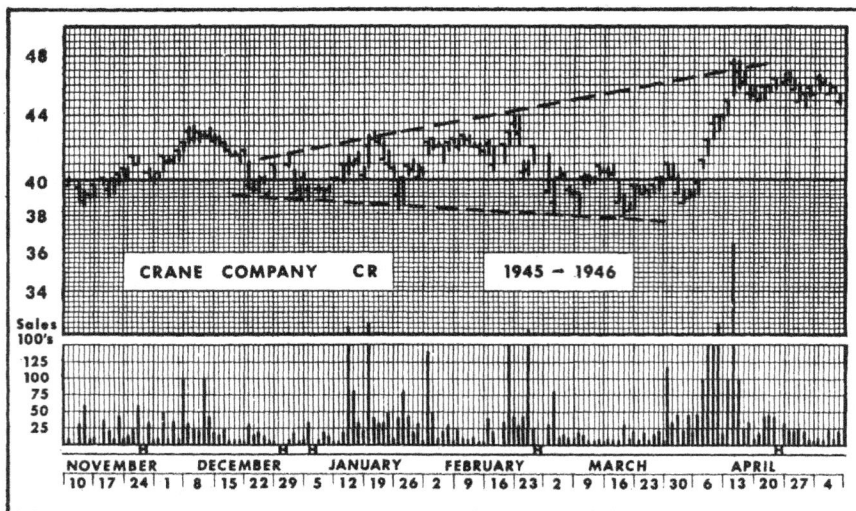

FIGURA 86. El tipo simétrico de Formación de Ensanchamiento, que se desarrolla con la mayor frecuencia en las últimas y más "agitadas" etapas de un Mercado Primario alcista, está perfectamente ejemplificado en este gráfico de Crane Company. Nótese que la pauta de ensanchamiento se empezó a formar en Diciembre de 1945, *después de una reacción* del 10%; si se hubiera formado sobre el techo de una recuperación, se podría haber sospechado que era un Techo de Ensanchamiento (ver "El Techo De Ensanchamiento ortodoxo"). A pesar de ello, llevó consigo las implicaciones bajistas normales. La "CR" hizo techo en Junio a 49 1/2.

La Formación de Ensanchamiento se puede formar en cualquiera de las tres maneras, que se pueden comparar, respectivamente, con los Triángulos Simétricos, Ascendentes o Descendentes, invertidos. El tipo Simétrico, por ejemplo, está formado por una serie de fluctuaciones de precios por medio de un eje horizontal, cuyo tope menor es más elevado y cuyo suelo menor es más profundo que los de los anteriores. La regla se puede marcar, a grandes rasgos, por dos líneas divergentes, la superior inclinada hacia arriba (de izquierda a derecha) y la inferior inclinada hacia abajo.

Pese a eso, estas pautas de ensanchamiento son habitualmente irregulares y poco compactas. Mientras que los Triángulos Simétricos son frecuentemente regulares y compactos. Las líneas limítrofes convergentes de un Triángulo Simétrico se definen evidentemente como regla, y los techos y suelos dentro de la formación tienen una tendencia a caer, con mayor precisión, en estas líneas limítrofes. En una Formación de Ensanchamiento. Las recuperaciones y los descensos habitualmente no se pausan en líneas limítrofes marcadas de forma clara.

El volumen durante las formaciones de ensanchamiento

Otra cosa diferente entre el Triángulo y la Formación de Ensanchamiento radica en el gráfico de volumen. La reacción de un verdadero Triángulo viene en conjunto. Como ya hemos indicado anteriormente, de una actividad decreciente que comienza con un volumen elevado en el primer cambio de sentido menor que inicia la pauta, pero que va disminuyendo a medida que los precios fluctúan en ondas menores hacia el vértice. La actividad, entonces, se recupera de nuevo luego que los precios se han escapado del Triángulo, de forma brusca e inmediata si la fuga se crea por medio de la parte superior.

En la Formación de Ensanchamiento, por otro lado, la actividad del valor se conserva, generalmente, alta e irregular a lo largo de su desarrollo. Si se produce después de un avance. Como la mayoría de la veces pasa, el primer cambio de tendencia Menor que inicia la pauta se hará con mucho volumen de negocios, pero esto mismo provocará la segunda recuperación de la pauta, y la tercera, y el volumen elevado se desarrolla también habitualmente en uno o más de sus suelos menores. El cuadro completo de precios y volumen es, por esta circunstancia, unas oscilaciones salvajes y aparentemente "faltas de inteligencia".

Como se observa claramente, bajo estas circunstancias, una fuga verdadera del área puede ser difícil, mejor dicho imposible de detectar, en el instante en que se origina. Evidentemente, la parte del gráfico que corresponde al volumen no da ninguna pista, mientras que la carencia de imprecisión y definición de la pauta de precios advierte el dibujar una línea que señale, con toda seguridad, "hasta aquí, y no más allá". (Hablamos aquí solamente al tipo "Simétrico" de la Formación de Ensanchamiento). Claramente, en el momento en que los precios se han alejado lo suficiente (ya sea hacia arriba o hacia abajo) del área de pauta, se hace claro que se ha ejecutado una fuga, pero, en ese momento, puede ser ya muy tarde para arriesgar una operación en esa situación; seguramente el movimiento haya ido muy lejos. (¿Entonces qué podemos hacer con

Otros fenómenos de cambio de dirección

Formaciones y Ensanchamiento? Ya hemos distinguido que, nueve de cada diez veces, poseen implicaciones bajistas. Aparecen más frecuentemente en, o cerca de, la coronación de la tendencia. Por eso, es razonablemente seguro aceptar que los precios, cuando rompan definitivamente de la formación, disminuirán o, si aumentan, girarán muy pronto y caerán nuevamente. Aquí tenemos una respuesta al problema de qué hacer en relación a una Formación de Ensanchamiento.

También, la acción de los precios, dentro de la formación, provee una señal de *avance* en el sentido de la fuga. Si la tendencia va a desplomarse del área de Ensanchamiento, la última recuperación dentro del área puede fracasar a la hora de aumentarse a tanta altura como la anterior, rompiendo así la secuencia de topes cada vez más elevados dentro de la pauta. Y, facultativamente, si la tendencia va a aparecer en la parte superior, la última reacción dentro de la pauta se produce, tal como hemos dicho, en la mayoría de todas las Formaciones de Ensanchamiento. Fíjese, sin embargo, que uno no puede poseer una seguridad de tal desarrollo significativo (al que nos hemos referido antes como un fallo, por carencia de un término más adecuado) hasta que los precios siguen hasta salirse por el otro lado de la formación o, más exactamente, han sobrepasado el último movimiento anterior en esa dirección, por un margen decisivo (nuevamente nuestra regla del 3%).

Un ejemplo típico

Seguramente, el párrafo anterior piense que es muy complicado. Pero es mucho más fácil imaginar el desarrollo de una señal de "fallo" Si usamos un ejemplo con cifras de precios reales. Será aún más fácil si el lector dibuja nuestro ejemplo en un pedazo de papel. Supongamos que las acciones XYZ, luego de avanzar unos treinta puntos con un volumen de negocio gradualmente ascendente, logra una venta fuerte a 62 y reaccionan después a 58.

Pese a eso, existe aun un gran interés en esta acción; se pausan durante un día o dos y cae nuevamente, esta vez a 56 1/2, antes de ser detenido por otro estallido de compra. Su tercera recuperación logra llegar a 62, donde duda y cae a 59, pero es recogida de nuevo y alcanza 65. (En este momento, por supuesto, una Formación de Ensanchamiento ya se ha hecho clara en el gráfico). A 65 ejecuta una gran demostración de actividad, continuada de otra reacción que hace caer las cotizaciones de nuevo rápido a 60; aparece, por el momento, el soporte y los precios fluctúan por un lapso tres o cuatro días entre 60 y 62, y después caen otra vez para cerrar finalmente a 56, con un volumen elevado a lo largo de toda esta fase. Comienza una nueva recuperación, pero ahora los operadores que compraron a 60 en los movimientos a la baja precedente, están asustados y buscan una oportunidad de "salirse y mantenerse como están", y así que el avance se sofoca a ese nivel. Las cotizaciones empiezan a resbalar y se ubican pronto por debajo de 55, *por debajo del suelo anterior de pauta.* Cuando se hace esto, el "fallo" de la recuperación precedente se confirma, es decir, su fallo al tratar de elevarse por sobre de 65 y alcanzar así al movimiento de ensanchamiento. La caída por debajo de 56, a raíz de ese fallo, puede ser considerado una fuga.

Si siguió el ejemplo anterior detenidamente, se habrá fijado que puede haber (y muchas veces hay) fluctuaciones menores *dentro* de la pauta que no influye a su resultado final. De esa manera, la elevación de 56 1/2 a 65 consistió en realidad en tres movimientos, el primero desde 56 1/2 hasta 62, el segundo de 62 a 59 nuevamente, y finalizando, el tercero desde 59 hasta 65. La reacción desde 62 fue insignificante en la medida en que se paró por sobre de los 56 1/2 Y fue seguida de un aumento más allá del punto alto de la pauta anterior, que en esa situación había sido 63.

El ejemplo descrito aquí es uno de los más típicos, en los cuales el fallo se produce en una recuperación y la fuga en el lado inclinado hacia abajo. Pese a eso, podría haberse transformado en la forma contraria si el último descenso hubiera cesado a 60 y, luego, en vez de fluctuar durante un par de días entre 60 y 62 y derrumbarse otra vez, habría empujado de abajo hacia arriba y excedido los 65. Esa acción habría desarrollado un fallo en una bajada y una fuga hacia arriba. (Uno de los posibles resultados sería, sin embargo, el de que el tope final no estuviera distanciado).

El techo de ensanchamiento ortodoxo

Existe una manifestación concreta -un caso especial, como dirían los matemáticos- de desarrollo de lo precios de Ensanchamiento, cuyo carácter general ya hemos declarado en los párrafos previos. Esta forma especial apareció en los techos de 1929 de muchas de las acciones activas y populares de esos tiempos, pero menos frecuentes en los máximos de los Mercados Alcistas desde 1929, y rara vez en techos de volumen alto que siguen los descensos extensivos Intermedios, como pasó en 1933 y 1934.

Es designado entre los técnicos de mercado con el nombre específico de *Techo de Ensanchamiento* y, aunque concuerda con nuestras descripciones generales de todas las pautas de precios de ensanchamiento simétricas, se ha definido de manera tan justa y citada frecuentemente en escritos técnicos, que podemos tomarnos algún tiempo a explorarlo.

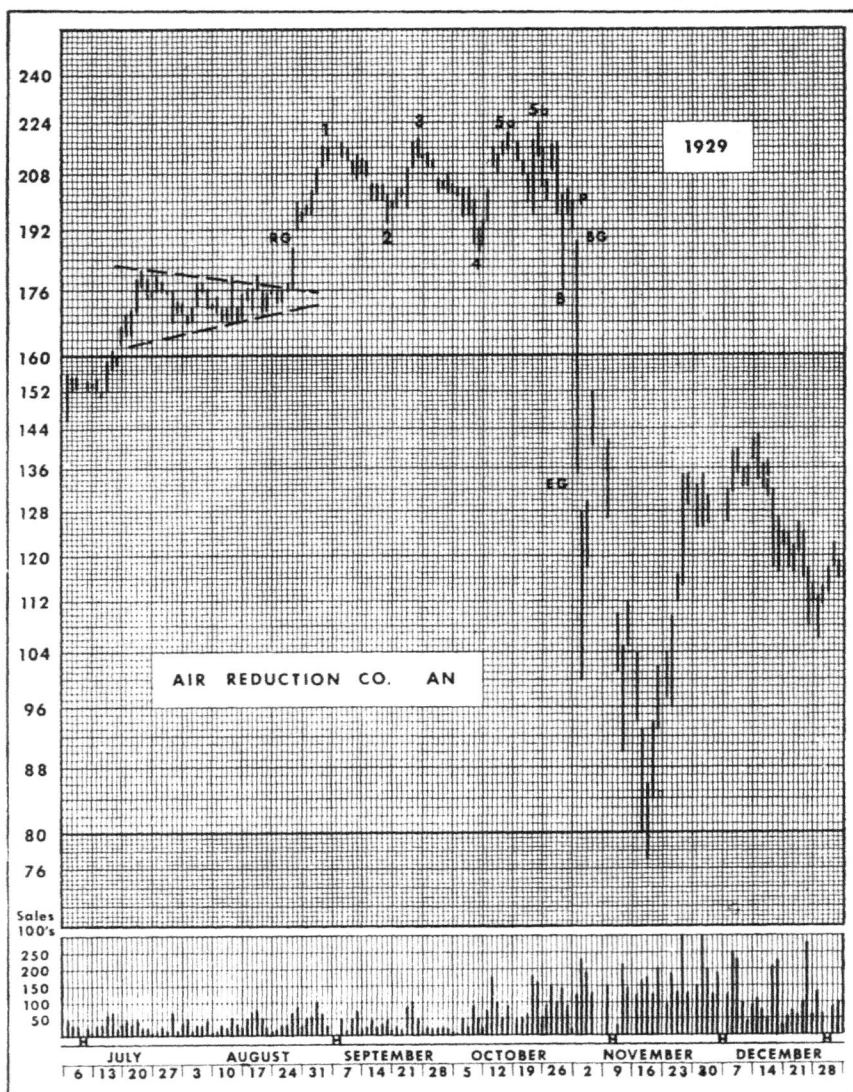

FIGURA 87. Aunque esta formación concreta de cambio de dirección mayor apareció en los gráficos de hace unos treinta años, se ha desarrollado de forma tan perfecta y a tan gran escala que bien podría servirnos de modelo elemental de Techo de ensanchamiento ortodoxo. Esta pauta de Air Reduction se discute en detalle en páginas siguientes. Observe la consolidación del Triángulo Simétrico de Julio-Agosto, y los ejemplos de huecos de continuación, fuga y agotamiento (RB, BG, y EG) que se discutirán en el Capítulo XII.

El Techo de Ensanchamiento Ortodoxo presenta tres alzas máximas (crestas) a niveles continuamente más elevados y, entre ellos, dos suelos, siendo el segundo más profundo que el primero. La presunción ha es la que está completada y es, en cuanto a efecto, una simbólica indicación de cambio de dirección, en el momento que la reacción desde la tercera alza máxima se ubica por debajo del nivel de su segundo suelo.

Quizá comprendemos mejor cómo es esta formación si examinamos una de las pautas típicas que se desarrollaron en 1929. Nuestro gráfico (Fig. 87) indica la acción de mercado diaria (precio y volumen) de Air Reduction desde Julio hasta el 31 de Diciembre de ese mismo año.

Hemos numerado del 1 al 5 los puntos de giro significativos dentro del Techo de Ensanchamiento que terminó ese Mercado Alcista de valores de Octubre. Seguramente, la pauta de precios de ensanchamiento no se descubrió hasta que los precios comenzaron a subir desde el segundo máximo Menor (punto 4); en aquel instante, 3 se había formado *por encima* 1, y 4 *por debajo* de 2. Nuevos máximos a 5 (a y b), seguidos por la fuga fija hacia abajo de B (casi el 6% por debajo de 4), completaron la pauta y, según con las reglas, indicaron un cambio de dirección de tendencia Mayor. En esta situación, no se puede dudar de la importancia de las indicaciones de cambio de sentido debido que, como señala nuestro gráfico, el precio de la Air Reduction cayó, desde sobre de 220, el 18 de Octubre, hasta por debajo de los 80 el 14 de Noviembre, solo en un lapsos de cuatro semanas, y el suelo final no se apreció hasta casi tres años después, en 1932.

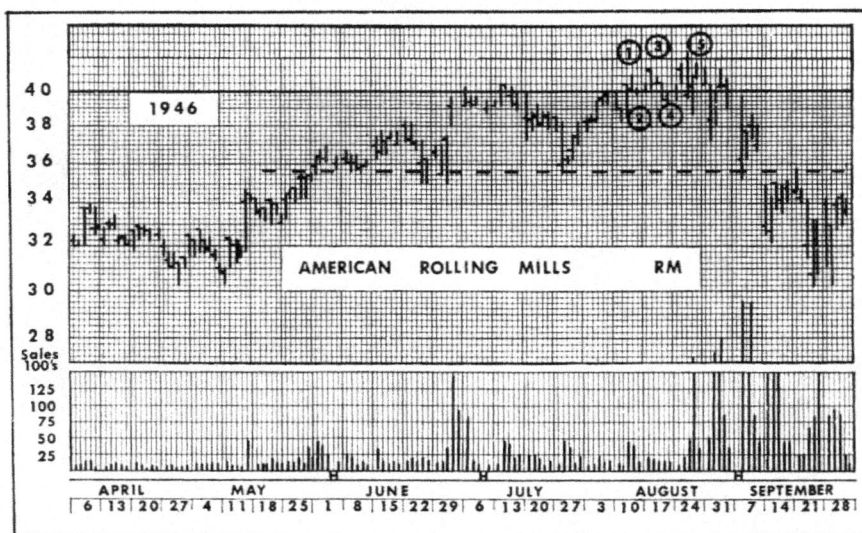

FIGURA 88. Un pequeño, pero perfecto, Techo de Ensanchamiento que se formó al final de una pauta de gráfico de tres meses, que tuvo también aspectos de ensanchamiento (y por esta razón, bajistas). En el gráfico están numerados los cinco puntos críticos de cambio de dirección. La "ruptura" se registró el 27 de Agosto. La recuperación de retroceso que inmediatamente la precedió fue fuerte, pero se mantuvo todavía dentro de límites normales. En la Figura 202 aparece otro Techo de Ensanchamiento interesante.

Debe señalarse algunos puntos de este ejemplo típico. Primero, se desarrolló un nuevo máximo, es decir, un tercer y más elevado techo, a 5a y la reacción subsiguiente se detuvo a 195, bien por sobre de 4, y triunfo por el avance renovado. Este parecía ser uno de las señales de avance ("fallos"), a los que nos hemos reseñado en el párrafo previo, que anunciaba una fuga hacia arriba. Pero el ejemplo que tenemos en frente nos ayudará para hacer énfasis en la señal o aviso al que le adherimos antes-el de que no se puede confiar en tal señal hasta que los precios hayan sobrepasado, de manera decisiva, el techo anterior. En 5b Air Reduction se comercializó por un lapso de tiempo breve a 223,2 puntos, pero menos de un 3% por debajo del nivel de 4.

Se ejecutó ahora un desarrollo común de los Techos de Ensanchamiento- una recuperación de retroceso (aP), retrocediendo la mitad del espacio perdido entre el último techo de pauta (5b) y a términos de movimiento inicial de fuga (B). Esta recuperación (y fallo) se intentará, según con nuestra experiencia, en al menos 4 de cada 5 pautas de Techo de Ensanchamiento, y puede no fracasar hasta que ha recuperado 2/3 de la caída precedente, aunque habitualmente se extingue alrededor, o inclusive por debajo, de la señal en medio del camino.

Tal como hemos dicho, este es un ejemplo típico; hubo muchos otros par esa época. El hecho de que tantos de ellos se ejecutaran en el aumento máximo (cresta) de 1929, justifica las extremadas implicaciones bajistas que los especialistas de mercado designaron a la formación de Techo de Ensanchamiento. Nosotros lo tenemos en

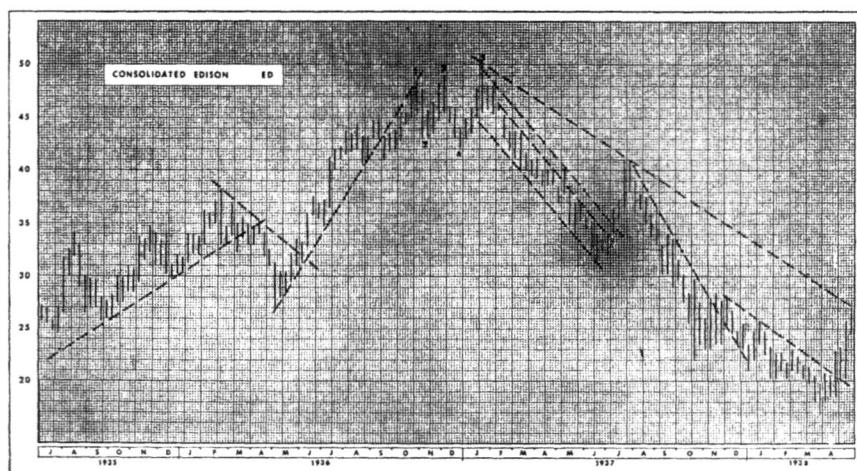

FIGURA 89. Los Techos de Ensanchamiento de gráficos semanales, cuando aparecen tan sencillos y compactos como en este ejemplo, conllevan indicaciones muy fuertes de cambio de dirección. El techo del quinto giro de esta formación se coronó en el gráfico diario por una Cabeza y Hombros, que se dibujó en Figura 16. Las líneas de guiones de este gráfico son las líneas de tendencia que se discutirán en el Capítulo XIV.

cuenta ahora con menor adoración; sus implicaciones de medición no son más grandes, seguramente, que las de una Cabeza y Hombros grande y de volumen elevado, pero es una pauta característica de las últimas etapas de una tendencia Primaria alcista.

La constancia en que el tercer tope (nuestro numero 5), cuando va continuado de un descenso por debajo del segundo fonda (numero 4), *completa* la regla de cambio de dirección, se puede considerar, que instituye una limitación muy detallada, ya que las Formaciones de Ensanchamiento siguen, a veces, para formar un cuarto y más alto tope. De todas formas, esta regla puede estar, y generalmente lo está, justificada por el hecho de que las indicaciones completas son sin duda alguna bajistas y, por eso, uno no tendría que esperar mucho tiempo para escaparse.

Por otro lado, el que exista un tercer techo parece estar justificado en el hecho de que los cambios mayores de dirección extrañamente se completan hasta que se hacen, al menos, tres intentos de empujar los precios en el sentido de la tendencia anterior. Por supuesto, esta es la causa por la cual los estudiantes técnicos pioneros agrupan juntas muchas formaciones llamadas "cambios de dirección de cinco puntos". El Techo de Ensanchamiento es un cambio de dirección de cinco puntos (ver número 1 a 5) y, evidentemente, una Cabeza y hombros. Un Techo de Ensanchamiento se podría llamar, de hecho, Cabeza y Hombros de hombro derecho elevado y de cuello inclinado hacia abajo.

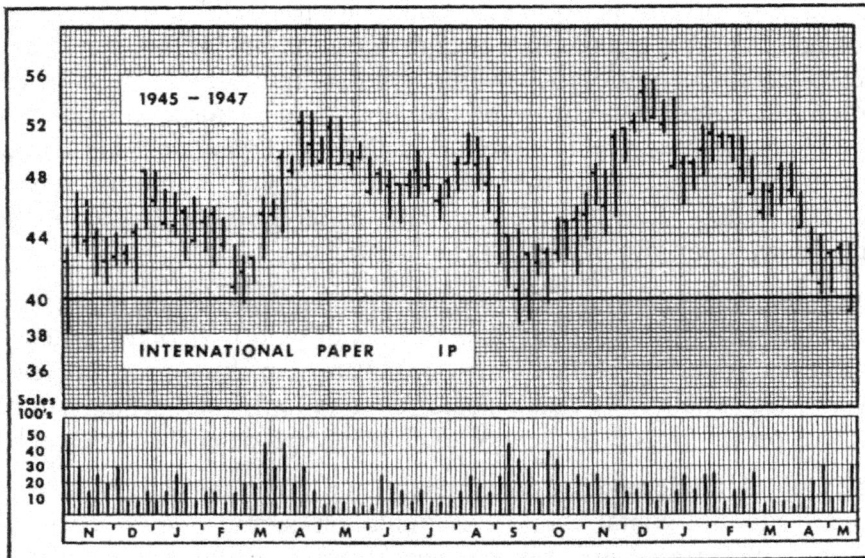

FIGURA 90. Las tendencias de Ensanchamiento que aparecen en los gráficos mensuales, o de extensión muy ancha (con techos separados por cinco o seis meses) en los gráficos mensuales como esta figura, no deberían se consideradas formaciones técnicas significativas. Los puntos de cambio de dirección de un Techo auténtico de Ensanchamiento no deberían estar separados por más de dos meses, tal como ocurre en la Figura 89.

¿Por que no hay suelos de ensanchamiento?

Todos los otros tipos de formaciones de cambio de sentido que hemos visto, hasta el momento, se pueden producir como techos o suelos. Se pueden formar al final de una caída para girar la tendencia hacia arriba, o al final de un alza para llevar la tendencia hacia abajo. Pese a eso, esta no parece ser la verdadera Formación de Ensanchamiento. En el pasado se aceptó que los Suelos de Ensanchamiento deberían existir, pero el autor nunca ha encontrado uno bueno en su examen de los gráficos de miles de acciones concretas durante varios años, sino sólo una o dos pautas que tienen una semejanza con ella, en los gráficos de las medias. Al parecer, las circunstancias que crean las Formaciones de Ensanchamiento no existen luego de un descenso amplio en los precios. Esto confirma nuestra primera caracterización de este tipo de reglas como algo que incita a una comercialización activa, con mucha participación de público (y por eso, no muy bien informado o administrado).

Estas condiciones se juntan, de forma natural, con las últimas fases de un Mercado Alcista.

Formaciones de ensanchamiento de ángulo recto

Las pautas de precios de forma de "triángulo invertido" que presentan un límite horizontal de techo o suelo se dan muy usualmente como las de tipo simétrico o, lo que es lo mismo, no tan frecuente como los verdaderos Triángulos, Rectángulos, entre otros. En estos últimos años ha habido pocas de este tipo. A pesar que al verdadero Triángulo Rectángulo con una línea de techo horizontal, se le llama Triángulo Ascendente, de igual forma que a su otra mitad con un límite de suelo horizontal y uno de techo inclinado hacia abajo se le llama Triángulo Descendente, estos términos iguales no se pueden aplicar a las formas invertidas o de ensanchamiento.

Frecuentemente, las formaciones de Ensanchamiento del ángulo recto presentan implicaciones bajistas. Sin importancia de cual es el lado horizontal, en casi de igual proporción que las manifestaciones simétricas. Pero son diferentes, lógicamente, en las manifestaciones simétricas en un aspecto: un lado horizontal señala acumulación o distribución a un precio fijo, dependiendo, evidentemente, de cual lado sea el horizontal.

Y de ahí se comprende, lógicamente, que cualquier quiebre decisivo, por medio de ese lado horizontal, tiene enseguida un significado vigoroso. Así, una pauta de precios de ensanchamiento, con un *límite de techo plano,* se desenvuelve luego de un buen avance y, si los precios posteriormente estallan *por arriba* por medio de esa línea de tope con volumen elevado y cierran por encima de ella con un alcance definitivo (el 3%, a grandes rasgos), en esa situación, es seguro admitir que la tendencia al ascenso precedente se reanudará y seguirá con un movimiento que es beneficioso seguir. Esto pasa, aunque es raro. Las opciones que se presentan favorecen lo contrario; es decir, el triunfo eventual de las fuerzas de distribución que formaron el techo horizontal y una separación hacia una caída extensiva.

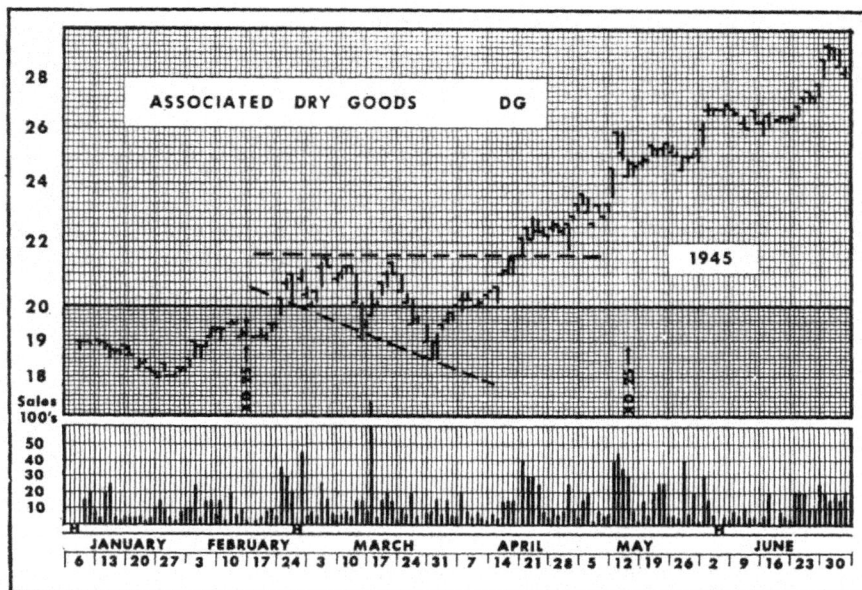

FIGURA 91. Tres reacciones sucesivas de la "DG" en Febrero-Marzo de 1945 crearon unos suelos sucesivamente más bajos, pero las recuperaciones que los acompañaron subieron hasta el mismo máximo (alrededor de 21 1/4), creando así una formación de Ensanchamiento con una línea de techo horizontal (oferta). La penetración de esta línea de techo técnicamente importante el 16 de Abril fue una señal alcista. El tipo de pauta de suelo plano no retrata, necesariamente, una situación bajista.

Más aun, si un avance se va a seguir a partir de una Formación de Ensanchamiento de techo plano, las posibilidades son que la tercera reacción de la formación ira en conjunto por una actividad operadora reducida, en vez del volumen alto o irregular que caracteriza a los movimientos de ensanchamiento bajistas, y que, bien esta o la cuarta reacción, se interrumpirá y cambiarán de sentido sobre el punto bajo de la precedente. Esto convierte la formación en una Cabeza y Hombros, una pauta de continuación de tendencia que veremos en el Capítulo XI. El mensaje que puede extraer el operador que tiene una acción cuyo gráfico comienza a desarrollar una formación de Ensanchamiento de este tipo es el siguiente: Fíjese en la tercera reacción. Si se ubica por debajo de la segunda y el volumen no disminuye hasta alcanzar el punto determinado, liquide en la siguiente recuperación. (Siempre puede regresar a adquirir las mismas acciones si lo requiere, sin mucha "perdida de posición" en el caso, poco improbable, de que los precios se recuperen y empujen hacia arriba por medio del techo).

Las Formaciones de Ensanchamiento de Angulo Recto con límites inferiores horizontales (suelos planos) generalmente se derrumban. Una vez que los precios han caído por debajo de la Línea Limítrofe inferior, se ejecuta frecuentemente una recuperación de retroceso hasta esa línea, ya sea en unos pocos días o en dos o tres semanas, parecida a los retrocesos que siguen frecuentemente el derrumbamiento de un techo de Cabeza y Hombros.

Nótese que la tercera o cuarta recuperación de una pauta que comienza como una Formación de Ensanchamiento de suelo plano puede fallar, a la hora de aumentar los precios, tanto como su predecesora, en cuya situación, tenemos que tratar con una Cabeza y Hombros. En otras palabras, cada Cabeza y Hombros comienza como una Formación de Ensanchamiento. Y la afirmación de esa relación nos conduce lógicamente a nuestro siguiente tipo de cambio de dirección.

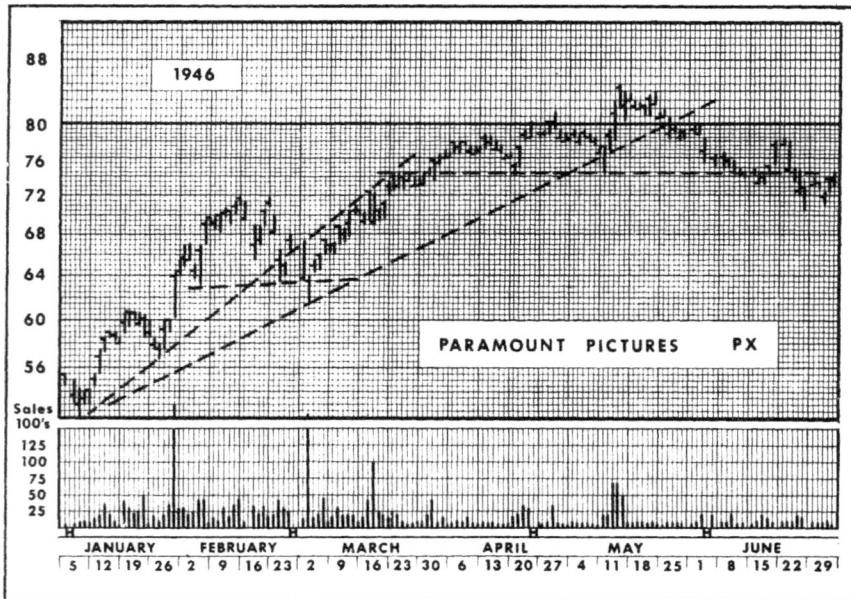

FIGURA 92. El techo de 1946 de la Paramount Pictures, del cual cayó hasta 46 un año después, fue una formación de Ensanchamiento de ángulo recto, desde la cual una línea de suelo horizontal se "agrietó" la primera semana de Junio, pero no se rompió definitivamente hasta el 20 de ese mismo mes. (Esta acción se dividió, finalmente, a 2 por 1).

El diamante

La formación de cambio de dirección de *Diamante* se puede representar, como una Cabeza y Hombros compleja de línea clavicular con forma de V, o como una Formación de Ensanchamiento que, luego de dos o tres "movimientos", se convierte de repente en un Triángulo regular, que es generalmente de forma Simétrica. En lo que se refiere a la pauta de volumen que la acompaña, es esta última posiblemente la mejor descripción. Su nombre se obtiene, lógicamente, de su similitud con la forma común del diamante.

Aunque es muy visible y se descubre con facilidad cuando aparece en los gráficos, el Diamante no es una regla común. Debido que su desarrollo requiere de mercados bastante activos, extrañamente se produce en los cambios de tendencias del suelo. Su "hábitat natural" son los techos Mayores y los techos de volumen elevados que anteceden a las reacciones extensivas Intermedias. Varias formaciones múltiples de Cabeza y Hombros son casos de frontera de Diamante; esto es, permiten el trazado de líneas claviculares ligeramente inclinadas. Pese a eso, se alerta al lector de tratar de "descubrir" Diamantes de pautas de precios de tipo de Cabeza y Hombros.

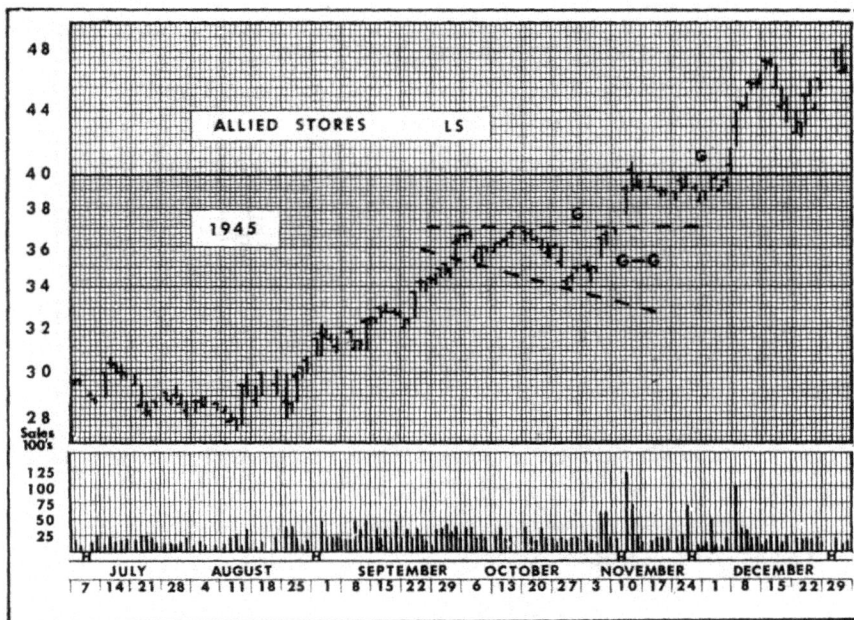

FIGURA 93. Otro ejemplo de pauta de precios de ensanchamiento de suelo plano que apareció cerca del final de 1945. La "LS" continuó subiendo hasta los 63 en 1946. Los precios se salieron de esta formación con un hueco de separación (G) y otro apareció el 3 de Diciembre. Las marcas G-G marcan una "Isla". Para los "huecos" ver Cap. XII.

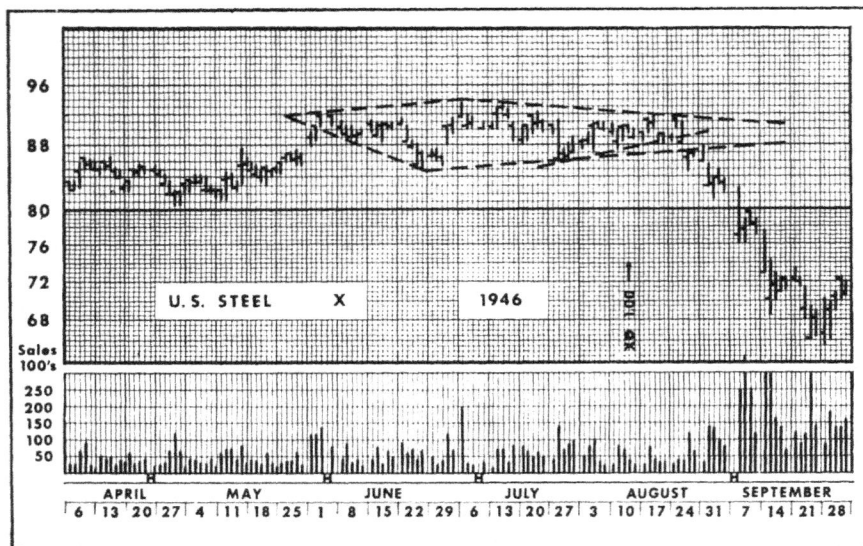

FIGURA 94. El techo del Mercado Alcista de 1946 en U. S. Steel fue un Diamante de tres meses que se puede considerar también una Cabeza y Hombros.

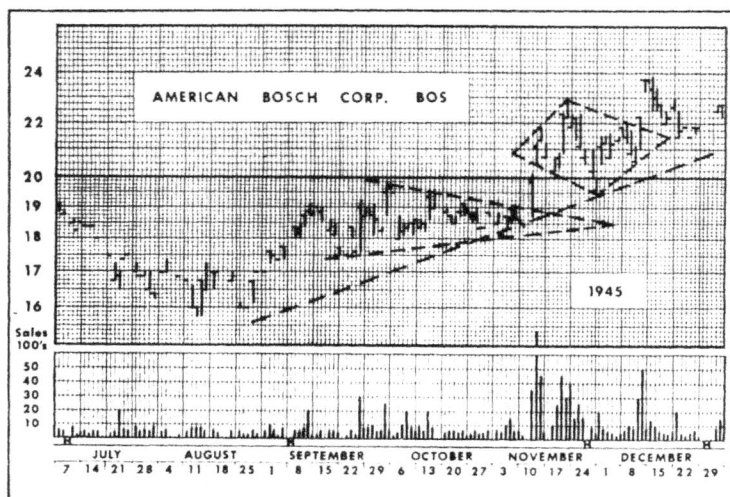

FIGURA 95. Un Diamante (Noviembre) que se escapó por la parte superior y funcionó así como consolidación más que como cambio de dirección.

Existe una tentación a hacerlo, ya que una línea clavicular con forma de V puede prometer dar una señal más temprana (y ventajosa) de fuga que la línea clavicular recta de la Cabeza y Hombros, pero es, sin embargo, da mucha más seguridad fijarse a esta última, a menos que la segunda mitad de la formación consista de una serie de fluctuaciones menos precisas y convergentes, que exigen ciertamente una definición por las líneas limítrofes convergentes, y a menos que la actividad señale alguna tendencia a disminuir en este período, como pasaría en un Triángulo.

El Diamante requiere poco comentario. Nuestras ilustraciones ayudarán para que se familiarice con sus detalles comunes. Con lleva una implicación de medición mínima que, claramente, podrá deducir usted mismo habiendo estudiado las fórmulas de Cabeza y Hombros y Triángulo. Los precios tenderían a moverse, al menos tan distanciado del punto de fuga como la anchura mayor en puntos de la regla, desde su techo (cabeza) hasta su suelo (V, en la línea clavicular). Esta, debe recalcarse, es una regla *mínima* y esta sujeta, solamente, a la calificación normal de que una formación de cambio de dirección debe haber algo que cambiar. Usualmente, la nueva tendencia conduce a los precios más allá de la medición mínima.

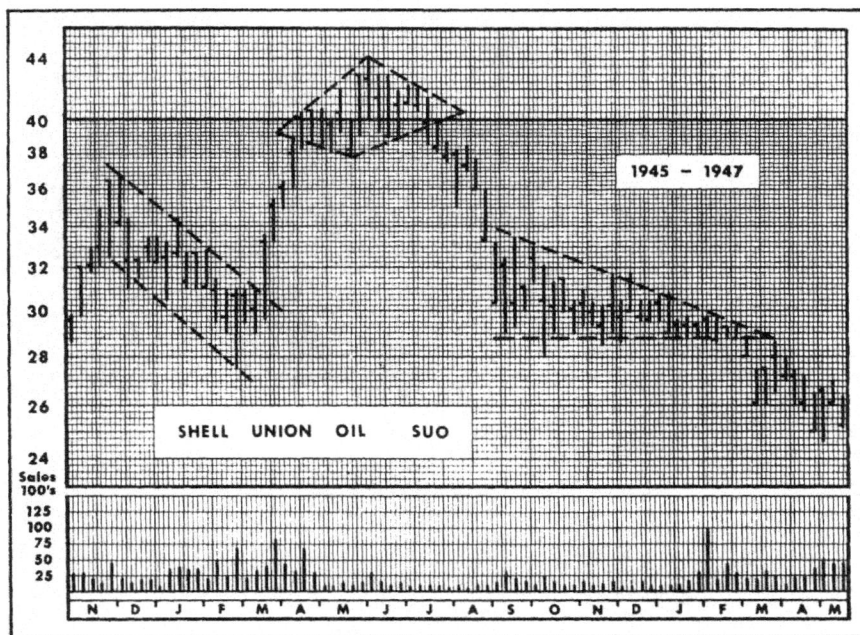

FIGURA 96. Las formaciones de cambio de dirección de Diamante son, con frecuencia, más fáciles de detectar en gráficos semanales que en diarios. Trace las oscilaciones de precios y el volumen en este Diamante de Mayo-Junio de 1946, en la "Sahell". Observe también el extraordinario Triángulo Descendente que se desarrolló desde Septiembre de 1946 a Febrero de 1947, y el retroceso de Marzo a su vértice, otro lugar ideal para vender al descubierto.

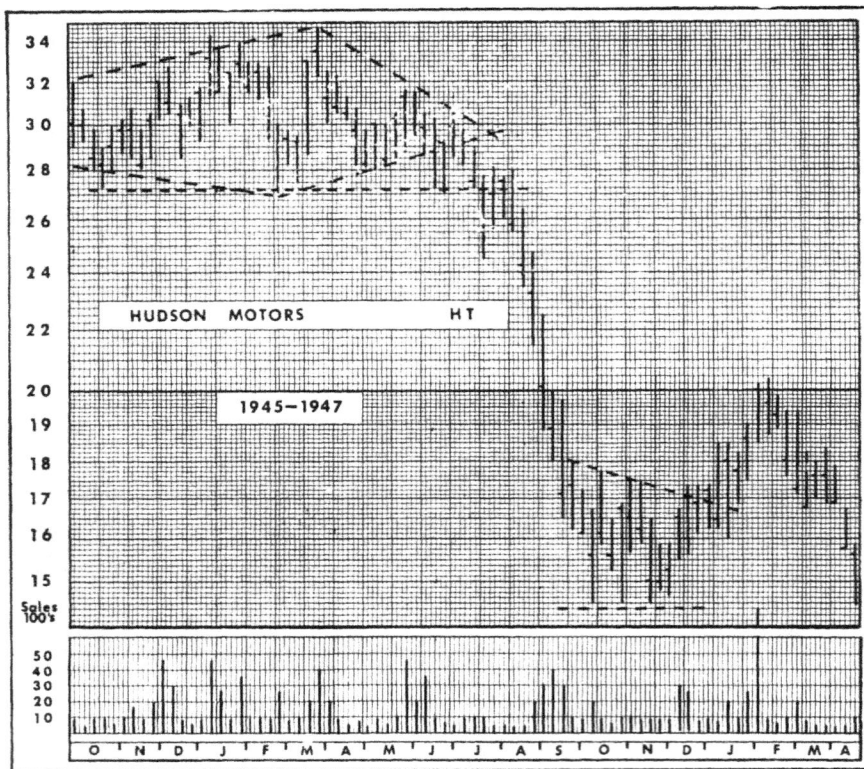

FIGURA 97. La "Hudson" es otra acción que finalizó su Mercado Alcista en 1946 con un Diamante Mayor que también se podría haber considerado como una Cabeza y Hombros compleja. Esta formación es clara en el gráfico semanal, pero difícil de ver en el diario. Observe cómo el Diamante dio una señal de venta unos 2 puntos más alta que la Cabeza y Hombros. El área 14 1/2-17 1/2 de final de año, cuando se calificó de Rectángulo débil, se completó escasamente en Febrero de 1947.

Las formaciones de cuña

Todas las formaciones de gráfico que hemos visto hasta el momento pueden desarrollarse, y de hecho lo hacen, en cambios de tendencia Mayor de precios. Unas pocas de ellas se ejecutan en contadas ocasiones con algo que no sea un cambio de dirección Mayor. Ahora tenemos que tener consideración tres reglas que son normalmente Menores o, sólo Intermedias en sus implicaciones de tendencia. Pese a ello, son útiles en lo referido a las negociaciones. De una de ellas, la *Cuña,* ya hemos mencionado en el Capítulo VIII que representa algún parentesco con los Triángulos.

La Cuña es una formación de gráfico en la cual las fluctuaciones de precios se presentan restringidas a líneas convergentes rectas (o casi rectas), pero son diferentes del Triángulo en el sentido de que ambas líneas limítrofes se inclinan bien hacia arriba o hacia abajo. En un Triángulo Simétrico, el límite superior se inclina hacia abajo, mientras que el límite inferior se inclina hacia arriba. En los Triángulos Rectángulos, un límite se inclina hacia arriba o hacia abajo, pero el otro es horizontal. En una Cuña Ascendente, las dos líneas limítrofes se inclinan hacia arriba de izquierda a derecha, pero como las dos líneas convergen, la inferior requiere, por supuesto, proyectarse con un ángulo de mayor inclinación que la superior. En una Cuña Descendente se hará al revés.

Aparentemente, uno tendería a pensar que un Triángulo Ascendente con una línea horizontal y otra hacia arriba es un cuadro alcista; la Cuña Ascendente con sus dos líneas hacia arriba debería ser aun más alcista. Pero esto no pasa. Recuerde que la parte superior plana de un Triángulo Ascendente muestra una oferta de acciones que se distribuyen a un precio fijo; cuando esa oferta se ha absorbido (y la línea limítrofe ascendente inferior señala que se absorberá), la presión termina y los precios saltan hacia delante. Por otro lado, en una Cuña Ascendente no hay una barrera de oferta clara, sino un agotamiento gradual del interés de inversión. Los precios siguen, pero cada nueva oleada hacia arriba es más débil que la anterior. Posteriormente, la demanda desaparece totalmente y la tendencia cambia de sentido. Así, una cuña Ascendente tipifica una situación que se hace progresivamente más Frágil en el sentido técnico.

Debe decirse, por supuesto, que cualquier avance en los precios, sin importar la forma que tome en el gráfico, disminuye la condición técnica del mercado. Los próximos compradores son -o, al menos, deberían ser- más reacios a pagar precios elevados que bajos, y los propietarios más ansiosos de vender a precios altos que a precios bajos; en otras palabras, cualquier tipo de elevación tiende a acrecentar la oferta y a bajar la demanda. (Aunque es teóricamente verdad, la afirmación anterior se debe calificar por el hecho de que los precios que suben atraen, en vez de disuadir, al publico que compra). Lo diferente entre una Cuña Ascendente y lo que podríamos denominar canal normal de tendencia alcista (del que hablaremos más adelante), es que la Cuña establece un límite en el avance. Sus líneas limítrofes convergentes se concentran en un punto, cerca del cual el avance se detiene y la reacción se establecerá.

Podemos decir bastantes hechos esenciales sobre la formación de Cuña apuntada hacia arriba en mínimas frases. Se puede producir, como una especie de pauta de remate a una tendencia alcista anteriormente existente, o puede empezar a formarse en el suelo de una tendencia precedente bajista. La Cuña usa generalmente tres semanas para completarse; es mejor clasificar una pauta más precisa de este tipo como Gallardete, el que indicaremos en el siguiente Capítulo. Los precios normalmente fluctúan dentro de los límites de la Cuña, por lo menos, dos tercios de la distancia desde la base (principio de convergencia) hasta el vértice: en varios casos suben hasta el vértice, y en algunos van un poco más lejos, empujando hacia fuera del techo en una última recuperación antes de derrumbarse. En el instante que los precios se separan del lado de abajo de la Cuña, pierden un poco de tiempo hasta que caen realmente. El descenso que sigue, generalmente retrocede todo el terreno ganado dentro de la misma Cuña y, en algunas circunstancias, más El volumen de negocio de una Cuña tiende a continuar la pauta regular de Triángulo, descendiendo progresivamente a medida que los precios se elevan hacia el vértice.

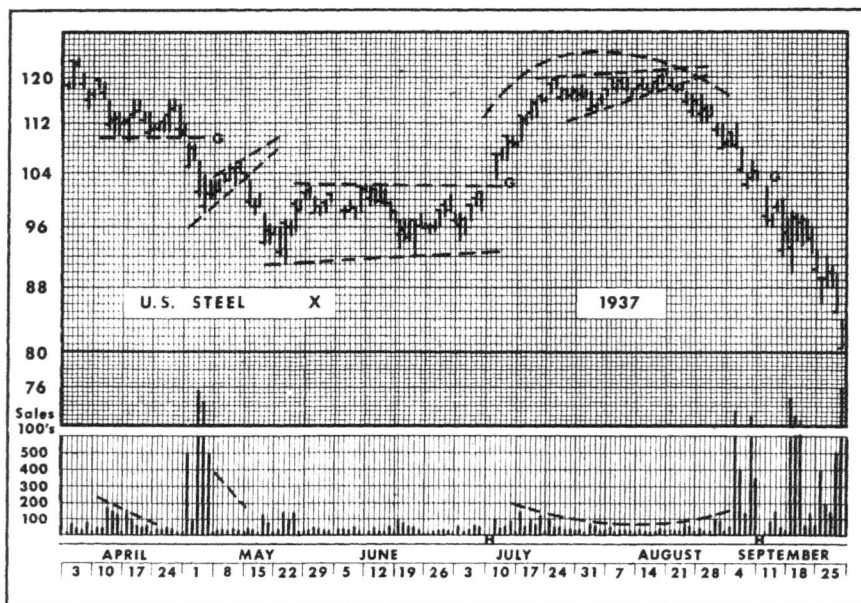

FIGURA 98. A medida que la U.S. Steel se aproximó al techo de su segunda Recuperación en Agosto de 1937, sus fluctuaciones de precios tendieron a hacerse más estrechas, entre fronteras inclinadas hacia arriba, pero convergentes, mientras que el volumen disminuía. Esta pauta, una cuña, encerraba un mensaje claramente bajista. La oscilación entera desde Julio hasta finales de Agosto fue esencialmente un techo redondeado. Las tres G marcan huecos de fuga (Capítulo XII), el último (7 de Septiembre) creado cuando los precios se hundieron a través de un nivel de soporte (Capítulo XIII).

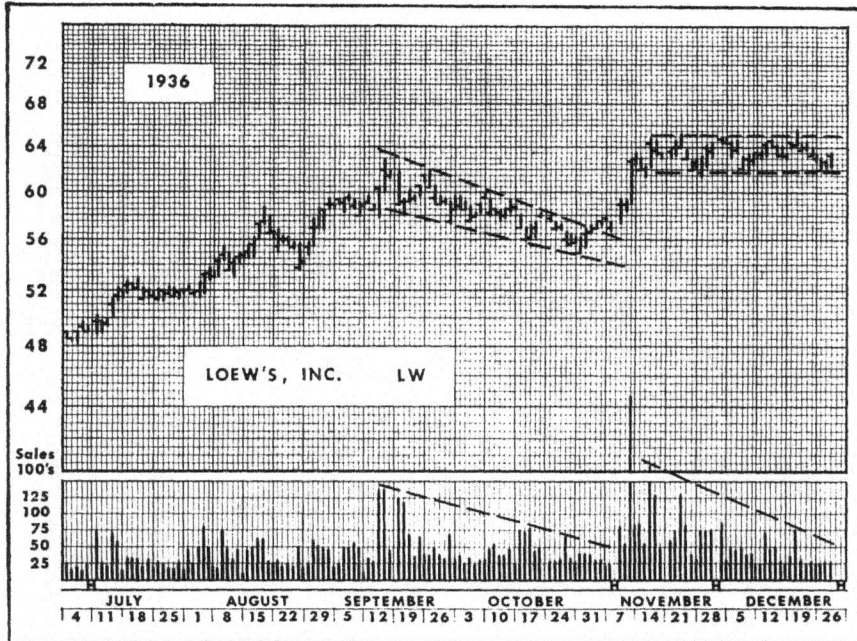

FIGURA 99. Cuña Descendente "ideal" que se desarrolló en Loew's en 1936. Nótese la tendencia de volumen irregular, pero decreciente por lo general. Julio produjo una pequeña Bandera (Cap. XI) y a finales de año la "LW" se metió en un Rectángulo, fuera del cual los precios "se lanzaron como cohetes" hasta 75.

La cuña descendente

Excepto por el hecho de que señala hacia abajo, la Cuña Descendente es la misma en todos los sentidos a la forma Ascendente que recién describimos. Pero la tendencia de precios que sigue su realización difiere en carácter. Cuando los precios se separan de una Cuña Ascendente, se hunden, generalmente, rápido, pero cuando se mueven fuera de una Cuña Descendente. Tienden a inclinase lateralmente o con un movimiento "de platillo" antes de comenzar a elevarse.

La Cuña Ascendente puede, exigir una acción rápida para asegurar los beneficios. Mientras que, por lo general, en una Cuña Descendente, el operador puede dedicarse su tiempo en el momento de crear su obligación en la elevación que la sigue.

Ambos tipos deberían presentarse bien definidos en el gráfico. A menos que la pauta de tendencia sea muy compacta con seguidas fluctuaciones y esté bordeada por líneas que convergen evidentemente un punto, y a menos que esté marcada su inclinación hacia arriba (o hacia abajo). La formación de Cuña se tiene que considerar dudosa. Usted descubrirá casos fronterizos en los que una de las líneas de pauta se acerca tanto,

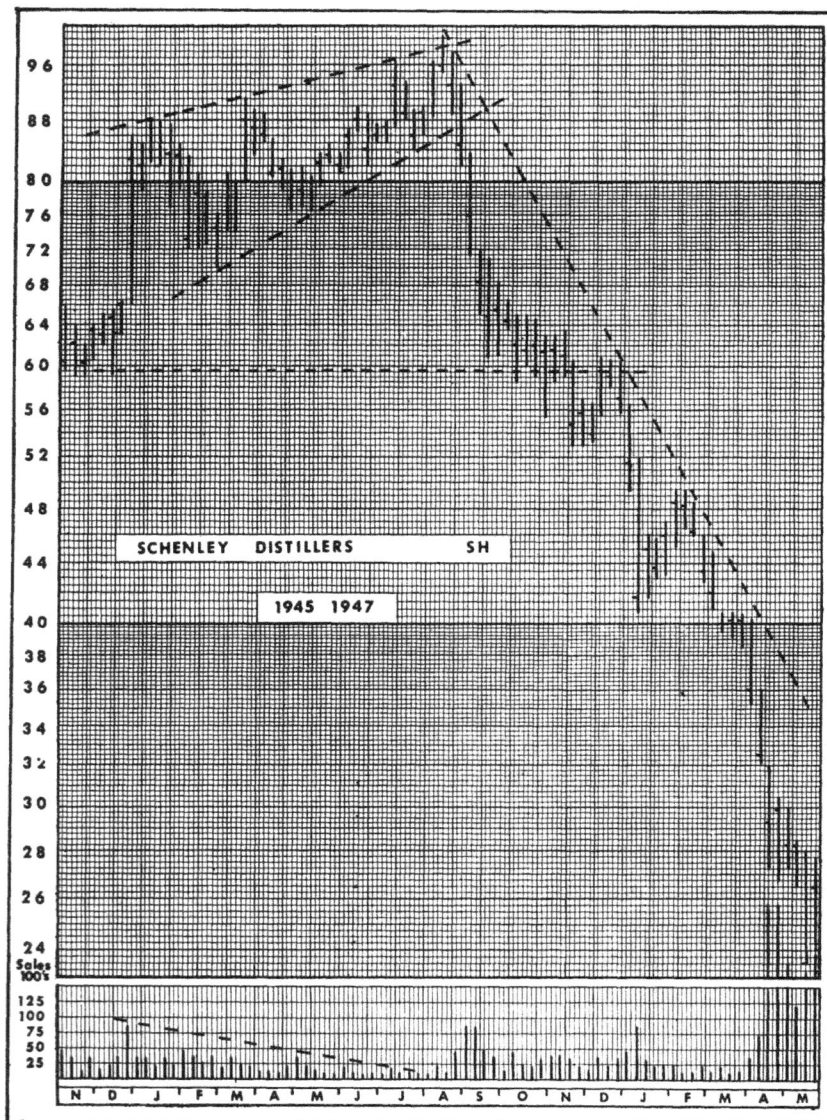

FIGURA 100. Las Cuñas aparecen en contadas ocasiones en los cambios de dirección mayores de tendencia, pero el máximo del Mercado Alcista de la Schenley de 1946 se creó al final de una Cuña ascendente de ocho meses, fácil de ver en este gráfico semanal. La línea de guiones en 60 marca un nivel de soporte (ver Capítulo XIII), que sirvió para detener el subsiguiente descenso durante nueve semanas.

en cuanto a dirección, a la horizontal, que se parece a un Triángulo Rectángulo, y este último, tendría diferentes contradicciones para la formación de la futura tendencia. Es difícil proporcionar reglas rápidas y consistentes para diferenciar las dos. Si una línea limítrofe es casi horizontal, o si los precios *de cierre* diarios tienden a caer, aproximadamente, a igual nivel, es entonces más segura considerarla como Triángulo. El lector no tiene necesidad de preocuparse mucho por este problema, ya que extraña vez dudará cuando haya adquirido algo de experiencia con gráficos.

Uno pronto consigue reconocer los "síntomas" característicos de las distintas formaciones y a hacer, casi instintivamente. Diagnósticos certeros.

Cuñas en gráficos semanales y mensuales

Casi todas las Cuñas verdaderas son muy precisas (rara vez duran más de tres meses) como para poseer una definición reconocible en un gráfico mensual, pero en algunas ocasiones se pueden apreciar en los semanales. Las tendencias a la baja graduales y seguidas, durante un largo tiempo, pueden obtener la forma de cuña cuando se dibuja en una escala aritmética. Así, un descenso Bajista Mayor al completo puede verse, en cualquier gráfico mensual aritmético, como una Cuña Descendente inmensa. Esto es debido a que las fluctuaciones alcistas y bajistas que conciertan el movimiento Mayor, al mismo momento que se conservan en cuanto a alcance sobre el mismo porcentaje, tienden a acortarse en términos de puntos (dólares) a través que los precios se mueven de niveles más elevados a más bajos. Estas pautas de gráficos mayores no son, por supuesto, las verdaderas Cuñas de las que hemos hablado hasta el momento. Si se dibuja sobre una escala semilogarítmica, estos mismos movimientos demostrarían un ensanchamiento paralelo o inclusive ligero, en vez de un canal convergente.

Cuñas ascendentes frecuentes en las recuperaciones de mercado bajista

Como nota final, podemos agregar que la Cuña Ascendente es una pauta muy característica de las recuperaciones del Mercado Bajista. De hecho, es tan común que las persistentes apariciones de Cuñas, en un momento en que, luego de un descenso extensivo, surjan preguntas sobre si una nueva tendencia Alcista esta en camino, se puede considerar claramente de que la tendencia Primaria es aun bajista. La última cuña Ascendente aparecerá, a medida que los precios se recuperan desde el hombro izquierdo a la línea clavicular y justo previo a que se desplomen hacia la cabeza (baja final). Una Cuña Ascendente de un gráfico semanal es frecuentemente un fenómeno de Mercado Bajista, manifestado, tal como lo hace el vigor decreciente, que es la propiedad común de cualquier reacción contra una tendencia Primaria sobresaliente.

La Vuelta en un día

Hablamos ya, en el Capítulo VI de una pauta de precios conocida con el nombre de *Vuelta en un día*. A esta indicación particular de vuelta (o cambio de dirección técnica), cuando se ve por separado, se le puede proveer una significación de tendencia Menor temporal o fuerte. Puede verdaderamente aparecer en el mismo aumento máximo (cresta) de un avance prolongado, formándose tal vez en el día de máximo de la cabeza en una pauta de Cabeza y Hombros, que irá seguida de un prolongado descenso, pero a la que extraña vez se dará crédito si se anuncia ese descenso completo; todo lo que indicaba realmente era el giro de la "cabeza" misma. Una vuelta en un día puede ejecutarse de la misma manera, por ejemplo, al principio (la primera alza máxima o cresta) de un Triángulo Simétrico, que sólo consolida la tendencia anterior alcista, en vez de cambiar su dirección. Inclusive vale, para advertirnos del agotamiento temporal de las fuerzas alcistas.

En el lado de la baja, una Vuelta en un día se presenta a menudo con una forma ampliada o visible al término de una liquidación de pánico, en cuya situación se le llama corrientemente *Día de Apogeo de ventas*. Esta manifestación posee un significado especial de el cual hablaremos luego. La primera pregunta sería: ¿qué es una Vuelta en un día?

Diremos, para comenzar, que es un día de volumen insólitamente alto, que se sobrepasa, generalmente, por un margen significativo a cualquier actividad del volumen registrado en cualquier sesión de mercado de muchos meses previos. Se causa luego de un avance muy largo y constante (o un descenso parecido), en el cual la actividad ha sido gradualmente incrementada. Los precios empujan hacia delante desde el "gong" de apertura como si nada los detendría. Habitualmente, inclusive las ventas de apertura están muy alejadas del nivel de cierre del día anterior que dejan un gran *vacío* en el gráfico. La cinta corre tardía y, momentos previos de que el avance (o descenso) se separe, los precios se habrán llevado, en una o dos horas, como se llevarían en tres o cuatro días. Pero el fin llega posteriormente, quizá al final de la primera hora o posiblemente no hasta el final del día. Las cotizaciones se "agitan", registrando sólo cambios fraccionales de un lugar a otro, con la cinta todavía "firme" y experimentando un cansancio por el esfuerzo. De improviso, la tendencia cambia de dirección y los precios se oscilarán con la misma rapidez en dirección opuesta. La sesión terminará con un estallido final de actividad que se halla el precio al cierre en el mismo lugar donde comenzó el día. Se ha producido una mucha cantidad de actividad y las cotizaciones pueden haber recorrido, en un día, una gama superior a los cinco puntos, pero el cambio total con relación al día anterior, al final del movimiento, es mínimo.

Los Cambios de dirección de un día en los techos aparecen firmemente en los gráficos de acciones individuales estrechas (oferta flotante de acciones relativamente pequeña), que han presentado un avance activo y han atraído a una cantidad considerable

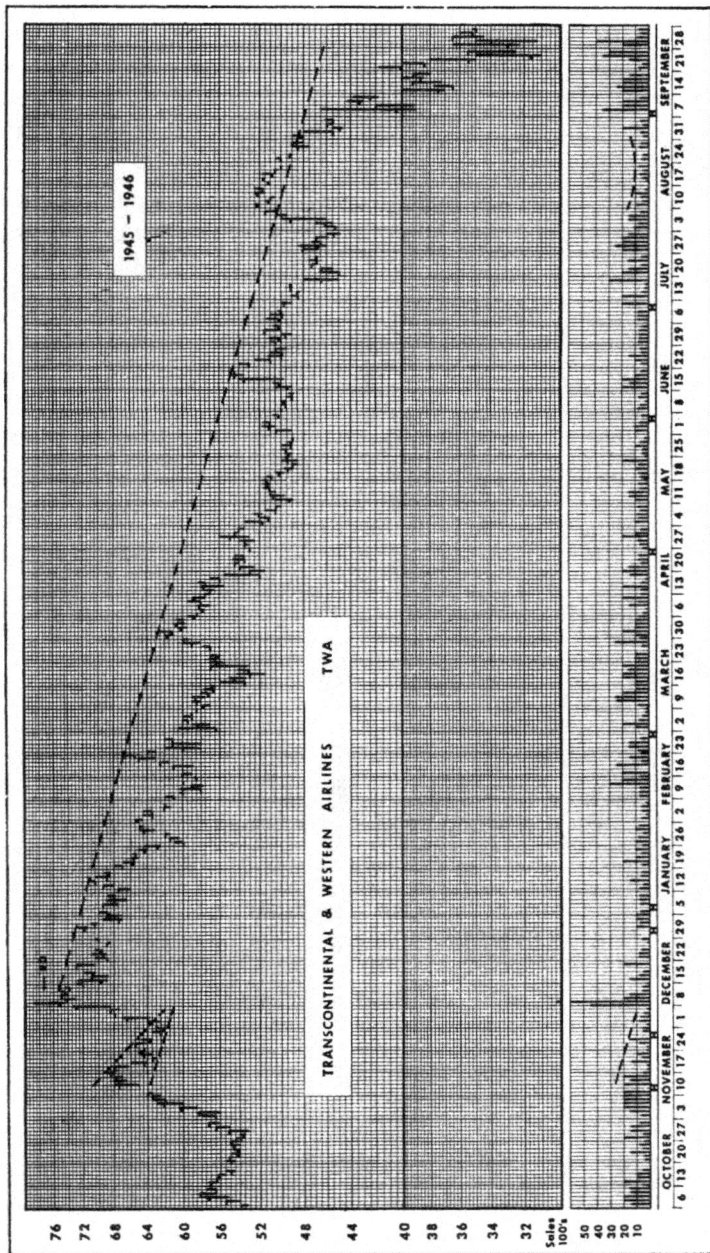

FIGURA 101. Hay muchos rasgos interesantes y técnicamente significativos en este gráfico diario de doce meses de la "TWA". Observe la extraordinaria Vuelta en un día, 3 de Diciembre, que marcó su techo Mayor. Aunque las cuatro semanas siguientes produjeron una especie de Triángulo Descendente, pobremente creado, la Vuelta en un día fue la señal clara e inequívoca de venta. Cuando llegue a la Figura 110, vuelva de nuevo a ésta para ver el Gallardete de Noviembre. Su larga línea intermedia se rompió provisionalmente en Agosto de 1946, pero no se confirmó el volumen (ver Capítulo XIV). Observe como en ningún momento, durante el descenso, apareció una pauta de "compra".

de público. Insólitamente se desarrollan en las medias. Los Apogeos de ventas (Vueltas en un día en los suelos), por otro lado, se sitúan visiblemente en las medias al final de bastantes descensos anormales o de pánico.

Tal como hemos citado anteriormente, las Vueltas en un día no llevan consigo Implicaciones de tendencia Mayor. El operador experto *día* tras día puede obtener provecho de ellos -tal vez recoger algunos puntos, si tiene fondos libres y se lanza en el instante adecuado. Pero, por lo general, la nueva tendencia (es decir, la tendencia al cierre del día) no se lleva muy lejos; los precios generalmente "trabajan" entorno de las gamas cercanas durante algún tiempo y construyen una especie de pauta aérea previo de distanciarse con una oscilación de proporciones Intermedias. Pese a eso, la Vuelta en un *día,* es apreciado como fenómeno que se produce constantemente dentro de, o al principio, formaciones técnicas más abultadas, otorga una pista importante a desarrollos de tendencia *probables.* Cual sea la situación, es un aviso urgente para fijarse con atención y detenimiento el gráfico en el cual ha aparecido y observar que pauta de acción de precios se puede continuar y así estar capacitado para el movimiento, que es beneficiario seguir cuando este se realice. Es importante señalar que el tipo de movimiento falso o agitación que narramos en el Capítulo VIII, tal como se realiza en el extremo del vértice de un Triángulo Simétrico, adopta habitualmente la forma de Vuelta en un día.

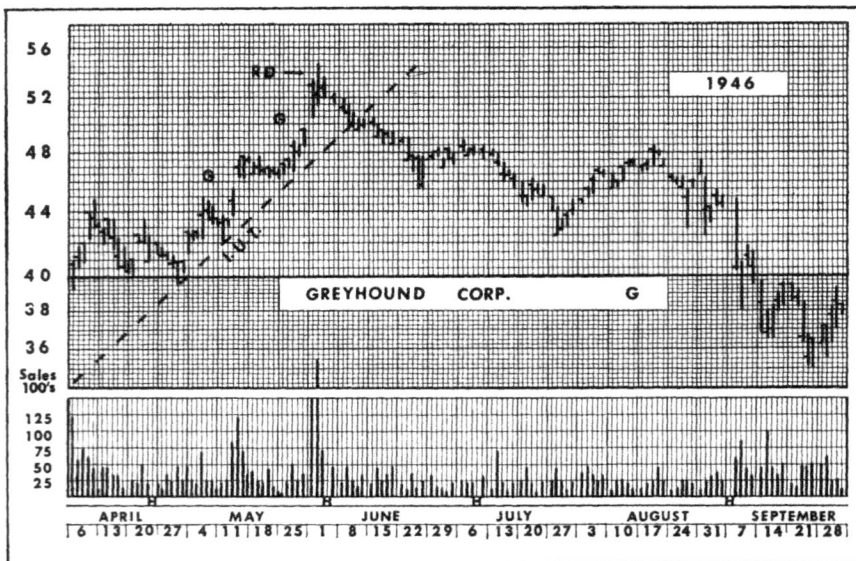

FIGURA 102. Fuerte Vuelta en un día que marcó el máximo del Mercado Alcista de la Greyhound de 1946. Observe el volumen de apogeo. El 26 de Agosto apareció una Vuelta en un día menos visible. Se recomienda al lector volver a los gráficos de los capítulos anteriores; encontrará muchas vueltas en un día de mayor o menor importancia. Los huecos de Mayo (G) fueron del tipo de medición (Ver Capítulo XII).

El apogeo de ventas

En los "antiguos y malos" días, en los que se podían adquirir acciones poniendo en alto una cantidad tan mínima como el 10% de su coste en efectivo, y no habían restricciones de venta al descubierto, los operadores profesionales podían (y la costumbre nos dice que a menudo lo realizaron) organizar expediciones bajistas para sacudir los valores en cartera con crédito. Ellos podían provocar que los precios cayeran, vendiendo al descubierto en grandes cantidades en un momento a favor en que el "público" se encontraba bien sobrepasado en el lado a crédito. De esa manera, los corredores de bolsa enviarían llamadas a favor de un rango mayor a partir de sus cuentas a crédito, muchas de las cuales no podrían o no lo pondrían en alto, con el fin de: que sus acciones se vaciaron en el mercado. Esto, a su vez, después causó otros descensos.

Los profesionales podrían entonces interponerse, cubrir su falta con un beneficio y asegurar una línea de acciones a crédito para el próximo avance. Las expediciones bajistas de este tipo fueron evidenciadas por la imposición de las regulaciones de la SEC, pero los llamamientos hacia un margen y la venta forzada se presentarán siempre, claro, como un factor de mercado, en la medida en que las acciones se consigan adquirir con un margen, y entrarán en juego siempre que los precios bajen extensivamente siguiendo una expedición de compra pública.

Casi todos los Apogeos de venta genuinos, si no todos, se han desarrollado por ventas de agotamiento del tipo que mencionamos en el párrafo anterior. Se han elaborado a términos de descensos rápidos y globales que agotaron las reservas de margen de bastantes especuladores y precisaron el deshacerse de las acciones.

Este proceso es progresivo -y se alimenta de sí mismo, por decirlo de alguna forma- con oleadas de ventas forzadas, cada una de ellas poniendo en peligro otro lote de cuentas con margen, hasta que definitivamente, millones de acciones son sacudidas, se apruebe o no en un noble final. Este es el Apogeo de venta en el cual el volumen de ingresos total debe sobrepasar al volumen de un día cualquiera durante la socialización anterior al alza. Es un tiempo de recolección para los operadores, los cuales. Tratando de impedir la infección alcista en el tope del mercado, poseen en reserva fondos para recoger las acciones libres en los precios de pánico. Seguramente, un día de depuración o Apogeo de ventas barrido cambia de sentido, radicalmente, la condición técnica del mercado, debido a que en su proceso las acciones se han trasladado de manos débiles a manos fuertes, a precios mucho más bajos.

El peso amenazador de la venta potencial que estaba colgando del mercado se ha descartado. Y, generalmente, el pánico ha llevado las cotizaciones (según, la regla general. solo temporalmente) bastante por debajo inclusive de los valores conservadores basados en condiciones de negocio actuales.

Un Apogeo de Ventas no posee la necesidad de completarse, y la vuelta o cambio de dirección de tendencia se hace, verdaderamente, evidente, en un mismo día. Lo hemos clasificado como una variedad de la vuelta en un día, pero algunos de ellos se han formado, de hecho, durante dos días, con un agotamiento en la caída y llegando a un stop a términos del día, bastante cercano al final de la sesión como para dar lugar a una gran recuperación. El siguiente día es testigo de una recuperación extensa, directamente desde el "gong" de apertura, en el instante en que se hace a evidente que, si no al final del día anterior, no hay más ofertas de angustia o peligro. El record mundial de los Apogeos de ventas se presento el 29 de octubre de 1929. Los precios a finales de la media Industrial de Dow-Jones abrieron ese día prácticamente a su máximo, 252.38, lo que supuso más de ocho puntos por debajo del nivel de cierre del día anterior. Las ventas de pánico ahogaron la Bolsa desde el inicio y. antes de que terminara, la media Industrial había presentado una pérdida de 40,05 puntos.

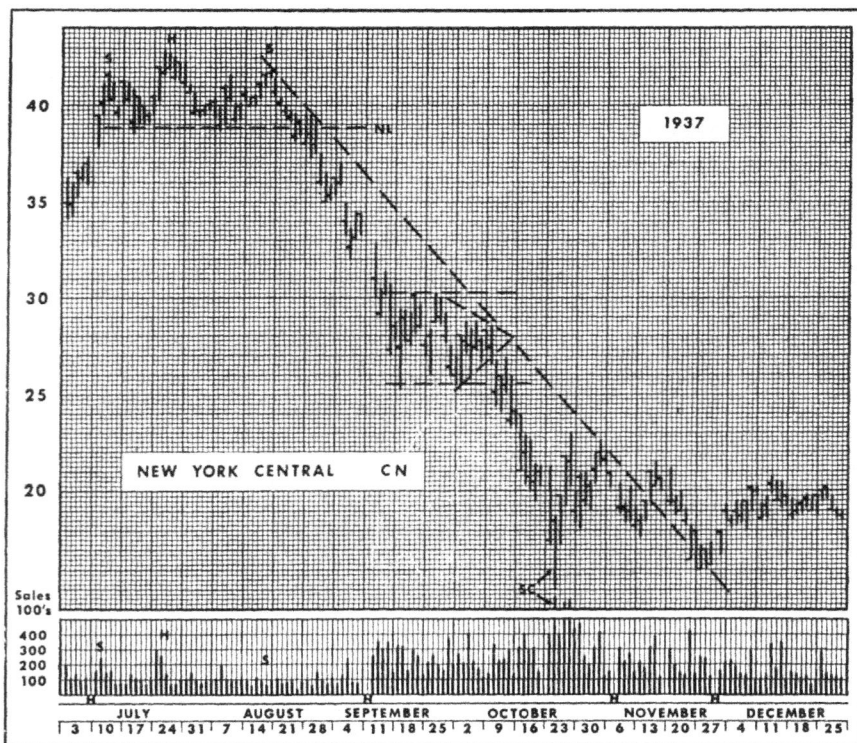

FIGURA 103. La ventana de pánico del 19 de Octubre de 1937 produjo una visible Vuelta en un día de apogeo en casi todas las acciones principales, así como en las medias. Este gráfico del "New York Central" muestra, además del Apogeo de ventas (S.C), su techo, de recuperación de Cabeza y Hombros de Julio-Agosto y un Rectángulo de consolidación, que termino en un Triángulo a primeros de Octubre. La "CN" creó un mínimo final de Mercado Bajista en 10 1/2 el mes de Marzo siguiente. En una escala de precios logarítmica, su tendencia bajista desde Agosto no se rompió hasta Junio de 1938.

Desde ese mínimo, 212.33, se recuperó en las dos horas finales hasta 230,07, con una ganancia de aproximadamente 18 puntos, y ascendió otros dieciocho puntos al día siguiente. Este auge de 1929 marco el record mundial del volumen diario: 16.410.000 acciones se comercializaron en esas cinco horas, superior del doble de las comercializadas en algún otro día en el Mercado Alcista completo anterior. Pero el nivel bajo del 29 de octubre se rompió una semana después y el suelo de esa fase temprana particular del Mercado Bajista de 1929-1932 no logró llegar hasta el 13 de noviembre. (Esperamos que esta precisa descripción de los acontecimientos del mercado de ese período no traiga recuerdos amargos a algunos de nuestros lectores).

El pánico de 1937 terminó el 19 de octubre con un Apogeo de Ventas típico, otro "Martes Negro" en los anales del mercado de valores. Las Dow Industriales cerraron a 125.73 la noche anterior. Los precios ya habían *caído,* sin tener una recuperación de importancia, desde un máximo de 190 en Agosto y las cuentas para romper el margen se hallaban, la mayoría de ellas, en una situación precaria.

Los teléfonos habían funcionado excesivamente el día anterior debido a que los operadores que requerían un margen adicional, la mayor parte del cual no se hallaba en preparación. En el momento que la Bolsa abrió el día 19, las cotizaciones golpearon el tobogán bajo una lluvia de ofertas. A las 11:30 de la mañana, más o menos, con la Industrial Average en torno de los 115, la venta término y las ofertas desaparecieron. Una hora después, los precios estaban saltando un punto entre ventas y el día cerró a 126,85, recuperando su pérdida completa.

El volumen en ese auge era de 7.290.000 acciones, doble del de cualquier otro día en el techo del Mercado Alcista precedente. Un máximo de 141,22 en sólo un día se alcanzó diez días después, pero el mínimo de pánico se rompió extendidamente el 20 de noviembre de 1937, y ese Mercado Bajista finalizó, por último, en 98,95 (nivel de cierre de las Dow-Jones Industrial) el 31 de marzo de 1938.

Los anteriores fueron apogeos de *mercado general,* un fenómeno que, ciertamente, produce (o más bien esta producido por) una venta compatible en prácticamente cada acción concreta operada activamente. Un suelo de apogeo, lógicamente, aparece como una relacionado de un depurado general de mercado, aunque existen situaciones en los que alguna noticia particular y totalmente inesperada afecta a una compañía concreta y produce una liquidación de pánico solamente de sus acciones, acabando con una Vuelta en un día. El *techo* de la Vuelta en un día, por otro lado, es generalmente una manifestación de una acción individual, más que de la media general de mercado.

Los dos ejemplos destacados de Apogeos de Ventas, insinuados anteriormente, y otros que han aparecido al término de varias liquidaciones de pánico, conceden lógicamente extraordinarias oportunidades de giro rápido para el operador, el cual fue lo suficientemente afortunado como para meterse en el suelo. Podría sacar provecho unos días después obteniendo beneficios excepcionales. Los operadores profesionales capitalizan esas oportunidades. El problema reside en saber apreciar el carácter culminante de la venta a tiempo para tomar la oportunidad -y esto no es tan fácil como lo pueda parecer a principios de nuestra discusión. Sólo para resaltar las posibilidades de error, diremos que hubo un descenso de 30 puntos, continuado de una recuperación de 30 puntos, con un volumen de actividad de casi 13 millones de acciones, pero el operador que no agarró sus beneficios en 48 horas nunca obtuvo otra oportunidad de acabar "ileso" (en lo que se refiere a las medias, se comprende). Pero no es imposible reconocer un Apogeo de ventas, si usted posee amigos en la "calle" que lo informen de la condición de las cuentas de margen y de la cantidad de venta de necesidad que se puede esperar. El apogeo se origina *luego* de una caída que logra llegar casi proporciones de pánico. El día abre, habitualmente, con un hueco importante hacia abajo (abriendo los precios considerablemente por debajo del cierre de la noche anterior); las ofertas parece que bastante grandes para ser absorbidas; los precios colapsan; la cinta se mueve con retraso; el mercado es raramente "ancho" y casi todas las acciones cotizadas se agolpan en el registro. Así, en algún instante después de las 11 de la mañana, tal vez no hasta la tarde, la venta parece agotarse; unas cuantas acciones siguen bajando, mientras otras comienzan a escalar. De repente, los precios saltan. Este es el momento de actuar. Compre una acción que se haya paralizado totalmente, pero una que tenga siempre buenos partidarios (por ejemplo, una de la U.S. Steel). No espere mucho tiempo; tome un beneficio razonable tan rápido como este disponible y venda, en todo caso, siempre que la recuperación muestre signos de hundimiento.

Recuerde que una Vuelta en un día no es una señal segura de una tendencia Mayor. Los Apogeos de ventas no se originan, generalmente, en los suelos finales de los Mercados Bajistas -los valores en cartera débiles normalmente se han sacudido mucho antes de alcanzarse esa etapa. Sólo una tendencia Primaria bajista, en todo el registro, ha terminado con la primera fase de pánico, comenzando el Mercado Bajista en cinco meses de 1938-1939, que estuvo continuado de un Mercado Alcista igualmente de corto recorrido.

Una formación restante de cambio de dirección, la pauta de Isla, comprende el tema completo de los huecos, que todavía no hemos tenido ocasión apropiada de mencionar. Los huecos los estudiaremos con mayor detalle en el Capítulo XII y aplazaremos la Vuelta de *Isla* hasta entonces.

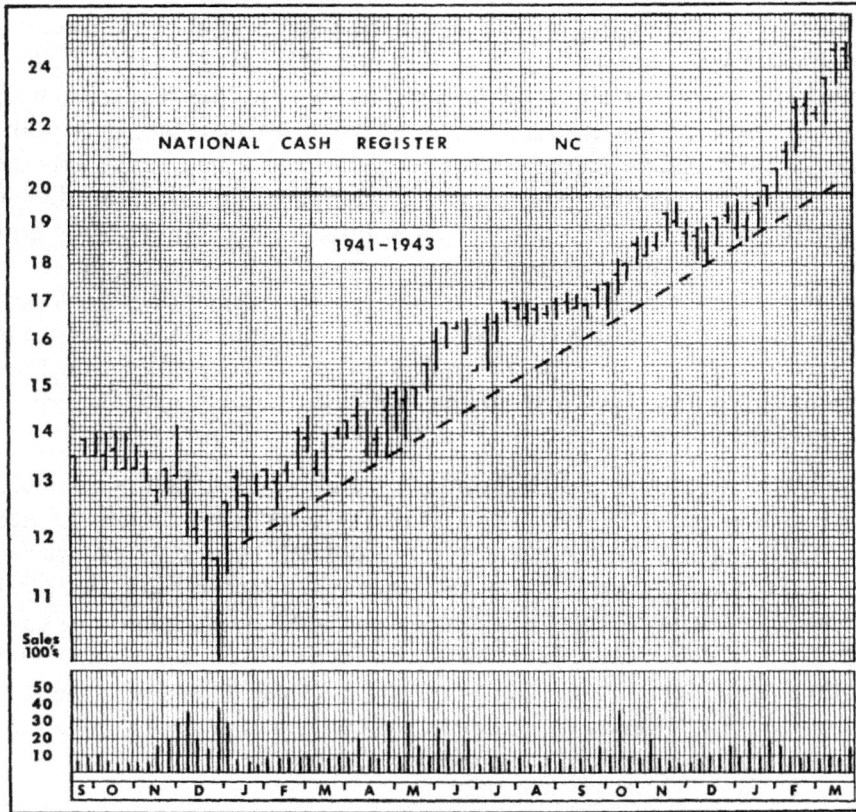

FIGURA 104. El apogeo de ventas discutido en las páginas anteriores es típicamente un fenómeno de un día y sólo en una ocasión (Abril de 1939) en la historia de los últimos veinte años, una vuelta o cambio de dirección general de mercado de un día señaló el mínimo final de una tendencia Primaria Bajista (aunque muchas acciones individuales evidenciaron en sus gráficos un Apogeo de ventas en Marzo de 1938). A veces un gráfico semanal producirá una formación que podría denominarse "Vuelta en una semana", de una forma tan visible como la que se muestra en la "NC". En este caso, la elevación subsiguiente demostró un cambio Mayor en su equilibrio técnico ocurrido en Diciembre de 1941. Curiosamente, ninguna otra pauta clara de cambio de dirección apareció en el gráfico semanal con este giro de tendencia Primaria de la "NC". (Su gráfico diario mostró un Triángulo Ascendente). Sin embargo, este ejemplo de Vuelta en una semana no se muestra para dar la idea de que tal fenómeno conlleva indicaciones técnicas importantes. Por el contrario, la mayoría de las "semanas de vuelta" van seguidas de movimientos bastante decepcionantes.

Capítulo XI

Formaciones de consolidación

Un ejército que ha avanzado muy deprisa, ingresado en territorio enemigo, sufrido perdidas y agotamiento de suministros, debe pararse a su debido tiempo, retirarse tal vez un poco hacia una posición fácilmente defendible y cavar, llevar a cabo sustituciones y instituir una base fuerte para lanzar, después desde ella, un nuevo ataque. En el idioma militar, con el cual estamos todos más o menos, familiarizados desde los pasados años, este proceso designa como *consolidar* las ganancias propias. Aunque no inducirá efecto al extender esta analogía, gran parte de la acción del mercado de valores se puede comparar con una campaña militar. Cuando una acción empuja hacia el frente (arriba o abajo) muy deprisa, consigue llegar a un punto en que las fuerzas que produjeron su movimiento se agotan. Entonces, bien cambia de sentido su tendencia (en un grado Mayor o Intermedio), reaccionando a un buen nivel de soporte, o bien *consolida* su posición, en una especie de regla "lateral", compuesta de fluctuaciones menores, hasta que se consigue a sí misma, por decirlo de alguna manera. Y está lista para seguir nuevamente.

Ya nos hemos referirnos a las Formaciones de Consolidación en nuestro estudio de los Triángulos Simétricos. Vemos como estas dos formaciones gráficas pueden cambiar el sentido de la tendencia anterior o consolidarla y prepararla así para su continuidad. Señalamos que unos tres de cada cuatro Triángulos Simétricos resultarán ser consolidaciones en vez de cambios de dirección -y, con los Rectángulos, pasa igual en la misma proporción. Inclusive una pauta de Ensanchamiento de techo plano, construida en el techo de un avance intermedio, puede convertirse, pese de sus implicaciones bajistas normales. En una formación de consolidación o continuación, si su techo plano ha sido invadido definitivamente por su parte superior.

Una línea de la Teoría de Dow en el gráfico de una de las medias puede ser una formación de Consolidación o de Cambio de dirección (Vuelta), y es más seguro que sea la primera que la segunda. Ciertamente, una Línea de Dow es una especie de Rectángulo inconsistente. El hecho es que la mayoría de los tipos de pauta de precios lateral, tales como los que se designan a veces área de "congestión" o actividad, proveen un volumen que tiende a disminuir durante su formación (siempre que no muestre tendencias definitivas de ensanchamiento), funcionan generalmente como una Consolidación. Pero casi todas las aéreas de consolidación están muy bien definidas -acogen una pauta reconocible.

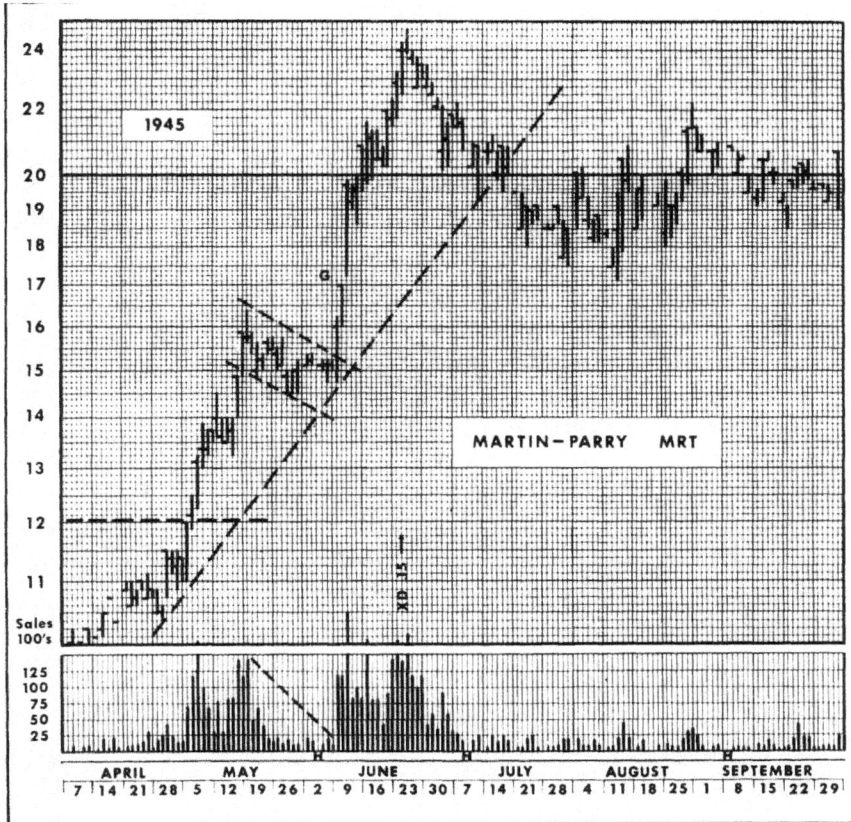

FIGURA 105. Bandera típica y prácticamente perfecta, construida desde el 12 de Mayo hasta el 2 de Junio de 1945, en Martin-Parry. El volumen diario disminuyó a una tasa baja a medida que los precios se asentaron tres semanas después de su avance rápido de 11 a 16 1/2, pero se mantuvieron suspendidos lejos de la línea limítrofe inferior durante la tercera semana, y después estallaron por la parte de arriba con un volumen alto, en otro empuje en línea recta desde 15 a 21. Estudie este gráfico otra vez cuando llegue a la fórmula de medición de la Bandera ("Fórmula de medición"). Los guiones en 12 indican la gama superior de un antiguo nivel de resistencia (Capítulo XIII).

Banderas y Gallardetes

No dedicaremos más tiempo aquí a hablar sobre los Triángulos y Rectángulos; ya han sido estudiados en los capítulos anteriores en sus manifestaciones de vuelta (cambio de dirección) y consolidación. Nuestras primeras dos nuevas formaciones, que son características sólo de la Consolidación, son las Banderas y los Gallardetes, y están relacionadas, tal como veremos, con los triángulos, Rectángulos y Cuñas.

Una *Bandera* se parece a una bandera en el gráfico, es decir, siempre que señale en una tendencia al alza; el cuadro está invertido, ciertamente, en una tendencia a la baja. Se puede describir como un paralelogramo pequeño y compacto de fluctuaciones de precios, o rectángulo inclinado, que se inclina moderadamente hacia atrás en contra de tendencia sobresaliente. Veamos primero la Bandera de tendencia alcista. Se forma generalmente después de un avance rápido y bastante amplio, que da lugar a una senda de precios casi vertical, o al menos bastante abrupta. En esos movimientos, el volumen indica normalmente un aumento progresivo hasta que logra llegar una tasa alta. Este volumen (desde el instante en que una transacción significa venta, al mismo tiempo que adquisición) es, un aviso de que muchos propietarios de acciones están logrando beneficios. En un instante determinado, la presión de la toma de beneficios detiene el aumento de precios. Los precios se "agitan" sin beneficio posterior y después reaccionan dos u otros puntos, con un volumen de actividad reducido. Se ejecuta una nueva recuperación, pero fracasa al intentar igualar el máximo previo o conseguir el volumen máximo. Otra reacción se sitúa en las cotizaciones ligeramente por debajo del suelo precedente, con una disminución posterior de actividad. Después sigue una serie de fluctuaciones menores parecidas, cada uno de cuyos techos y suelos es sucesivamente un poquito más bajo que su predecesor, y con un volumen que disminuye marcada y

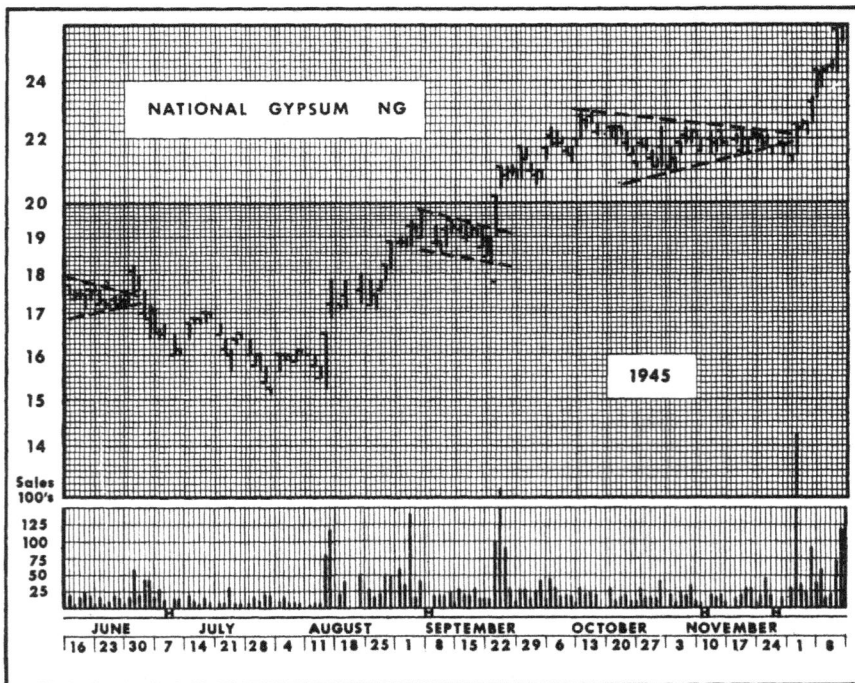

FIGURA 106. Otra Bandera típica de tres meses de duración, del 30 de Agosto al 18 de Septiembre. Este gráfico de la National Gupsum coincide en parte con el de la Figura 49 y muestra el movimiento falso en el vértice del Triángulo Simétrico de Mayo-Junio. Se dió una señal de compra cuando los precios empujaron hacia arriba a través del antiguo nivel del vértice, el 23 de Agosto, con un volumen incrementado. Más interesante aún es el segundo Triángulo Simétrico que se formó en Octubre-Noviembre, una réplica casi exacta del primero, pero con un movimiento falso hacia abajo en su vértice. El brusco aumento de volumen del 27 de Noviembre dejó claro que se trataba de una pauta de consolidación, más que de un cambio de dirección.

constantemente a medida que se forma la pauta. En el gráfico, el escabroso movimiento alcista inicial, continuado del área de congestión de precios lateral y ligeramente inclinada hacia abajo, que se puede limitar toscamente en su tope y suelo por líneas paralelas, adquiere el aspecto de un mástil con una bandera que ondea de su alza máxima. De aquí, evidentemente, proviene el nombre de la formación.

A veces, cada recuperación y pérdida dentro de la Bandera utiliza tres o cuatro días, extraña vez más. En otros casos, los precios saltan hacia detrás y hacia adelante entre los límites de Bandera inferior y superior en solo un día o dos, en cuyo caso la pauta del gráfico consiste en un bloque casi sólido de líneas de gama de precios. Cuanto más ancha sea la pauta (desde el techo al suelo), mayor tiempo requerirá cada movimiento dentro de aquella para completarse. Este proceso de fluctuaciones menores puede seguir a 7 sesiones si la Bandera es estrecha, o seguir por un máximo de tres semanas. El volumen diario en este período habrá decrecido generalmente a un reflujo relativamente bajo. Entonces los precios entrarán en erupción con un nuevo estallido de actividad desde el final de la Bandera y empujarán nuevamente directo hacia arriba con otra avance que prácticamente duplica el "asta" original sobre la cual se formó la Bandera.

Hemos dicho que la pauta de Bandera se inclina moderadamente hacia abajo, pero las "sólidas" y muy cortas se desarrollarán frecuentemente horizontal y surgirán cuadrados pequeños. (En extrañas ocasiones, una pauta del tipo de Bandera se

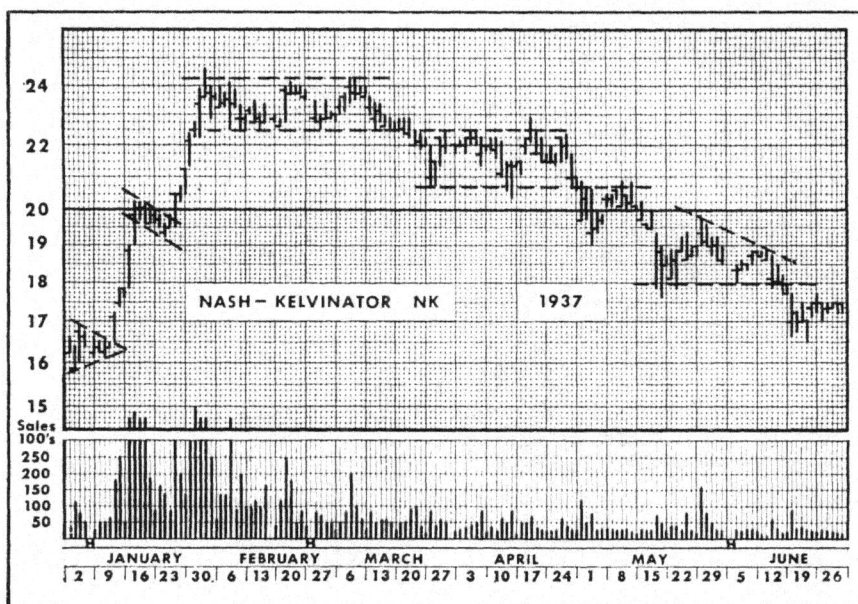

FIGURA 107. Las Banderas del tipo de "media asta" aparecen con mayor frecuencia en las últimas y más activas fases de un avance Primario. Este ejemplo de Enero fue la última formación de consolidación anterior al techo del Mercado Alcista de la "NK". Observe la pauta de cambio de dirección del Rectángulo de Marzo y la serie de pautas en forma de peldaños hacia abajo que la siguieron.

inclinará un poco hacia arriba en una tendencia alcista). Las Banderas se establecen en movimientos abruptos hacia abajo casi de igual forma y precisamente con las mismas implicaciones que lo realizan en las tendencias al alza. Las Banderas bajistas, evidentemente, tienden a inclinarse hacia arriba; invierten el cuadro presentado por una Bandera hacia arriba. El volumen de actividad desciende durante su formación y se alza otra vez a medida que los precios se derrumban lejos de aquellas.

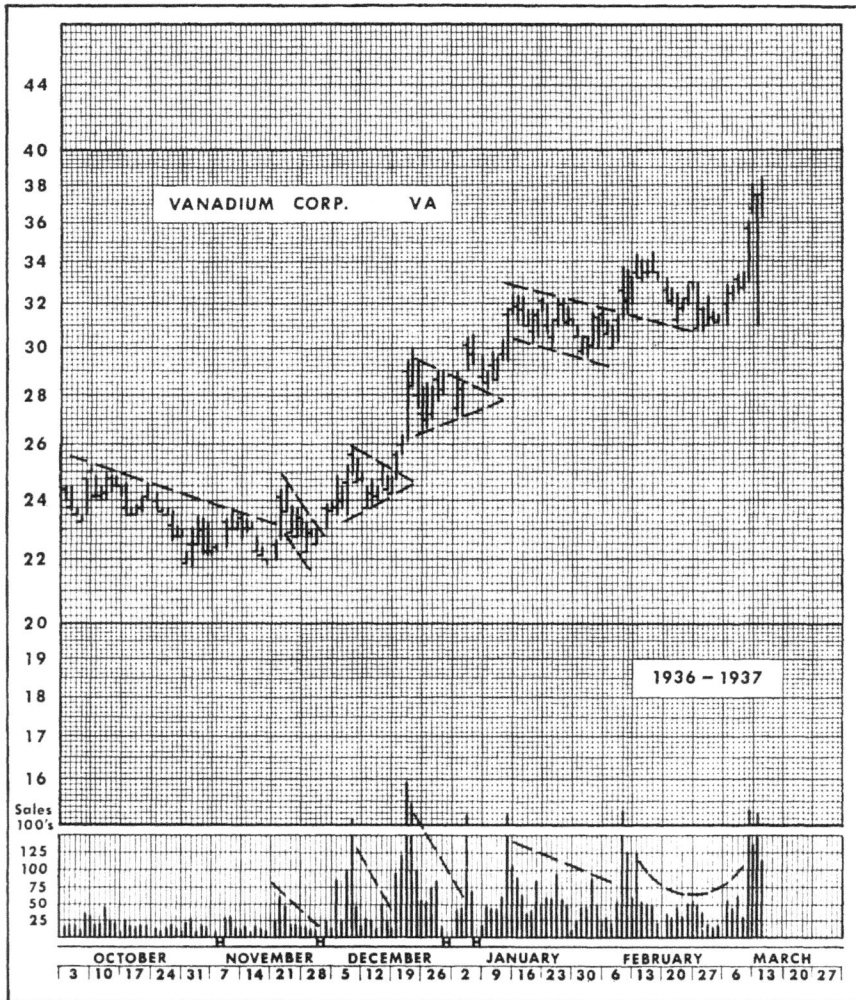

FIGURA 108. A veces una acción creará una serie larga de pautas pequeñas de consolidación en su tendencia alcista, una "siguiéndole los talones" a la otra cuando grupos sucesivos de operadores compran, mientras otros toman sus beneficios en compras anteriores. En esta secuencia de elevaciones de la "Vandium", la pauta de Bandera formada en Enero de 1937 avanzó una longitud demasiado larga durante unos pocos días, pero la fuga de volumen del 4 de Febrero indicó que la tendencia era todavía alcista. Un techo final se hizo a 39 1/2 en Marzo. Este gráfico se corresponde parcialmente con la Figura 43; puede resultarle interesante compararlas. Observe la señal fuerte de compra dada el 14 de Diciembre. Vuelva de nuevo a este registro cuando se estudie Soporte-Resistencia en el Capítulo XIII.

El Gallardete-una bandera apuntada

La diferencia que se hay entre un *Gallardete* y una *Bandera* es que el primero está bordeado por líneas limítrofes convergentes, más que paralelas. El Gallardete común, en otras palabras, es un Triángulo inclinado, compacto y pequeño.

Se inclina hacia abajo cuando aparece en una tendencia ascendente, y hacia arriba en una Tendencia bajista. Como regla general, se forma luego de un rápido avance (o descenso), y el volumen disminuye considerablemente durante su formación. De hecho, la actividad tiende a bajar inclusive más rápidamente en un Gallardete que en una Bandera (lo cual esperaríamos a consecuencia de las fluctuaciones, cada vez más precisas que la componen) y puede descender hasta convertirse casi en nada, previamente a que se complete el Gallardete y los precios se separen del él con un nuevo movimiento rápido.

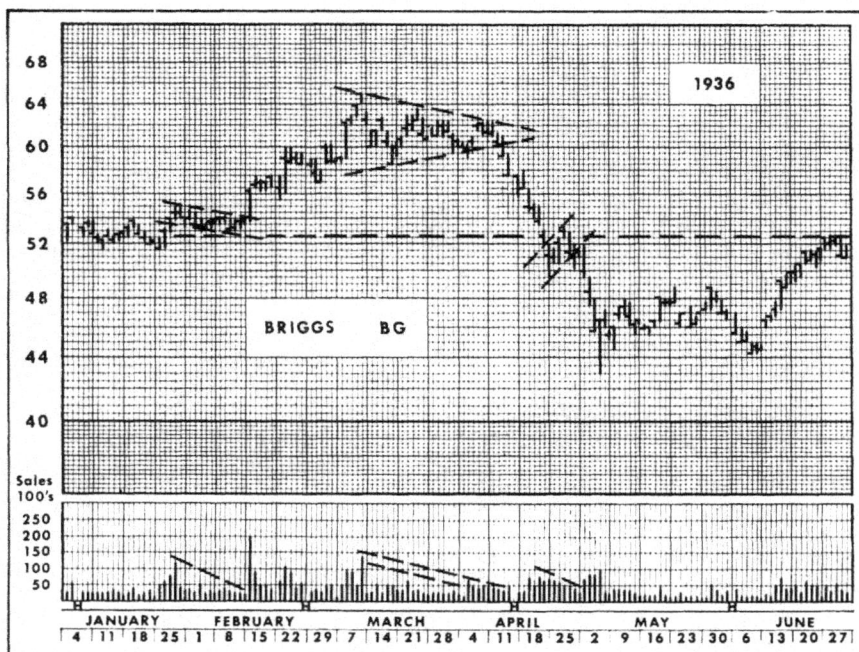

FIGURA 109. Bandera alcista de Febrero y Bandera bajista de Abril de 1936, en la Briggs. El techo situado en medio fue un Triángulo simétrico. El 30 de Abril fue una Vuelta en un día. Los precios se recuperaron hasta 64 1/2 en Noviembre de 1936, creando así un techo mayor doble a largo plazo con este máximo de Marzo. La zona de Soporte-Resistencia en 51-53, indicada por la línea de guiones, era efectiva todavía en 1946 (Ver Cap. XIII).

El Gallardete se puede describir también como una Cuña compacta y corta, caracterizada por un marcad descenso de actividad. Cuando, como es su costumbre, se inclina hacia atrás, en contra de la tendencia precedente, sus implicaciones de predicción son parecidas a las de la Cuña, en la forma que los precios se fugan de él en la dirección contraria a su inclinación. Pero hay, pese a eso, variaciones menores bastante raras del Gallardete, comparables con las que, a veces, hallamos en la Bandera, en las cuales el área de precios es muy corta y "sólida" y prácticamente horizontal (como en Triángulo

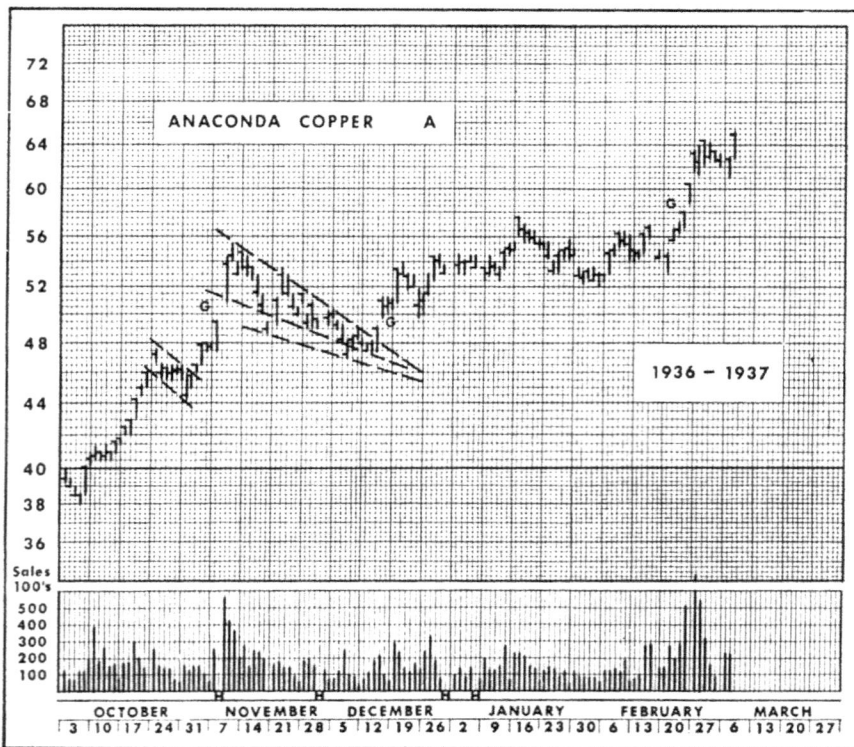

FIGURA 110. La formación de precios convergente inclinada hacia abajo del 4 de Noviembre al 9 de Diciembre se podría denominar Cuña corta o Gallardete. Observe la Bandera pequeña de Octubre; también los huecos de continuación del 4 de Noviembre y el 19 de Febrero, y el hueco de fuga del 10 de Diciembre.

Simétrico) o la inclinación sigue ligeramente la misma dirección de la tendencia precedente, en vez de ir contra ella. Cuando los precios se salen del tipo que hemos nombrado al final, no lo hacen, generalmente, de manera repentina y en línea recta, sino en una curva acelerada y con un volumen que asciende gradual, en vez de abruptamente en la ruptura. Así, la pauta completa recuerda a un cuerno curvado que avanza hacia un punto largo y delgado. No se deje abrumar por estas variaciones; su afinidad con la manera normal y más común es muy obvia.

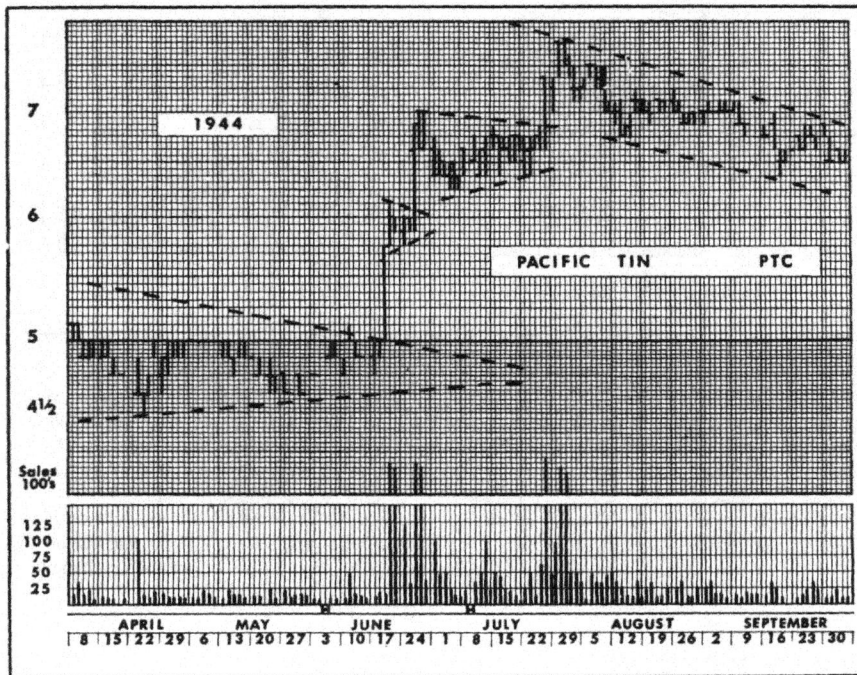

FIGURA 111. Ejemplo (Junio de 1944) del tipo de "congestión" de precios breve y compacto que se puede clasificar de Bandera. El avance aquí empezó en 5 desde un Triángulo Simétrico de trece meses del cual sólo aparecen en el gráfico superior los dos últimos meses. La implicación de medida (ver idem.) de esta pequeña Bandera no se completó hasta que los precios sufrieron una especie de consolidación triangular en Julio.

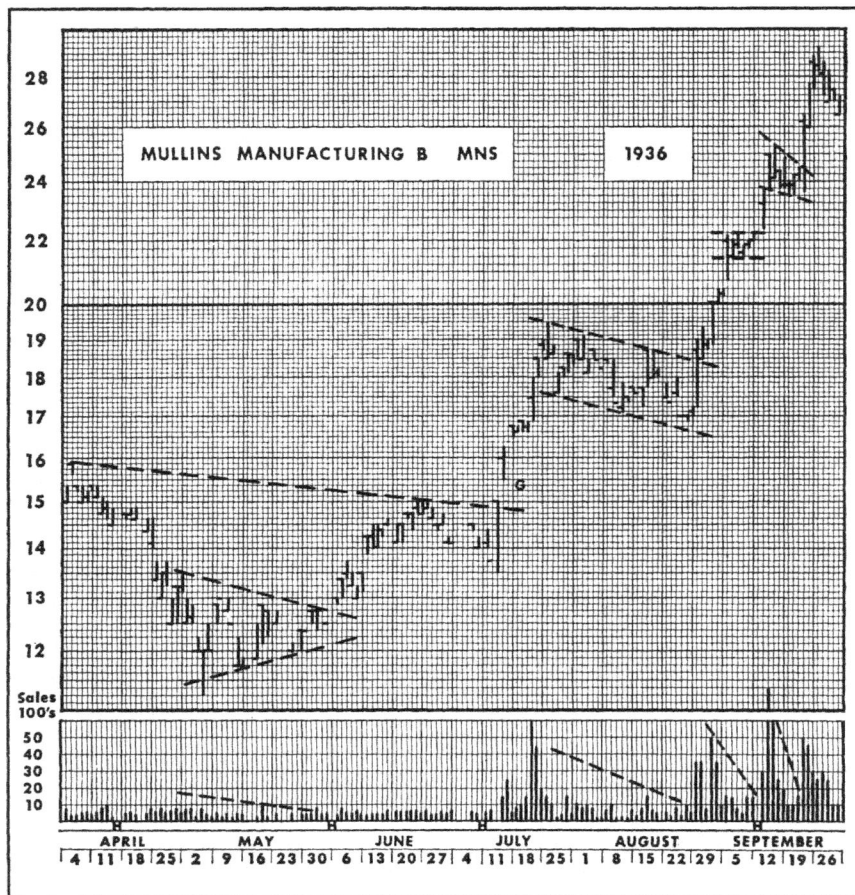

FIGURA 112. Otro ejemplo de la serie de consolidaciones de tipo de Bandera que se puede formar en un avance rápido de la tercera fase de Mercado Alcista. La "Mullins" avanzó desde 15 hasta más de 39 en seis meses, en 1936, cayó a 31 y subió de nuevo en Marzo de 19037 a su máximo anterior, creando un techo mayor doble. (La "MNS" se dividió a 2 por 1 en 1937). La Bandera de Julio-Agosto se alargó durante cinco semanas -tiempo demasiado largo para confiar en ella sin una evidencia técnica adicional (ver punto 3 del apartado que viene a continuación). El peligro en esas formaciones prolongadas es, o bien que la fuga, cuando aparezca, fracase en atravesarla, o bien que los precios sigan hundiéndose. Por el momento (25 de Agosto), parecía como si esta Bandera se hubiera "anticuado", pero cuando los precios subieron por encima de su máximo anterior del 27 de Agosto, las compras se encontraban claramente a salvo

La formula de medición

La misma fórmula de medición aproximada se usa en el Gallardete y en la Bandera. Ambos son pautas de "media asta", que se fundan, generalmente, después de un movimiento de precios regular y rápido (abrupto). Al utilizar la regla de medición, vuelva al principio de ese movimiento inminentemente anterior, hasta el punto donde se separó de la formación anterior de Consolidación o cambio de sentido (o por medio de una línea de tendencia significativa o nivel de resistencia, de la que se hablará en los capítulos posteriores), un punto reconocible como regla general por un esfuerzo supremo rápido de actividad, y mídalo desde ahí hasta el nivel de cambio de dirección Menor en el que se empezó a formar la Bandera o el Gallardete.

Después mida la misma distancia desde el punto en que los precios se llegan de la Bandera o del Gallardete, y en la misma dirección. El nivel al que se llega así es la expectativa mínima de este tipo de pauta de la Consolidación. De hecho, los avances desde las Banderas o los Gallardetes en una tendencia ascendente van, habitualmente, más allá (en lo que se refiere a puntos o dólares) que el movimiento precedente, mientras que las bajadas pueden no avanzar tanto. De aquí que la fórmula se usa mejor en un gráfico semilogarítmico, que miden la distancia real del gráfico, que contando los puntos. Esto se puede comprobar remitiéndose a los ejemplos que demuestran este estudio.

Fiabilidad de las Banderas y Gallardetes

Estas pequeñas reglas de consolidación se comprenden en las formaciones de gráficos con mayor seguridad, en lo que se refiere a indicaciones de dirección y medición. En algunas ocasiones fallan, pero casi nunca alertan antes de que se complete la pauta. Todo lo que requiere para protegerse de estos fallos es emplear estrictamente las pruebas de autenticidad de la pauta, que ya hemos agregado en su descripción. Son las siguientes:

1. La consolidación (Bandera o Gallardete) debería producirse después de un movimiento de "línea recta".

2. La actividad debería descender considerable y constantemente durante la formación de la pauta, y seguir disminuyendo hasta que los precios se alejaran de ella.

3. Los precios deberían fugarse (en la dirección esperada) en un período no superior de cuatro semanas. Una pauta de este tipo que se alarga durante más de tres semanas, se debería considerar sospechosa.

El asunto del movimiento práctico de estas formaciones particulares se mencionará en la segunda sección de este libro, dedicado a Tácticas. Pero nuestra prueba número 2 requiere un comentario más extenso aquí. Si una pauta comienza a formarse en el gráfico que, en lo que a cuadro de precios se refiere, se clasifica de Bandera o Gallardete, pero durante la cual el volumen de actividad se mantiene alto o Irregular, evidentemente, en lugar de decreciente, el resultado posee una mayor inclinación a ser una reacción rápida en contra de la tendencia previa, que una continuación de la misma. En otras palabras, estas formaciones de actividad alta e irregular son frecuentemente áreas de vuelta (o cambio de sentido Menor más que consolidaciones verdaderas). Observe frecuentemente la mitad de su gráfico que corresponde a volumen.

Dónde puede esperarse su aparición

Las Consolidaciones de Bandera y Gallardete son características de los movimientos rápidos. Por ello, aparece más seguido en la fase dinámica y más tardía de los Mercados Alcistas, luego de haber pasado la primera acumulación y las etapas más tempranas. De aquí que el aspecto de estas pautas se puede designar como un aviso de que un avance se esta acercando a sus últimas semanas.

Por otro lado, la fase rápida de una tendencia Bajista Mayor establece su segunda etapa, caracterizada habitualmente por descensos de pánico casi "verticales". Las

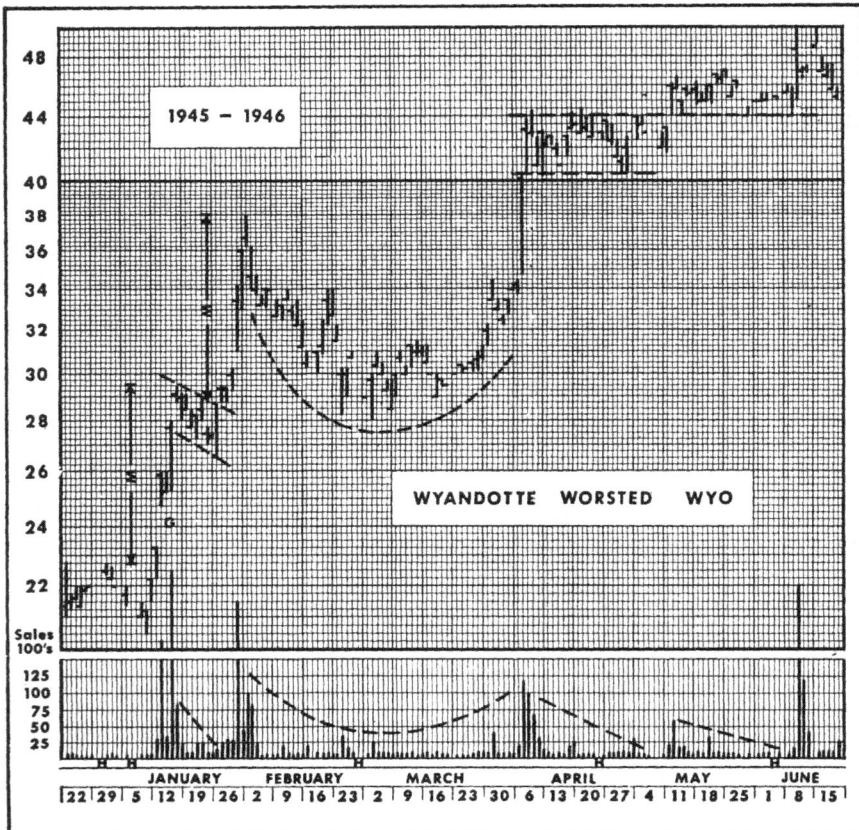

FIGURA 113. Las líneas verticales marcadas con una "M" muestran cómo se aplica la fórmula de medición a una pauta de Bandera. Nótese que la primera medida se hace desde el nivel en que el asta abandonó la "congestión" anterior hasta el alza máxima de la Bandera. Esta misma distancia se mide después desde la fuga de la Bandera. En la "WYO" la fórmula funcionó exactamente. Las posiciones se deberían haber aprovechado normalmente por encima de los 36, en este movimiento. Se podrían haber restituído cuando se hizo aparente alrededor del 2 de Abril que un Suelo redondeado se completaba (observe el volumen) para producir un nuevo avance.

Banderas y Gallardetes que se forman ahí son generalmente cortos -y se completan en cuestión de tres o cuatro días más que de semanas. En los meses finales de un Mercado Bajista, las formaciones que se desarrollan en los gráficos con parecido de Bandera o Gallardete correrán a menudo durante un tiempo extenso (cuatro semanas o más), comenzarán a mostrar un ascenso de volumen en las recuperaciones, e irán continuadas de reacciones inactivas limitadas.

Se puede decir, generalmente, que estas pautas de gráficos particulares son más típicos (y mas seguras) en las tendencias al alza. Su aspecto después de una caída Mayor de cuadros de precios, que acoge al principio la Bandera de tendencia baja o Gallardete, debe analizarse cuidadosamente. A menos que tales desarrollos se ajusten, estrictamente, a las limitaciones que hemos citado en el apartado "Fiabilidad ", no opere en ellos.

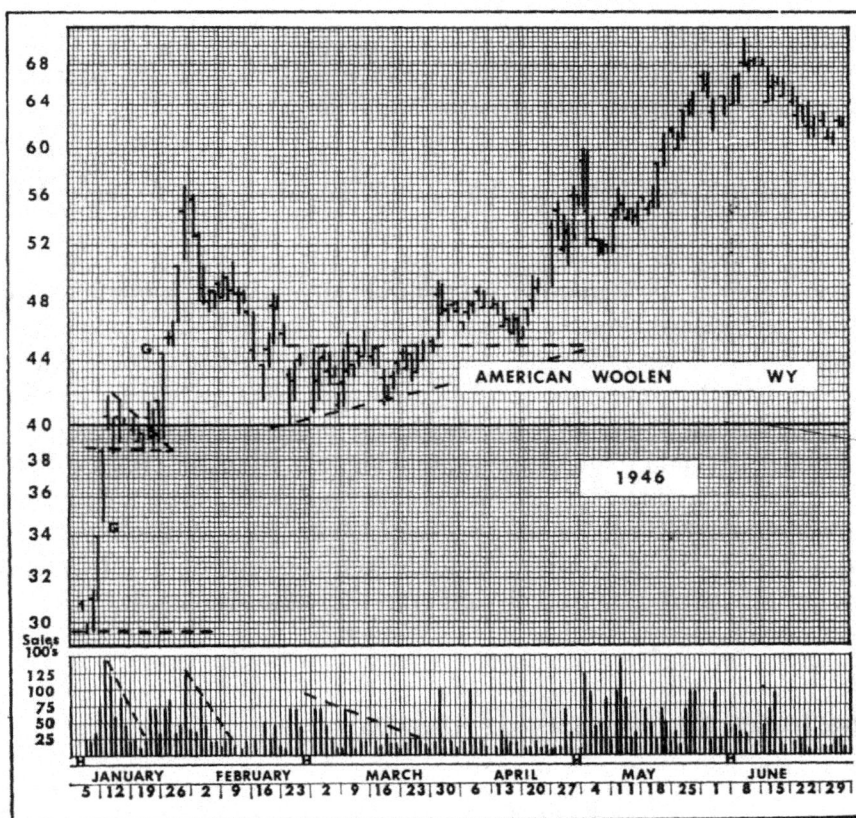

FIGURA 114. Gráfico de 1946 que entusiasmó a los técnicos. Contiene una pauta perfecta de "media asta" (Enero), con huecos de medición (G, C) sobre y por debajo de ella; una Bandera hacia abajo a principios de Febrero (comprobar medida); un Triángulo ascendente en el suelo de esta reacción, con un rechazo en Abril que ofrece un "punto de compra" ideal.

Cuadros de Bandera en gráficos semanales y mensuales

Uno de los requisitos de una Bandera (o Gallardete) fiable es el de que no debe utilizar por más de cuatro semanas en completar su pauta y fugarse con un nuevo movimiento. Por ello, es claro, que una Bandera verdadera no se pueda señalar en gráficos de gama larga -pautas en las que se ha usado de ocho a diez semanas hasta muchos meses, y en ocasiones un año o dos, en su construcción- que toma la forma de Bandera, pero no espere que funcionen como tal. Examinadas en detalle en un gráfico diario, se verá que estas mismas áreas prolongadas poseen formaciones de precios que tienen una significación totalmente distinta. Frecuentemente, lo que es en realidad un área de *cambio de dirección* Mayor que sigue a un avance largo y rápido parecerá una Bandera, cuando aparece condensada en un gráfico mensual.

Por ello, no deposite su confianza en esos gráficos de gama larga; no dé por hecho que representan consolidación para producir una nueva elevación; investigue lo que el trazado *diario* detallado muestra para este mismo período.

Las consolidaciones rectangulares: un fenómeno de fase temprana

En oposición a las Banderas y Gallardetes, que son usualmente afines a la etapa final de Mercado Alcista, las consolidaciones del tipo de Rectángulo se sitúan más a menudo en las fases más tempranas de evolución de tendencia Alcista. En los movimientos Bajistas Mayores, los Rectángulos se pueden formar en la primera etapa justo *antes* de una caída de pánico, o en la última etapa que precede a una liquidación final estrictamente limitada. Esta última manifestación anuncia, presumiblemente, una acumulación precoz por intereses que se percataron de que los precios habían ido lo bastante lejos como para acomodar sus objetivos. (Se revelan, evidentemente, de manera correcta y son capaces de esperar a lo largo de lo que queda de la movimiento Bajista y lo bastante prolongados para que el siguiente Mercado Alcista devuelva los precios nuevamente a uno niveles provechosos).

Consolidaciones de Cabeza y Hombros

Todas nuestras referencias de las Formaciones de Cabeza y Hombros hasta este instante (ver Caps. VI y VII) han considerado esa pauta como un cambio de *dirección* de tendencia tipificada, y en su expresión común y corriente, que es definitivamente la función de Cabeza y Hombros. Pero, en ocasiones, los precios cruzan una serie de fluctuaciones que construyen una especie de cuadro de Cabeza y Hombros al revés, que lleva, a su vez, a una *continuación* de la tendencia anterior.

No hay peligro de confundir estas formaciones de continuación o consolidación con las vueltas (cambios de sentido) regulares de Cabeza y Hombros porque, como ya hemos dicho, están invertidos o son anormales con respecto a la dirección de la tendencia de precios previa a su aparición. En otras palabras, una de estas pautas que se forma en un mercado ascendente toma la forma de un Suelo de Cabeza y Hombros. Aquellas que surgen en los descensos, tomarán la forma de un Techo de Cabeza y Hombros. En el instante en que estas formaciones se completan (hombro izquierdo, cabeza y hombro derecho evidentes), no hay duda en cuanto a sus implicaciones. Pese a eso, en la etapa de cabeza, antes de que se construya el hombro derecho, puede haber -y generalmente hay- una duda considerada en lo que se refiere a lo que sucede verdaderamente.

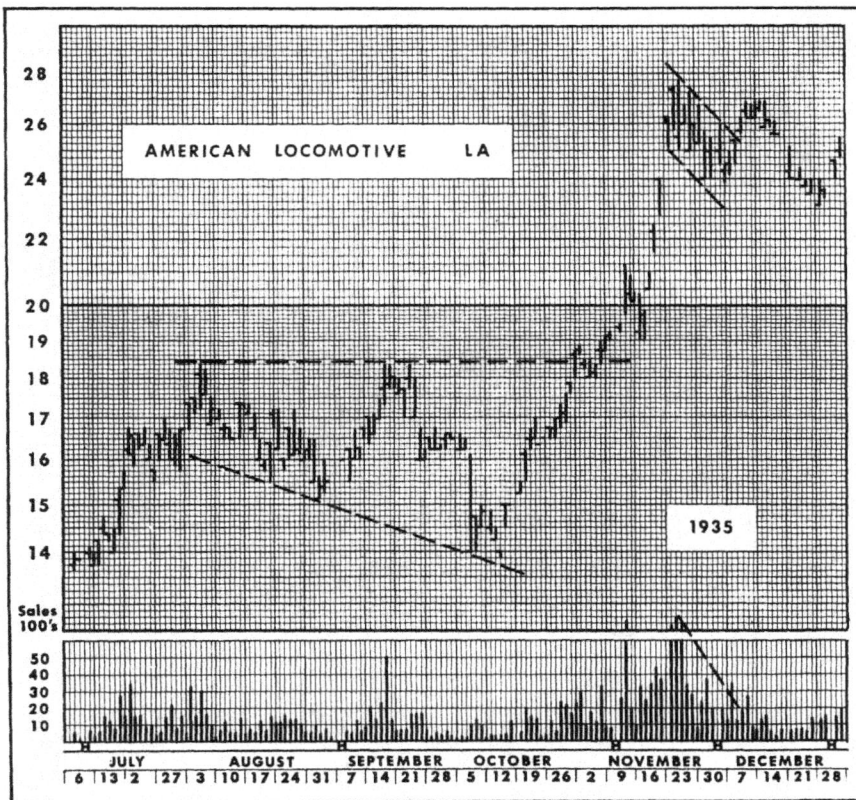

FIGURA 115. Bandera (finales de Noviembre) que parecía, durante algunas semanas, haber fracasado completamente. Sin embargo, los precios se elevaron rápidamente hasta 36 1/2 desde su mínimo del 23 de Diciembre, llevándose a cabo de acuerdo con la fórmula. Nótese la Formación de Ensanchamiento de techo plano que comenzó el movimiento.

La pauta de volumen en las consolidaciones de este tipo no sigue la misma pauta que la Cabeza y Hombros de cambio de dirección. En una tendencia bajista, por ejemplo, la formación de consolidación recuerda en su perfil de precios a un Techo de Cabeza y Hombros, pero el volumen que la acompaña descender, en vez de aumentar, en el hombro izquierdo y cabeza, así como en el hombro derecho. Este mismo es válido para las reglas de "suelo" que se forman como consolidación en un mercado que avanza. Las rupturas, recuerdan en todos sus aspectos a las que surgen de las formaciones de cambio de dirección.

Las Consolidaciones de Cabeza y Hombros del tipo múltiple o complejo y se revelan extrañamente en los gráficos. Teóricamente pueden, ciertamente, y deberían ser tan fáciles de manejar para el técnico de gráficos como lo son las formas simples. La fórmula para precisar el posible movimiento mínimo de precios (más allá de la línea clavicular), desde una formación de cambio de dirección, se discutió ya en el Capítulo VI. Para cualquier persona habituada a las irregularidades de las tendencias del mercado de valores y la variedad sin fin de cuadros que los gráficos pueden demostrar, es sorprendente ver con qué exactitud esa fórmula se cumple, con que constancia el primer movimiento de alejamiento de importancia de un Techo o Suelo de Cabeza y Hombros se llevará a cabo hasta alcanzar al punto (o un poco más allá) supuesto por la

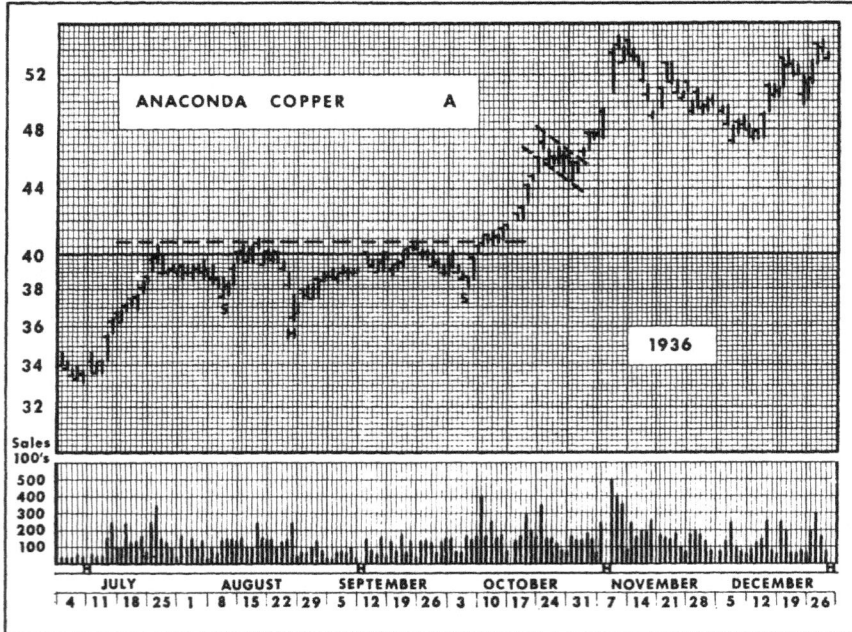

FIGURA 116. Este desarrollo de Anaconda fue típico de la forma que pueden adoptar las pautas de consolidación de Cabeza y Hombros, en lo que se refiere a pauta de precios y volumen. La fórmula de medición para la Bandera pequeña de Octubre se debería aplicar desde el punto de la fuga, atravesando la línea clavicular de Cabeza y Hombros.

medición de la formación. Pero, la misma fórmula, usada a pautas de consolidación de forma de Cabeza y Hombros, no se cumple tan bien. Tales pautas son, generalmente, muy "planas" y el movimiento subsiguiente se alarga normalmente bastante más allá de la medición implicada allí, mientras que en otros casos, puede no distanciarse tanto. En consecuencia, la fórmula de Cabeza y Hombros no se puede usar en las áreas de consolidación con la seguridad de que se establece así un principio definitivo y seguro; uno debe mirar también, en estas situaciones, otras indicaciones de gráficos, para valorar las posibles proporciones del movimiento que va a continuar.

Festones-platillos repetidos

A continuación nuestro cuadro de gráficos difiere de las formaciones de consolidación, inicialmente discutidas, en que no constituye un área más o menos definida de congestión o fluctuación, a la cual se le puedan fijar una o mas líneas limítrofes críticas.

Deberíamos tratarlas, también en un capítulo siguiente, bajo el nombre general de acción de tendencia normal. Pese a eso, es una pauta muy característica de ciertos tipos de acciones y mercados, y está tan estrechamente relacionada con el principio de consolidación, para hacer un avance posterior, que es mejor insinuarlas aquí.

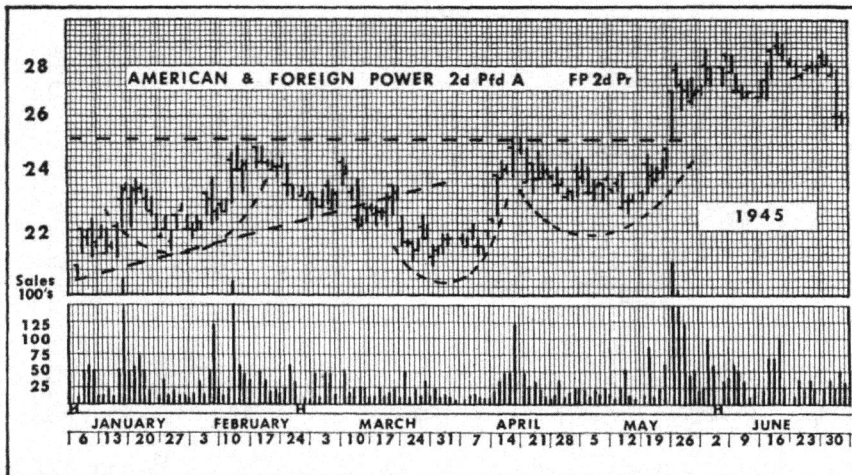

FIGURA 117. Consolidación de Cabeza y Hombros de 1945, en la cual la cabeza y los dos hombros adoptaron la forma de "platillo". Compare el precio y las tendencias de volumen. Los precios avanzaron hasta los 31 1/2 en Julio, volvieron a los 25 1/2 en Agosto y se dispararon hacia los 40 en Noviembre.

Cuando una acción, en la que existe bastante cantidad de participaciones en circulación y en el cual el mercado es siempre activo y "cerrado", surge de un suelo de tiempo prolongado (como el de "Radio Corporation" y "Socony Vacuum"), con frecuencia hará un avance Mayor largo con una serie de "platillos". Estas pautas consecutivas, cada una de las cuales recuerda, en acción de volumen y precios, a la formación de una vuelta (o cambio de dirección estudiada en el Capítulo VII como Suelo redondeado), están sutilmente inclinados hacia arriba. Esto es, el término que se eleva y ubica siempre los precios un poco más arriba que el techo precedente al comienzo del platillo. La ganancia total lograda, con cada movimiento de platillo, variará de una acción a otra, pero parece haber una fuerte tendencia a que sube alrededor del los 10 ó 15 por ciento del precio de la acción. La reacción total, desde el borde izquierdo de cada platillo a su nivel de suelo. Es habitualmente un poco mayor, del 20 al 30 por ciento. Y la longitud (duración) de los platillos es, generalmente, de cinco a siete semanas, extraña vez menos de tres. Así, el avance total es lento, pero regular, casi de la misma manera que el avance del hombre que logró salir de un pozo hondo, subiendo tres peldaños por cada dos que resbaló.

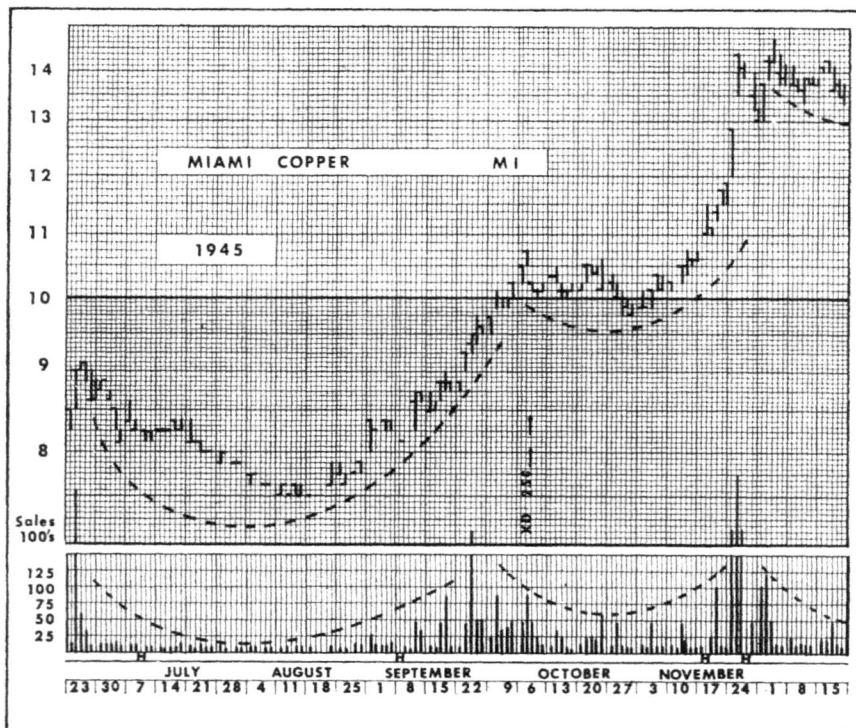

FIGURA 118. Parte de una tendencia alcista de "festón" auténtica, excepto por su larga duración y descenso relativamente pequeño en el platillo de Octubre. El festón siguiente, que comenzó en Diciembre, hizo caer los precios a 12 1/2 en Enero y después los subió a 18 1/2 en Febrero. Este gráfico estuvo precedido de un platillo de cuatro meses, desde Febrero a Junio de 1945. Observe la posición en que se encontraban los operadores los cuales compraron en 9 en el "nuevo máximo de volumen" de Junio

Los gráficos de acciones que toman este tipo de acompañamiento muestran, lógicamente, un cuadro de festones ascendentes sorprendentemente parecidos y simétricos, uno después del otro con una pequeña pausa entre ellos, o sin ella. La actividad comercial sube a un alza máximo en la última parte de cada festón, debido a que la altura anterior ha sido lograda y excedida, disminuye después para alcanzar a la inactividad a medida que los precios se curvan hacia abajo y se alargan sobre el suelo del platillo siguiente, y se recupera nuevamente cuando los precios se curvan hacia arriba para adentrarse en la siguiente elevación.

Las oportunidades de operación que conceden a las acciones de tendencia a festonearse no precisan un comentario más amplio (aunque daremos algunas especificaciones detalladas en la sección de Tácticas de este libro). El nivel de suelo de cada festón es, habitualmente, fácil de descubrir fijándose en la tendencia de precios y el volumen, y también la coronación al final. Pese a eso, resulta raro el hecho de que la mayoría de los "Observadores de la cinta" manejen esas acciones de manera errónea, interesándose en ellas y comprando cuando manifiestan actividad ("crean un nuevo máximo en el volumen"), dejándolas de lado por completo cuando están en una etapa inactiva de redondeo en sus tendencias.

(Muchos observadores de la cinta no aprecian los gráficos con consecuencias desafortunadas, a la larga, para su capital. Los lectores de la cinta realmente expertos -aquellos que son capaces de mostrar en sus gestiones beneficios muy importantes- son verdaderamente pocos. Cuando se encuentra uno con alguien así, verá que, o bien "lleva los gráficos presentes en la cabeza", u observa con detención el registro antes de adquirir en una demostración de actividad).

A medida que una acción, con hábito de festonearse, ejecuta su camino de precios hasta llegar a 15, más o menos, su pauta tiende a hacerse menos regular; comienza a distanciarse de la curva lisa y estrecha, con forma de platillo, de los niveles inferiores. Entorno de los 20, se inc1ina a separarse totalmente de la secuencia de festón y a moverse, desde allí, con avances bastantes rápidos en línea recta, en conjunto con reacciones bruscas y tipos de formaciones de consolidación estándar, que son comunes en todo instante de las acciones de precio medio y más alto. (Hay excepciones; algunas acciones preferentes de precio alto, para las cuales siempre hay un mercado, pero cuyas tendencias dependen casi por completo a los cambios graduales en las tasas de interés sobresaliente y el suministro de fondos para inversión, poseen una costumbre frecuente a festonearse en sus oscilaciones primarias alcistas).

Inicialmente hemos nombrado niveles de precios muy específicos (15 a 20), pero el precio no es, por supuesto, solo el factor que determina la salida de una acción de una tendencia de festón. La única suposición segura es la de que, una vez que se determina el hábito, se seguirá hasta que el gráfico señale una divergencia definitiva de aquel, y esa divergencia acoge primero, generalmente, la forma de un avance más grande de lo de acostumbre, que se origina a términos de uno de los platillos. En efecto, si ha tornado anteriormente posiciones en él a un punto favorable (cerca del suelo de un festón), usted no puede perjudicarse cuando las acciones alteran, por último, valga la redundancia, su trayectoria.

Las acciones de precio muy bajo pueden conservarse en una tendencia al festoneo hasta llegar a sus techos Alcistas Mayores, e incluso tratar de realizar otro movimiento de platillo a continuación que ha resultado ser el máximo final, pero este intento fracasa evidentemente en llevar a cabo la pauta previa a una altura continuamente más alta.

Estos fallos no son difíciles de detectar; el cambio desde la pauta anterior aparece antes de que se induzca algún daño apreciable a una posición de compra asumida propiamente.

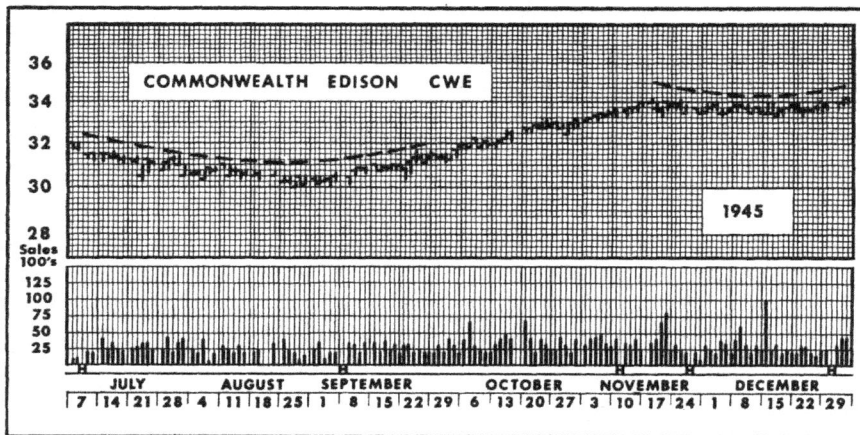

FIGURA 119. Aunque la costumbre de festonearse aparece típicamente en las acciones de bajo precio, se encuentra a veces en las acciones de semi-inversión y mantenidas con firmeza, tales como las de "CWE".

Los mercados modernos frente a los antiguos

Hemos dicho en nuestro análisis de las formaciones de cambio de dirección que algunas de ellas se muestran con menor frecuencia en los gráficos de los últimos diez años que en los de los años anteriores, y otras lo hacen más seguido.

Pasa lo mismo con las formaciones de Consolidación. Las pautas de tipo compacto estrictamente detenido, tales como los Rectángulos y los Triángulos Rectángulos, son menos corrientes ahora. Los triángulos Simétricos se inclinan, de alguna manera, a ser más inconsistentes de lo que lo fueron en los años veinte y principios de los treinta -no tan precisos y visibles en los gráficos. Las pautas comunes de obtención de beneficios, tales como las Banderas y los Gallardetes, parecen ser tan firmes como siempre. Mientras que los cuadros "normales" de tendencia, que incluyen las formaciones asociadas con una formación de tendencia normal (tales como la Cabeza y Hombros, los Giros Redondeados, etc.), son más frecuentes todavía.

Las causas de estos cambios son muy aparentes. La regulación de la SEC, los requisitos de margen más elevado, la mayor sofisticación del público, y un acercamiento más conservador -podríamos muy bien decir que más pesimista- a los problemas de inversión y operación de acciones, han tenido, todos ellos, parte en esta evolución. La vigilancia de la SEC y de la Bolsa, ha puesto término a las deshonestas manipulaciones de consorcio, diseñadas para aprovecharse de los "corderos" de los primeros años. Inclusive, hoy en día, hay muy poco de la operación del sindicato de tipo más legítimo pensada para hacer más fácil la acumulación o distribución a gran escala.

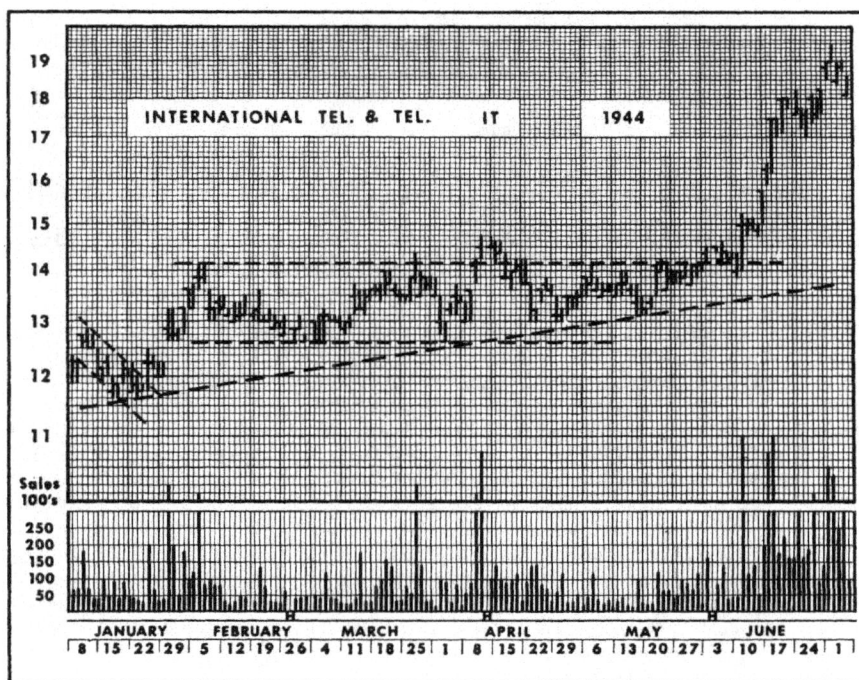

FIGURA 120. Este gráfico muestra los últimos cinco meses de una consolidación ancha en forma de platillo y de trece meses de duración en la "IT" que siguió a su rápida escalada de 3 a 16 a finales de 1943 y principios de 1944. La "IT" es un actor excéntrico y su volumen tiende a ser especialmente engañoso en los movimientos diarios. Las pautas de precios Mayores son, sin embargo, seguras. Esta fase final de su larga consolidación (distribución y reacumulación) adoptó en principio la forma de un Triángulo ascendente. Su techo del mercado Alcista de 1945-46 fue una Cabeza y Hombros compacta.

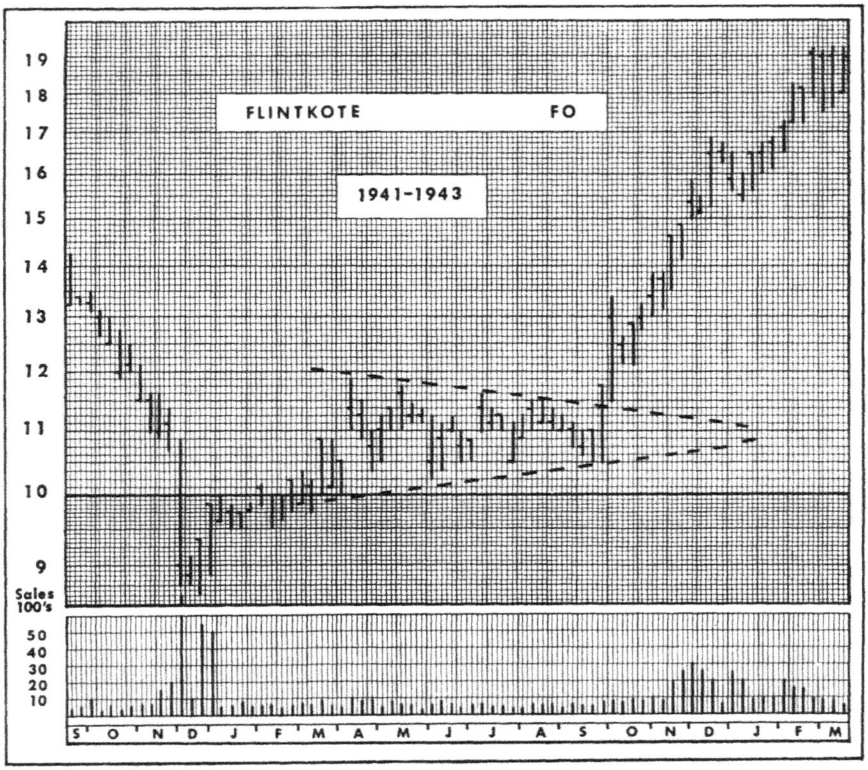

FIGURA 121. Hay veces en que una pauta de consolidación ofrece la única señal técnica buena de que una vuelta (o cambio de dirección) se ha producido ya en la tendencia Primaria de la acción. Aunque los casos de giro Mayor, especialmente en un suelo, que no presentan una formación reconocible de cambio de tendencia en el gráfico son bastante raros, se producen, sin embargo, a veces. Este gráfico semanal del Flintkote ilustra este fenómeno. Un mínimo de Mercado Bajista, del que se elevó hasta los 47 en 1946, se creó en 8 5/8 en Diciembre de 1941. Sin desarrollar ningún fundamento técnico importante en el gráfico diario o semanal, su primera oscilación alcista la llevó a 117 7/8 el Abril siguiente. Desde ese punto, se convirtió en un Triángulo Simétrico de seis meses y después se fugó por arriba en la etapa de tres cuartas partes, con un volumen incrementado. Esta acción, a la que hay que sumar el hecho de que inmediatamente después estalló a través de un nivel de resistencia antiguo y muy significativo en 12, fue suficiente para situarla, al menos, en una tendencia Intermedia fuerte, sino en una Primaria completa alcista. La combinación de los desarrollos técnicos que ilustran este gráfico –un pauta grande de consolidación que se forma justo por debajo de una resistencia Mayor y después una fuga en la parte superior de ambas –es algo a buscar cuando parece que se va a producir una vuelta o cambio de dirección de una tendencia Bajista a una Alcista. Los niveles de Resistencia se discutirán en el Capítulo XIII.

Por supuesto, es aún viable para los "entendidos" retener por un tiempo definido, o dejar escapar súbitamente, anuncios de malo buen presagio en relación a los asuntos de una determinada corporación, para ser útiles a sus objetivos estratégicos personales. Pero las compras de acciones y las ventas de oficiales, directores y propietarios principales se hallan ahora vigiladas atentamente para no permitirse una gran cantidad de "trampas". (Sin embargo, es preferible que el inversionista medio se mantenga un poco escéptico en lo que se refiere a la posibilidad de algún avance grande en el mercado continuado a la publicación de un buen informe).

La conspiración de los servicios consultivos de inversión y los consorcios comerciales, se han declarado ilegales. (Es bueno decir que aquello nunca se dio de forma tan notoria en los años veinte, como muchos operadores aficionados creen). La SEC (con la colaboración plena de la Bolsa) vigila a fondo la profesión del consejo de inversión, seguida y eficazmente. Ningún consejo de inversión bien establecido se puede permitir el lujo de abandonarse a prácticas engañosas o de conspiración, aunque fuera ese su deseo. Muchos de ellos se distancian inclusive de las necesidades más razonables, para protegerse de cualquier contacto que, aunque inocente o útil, se puede calificar de sospechoso.

El tipo antiguo del que se "zambullía" no ha desaparecido totalmente, pero los elevados márgenes y las regulaciones que previenen la "expedición bajista" han hecho que los mercados de valores de hoy le sean relativamente difíciles e improductivos.

Los jugadores acérrimos del parque todavía llegan, pero los márgenes altos también se lo impiden. En los últimos años han aparecido en alguna cantidad sólo en las últimas etapas de los Mercados Alcistas. Sus operaciones, ciertamente, no influyen a los gráficos, salvo por el hecho de aumentar la actividad. Por otro lado, los impuestos más altos y las regulaciones mayores no han brindado al pequeño inversionista, con toda seguridad, mercados más seguros y estables.

Los márgenes más elevados no han servido para frenar los colapsos de pánico. Hasta creemos, inclusive, que los mercados han sido más "angostos" en el lado bajista, más vulnerables a una caída rápida y drástica, de lo que fueron antes de la regulación moderna. Aún poseemos el mismo tipo de mercados Bajistas y Alcistas, y similar clase de desarrollo de tendencia de mercado, que teníamos hace cincuenta años. Lo sorprendente no es el hecho de que unos cuantos tipos de pautas de gráfico, que a veces se ejecutaron a consecuencia de un comercio no regulado, sean ahora menos frecuentes, sino el que la gran mayoría de fenómenos técnicos no se haya visto prácticamente afectado. El estudiante de gráficos de 1907 se sentiría muy cómodo con los gráficos de 1966.

Capítulo XII

Huecos

Un hueco, en los términos del analista gráfico, simboliza una gama de precios en la cual (en el momento en que se produce) ninguna acción cambia de manos. Es este concepto útil a tener en consideración, ya que ayuda a explicar algunas de sus consecuencias técnicas.

Los huecos de los gráficos diarios se hacen cuando el precio *más bajo* al cual se opera una acción de finalizada en un día cualquiera, es *más alto* que el precio *más elevado* al que se comercializó el día anterior. O cuando el precio máximo de un día es más bajo que el precio mínimo del día anterior. Cuando se trazan las gamas de dos días cualesquiera como esos, no coincidirán parcialmente o tocarán el mismo nivel horizontal en el gráfico. Habrá un hueco de precios entre ellos. Para que se forme un hueco en un gráfico semanal, se requiere que el nivel más bajo registrado en cualquier momento, a lo largo de una semana, sea más elevado que el más alto registrado durante cualquier día de la semana anterior. Esto, claramente, se puede producir -y de hecho se produce-, aunque no de manera constantemente como los vacíos diarios y por razones evidentes. Los huecos de gráficos mensuales rara vez aparecen en acciones activamente operadas; su aparición esta restringida, casi por completo, a aquellas situaciones en las cuales comienza un descenso de pánico justo antes del termino de mes y se prolonga a través de la primera parte del mes siguiente.

¿Por qué los huecos son significativos?

Desde los primeros días de gráficos de acciones, los huecos atrajeron la atención. Estos "agujeros" eran visibles en la gráfica de tendencia de precios. Era normal que los observadores les dieran la debida importancia, tratando de darle algún significado especial a su aparición. Pero el resultado no fue muy próspero, ya que se acumuló enseguida una confusión de "reglas" sobre su interpretación, algunas de las cuales han adquirido una fuerza casi religiosa y son citadas por el lector superficial de gráficos que apenas entiende por qué operan cuando lo hacen (y tal como sucede, ciertamente, con cualquier superstición, desechándolas completamente en aquellas ocasiones en que no dan resultado). Hablamos de esta situación como desafortunada, no tanto por las "reglas" de los huecos están equivocadas, sino debido a su ciega aceptación ha impedido un entendimiento verdadero de las implicaciones de los huecos y establecimiento de una base más lógica para su uso en la operación. La superstición muy frecuente es la de que "un hueco se debe cerrar". En ocasiones se formula con mayor precaución. Usando las siguientes palabras: "si un hueco no se cierra en tres días, se cerrará en tres semanas, y si no se cierra en tres semanas, se cerrará en tres meses, etc.". Hay muchas variaciones, pero todas ellas se suman a la creencia de que un hueco debe cerrarse y no se puede confiar en la tendencia hasta que el hueco se haya cubierto. Es esta última suposición la que lleva a error.

Cerrar el hueco

¿Qué se entiende por "cerrar" o "cubrir" un hueco? Pensemos que una acción, en una tendencia que avanza, se oscila hacia arriba día tras día, de 20 a 21, 22, 23, 24 y cierra una noche al punto de techo de su gama para ese día, a 25. Abre a 26 a la mañana siguiente y se conserva subiendo desde ese punto. Esta acción deja un hueco de un punto, entre 25 y 26, en el gráfico. Supongamos, entonces, que la subida persiste hasta 28, se detiene ahí y es seguida de otra reacción, en el transcurso de la cual los precios resbalan otra vez a 27, 26 y, finalmente, a 25. El movimiento de la vuelta ha llevado los precios nuevamente a través del área de hueco (25-26); el hueco, de ese modo, se ha cubierto o cerrado. Justamente, un hueco se cierra cuando la tendencia de precios subsiguiente se vuelve y traza de nuevo la gama del hueco.

¿Se debe cerrar un hueco antes de que los precios se alejen demasiado del él? Por supuesto que No ¿Se cerrará en su momento? Probablemente sí. Si no se cierra en la reacción Menor siguiente, esta la posibilidad de que se cubra al volver a trazar la Intermedia siguiente y, si no, con mucha seguridad, en la siguiente oscilación Mayor de tendencia en contra. Pero eso puede pasar años más tarde -y apenas tiene interés para el operador normal. El inversionista que adquirió acciones de la Chesapeake y Ohio a 260 el 21 de octubre de 1929, contando con el cierre del hueco que había llevado a cabo esa acción el viernes anterior, dos puntos por debajo de 266, a 264, tuvo que esperar ¡casi siete años! para salirse "ileso". Hasta que no se acercó al techo del siguiente Mercado Alcista Mayor, la "CO" no consiguió llegar a un valor de mercado equivalente (65, ya que se dividió a 4 por 1 en 1930). Mientras tanto, aquél vio que su inversión decrecía en 1932 a menos de una sexta parte de su precio de adquisición. De hecho, hubo cientos de huecos que se crearon en los gráficos de los mercados de 1929-32 que no se han cerrado en 18 años, ya que muchos de ellos, es bueno decirlo, no se cerrarán jamás.

Si considera el asunto por un instante, podrá apreciar que las posibilidades que hemos determinado para un hueco que se cierra, se aplican también a la devolución de una acción a cualquier gama de precios a la que en algún momento se ha operado, haya o no haya hueco.

Otro punto a considerar: hay miles de huecos de precios hechos en el comercio -algunos de ellos muy amplios- que no aparecen para nada en los gráficos estándar diarios de gama, porque se han establecido *durante* un sólo día y no entre el cierre de un día y la apertura del siguiente. Esos huecos "dentro de un sólo día" se suelen pasar por alto totalmente; los teóricos de huecos ITO son conscientes de ellos, aunque su significación es, habitualmente, de mayor importancia que la de muchos huecos de un solo día. Prácticamente, cada movimiento enfático de fuga desde un Rectángulo o Triángulo Rectángulo rigurosamente definidos, va en conjunto de un hueco, pero sólo de aquellos que aparecen en los gráficos y que se ejecutan con el gong de apertura del día.

Si cree Ud. que "protestamos mucho" con lo dicho anteriormente, es sólo debido a que queremos que nuestros lectores estudien este tema con una mentalidad abierta, libre de nociones prejuzgadas en relación a las cualidades místicas que los huecos puedan tener. Volviendo al otro lado del cuadro, los huecos, aunque tendríamos que decir mejor algunos huecos. Tienen una importancia técnica. Algunos huecos le son (útiles al analista a la hora de valorar las posibilidades de tendencia. Veamos qué podemos decir de ellos.

Los huecos ex-dividendo

Lo primero de todo es descartar de nuestro análisis los huecos que *no* tienen significado. Lógicamente, un hueco en un octavo de punto no presenta alguna significación técnica, ya que sólo representa el cambio mínimo permitido a los precios. Del mismo modo, un hueco de cuarto de punto o, inclusive, medio punto, en unas acciones de elevado precio, como las de la Norfolk & Western (antes de su decisión), representa sólo una extensión normal y de hecho cercana, entre las continuadas ofertas. Rápidamente, para que un hueco tenga interés para el técnico de gráficos, debe ser más estrecho que los cambios normales en los precios que se producen en condiciones de comercio normales sobresalientes. La segunda clase de huecos sin implicaciones de predicción es la formada. Consistente y habitualmente, por muchas emisiones "estrechas" en los soportes de precios medios y más elevados. Son muy fáciles de detectar. Si su gráfico de una acción determinada señala, por regla general, numerosos huecos, ninguno de ellos suele significar nada especial.

Para terminar, los huecos que aparecen en los gráficos cuando una acción se queda sin partición (ya sea el dividendo en efectivo, en acciones, derechos o garantías), no posee implicaciones de tendencia. Están producidos, no por un cambio en la relación oferta-demanda que toma la tendencia, sino por una alteración súbita e irreversible en el valor real de libro de la acción.

Excluyendo los huecos comunes sin significado técnico que ya nombramos previamente, nos quedan los que se originan infrecuentemente (y que no están originados por un cambio de valor de un reparto de dividendo) en las acciones que se comercializan tan cerrada y activamente como de ordinario para producir gráficos "sólidos". En New York Central, por ejemplo, un hueco de un punto sería algo insólito; exigiría atención y tendría, seguramente, algún significado en cuanto a predicción.

Estos huecos, según el objetivo de nuestro estudio, se pueden dividir en cuatro clases: huecos comunes o de área, huecos de fuga, huecos de continuación o huída y huecos de agotamiento.

El hueco común o de área

Este tipo de hueco designa su nombre por la tendencia que tiende a producirse dentro de un área de operaciones o pauta de congestión de precios. Todas las formaciones de congestión que ya vimos en los capítulos anteriores -cambio de tendencia y consolidación- van en conjunto de una disminución del volumen de negocios de las operaciones. Los tipos definidos más estrictamente - Triángulos y Rectángulos- demuestran esta característica de manera muy evidente. Más aún, la actividad en estas

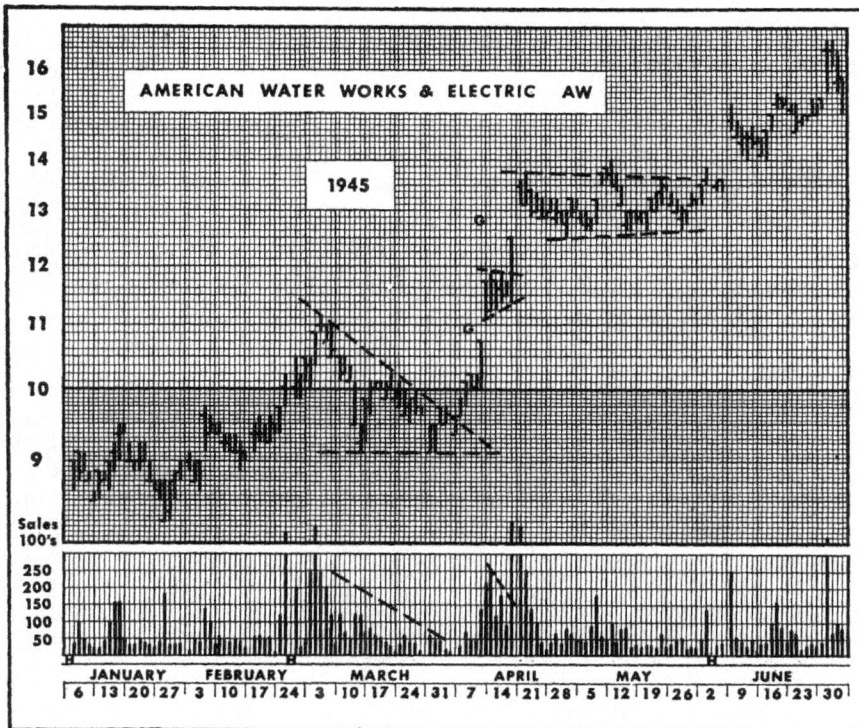

FIGURA 122. El Rectángulo de Abril-Junio de 1945 de la "AW" contuvo una serie de huecos de pauta significativos. Los dos huecos mayores señalados con una "G" son del tipo de continuación o huida. Nótese que los precios cerraron en, o cerca del techo de los días que produjeron un hueco. Ver Figura 200. Ninguno de ellos se cerró en dos años. Tiene también interés en el presente gráfico el Triángulo Descendente que comenzó a formarse en Marzo pero no se completó nunca –un cuadro engañoso y desalentador hasta que se formó el hueco del 7 de Abril. La Bandera de mediados de Abril "midió" el movimiento desde 9 1/2 hasta 14. Los huecos midieron sus dos mitades, una a cada lado de la Bandera.

pautas tiende a estar muy concentrada en, o cerca de, los límites de techo y suelo, sus líneas de oferta y demanda, mientras que la zona de en medio es una "tierra de nadie". Es posible de ver, por consiguiente, por que los huecos se producen con frecuencia dentro de esas áreas. Hallará varios ejemplos buenos de huecos de pauta en los gráficos que ilustran los Capítulos VIII y IX. Tales huecos de pauta se cierran habitualmente en cuestión de días y, por razones evidentes, antes de que se haya completado la formación de congestión en la cual aparecen y los precios se hayan distanciado de ella. Pero esto no siempre es así. En ocasiones, un hueco se desarrolla en el *último* recorrido de los precios por medio de la zona de pauta justo antes de producirse la fuga y, en tales casos, no se cierra durante bastante tiempo y no hay tampoco una razón por la que debiera hacerlo.

El significado de predicción de los huecos comunes o de pauta es prácticamente nulo. Son de algún uso para el técnico simplemente porque le ayudan a reconocer una pauta de zona -esto es, su aparición involucra una formación de congestión que está en desarrollo de formación. Si, por ejemplo, una acción sube de 10 a 20, cae a 17 y vuelve a 20, formando un hueco en el curso de esa recuperación, es justo pensar que se ejecutó un desarrollo posterior de la pauta entre 17, aproximadamente, y 20. Es beneficiario saber esto, ya que, en ocasiones, puede transformarse en beneficio en la política operativa a corto.

Los huecos de pauta son más propensos a desarrollarse en las formaciones de consolidación que en las de vuelta. *Así,* la aparición de muchos huecos dentro de un Rectángulo o Triángulo Simétrico que está en formación, fortifica la esperanza normal de que la pauta en cuestión resulte ser una consolidación en ves de un área de vuelta.

Huecos de fuga

El hueco de fuga aparece también relacionado con una formación de congestión de precios, pero se desarrolla con *el término* de la formación en el movimiento que separa los precios. Cualquier fuga por medio de una frontera *horizontal* de pauta es probable que esté seguida de un hueco. De hecho, tendríamos que decir que la mayoría de ellas lo están. Y, si consideramos lo que sucede en el mercado para que se ejecute una formación de precios de techo plano, es fácil ver por que se debería esperar la aparición de los huecos de separación. Un Triángulo Ascendente, por ejemplo, se produce por la demanda constante de una acción que ha hallado una gran oferta para venderse a un precio fijado. Supongamos que la oferta se distribuye a 40. Otros dueños de las acciones, que trataron de liquidarla al principio a 40 1/2, y en que las cotizaciones aumentan a 40 repetidas veces, se paran ahí y se vuelven. Tienden, por lo tanto, bien a unirse a la multitud que vende a 40, o bien a imaginar que, una vez se hayan pasado los 40, los precios aumentarán todavía más; pueden ellos bajar o subir sus precios de venta. El resultado es un "cruce" en los libros, una ausencia de ofertas en la gama de precios que está inminentemente por sobre de la pauta. De ahí que, cuando la oferta a 40 de nuestro ejemplo de Triángulo Ascendente es absorbida por completo, el comprador de acciones siguiente ve que no hay ninguna que se ofrezca a 40 1/8 6 40 1/4: tiene que pujar un punto o más, si quiere alcanzar las acciones, creando de esta forma una fuga.

Tal como indicamos anteriormente en este capítulo, los huecos de este tipo se producen en realidad con casi todas las fugas definitivas de congestiones horizontales, aunque muchos de ellos no se vean en los gráficos porque se originan dentro de un mismo día y no entre el cierre de un día y la apertura del siguiente. Las fugas se forman a veces, también, cuando los precios se salen de otros tipos de formación de cambio de dirección o consolidación; no son infrecuentes en relación a las pautas de Cabeza y Hombros, por ejemplo, y se producen, inclusive, con la invasión de las líneas de tendencia, que hablaremos en un capítulo siguiente.

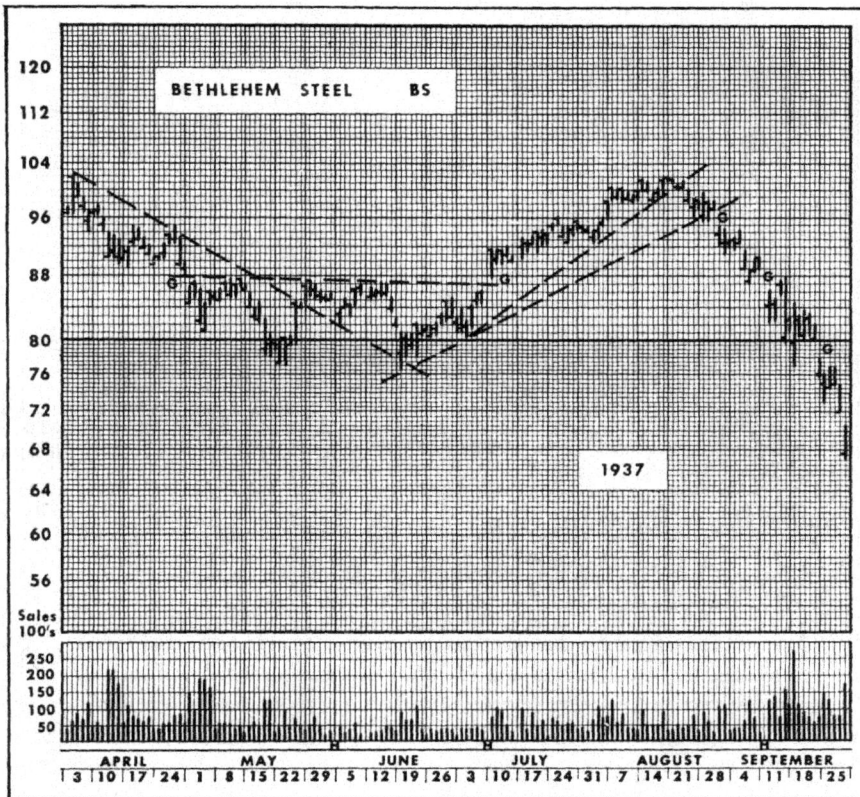

FIGURA 123. El gran hueco alcista creado en este gráfico de 5 de Julio fue un hueco típico de separación que se produjo cuando los precios escaparon de la base Compleja de la recuperación Secundaria de Julio-Agosto. (Compare este gráfico con la Figura 32). El 26 de Agosto se produjo otro tipo de hueco de separación a través de una línea de tendencia. El 7 de Septiembre se debió al "reparto de dividendo", mientras que el del 18 de Septiembre fue incluso otro tipo de ruptura –a través de un nivel de soporte. El primer hueco marcado, 16 de Abril, debe ser considerado como una fuga. Creó una especie de "Isla" en la base –y completa– de Abril-Junio

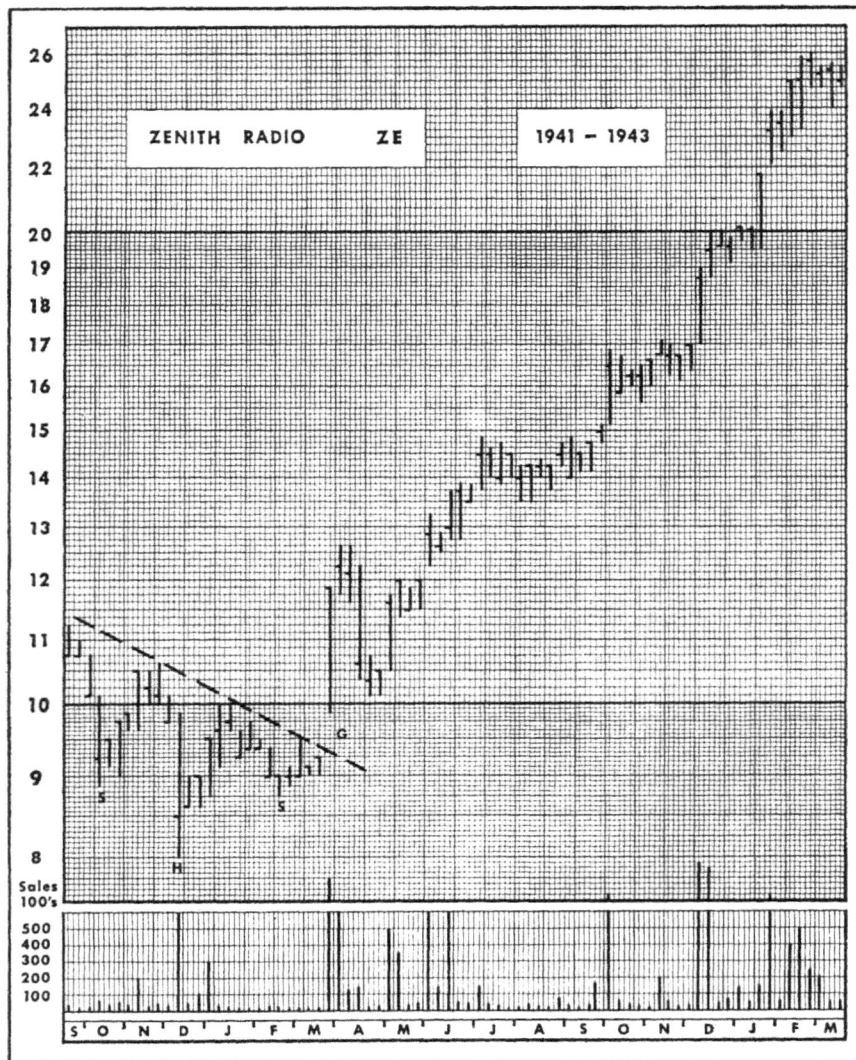

FIGURA 124. Potente hueco de separación que apareció en el gráfico mensual de Zenith, cuando se fugó de un suelo de Cabeza y Hombros a principios de 1942. Nótese el volumen alto que se desarrolló más allá del hueco, lo que sugiere que no se cerraría rápidamente. La reacción de Abril se detuvo a pocos pasos de él. En realidad, todavía no se había cerrado en 1956, más de catorce años después.

¿Qué valor de predicción podemos concederles? Primero, ayuda para llamar la atención y enfatizar el hecho de una fuga. No existe duda de que se ha producido una fuga verdadera cuando los precios saltan fuera de su pauta con un hueco visible. Los movimientos falsos rara vez van acompañados de huecos. Sugieren que la demanda de compra (o presión de ventas, según sea la situación) que hizo el hueco es *más fuerte* que la indicada por una fuga sin huecos. De aquí se puede deducir que el movimiento que se sigue llevará los precios más lejos o más deprisa, o ambas cosas. No es preciso detenerse mucho en este punto; es una deducción evidente y algo que se ha corroborado en varios casos, aunque tenga sus excepciones, puede resultar, a veces, decepcionante. De todas maneras, si no cambian las circunstancias, de dos acciones que surgieron al mismo tiempo de un Triángulo Ascendente, debería comprar lo que dejó un hueco, en ves de lo que hizo su camino hacia afuera por pequeños escalones fraccionales.

Si excluimos la suposición del "vapor" mayor hecha tras el movimiento, el hueco de separación no dirige a ningún significado especial de medición, ni tampoco de predicción. La próxima pregunta es: ¿deberíamos esperar que un hueco se cerrara en un tiempo relativamente corto? o, usando palabras más prácticas y pragmáticas; ¿debemos retrasar la compra, con la esperanza de que se cerrará antes de que se desarrolle un movimiento digno de consideración? Para conceder una respuesta adecuada a la pregunta anterior, es preciso fijarse atentamente en el volumen de las transacciones antes y *después* del hueco. Si se registraron bastantes ventas en el nivel de despegue

FIGURA 125. Por puro interés diremos que este gráfico mensual de la Zenith Radio se produjo por comparación con el gráfico mensual de la Figura 124. Se puede apreciar fácilmente el suelo de Cabeza y Hombros.

desde el cual los precios saltaron el hueco, pero relativamente pocas cuando los precios se alejaban del lado extrema del hueco, esta la posibilidad -tal vez en un cincuenta por ciento- de que la siguiente reacción Menor devuelva los precios al borde de la regla de origen, rellenando así el hueco. A su vez, si se desarrolló un volumen alto en el extremo *lejano* del hueco, y muchas transacciones tuvieron ahí lugar cuando los precios se alejaban del hueco, las posibilidades, en esta situación concreta, es que cualquier retroceso a corto plazo cierre el hueco, son remotas. En esas situaciones, una reacción de retroceso es detenida habitualmente fuera del hueco.

(Uno está tentado habitualmente a un trabajo de este tipo a utilizar las palabras "siempre" o "nunca" sin reservas. Lamentablemente, los autores no han sido nunca capaces de hallar una regla de los técnicos a la cual el mercado no encontrará una excepción. Es preciso estar *siempre* en guardia contra estos desarrollos excepcionales. Muchos de ellos están producidos por condiciones generales de mercado, que contrarrestan la tendencia técnica en acciones individuales. Manténgase alerta a las "medias" de los gráficos, como también de las acciones concretas en que esté interesado).

Cuando las fugas se desarrollan en un sólo día, el gráfico diario no consigue, evidentemente, señalar cómo se distribuyó el volumen diario. En ese caso, es imperioso examinar la cinta de cotizaciones o pedir a su agente de bolsa que se remita el registro publicado sobre las transacciones individuales que suscriben la mayoría de las firmas de corretaje. Ya que no nos ofrecen una pista irrebatible sobre el volumen, lo más seguro es imaginar que una fuga no se cerrará hasta bastante tiempo después de que se haya llevado a cabo el movimiento completo supuesto por la pauta de origen (generalmente un movimiento de alcance Intermedio en el sentido de Dow).

Huecos de continuación o huída

Con menor frecuencia en su aparición que cualquiera de las dos formas descritas anteriormente, los huecos del tipo de continuación tienen una significación técnica bastante mayor, porque brindan una tosca indicación del posible alcance del movimiento en que se producen. Por esta causa se han llamado, a veces, huecos de "medición".

El hueco común o de pauta y el de fuga se originan asociados a formaciones de precios del tipo de área o congestión, el primero dentro de la forración y, el segundo, a medida que los precios se alejan de ella. Por otro lado, el hueco de continuación, así como el de agotamiento, del que nos referiremos más adelante, no está relacionados con las pautas de área, sino que suceden en el curso de avances o descensos rápidos y en línea recta.

Cuando un movimiento dinámico comienza desde una zona de acumulación, la tendencia alcista de precios parecerá, a veces, reunir "vapor", acelerarse durante unos pocos días, tal vez una semana o más, y después empezar a perder ímpetu cuando la oferta aumenta, cuando la misma extensión del avance invita a una toma de beneficios cada vez mayor. El volumen de actividad salta a un aumento máximo con la fuga inicial, va disminuyendo, de alguna forma, hacia la mitad del avance y, luego, salta nuevamente hacia arriba, hasta un volumen de negocios tremendo cuando el movimiento, por último, es detenido.

En esos movimientos –y en los descensos rápidos de carácter parecido- un hueco extenso es más probable que aparezca en el momento en que la fuga está en su punto máximo, cuando las cotizaciones oscilan rápidas y fácilmente en relación al volumen de transacciones. Ese período se produce de forma natural en el punto de medio camino entre la fuga que inicio el movimiento y el día de cambio de dirección o pauta de aglomeración que le pone término. De aquí que un hueco de huida suministre una medida aproximada del movimiento en que se desarrolla. La conclusión es que los *precios se distanciarían del hueco con una distancia igual a la recorrida* entre el inicio del movimiento y el hueco, tal como se midió directa (verticalmente) en el gráfico.

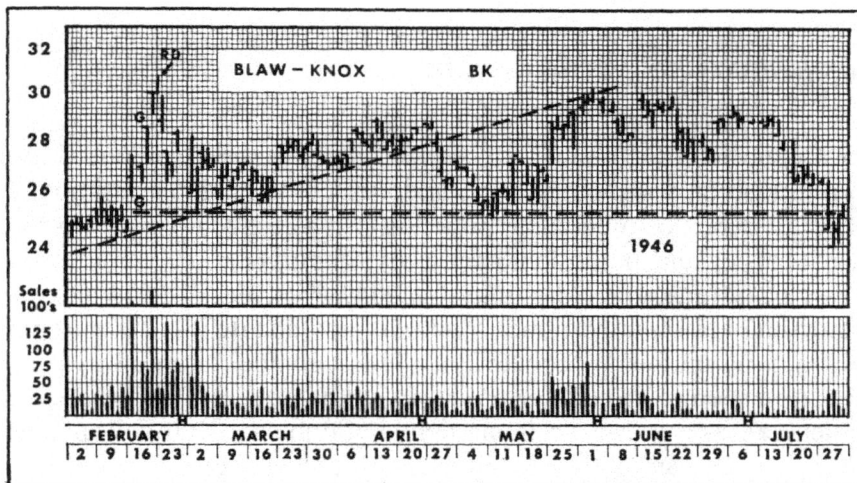

FIGURA 126. El gráfico diario de Blaw-Knox de principios de 1946 contiene una serie de rasgos técnicos interesantes. Su esfuerzo supremo de 19 a 25, en Diciembre de 1945, fue seguido de una consolidación de Rectángulo de nueve semanas, cuyo final aparece en el gráfico. Los precios entraron en erupción en este Triángulo del 11 de Febrero, con una fuga típica. Cuatro días después, apareció otro hueco con un volumen incluso mayor y los precios cerraron al techo de gama del día. Este parecía una continuación, en cuyo caso la continuación a 32 se supuso de acuerdo con la conclusión del párrafo precedente. (Nótese que la "medida" del Rectángulo exigía sólo 31). Al día siguiente, sin embargo, apareció, desde 31 a 30, una Vuelta en un día y la siguiente sesión cerró el hueco del 15 de Febrero, que veremos más adelante. Los precios cayeron, en consecuencia, hasta el soporte del Rectángulo de nueve semanas, se recuperaron, de mala gana, a lo largo de una tendencia al alza Intermedia, y la rompieron, el 24 de Abril, para volver al soporte de 25. En Mayo, otro avance elevó una vez a la "BK" a 30, donde chocó contra la línea de tendencia previamente rota. Ese constituyó su último esfuerzo; a últimos de Julio se penetró el nivel de "valle" y un Techo Mayor Doble se hubo completado, volviendo al hueco del 15 de Febrero; es bastante típico de muchos casos en los cuales es imposible decir, si se ha señalado la continuación o el agotamiento, hasta dos o tres días después de haberse creado el hueco.

Ya que los avances poseen tendencia a correr, en puntos, por sobre de los niveles de precio involucrados aritméticamente por esta regla, y los descensos a estar limitados de manera más estricta, la regla del hueco de medición funciona especialmente bien cuando se usa directamente a gráficos de escala semilogarítmico. En los gráficos aritméticos, busque un poco más hacia el lado alcista y un poco menos en el lado bajista. (En cualquier caso, será más sensato "contar" con algo cercano al objetivo teórico).

Los huecos de continuación son fáciles de hallar e identificar retrospectivamente, pero nuestra tarea es reconocerlos en el momento en que surgen. No hay, por supuesto, peligro de confusión con los huecos de pauta o ruptura. Dejando esos a un lado, cualquier hueco que aparezca en un avance o descenso rápidos, después de que los precios se hayan distanciado lo suficiente de una formación de área (o la penetración de una línea de tendencia trascendental por medio de un nivel fuerte de soporte o resistencia, del que hablaremos más adelante), puede ser una continuación. Lo que se aplica, entonces, es diferenciarlo de nuestro siguiente tipo, el hueco de agotamiento. Generalmente, la formación de precios y volumen del día siguiente al hueco otorga la evidencia precisa para un diagnóstico futuro.

Dos o más huecos de continuación

Será mucho más fácil sacar a colación las características que diferencian los huecos de continuación y agotamiento cuando tratemos de estos últimos con detalle. Antes de hacerlo, debemos mencionar aquellos casos en que dos, y extrañamente tres, huecos intervienen en un movimiento rápido y, claramente, se clasifican todos ellos como del tipo de continuación. No es muy frecuente, y es aún más extraño que aparezca en el gráfico de una acción muy grande y activa, pero una de las acciones más amplias, en medio de un movimiento de "cohete", puede ir saltando durante tres o cuatro días y formando así huecos entre cada par seguido. La única pregunta de importancia práctica que se establece en estos casos es la siguiente: ¿dónde se debe delimitar el punto de medición de mitad de camino? No se puede trazar una regla rápida y fácil, pero un ofertas (o demandas si es un descenso) y se le pone término, bruscamente, en un día de volumen tremendo. En esos movimientos puede aparecer un amplio hueco justamente al final, es decir, entre el penúltimo y el último día del movimiento. Eso se le llama con el nombre de un hueco de agotamiento, porque parece que, a partir de ahí, la tendencia se ha agotado en un esfuerzo supremo de salta final.

La evidencia que se logra del gráfico que precede al hueco se puede enunciar de la siguiente forma. Si la tendencia ha llevado ya a cabo las consecuencias completas de la formación de precios y zona de congestión de la cual surgió, hay mayores probabilidades que se origine un agotamiento que una continuación. De la misma manera, si las implicaciones razonables de medición de la pauta de origen están aún lejos de alcanzarse, el hueco pertenece seguramente al tipo de continuación. Un hueco de agotamiento rara vez es el primero en una continuación; esta precedido, al menos, de un hueco de continuación. Así, usted puede normalmente asumir (a menos que se demuestre lo contrario) que el primer hueco de un avance o descenso rápidos es un hueco de continuación. Pese a eso, cada hueco sucesivo debe considerarse cada vez con mayor sospecha, sobre todo si es más estrecho que su antecesor.

Hemos hablado de los huecos de agotamiento como de huecos *amplios*. La anchura es, por necesidad, relativa en este estudio; es imposible proporcionar reglas exactas para definir lo que es ancho o estrecho. No se preocupe excesivamente por esto. Con una mínima experiencia en gráficos, se consigue reconocer lo que constituye un hueco extraordinariamente prolongado para la acción concreta que está observando.

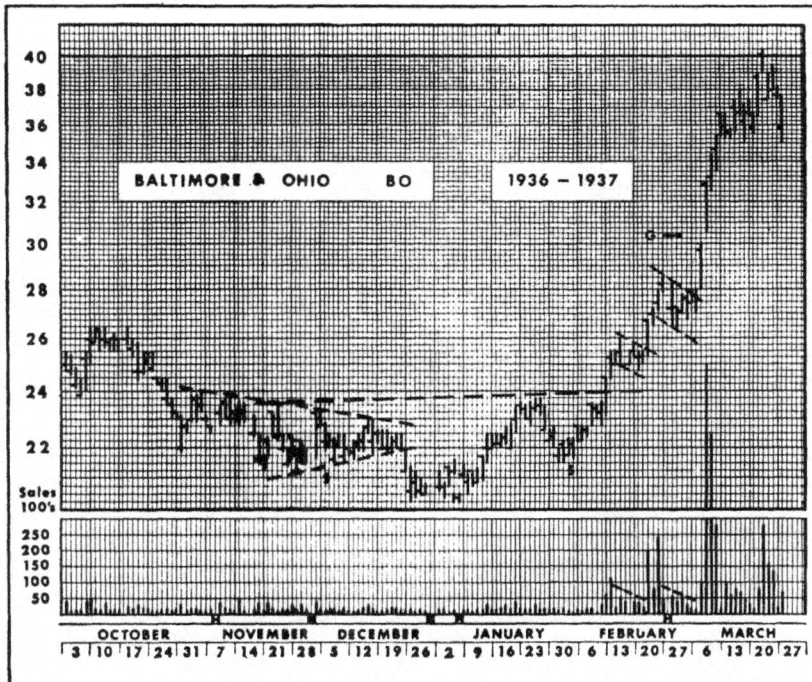

FIGURA 127. Un buen ejemplo de hueco de fuga que actuó de acuerdo a la norma. Después de reaccionar desde 26 1/2 a finales de 1936, la "BO" formó un suelo de Cabeza y Hombros (el hombro izquierdo era un Triángulo) y se salió de él el 6 de Febrero de 1937. Una pequeña Bandera se creó inmediatamente después, exigiendo 28. A ese nivel, desarrolló otra Bandera que señaló 30 1/2 o más. Sin embargo, a medida que los precios alcanzaron este último objetivo, se creó un hueco el 3 de Marzo con un volumen extraordinario. Los dos días siguientes demostraron que esto era un hueco de continuación. Como tal, supuso un avance posterior (midiendo desde la línea clavicular de Cabeza y Hombros) a 37. La "BO" creó su máximo de Mercado Alcista a 40 1/2 el 17 de Marzo. La regla del hueco de medición se debería usar con el propósito de "salir" más que de "entrar". No garantiza que un movimiento se continúe al límite supuesto, pero ofrece, sin embargo, la seguridad de que el movimiento está cercano a su fin cuando se ha cumplido la norma.

La continuación suele cubrirse durante un tiempo considerable, no, por norma general, hasta que el mercado lleva a cabo un movimiento de proporciones Mayores o Intermedias al completo, en dirección opuesta. Pero los huecos de agotamiento se cierran rápidamente, casi todas las veces en un período que va desde los dos a los cinco días, hecho que concede una pista final a la hora de diferenciar el agotamiento de la continuación, si es que aún es preciso hacerlo en este momento. (Esto se enfrenta a la superstición común de que todos los huecos deben cerrarse antes de confiar en que la tendencia seguirá todavía por bastante tiempo. En el caso de un agotamiento, este no se cierra hasta que la tendencia siga moviéndose hacia adelante y, frecuentemente,

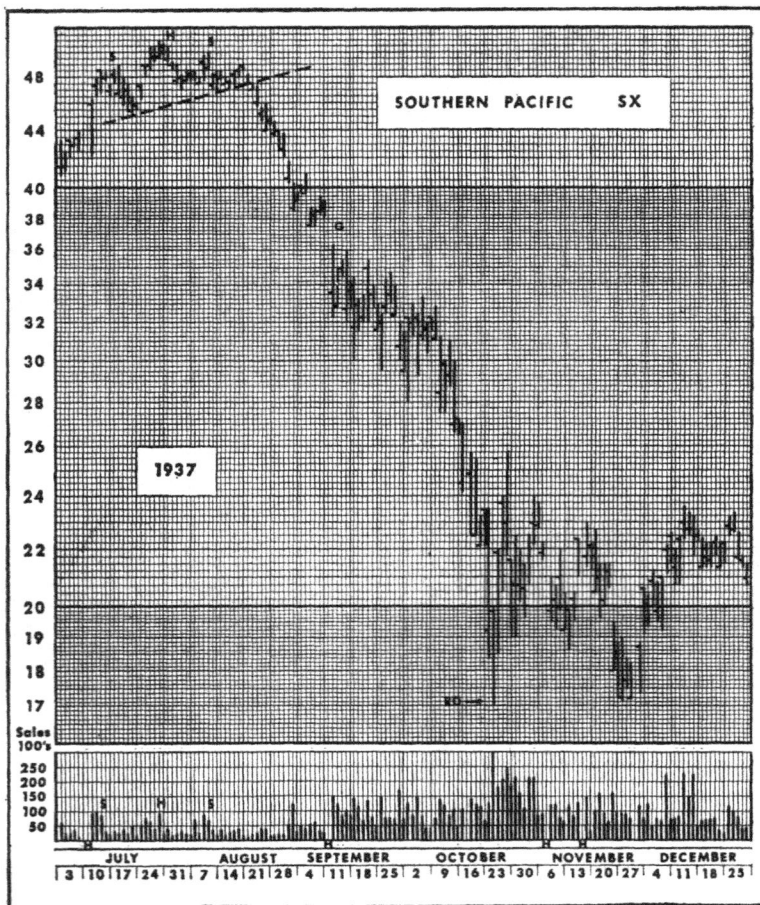

FIGURA 128. Los descensos de pánico producen, a menudo, grandes huecos de fuga. El hueco del 7 de septiembre en este gráfico, a juzgar por su tamaño, volumen, acción subsiguiente, y por el hecho de que se creó en "nuevo suelo de mínimo", es del tipo de mediación. El objetivo a alcanzar estaba en 26 o por debajo. El resto de huecos de este gráfico son, obviamente, de la variedad "común".

a lo largo de una distancia sorprendente. En el caso de un hueco de agotamiento, su cierre contribuye, en realidad, a mostrar que la tendencia se ha agotado). Un hueco de agotamiento no se debe considerar, por sí mismo, como una indicación de cambio de dirección Mayor e, inclusive, no precisamente como un cambio de dirección siquiera. Requiere "stop", pero este suele ir continuado de una especie de desarrollo de pauta de área que puede, a su vez, conducir a un cambio de dirección, o a una continuación del movimiento anterior al hueco. De todas formas, la mayoría de los casos de formación de un hueco de agotamiento le sigue lo que es, en gran parte, una reacción menor o retraso, antes de que se produzca una nueva tendencia, para certificar de inmediato el cierre de obligaciones. (Se puede siempre volver a entrar en ella si parece que, posteriormente, la tendencia anterior se ha vuelto a reanudar).

Huecos de agotamiento

La fuga indica el comienzo de un movimiento; el hueco de continuación marca su continuación rápida en, o cerca de, su punto de mitad de camino; el hueco de fuga de agotamiento llega a su término. El tipo de los dos primeros se diferencian fácilmente por su situación con respecto a la pauta de precios precedente, pero el último no siempre se distingue enseguida del segundo.

Los huecos de agotamiento, al igual que los de fuga, van asociados con avances o descensos rápidos y extensos. Hemos definido el tipo de fuga como aquel que se realiza en medio de un movimiento que se acelera a una gran velocidad, se hace más despacio después y se detiene, finalmente, a medida que la resistencia incrementada vence su ímpetu. A veces, pese a eso, no muestra inclinación a perder el ímpetu, sino que continúa acelerándose hasta que, repentinamente, golpea un muro de piedra de ofertas (o demandas si es un descenso) y se le pone termino, bruscamente, en un día de volumen tremendo. En esos movimientos puede aparecer un amplio hueco justamente al final, es decir, entre el penúltimo y el último día del movimiento. Eso se le llama con el nombre de un hueco de agotamiento, porque parece que, a partir de ahí, la tendencia se ha agotado en un esfuerzo supremo de salta final.

La evidencia que se obtiene del gráfico que precede al hueco se puede enunciar de la siguiente manera. Si la tendencia ha llevado ya a cabo las consecuencias completas de la formación de precios y zona de congestión de la cual surgió, hay mayores probabilidades que se produzca un agotamiento que una continuación. De la misma forma, si las implicaciones razonables de medición de la pauta de origen están aún lejos de alcanzarse, el hueco pertenece seguramente al tipo de continuación. Un hueco de agotamiento extraña vez es el primero en una continuación; esta precedido, al menos, de un hueco de continuación. Así, usted puede normalmente asumir (a menos que se demuestre lo contrario) que el primer hueco de un avance o descenso rápidos es un hueco de continuación. Pese a eso, cada hueco sucesivo debe considerarse cada vez con mayor sospecha, sobre todo si es más estrecho que su predecesor.

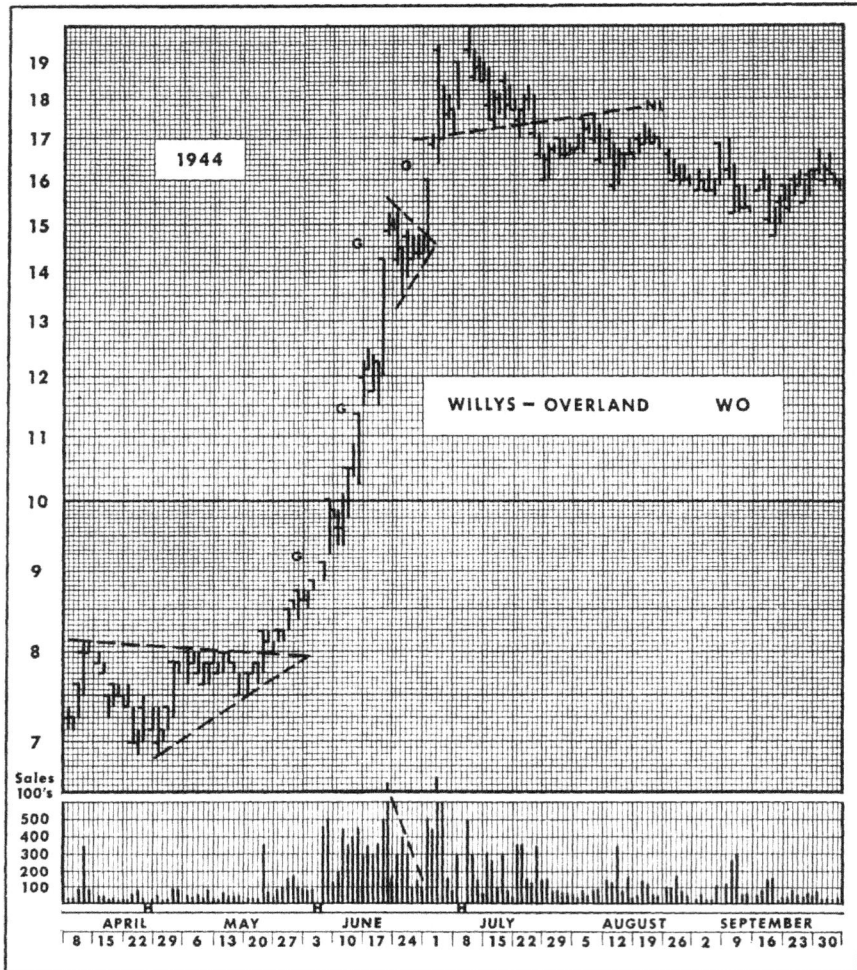

FIGURA 129. El ascenso de "cohete" de la Wilys-Overland de Junio de 1944 vino marcado por una serie de huecos pequeños. Los dos primeros fueron demasiado pequeños como para tener significación técnica. El hueco más grande creado el 16 de Junio estuvo marcado por la "viscosidad" de los precios de ese día a causa del agotamiento. A aquél siguió una consolidación de Bandera pequeña. El hueco del 27 de Junio actuó también como un hueco de agotamiento en lo que se refiere a la acción de los precios, pero el volumen descendió, en lugar de alcanzar una nueva alza máxima. El 28 de Junio los precios se escaparon con un salto otra vez, de tal forma que el hueco del 27 de Junio estuvo marcado ahora por otra continuación, con un objetivo de 18 1/2 más del que ya se había alcanzado. Nótese la vuelta (o el cambio de dirección) de Cabeza y Hombros que se formó entonces y la reacción Intermedia siguiente.

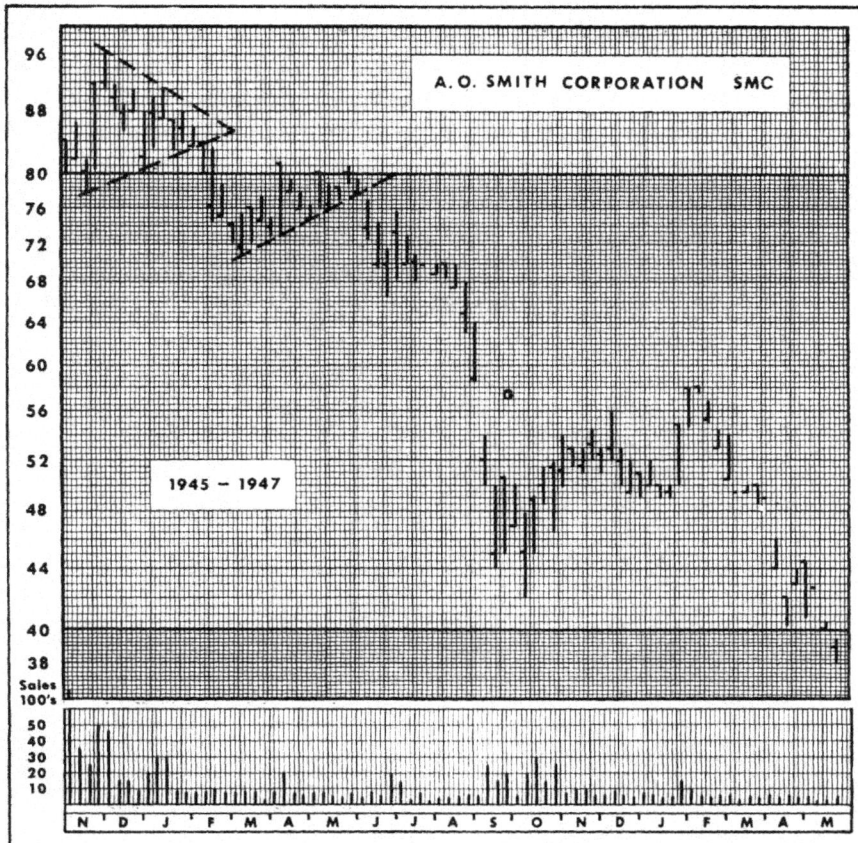

FIGURA 130. La "SMC" es una acción estrecha cuyo gráfico diario está normalmente "lleno de aguje-ros", sin embargo, este gran hueco que apareció en su gráfico semanal de Septiembre de 1946 tuvo evidentemente una significación técnica. Catalogado de huida, y midiendo desde la congestión de ocho semanas en 68, exigió un objetivo hacia abajo situado en 44 o inferior a esa cifra, que se cumplió debida-mente.

Hemos hablado de los huecos de agotamiento como de huecos *amplios*. La anchura es, por necesidad, relativa en este estudio; es imposible dar reglas exactas para definir lo que es ancho o estrecho. No se preocupe excesivamente por esto. Con una mínima experiencia en gráficos, se logra reconocer lo que constituye un hueco extraordinariamente prolongado para la acción concreta que esta observando.

La continuación suele cubrirse durante un tiempo considerable, no, por norma general, hasta que el mercado lleva a cabo un movimiento de proporciones Mayores o Intermedias al completo, en dirección contraria. Pero los huecos de agotamiento se cierran rápidamente, casi todas las veces en un período que va desde los dos a los cinco días, hecho que otorga una pista final a la hora de diferenciar el agotamiento de la continuación, si es que aún es necesario hacerlo en este momento. (Esto se enfrenta a la superstición común de que todos los huecos deben cerrarse antes de confiar en que la tendencia continuará todavía por bastante tiempo. En el caso de un agotamiento, este no se cierra hasta que la tendencia continua moviéndose hacia adelante y, frecuentemente, a lo largo de una distancia sorprendente. En el caso de un hueco de agotamiento, su

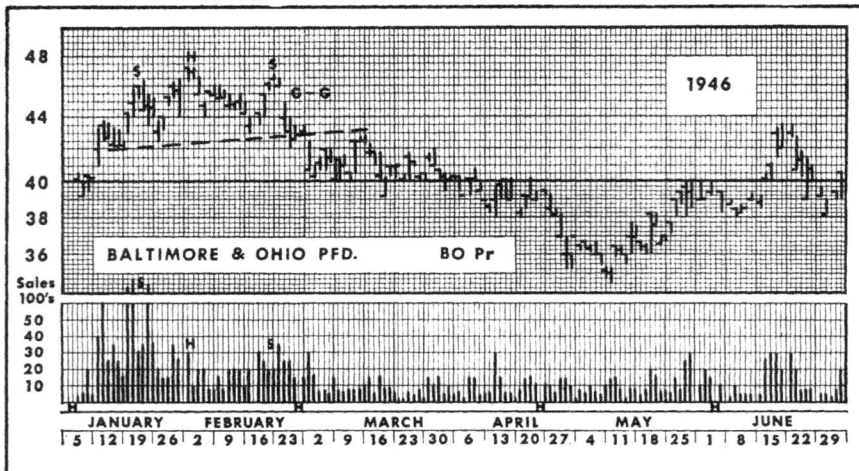

FIGURA 131. Isla pequeña en el hombro izquierdo del techo de Cabeza y Hombros que marcó la vuelta o cambio de dirección Mayor de esta acción. La Isla sirvió sólo para enfatizar las implicaciones bajistas del gráfico.

cierre contribuye, en realidad, a indicar que la tendencia se ha agotado). Un hueco de agotamiento no se debe considerar, por sí mismo, como una indicación de cambio de dirección Mayor e, incluso, no necesariamente como un cambio de dirección siquiera. Exige "stop", pero este suele ir continuado de una especie de desarrollo de pauta de área que puede, a su vez, conducir a un cambio de dirección, o a una continuación del movimiento anterior al hueco. De todas maneras, la mayoría de los casos de formación de un hueco de agotamiento le sigue lo que es, en gran parte, una reacción menor o retraso, antes de que se produzca una nueva tendencia, para garantizar de inmediato el cierre de obligaciones. (Se puede siempre volver a entrar en ella si parece que, posteriormente, la tendencia anterior se ha vuelto a reanudar).

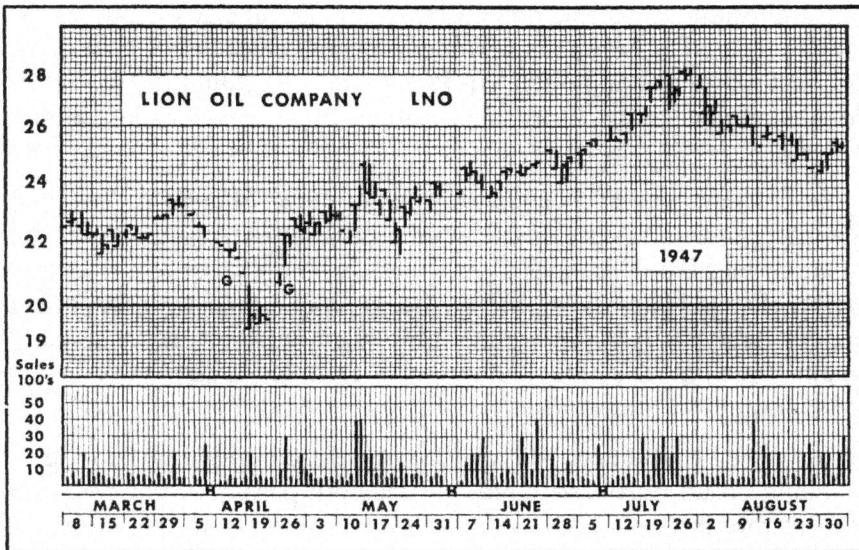

FIGURA 132. Las sacudidas de "Isla" no son infrecuentes en acciones estrechas. Es difícil explicar por qué se desarrollan así, pero sus implicaciones de predicción son claras.

La vuelta o cambio de dirección de isla

En el final del Capitulo X indicamos una pauta de vuelta o cambio de dirección -la Isla- que se estudiará en conjunto con los huecos. La pauta de Isla no es muy usual y no presenta algún significado primordial en si mismo, en el sentido de señalar un techo o suelo a largo, pero sí como regla que devuelve los precios para que vuelvan a recorrer totalmente el camino del movimiento Menor que la precedió.

La vuelta o cambio de dirección de Isla se puede describir como una gama de operaciones compacta separada del movimiento que condujo a ella (y que fue rápido, generalmente) por un hueco de agotamiento, y del movimiento que la siguió en dirección contraria (y que suele ser también rápido) por una fuga. La gama de operaciones puede constar de un solo día, en cuyo caso se desarrolla, habitualmente, como una vuelta en un día, o de varios días, que pueden llegar a una semana o así, de fluctuaciones menores dentro de una zona de precios compacta. Se define, como ya supondría, por un volumen relativamente elevado. Los huecos ubicados a cada lado se Producen, aproximadamente, al mismo nivel de precios (deberían coincidir parcialmente), de tal forma que la zona completa se manifiesta en el gráfico como una isla, alejada del resto del camino de precios a causa de los huecos.

Dijimos inicialmente que una Isla no aparece, por sí misma, como una formación Mayor de cambio de dirección, pese a eso, las Islas se desarrollan, con periodicidad, dentro de pautas más prolongadas, en puntos decisivos de consecuencias Primarias o Intermedias importantes, como, por ejemplo, en la cabeza de un techo dinámico de Cabeza y Hombros. De la misma forma, aparecen a veces en los extremos de los movimientos menores que componen un Triángulo o Rectángulo (en cuyo caso, por supuesto, las pautas que las hacen resaltar, están mejor clasificadas como pautas de huecos comunes).

Las razones por las cuales las Islas pueden desarrollarse, y de hecho lo hacen -en otras palabras, por que los precios pueden repetirse y se repiten en el mismo nivel de precios- estarán más claro cuando las analicemos bajo el encabezamiento general de soporte y resistencia en el capítulo siguiente. Basta repetir, en este punto, que los precios se pueden mover más fácil y rápidamente, bien hacia arriba o hacia abajo, por medio de una gama en la que pocas acciones, o ninguna, cambiaron de manos en el pasado, es decir, donde los propietarios anteriores no poseían un "interés conferido".

A veces, el segundo hueco -la separación que completa la Isla- se cierra unos días después debido a un retroceso rápido o reacción, pero habitualmente no pasa así. Extraña vez el primer hueco -el agotamiento que da inicio a la Isla- se cubre en unos pocos días antes de que aparezca el segundo, en cuyo caso, la aglomeración de Isla toma una especie de forma de V (si es un techo) y no hay una clara "agua abierta" que cruce el gráfico horizontalmente entre la Isla y las tendencias que la preceden y la siguen. Pero, con cualquiera de estas variaciones, la interpretación es la misma: se debería volver a

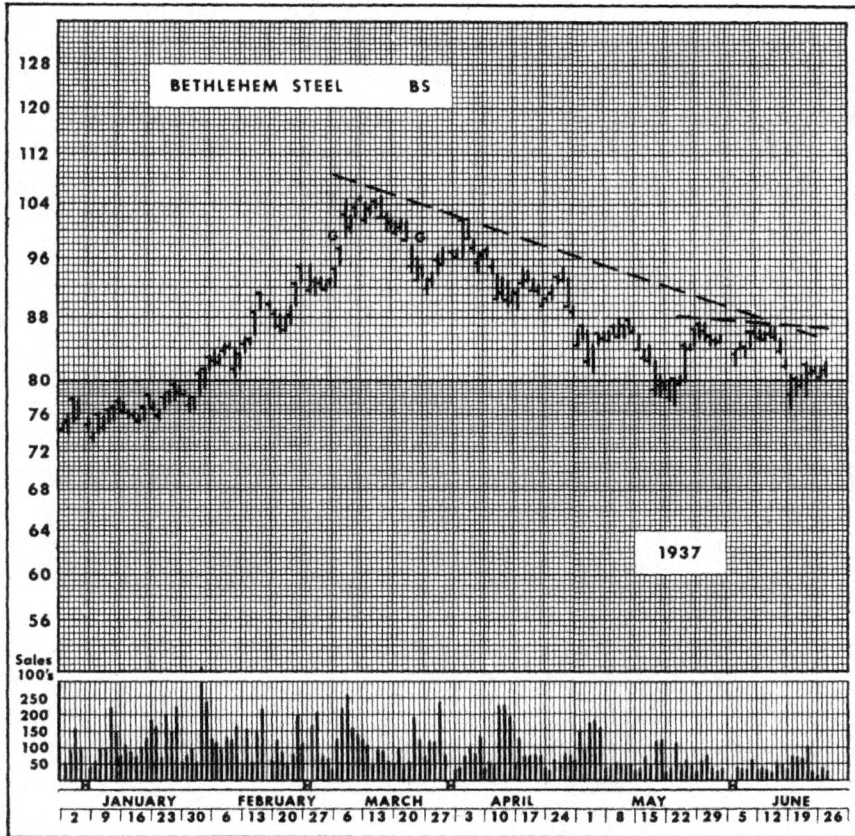

FIGURA 133. La pauta de vuelta o cambio de dirección de Isla del techo Mayor de la Bethlehem Steel de 1937 es "clásica", sin embargo, estuvo seguida de una anormalidad curiosa y desconcertante en la fuerte recuperación que se produjo el 30 de Marzo. Aquellos que hicieron la liquidación en la señal de Isla alrededor de 95 el 19 ó 20 de Marzo se quedaron sobrecogidos, sobre todo si habían vendido al descubierto, y lógicamente alarmados cuando los precios saltaron hacia arriba una semana después y no sólo atravesando el nivel del segundo hueco, sino también situándose bastante por encima de él. Sin embargo, y a su debido tiempo, todo se desarrolló según el pronóstico originario. Este incidente servirá para ilustrar un principio general: cuando una pauta técnica precisa de significación incuestionable se ha completado en sus gráficos, no deje que algún desarrollo, aparentemente de signo contrario, que se produce poco después le lleve a olvidar o dejar a un lado la señal previa sencilla. Deje tiempo a estas situaciones para que funcionen. La Figura 123 muestra la consecuencia del gráfico superior y, casualmente, otra Isla. Compare el volumen.

trazar prácticamente el movimiento Menor anterior.

No es fácil negociar en una pauta de Isla, a menos que sea para una recogida a largo plazo, ya que, ciertamente, una buena parte del retroceso ya se ha completado cuando la Isla se ha trasladado a un gráfico y se puede cumplir una orden de compra o venta en sus indicaciones. Claro, si el hueco que aparece es de agotamiento, el operador que está interesado en las acciones emprenderá seguramente una acción antes de que se forme el segundo hueco y la Isla se haga evidente. Tal vez la mayor utilidad que el analista gráfico puede obtener de las Islas es la de que llaman la atención sobre una situación y lo ponen en alerta sobre sus potencialidades.

Huecos en las medias

Los huecos aparecen también en la mayoría de las medias pero, por razones innegables, con mucha menos frecuencia que en los gráficos de acciones individuales. Mientras que no es preciso que todas las acciones compongan una media para crear, simultáneamente, un hueco y, así, producir otro en las cifras de las medias, muchas de ellas sí exigen hacerlo. Como sería de esperar, los huecos comunes o de pauta son especialmente extraños en los gráficos de medias, pero los de fuga y continuación, por el contrario, no son infrecuentes, aunque pequeños, si los comparamos con el tamaño de tales huecos en las acciones individuales. Los huecos de agotamiento, y, en consecuencia, las Islas, son también extraños. Las condiciones bajo las cuales se forma un hueco de agotamiento raramente se convierten en un número suficiente de acciones individuales en un preciso momento, como para que aparezca una réplica de aquel en las medias.

La interpretación técnica de los huecos en las medias es, en lo esencial, igual que en las acciones individuales. Los autores no han descubierto que un hueco de media tenga un significado especial, por sobre del que se le atribuye a un hueco en el gráfico de cualquier acción individual negociada de manera cerrada y activa. Las medias de mercado más estrechas, y de ahí las más representativas también, presentan los huecos más pequeños y escasos. Por otro lado, la Dow-Jones Industrial Average es muy volátil y una buena creadora de huecos. (Se le recomienda al lector que revise este capítulo una vez que haya analizado los principios de Soporte y Resistencia, en el Capítulo XIII).

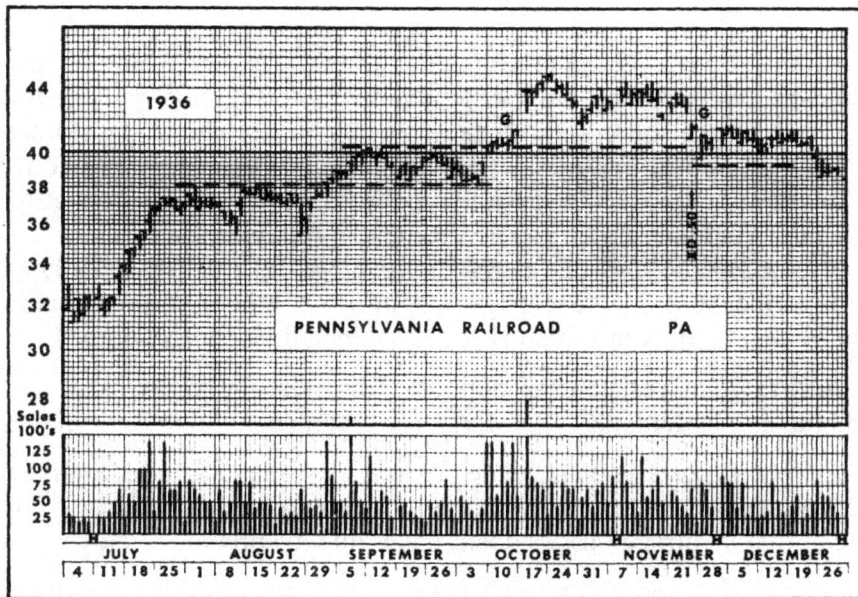

FIGURA 134. Esto presentaba el aspecto de Isla en la "PA", pero el segundo hueco se debe, en realidad, a un dividendo de 50 centavos que se quedó sin participación el 20 de Noviembre y, por lo tanto, debe descartarse técnicamente. A causa de este dividendo, se hizo necesario bajar medio punto la línea del soporte en 40. (Ver Capítulo XIII). Este soporte, por consiguiente, no se violó en Diciembre y los precios avanzaron seguidamente por encima de los 50 el mes de Marzo siguiente.

Capítulo XIII

Soporte y Resistencia

Los fenómenos que exploraremos en este capítulo son marcadamente diferentes, en lo que a clase se refiere, de los que discutimos en las secciones anteriores. Analizaremos ahora el mercado de valores desde otro ángulo y, al hacerlo, puede que sea posible desarrollar algunas reglas adicionales muy prácticas que nos guíen a la hora de seleccionar acciones para comprar o vender, calcular sus posibles movimientos y predecir en qué momento son más propensas a "meterse en problemas". De hecho, algunos operadores experimentados han construido sus "sistemas" basándose, casi por completo, en lo que hemos llamado aquí soporte y resistencia, sin prestar atención a las pautas gráficas de formación de precios y volumen que hemos estudiado en páginas anteriores.

Pero los fenómenos de soporte y resistencia no están, de ninguna manera, desconectados de las pautas y formaciones anteriormente analizadas. Ya hemos tenido ocasión de hacer mención a un principio básico de soporte y resistencia en nuestra explicación de los huecos y, a medida que siga leyendo, comprobará que, a partir de ahí, se explican otras pautas de comportamiento de precios, o al menos se hacen más entendibles.

La palabra soporte se usa constantemente en la "calle". Debe ser muy familiar para el lector en una o dos de sus connotaciones. Escuchamos, por ejemplo, que tal multitud o tal otra está soportando XYZ a 50 o esta preparada para prestar soporte al mercado, comprando la totalidad de las acciones ofrecidas en cada concesión de 5 puntos. En lo que se refiere a este capítulo, podemos definir el *soporte* como la compra, real o potencial, suficiente, en lo que a volumen se refiere, para detener una tendencia de precios bajista durante lapso de tiempo apreciable. La resistencia es la antítesis del soporte; es la venta, real o potencial, suficiente en volumen para satisfacer todas las ofertas y, en resultado, prevenir que los precios suban durante un tiempo.

El soporte y la resistencia, definidos de esta forma, se corresponden casi respectivamente con la demanda y la oferta, aunque no son totalmente sinónimos.

Un nivel de *soporte* es un nivel de precios en el que la demanda suficiente de una acción parece contener, al menos por un período, una tendencia bajista y posiblemente regresarla (cambiar su dirección), es decir, hacer que los precios se eleven nuevamente.

Teóricamente, y generalmente casi siempre, hay una cantidad establecida de oferta y otra de demanda a cualquier nivel de precios. (La cantidad relativa de las dos variará dependiendo de las circunstancias y determinara la tendencia). Pese a eso, una gama de soporte representa una *concentración* de demanda.

Según con las definiciones anteriores, se puede apreciar que el techo de una pauta horizontal de congestión, tal como el Rectángulo, es un nivel de resistencia y su fondo pone el borde a un nivel de soporte; la línea de techo de un Triángulo Ascendente es, sin dudas, un nivel de resistencia, etc. Pero aquí nos interesa más comprender las razones por las cuales el apoyo o la resistencia, según sea el caso, se pueden *anticipar* para aparecer en ciertas gamas de precios. Es posible realizar esto dentro de unos límites razonables y con unas pocas excepciones que veremos más tarde. Los lectores expertos de gráficos poseen la capacidad, con periodicidad, de realizar predicciones sorprendentemente exactas sobre dónde se encontraran el avance y la resistencia (oferta) o dónde tropezará una tendencia descendente con el soporte.

La base de estas predicciones -el dato elemental del que salen las teorías de soporte y resistencia- es la de que el volumen de cualquier acción tiende a juntarse en los niveles de precios donde cambiaron de manos un gran numero de acciones en el pasado. Puesto que cualquier nivel en el cual tiene lugar un gran número de transacciones se convierte, generalmente, en un punto de vuelta (o cambio de dirección) Mayor, Intermedia o Menor de la tendencia de esa acción, se puede deducir que los niveles de vuelta (o cambio de dirección) tienden a "repetirse". Pero nos hallamos aquí con el hecho importante e interesante que, curiosamente, no parecen agarrar nunca varios observadores de gráficos despreocupados: estos niveles críticos de precios invierten continuamente sus papeles del soporte a la resistencia y de la resistencia al soporte. Lo que es en comienzo un techo, se convierte, en el momento que se ha sobrepasado, en una zona de suelo en una tendencia siguiente alcista; y un antiguo suelo, una vez que se ha penetrado, se vuelve zona de techo en una fase de avance más tardía.

Desarrollo normal de tendencia

Podemos clarificar esto mencionando un ejemplo común de desarrollo normal de tendencia. Supongamos que una acción en una tendencia alcista aumente de 12 a 24 y tropieza ahí con un gran volumen de ventas. El efecto es una reacción que puede tomar la forma de una rectificación Intermedia completa de, por ejemplo, 18 o de una serie de fluctuaciones menores que forman una pauta de consolidación entre 24 y 21, por ejemplo, siendo el resultado el mismo en ambas situaciones. Siguiendo esta rectificación o consolidación, se pone en camino un nuevo avance que alza el precio a 30 antes de tropezarse otra vez con una concentración de oferta suficiente para suprimir el movimiento. Ahora se pronostica, obviamente, otra reacción. Puede tomar nuevamente la forma de una pauta de consolidación lateral o de una rectificación Intermedia. Si se trata de esto último, ¿dónde se volverá (o cambiará de dirección) ese retraso correctivo?; en otras palabras, ¿donde se hallará el soporte? La respuesta es en 24, el nivel del primer techo de la tendencia, produciendo una parada o vuelta (o cambio de dirección) en el primer movimiento alcista; ahora funciona como soporte, refrenando y cambiando de dirección, en un sentido menor al menos, la última oscilación a la baja.

¿Por qué debería ser así? Daremos una respuesta con mayor claridad si seguimos primero con un ejemplo parecido de acción típica de una tendencia a la baja. Supongamos que, ahora, nuestra acción crea un techo Mayor y bajo de 70, pongamos por ejemplo, a 50. En ese punto se ejecuta un apogeo temporal de ventas; hay un volumen de negocio grande, los precios se recuperan, tal vez resbalen para una "prueba" de 50, y logran después una buena recuperación hasta 60. En 60 la compra se agota, la tendencia se redondea, se vuelve hacia abajo y acelera en un descenso renovado que la sitúa en un nuevo mínimo a 42. Llega nuevamente una oleada de compras y se pone en camino una segunda oscilación de recuperación. El antiguo nivel de suelo se convertirá ahora en un nivel de techo.

Podemos preguntar de nuevo por que esto debería ser así y ahora podemos ofrecer una respuesta. En el ejemplo de la acción de una tendencia bajista citado anteriormente, nuestra acción cayo primero a 50, se tropezó ahí con un volumen considerable, cambio de dirección su tendencia y se recuperó hasta conseguir los 60, con una actividad que disminuía en el ascenso. Muchas acciones cambiaron de manos en 50 y existió, por supuesto, un comprador para cada vendedor. Unos pocos compradores pueden haber estado cubriendo posiciones al descubierto y, una vez que han hecho esto, no demostrar mayor interés en las acciones. Otros, operadores a corto y profesionales, pueden haberlas adquirido sólo porque sospecharon que estaba en camino un suelo temporal y tuvieron la esperanza de sacar unos pocos puntos en la recuperación que seguiría; seguramente ellos (o, al menos, algunos) lograron sus beneficios y estaban ya fuera antes de que los precios rompieran muy lejos al siguiente descenso. Conviene decir, sin embargo, que la mayoría de aquellos que compraron las acciones a 50, lo hicieron porque pensaron que las acciones eran baratas a ese precio y que ya habían bajado lo suficiente. Sólo unos meses más tarde se vendieron por sobre 70; posiblemente fue una ganga en los 50 -se podría recoger y guardar "a largo plazo".

La explicación

Imagínese por un instante en el lugar de esos propietarios. Vieron los precios girar hacia arriba y llegar hasta 55, 58, 60. Su juicio parece estar justificado. Se detuvieron. La recuperación, entonces, se acaba y los precios comienzan nuevamente a ir a la deriva, resbalando hasta 57, 55,52 y, terminando a, 50. Están ligeramente preocupados, pero aún convencidos de que la acción a ese precio es una ganga. Probablemente haya dudas momentáneas en el descenso a 50 y los precios sigan derrumbándose.

Existe aún esperanza de que la ruptura sea sólo una sacudida de la que se recuperarán pronto, pero esa esperanza va desapareciendo a medida que sigue la tendencia a la baja. En este instante nuestros nuevos propietarios comienzan a preocuparse. Algo ha fallado. Cuando la acción se ubica por debajo de 45, lo que antes era una ganga va dejando de serlo. "Bueno, me temo que esta vez recogí un limón, pero no obtendré una pérdida con él. Esperaré hasta que suba otra vez a 50 en algún momento, donde

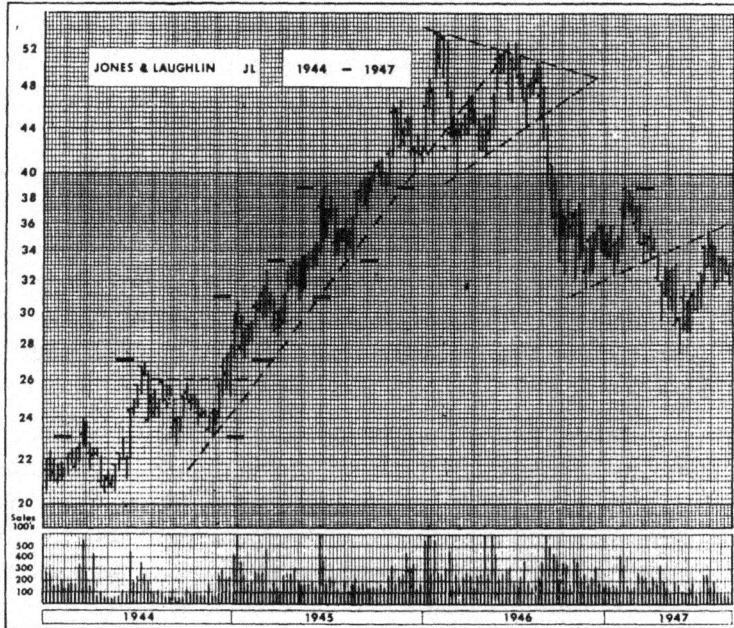

FIGURA 135. Acción de tendencia normal. La segunda mitad del Mercado Alcista de Jones & Laughlin de 1942-46 y la primera parte de su Mercado Bajista subsiguiente están trazados aquí sobre una escala temporal mensual. El ascenso de la "JL" desde el final de 1941 hasta 1944 fue lento, mostrándose en un gráfico mensual como un largo Triángulo Ascendente, apareciendo sólo su fin en la presente figura. Los precios estallaron por arriba a mediados de 1944 y después se convirtieron en una consolidación de Cabeza y Hombros que se completó a últimos de año. Note en primer lugar cómo las tres reacciones que formaron la Cabeza y Hombros, tropezaron con el soporte alrededor de 23, al nivel de varios techos creados en el área de congestión precedente. Este, junto con los niveles siguientes de soporte-resistencia, están marcados en nuestro gráfico con trazos cortos, dobles y horizontales.

Fíjese ahora en el techo creado en 27 1/2 a mediados de 1944. Una vez que los precios subieron bien por encima de este nivel (30 3/4 en Enero de 1944), la reacción siguiente finalizó, es decir "fue soportada" en 27 1/4. Hubo otro avance que fracasó en elevar los precios definitivamente por encima del techo de 30 3/4 y tuvieron que caer de nuevo al nivel de la congestión, situado alrededor de 29, antes de que se empezara a producir un movimiento alcista. Este, sin embargo, empujó hacia los 33 1/2, bastante por encima del techo anterior a 30 3/4, de forma que este último se convirtió en el soporte de dos semanas de reacción alrededor de mediados de año.

¿Por qué se empleó tanto tiempo y se realizó tanto "trabajo" a mediados de 1945 en 33-34? Esto no podemos verlo en el gráfico, sin embargo la historia mensual anterior nos muestra que los suelos de congestión alta se crearon en esta zona a finales de los años 1939 y 1940. Estos antiguos suelos, que representaban soporte en un principio, fueron capaces de producir alguna oferta (resistencia) cinco años después. Sin embargo, una vez que los precios trabajaron en esta oferta, fueron capaces de subir rápidamente a 44 y así su reacción subsiguiente encontró soporte justo donde usted lo esperaba –a 33-34. El soporte se había convertido en resistencia y después en soporte otra vez.

pueda salirme como entré (a excepción de los gastos) y así poderla vender". (¿Le resulta familiar, por casualidad?)

Analice la cara opuesta del cuadro -el proceso de tendencia al aumente. Usted, junto con otros, compro XYZ a 12, subió a 24, pensó que había llegado a un punto muy alto y decidió sacar provecho de ella. Acto seguido, XYZ reacción a 21 y usted se felicita por su astucia. Pero, entonces, gira inesperadamente y se apresura a llegar a los 30. Ahora no se siente tan astuto; era una acción mejor de lo que creía. Le gustaría obtenerla otra vez. No pagará más por ella, pero si vuelve a bajar a 24, precio al que usted la vendió, "recuperará su posición".

Posiblemente usted mismo nunca se haya encontrado en alguna de estas situaciones. Quizá su reacción no hubiera sido la misma que la presentada en este ejemplo. Pero, si tiene una experiencia muy extensa en el mercado -es decir, cierto conocimiento de la psicología del "inversionista"-, se dará cuanta que los cuadros que hemos explicado aquí son típicos.

Llegados a este punto, puede no estar de acuerdo con la explicación dada sea la adecuada para ilustrar nuestro principio básico de los niveles de soporte y resistencia. Recuerde, pese a eso, que el equilibrio entre la oferta y la demanda en el mercado es generalmente un asunto delicado. Sólo una moderada oferta en exceso, a cualquier precio, será precisa para detener un avance; una pequeña demanda "extra" concentrada en un cierto nivel, detendrá un descenso. Y recuerde también que hay otros operadores viendo la cinta y que apreciarán rápidamente cualquier cambio en la situación y se le unirán al desfile siempre que parezca que se está formando un cambio de tendencia. En consecuencia, las ordenes de compra o venta de unos cuantos cientos de acciones puede inducir la transferencia de varios miles de ellas.

Otro punto que conviene tener en consideración es que los operadores e inversionistas que crean niveles de soporte o resistencia (a causa, creemos, de sus anteriores errores en su compra o venta prematura), no son precisamente ignorantes o faltos de experiencia. Por el contrario, podemos determinarlos como los más sabios y despiertos de todos los que operan en el mercado. Usando nuevamente nuestro ejemplo teórico anterior de la acción típica de la tendencia bajista, diremos que los que adquirieron a 50 fueron más astutos que los que compraron en el techo (70) o en el camino a la baja en 50, e inclusive aunque este último precio se rompió más tarde. Creyendo que su juicio será más adecuado, esperamos que puedan valorar correctamente los desarrollos posteriores y muestren algo más que una determinación inflexible a "salir ilesos" cuando se trata de una tendencia Bajista marcada, la "oferta que sobresale", es decir, las acciones que los propietarios adquieren a niveles más elevados esperando una buena oportunidad para descargarse, comenzara a llegar al mercado *por debajo* del nivel teórico de resistencia. Los propietarios sabios estarán deseosos de sacrificar un punto, aproximadamente, para evitar verse envueltos en una pérdida aún más grave.

De la igual forma, los "Alcistas liquidados" cuando una tendencia Mayor al ascenso esta en camino, pueden pagar de buena gana uno o dos puntos más para reemplazar las acciones de las que antes se cultivaron demasiado pronto. Así, es característico de las reacciones de Mercados Alcistas bien establecidos (segunda fase) caer solamente hasta los límites más elevados de una gama de soporte -y de las recuperaciones de mercados establecidos Bajistas llegar solo a los límites inferiores de las zonas de resistencia, o quizá fracasar en conseguirlo por un margen apreciable.

Luego hablaremos de esto, puesto que ahora debemos tratar otros dos asuntos-como calcular la importancia potencial de las zonas de soporte y resistencia, y como localizar con más exactitud los centros o ejes de esas zonas.

Calculando el potencial del soporte y la resistencia

Volviendo a nuestros primeros principios, hemos visto que la resistencia con la que un movimiento al ascenso se puede tropezar a cualquier nivel depende de la cantidad de acciones que están pendientes de aquel -es decir, del numero de acciones compradas antes a ese precio por los propietarios que querían salirse sin perdida.

Entonces, seguramente, el volumen será nuestro primer criterio a la hora de calcular el poder de una gama de resistencia. Un anterior nivel de suelo menor, en el cual sólo cuatrocientas o quinientas acciones cambiaron de manos, no puede poner mucha resistencia a un avance subsiguiente, Pese a eso, un suelo de apogeo de ventas, donde se adquirieron varios miles de acciones, suministrara una gran oferta potencial una vez que los precios, en una fecha posterior, hayan caído bien por debajo de ella y tratado de después subir de nuevo a través de ella.

Un Rectángulo largo, o un Triángulo Descendente, tiene una serie de suelos ubicados al mismo nivel. Se puede lograr una aproximación de la cantidad de resistencia que hay ahí sumando el volumen de actividad de todos sus suelos, aunque hay que descontar algo a causa de las acciones que podrían haberse comprado en el suelo de la pauta en sus primeras etapas y que se vendieron después cerca del tope, previo de que este se completara. Rápidamente, un suelo de volumen elevado, sencillo y definido, da de alguna forma, mayor resistencia que una serie de suelos ubicados al mismo nivel, pero extendido en cuanto a tiempo se refiere, y con recuperaciones intermedias.

Otro criterio es el alcance del descenso subsiguiente. O, en otras palabras, que altura deberán escalar los precios antes de tropezar con la antigua zona de suelo cuyo potencial de resistencia estamos tratando de calcular. Normalmente hablando, cuanto grande es la distancia, mayor sea la resistencia. Supongamos que PDQ se liquida desde los 30 hasta los 20, se "agita" en ese nivel durante unos cuantos días, se recupera hasta 24, y luego va cayendo hasta llegar a 19. Los inversionistas que la recogieron a 20 no estarán muy preocupados en ese instante. Si se desarrolla ahora una recuperación desde 19, habrá poca venta de desanimo a 20 (o ninguna). Si los precios se hundieran hasta 18, antes de que comenzara la recuperación, podría haber alguna venidera a 20, pero no en gran cantidad aún. A partir de 17, la resistencia se haría evidente. En resumen, los precios deben romper muy por debajo del precio en el que el operador compró sus acciones, para que este se convenza de que hizo una mala inversión y de que, por eso, debe vender cuando tenga oportunidad de hacerlo para no incitar a una pérdida grande.

Es imposible formular cualquier regla o ecuación precisas que precisen qué distancia debe alcanzar un descenso para fundar resistencia sobre él. No espere, sin embargo, que haya mucha oferta de un nivel de suelo en las gamas de precio bajas medias (20 a 35), a menos que la tendencia lleve consecutivamente las cotizaciones más del 10% por debajo de ella. Esta regla del 10% no se puede usar en acciones de muy bajo precio. Una persona puede comprar una acción a 5 y verla descender hasta 4 o 3 1/2 con una ecuanimidad considerable, sin embargo del hecho de que se halla con una perdida del 30% en esa ultima cifra. Su perdida de "dólar" parece mínima y aún se cree que será fácil que sus acciones asciendan de nuevo a 6 o 7; está decidido a esperar.

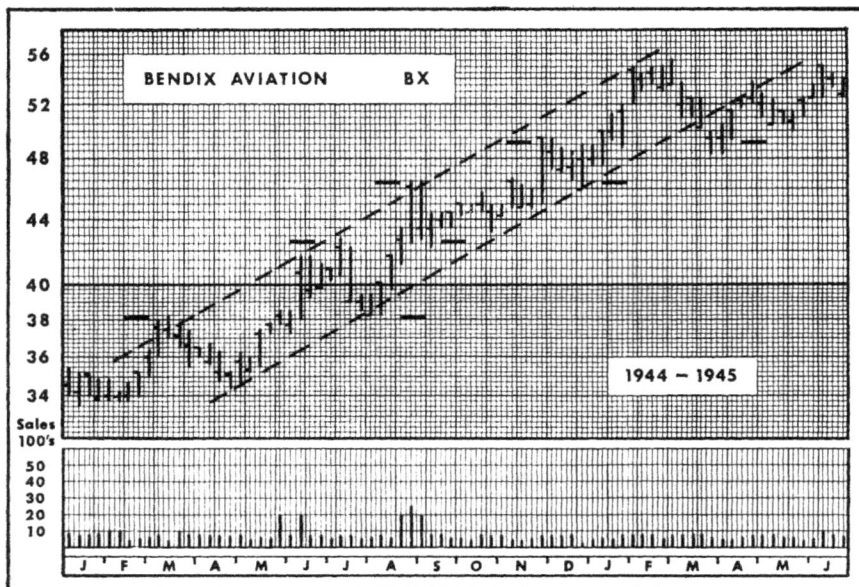

FIGURA 136. Niveles de soporte- resistencia en una larga tendencia alcista Intermedia. El lector no necesitará una guía para aplicar los principios establecidos en este capítulo al gráfico semanal de Bendix que se reproduce aquí. Observe cómo, cuando los precios se derrumbaron en 1945 a través de una larga línea de tendencia, su descenso se detuvo en el soporte establecido por el techo previo de Noviembre.

Existe otro factor que está dentro del criterio de "alcance del descenso" y lo fortifica. Si nuestra PDQ se recupera como antes, desde 20 a 24, y después desciende rápidamente a 12, no sólo muchos de los antiguos propietarios estarán totalmente contrariados a 20 y con ganas de salirse a ese precio, sino que también los nuevos propietarios a 12 estarán también contentos de tomar 20 (66 2/3% de beneficio) y de hacerlo rápido, si descubren signos de que va a haber problema ahí. Sobra decir que los nuevos compradores a 18 no estarán tan dispuestos a vender a 20.

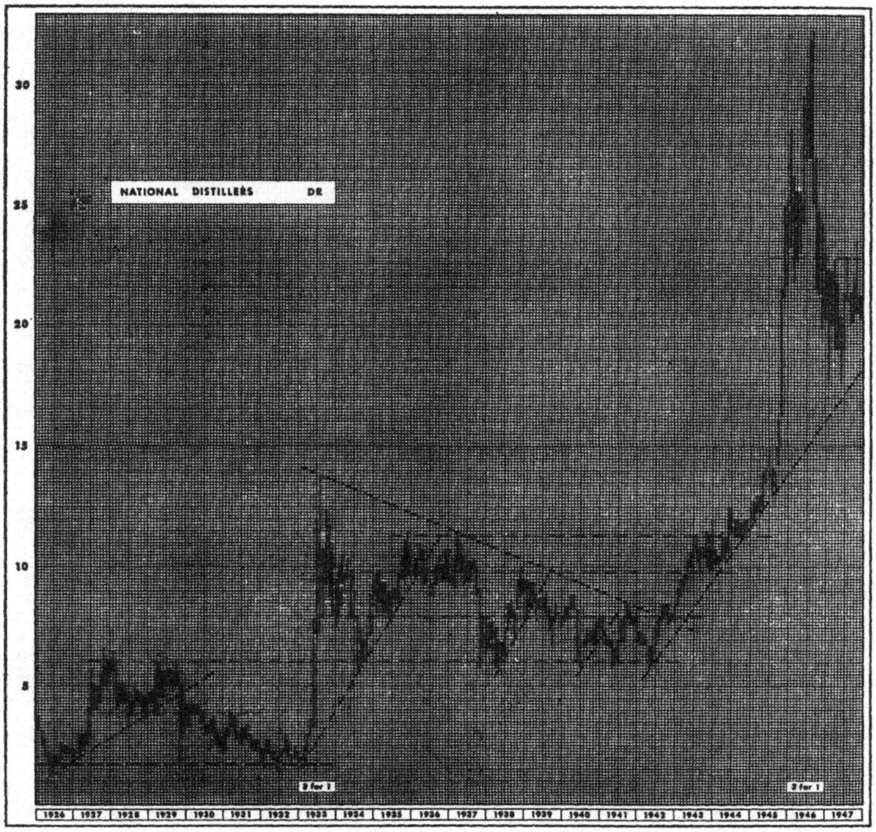

FIGURA 137. Los gráficos mensuales son muy útiles para estudiar el nivel Mayor de soporte-resistencia. Este presenta muchos puntos de interés. Observe cómo se crean los niveles importantes, y cómo, una vez formados, aparecen otra vez e invierten sus papeles. La escala de precios muestra los valores de 1947 con un ajuste de varios años para las escisiones de 1933 y 1946.

Un tercer criterio, en el instante de calcular el potencial de resistencia de un nivel de antiguo suelo, consiste en la longitud del tiempo que ha pasado desde que se desarrolló y la naturaleza de las formaciones generales de mercado en el intermedio. Sin duda, creerá razonable suponer que un suelo Intermedio formado en las primeras etapas de un Mercado Bajista, proporcionará una resistencia relativamente pequeña una vez que los precios hayan descendido muy por debajo de ella, hayan aprovechado tal vez la mejor parte del año para crear una base Mayor, y hayan escalado gradualmente hacia ella cuatro o cinco años después. Esto es seguro, pero sólo en pequeña medida. Una oferta de uno o dos años se inclina a ser más efectiva que una de cuatro o cinco, aunque no signifique, de ninguna forma, que ésta última pierda toda su potencia. De hecho, es a veces impresionante ver lo efectiva que puede ser la resistencia en una zona de suelo muy antigua, siempre que no haya sido "atacada" en el intermedio y siempre que no se hayan hecho cambios en la capitalización de la compañía que podría oscurecer en la memoria

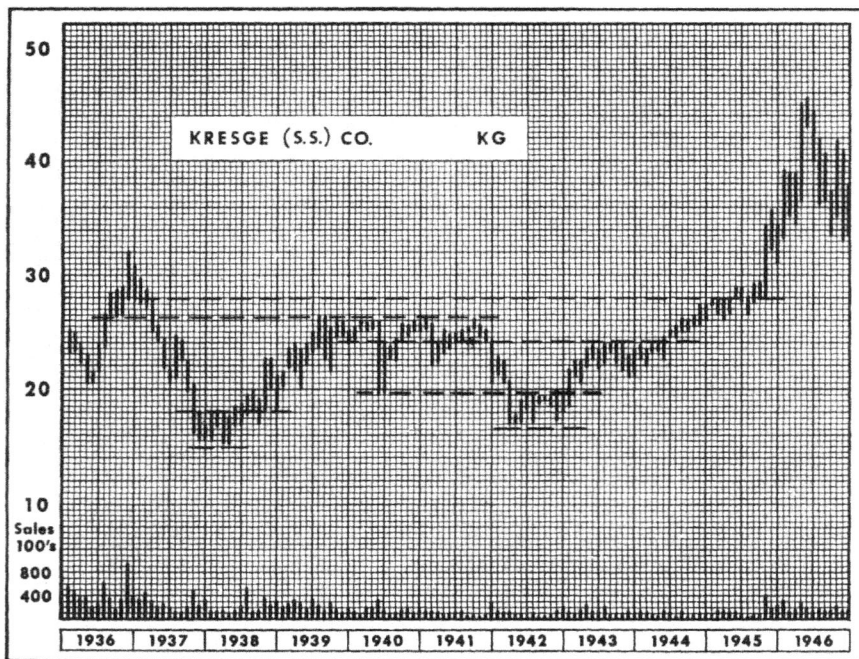

FIGURA 138. Especialmente digna de mención en este registro mensual es la resistencia encontrada en 1939, 1940 y 1941, e incluso 1944, en el nivel de suelo (justo sobre 26) de la congestión de tres meses de 1936. También lo es la aparición ¡ocho años más tarde!, en 1945, de resistencia en el nivel de suelo (28) de la congestión del techo de volumen alto de 1936-37. Los precios fueron capaces de "trazar un movimiento de cohete" cuando se venció por fin esa resistencia. Verá que podrían haberse trazado en este gráfico varias líneas adicionales de soporte-resistencia.

del propietario el coste originario de sus acciones. Bajo este último encabezamiento colocaremos las rupturas y los dividendos de grandes acciones, o incluso un "melón" en efectivo extrañamente generoso. No queremos decir con esto que un inversionista este siempre engañado con respecto al coste real de sus acciones, no importa como se puedan haber dividido o que distribución de dividendo se haya realizado, pero su desilusión (y ganas de salirse tal como estaba) puede quedar aminorada.

Pese a eso, si una zona de resistencia ha sido atacada una vez -si los precios han vuelto a ella, la han golpeado y luego se han retirado-, ciertamente se ha eliminado parte de su poder. Se ha utilizado parte de su oferta colgante para repeler el primer ataque. El siguiente avance, por lo tanto, tendrá menos acciones que absorber a ese nivel. Otra vez se puede buscar en el gráfico de volumen alguna aproximación sobre la cantidad de resistencia consumida. En cualquier situación, las probabilidades se ponderan a favor de que un tercer ataque tenga éxito a la hora de invadir el nivel de resistencia.

Hemos citado tres criterios -volumen, distancia y tiempo utilizados- a usar al calcular la cantidad de resistencia que se puede esperar en cualquier nivel. A estas alturas, puede ser indiscutible para el lector (y quizá decepcionante) que su juicio debe jugar un papel importante a la hora de aplicarlos. Esto es inevitable. Es imposible fundar una fórmula matemática que se pueda usar a todos ellos, Pero, sin embargo, el problema no es tan complicado. Los principios generales son, así lo creemos, muy simples y fáciles de comprender. Podemos retroceder en la historia de gráficos y ver dónde se formó un suelo en la tendencia anterior a la baja, que pueda producir más o menos resistencia cuando el avance actual llegue nuevamente a su gama. Debemos calcular cuanta oferta aparece ahí; cuantas acciones se adquirieron originariamente a ese precio y son todavía poseídas por propietarios que darían la bienvenida a cualquier oportunidad de salir "ilesos".

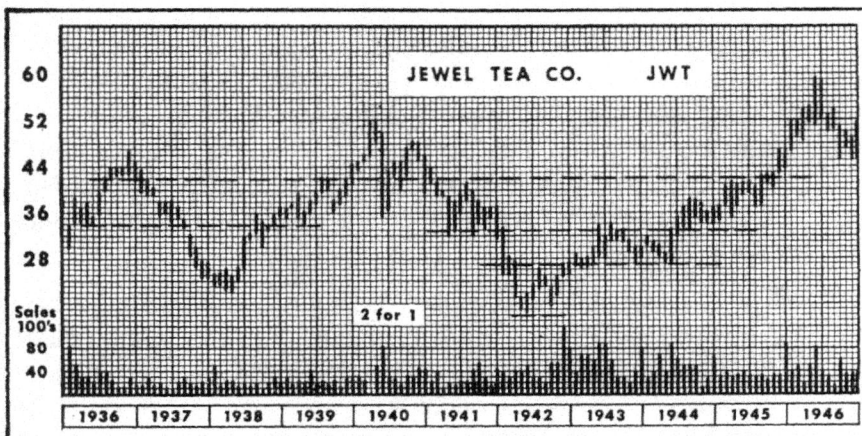

FIGURA 139. Gráfico mensual de la Jewel Tea Company en el que aparecen marcados sus niveles Mayores de soporte y resistencia.

El mayor peligro al utilizar un juicio sobre la medición de estos factores, reside en infravalorar la cantidad de resistencia que se espera. Protéjase de este error; es más seguro sobreestimarlo. Usted puede inclinarse del lado alcista; bien podría decir, "aquellos que se colgaron de estas acciones, deben tomar conciencia de que las condiciones han mejorado, y no estarán ya tan dispuestos a vender". No cuente con ello. Recuerde que han estado "colgados" durante mucho tiempo. Inclusive aunque sean ligeramente alcistas en el mercado, generalmente, pueden estar tan defraudados por esta acción específica que quieran desentenderse de ella e intentar suerte en otro lugar. (El rechazo inflexible y a veces costoso del inversionista americano medio de "tomar una perdida" actúa a veces contra el conectarse a tiempo).

Todo lo que hemos citado, en los párrafos previos, sobre el cálculo de la resistencia potencial, se utiliza también, pero en sentido inverso, al calcular el soporte potencial. Los principios son puntualmente iguales, aunque la base fundamental que subyace a ellos no sea tan fácil de captar.

Situando los niveles exactos

El siguiente problema a reflexionar es cómo podemos hallar en los análisis de gráficos diarios prácticos, con tanta exactitud como sea posible, los límites de una gama de soporte o resistencia y, en muchos casos, la cifra de precios específica que representa el centro o eje de tal gama. En los niveles teóricos que hemos inventado para ilustrar los principios básicos, hemos utilizado cifras sencillas y pares, pero en la actividad real los niveles no son tan bien señalados. Inclusive el suelo brusco y relativamente con falta de pauta de un retroceso menor puede constatar de una semana, con fluctuaciones de precios dentro de una gama que va de los 2 a los 4 puntos. Quizá el día más bajo de esa congestión de la semana tomará en el gráfico la forma de Vuelta en un día, o habrá dos o tres días que se "estancan" por debajo del conjunto general. Aunque no se puede dibujar una regla matemática, es posible relacionar visualmente las pautas de precio y volumen y llegar a hacer, por medio de una simple ojeada, un cálculo aproximado de la cifra en la que es probable que se origine una demanda en cantidad. Fíjese, sobre todo, en los niveles de cierre del día que crean la congestión del suelo y promédielos mentalmente; esta figura se inclina a estar muy cerca del "centro de gravedad" de la zona completa de resistencia.

Ciertamente, es probable que empiece a llegar alguna oferta tan rápido como un avance subsiguiente alcance la fracción ubicada más al fondo de la zona de resistencia, y aparecerá en cantidades cada vez mayores a medida que el movimiento empuje hacia dentro de ella. A veces es viable predecir "por un pelo" la distancia que penetraran los precios en una gama de resistencia, si comparamos con mucho atención el vigor (volumen) del avance y el volumen registrado en varios niveles de la formación de resistencia originaria. Es preciso experiencia para hacer esto, pero esta experiencia es fácil y nada costosa de lograr. Pese a eso, hay muchos casos en los que no es preciso, y ni siquiera deseable, ser tan exacto.

La mayoría de los gráficos de este libro demuestran algún ejemplo de soporte y resistencia y el lector podría fijarse el objetivo, una vez que haya terminado este capítulo, de volver sobre todos ellos y estudiarlos detalladamente. De esa manera, se verá clarificada la aplicación práctica de las reglas que hemos hablado. Igualmente instructivo, siempre que pueda usted conseguir tal colección, resulta el estudio de los niveles de soporte y resistencia que muestran en los gráficos mensuales de todas las acciones negociadas activamente a lo largo de un período de diez o más años. Sin duda, se sorprenderá al ver cómo los techos, suelos y congestiones laterales tienden a formarse a, aproximadamente, los mismos niveles en oscilaciones Mayores sucesivas, mientras los precios se mueven libre y rápidamente, hacia arriba o abajo, por medio de las gamas ubicadas entre tales niveles. No es obligatorio detenerse mucho tiempo en el valor práctico, en dólares y centavos, de tal información, como la que se puede derivar de la historia de los gráficos.

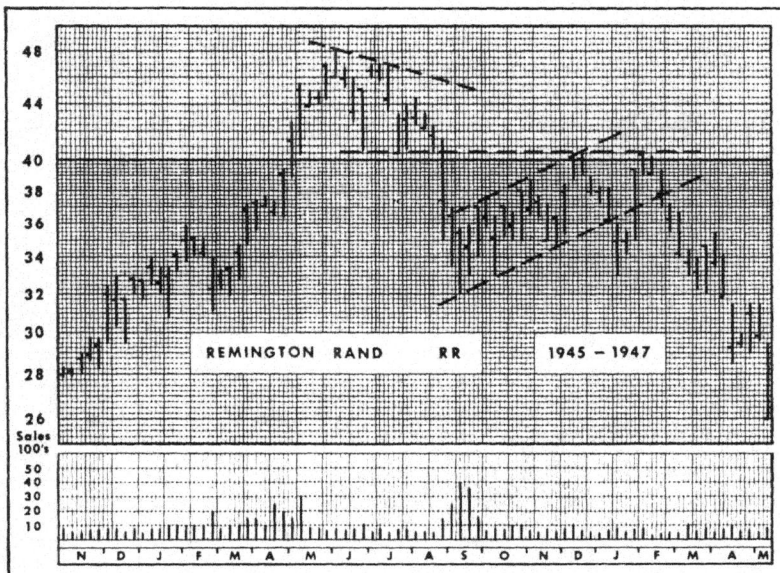

FIGURA 140. Cuando los precios se derrumbaron del gran Triángulo Descendente que se formó en el gráfico semanal de la Remington Rand de 1946, el descenso podría haberse detenido, al menos momentáneamente, cerca del 37 en el nivel de la congestión de cuatro semanas creada en Abril, y debería haber "cogido soporte" en 35-36, nivel del techo de Febrero. El fallo de esta última tuvo una significación de tendencia Mayor. Observe la resistencia más tardía en 40 1/2.

Y esto saca a colación un asunto que bien podríamos pararnos a considerar: el tipo de gráficos más útiles a la hora de hallar y valorar los niveles de soporte y resistencia. Para los movimientos Menores de plazo cercano, el gráfico diario es lógicamente la única fuente de información, y puede ser también preciso utilizar un registro de gráfico diario que vuelva a dos o más años atrás para delimitar los niveles de importancia de la tendencia Intermedia. Los analistas han hallado, sin embargo, que un gráfico diario no dan la perspectiva a largo que es necesaria para establecer las zonas de soporte y resistencia Mayores e Intermedias. Se inclina a enfatizar, de manera exagerada, el potencial de una zona de soporte (o resistencia) Menor alcista establecida recientemente, y a ocultar la importancia de un verdadero nivel intermedio. Para tener una verdadera perspectiva, es preferible un gráfico semanal que señale el volumen, así como las gamas de precios, y que cubra, al menos, el ciclo anterior completo Mayor, Alcista y Bajista. Si se carece de ello, se pueden también tener muy buenos resultados con un pequeño estudio y algo de experiencia en gráficos mensuales.

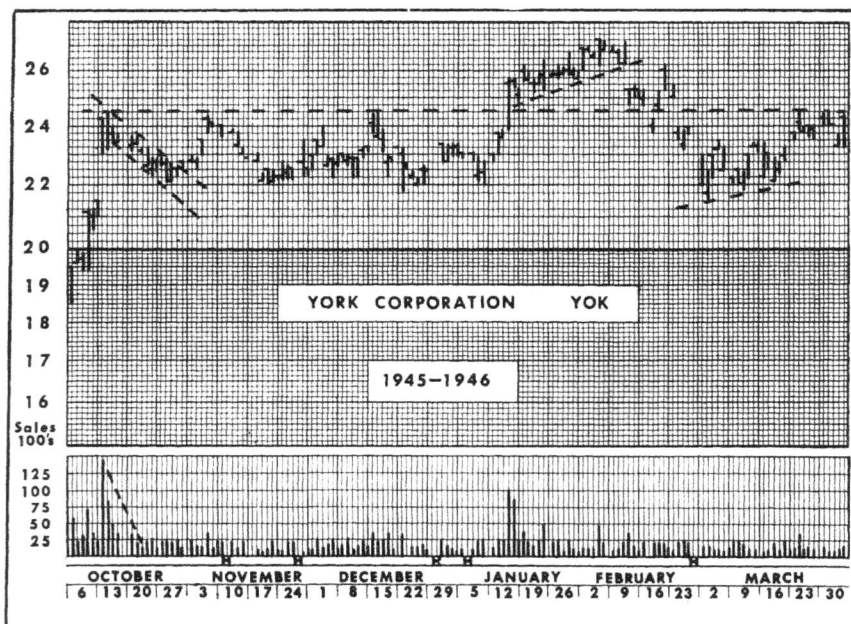

FIGURA 141. La "York" es una acción relativamente estrecha que crea, por regla general, muchos huecos pequeños y carentes técnicamente de significado, pero su gran hueco de volumen alto del 8 de Octubre de 1945 exigió atención. Parecía un hueco de continuación o huida y, como tal, significó continuación hasta el 26 1/2 más. Sin embargo, los precios detuvieron su avance en el 24 1/2 y se adentraron en un Triángulo de tres meses. Una ruptura hacia arriba el 10 de Enero de 1946 llevó consigo la medida mínima del Rectángulo (y el hueco de Octubre); los precios después reaccionaron. Vea el resultado en la Figura 142.

Volviendo a nuestro estudio de fenómenos de soporte, hemos tenido varios momentos de referirnos en capítulos anteriores a una tendencia "normal". Lo que teníamos "en mente", posiblemente sea mejor nombrarlo como una tendencia "ideal", ya que, al igual que muchas otras cosas designadas normales, representa una pauta de la cual derivan, con frecuencia, los hechos de experiencia. De todas maneras, en las tendencias de valores, esta pauta normal o ideal aparece como algo muy frecuente. En caso de ser una tendencia al ascenso, consta de una serie de zig-zags, cada "zig" ubicados los precios a un nuevo máximo, y cada "zag" devolviéndolos al techo aproximado del "zig" anterior. Ilustrado con cifras, quedaría tal como sigue: hasta 10, de vuelta a 6, hasta 15, de vuelta a 10, hasta 20, de vuelta a 15, hasta 26, de vuelta a 20, etc. Este movimiento es llamado por los técnicos "autocorrección" y considerado muy sólido y, de ahí, con posibilidades de continuación. Puede apreciar que, lo que realmente representa, es una reacción al nivel de Soporte menor más próximo, continuando cada pasó adelante. Si llega a interesarse en una emisión con una pauta de tendencia como esta, la vuelta normal a un soporte establece un buen lugar para comprar.

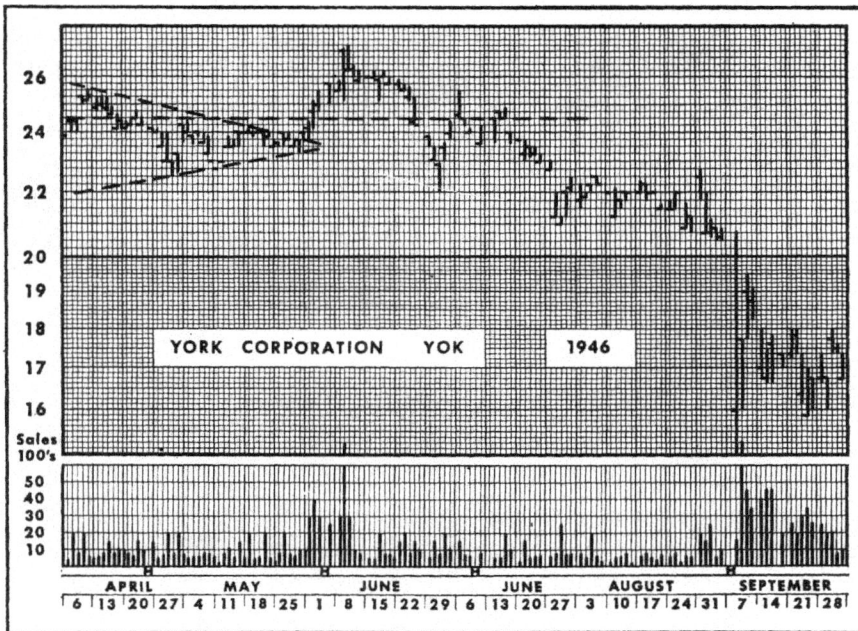

FIGURA 142. La reacción de Febrero en esta figura se tropezó con un soporte momentáneo en los 24. Los precios rebotaron lo bastante lejos como para cerrar el hueco del 7 de Febrero y después se derrumbaron a través de la línea superior de soporte del Rectángulo. Después se formó un Triángulo Simétrico, pero la ruptura se produjo demasiado cerca del vértice, originó una recuperación hasta el máximo anterior y finalmente una "carrera final" (ver Apartado "Volumen en las rupturas a través del soporte"). No hizo falta esperar a la señal de Techo doble del 22 de Agosto para predecir un descenso de consecuencias mayores que le Menor.

Significación del fallo de soporte

Más tarde o más temprano, sin embargo, una pauta normal de onda menor tiene que romperse. Esto se produce habitualmente de dos formas distintas (aunque hay infinidad de posibles variaciones). En una de ellas, los precios se aceleran con un avance desmedido de la sucesión anterior de ondas hacia arriba. Tal movimiento extraña vez va seguido de una reacción al soporte dejado bastante detrás, sino más bien de la creación de algún tipo de pauta de área -que puede ser consolidación o vuelta (cambio de sentido).

Si ahora recuerda el dibujo de un techo típico de Cabeza y Hombros, verá que la caída desde la cabeza supone una ruptura del soporte Menor, ya que baja por el nivel del techo del hombro izquierdo y recordará que este descenso es la primera indicación de que se está estableciendo algo con aspecto de formación de vuelta (cambio de dirección).

Así, inclusive la violación de un nivel de soporte próximo posee un significado práctico en el análisis técnico de gráficos. La ruptura de un soporte Menor debería establecerse siempre como el primer paso hacia el cambio de dirección de la tendencia intermedia. (Si resulta ser sólo consolidación, habrá oportunidad después de volver a entrar en una posición abandonada siempre que se requiera). De la igual forma, la ruptura de una gama de soporte *Intermedio* es, frecuentemente, la primera indicación de un cambio de dirección de la tendencia *Mayor*. No creemos que sea preciso extendernos con este principio. Las tácticas de operación basadas aquí y recomendadas, se mencionarán en la segunda parte del libro; los niveles de soporte y resistencia son especialmente útiles como puntos en los que basarse en las órdenes de stop de pérdidas que se mencionan ahí también.

Equivocaciones populares

El lector comprenderá, por supuesto, que lo citado aquí sobre la ruptura de soportes se emplea también, pero a la inversa, a la penetración de los niveles de resistencia. Antes de dejar este tema, conviene indicar un punto más. Si usted ha pasado mucho tiempo en las salas de contratación, se habrá percatado de que los conceptos de soporte y resistencia, que son habituales allí, difieren de los expuestos en este capítulo. Por ejemplo, si X ha avanzado a 62, reaccionado a 57 y empujado después hasta 68, muchos operadores hablarán de 57 como del nivel de soporte, posiblemente porque ese fue el último precio al que X fue soportada con una fuerza suficiente como para hacer girar su tendencia desde abajo hacia arriba. Nosotros, pese a eso, como ha podido evidenciar, consideramos la proximidad de 62 como la gama de soporte. Es importante agarrar esta distinción, y a veces es considerablemente importante en lo que se refiere a resultados prácticos.

Concordamos en que no es cómodo pensar en un techo primero que señale el nivel al que un suelo mas tardío debería formarse o viceversa; parecería superficial ser mucho más lógico y relacionar techo con techo y suelo con suelo. Más aún, es totalmente cierto, usando nuestro ejemplo de X otra vez, que algunos de los inversionistas que querían adquirirla a 57 podrían no haber triunfado en obtenerla antes de que el segundo avance a 68 se la llevara, y sus órdenes de compra podrían estar aún en 57 o haber vuelto a entrar en cualquier vuelta en ese precio.

De todas formas, no podemos asegurar que ese sea el caso; no existe "interés conferido" en X a 57 que automáticamente traiga nueva compra. Por otro lado, hemos visto como se presenta una especie de interés conferido establecido en un viejo suelo que produce venta (resistencia) y que, por lo tanto, establece un nuevo techo, y un viejo techo que produce compra (resistencia) y que, por lo tanto, establece un nuevo suelo. Se le aconseja al lector, insistentemente, que tenga esto presente. Cualquier estudio analítico de los registros de gráficos mostrará rápidamente que es mucho más sencillo para los precios empujar hacia arriba a través de un nivel de techo originario que por medio de la resistencia establecida en un suelo de volumen anterior (y viceversa, por supuesto, en relación a las bajas). Vera que puede producirse una pequeña venta a un máximo previo, pero generalmente suficiente, solamente, para cursar una pequeña parada en lugar de las consolidaciones o reacciones más o menos extensas que se desarrollan cuando la tendencia sube contra una zona de resistencia real.

Las cifras redondas

Hay otros ciertos niveles que pueden originar a veces resistencia o soporte considerables, sin ningún tipo de referencia a un "interés conferido" anterior. Estamos pensando en las cifras "redondas" de 20, 50, 75, 100 etc. A la hora de fijar un propósito para obtener beneficios cuando compramos una acción, es lógico que pensemos en estos precios redondos. Si una acción de bajo precio ha avanzado firmemente desde los alrededores de 10, es muy seguro que se encuentre con ventas de toma de beneficios a 20, *sobre todo si esa cifra representa un nuevo máximo para ella en muchos años*. De hecho, en cualquier instante en que una acción ingresa en un terreno nuevo con un máximo sin precedentes, siempre que no se señale lo opuesto en su historia de gráficos, es muy seguro apostar a que la resistencia aparecerá en las cifras redondas. En acciones antiguas y activamente operadas, tal como las de la U.S. Steel o el New York Central, las cifras redondas pierden importancia.

Repitiendo niveles históricos

Si, una vez que se establecieron los niveles importantes de soporte y resistencia, siempre "dieron resultado", veremos que los techos y suelos Intermedios se forman exactamente a las mismas gamas, año tras año, con periodos Alcistas y Bajistas uno después del otro. De hecho, hay una tendencia bastante marcada que hace que esto se produzca en acciones de línea antigua activamente operadas. En la General Electric, por ejemplo, las zonas de 22-23,34-35,40-42 y 48-50 se han caracterizado por un volumen grande (y, en consecuencia, por muchos cambios de sentidos de tendencia intermedias) a lo largo de los últimos treinta años. En el New York Central, las zonas 10-11, 15-16,21-22,31-32,35-36 y 40-42 poseen características parecidas.

En la Southern Pacific hay un soporte histórico y zonas de resistencia a 2122,28-30,38-40 y 55-56. En la U.S Steel, las zonas 42-45,55-58,69-72,78-80 y 93-96 están visiblemente marcadas como gamas de vuelta o cambio de dirección. Y de la misma manera podríamos citar muchas otras acciones.

En los períodos prolongados, sin embargo, esos niveles de soporte y resistencia tienden a ser gradualmente modificados, ensanchados o "oscurecidos", y se crean algunos nuevos. El pánico del Mercado Bajista es una fuente de muchas zonas de oferta importantes. Este es el tipo de bajada con el que se puede contar para no prestar atención a zonas de soporte previamente inferiores. Los pánicos (que, tal como hemos estudiado en las oscilaciones Primarias en relación con la teoría de Dow, tipifican la segunda fase de los Mercados Bajistas), una vez que se ponen en camino, parecen barrer todo el soporte potencial de sus saltos escarpados, hasta que se agotan en un auge general de ventas del mercado. Y este auge puede o no producirse a un nivel que guarda relación con algún soporte determinado anteriormente. Usan la U.S. Steel nuevamente como ejemplo, el descenso de pánico de 1937 bajó las acciones a través de su gama de 93-96, vaciló por un tiempo en el nivel 78-80, y luego salto a través de 69-72 y 55-58 para detenerse, justamente, por sobre 50. En el pánico de 1946, X rompió nuevamente rápido a través de 78-80 y 69-72, para pararse en 66. Cuando existe un gran volumen de acciones en un suelo de pánico de cualquier acción, ese nivel adquiere un fuerte "interés conferido" para un futuro y ofrecerá, por lo general, visible resistencia ante un avance subsiguiente (una vez que otro descenso de Mercado Bajista haya ubicado las cotizaciones por debajo del nivel de pánico).

Esta discusión de los pánicos nos hace volver a la consideración de la actuación del soporte y la resistencia en otras etapas de la tendencia Primaria -un asunto del que ya hablamos en este Capítulo y del cual deberíamos tener más cosas que contar. Teniendo siempre en cuenta la relación de la resistencia y el volumen, es fácil ver por qué en un tirón largo, por lo demás, común, la oscilación Bajista en la cual disminuye el interés operativo a una afluencia muy baja a medida que se acerca la baja final, el suelo siguiente al Intermedio último puede originar una oferta relativamente pequeña y, por ello, una pequeña reacción cuando la nueva tendencia alcista llega a su nivel. Complétese a esto el hecho de que varios de los compradores de las últimas fases de un descenso Mayor son inversionistas intencionados de reducción a escala que esperan que los precios bajen más y, por esta razón, no sacudirles con facilidad. El lento progreso que se aprecia a menudo en la primera parte de un nuevo Mercado Primario Alcista se debe no tanto a la resistencia que hay suspendida por arriba como a las pujas de un público inquieto.

Las tendencias de recuperación que siguen a pánicos inclinados del Mercado Bajista se agotan generalmente por sí mismas, por razones evidentes, mucho antes de que vuelvan hacia el último nivel de resistencia dejado a un lado en esa oscilación Primaria bajista (que es normalmente en el fondo del primer descenso Intermedio desde el techo extremo del ciclo), pero a menudo se hallan con la oferta en un área de resistencia inferior establecida en el Mercado Alcista precedente. Vuelva sobre sus gráficos, por lo tanto, cuando esté realizando un estudio sobre el probable avance en tales situaciones.

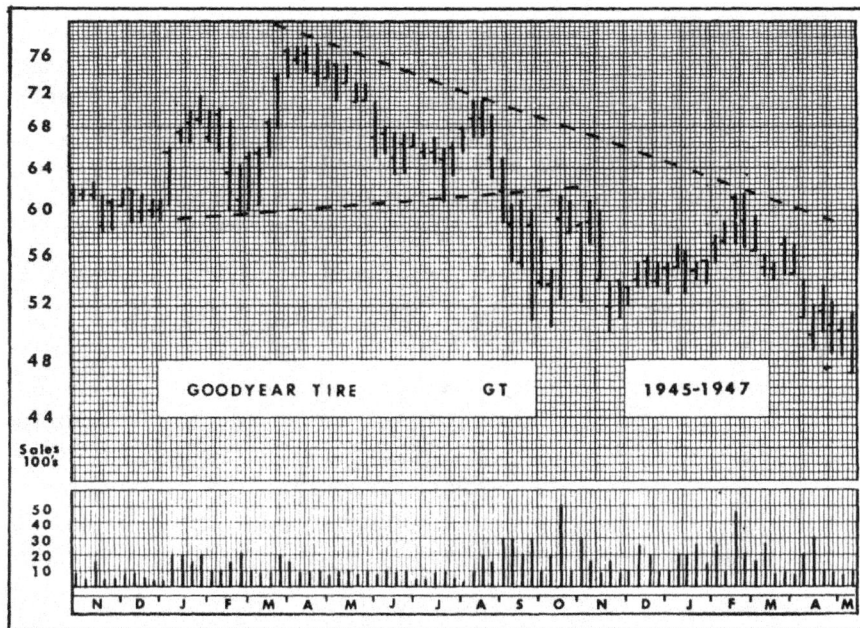

FIGURA 143. Ya discutimos los retrocesos en relación a la Cabeza y Hombros en el Capítulo VI (Figura 16) y nos referiremos a ellos otra vez en este capítulo como fenómenos de soporte-resistencia. En la mayoría de los casos se produce, al menos, un retroceso hasta la línea clavicular (después de la ruptura). Muchas formaciones de Cabeza y Hombros producen dos, la primera en un plazo de unos días después de que la ruptura y los precios se hayan alejado mucho, y la segunda unas semanas después, a veces cuando se ha cumplido la medida mínima de Cabeza y Hombros. La "Goodyear" fue testigo del extraño número de cuatro retrocesos hasta llegar a su línea clavicular 1946 –las primeras dos semanas después de la ruptura de Agosto, otra en Octubre, una tercera en Noviembre, y una cuarta en Febrero de 1947, que tropezó con la doble resistencia de la línea clavicular y la línea de tendencia bajista (Capítulo XIV) proyectada desde la cabeza de Abril y el hombro derecho de Agosto de 1946.

Una profundización siguiendo esta línea sería la siguiente: no hay ninguna ley que requiera una tendencia progresiva para seguir escalando hasta que alcance una lejana zona de oferta ubicada por encima. Es cierto, como un resultado que hemos mencionado ya en nuestra teoría de soporte y resistencia, que los precios pueden, y, de hecho, así lo hacen, elevarse fácilmente a través de una gama de precios donde no se han formado suelos y zonas de congestión en tendencias anteriores bajistas, sino que, si el primer nivel establecido de resistencia está muy por encima, el avance se puede agotar por sí mismo antes de llegar allí. Una oferta fuerte puede producirse, por otras causas, en un nivel inferior. Piense, entonces, en un lejano nivel de resistencia como en una posibilidad máxima y no como un propósito cierto. Pese a eso, entre dos acciones cuya adquisición esta considerando, debería, por supuesto, seleccionar la que tiene la pista "más estrecha" por encima, si no cambian las circunstancias, y la que puede ascender más antes de encontrarse con una zona de oferta trazada en un gráfico.

Resistencia de pauta

Volvamos ahora a algunos de los fenómenos secundarios que insinuamos en los capítulos anteriores sobre las pautas de cambio de dirección y consolidación. Tome los huecos, por ejemplo. Sabrá ahora por que es fácil para una reacción regresar y cerrar ese hueco. No hay "interés conferido" de ningún tipo en la gama a través del cual los precios salten para formar el hueco en el gráfico. Vera también por qué puede detenerse antes de llegar y cambiar de dirección enseguida como ha cerrado el hueco, siempre que haya un volumen alto en la gama de precios que precede seguidamente al hueco. Esto es lo que pasa generalmente con un hueco de separación.

Por esta razón, es fácil que se cierre cualquier hueco una vez que una reacción hace que los precios retrocedan en esa dirección, siempre que no esté demasiado lejos y no haya niveles de resistencia que se entrometan para detener la reacción antes de que llegue allí. Pese a eso, en el caso de un hueco de continuación no hay una razón por la cual una reacción debiera parar tan pronto como se haya cubierto la gama de hueco; por el contrario, seguirá seguramente a través de la pauta de precios que precedió al hueco.

Los retrocesos y los rechazos -los movimientos rápidos que se desarrollan tan seguidos luego de una fuga de Cabeza y Hombros u otra pauta de área ejemplifican los principios de soporte y resistencia. Cuando los precios se derrumban, por ejemplo, de un Triángulo Descendente, el límite horizontal inferior de la formación, que fue originariamente una línea de demanda, invierte rápidamente su papel y se convierte en un nivel de resistencia. Cualquier intento de volver a ubicar los precios a través de el después de una fuga definitiva, es detenido por la oferta en la línea o cerca de ella. De igual forma, la línea clavicular de un Techo de Cabeza y Hombros, que era una línea de demanda, se convierte en un nivel de resistencia luego de que los precios han empujado sobre ella con volumen y por un margen decisivo.

Inicialmente en este capítulo, en nuestro comentario de los tres criterios para calcular la cantidad de resistencia que se puede esperar en un nivel primero de suelo, indicamos de la "distancia de separación" como uno de ellos y afirmamos, como regla general, que los precios deberían haberse desplazado al menos un 10% más allá de ese nivel en una acción de precio medio antes de que estableciera mucha resistencia. Esta regla del 10% no usa, sin embargo, en caso de un rechazo hacia una formación de zona bien definida, cuando se origina poco tiempo de una fuga. Una fuga decisiva es todo lo que se requiere para establecer una fuerte resistencia a tales movimientos en la Frontera de pauta.

El Triángulo Simétrico tiene un tipo distinto de "campo" de soporte y resistencia. Recordará que el primer punto de vuelta o cambio de dirección en la formación de un Triángulo Simétrico (un techo, si se forma en una tendencia ascendente y un suelo, en el caso de un descenso) va habitualmente en conjunto con un volumen elevado, pero

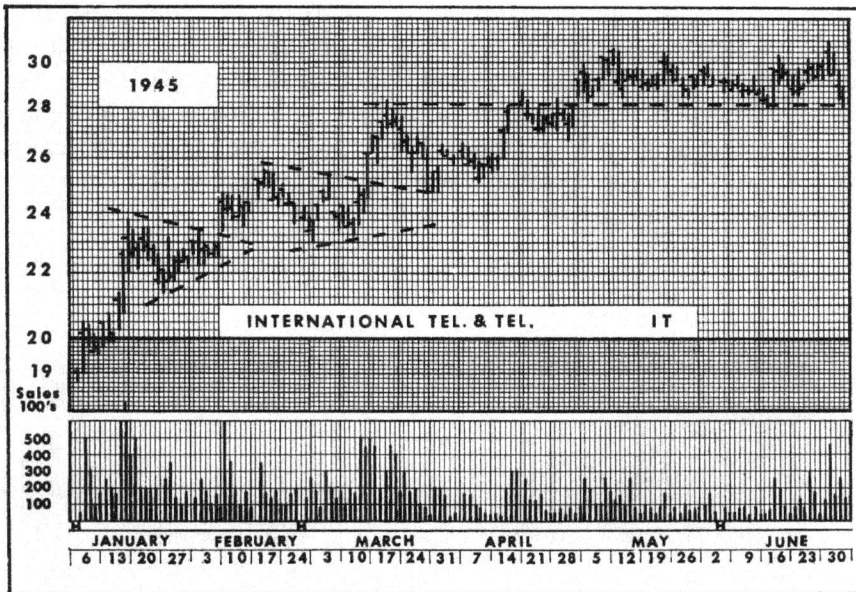

FIGURA 144. En este gráfico diario de la "IT" de 1945 aparecieron varios ejemplos del "campo" de soporte del Triángulo Simétrico. Siguiendo la fuga tardía del 5 de Febrero desde el primer Triángulo, los precios volvieron el 9 de Abril al nivel del techo de mediados de Enero, pero sufrieron en ese momento una extensa reacción que bajó, el 26 de Febrero, al nivel del vértice del Triángulo. Fue una coyuntura crítica. El punto de vértice en sí mismo es un soporte fuerte (o resistencia), pero su nivel se debilita a medida que pasa el tiempo. En este caso, podría haber estado desarrollándose una "carrera final" (ver apartado siguiente). Las órdenes de stop de limitación de pérdida deberían registrarse siempre en un nivel de vértice (ver Capítulo XXVII). Aquí, sin embargo, el vértice se sostuvo y los precios se metieron en otra "espiral", rompiendo por arriba el 10 de Marzo. Su siguiente reacción tuvo soporte, tal como se esperaba después de una ruptura temprana como ésta, en la línea de techo de la pauta. La pista de precios desde mediados de Marzo hasta finales de Abril cayó en una pauta de Triángulo Ascendente cuya frontera superior funcionó como soporte en Junio, pero se rompió en Julio. Remítase a la Figura 120.

esa actividad disminuye rápidamente en sucesivas fluctuaciones dentro de sus fronteras convergentes. En efecto, una vez que los precios se han salido del Triángulo y han seguido mucho más allá del nivel del primer punto de vuelta o cambio de dirección de la pauta, ese nivel, a causa del volumen de acciones operadas allí, se transforma en un soporte (o resistencia) frente a una reacción subsiguiente. Pero, si el movimiento de ruptura no se mueve más allá del primer nivel de cambio de dirección del Triángulo por un margen claro, cualquier rechazo devolverá posiblemente las cotizaciones al límite de pauta extendido (inclinado), y si la reacción no se causa hasta que la tendencia ha dado resultado hasta el vértice del Triángulo, o más allá de él, el rechazo, entonces, no tropezará con el soporte (o resistencia) hasta que haya vuelto al nivel del vértice. El vértice, en resumidas cuentas, constituye el nivel de concentración o *eje* del soporte y resistencia del Triángulo. La unión de dos líneas limítrofes convergentes de un Triángulo se ha designado a veces "cuña". El soporte del eje (o resistencia) es más fuerte cerca del punto de cuña, pero se debilita a medida que la línea de eje (nivel de vértice) se desarrolla hacia fuera, a la derecha del gráfico (es decir, a medida que pasa el tiempo). Así, si un movimiento de ruptura no logra llevar los precios muy lejos de la zona de Triángulo y la tendencia se agota en ese instante, se aplana y comienza a reaccionar, *después* de que su punto de cuña haya sido sobrepasado en términos de tiempo, su acción debe ser observada con detenimiento mientras alcanza la línea de eje. (Se puede señalar aquí una orden de stop de pérdidas). En caso de que el soporte del eje fracasara en conservarse, la reacción puede saltar y acelerarse con una oscilación más amplia que se ha denominado "carrera final alrededor de la línea".

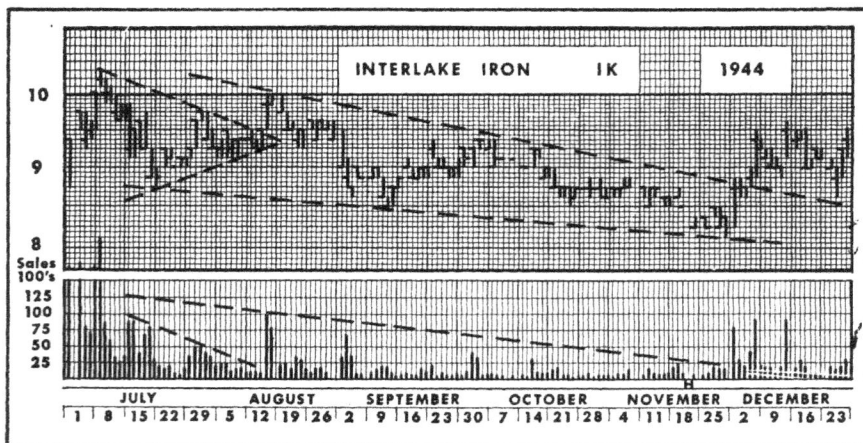

FIGURA 145. En este ejemplo, una fuga tardía por arriba (10 de Agosto) de un Triángulo Simétrico falló rápidamente y la reacción subsiguiente, después de mantenerse durante varios días en el nivel del vértice, se derrumbó finalmente, para llevar a cabo una "carrera final". Observe que a partir de ahí el nivel de vértice se convirtió en una resistencia frente a los movimientos de recuperación.

El volumen en las rupturas a través del soporte

En estas ocasiones en que los precios fracasan en retirarse cuando golpean una gama de resistencia (soporte) y, tal vez luego de varios días de haberse mantenido allí, se adentran, se produce casi siempre una aceleración súbita y una recuperación apreciable del volumen. Esto debe ser considerado como evidencia de una ruptura definitiva y, en consecuencia, como una premisa de que el movimiento seguirá. Las razones por las cuales se produce este aumento de volumen no son claras. Algunos dicen: "se precisa del volumen para vencer la resistencia", lo que es seguro, pero el volumen normalmente llega *después* de haberse invadido la resistencia. Hay otros que opinan que "el volumen es una evidencia para los técnicos de lo que ha pasado y ahora están entrando". Sin embargo, en opinión del autor, esa línea de pensamiento posee falta de elementos que la justifiquen. (Hablaremos a continuación de la influencia incuestionable de los técnicos sobre la tendencia). Muchos de los comentarios sobre el cambio de volumen frente al cambio de precios recuerdan a la adivinanza de la gallina y el huevo, cualquiera sea el caso, debemos dejar a los académicos el análisis de tales causas, siempre que las implicaciones prácticas sean claras.

Soporte y resistencia en las medias

Al igual que en casi todos los fenómenos técnicos que hemos estudiado, los principios de soporte y resistencia se usan, con ciertas concesiones, a las medias, así como las acciones individuales. Ya que una media refleja los gráficos combinados de la mayoría de las acciones que los componen, aunque una minoría de ellas demuestra pautas muy divergentes, se deduce que las zonas de soporte y resistencia en las medias no se pueden construir de manera tan afilada y estrecha. Los techos y suelos Menores, en especial, son menos independientes como niveles de resistencia. Pese a eso, los cambios de dirección intermedios significativos y definidos, desde el momento en que representan casi siempre cambios de dirección en el mercado completo (casi todas las acciones), originarán normalmente una resistencia fuerte (o soporte, según sea el caso) en tendencia media subsiguiente.

Cuando las medias se derrumban por medio de un nivel de soporte, pero una o más acciones se conservan firmes, al mismo tiempo, en sus correspondientes soportes individuales, o por sobre de ellos, se presupone que esas acciones particulares están en una posición más favorable que otras para participar en la siguiente recuperación. Se debe señalar "si no cambian las circunstancias", ya que existen restricciones a esa afirmación que deben ser analizadas. Por ejemplo, puede suceder que la acción que se ha resistido al descenso será, por esa misma razón, menos atractiva para los nuevos compradores que la que rompió de manera drástica y es, por tanto, comerciable ahora a un precio "más atractivo".

Muchas de las afirmaciones realizadas en relación a las futuras perspectivas para las acciones que, por un criterio u otro, han dado muestras de una actuación de mercado "mejor o peor que la media", dan lugar a discusión de cualquiera de las dos maneras. Es mucho más seguro considerar a todas estas indicaciones relativas de actuación simplemente como un factor menor a calcular en el conjunto de todos los gráficos.

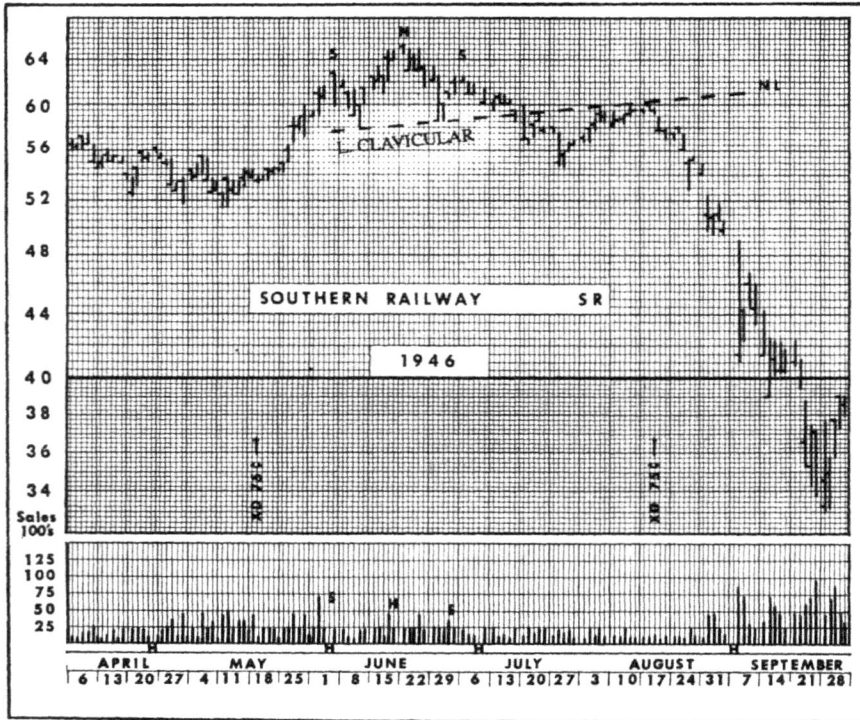

FIGURA 146. Aquí tenemos un caso típico de dos retrocesos hacia una línea clavicular de Cabeza y Hombros; el primero producido inmediatamente después de la fuga, y el segundo tres semanas más tarde. Nótese que la ruptura inicial "saltó" desde el soporte de techo de primeros de Abril, y el descenso de finales de Julio tropezó con el soporte en el área de congestión general de Abril-Mayo. Pero lo que este gráfico ilustra es, sobre todo, cómo el volumen aumenta cuando se penetra una buena gama de soporte. Note la indudable recuperación del 27 de Agosto cuando se abandonó el área de Abril-Mayo.

Capítulo XIV

Líneas de tendencia y canales

Uno de nuestros fundamentos básicos en este sistema de análisis técnico de gráficos de acciones -algo que, de hecho, puede demostrar rápidamente cualquier novato al analizar los registros del mercado de cualquier época que elija- es que *los precios se mueven por tendencias*. El mercado en general y las muchas ocasiones que lo forman no saltan hacia arriba o hacia abajo de manera caprichosa; por el contrario, muestran una organización y pauta específicas en su curso gráfico.

Los precios se mueven por tendencias. Estas tendencias pueden ir hacia arriba, hacia abajo o bien hacia los dos lados (horizontales). Su estabilidad puede ser corta o larga. Se pueden clasificar de Mayores (Primarias), Intermedias (Secundarias) o Menores, de acuerdo con las reglas de la teoría de Dow, o además de formaciones horizontales de Línea. (La diferencia entre una corta Intermedia y una tendencia Menor extendida es, muchas veces, más complicado de resolver en las acciones individuales que en las medias, aunque no es tan importante). Sin embargo, las tendencias cambian más tarde o mas temprano; pueden cambiar a través de un cambio de dirección de arriba a abajo o de abajo a arriba, pero pueden asimismo cambiar su dirección sin darse la vuelta, tal como pasa, par ejemplo, desde arriba a los lados y tal vez hacia arriba otra vez, o desde una inclinación moderada a otra inclinada, y viceversa.

Los beneficios se logran capitalizando en tendencias alcistas o bajistas, siguiéndolas hasta que se vuelven. EI problema del inversionista reside en reconocer una tendencia provechosa en la etapa más temprana posible de su desarrollo y descubrir más tarde, tan rápido como le sea posible, su final y cambio de dirección. Como ya hemos visto, el cambio de dirección de cualquier tendencia se identifica por la creación de una especie de precio de unión y pauta de volumen -en resumen-, de una formación de cambio de dirección.

La línea de tendencia

Todas las aseveraciones anteriores que hacen referencia a las tendencias ya se han formulado o presupuesto en capítulos anteriores. Nuestro objetivo ahora es examinar las tendencias como tal de manera más detallada, ver como se pueden trazar de forma más eficaz en los gráficos y establecer en qué medida se pueden utilizar para reforzar o suplementar los pronósticos técnicos resultados de nuestras otras estudios de soporte y resistencia y formación de gráficos -a veces- inclusive para proveer pronósticos más tempranos o avisos de cambio.

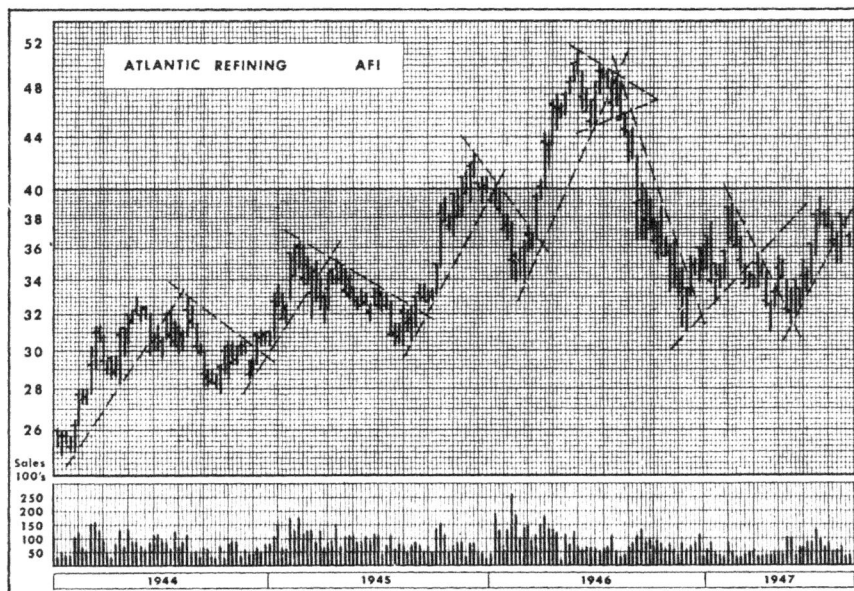

FIGURA 147. Serie de líneas de tendencia Intermedia dibujadas para ilustrar el principio "básico" (ver apartado siguiente) en un gráfico semanal de la Atlantic Refining, que se extiende desde Enero de 1944 hasta Agosto de 1947. Observe que cada tendencia alcista necesitó dos puntos de suelo *claros* para determinarla y cada tendencia bajista, dos techos. En algunos casos, los dos puntos determinantes se formaron con sólo unas pocas semanas de separación, tal como ocurrió en Agosto y Septiembre de 1945. Por otro lado, los puntos que fijaron la tendencia alcista de primeros de 1946 se encontraban a meses de distancia –Febrero y Junio. Ser podrían trazar muchas otras líneas experimentales en este gráfico, en un principio, incluyendo varias tendencias alcistas,cuya autoridad Intermedia fue cuestionable ya que eran "demasiado escarpadas" –como las de principios de 1944, finales de 1945 y principios de 1946. (Ver apdo. "Pruebas de autoridad"): Aquí sólo se muestran las líneas de tendencia finales. Hay también algunos ejemplos interesantes de retrocesos (después de la penetración de la línea de tendencia) que se discuten en el apartado. "Consecuencias de la penetración de la línea de tendencia –rechazos"). Observe las de Julio de 1944, Abril de 1945, Septiembre de 1945 y Mayor de 1947.

Uno de los primeros descubrimientos que un estudiante nuevo es posible que haga cuando empieza a examinar los gráficos de valores con ojo critico, es el de que casi todas las tendencias Menores y la mayor parte de las Intermedias, siguen líneas casi rectas. Tal vez haya algunos lectores que descarten esto como algo perfectamente natural, algo que se da por sentado. Sin embargo, la mayoría se ilusiona y asombra a medida que va profundizando. No sólo las fluctuaciones mas pequeñas, sino también, con frecuencia, las grandes oscilaciones Primarias de varios años de permanencia, aparecen en los gráficos como si sus recorridos se hubieran trazado con una regla de borde recto. Este fenómeno es indudablemente el más fascinante, impresionante y misterioso de todos los que muestran los gráficos.

Si colocamos una regla sobre una serie de tendencias de precios puestas en un gráfico, descubriremos apresuradamente que la línea que con más frecuencia es casi recta en una tendencia al alza, es una línea que junta los extremos inferiores de los retrocesos Menores dentro de esas tendencias. Dicho de otra manera, una oleada que avanza en el mercado de valores constituye una serie de rizos y los suelos de esos rizos tienden a colocarse en una línea recta inclinada hacia arriba, o muy cerca de ella. En los techos de los rizos esto no se cumple tan seguido; algunas veces, pueden estar unidos a través de una línea recta, pero más frecuentemente varían levemente en amplitud, de manera que cualquier línea que une sus extremos superiores estará más o menos curvada.

En el caso de una tendencia de precio descendente, la línea más proclive a ser recta es la que une los *techos* de las recuperaciones Menores que se originan dentro de aquella, mientras que los suelos Menores pueden caer o no en un borde recto.

Estas dos líneas -la que se inclina hacia arriba por los suelos de onda sucesivos dentro de un extenso movimiento alcista, y la que se inclina hacia abajo cruzando los techos de onda de un movimiento amplio bajista- son líneas de tendencia básicas.

Por desgracia, nunca se ha considerado un nombre aparte de esa palabra pelada, línea, que tantos usos e indicaciones tiene. Algunos analistas las han denominado "tangentes", término que tiene la ventaja de ser nuevo, pero que cambia el verdadero significado de la palabra tangente, e inclusive confunde a muchos lectores.

Tal vez la palabra "tangente" se aplique en su momento con este significado. De todas maneras, nos quedaremos aquí con la "línea" tan manejada, pero podemos darle alguna individualización en el presente contexto relacionándola a tendencia y formando así el término *línea de tendencia*.

Puede que haya escuchado decir que las líneas de tendencia "se crean para romperse", sin embargo, es esta una de esas afirmaciones exasperantes por lo enfática que es y, por otro lado, no aclara nada. Por supuesto que se rompen; al final siempre se rompen y, algunas de ellas, poco después de haber sido instauradas. El problema reside en decidir qué rupturas (es decir, penetraciones originadas por un movimiento de precios) tienen significación técnica importante y cuales necesitan de consecuencias prácticas, requiriendo posiblemente sólo una corrección menor en el trazado de la línea de tendencia originaria. No hay respuestas claras y ciertas al 100% a este problema; la trascendencia de algunas penetraciones no se puede determinar tan pronto como aparecen, sino que hay que aguardar indicaciones confirmatorias derivados de otros desarrollos del gráfico. Sin embargo, en la gran mayoría de casos es factible reconocer una ruptura importante -es decir, una que necesite un repaso rápido y, posiblemente, una revisión de la política operadora.

Cómo se dibujan las líneas de tendencia

Lo primero de todo, ¿cómo se dibujan las líneas de tendencia? Una línea recta se fija matemáticamente por dos puntos cualesquiera dentro de ella. Como resultado, para trazar una línea de tendencia precisamos dos puntos determinantes -dos puntos de cambio de dirección de tope determinados para fijar una tendencia a la baja, y dos puntos de cambio de dirección de tope determinados para fijar una tendencia alcista. Este principio es el mismo que mostramos en nuestras especificaciones a la hora de trazar las líneas Limítrofes del Triangulo, en el Capítulo VII. Lo verdadero es que esas líneas limítrofes de los Triángulos y Rectángulos, al igual que las líneas claviculares de las formaciones de Cabeza y Hombros, son puramente tipos especiales de líneas de tendencia. Suponga que comenzamos por un punto de suelo Mayor y describimos como se puede desarrollar, a partir de él, una serie de tendencias alcistas. Para facilitarlo, imaginemos que el suelo de Mercado Bajista de nuestra acción constituye un área de Rectángulo situada entre 6 1/2 y 8 y el último movimiento de esta alineación se elevó desde el nivel de 6 1/2, rasgó a través del techo de pauta a 8, y siguió hasta 9.

Desde 9, los precios reaccionaron hasta 8 y, después, se encauzaron de nuevo hacia arriba. Tan pronto como esta última recuperación se ha trasladado lo bastante lejos como para demostrar la pendiente a 8 como un suelo Menor, podemos trazar nuestra primera línea de tendencia, ya que poseemos dos puntos de suelo, el segundo (8) más alto que el primero (6 1/2), para establecer la inclinación. Esta sería una línea de tendencia Menor alcista. Podríamos tirarla sutilmente en nuestro gráfico con un lápiz y dilatarla hacia arriba y adelante durante una semana o tal vez más. (Le será más fácil imaginar nuestro ejemplo si lo bosqueja en un trozo de papel de gráficos).

Para continuar, suponga que los precios empujan hacia arriba hasta 10, se mueven adyacentemente unos cuantos días o se hunden levemente, hasta que se hayan acercado y hayan tocado una vez más nuestra línea de tendencia Menor alargada. Empiezan después a moverse al alza en un tercer avance, pero chocan con la oferta otra vez sin prosperar mucho, contactan por cuarta vez con la línea de tendencia, titubean y, después, se derrumban a través de ella. Si ahora los precios cierran visiblemente por debajo de la línea y si, además de ello, se ha desatado cierta recuperación en el volumen de actividad, siendo evidente en la penetración, podemos concluir que nuestra primera línea de tendencia Menor se ha completado y nuestra acción, creará una especie de pauta de fortalecimiento antes de que lleve a cabo otro avance, o bien sufrirá una "rectificación" mas amplia que cualquiera de las pequeñas inclinaciones a la baja que registro durante su primera oscilación Menor alcista. La tendencia Menor alcista completa, que hemos situado como ejemplo en los párrafos anteriores, bien podría haber recorrido su trayectoria en dos semanas y, de esa manera, nuestra primera línea de tendencia habría sido muy inclinada, demasiado escarpada, lógicamente, como para

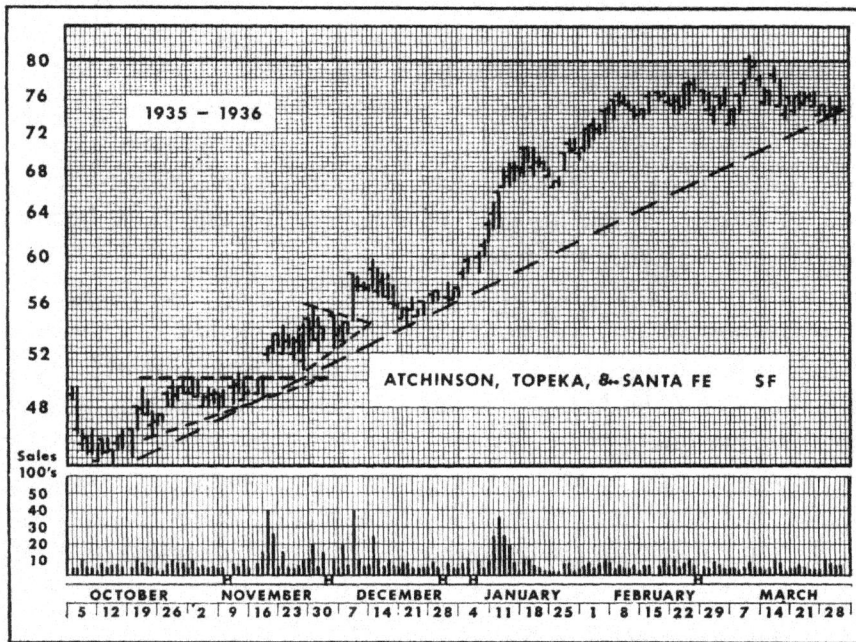

FIGURA 148. Este gráfico diario de 1935-36 de la Atchinson ilustra cómo la última parte de un avance Intermedio largo y fuerte puede acelerarse alejándose de su línea de tendencia. (Nótese la acción a finales de Enero y principios de Febrero). Los precios cayeron a 66 en Abril de 1936 después de que se rompiera a finales de Marzo esta línea de tendencia alcista. Note también que en el punto en que la reacción de Diciembre de 1935 tropezó con el soporte, la línea de tendencia coincidió con un nivel de vértice de Triángulo. Estas coincidencias aparecen con frecuencia en estudios técnicos.

conservarse durante un período de tiempo muy largo. Imaginemos ahora que una serie de fluctuaciones, hacia abajo, originan la rectificación más extensa que hemos estimado como una probabilidad siguiendo la ruptura de la línea de tendencia, y que ésta restituye los precios al nivel de soporte determinado en el techo del Rectángulo originario, esto es, a 8. (Basándose en nuestros estudios preliminares de soporte-resistencia, reconocemos esto como un "punto de compra "fundamental"). Imaginando que los desarrollos subsiguientes alcanzarán un curso normal, los precios no deberían detenerse mucho en 8, sino que deberían moverse luego con una serie de fluctuaciones que progresan. Tan pronto como esto se hace evidente y el nuevo suelo en 8 está "en 10 despejado", podemos tirar una nueva línea de tendencia a través del punto de base originario en 6 1/2 y el nuevo punto en 8. Esto debería ser, seguramente lo sea, una línea de tendencia Intermedia al alza que no se penetrara durante varias semanas, y posiblemente meses, hasta que no se ponga techo al avance Intermedio.

Si ese techo Intermedio acoge la forma de una pauta de vuelta o cambio de dirección de Cabeza y Hombros, nuestra línea alcista *Intermedia* puede fragmentarse entonces por el retroceso desde el techo de la cabeza a la línea clavicular. Sin embargo, el progreso final de un movimiento Intermedio fuerte se acelera, por regla, lo bastante lejos de la línea de tendencia alargada como para dejar espacio (a la derecha del grafico) a una creación de pauta grande, antes de que la línea se toque de nuevo y sea penetrada. De aquí que la perforación real de la línea de tendencia es más factible que se produzca, bien en el descenso desde el hombro derecho a la línea clavicular, o bien al mismo tiempo, aproximadamente, en que los precios se hunden a través de la línea clavicular para completar la señal de Cabeza y Hombros.

Es asombroso ver la frecuencia con que las dos líneas, línea clavicular y línea de tendencia, se rompen *paralelamente.* En otros casos, son muchos, en los cuales la línea de tendencia es lo primero que se perfora, tal vez poco después de que los precios se voltearon hacia abajo desde el hombro derecho, no hace falta esperar a que se rompa la línea clavicular, sino que, por el contrario, podemos comenzar inmediatamente la acción. Aquí tenemos un tipo de premisa de líneas de tendencia que produce una señal de trabajo un poco más temprano, y a menudo a un nivel de precios mucho más próspero que el proveído por la finalización de la formación de vuelta o cambio de dirección.

Escala aritmética frente a escala logarítmica

En este instante, los más "matemáticamente" inclinados de nuestros lectores habrán comenzado a reflexionar sobre la diferencia entre las líneas de tendencia proyectadas sobre la escala normal o aritmética, y sobre aquellas de la escala de proporción o logarítmica. Una serie de puntos que caen en una línea cabalmente recta e inclinada hacia arriba en un papel de gráficos aritmético referirán, al desplazarse a una hoja semilogarítmica, una línea curva que se eleva de manera puntiaguda al principio, pero que después se va redondeando de manera gradual. Y, por el contrario, los puntos que caen en una línea recta en una hoja semilogarítmica referirán una curva acelerada en una hoja aritmética, una línea que se inclina hacia arriba de manera cada vez más escabrosa cuanto mayor es la distancia a la que se la proyecta.

Como es natural, esta variación tiene poca importancia, o escasea prácticamente de ella, a la hora de definir las tendencias Menores, ya que estas rara vez se mueven lo bastante lejos como para que se revelen las características distintivas de los dos tipos de escala. Y esto se desempeña también en los movimientos medios (valga la redundancia) de inclinación normal. Pero cuando se trata de Intermedios muy largos y fuertes, la diferencia puede aparecer de manera muy marcada y puede crear una enorme diferencia en cuanto al tiempo y nivel de la última penetración de la línea de tendencia. Aquí reside una de las principales razones para el uso del papel semilogarítmico en las acciones de gráficos para un análisis técnico. Pero dejemos ahora la discusión de este punto hasta que alcancemos las tendencias Mayores, y sigamos con las Líneas Intermedias, que son habitualmente iguales en uno u otro tipo de escala. Y, por' el momento, centralicémonos en las tendencias Intermedias *alcistas*. (Se enfatizan los movimientos Intermedios en lugar de los Menores, por la razón obvia de que estos últimos tienen una importancia práctica pequeña para operar e invertir).

Volviendo a nuestros primeros principios, y dando por hecho que los precios tienden al alza siguiendo líneas más o menos rectas, se concluye que, si podemos hallar y trazar las líneas que precisan exactamente esas tendencias, aquellas cumplirán dos objetivos, tal como se sigue:

1. Cuando la línea de tendencia se rompe (es decir, cuando los precios tienden al alza siguiendo líneas mas o menos rectas), se concluye que el avance se ha terminado. Es momento para que el operador a medio liquide esa acción y averigüe oportunidades de inversión en otro lugar.

2. Cuando una pauta pequeña de cambio de dirección de techo se forma en el gráfico de una acción muy hacia arriba y lejos de la línea de tendencia alcista Intermedia de esa acción, de manera que hay espacio para que los resultados del lado inferior de las formaciones de vuelta o cambio de dirección se lleven a cabo *antes* de que se viole la línea de tendencia, en ese instante, el operador de tendencia Intermedia bien puede desconocer la pequeña pauta de cambio de dirección. Se puede conservar tanto tiempo como se mantenga la línea de tendencia.

Las superioridades de la primera función de la línea de tendencia nombrada son obvias. Las de la segunda, aunque menos claras para aquellos sin experiencia, son igualmente importantes para el inversionista que ha comprendido que es una práctica cara deshacerse de cada valor en cartera tan pronto como éste de señales de un retraso menor, siempre que todavía exista la oportunidad de un avance Intermedio posterior.

Para que se cumplan estos objetivos, es preciso, tal como hemos apuntado, encontrar y trazar la línea que defina de manera exacta la tendencia Intermedia y darse cuenta después de que esa línea se ha roto de manera definitiva. Nuestra clara revisión anterior de cómo se funda una línea de tendencia no trató de cubrir a fondo estos puntos.

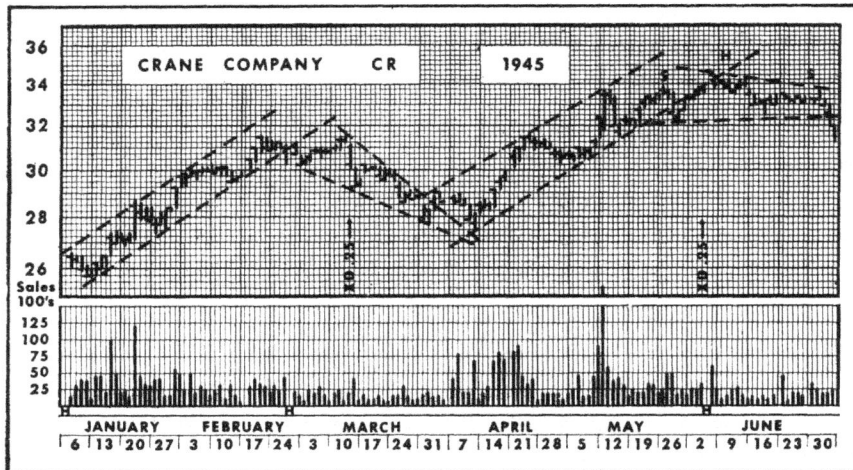

FIGURA 149. Líneas de tendencia que definieron las oscilaciones a corto de la Crane Company en 1945. Nótese que los tres suelos formados en la primera línea al alza y la tercera recuperación (finales de Febrero) de este avance fracasaron en alcanzar una línea trazada sobre los techos anteriores paralelos a la línea de tendencia básica. Un fallo de este tipo frecuentemente precede a una ruptura de la tendencia. Lo mismo ocurrió al final de la segunda tendencia alcista de últimos de Mayo. Los "fallos" y la utilización de las líneas paralelas o de "regreso" se discutirán posteriormente en este capítulo. La tendencia bajista de Marzo adoptó forma de Cuña. Observe cómo la reacción del 16 de Abril tropezó con el soporte en su línea de techo previamente penetrado. En Junio, una recuperación encontró resistencia en la línea de tendencia al alza previamente rota. Estos retrocesos son frecuentes. La pequeña Cabeza Y Hombros Compleja de Junio nunca se completó, ya que los precios no se derrumbaron hacia fuera de ella con al margen exigido

Pruebas de autoridad

Aquí tenemos algunas de las pruebas que se pueden emplear para juzgar la validez técnica, la autoridad de una línea de tendencia alcista:

A. Cuanto mayor sea la cantidad de suelos que se han desarrollado en (o muy cerca de) la línea de tendencia en el recorrido de una serie de ondas Menores alcistas, mayor será la categoría de esa línea en el sentido técnico. La importancia de la línea se ve incrementada con cada "prueba" sucesiva. Se puede trazar una línea primera y temporal al alza tan pronto como se hayan formado los dos suelos, siendo el segundo más alto que el primero, pero si los precios vuelven a esa línea por tercera vez, funde ahí un tercer suelo y empiece un avance renovado; así la validez de esa línea, como una enunciación verdadera, se ha *demostrado* por la acción del mercado. En caso de que se formara un cuarto suelo un poco después y los precios se apartaran de él hacia arriba otra vez, su valor, como criterio de tendencia, se acrecienta muy considerablemente, etc.

B. La longitud de la línea, es decir, cuanto más tiempo se haya sostenido sin ser penetrada hacia abajo por los precios, mayor será su importancia técnica. Este principio, sin embargo, demanda algunas modificaciones. Si su línea de tendencia está trazada desde dos suelos originarios que están muy cerca en el tiempo -pongamos, con menos de una semana de separación-, está expuesta a error; puede ser demasiado inclinada a (con mas frecuencia) demasiado plana. Si se trata de esto último, los precios se apartan y permanecen sobre ella durante mucho tiempo; pueden después girar hacia abajo y descender a lo largo de una rectificación Intermedia, antes de que la línea de tendencia trazada así se alcance. Pero, si la línea de tendencia se ha trazado desde suelos que están lo bastante alejados como para haberse desarrollado como componentes independientes de la onda que usted está tratando de definir, con una buena recuperación y "agua abierta" entre ellos, es, entonces, más probable que sea la línea de tendencia verdadera. Se debería dar más importancia al número de suelos que se han fundado en una línea de tendencia (prueba A) que a su longitud únicamente (prueba B).

C. El ángulo de la línea de tendencia (hasta la horizontal) es también, en alguna disposición, un criterio de su validez como verdadero delimitador de la tendencia Intermedia. Se puede romper fácilmente una línea muy inclinada con un efímero movimiento de consolidación lateral -como, por ejemplo, con una Bandera compacta que se forma en un adelanto del tipo de "asta"-, sólo para proyectar otra vez los precios en un avance extenso. Esas líneas inclinadas tienen muy poco valor de predicción para el técnico. Cuanto más plana, es decir, más próxima a la horizontal, mayor importancia tendrá técnicamente y, en resultado, mayor será el significado de cualquier ruptura por abajo a través de ella.

Pero el término "inclinada", tal como se emplea en las tendencias de valores, es relativo, y debemos decir que se resiste a una enunciación exacta. La experiencia, que sólo se puede lograr estudiando muchos gráficos y construyendo y trabajando con ellos a lo largo de muchos meses, trae consigo una habilidad casi inconsciente para diferenciar entre una línea de tendencia que es "demasiado inclinada para mantenerse" y una cuyo ángulo de elevación es razonable y debería mantenerse hasta el momento en que la tendencia se vuelve o cambia de dirección desde una Intermedia alcista hasta un Intermedia bajista. Las inclinaciones de tendencia se modificarán de una acción a otra de acuerdo con sus hábitos particulares de mercado. Cambian también de acuerdo con el estado del ciclo Primario tendiendo a hacerse de alguna forma más inclinada en sus últimas fases. Cuanto mayor sea la historia pasada de gráficos que usted tenga sobre una acción específica en la que esté interesado, más capaz será de conceptuar su tendencia actual. (Debemos destacar que la afirmación anterior se aplica ala interpretación de la mayoría de las otras pautas técnicas y fenómenos, así como a las líneas de tendencia).

Una pista para indagar en lo relativo de lo inclinado es suministrada a aquellos que utilizan la hoja de gráficos semilogarítmica TEKNIPLAT, que ha sido usado en la mayoría de las ilustraciones de este libro. Cuando se proyectan en esta escala, las tendencias Intermedias al alza de los gráficos diarios, en la gran mayoría de acciones que se venden en la gama del 10 al 20, se elevan a un ángulo de, alrededor de 30 grados sobre la horizontal. Algunas serán un poco más planas, otras algo más inclinadas, pero es asombroso ver con cuanta frecuencia la línea de tendencia cae muy cerca de la pendiente de 30 grados en acciones de volatilidad y actividad medias. Las acciones estrechas, agudamente especulativas, y las acciones de fuerte inversión presentan alteraciones, siendo las primeras, por lo general más inclinadas y, las segundas, más llanas. La escala semilogarítmica tiene el valor, por supuesto, de reducir todos los movimientos a base de porcentaje, sin tener reparo en el nivel de precios. En una escalada aritmética precisa, la línea de tendencia será habitualmente más inclinada en una acción que se opera en la gama del 50, por ejemplo, que en una que se vende alrededor del 15.

En los gráficos semanales que utilizan la misma escala de precios, el ángulo de avance Intermedio será, por supuesto, mucho más inclinado que en el trazado diario. Una escala diferente producirá ángulos diferentes. Es pura y sencilla casualidad que la hoja TEKNIPLAT tienda a producir la línea ascendente de 30 grados de pendiente.

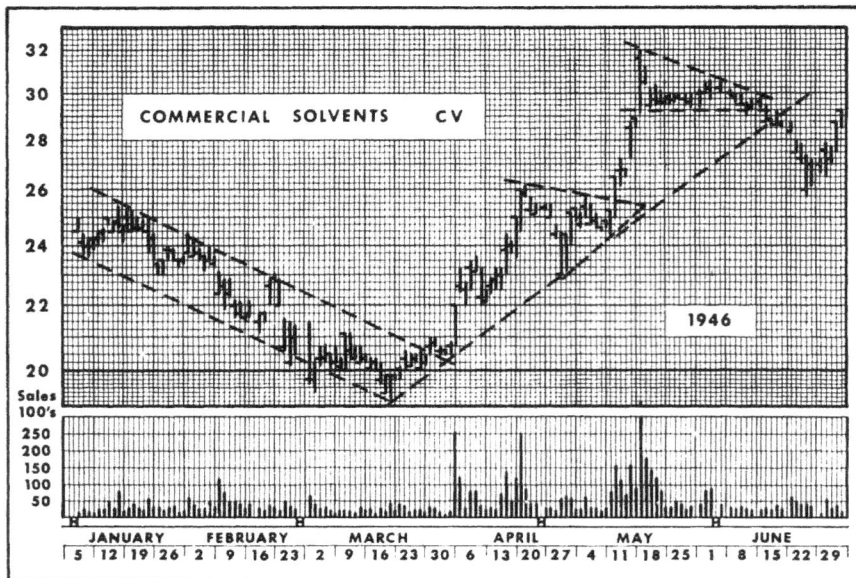

FIGURA 150. Tendencias alcistas y bajistas Intermedias de la Commercial Solcents en 1946. Observe el volumen incrementado en la penetración del 30 de Marzo de la línea de tendencia bajista (y también la fuga desde un suelo de Cabeza y Hombros pequeño). La caída que atravesó paralela inferior a últimos de Febrero careció de significación técnica. La línea de tendencia alcista desde el mínimo de Marzo se rompió el 14 de Junio, simultáneamente con una fuga desde un Triángulo Descendente, que resultó ser el techo final del Mercado Alcista.

Validez de penetración

Poseemos aquí tres criterios para calcular la autoridad o exactitud de una línea de tendencia alcista Interna:

(a) El numero de veces que ha sido "probada" o relacionada sin ser rota, (b) su longitud o duración y (c) su ángulo de pendiente. Dada una línea de tendencia que, por la aplicación de uno o más de estos criterios (dominantemente dos de ellos, al menos), parece ser una verdadera delimitadora de la tendencia, nuestro consecuente problema consiste en determinar cuando se ha roto de manera final y definitiva. Podemos instituir nuevamente tres pruebas o criterios, dos de los cuates son metódicamente idénticos a las reglas expuestas en capítulos anteriores para establecer las rupturas decisivas a partir de formaciones de vuelta (cambio de dirección) o afianzamiento. El primero es el *alcance de la penetración.* Para ser categóricos, diremos que los precios no sólo deben empujar a través de la línea, sino igualmente cerrar más allá de ella por un margen igual a aproximadamente 3% del precio de la acción. Esto no precisa realizarse en un sólo día, aunque a menudo sí que lo logra.

La penetración del 3% puede llegar como consecuencia de un descenso gradual de dos o tres días.

EI segundo es el *volumen de actividad.* Ya vimos cómo se debería esperar continuamente un aumento en la actividad en una ruptura genuina por arriba desde una pauta de aérea, pero no precisa incrementarse para corroborar una ruptura hacia abajo. Hemos visto cómo, en muchos casos, el volumen no demuestra un gran aumento el primer día de caída desde un Triangulo Descendente, por ejemplo, sino que, por lo general, se recupera ágilmente a medida que sigue el descenso.

En nuestra presente discusión estamos trabajando con líneas de tendencia alcista y su penetración es, por consecuente, análoga a una fuga hacia abajo. Esperaríamos que se usaran las mismas reglas y, en general, así sucede. Dado un cierre más allá de la línea por un margen de precios de 3%, no es preciso que el volumen se haya extendido mucho en ese punto para corroborar la validez de la penetración.

Lo cierto es, sin embargo, que la ruptura de una línea de tendencia Intermedia alcista va seguida, la mayoría de las veces, por alguna intensificación visible de la actividad operadora. En ese sentido, un aumento de volumen se puede razonar como confirmación de una penetración categórica. Es un indicador especialmente útil en los casos adyacentes. Si, por ejemplo, los precios empiezan a descender desde un punto situada sobre la línea de tendencia, se mueven hacia abajo cruzándola y mostrando un volumen de ingresos claramente en expansión, y cierran más allá de ella, a sólo, digamos, el 2% del precio, pero en el suelo de la gama del día o cerca de ella, nuestra regla del 3%, entonces, no se ha cumplido, pero el margen menor más la acción del volumen, se pueden suponer definitivos.

Tenga cuidado, sin embargo, y no se lance en estampida hacia una perspectiva apresurada por el movimiento de sacudida que se abre a través de una línea de tendencia con una gran estampido de actividad -posiblemente varios minutos de cinta tardía y se vuelve hacia arriba de nuevo, para cerrar el día por encima de la tendencia o, al menos, muy cerca de ella.

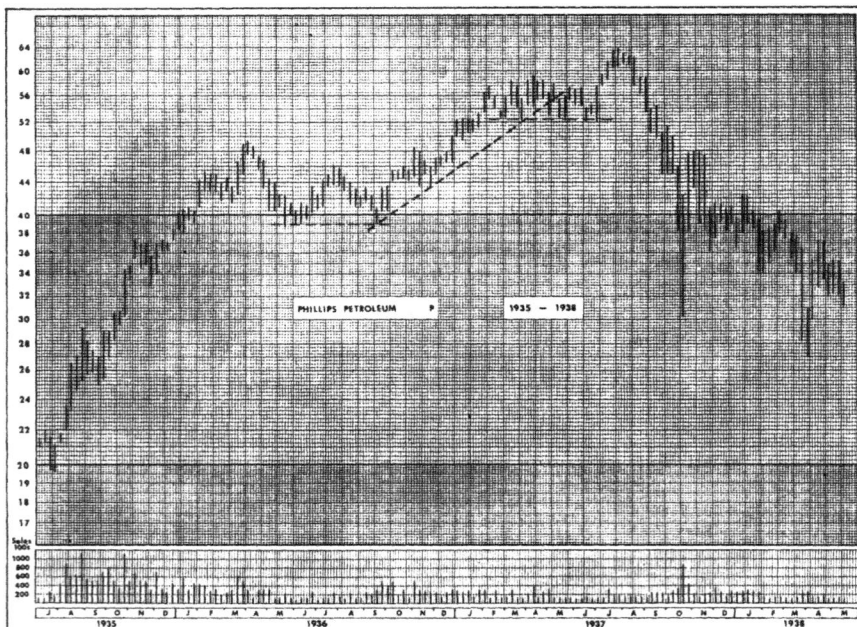

FIGURA 151. La penetración válida de línea de tendencia y sus consecuencias normales -reacción o consolidación– se ilustran en casi todos los gráficos de este capítulo y muchos otros a lo largo del libro. Sin embargo, el gráfico semanal de la Philips Petroleun, aquí reproducido, se muestra como una expedición digna de mención. La línea de tendencia Intermedia al alza, proyectada desde el mínimo de la "PP" de Septiembre de 1936, sobre sus suelos de principios de Octubre y finales de Noviembre, se penetró definitivamente hacia abajo la tercera semana de Mayo de 1937. Más aún, una pauta de vuelta o cambio de dirección de un techo de Cabeza y Hombros Múltiple se había estado formando desde Febrero, teniendo una línea clavicular crítica en el 52. Y el entonces Mercado Alcista se había extendido ya a lo largo de cuatro años; ¡la "PP" había ascendido desde 2! Tape completamente el gráfico desde el 1 de Julio de 1937 en adelante y estará de acuerdo en que hubo abundancia de espacio para que cualquier técnico vendiera inmediatamente, sin tener que esperar a que se rompiera la línea clavicular del 52. Pero ésta, sin embargo, fue la excepción a todas las pautas y reglas técnicas. La "PP" se dio la vuelta y se disparó a 64 antes de que se acabara. A pesar de eso, los desarrollos como este encierran un aviso valioso. Rara vez aparecen, a menos que la tendencia Mayor se haya agotado; es peligroso seguir cualquier elevación posterior.

Bien podría tratarse de un movimiento falso -y de hecho suele serlo- en lo que se refiere a ese instante concreto. Observe muy atentamente la acción de los siguientes días; la situación es evidentemente crítica pues, de lo contrario, no se podría haber producido una sacudida. La tercera prueba se emplea también, en especial, a rupturas limítrofes, en lo que se representa el margen de penetración. Supongamos que una acción cotizada en las cercanías del 40 desciende a través de una línea de tendencia al alza Intermedia bien instituida y cierra 1 punto o 1 1/8 por debajo de ella -un margen levemente menor que el determinado del 3%-, sin mucho aumento, en el caso de que lo haya, del volumen de actividad. Presumamos que vacila ahí durante un día o dos en un mercado estrecho e inactivo y empieza, después, a recuperarse. Si la actividad no mejora en este movimiento de recuperación -si los precios sencillamente se acercan débilmente al lado inferior de la línea de tendencia y tiende a "redondearse" ahí sin poder cerrar notoriamente sobre ella-, la situación, entonces, es critica, y el menor símbolo de presión renovada de ventas se debe considerar como una señal de que la tendencia al alza se ha roto categóricamente.

El movimiento de vuelta descrito en el párrafo anterior se conoce con el nombre de rechazo o retroceso. Ya hemos explicado anteriormente desarrollos análogos que siguen a las fugas desde Cabeza y Hombros y otras pautas, y hablaremos más de ellos posteriormente en relación a las líneas de tendencia. Las tres pruebas que hemos analizado, y que ayudan a instituir la validez de la penetración de la línea de tendencia, no pueden emplearse, por desgracia, rígidamente y sin un mínimo de juicio. Apenas se puede decir que la mayoría de las líneas de tendencia Intermedias tengan la precisión de las líneas adyacentes de pauta, e incluso a estas últimas se les debe admitir algún retraso. Tal como hemos tenido la oportunidad de decir en varias ocasiones, hay excepciones a cada regla técnica de formación de precios. Sin embargo, la reflexión, a la hora de establecer líneas de tendencia significativas e interpretar su penetración, llega con la experiencia.

Rectificación de las líneas de tendencia

Cuando una línea de tendencia se rompe par un margen menos que decisivo y los precios después se recuperan otra vez, cruzándolo, surgen dudas sobre la autoridad continuada de la línea natural. ¿Debería ser rechazada, examinada o dejada estar como tal? El juicio y la experiencia entran de nuevo en escena, pero unos principios generales serán útiles a la hora de solventarse. Si las líneas de tendencia originarias dependen sólo de dos puntos, es decir, de los dos primeros suelos sobre los cuales se programaron, y la penetración vacilante se produjo cuando los precios retornaron a ella por tercera vez, es mejor volver a trazar la línea sobre el primer suelo originario y el tercero nuevo. (Por supuesto, no realizar esto hasta que los precios hayan ascendido desde el tercer punto de suelo y este se haya determinado c1aramente como un suelo Menor). O. pueda que se halle en esos casos con que una línea trazada sobre los suelos segundo y tercero brinda mejor resultado; si el primer suelo fue una vuelta en un día, con su nivel de cierre por encima del mínimo de su gama, puede manifestar que esa nueva línea, cuando se prolonga por atrás, golpea aproximadamente el nivel de cierre.

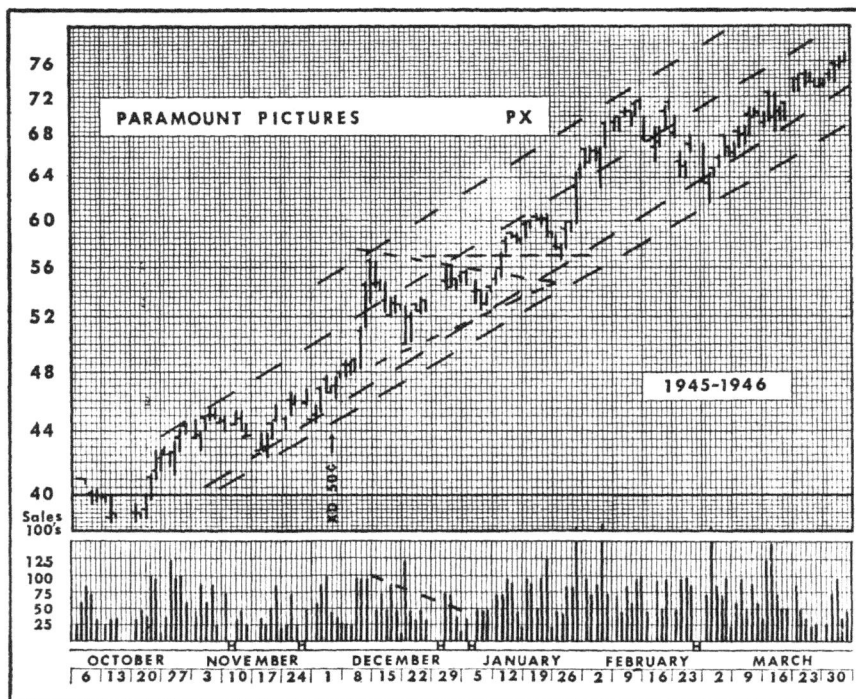

FIGURA 152. Las líneas de tendencia dobles (ver apdo. siguiente) no se hacen, por lo general, evidentes hasta que la tendencia ha corrido a lo largo de varios meses. En la fase acelerada de la tendencia alcista Intermedia Paramount, que comenzó en Octubre de 1945. el carácter doble de la línea de tendencia básica no se detectó hasta Enero de 1946. La línea interna (superior) se rompió en Abril. pero la exterior (inferior) no se penetró hacia abajo definitivamente hasta Mayo. en el techo del Mercado Alcista.

Por otro lado, si la línea de tendencia originaria ha sido "probada" una o más veces antes de trazarse, -es decir, si se ha formado un tercero y posiblemente cuarto suelo en ella sin penetrarla y así la han confirmado- la penetración vacilante que la sigue debe ser entonces descartada y debe considerarse que la línea originaria todavía opera. Una ruptura en un mismo día a través de una línea de tendencia instituida que, sin embargo, no trae como resultado el *cierre* de los precios más allá de la línea, debe ser refutada, dejando la línea tal y como está. De hecho, tal como ya se ha indicado, los precios al cierre crean con periodicidad una línea de tendencia mejor que los mínimos externos en un sólo día de suelos continuados, y esto es especialmente cierto con acciones "estrechas", sujetas a oscilaciones anormales. A menudo, da resultado una pequeña experimentación con diferentes líneas. Principalmente útil para el estudio de la línea de tendencia es una regla delgada y transparente.

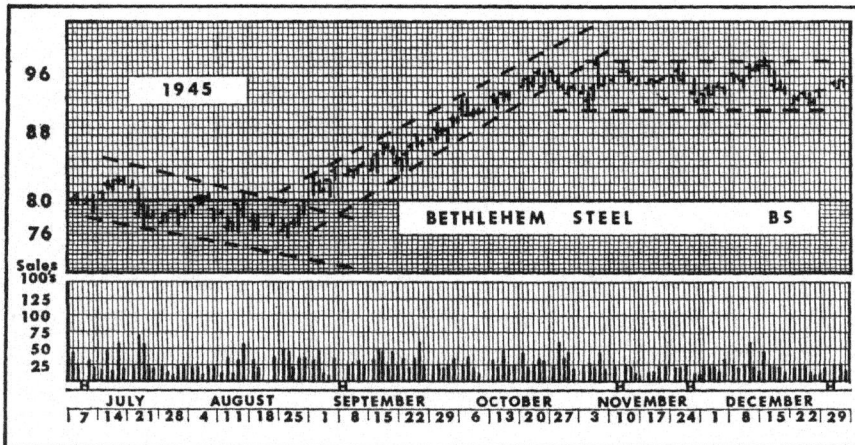

FIGURA 153. Canales de tendencia de la Bethlehem Steel en 1945. Los precios estallaron y se salieron del canal horizontal del 92-98 (Rectángulo) por el lado de arriba, en Enero de 1946, y continuaron hasta 114. Un operador de giro corto podría haber vendido alrededor del 94-96 a principios de Noviembre (a causa de la ruptura de la tendencia al alza) y haber vuelto a comprar a 99 en Enero con la fuga del Rectángulo. Ver "Canales de tendencia).

Existe aún otro tipo de formación de precios que puede requerir el trazar de nuevo una línea de tendencia. A veces, después de haberse programado hacia arriba sobre los dos primeros suelos Menores en una tendencia alcista, se forma un tercer suelo Menor, pero no en esa línea, sino muy por encima de ella. En tales casos, conserve la línea original pero dibuje una nueva sobre los puntos del segundo y tercer suelo, y mire los desarrollos. Si la recuperación desde el tercer suelo se agota claramente y, en consecuencia, se rompe la línea de tendencia original, esta línea es, seguramente, la correcta. Pero, si el tercer suelo resulta ser "fuerte" y la nueva línea se alza durante varias semanas (y si no fuera c1aramente demasiado inclinada para comenzar por ella), la línea antigua, entonces, debe dejarse y se debe considerar a la nueva como una mejor delimitadora de la tendencia.

Líneas de tendencia dobles y gamas de tendencia

En el curso de su "recortar e intentar", en un esfuerzo para articular una buena línea a una tendencia Intermedia al alza, puede descubrir que dos líneas *paralelas,* tal vez separadas solo por un punto en una acción que se vende en los treinta, precisará mejor una pauta de tendencia verdadera que cualquier línea sola que se pueda trazar. En esos casos, los suelos afilados y los empujes de sacudida caerán a menudo dentro de la línea exterior o inferior, mientras que las reacciones más inactivas y redondeadas se detendrán en la línea superior o inferior o cerca de ella. O las dos líneas marcarán una *gama,* dentro de la cual las ondas Menores bajistas tienden a parar y cambiar de dirección. Estas líneas de tendencia dobles son verdaderamente abundantes, aunque parecen pasar inadvertidas a la mayoría de analistas gráficos. Hace falta desarrollar buena vista -buscar tenazmente tendencias a las que se puedan aplicar. Esclarecerán muchas situaciones, en las cuales los intentos de encontrar una sola línea crítica han llevado sólo a la frustración y al abandono. Las tendencias que descubre estar mejor definidas por las líneas de tendencia dobles (o muy anchas, si lo desea), no se pueden suponer como finalizadas hasta que una de las líneas extremas, inferior o superior, ha sido finalmente penetrada. En relación a esto, recuerde lo que dijimos al inicio de este tema: los suelos afilados y de sacudida tienden a caer en la línea exterior. Las recuperaciones desde esos suelos son corrientemente igual de afiladas y los precios, por consecuente, se recuperan hacia atrás ágilmente por encima de la línea interior superior. Observe con cuidado esos desarrollos. Puede que no se produzca un derrumbamiento; todavía se puede *salvar* la situación, pero la eventualidad que se maneja es la de que la tendencia este llegando a su fin.

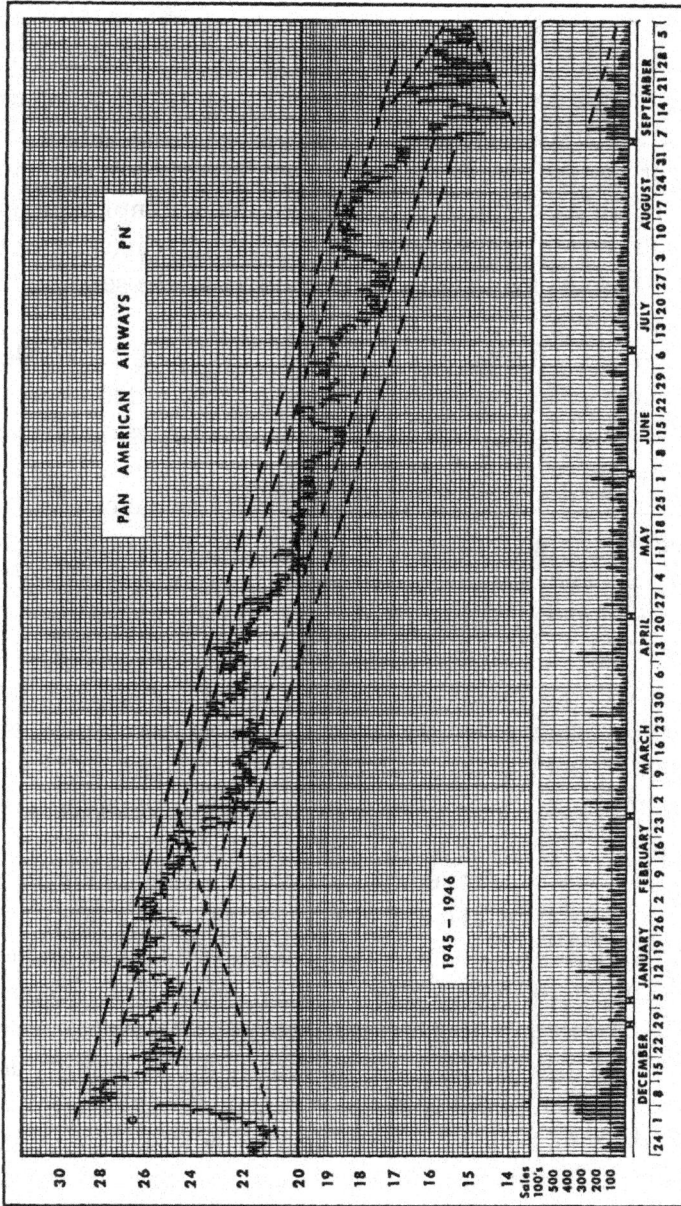

FIGURA 154. Tendencia bajista de diez meses, extraordinariamente larga y recta, muy bien definida por líneas de tendencia básicas y dobles sobre el canal de precios, y también por un conjunto doble de líneas de retorno por debajo de aquél. El techo Mayor comenzó con una fuerte Vuelta en un día, el 3 de Diciembre de 1945, y se convirtió en un Triángulo Descendente, que rompió el 19 de Febrero de 1946. El Triángulo Simétrico que comenzó a aparecer en Septiembre 1946, rompió también por la parte superior.

Canales de tendencia

Al principio de este estudio de tendencias, aplicamos el termino *línea de tendencia* básica a la línea que se inclina hacia arriba sobre los suelos de onda con un avance, y a la línea que se inclina hacia abajo sobre los techos de onda en un descenso. E hicimos también notar que los puntos opuestos de cambio de dirección (o vuelta), es decir, las crestas de la onda en un avance y los senos de la onda en un descenso, estaban, por regla, peor delimitados. Esta es una de las razones por las cuales todo nuestro análisis, hasta llegar a este punto, se ha consagrado completamente a las líneas de tendencia básicas. Otra razón es, por supuesto, que la labor más urgente del técnico es la de establecer cuando se ha agotado una tendencia y, en ese sentido, la línea básica es de suma importancia.

Sin embargo, en una cantidad suficiente de tendencias normales, las ondas Menores son lo suficientemente regulares como para estar definidas, en sus otros extremos, por otra línea. Es decir, los *techos* de las recuperaciones que forman un avance Intermedio se desarrollan a veces a lo largo de una línea, que es aproximadamente paralela a la línea básica de tendencia programada sobre sus suelos. Esta paralela debe designarse *línea de vuelta,* ya que muestra la zona en la cual se originan las reacciones (los movimientos de vuelta en contra de la tendencia preponderante). La zona ubicada entre la línea básica de tendencia y la línea de retorno es el *canal de tendencia.*

Los canales de tendencia bien definidos aparecen mas habitualmente en las acciones muy activas y correspondientes a manifestaciones grandes e importantes -y menos frecuentes en las menos populares y en las limitadamente estrechas, que reciben sólo una atención ocasional por parte de los inversionistas. El valor del concepto de canal de tendencia para el operador no parece precisar un amplio comentario; su utilización táctica se analizará en la segunda parte de este libro.

Su mayor utilidad no es, sin embargo, lo que llama más la atención del principiante cuando se aproxima a ella por primera vez, esto es, la determinación de los niveles buenos de obtención de beneficios. Los técnicos habituados lo encuentran más útil, pero en un sentido negativo. Así, una vez que un canal de tendencia parece estar bien sólido, cualquier fracaso de una tendencia en alcanzar la línea de vuelta (paralela de techo del canal en un avance Intermedio), se considera como un signa de desperfecto de la tendencia. Mas aún, el margen por el cual una recuperación falla al tratar de alcanzar la línea de *vuelta* (antes de girar ala baja), iguala, con periodicidad, al margen por el que se penetra la línea básica de predisposición en el descenso que sigue antes de que se produzca una detención o una repercusión en esta última.

De la misma forma, dado un canal de tendencia establecido, cuando una reacción desde la línea de vuelta fracasa en devolver los precios hasta la línea básica de tendencia, pero establece un suelo en algún lugar por encima de ella, el avance desde ese suelo empujando hacia afuera del canal por la parte de arriba (atravesando la línea de retorno) con un margen aproximadamente igual al margen por el cual la reacción se arruinó al alcanzar el suelo del canal (línea básica de tendencia).

Líneas experimentales

Su técnico especialista, de hecho, esta trazando continuamente líneas de tendencia de todas clases en sus gráficos -Menores, Intermedias y Mayores. Él las dibuja tenuemente a lápiz al principio, siempre que halle una excusa para hacerlo. Se dará cuenta después de que muchas necesitan significado y las borrará. Otras se "alzaran", es decir, mostrarán certeza de autoridad técnica, y las contrastará más o coloreará, tal como propondremos posteriormente. Estará siempre buscando líneas de tendencia dobles y trazará líneas de vuelta provisionales para diferenciar los posibles canales. Tan pronto como tenga lo que parece ser una línea básica de tendencia alcista programada desde dos suelos, por ejemplo, volverá otra vez al techo de la recuperación instalada entres esos dos suelos y trazará desde ahí una paralela a la línea de tendencia del suelo. Si la siguiente recuperación sube hasta esa paralela, se detiene allí y se gira hacia abajo, es posible que ya tenga establecidos un canal y una línea de vuelta.

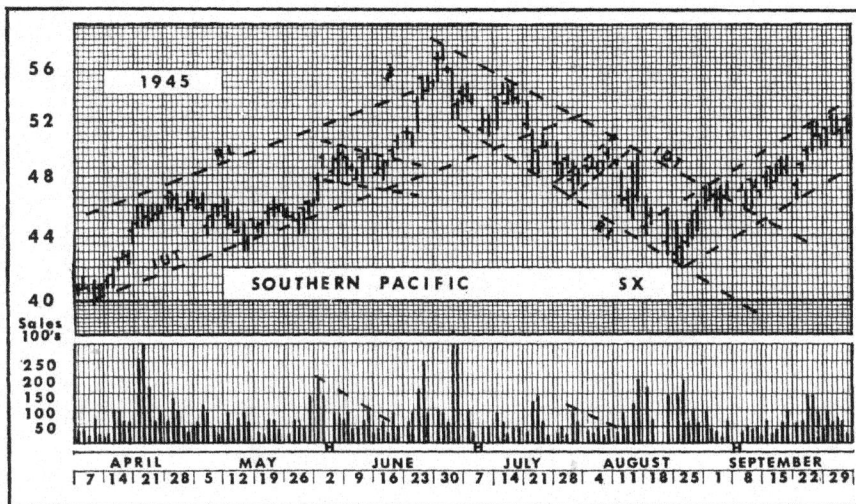

FIGURA 155. Líneas básicas de tendencia Intermedia bien marcadas y líneas de vuelta de la Southern Pacific en 1945. Fíjese en las Banderas dentro de los canales de tendencia –una Bandera alcista en Junio y otra bajista en Agosto. El canal de tendencia alcista que comenzó el 22 de Agosto se extendió hasta Febrero de 1946.

Se pide al lector de este libro la práctica de trazar y experimentar con cada línea de tendencia que la formación de precios admita o sugiera, especialmente si la aproximación técnica le es nueva. Es la manera más rápida -y, de hecho, la única de obtener la experiencia que hemos considerado precisa para el reconocimiento, el juicio y la utilización de las implicaciones de las líneas de tendencia en las operaciones. Tal vez deba agregarse aquí un "no" dirigido al principiante. Habrá notado que en ningún lugar hemos hablado de una línea proyectada desde un suelo a un techo, o viceversa. Las líneas de tendencia *siempre* se trazan sobre dos o más suelos o sobre dos o más techos. (Los precios pueden recorrer sus prolongaciones más tarde, pero esto no debe pasar cuando se trazan por primera vez las líneas). Si usted no lo supiera, podría ubicar, por ejemplo, una línea desde el techo del hombro izquierdo hasta el techo del hombro derecho de una formación de Cabeza y Hombros, abriéndose camino así por la cabeza; sin embargo, esa línea no tendría validez técnica.

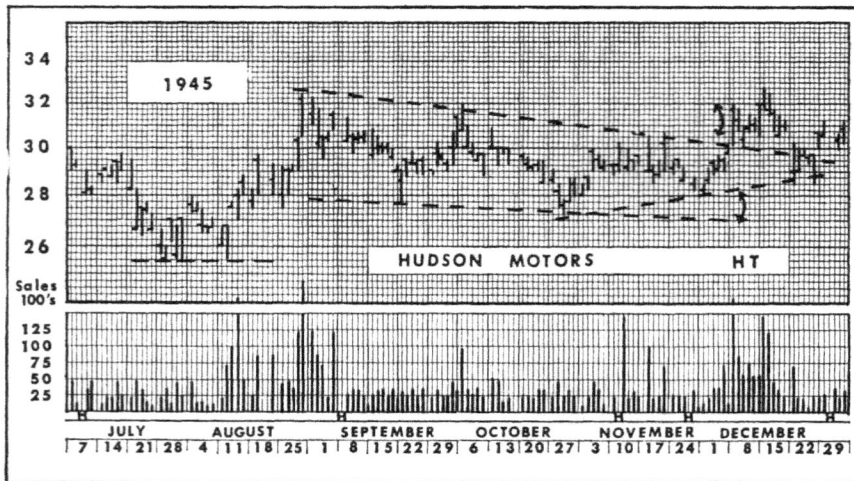

FIGURA 156. Nótese que el alcance por el cual los precios no lograron bajar hasta su línea de vuelta a finales de Noviembre midió la distancia que avanzaron a través y por encima de la línea básica de tendencia bajista a principios de Diciembre. Esta regla se explica en el apartado siguiente.

Consecuencias de la penetración de la línea de tendencia -los rechazos

Al principio de este capítulo mencionamos las posibles secuelas de una ruptura hacia abajo que atraviesa la línea de tendencia alcista Intermedia. Repitiendo, diremos que, si se ha construido una línea de tendencia alcista Intermedia, se ha dispuesto de técnicamente importante a través de las pruebas discutidas anteriormente, y se ha roto terminantemente, se deduce que la tendencia alcista ha finalizado.

Y lo que se puede esperar de ello es, o bien una regresión Intermedia completa, o bien un periodo de afianzamiento (convirtiéndose normalmente en una formación de área reconocible). Se puede apreciar en el gráfico las indicaciones técnicas de otros tipos, lo cual sugiere cuál de estas dos consecuencias es más probable que se provoque. En cualquier caso, el operador de la tendencia Intermedia ciertamente se lo pensará dos veces antes de intentar encontrar más beneficios en esa situación e instante concretos.

Ya se ha mencionado también una secuela probable, más inmediata pero menos importante, de la penetración de la línea de tendencia -el *retroceso*. Esto merece una discusión posterior. Los retrocesos que siguen a las fugas de las formaciones de cambio de dirección (vuelta) o consolidación se han explicado ya en nuestros estudios anteriores de aquellas pautas de precios. Es fácil entender por qué una recuperación que se desarrolla después de que los precios se fugan a través del límite inferior de un Rectángulo, por ejemplo, seré aquietada cuando se vuelve hacia ese límite por la gestión de la resistencia (oferta) que se halla ahí. La teoría del soporte-resistencia nos deja organizar, de manera

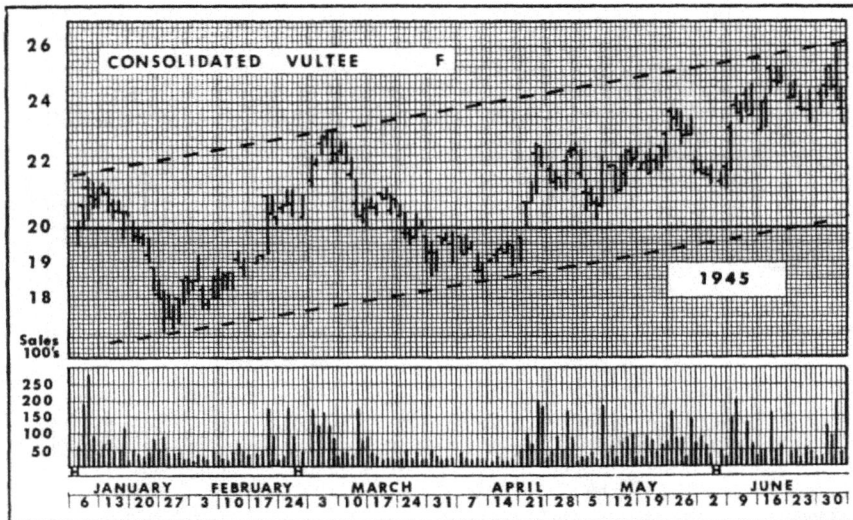

FIGURA 157. Seis meses de un canal de tendencia alcista que empezó a formarse en Diciembre de 1943. Fue roto hacia abajo en Agosto de 1945.

lógica, la mayoría de los movimientos de retroceso que se producen una vez que los precios se han fugado de otros tipos de zonas de cambio de dirección o consolidación. Los retrocesos que siguen a las penetraciones de las líneas de tendencia no se pueden constituir de esta forma; pueden producirse con más frecuencia y parecen detenerse más puntualmente en el antiguo nivel de la línea de tendencia, que en el caso de las formaciones de zona. ¿Por qué deben los precios, una vez que han empujado hacia abajo cruzando una línea de tendencia ascendente, tal vez por varios puntos, volverse de nuevo hacia arriba y ascender hasta muy cerca de la antigua línea de tendencia, pararse ahí y disgregarse después en un declive renovado? El techo de esa recuperación de retroceso puede estar situado a 263 puntos sobre el nivel original de penetración, ya que la tendencia está perseverantemente inclinándose hacia arriba; a pesar de ello, se detiene ahí, vacila y se rinde. Nadie sabe por qué la oferta debe ganarle a la demanda, por qué la resistencia tiene que ser tan indudable en ese punto concreto, cuyo nivel viene determinado por *dos* variantes, la *pendiente* de la línea y el *momento* en que es lograda.

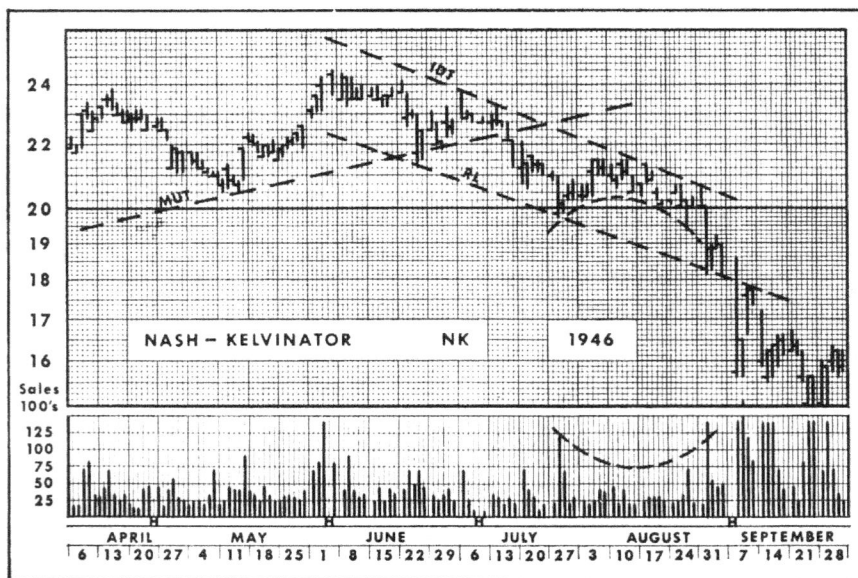

FIGURA 158. La tendencia bajista que comenzó en Junio de 1946 en la Nash Kelvinator, señalada por la ruptura de sus líneas de tendencia alcistas Intermedias y Mayores (MUT) el 15 de Julio, creó un bonito canal hasta Septiembre. Una línea de tendencia Intermedia bajista, trazada sobre los máximos del 17 de Junio y 1 de Julio, retrasó la recuperación de Agosto. La línea de vuelta paralela a ella sobe el mínimo del 20 de Agosto, se retrasó a últimos de Julio, pero se mantuvo intacta sólo durante unos días al final de Agosto. La recuperación de Agosto mostró, en cuanto a precio y volumen, características del Mercado Bajista. Compare este gráfico con la Figura 68 y verá que el 23 de Julio se señaló un techo Mayor Doble.

Por supuesto, no puede esperar que una recuperación de retroceso descienda, sensatamente, hasta una línea de tendencia que esta ascendiendo con un ángulo muy inclinado, lo que puede simbolizar para la tendencia al alza Intermedia el logro de un nuevo precio alto; sin embargo, eso pasa en más de unos cuantos casos. Con lo que se puede contar en la gran mayoría de líneas de tendencia al alza distintivas (aquellas que se inclinan hacia arriba con un ángulo corriente o bastante plano) es con que se desplegará una reacción de retroceso una vez que la línea ha sido rota, ya sea en unos pocos días o con el ritmo normal de una onda, y reintegrará los precios hasta la línea de tendencia proyectada.

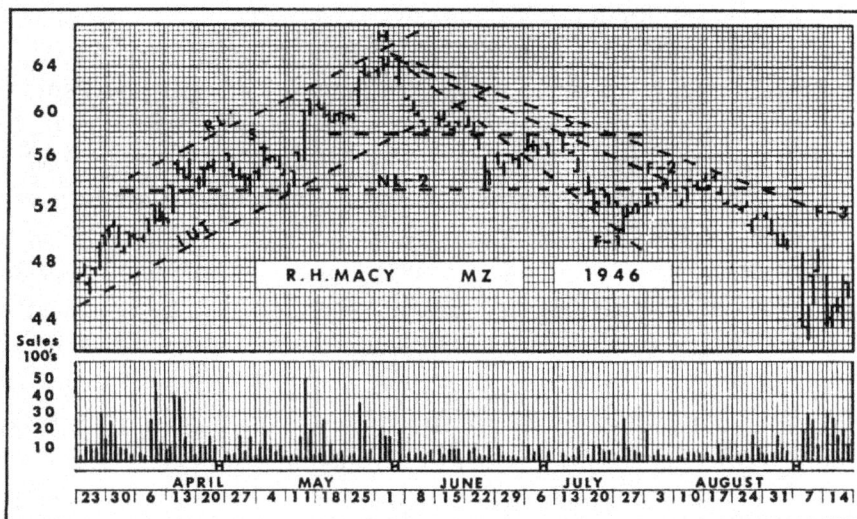

FIGURA 159. El descenso que hizo bajar a la Macy a través de una línea de tendencia alcista Intermedia (IUT) en Junio de 1946 resultó ser también la caída desde la cabeza de un techo de Cabeza y Hombros de "hombro plano", que fue, a su vez, parte de una figura Compleja más larga. La línea clavicular superior se rompió el 19 de Junio y la inferior el 16 de Julio. Observe los retrocesos hacia ambas. Las F1, F2 y F3 son líneas de abanico provisionales (ver apdo. "Tendencias correctivas -- el principio de abanico"). Los precios fueron por fin capaces de despejar la F3 en Diciembre, pero por esa época ya se había señalado un Mercado Bajista Primario, de tal manera que la regla del abanico ya no tenía vigencia. Los abanicos sólo se producen en los movimientos Secundarios (correctivos).

Debe hacerse notar que los retrocesos no se originan cuando los precios estallan a través de una línea de *vuelta,* es decir, rompen par el lado de arriba de un canal de tendencia alcista. o, explicado de manera más correcta, la línea de vuelta no funciona como un soporte frente a un retroceso, una vez que los precios lo han traspasado. Una oscilación particular fuerte en un canal de tendencia ascendente puede llegar mas allá del techo del canal, tal como se delimita por la línea de retorno, pero la siguiente reacción puede bajar a través de ella sin manifestar ninguna duda en su nivel.

El rechazo es uno de los misterios de la acción de precios de la línea de tendencia al que ya describimos al principio. El analista técnico que estudia las tendencias y las líneas de tendencia a lo largo de un período de tiempo largo, descubrirá otros fenómenos más misteriosos todavía, que no pueden tener cabida en este tratado porque no se ha descubierto todavía una manera de llevarlos a la práctica en operación e inversión. Son asombrosamente importantes considerados de manera retrospectiva, pero no están sujetos a predicción.

Tendencias intermedias bajistas

En el análisis anterior sobre las tendencias y las líneas de tendencia, nos hemos concentrado en las tendencias *alcistas;* de hecho, hemos pensado, en especial, en avances Intermedios de la dirección de la tendencia Primaria o, lo que es lo mismo, dentro de un Mercado Alcista Mayor. Esas tendencias específicas se inclinan más a desarrollarse "normalmente"; se adaptan mejor a la definición de línea de tendencia. Podemos tratar ahora los movimientos *bajistas* Intermedios en un Mercado Mayor Bajista. Antes de discutir los aspectos en que se diferencian de los avances Primarios, debemos recordar que la *línea básica de tendencia,* en un movimiento a la baja, es aquella que se proyecta sobre los *techos* de las recuperaciones que se producen dentro de ella. El canal de tendencia estará ubicado en el gráfico a la izquierda de esa línea de tendencia y por debajo de ella. La línea de *vuelta* (en caso de que la hubiera), concretará el *suelo* de ese canal. Las tendencias Intermedias bajistas (Mercado Bajista) son bastante menos regulares y uniformes en su desarrollo que los avances de Mercado Alcista.

Sus ángulos de descenso son, de manera característica, más inclinados; y esto es especialmente cierto, por supuesto, en los movimientos de pánico típicos de la segunda fase de un Mercado Bajista, tal como hablamos ya en nuestra discusión de las tendencias Mayores en el Capítulo III. Más aun, los precios tienden a caer lejos de cualquier línea de tendencia trazada sobre los dos primeros techos de recuperación; en otras palabras, tienen tendencia a curvarse hacia abajo o acelerarse a medida que sigue el movimiento. Esto se expresa de manera patente en un gráfico de escala aritmética, e incluso de manera más visible en una hoja semilogarítmica.

Los resultados *prácticos* de esta tendencia a curvarse hacia abajo no son tan significativos en cuanto que retrasan la penetración de la línea de tendencia original y, por lo tanto, retardan también el ofrecer una señal de cambio de tendencia. Lo real es que los precios tienden a dar vueltas durante un período, creando así una base en el suelo de estos descensos inclinados. Al hacer esto, se solventan lateralmente en el gráfico y la tendencia, con frecuencia, no se gira perceptiblemente hacia arriba hasta después de que la línea de tendencia se ha conseguido finalmente y atravesado por la parte de arriba.

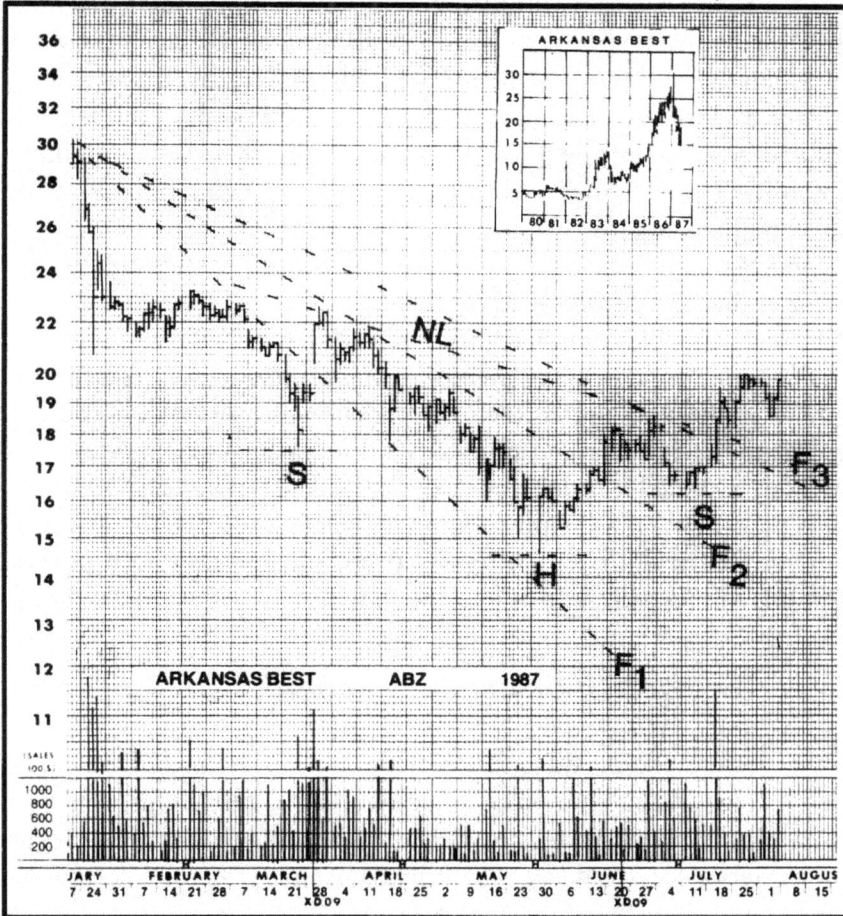

FIGURA 160. "ABZ" bajó bruscamente después de su máximo del último Enero, destruyó una recuperación de dos años casi ininterrumpidos. Pero, a pesar de la rapidez y severidad del retroceso, fue, en realidad, una reacción del cuadro perfecta, que paró justamente por encima del excelente soporte a largo plazo en el máximo de 1983 después de volver a trazar casi exactamente el 50% de su punto máximo de Enero. No sólo es una reacción clásica, sino que también es el desarrollo de la Línea de Abanico que, cuando se junta con el recientemente terminado Suelo de Cabeza y Hombros, sugiere que "ABZ" ha cambiado de dirección su tendencia bajista a corto plazo.

Así hallamos una justificación para trazar líneas de tendencia bajistas y conservarlas a la vista, aunque parezca, durante mucho tiempo, que sencillamente se mueven por el espacio, sin relación aparente con la tendencia real de precios.

De esto último se sigue que las líneas de vuelta, en la mayoría de descensos de Mercado Bajista, necesitan casi de utilidad práctica; se rompen hacia abajo rápidamente con mucha frecuencia. Los buenos canales son difíciles de hallar. Sin embargo -y esto tiene un valor práctico considerable-, la última oscilación bajista Intermedia que lleva al suelo final a largo es, por lo general, más definido, más regular y menos inclinado otras palabras, una tendencia casi normal, del tipo que queremos hallar en la mayoría de los avances Intermedios de un Mercado Alcista (si excluimos, por supuesto, el hecho de que se inclina hacia abajo en lugar de hacia arriba). Este interesante hábito tiene, tal como ya explicamos, importancia práctica. Conociéndolo, tenemos una pista adicional y muy útil para pronosticar el final de un Mercado Bajista.

Cuando una vez que la tendencia Bajista Mayor ha seguido durante un tiempo y distancia y ha experimentado, al menos, una liquidación, se origina entonces un nuevo descenso y sigue una buena línea de tendencia, obsérvela con cuidado. Si esta Intermedia se mantiene en su curso regular y no demasiado inclinado a la baja, si su línea de tendencia es tocada varias veces por las recuperaciones Menores, si origina un canal lo bastante estable y los precios no se "caen de su lecho" cruzando su línea paralela de vuelta, la consiguiente penetración por el lado de arriba puede mostrarse entonces como una vuelta Mayor, como el inicio de un nuevo Mercado Alcista.

Tendencias correctivas - el principio del abanico

En este estudio de líneas de tendencia Intermedias, hemos dejado para el final el tema de las tendencias Secundarias o correctivas. Son éstos los descensos Intermedios que obstaculizan los avances Primarios de un Mercado Alcista, y las recuperaciones intermedias que alteran con los descensos Primarios en los Mercados Bajistas.

Las reacciones Intermedias frente a la dirección Mayor del Mercado adoptan variedad de formas. A veces, tal como hemos observado en nuestro estudio anterior de las pautas de gráficos, se tornan en formaciones de consolidación - Triángulos, Rectángulos, etc.-, en los cuales la reacción neta de precios tiene menos secuelas, pero se utiliza tiempo en apoyar y rellenar antes de que se reanude la tendencia Primaria. En estos casos, por supuesto, se carece de base para trazar una línea de tendencia Intermedia y, por otro lado, no se precisa una para ningún objetivo práctico.

En el otro extremo, por así llamarlo, encontramos oscilaciones correctivas que se desarrollan como una línea de vuelta, mas o menos recta, de inclinación moderada hasta el nivel más inmediato de resistencias o soporte Intermedio buenos, retrocediendo tal vez de un tercio a la mitad de oscilación Primaria precedente. Estas reacciones establecen, por norma general, buenas líneas de tendencia, y la penetración resultante de sus líneas de tendencia es un buen símbolo de cambio de dirección. Debe agregarse que las correcciones Intermedias que pertenecen claramente a este tipo son comparativamente raras. La tercera forma que adoptan las correcciones Intermedias es casi tan habitual como la primera nombrada anteriormente (pauta de consolidación) y mucho más habitual que la segunda. En un Mercado Alcista, empieza con una reacción brusca que continúa durante varios días -quizá hasta llegar a las dos semanas- y funda una línea de tendencia Menor inclinada. Esta línea se rompe por la parte de arriba a causa de una rápida recuperación Menor, después de la cual los precios patinan otra vez con una tendencia mas inactiva y menos precipitada. Se puede trazar ahora una segunda línea de tendencia Menor desde el punto de máximo original, pasando por el

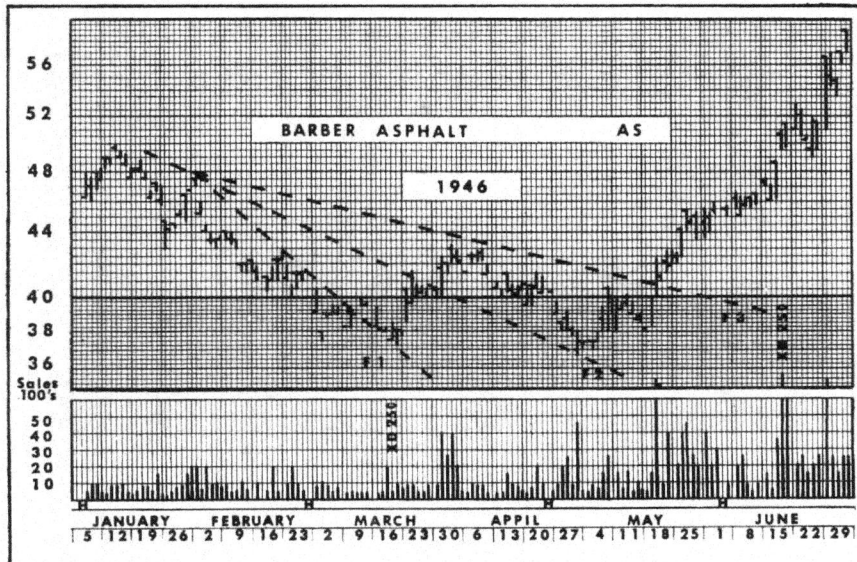

FIGURA 161. Aplicación válida del principio de los tres abanicos. Observe que los precios, una vez que empujaron a través de la F1 en Marzo, cayeron de nuevo hasta ella, a últimos de Abril, pero no se situaron por encima. La F3 fue superada en Mayo. Se trató aquí de una reacción de Mercado Alcista; las "AS" hizo su techo final sobre el 64, en el mes de Agosto. La pauta de Marzo-Mayo podría denominarse Suelo doble débil.

techo del empuje hacia arriba que fragmentó la primera tendencia. Esta segunda línea de tendencia es rota por otro empuje de recuperación parcial y le sigue una tercera liquidación más inactiva y lisa todavía. Ahora se puede dibujar una tercera línea desde el máximo original, cruzando el techo del segundo empuje hacia arriba. El movimiento completo ha adoptado, por ahora, una forma, abrupta e irregular, de "platillo hacia fuera". Las tres líneas de tendencia dibujadas desde el punto original de cambio de dirección desde el cual empezó el descenso correctivo, cada una con un ángulo más abierto que su anterior, se reconocen con el nombre de *líneas de abanico*. Y la regla es que, cuando la *tercera* línea de abanico se rompe por arriba, ya se ha visto el mínimo de la corrección Intermedia.

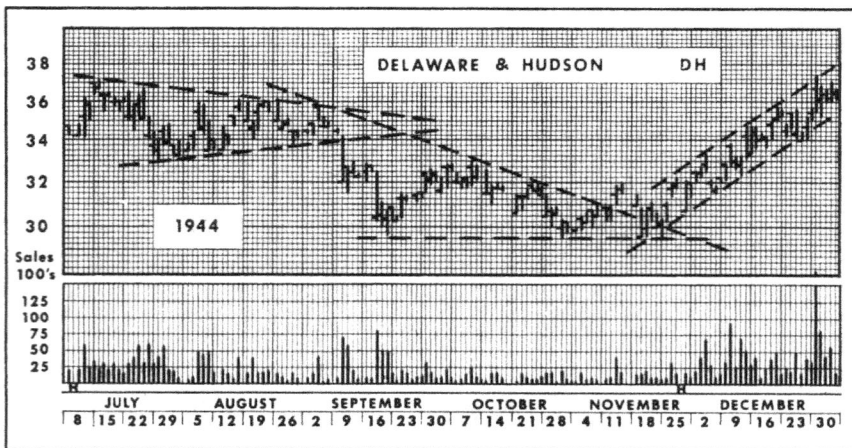

FIGURA 162. Compruebe el principio de los tres abanicos en este gráfico de la reacción de Mercado Alcista de finales de 1944 (desde un Triángulo Simétrico) de la "DH". La F1 debería trazarse desde el máximo del 30 de Agosto, pasando por el cierre del 12 de Septiembre. La F2 está ya marcada en el gráfico, pero no descrita. La F3 se extendió desde el 30 de Agosto a través del techo de la recuperación del 9 de Noviembre. Fue sobrepasada, con un volumen incrementado, el 21 de Noviembre. La pauta de precios, desde mediados de Septiembre hasta Noviembre, parecía en un primer momento un Triángulo Descendente, sin embargo, el volumen comenzó a aumentar en Octubre.

Hay, sin embargo, alteraciones a esta regla -como las hay para todas las reglas llamadas de análisis técnico gráfico. En alunas ocasiones, una corrección de este tipo seguirá para crear otra depresión hacia un nuevo mínimo en el movimiento correctivo completo, antes de que los precios empiecen realmente a redondearse al alza otra vez. Pero, a pesar de esto, el principio de los tres abanicos funciona en la gran mayoría de los casos. Mas aún, le da al operador una oportunidad de tomar una posición en un punto donde, lógicamente, puede utilizar una orden de stop muy ajustada y, de esta forma, limitar su pérdida a una cantidad insignificante, en caso de que la regla no dé resultado.

Es sugestivo hacer notar que los precios retroceden continuamente, en estos movimientos, hasta la línea de abanico precedente, de cada empuje hacia arriba. La nueva oscilación Primaria, una vez que se ha alcanzado el mínimo, empieza, por lo general, lentamente y lleva a cabo, durante un tiempo, la formación de platillo.

La norma de los tres abanicos funciona bien, igualmente, a la hora de determinar las formaciones de las recuperaciones Intermedias de un Mercado Bajista, la mayoría de las cuales adoptan la forma redondeada que se acomoda a su uso. Note, sin embargo, que el principio de abanico se aplica habitualmente sólo a los movimientos correctivos, esto es, para establecer el final de las reacciones Intermedias de un Mercado Alcista y de las recuperaciones Intermedias en un Mercado Bajista.

Hablaremos de las líneas de tendencias Mayores alcistas en el próximo capítulo pero, antes de dejar de lado este estudio de las tendencias Intermedias, vendrá bien aseverar de nuevo que la aplicación practica de las líneas de tendencia en las operaciones reales necesita experiencia y buen juicio para lograrla sólo a partir de ahí. Algunos analistas técnicos obedecen, en gran medida, de los estudios de la línea de tendencia; algunos tratan de utilizar las líneas de tendencia de manera casi exclusiva; pero la mayoría de ellos han descubierto que es mejor utilizarlas como un adjunto a otros datos técnicos.

El análisis técnico de un gráfico de valores es algo así como armar un rompecabezas. Hay contenidos a considerar -entre los que nos encontramos con el volumen, la pauta y las comprobaciones derivados de ellos, los niveles de soporte y resistencia, las líneas de tendencia, las perspectivas generales de mercado- y todos ellos se ajustan en el sitio correcto para conseguir el cuadro completo.

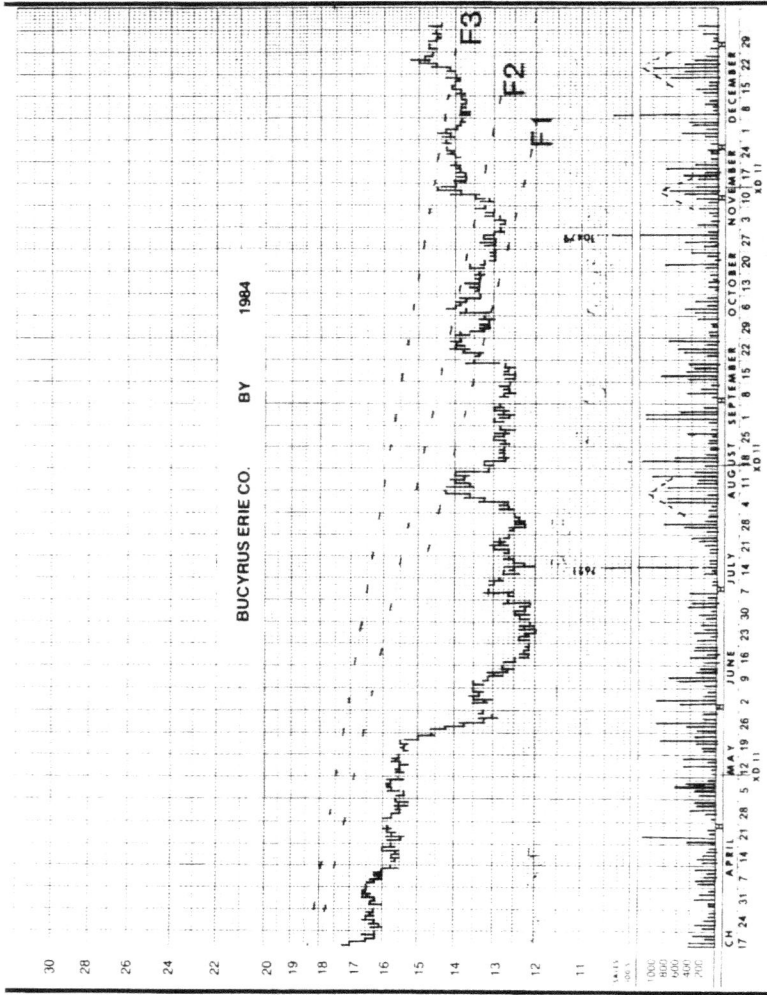

FIGURA 163. En una tendencia bajista a lo largo de toda la primera mitad. "BY" había devuelto gran parte de su recuperación de 1983 a mediados de verano. Sin embargo, el mínimo de 1982 mantuvo a los bajistas en jaque y, durante los últimos meses pasados, esta emisión ha grabado una excelente pauta de Abanico. La Línea de Abanico 1 dio paso a mediados de Septiembre a una penetración de alto volumen. El avance perdió rápidamente su momento, pero la antigua resistencia y el nuevo soporte contuvieron el retroceso perfectamente, estableciendo el escenario para una recuperación a través de la Línea de Abanico 2. Esto tuvo lugar a mediados de Noviembre en un volumen favorable. Después de una corrección de cinco semanas, "BY" se cargó a través de la Línea de Abanico 3 sobre el mejor volumen de las tres fugas.

Capítulo XV

Líneas de tendencia mayores

En el capítulo anterior, en que se trataron las líneas de tendencia Intermedias, se hizo referencia a los diferentes efectos que se producen según el tipo de trazado, logarítmico o aritmético, pero se hizo notar que esas diferencias estaban faltas de importancia en relación a las tendencias Menores o a las Intermedias de duración media. Sin embargo, llegados a las tendencias Mayores, la diferencia se torna importante.

Si se examina una gran colección de gráficos mensuales de escala aritmética que cubre diez o más años de historia del mercado, observará rápidamente que las tendencias Alcistas de la gran mayoría de las acciones operadas activamente y, más o menos, especulativas, tienden a *acelerarse*. Comienzan lentamente y empujan hacia arriba con un ángulo, cada vez más inclinado a medida que se aproximan al techo Mayor.

Este camino curvado hacia arriba los separa cada vez más de cualquier línea de tendencia dibujada desde dos puntos de suelo en la primera etapa de avance con movimiento lento. A efecto de ello, llegan a un techo y han descendido un largo camino en un retroceso que puede tener secuelas mayores, antes de que su línea de tendencia recta se toque de nuevo. Muchas de las acciones que aparecen en el papel aritmético, esas típicas curvas *aceleradas* en sus tendencias que avanzan (Mayores), producen tendencias *rectas* utilizando una escala logarítmica. Como resultado, sus líneas logarítmicas de tendencia Mayor se rompen más rápidamente, y habitualmente a un nivel de precios más alto, cuando por fin sus tendencias ponen un techo y se giran hacia abajo. En el caso de tales acciones, la escala logarítmica brinda una mejor señal de tendencia.

Pero hay, sin embargo, otras acciones -la mayoría de ellas del tipo más sustancial de inversión o semi-inversión- que tienden a progresar en tendencias aritméticas rectas. Como ejemplo, se pueden mencionar los casos de la Consolidated Edison, la General Motors y la Libbey-Owens-Ford Glass. (Las tendencias de éstas publican, por supuesto, una curva retardada en la escala logarítmica). Y, por último, existe una cifra de acciones cuyas líneas normales de tendencia del Mercado Alcista caen en algún lugar situado entre nuestros dos primeros tipos; es decir, se curvan hacia arriba apartándose desde un camino recto, en la escala aritmética, pero se curvan hacia la derecha (rompiendo a través de una línea recta) en la logarítmica.

Seguramente, todo esto le parecerá al lector muy aflictivo. Algunas acciones hacen esto y otras hacen esto otro. Así que, ¿qué ayuda se puede esperar de tal mezcla? La respuesta reside en el estudio de la historia pasada de las acciones en las que esté interesado. Las acciones -o, al menos, la gran mayoría de ellas-no cambian mucho sus costumbres y características de un ciclo Alcista y Bajista al siguiente. Una acción que, al igual que la General Motors, demuestra en un gráfico aritmético una tendencia

Alcista de línea recta en una oscilación Primaria alcista, es posible que repita esta actuación en la siguiente. Por simple interés, diremos que las acciones a veces cambian, por supuesto, a lo largo de un ciclo largo de años. Las compañías que se creyeron altamente especulativas cuando sus acciones se valorizaron por vez primera, pueden obtener una posición más trascendental y estable en la economía general, con el efecto de que sus acciones adquieren, a su debido tiempo, una tasación de inversión sólida. Sus predisposiciones de Mercado Alcista cambiarán entonces progresivamente desde una curva hacia arriba hasta una línea recta y, finalmente hasta una curva retardada. Otras compañías establecidas, pueden perder posición y tasación y traslado de una línea de tendencia del tipo de inversión al tipo especulativo. Pero, a pesar de esto, es verdad que, en general, las pautas Mayores se repiten. Si guarda usted su propia colección de gráficos mensuales, puede preferir la escala que quiera. Pero la mayoría de los seguidores de gráficos eligen comprar sus cuadros de gama larga ya confeccionados, obteniendo así una historia pasada más amplia de muchas más acciones de las que ellos mismos pueden poner en un gráfico. Ya que las únicas carpetas extensas de gráficos semanales que se venden a un precio prudente, están puestas sobre una escala aritmética, tendrá que hacer que sirvan, necesariamente, para todos los objetivos[1]. Verá que, con una pequeña experimentación, una curva se puede usar para trazar buenas líneas Mayores de tendencia a la baja en muchas de las acciones cuyas tendencias Alcistas Mayores se aceleran, apartándose de una línea recta.

Las pruebas que se utilizan para demostrar la significación técnica de una línea de tendencia Mayor son, en esencia, las mismas que las detalladas para las líneas de tendencia Intermedia del capítulo anterior. Se debe otorgar a las penetraciones un retraso mayor -cosa de opinión, otra vez-, pero usted está trabajando aquí con datos brutos y oscilaciones largas y lo que quiere lograr de sus gráficos es, esencialmente, perspectiva sobre un cuadro amplio.

Otro punto que narra la construcción de líneas de tendencia Alcistas Mayores es el siguiente: las mejores líneas, es decir, las más útiles, se dibujan, como norma general, desde el mínimo absoluto del Mercado Bajista anterior, pero empezando más bien desde el siguiente suelo Intermedio. El área de acumulación del principio de un Mercado Alcista se alarga habitualmente en tiempo y es limitadamente plana. La primera línea de tendencia que se puede dibujar desde el mínimo extremo puede ser, por lo tanto, casi horizontal, para formular así la genuina tendencia Alcista que empieza con la fase de mercado. Los gráficos de este capítulo que muestran líneas de tendencia

---

1 Los libros de gráficos mensuales que incluyen casi todas las acciones cotizadas en la Bolsa de Nueva York han sido publicados por FW. Stephens, 87. Nassau Street., Nueva York y por M.D. Horsey & Co., 37. Wall St. Nueva York. 5 N.V. Los gráficos mensuales de. aproximadamente, 500 acciones en escala logarítmica. han sido publicados por Securities Research Corp. 141, Milk St., Boston 9, Mass.

Mayores demostrarán ese punto. Agregaremos, también, que se puede emplear en muchos movimientos Intermedios que empiezan a partir de formaciones de área. Tome, por ejemplo, la pauta de Cabeza y Hombros: la verdadera línea de tendencia intermedia empieza normalmente desde el hombro derecho, en vez de desde la cabeza.

Tendencias bajistas mayores

Desde el punto de vista del analista gráfico, es triste que pocos Mercados Bajistas hayan creado líneas de tendencia Mayores con alguna trascendencia técnica en los gráficos de acciones individuales. Una excepción considerable fue la del largo Mercado Bajista de 1929-32, que produjo líneas de tendencia grandiosamente rectas con el trazado aritmético de una multitud de acciones (así como de las medias, a las que nos referiremos después). Pero es, sin embargo, casi imposible hallar otros ejemplos donde se pueda dibujar una línea de tendencia Bajista que posea valor de predicción, ya sea en una escala aritmética o semilogarítmica.

La propensión *normal* de Mercado Bajista Mayor no es sólo más inclinada que la tendencia Alcista normal (ya que los Mercados Bajistas duran, por término medio, solamente la mitad de lo que duran los Mercados Alcistas), sino que también se acelera o curva hacia abajo en su línea. Este rasgo se enfatiza y, por tanto, es especialmente difícil de proyectar de manera efectiva sobre una escala semilogarítmica.

El técnico no puede esperar conseguir mucha ayuda, en el caso de que así sea, de sus líneas de tendencias Mayores, a la hora de fijar el cambio de una oscilación Primaria *bajista* a una Primaria *alcista*. Esto, sin embargo, no debería tomarse como aviso para no dibujar ninguna línea de tendencia en un movimiento Mayor al alza, o para descartar completamente cualquier línea de tendencia que pueda desarrollarse con cierta figura de autoridad. Si usted no espera mucho de ellos, pueden, sin embargo, ofrecer algunas pistas útiles en relación al sentido en que tienden a cambiar las circunstancias.

Los que estudian la acción del mercado de valores y no están inquietos por los resultados en dólares y centavos. Considerarán las líneas de tendencia del Mercado Bajista un campo de investigación fascinante. Posen a veces un proceder extraño. Aunque fracasan en función práctica de descubrir la vuelta a la tendencia alcista, cuando se disparan hacia el espacio, originan a veces reacciones curiosas (o, al menos, parecen originar lo que de manera, sería una acción de mercado inexplicable) cuando la verdadera tendencia de precios la logra meses o anos más tarde. Pero aunque tales efectos sean sugestivos, son inciertos e imprevistos en lo que nosotros conocemos de ellos.

Debemos descartar este tema improductivo y recordar que la pista que nos indica el final del Mercado Bajista Primario, viene dada por la línea de tendencia Intermedia de su fase final, que mencionamos en el párrafo anterior.

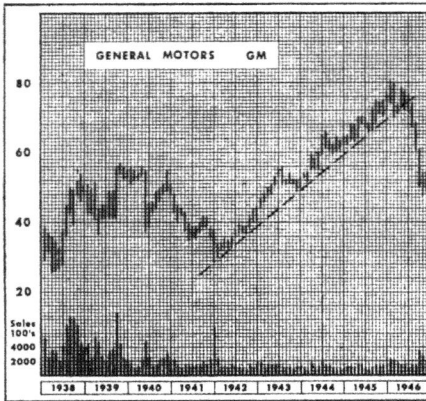

FIGURA 164

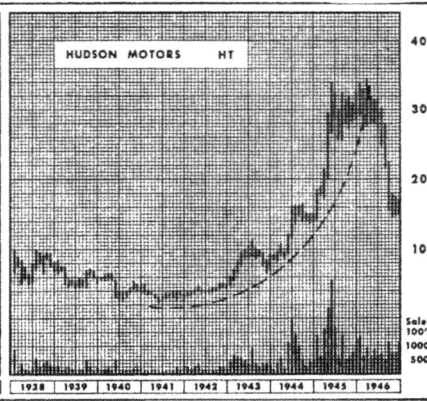

FIGURA 165

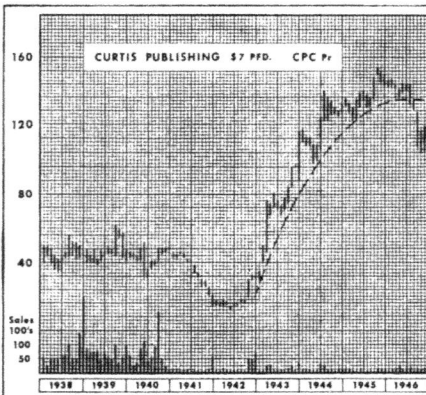

FIGURA 166

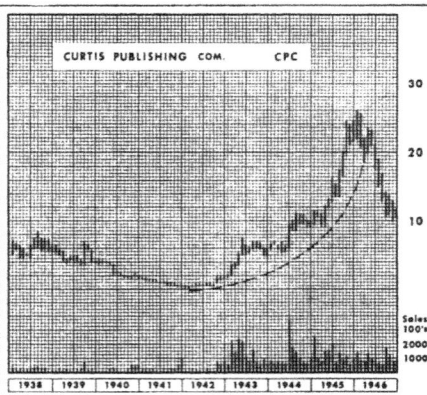

FIGURA 167

CONTRASTES DE LAS TENDENCIAS ALCISTAS

FIGURA 164. Tendencia de Mercado Bajista en línea recta de la General Motors en un gráfico mensual aritmético. Mínimo de 1941, 28 5/8; máximo de 1946, 80 3/8.

FIGURA 165. Tendencia curvada hacia arriba de una acción especulativa de motores, la Hudson Motors. Compárese con la "GM". Mínimo de 1941, 2 5/8; máximo de 1946, 34 1/2.

FIGURA 166. Tendencia retardada típica de Mercado Alcista de una acción preferente de alto grado. SE trata de la Preferente de $7 de la Curtis Publishing. Mínimo de 1942, 12; máximo de 1945, 154.

FIGURA 167. Tendencia acelerada alcista de las acciones corrientes de la misma compañía de publicación. Mínimo de 1942, 3/8; máximo de 1946, 26.

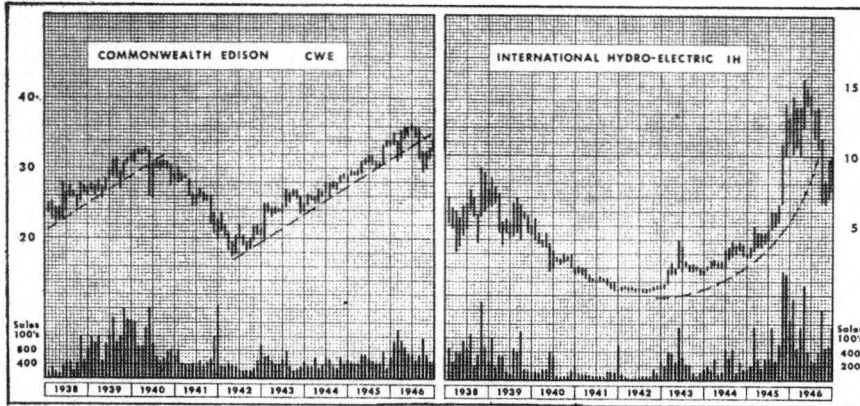

FIGURA 168

FIGURA 169

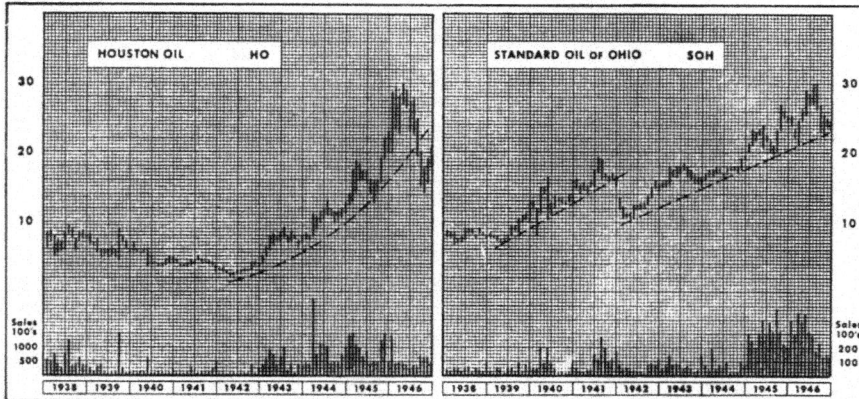

FIGURA 170

FIGURA 171

CONTRASTES DE LAS TENDENCIAS ALCISTAS

FIGURA 168. Una acción de Utilidad conservadora, de tipo de inversión, creó una tendencia Mayor Alcista de línea recta. Se trata de la Commonwealth Edison. Mínimo de 1942, 17 3/8; máximo de 1946, 36 1/8. El Leverage o Apalancamiento es un factor importante de las tendencias.

FIGURA. 169. La tendencia cóncava hacia arriba de una Utilidad "junior", la International Hydro-Eletric A. Mínimo de 1942, 1/4; máximo de 1946, 15 1/2..

FIGURA 170. Una acción especulativa de Petróleos, la Houston Oil. Mínimo de 1942, 2 1/3; máximo de 1946, 30. Compárese este cuadro con el de la "SOH", de la Figura 171.

FIGURA 171. Tendencia alcista de línea recta en un Crudo de inversión, la Standard Oil de Ohio. Mínimo de 1942, 10 1/8; máximo de 1946, 30. Observe cómo la línea de tendencia no se rompió hasta 1948.

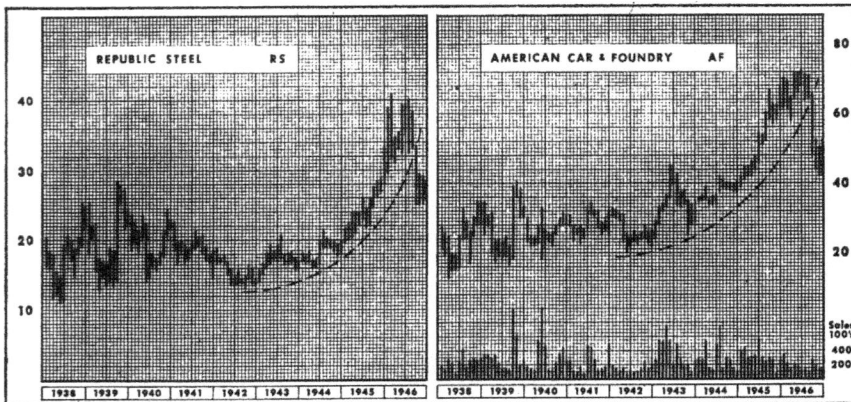

FIGURA 172

FIGURA 173

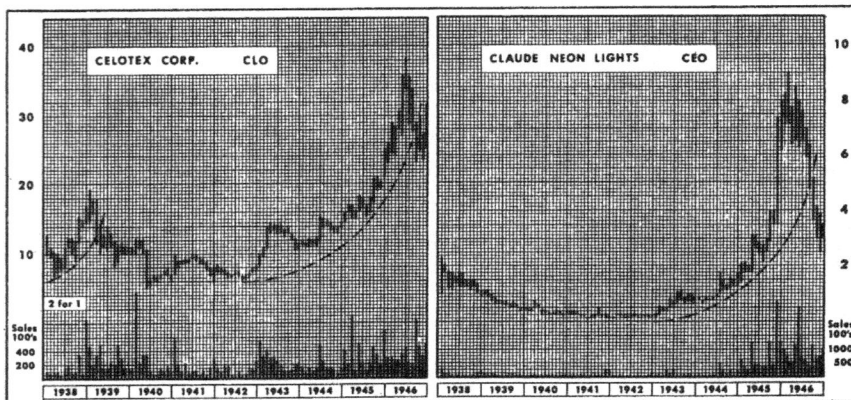

FIGURA 174

FIGURA 175

TENDENCIAS TÍPICAS

FIGURA 172. Las acciones del acero muestran una tendencia alcista Primaria de tipo acelerado. Republic Steel. Mínimo de 1942, 13 3/8; máximo de 1946, 40 7/8.

FIGURA 173. La tendencia Alcista Mayor normal de las industrias pesadas se curva hacia arriba. American Car & Foundry. Mínimo de 1942, 20; máximo de 1946, 72 3/8.

fIGURA 174. Acción de la construcción de bajo precio. La Celotex Corp. Mínimo de 1942, 6 1/8; máximo de 1946, 38 1/8.

FIGURA 175. Acción de bajo precio altamente especulativa negociada en la Curb Exchange, Claude Neon Lights. Mínimo de 1942, 1/8; máximo de 1946, 9.

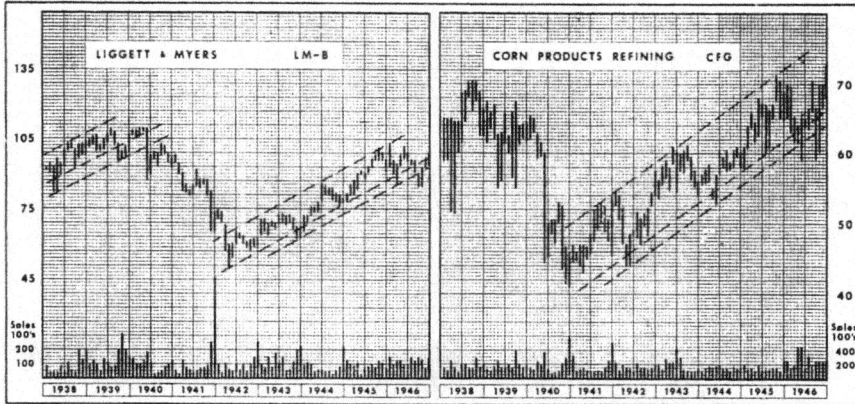

FIGURA 176   FIGURA 177

TENDENCIAS TÍPICAS ALCISTAS

FIGURA 176. Las acciones del Tabaco siguieron el tipo de tendencia de inversión. Esta de aquí es la Liggey & Myers. Fíjese en la línea de tendencia doble. Mínimo de 1942, 50 1/2; máximo de 1946, 103 1/2.

FIGURA 177. Las acciones de Alimentación de alto grado (se trata aquí de la "Corn Products Refining") recuerdan a las del Tabaco. Mínimo de 1940, 40 1/4; máximo de 1946, 75 3/4.

Canales de tendencia mayores

Nos enfrentamos a otra dificultad cuando tratamos de trazar líneas de vuelta y construir canales en un gráfico aritmético para las tendencias Mayores. Debido a la marcada tendencia que poseen los precios de vacilar con oscilaciones cada vez más amplias (intermedias y Menores) a medida que realizan su camino al alza en un Mercado Alcista Primario, su canal se hace cada vez más ancho. La línea de vuelta no corre paralela a la línea de tendencia básica (presumiendo que tenemos una buena línea de tendencia con la que comenzar), sino que se aleja de ella. En ocasiones, una acción establece una pauta de canal Mayor bien definida, pero esto no ocurre con la mayoría. La escala semilogarítmica corregirá, en muchos casos, a favor del efecto de canal ensanchado, pero entonces nos introducimos en la tendencia opuesta de los Mercados Bajistas Primarios, para la cual no ayuda usar cualquiera de esos dos tipos.

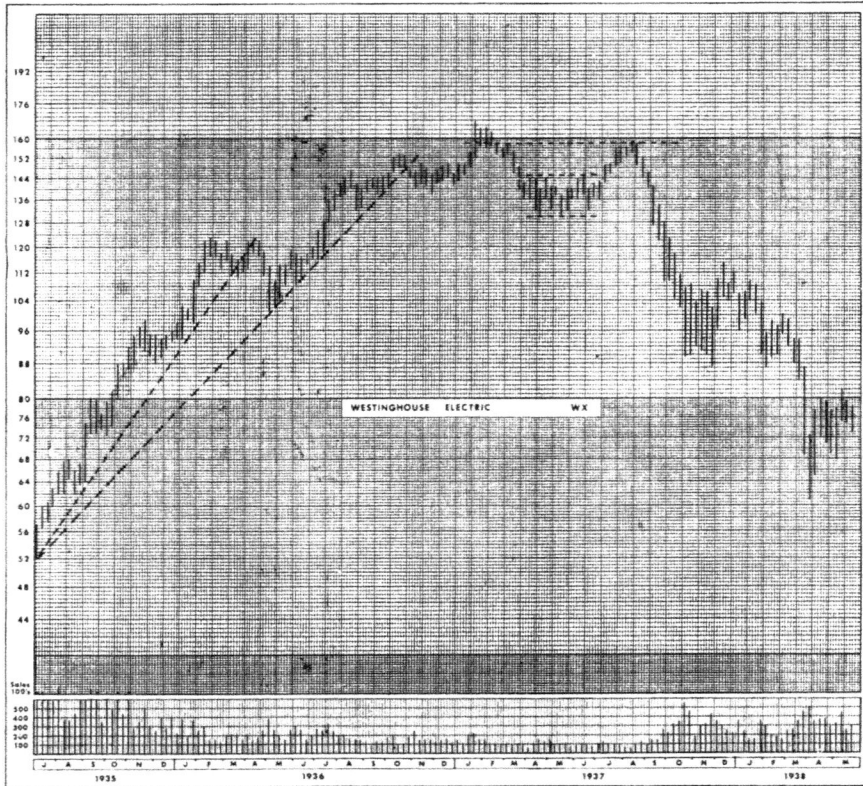

FIGURA 178. Los precios pueden alcanzar fácilmente un nuevo máximo en el proceso de retroceso de Agosto de 1936 en este gráfico semanal de Westinghouse Electric. La línea segunda menos escarpada resultó ser la verdadera tendencia Mayor Alcista. Fíjese en que la pauta de precios de Febrero-Abril de 1936 no se puede considerar una vuelta (o cambio de dirección) verdadera de Techo doble con una importancia Primaria, ya que el retroceso entre los dos máximos supuso sólo el 10% del valor de techo (alrededor del 122). La Figura 64 muestra, en un gráfico diario, la formación final de cambio de dirección de techo que hizo la "WX" en 1937. En este gráfico semanal de Abril, Mayo y Junio de 1937 se creó un gran Rectángulo, pero observe el volumen tan pobre que acompañó a la fuga y ascenso desde esa formación – una indicación extremadamente bajista de tendencia Mayor. La "medición" del Triángulo se llevó a cabo en Agosto, pero eso fue todo lo que ocurrió. Como suele suceder, fue imposible trazar en este gráfico una línea de tendencia Mayor bajista que tuviera algún valor de predicción. Las hermosas líneas rectas que aparecieron en el Mercado Bajista Primario de 1929-32 hicieron que muchos estudiantes de gráficos esperaran desarrollos similares en todos los Mercados Bajistas, pero lo cierto es que el de 1929-32 fue único en ese sentido.

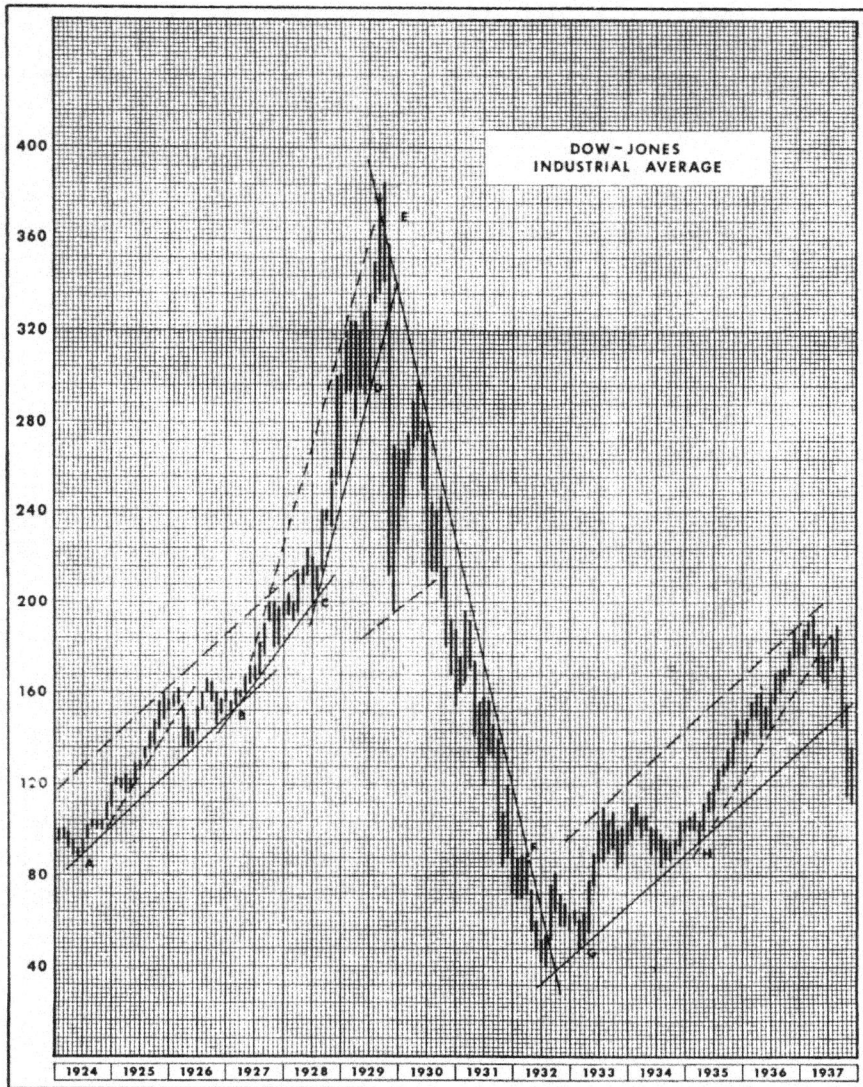

FIGURA 179. El Mercado Bajista Primario de 1929-32 fue el único, en todos los registros de mercados de valores, que produjo una tendencia bajista Mayor de línea recta. Siga los niveles de soporte y resistencia a lo largo de esta historia de quince años de las Dow Industrials. Cada recuperación del gran movimiento Bajista se detuvo en un nivel de precio de suelo o cerca de él. Cada descenso se paró cerca del nivel de una congestión que se produjo en el Mercado Alcista de 1929-32. Fíjese también en el nivel del techo de 1937.

Líneas de tendencia en las medias

Fácilmente todo lo dicho en el párrafo anterior, acerca del desarrollo de la línea de tendencia Intermedia en las acciones individuales, se emplea también a las diferentes medias. Las medias amplias producen, de hecho, tendencias más regulares y, como resultado, líneas de tendencias aplicables con más exactitud. Esto se puede deber, en parte, al hecho de que la mayoría de las medias están constituidas por acciones activas, con buena publicidad y extendidamente poseídas, cuya acción de mercado, individualmente, es "normal" en el sentido técnico de la palabra. Otra razón reside en que el proceso de promediar iguala las irregularidades de las acciones que lo forman y, de esta manera, el resultado manifiesta las tendencias y marcas económicas profundas y relativamente estables.

En cualquier caso, es un hecho verdadero que medias como las Dow Jones Rails e Industrials y el Compuesto de 65 acciones, el Compuesto de 50 acciones del *New York Times* y el 100 del *Herald Tribune* de Nueva York (siendo estos dos últimos los compuestos de una manera más científica para representar el mercado amplio al completo), muestran en sus gráficos excelentes líneas de tendencia.

La misma exactitud de sus tendencias, principalmente sus movimientos Intermedios, nos permite fundar sus líneas de tendencia de manera más apretada. Se debe permitir un retraso menor a las penetraciones dudosas. Así, mientras solicitamos una penetración del 3%, en el caso de una acción individual de gama media, el 2% es lo bastante grande en las medias como para ofrecer una señal segura de ruptura.

No podemos negociar en las medias. Nuestras obligaciones verdaderas deben crearse en las acciones individuales. Sin embargo, los operadores con experiencia saben que se debe prestar atención a la tendencia de mercado amplio. Es más sencillo nadar en el sentido de la corriente que contra ella.

Capítulo XVI

Análisis Técnico de los Gráficos de Mercancías

Si pensamos un poco, observamos que las diversas pautas, interesantes y significativas, que hemos analizado en los capítulos anteriores en los gráficos de acciones, aparecen también en los gráficos de otras acciones de interés no fijo y mercancías, las cuales son adquiridas y vendidas constante y activamente en galerías públicas organizadas. Esto, en general, es verdad. Las tendencias de precios de algo, cuyo valor de mercado viene establecido exclusivamente (o, a efectos prácticos, dentro de límites muy amplios) por la libre interacción de la oferta y la demanda, mostrarán, cuando se proyecten de manera gráfica, los mismos fenómenos gráficos de ascenso y caída, acaparamiento y distribución, congestión, afianzamiento y cambio de dirección que hemos visto en las tendencias del mercado de valores. Los objetivos especulativos y la psicología de los especuladores concuerdan, bien sea porque los artículos se comercializan para ser acciones corporativas o porque se trate de contratos para el futuro desarrollo de los embalajes de algodón.

Por lo tanto, debería ser posible, en teoría, emplear nuestros principios de análisis técnico o cualquiera de los futuros de los productos activos (trigo, maíz, avena, algodón, lana, cacao, piel, huevos, etc.), de los cuales se anuncian los datos exactos diarios de precio y volumen. Debería ser así, si se consienten ciertas excepciones a las diferencias interiores existentes entre contratos futuros de mercancías y acciones y bonos.

En las anteriores ediciones de este libro, indicamos a los operadores que lanzaban miradas alentadas hacia los beneficios grandes y rápidos supuestamente disponibles en el trigo, que los gráficos de mercancías eran de "muy poca ayuda", tal como es el caso del 1947.

Se indicó que el análisis técnico, y perfeccionado, de los gráficos de futuros de mercancías, fueron posibles hasta 1941 ó 1942. Pero la autoridad de estos mercados, a partir de esas fechas, por las medidas del gobierno, los préstamos y las adquisiciones -sujetas de manera tan absoluta a las políticas y actuaciones cambiantes (y a menudo complicadas) de las agencias relacionadas con el grano y otras mercancías- han deshecho seriamente el mecanismo normal de cálculo del mercado. Por aquel período, pudieron producirse cambios de dirección de tendencia radicales sin avisar, y, de hecho, así fue, en la medida en que se mostraron por la acción del mercado. Las fluctuaciones corrientes y sistemáticas en el equilibrio oferta-demanda, que establecieron pautas significativas decisivas que pudiera descifrar el técnico, no existieron. Y mientras se hicieron (y perdieron) fortunas en los futuros del trigo, maíz y algodón durante la II Guerra Mundial, se puede decir con libertad que no se hicieron gracias a los gráficos.

Sin embargo, en los últimos cinco o seis años, se ha vuelto a inspeccionar la aplicación de métodos técnicos a la mercantilización de mercancías. En las condiciones actuales (1956), los gráficos aparecen como un instrumento valioso para el operador de productos. Los resultados de la regulación actual del gobierno han producido mercados supuestamente "más metódicos", sin arruinar su función de evaluación. Y se pueden emplear los métodos técnicos básicos registrando las diferencias esenciales entre productos y fianzas.

Así debe ser si pretendemos discutir brevemente algunas de las diferencias intrínsecas entre los productos y las acciones a los que nos referimos arriba, y algunos de los rasgos especiales de los gráficos de productos. Comenzaremos diciendo que la diferencia más importante es que los contratos para una exportación futura, que son las existencias de la Bolsa de los productos, tienen una duración limitada. Por ejemplo, el contrato de Octubre del algodón, para cualquier año, tiene una persistencia de negociación de dieciocho meses, aproximadamente. Se sitúa "en el tablón" como una "emisión nueva", se comercia con un volumen que sube de manera más o menos regular en ese mismo período y, después, desaparece. En la práctica, por supuesto, rara vez se sale de la línea de otros envíos como los que se adquirieron y vendieron en el mismo período, o con el precio "en efectivo" del algodón físico en el comercio. A pesar de ello, tiene la cualidad especial de poseer una vida independiente con limitaciones, a consecuencia de lo cual los niveles de soporte y firmeza a largo no tienen ningún significado.

En segundo lugar, gran intervención de las transacciones de los futuros de los productos -hasta llegar inclusive al 80% en épocas normales- representa, más que especulación, jugadas comerciales. (De hecho, se ingresa a ellas para eliminar el riesgo, para evitar la especulación). De aquí que, inclusive los niveles de soporte y resistencia a corto plazo, tienen menos potencia relativamente que con las acciones. Puesto que la apuesta está sujeta a una simetría considerable de factores estacionales, hay también diferencias estacionales definitivas en las tendencias de precios de productos, que el especulador de productos debe siempre tener en cuenta, aunque sea solamente para calcular el significado que tiene su aparente ausencia en cualquier período.

La tercera diferencia reside en el volumen. La interpretación del volumen en relación a la operación de acciones es comparativamente simple. Pero, en el caso de los productos, es, por el contrario, bastante difícil, debido al hecho de que no existe, en teoría, límite al número de contratos para una cierta futura repartición que se deben vender anticipándose a la fecha de dicha distribución. En el caso de una acción, siempre se sabe el número de participaciones por pagar. Mientras se está escribiendo este libro, los accionistas tienen en sus manos 13.700.203 acciones comunes de la Consolidated Edison y esa suma no ha cambiado durante años, ni es probable que lo haga en años próximos. Cada transacción llevada a cabo en la Consolidated Edison implica una trasmisión de una o más de esas acciones existentes.

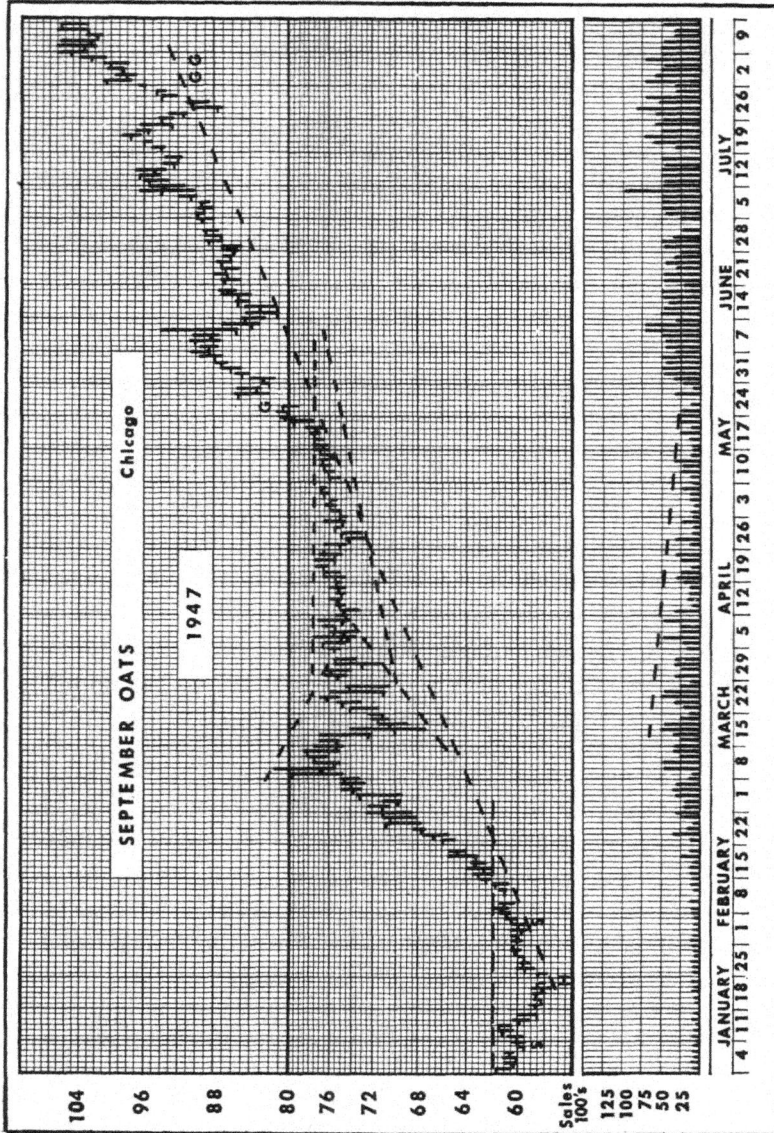

FIGURA 180. La avena, por razones obvias, describió pautas más "normales" que el trigo en los años 40. Este gráfico incluye un suelo de Cabeza y Hombros, un Triángulo Simétrico que se asimiló al tipo Ascendente, un hueco a través de un nivel de techo y una interesante línea de tendencia fue un desarrollo engañoso en alto grado.

Sin embargo, en el caso de los tratados futuros de los productos -por ejemplo, (el trigo del mes de Septiembre). El comercio comienza mucho antes de que nadie sepa cuanta cantidad de trigo habrá para entregar en Septiembre, y el interés abierto en algún instante en la duración del contrato sobrepasa en muchas ocasiones la oferta potencial- todo ello de manera bastante legítima.

Debemos nombrar otra diferencia más importante. Ciertos tipos de noticias -noticias sobre el tiempo, sequía, inundaciones, etc.- que perturban al cultivo, siempre que tratemos con un producto agrícola, pueden cambiar, inmediata y drásticamente, la tendencia del mercado de futuros y no son previsibles en lo que respecta a nuestro conocimiento meteorológico. Los desarrollos análogos del mercado de valores son considerablemente raros. Bajo lo que se designa condiciones normales de mercado, aquellas pautas de gráficos que reflejan cambios de tendencia de manera más simple y lógica, trabajan de la misma forma con mercancías que con acciones. Entre ellas, contendremos las formaciones de Cabeza y Hombros, los Techos y Suelos redondeados y las líneas de tendencia básicas. Otros tipos de formaciones de gráficos que se relacionan, en las acciones, con la operación a corto o con la distribución y acumulación de grupo, tales como los Triángulos, Rectángulos, Banderas, etc., surgen con menos frecuencia en los productos y son menos fiables a la hora de determinar la dirección o importancia del movimiento siguiente. Los niveles de soporte y resistencia, tal como ya hemos hecho notar, son menos poderosos en las mercancías que en las acciones; a veces parecen trabajar a la perfección, pero otras sucede, con la misma periodicidad, lo contrario. Por razones parecidas, los huecos tienen una significación menos técnica, relativamente.

Las medias móviles a corto plazo pueden ser de gran ayuda en el comercio de mercancías. Una técnica de media móvil que podría usarse es explicada concisamente a continuación. Los precios máximos, mínimos y de cierre son dibujados en un gráfico diario en la manera habitual. El papel de gráfico a escala aritmética se usa más que el semilogarítmico, debido a la escasez de las transacciones de precios relativos.

Después de trazar diez días de fluctuaciones de precios de la manera habitual, se toma una media de los precios de cierre. La línea es dibujada de acuerdo con la décima línea vertical, comenzando un segundo gráfico al undécimo día. Se traza el precio medio para los días segundo hasta el undécimo. Después de dibujar tres días de fluctuaciones de precios, la media de tres precios de cierre es trazada sobre la tercera línea vertical, y así continuamente.

La regla de operación mecánica es ésta: siempre que la línea medio a corto plazo se traslada por encima de la línea media a largo plazo, se da una señal de adquisición. Por eso, nosotros, por supuesto, aumentamos nuestro juicio basado en el volumen de contratos negociados formándose la pauta de precio, Triángulos Descendentes, Rectángulos, etc., y nuestro "efecto de cascada". La regla de cascada limita nuestros intereses sólo a contratos de futuros que han experimentado una tendencia alcista o

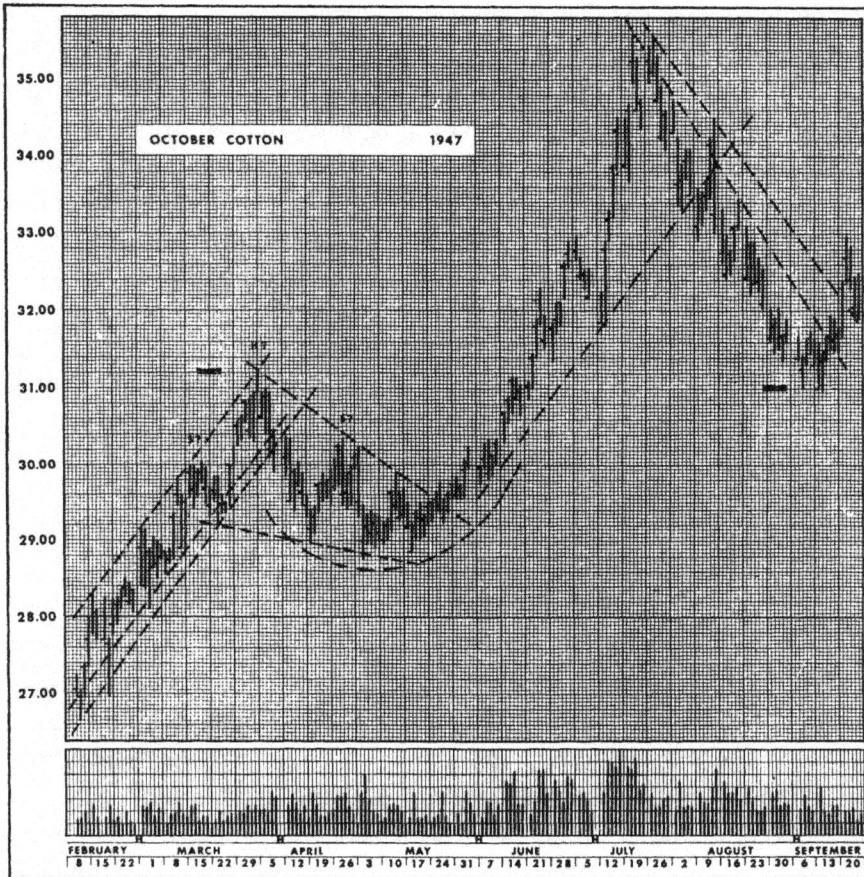

FIGURA 181. En contraste con los cereales, la acción técnica de los mercados de futuros del Algodón ha sido bastante consecuente con el funcionamiento normal de oferta-demanda, desde que los precios ascendieron por encima de los niveles de soporte gubernamentales. En este gráfico diario de la distribución de Octubre de 1947 (Lonja de Algodón de Nueva York), encontrará el lector una variedad de formaciones técnicas que le serán familiares y que incluyen líneas de tendencia críticas, un techo de Cabeza y Hombros que nunca se completó (no se produjo fuga) y fenómenos de soporte-resistencia iguales, en gran medida, a los que aparecen en los gráficos de valores. Las líneas dobles de tendencia no son completamente insólitas en los gráficos del Algodón. Por mera coincidencia, el volumen de transacciones de Algodón, así como el de los cereales, se registra siempre un día después; por ejemplo, el volumen del Lunes no se publica hasta la mañana del Miércoles. Esto supone un impedimento para el operador que desea comerciar en las fluctuaciones menores, a menos que tenga contactos con los representantes de los agentes que lo pueden mantener informado. El retraso de un día a la hora de obtener las cifras del volumen de ingresos carece de importancia para el operador más conservador, que está interesado únicamente por las oscilaciones más amplias.

bajista continua y Mayor. En el tema de tendencia bajista, el gráfico a escala aritmética muestra un descenso casi vertical durante varias semanas e inclusive meses, la pauta de cascada. Un ciclo de congestión de precios se desarrolla luego, después de lo cual la media móvil de los tres últimos días atraviesa la media móvil de los diez últimos días desde abajo. Esta es una señal de compra primordial y puede ser aceptada. En cualquier caso, debería ubicarse un límite de protección justo debajo del anterior precio mínimo de cierre en el movimiento bajista de los precios. Una señal parecida de venta al descubierto se origina después de una tendencia alcista duradera, cuando la media móvil de los tres últimos días atraviesa la media móvil de los diez últimos días desde arriba. Una vez dada la señal de compra o venta de cascada, se piensa que está vigente hasta que el límite de protección es penetrado por un nuevo mínimo de cierre. Pueden darse un inmenso refuerzo y relleno con una media móvil de los tres últimos días, batiéndose en realidad por debajo de la media móvil de los diez últimos días después de una señal de compra; es de presumir que se ha señalado un cambio inmediato en la tendencia, viablemente un cambio de la tendencia Mayor. El análisis técnico suplementario debería usarse de la manera habitual, sea cual sea el efecto.

El objetivo de este libro no consiste en explicar la operación de mercados de futuros de productos, así como tampoco lo es el entregar instrucciones para aquellos que quieran operar en ese campo. Este breve capítulo se incluye sólo como un punto de partida para los lectores que quieran aumentar su estudio. Debe indicárseles que la especulación provechosa en los productos necesita un conocimiento mucho más especializado y exige una atención más atenta cada día y hora. El sujeto de "a pie" puede tener confianza en que logrará un nivel de éxito satisfactorio en la inversión de valores dedicando únicamente su tiempo libre a los gráficos, pero será mejor que evitara la especulación de productos, a menos que esté dispuesto a hacer carrera de ella.

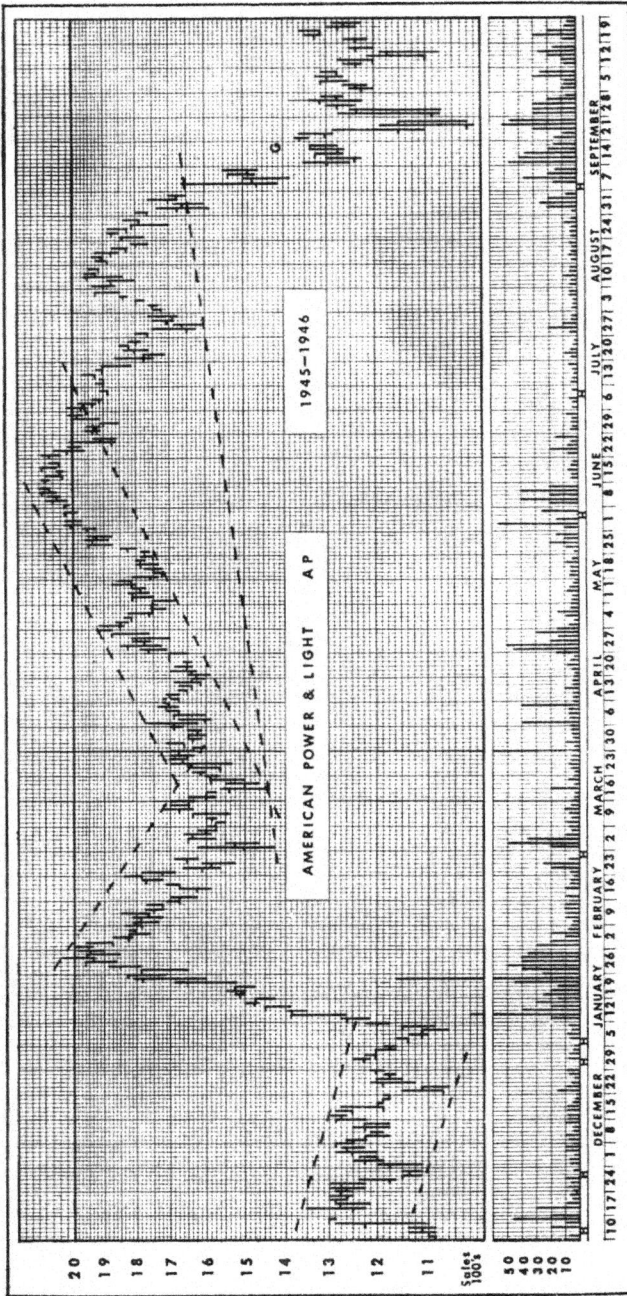

FIGURA 182. Este techo de Mercado Alcista de 1946 fue casi imposible de detectar ,como tal, sirviéndose únicamente de la referencia del gráfico de la "AP's" hasta después de haber perdido un 25% de su valor de techo. Las líneas de tendencias fueron de ayuda, pero no apareció una pauta de cambio de dirección de importancia Mayor clara hasta que el movimiento de recuperación de Agosto fracasó, colocando allí un hombro derecho breve sobre una Cabeza y Hombros de siete meses algo accidentada, pero a pesar de ello reconocible.

Capítulo XVII

Un resumen y varios comentarios finales

Empezamos nuestro estudio sobre el análisis gráfico de valores, en el Capítulo 1, con una discusión de *la filosofía* que subyace a la aproximación técnica de los problemas de la operación e inversión. Podríamos aconsejar al lector que retornara ahora y revisara esas páginas para tener de nuevo perspectiva sobre el asunto, que puede haberse visto empañado por las muchas páginas de lectura, más o menos difícil, que lo han seguido.

Es fácil, en un estudio detallado de los muchos y fascinantes fenómenos que demuestran los gráficos de valores, perder de vista el hecho de que son sólo los instrumentos defectivos, en cierta medida, a través de los cuales pretendemos graduar la fuerza relativa de la oferta y la demanda, que determinan a su vez la dirección, la rapidez y la distancia a las cuales se moverá una acción.

Recuerde que en esta tarea no tiene la mínima importancia que crea la oferta y la demanda. Todo lo que vale es el hecho de su existencia y la proporción entre ellas. Ningún hombre, ni organización (y lo subrayamos palabra por palabra), puede pretender saber y calcular fielmente la infinidad de datos objetivos, comportamientos de masas, necesidades individuales, esperanzas, temores, cálculos y presunciones que, con las sutiles alteraciones que siguen al marco económico general, se combinan para crear la oferta y la demanda. Pero la suma de todos estos factores se refleja prácticamente de manera instantánea en el mercado.

La tarea del analista técnico es la demanda que se manifiesta dentro de él. En esta tarea, los gráficos son las herramientas más gratas ideadas hasta ahora. A menos que usted se encante con la mecánica del gráfico -los detalles meticulosos de las fluctuaciones diarias-, pregúntese continuamente, "¿qué significa esto realmente, en términos de la oferta y la demanda?"

Se necesita juicio, perspectiva y una vuelta constante a los primeros principios. Un gráfico, tal como hemos mencionado y nunca debiéramos olvidar, no es una herramienta perfecta; no es un robot; no brinda todas las respuestas rápida, fácil y positivamente, de tal forma que cualquiera pueda descifrarlas y traducirlas en beneficio seguro.

Hemos explorado y probado exhaustivamente muchas teorías, sistemas, índices y mecanismos técnicos que no se han analizado en este libro, principalmente porque tienden a un juicio de falla, a buscar lo imposible con un acercamiento meramente mecánico a lo que está lejos de ser un problema puramente mecánico.

Los métodos de análisis de gráficos que hemos mostrado aquí son aquellos que han resultado ser mas útiles, porque son más simples y, en su mayor parte, fáciles de organizar racionalmente; porque se consolidan perfectamente a los primeros principios; porque su naturaleza no nos deja esperar mucho de ellos; porque se perfeccionan y trabajan bien juntos. Repasemos estos métodos brevemente. Caen, a grandes rasgos, en cuatro clases.

1. Las formaciones o pautas de área de fluctuación de precios, las cuales, con su volumen afín, indican un cambio significativo en el equilibrio de oferta-demanda. Pueden significar consolidación, una recuperación o nueva fuerza para moverse otra vez en la misma *dirección* de la tendencia que las antecedió. O pueden también, indicar cambio de dirección, el agotamiento de la fuerza que sobresalía al principio y la victoria de la fuerza contraria, teniendo como resultado un nuevo avance en *dirección contraria.* En cualquiera de los dos casos, ambos se pueden describir como períodos durante los cuales se fabrica la energía o se crea presión para promover los precios en un movimiento (hacia arriba o hacia abajo), que se puede convertir en beneficio. Algunos de ellos brindan una indicación sobre la distancia que recorrerán los precios al ser empujados.

    Estas formaciones de gráficos, junto con el volumen, proveen al técnico la mayoría de sus señales de "entrada" y "salida". El volumen, el cual no se ha analizado en este libro como un rasgo aparte de la acción de precios y que no puede, de hecho, usarse como una guía técnica por sí mismo, vale un comentario más amplio. Recuerde que es *relativo,* que tiende a ascender más cerca del techo de un Mercado Alcista que cerca del suelo de un Mercado Bajista. El volumen "sigue a la tendencia"; es decir, se acrecienta en las recuperaciones y desciende en las reacciones de una tendencia completa alcista, y viceversa. Pero utilice esta regla prudentemente; no ponga mucha confianza en lo que se demuestra al cabo de unos días y tenga en cuenta que, inclusive en un Mercado Bajista (excepto en los movimientos de pánico), la actividad obtiene siempre una ligera tendencia a recuperarse en los ascensos. ("Los precios pueden caer por su propio peso, pero hace falta comprar para ubicarlos arriba otra vez").

    Un aumento importante en la actividad, al compararse con días o semanas anteriores, puede significar el principio (fuga) o el final (apogeo) de un movimiento, temporal o final. (Con menos periodicidad significa "sacudida"). Su significado, en cualquier caso, viene establecido por su relación con la pauta de precios.

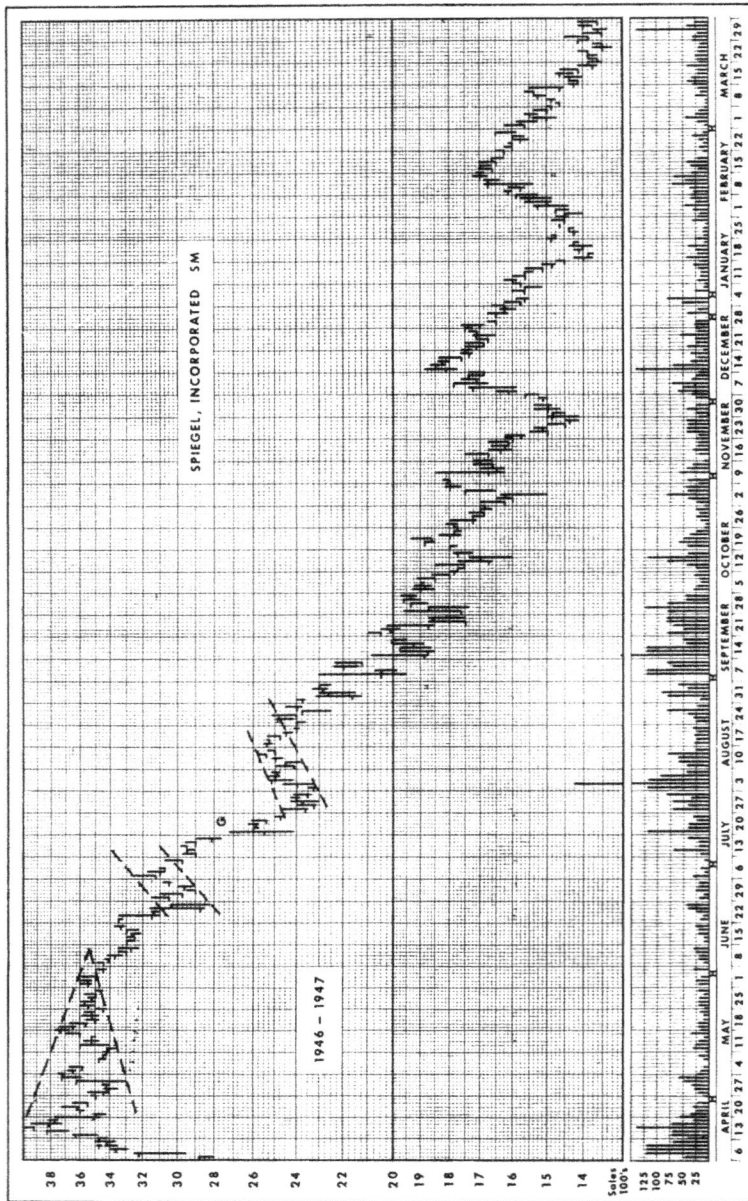

FIGURA 183. El Mercado Bajista de la Spiegel comenzó en Abril de 1946 con un Triángulo Simétrico que se transformó en Triángulo Descendente. Observe el retroceso de Junio y las dos Banderas. Esta historia se continúa en la Figura 184.

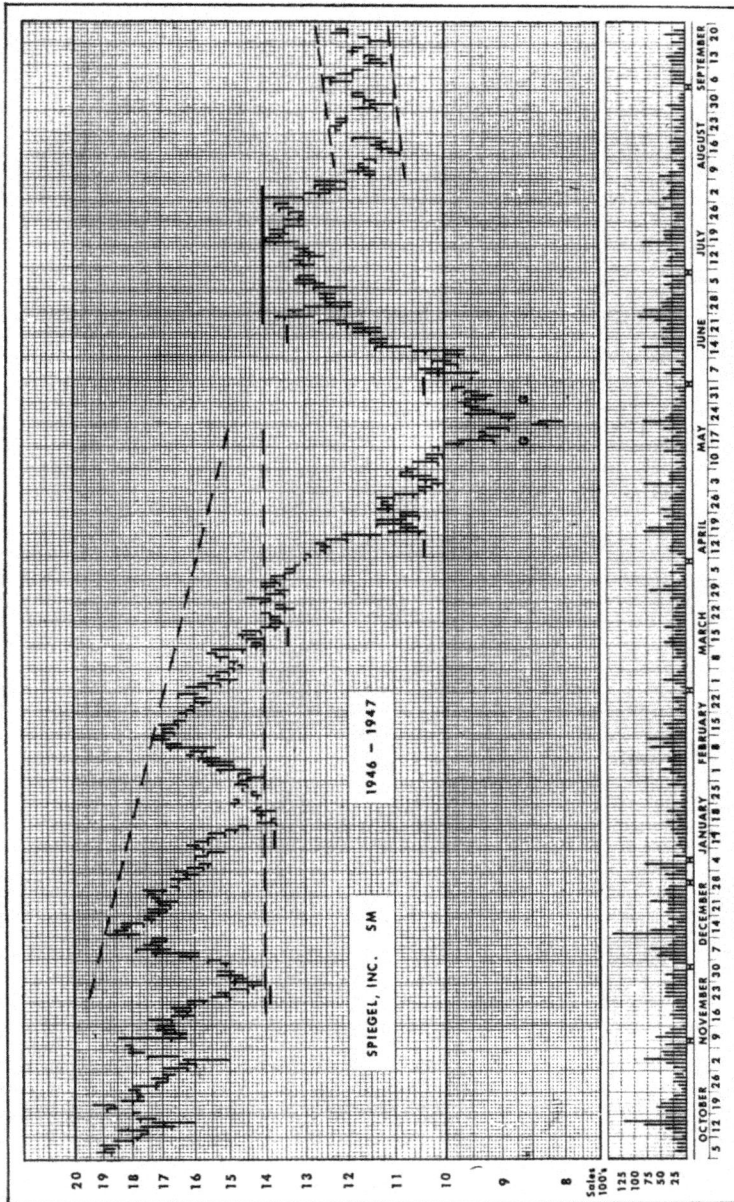

FIGURA 184. Coincidiendo parcialmente con la Figura 183, este gráfico muestra el movimiento que siguió al amplio Triángulo Descendente de principios de 1947 y que culminó en una Vuelta en un día, el 19 de Mayo. Observe los distintos niveles de resistencia Menores e Intermedios.

2. Los estudios de tendencia y líneas de tendencia, los cuales perfeccionan a las pautas de área como un medio de determinar la dirección general en que se mueven los precios y revelar los cambios de dirección. Aunque, careciendo en muchos casos de esclarecimiento de formaciones de área, se pueden utilizar frecuentemente para "entrar" y "salir" en las operaciones a corto y ofrecen una defensa frente al abandono de posiciones beneficiosas a largo plazo.

   3. Los niveles de soporte y resistencia elaborados por las operaciones anteriores y las obligaciones de inversión de otros. Pueden servir para mostrar dónde convendría tomar posiciones, pero su rol técnico primordial reside en mostrar el momento en que un movimiento probablemente disminuyera o finalizara, en establecer a qué nivel debe tropezar con un aumento súbito e importante de la oferta o la demanda, según proceda. Antes de empezar una operación, eche un vistazo a la pauta de origen para conseguir una indicación del poder que respalda el movimiento y a la historia del soporte y la resistencia, para lograr una distancia provechosa. Los estudios del soporte y la resistencia son esencialmente Miles a la hora de suministrar señales de "sacar partido" o "conectarse".
   4. El historial extenso del mercado, que incluye la Teoría de Dow. No menosprecie este procedimiento a prueba de tiempo, que sirve para establecer la (presunta) tendencia Mayor predominante del mercado. Sus señales son "tardías" pero, a pesar de todos sus defectos (y uno de ellos es el gran número de seguidores que ha tenido en los últimos años, dando como efecto un estímulo de actividad cuantiosamente artificial en ciertas épocas), es todavía un agregado inapreciable en la caja de herramientas del operador técnico.

No deben perderse de vista las características generales de las distintas etapas de los grandes ciclos Primarios, Alcistas y Bajistas, del mercado de valores que analizamos en los capítulos dedicados a la teoría de Dow. Esto nos hace regresar de nuevo a la idea de *perspectiva* que creemos esencial, al principio de nuestro resumen, como un camino hacia el análisis técnico provechoso. Es cierto que usted no puede comprar o vender "el mercado"; sólo puede intentar con acciones individuales. Pero la acción que no sigue en alguna medida la tendencia Mayor del mercado, compone una extraordinaria excepción. ¡Se ha perdido más dinero adquiriendo acciones verdaderamente buenas en las fases últimas y más emocionantes de un Mercado Alcista y vendiéndolas después, tal vez por necesidad, en las condiciones desalentadoras de un Mercado Bajista, que con la mezcla de todas las otras causas!

Por este motivo, conserve su perspectiva sobre el cuadro amplio del mercado. La marea básica económica es uno de los componentes más importantes en la ecuación oferta-demanda de cada acción individual. Puede ser provechoso "animar" al público, pero no siempre da resultado "animar" a la verdadera tendencia inferior.

Los Mercados Mayores, Alcistas y Bajistas, se han redundado con una pauta más o menos regular a lo largo de la historia económica y no hay razón alguna que nos haga pensar, en la medida en que siga estando nuestro sistema actual, que no seguirán repitiéndose. Es importante tener en cuenta que se requiere precaución siempre que los precios de las acciones estén en niveles históricos altos, y que las compras brindarán un buen resultado a su debido tiempo, cuando se hallen en niveles históricos bajos.

Brindando el debido respeto a la tendencia secular larga y ascendente de la industria americana y al valor, siempre en descenso, del dólar, debemos decir que el mercado de valores esta hoy en día en una línea de "peligro", siempre que la Dow Jones Industrial Average, utilizando esa media popular como norma de medición, fluctúa sobre la gama del 250, y que está en zona segura siempre que esté ubicada por debajo de la gama del 150 (aunque escalara hasta 381,17 en 1929, bajará hasta 41,22 en 1932 y alcanzara el 521,05 en Abril de 1956).[2]

Si usted manifiesta su interés en los gráficos, verá que el analista gráfico (tal como ocurre con el teórico de Dow) siempre llega tarde -compra una vez que los precios han empezado a moverse, quizá no hasta mucho después de que los "chicos sabios" hayan completado su reserva, y vende una vez que la tendencia se gira, innegablemente, hacia la baja. Esto es en parte cierto, tal como ya habrá tenido ocasión de descubrir personalmente. Pero el secreto del éxito no reside en comprar al precio más bajo posible y vender en el máximo dominante. Consiste en impedir *grandes pérdidas.* (A veces, tendrá, inclusive, que tomar pérdidas).

Uno de los "operadores" de más éxito en Wall Street, hoy millonario y ciudadano respetable a nivel nacional, tiene fama de haber dicho que nunca, en toda su carrera, había tenido éxito adquiriendo dentro de los cinco puntos hasta llegar al suelo o vendiendo en alguno de los cinco puntos hasta alcanzar el techo.

Antes de dejar este tratado sobre la teoría y proceder a las cuestiones más prácticas sobre aplicación y tácticas de mercado, que están relacionadas con la segunda parte de este libro, esperamos que el lector nos deje dar una advertencia más. No hay nada en la ciencia del análisis gráfico que requiera tener siempre una posición en el mercado. No existe nada que dicte lo que debe pasar cada día. Hay períodos -a veces muchos meses- en los cuales la mejor política del operador conservador reside en mantenerse totalmente al margen. Y no hay nada en el análisis técnico que obligue al mercado a moverse hacia adelante y completar, en un par de días, un movimiento señalado por los gráficos; este se tomará su tiempo. Al igual que en el resto de actividades humanas, la paciencia es una virtud en la operación de acciones.

---

2 Las cifras de guía. que se sugieren aquí están basadas en el año 1948, cuando Edwards escribió este comentario. Lógicamente, en los años 70 estas cifras necesitarán un ajuste principal al alza.

ANÁLISIS TÉCNICO DE LAS TENDENCIAS DE LOS VALORES

Segunda Parte:
Tácticas de Operación

Prefacio

A modo de prefacio a la segunda parte de este libro, debemos citar un comentario, "On Understanding Science: An Historical Approach" ("Sobre la ciencia del entendimiento: Un acercamiento Histórico») de James Bryant Conant, presidente honorario de la Universidad de Harvard.

El Dr. Conant dice que en el colegio aprendemos que la ciencia es una colección sistemática de hechos que se catalogan de forma metódica, se derrumban después, se analizan, inspeccionan, sintetizan y consideran; y entonces aparece el Gran Principio, convincente, perfecto, y listo para su utilización en la industria, la medicina o en el contenido de que se trate.

Apunta también que todo esto, considerado verdadero por la mayoría de profanos, no es sino un punto de vista equivocado. Ese hallazgo va tomando forma poco a poco, oculto por las preguntas, y sólo progresivamente asume forma de Teoría clara, precisa y bien sostenida. La habilidad clara en forma de tabla de los datos básicos, creándose una serie de pruebas y cuadros, no alcanza al principio, si no mucho más tarde.

De hecho, puede ser trabajo propio de otras personas, las cuales, estando en posesión de las conclusiones, son capaces de erigir un cuerpo de evidencia de conjunto. Las teorías sobre la acción del mercado no se crean en un momento de inspiración. Se construyen, paso a paso, afirmándose en experiencia de operadores y estudiantes, para de esa manera explicar los fenómenos típicos que se reiteran a lo largo de los años.

En las operaciones de mercado, el operador práctico no está interesado en la Teoría, *como tal*. La pregunta del novato, ¿cuál es el método?, posiblemente signifique en realidad, ¿qué debo comprar para hacer gran cantidad de dinero fácil y prontamente? Si un operador así lee este libro, puede darse cuenta de que "encierra algo". Puede pensar que "vale la pena intentar" (afirmación que, por simple casualidad, concede muy poco crédito a sus intentos anteriores). Y aquel puede ponerse en camino sin comprender la Teoría, sin experiencia de ningún tipo en estos métodos y necesitando base para tener verdadera confianza en el método.

En tales casos, lo más factible es que no disfrute inmediatamente del éxito que tanto deseaba. Su inhabilidad misma, en este nuevo acercamiento, traerá como resultado errores y frustraciones. Pero, inclusive, aunque aplique a conciencia estos métodos en obligaciones cabalmente adquiridas, puede enfrentarse con una serie de movimientos de mercado complicados, que pueden crearle una serie de pérdidas. Por lo cual, a falta de confianza sólida en lo que está haciendo, puede suspirar, poner el libro de nuevo en la repisa y decir, "Tal como yo pensaba. No vale para nada".

Si usted estuviera a punto de meterse en la agricultura por primera vez en su vida, podrían haberle dicho que el negocio de tabaco a la sombra brinda espectaculares beneficios. Pero usted no puede esperar conseguir esos beneficios si no ha invertido capital, si no sabe como se cultiva el tabaco a la sombra -en qué especie de suelos, en que localidades- y sin tener ninguna experiencia en este cultivo.

Más aún, requerirá confianza -fe en la oportunidad y métodos que está usando. Si su primer cultivo de temporada se perdiera, estaría lógicamente desilusionado. Si el cultivo del segundo año fuera destruido por un pedrusco, estaría triste y evidentemente abatido. Y si la cosecha del tercer año fuera una pérdida completa a causa de la sequía, se volvería probablemente pesimista (¿y quién puede culparle de ello?). Pero *no* diría, "No tiene solución. No vale la pena".

Usted sabría (si hubiera estudiado la industria y los métodos culturales aptos) que estaba en lo cierto, a pesar de la mezcla de circunstancias desfavorables, y sabría además, que las recompensas últimas demostrarían su continuación, no importa lo complicado que sea el camino, más que hacer que cambiará a un cultivo más factible, pero de beneficio potencial- mente menor.

Así pasa con los métodos técnicos del mercado de valores. Todo el mundo puede pasar por malas épocas. Los giros *Mayores* supondrán, ineludiblemente, una sucesión de pérdidas para los operadores de tendencia Menor que usen los métodos sugeridos en el presente libro. Y habrá además momentos en los que un hombre que no comprenda la teoría básica, se verá tentado a descartar completamente el método y buscar un "sistema" que encaje en la pauta de la acción de mercado actual, de tal forma que pueda decir. "Si hubiera promediado mis operaciones... Si hubiera seguido el Libro de los Sueños... Si hubiera hecho caso del consejo de "zutanito" sobre la XYZ... Si lo hubiera hecho de *esa* forma o de *aquella otra,* hubiera logrado un claro beneficio".

Sería mejor, y más seguro, entender que, al principio, ningún método que se ha pensado jamás lo protegerá verdaderamente de una pérdida o de, inclusive, una sucesión de pérdidas. Debe ser consciente de que lo que estamos averiguando es la *probabilidad* esencial a cualquier situación. Y, de la misma forma que tiene justificación, si espera apartar un poroto blanco de un saco que *sabe* que tiene 700 porotos blancos y 300 de color (¡aunque haya sacado ya los porotos de color seguidos!), igualmente está justificado en continuar siguiendo los métodos que durante largos períodos parecen concordar de manera más segura y frecuente con el mecanismo del mercado.

Lo que nunca debería hacer es echar un vistazo nítido al libro y adoptarlo inminentemente como el camino nítido y seguro hacia la riqueza. Debe ser leído una y otra vez y estudiado a modo de trabajo de referencia. Y, lo que es más importante, precisará su propia experiencia de éxitos y frustraciones, de tal forma que *sepa* que lo que está haciendo es la única cosa lógica que *puede* hacer en una serie establecida de circunstancias. Con tal estado de ánimo, usted conseguirá su parte de éxitos; y sus fracasos, que aprenderá a aceptar como parte del negocio, no devastarán su bolsillo ni su moral. En resumen, el problema expuesto y detallado en este volumen completo, no es tanto una cuestión de "sistemas" como de filosofía. El efecto final de su trabajo en el análisis técnico será un conocimiento hondo de lo que pasa en la subasta libre competitiva, de cual es el mecanismo de esa subasta, y también del significado global de todo ello. Y esta filosofía no crece en los árboles. No surge como tal de la espuma del mar. L1ega progresivamente desde la experiencia y el trabajo arduo, sincero e inteligente.

La segunda parte de este libro, que viene a continuación, se preocupa de las tácticas. Hasta aquí hemos estudiado las formaciones técnicas y sus resultados. Debemos tener un buen entendimiento general de lo que, seguramente, ocurrirá a raíz de ciertas manifestaciones en los gráficos. Sabiendo, sin embargo, que requerimos, además, un buen conjunto de guías que nos muestren *cuándo* y *cómo* es mejor llevar a cabo una u otra operación.

Esta sección se basa en la experiencia de un sólo hombre y en su análisis de miles de casos determinados. Se tratan aquí las cuestiones de método, dato y aplicación, y dicha sección debe brindarle una base de trabajo para sus operaciones reales de mercado. A medida que el tiempo va pasando, seguramente adoptará retoques suyos o reformas, basándose en su propia experiencia, algunos de los métodos sugeridos.

Los autores creen que las sugerencias hechas aquí le habilitarán para usar el análisis técnico de manera inteligente y metódica y le ayudarán a protegerse de las pérdidas y a aumentar sus beneficios.

JOHN MAGEE

Agregaremos ahora un comentario posterior. Con la publicación de la séptima Impresión de la Quinta Edición, a primeros de 1971, las tendencias y las pautas de acciones básicas siguen comportándose de manera bastante similar a como lo hicieron en las pasadas décadas, hasta antes del cambio de siglo. Sin embargo, el camino, nunca fácil, del operador a corto o de "dentro y fuera", es cuantiosamente mas arduo y complicado, no a causa de los cambios en los comportamientos técnicos de las acciones, sino debido a un aumento en los costos de negociación. En el Mercado Bajista de 1969-1970 se hizo indudable que los corredores no fueron capaces de cubrir sus costos, y se agregaron, además, nuevos sobrecargos. Es posible que tiendan a aumentar los gastos combinados de comisiones, impuestos sobre transferencias, derechos de la S.E.C, fracciones de lotes sueltos y las inevitables "pérdidas de ejecución". De tal forma que, en lo que se refiere a tácticas, resulta menos seductor, de lo que fue en su día, atrapar las ganancias a corto plazo en las sacudidas Menores; y, lo que es más importante, detener las posiciones ventajosas sin tener en consideración las correcciones y reacciones normales, en la medida en que la tendencia Mayor siga pareciendo próspera.

Capítulo XVIII

El problema táctico

Tal como han descubierto muchos operadores, es posible perder dinero en un Mercado Alcista -y, de la misma forma, perderlo operando al descubierto en un Mercado Bajista. Usted puede estar cabalmente en lo cierto al juzgar la tendencia Mayor; su estrategia a largo plazo puede ser, por ejemplo, correcta al 100%. Pero sin tácticas, sin la habilidad para establecer los detalles de la campaña que se va a librar en el campo, no es posible hacer que su conocimiento alcance para su mejor provecho.

Hay varias razones por las cuales algunos operadores, especialmente los novatos, a menudo logran tan malos resultados. A la hora de adquirir una acción, si es que sube, escasean de objetivos, y no saben que política usar a la hora de decidir cuando vender y tomar un beneficio. Si baja, no saben cuando deben vender y tomar una pérdida. Consecuencia: pierden a menudo sus bienes; y sus pérdidas, en vez de desvanecerse rápidamente, se vuelven fuertemente contra ellos. Está también este obstáculo psicológico. En el momento en que una acción se compra (o vende al descubierto), se le cargan a la transacción comisiones y, tal vez, una fracción de fragmento suelto. El operador sabe que, cuando cierre la operación, surgirá otro conjunto de recargos. Ya que no es factible que coja el techo extremo de una recuperación ni el suelo extremo de una reacción, es seguro que observe, en la mayoría de los casos, moverse la acción varios puntos en contra de él, después de haber ejecutado su obligación.

Inclusive en una operación sabia instituida puede sufrir una perdida del 10 ó 15 % (o incluso más), antes de que se ponga en camino el movimiento próspero. Lógicamente, si se atenúa y corre a cubrirse, sin suficiente razón, antes de que la acción haya ejecutado el movimiento ventajoso que esperaba, está tomando una pérdida innecesaria y perdiendo totalmente la oportunidad de registrar una ganancia.

El inversionista a largo que compra cerca del suelo y persiste en el mercado hasta un punto del techo, liquidando después y manteniéndose en efectivos o bonos hasta que (tal vez varios años después) haya otra oportunidad de adquirir en el suelo, no se enfrenta al problema invariable de cuándo comprar y cuándo vender. Se acepta que uno sabe cuando se ha conseguido un suelo, y cuando la tendencia ha alcanzado su techo último (lo cual es ya mucho aceptar). El problema del inversionista a largo, a la hora de conseguir grandes ganancias en las tendencias Mayores, no es, de ninguna forma, tan simple como parece cuando usted dice, "cómprelas cuando estén bajas y véndalas cerca del techo". Esas grandes ganancias, sin embargo, se han logrado en el tirón largo, y son realmente sorprendentes.

Esta sección del libro se preocupa especialmente de la compra y venta especulativas de valores. Existen diferencias básicas entre el punto de vista de la "inversión" y el "especulativo". Es importante saber esas diferencias y asegurarse de que conoce exactamente dónde se halla. Ambos puntos de vista son sostenibles y factibles, pero se pueden conducir graves problemas y sufrir fuertes pérdidas si los confunde.

     Una de las diferencias es que, como especulador, usted está tratando con acciones como tales. Una acción, claro está, representa propiedad de una compañía. Pero la acción y la compañía son dos cosas diferentes. Los valores de una compañía fuerte son, a menudo, débiles; y, a veces, los hay de una muy débil, sin ser intensamente fuertes. Es importante darse cuenta de que la compañía y la acción no son precisamente iguales. El método técnico se preocupa sólo del valor de la acción, tal como lo creen aquellos que la compran, la venden o la tienen.

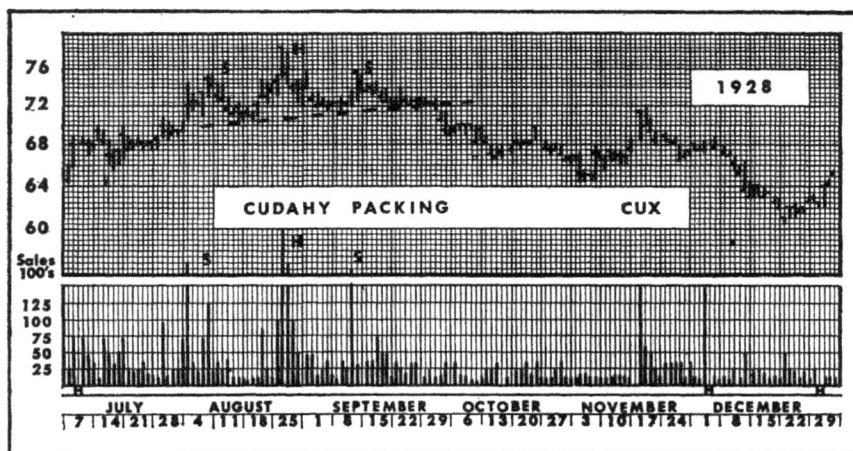

FIGURA 185. Es posible perder dinero siendo propietario de acciones en un Mercado Alcista. Fíjese en que ésta formación de techo Mayor no se produjo en 1929, sino en el verano de 1928. Durante más de un año después, una gran mayoría de acciones y medias continuaron el avance del Mercado Alcista. Sin embargo, la Cudahy descendió fuertemente, alcanzando un precio por debajo del 50 mucho antes del pánico de 1929, y siguió en su curso bajista durante cuatro años, vendiendo al final a 20. A excepción del volumen poco frecuente, en cierta medida, de la Cabeza del 21 de Agosto, tenemos aquí una pauta típica de Cabeza y Hombros, con recuperación de retroceso perfecta a mediados de Noviembre. Esto subraya lo que mencionamos anteriormente: no se puede desechar, con toda seguridad, un techo de Cabeza y Hombros de una acción, aun cuando haya otras que parezcan fuertes. La pauta de Cabeza y Hombros, ya sea en su forma simple o con múltiples cabezas u hombros, se suele producir en los techos Mayores e Intermedios y en una posición de cambio de dirección en los suelos Mayores e Intermedios. En lo que se refiere a volumen, duración y ruptura, tiene las mismas características que los Rectángulos y Triángulos Descendentes. En las acciones conservadoras, tiende a asemejarse a los giros Redondeados.

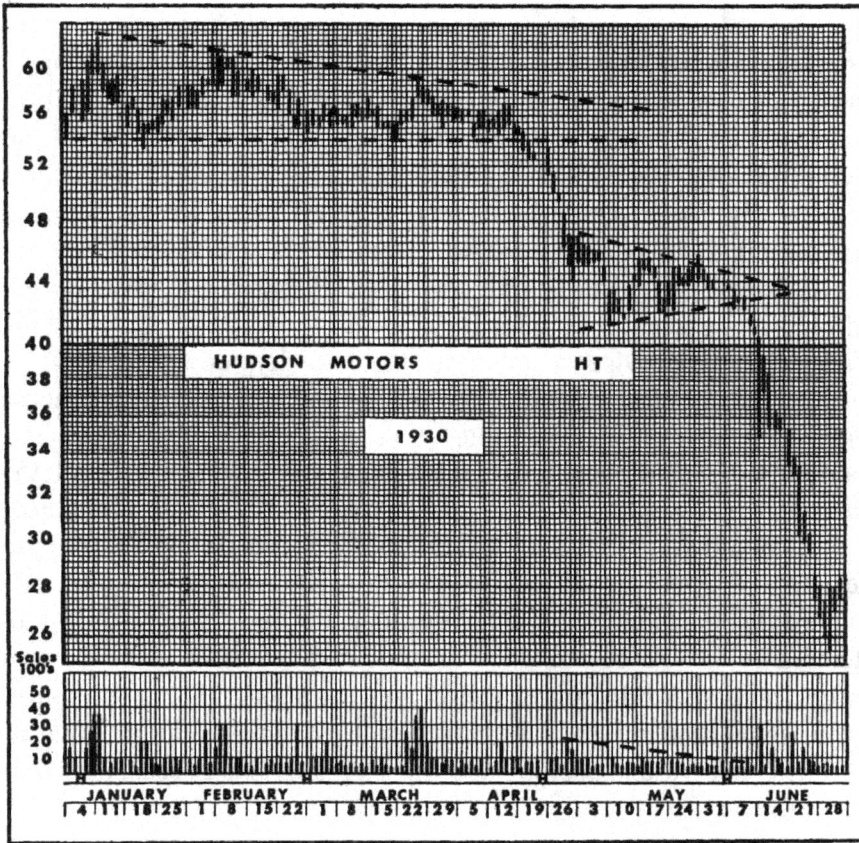

FIGURA 186. ¿Qué hubiera hecho usted con la Hudson Motors? El gran movimiento de pánico de Octubre-Noviembre de 1929 bajó la Dow-Jones Industrial Average desde su máximo constante de 386,10, en Septiembre, a un mínimo en Noviembre de 198.69. Una recuperación que devolvió la media de nuevo al 294 en Abril de 19030, recuperó 95 puntos o un 51% del terreno perdido, lo cual fue una corrección perfectamente normal. Usted no puede operar en las medias. Pero suponga que ha comprado la HT después de su descenso desde su máximo en 1929 de 13 1/2 a 56, por ejemplo, en la creencia de que la caída desde el punto 37 había situado en una gama de "ganga". Habrá visto en su gráfico diario que la pauta mostrada arriba (que reconocerá ser ahora un Triángulo Descendente) toma forma en los primeros meses de 1930. ¿Habría puesto un stop preventivo a 51? ¿Habría vendido en el mercado un día después de que la HT rompiera y cerrara por debajo del 54? ¿O habría esperado a que se produjera una recuperación, y comprado quizá más "gangas" a 50, 48 y 40? ¿Habría seguido aferrado a su "buena inversión a largo plazo" cuando la HT alcanzó el 25 1/2 en Junio? ¿Habría seguido manteniendo la HT cuando alcanzó su suelo final de 1932 en menos del 3? (Ver Figura 65).

Una segunda diferencia reside en el asunto de los dividendos. El "simple inversionista" que es, a propósito, una especie anormal, se supone que considera solamente el "rédito" o el rédito potencial de las acciones; la restitución de su inversión en dividendos en efectivo. Pero existen, sin embargo, muchos casos de acciones que han conseguido un fuerte dividendo, mientras perdían tanto como el 75% o más de su valor de capital. Hay otros casos en que las acciones han logrado grandes ganancias de capital pagando sólo dividendos nominales, o sin pagar ninguno, inclusive. Si la tasa de dividendos fuera tan importante como algunos inversionistas creen, el único instrumento de investigación que se requeriría sería una regla de cálculo para establecer los rendimientos de porcentaje de las distintas acciones, y, a partir de ahí, su "valor". Y sobre esta base, las acciones que no pagan dividendos carecerían totalmente de valor.

Desde el punto de vista técnico, el «Rédito» deja de tener significado si se le aparta de las ganancias y perdidas de capital. La ganancia total es la cantidad obtenida con la venta de una acción, restándole el precio pagado y sumándole el total de dividendos recibido. No importa si la ganancia se ha logrado por completo a causa de un acrecentamiento de capital, o de los dividendos, o de una combinación de ambos factores. En el caso de las ventas al descubierto, el vendedor al descubierto tiene que pagar los dividendos, pero se trata otra vez aquí puramente de un factor agrupado a la ganancia o pérdida de capital a la hora de establecer el resultado neto de la transacción. Hay una tercera fuente de confusión. Con mucha frecuencia, el "puro inversionista" insistirá en que no ha perdido con la acción por la que pagó $30, y que se vende ahora a $22, porque sencillamente no la ha vendido. Casi siempre le dirá que confía en la compañía y que conservará la acción hasta que se recupere. A veces, hará énfasis en que nunca toma pérdidas.

Es complicado decir de qué manera demostraría un inversionista su posición si ha comprado la Studebaker sobre los $40 en 1953 y mantiene todavía la Studebaker Packard a alrededor de $5 en 1956.

En realidad, su fe en que, a su debido tiempo, la acción costará otra vez lo que pagó por ella, puede ser únicamente una esperanza especulativa; o desesperada, en esta situación.

Uno puede seguir preguntándose si su razonamiento es siempre lógico. Supongamos, por ejemplo, que otra acción que ha adquirido este inversionista a $30 se vende ahora a $45. (¿Le dijo que no lo consideraba un éxito o un fracaso hasta que la acción se vendió? ¿O estaría tentado a hablar del "bien" que obtuvo en esta compra?) Es correcto suponer las ganancias o las pérdidas partiendo de una base de transacciones completas o "asumidas", o de una base de valores "acumulados" de mercado, en un instante concreto. Pero no está siendo honrado consigo mismo si utiliza un método para esconder sus errores y otro para subrayar sus éxitos. El confundir estos conceptos ha sido responsable de muchas desdichas financieras.

Como operador que usa los métodos técnicos, verá que el punto de vista posiblemente más realista, es el de considerar sus ganancias o pérdidas como "acumuladas". Dicho de otra manera, su ganancia o pérdida, en cualquier instante concreto, se medirán en referencia al precio de cierre de la acción ese mismo día.

Resumiendo, diremos que es importante: (a) evitar considerar iguales o equivalentes a la acción y a la compañía que representa; (b) evitar la atribución, consciente o inconsciente, de "valor" a una acción, sobre la base de beneficio del dividendo, sin tener presentes los precios del mercado; y (c) evitar confundir las ganancias o perdidas "asumidas" o "acumuladas»."[3]

El operador técnico no se expresa a favor de esta política de "comprar y mantener". Hay momentos en los que es claramente favorable paralizar una posición durante muchos meses, o inclusive años. Pero hay, sin embargo, situaciones en las que es recomendable librarse de una acción, ya sea con pérdida o beneficio. El técnico con éxito nunca se mantendrá, por impulsos emocionales, en una situación que, basándonos en la evidencia que tenemos cerca, ya no es sostenible.

Un operador experimentado que usa los métodos técnicos puede sacar provecho de las tendencias Intermedias más cortas, y puede explicarse que las posibles ganancias netas son mayores que las ganancias netas completas en la tendencia Mayor, después de considerar inclusive los costos de las comisiones y la mayor cantidad a pagar en el impuesto sobre la renta en las operaciones a corto.

Debe entender, sin embargo, que no se obtienen fácilmente esos beneficios adicionales. Solamente se pueden conseguir a través de una vigilancia continua y una adhesión persistente a métodos tácticos sistemáticos. Porque el mercado, apreciado como una maquina de juegos, pierde si se contrasta con el póker o la ruleta, y no es posible "ganarle al mercado» empleando cualquier método matemático simple. Sin duda de esto, será mejor que se detenga, llegado a este punto, y estudie atajadamente cualquier "sistema" que le atraiga, experimentándolo frente a un largo registro de movimientos reales de mercado. O pregúntese si ha conocido alguna vez a alguien que haya seguido solamente ese sistema, como guía de operaciones de mercado, y haya conseguido éxito.

Por otro lado, el análisis técnico no es un sistema matemático, aunque está relacionado, por supuesto, con las matemáticas. Está pensado para identificar la significación de los movimientos del mercado a la luz de la experiencia anterior en casos parecidos, por medio de gráficos, con un reconocimiento pleno del hecho de que

---

3 Algunos de los "peligros y trampas" más graves del mercado están unidos a dificultades de percepción por parte del inversionista, y a consiguientes evaluaciones erróneas. Si quiere estudiar en concreto estos problemas psicológicos, remítase al libro con ilustraciones, de John Magee, "The General Semantics of Wall Street" ("La Semántica General de Wall Street").

el mercado es un dispositivo sensible, en el cual las opiniones de todas las personas interesadas se reducen, en una subasta democrática competitiva, a una sola cifra, que simboliza el precio del valor en cualquier momento concreto. Las distintas alineaciones y pautas que hemos estudiado no son parciales o carentes de significado.

Suponen cambios en los valores reales, las expectativas, esperanzas, miedos y desarrollos de la industria, y el resto de factores que son familiares a todos. Es trascendental saber distinguir esa pauta y entender los resultados que se puede esperar que salgan de ella. Podría usted decir que los beneficios a plazo más corto son un pago por el servicio en el "allanamiento" de desigualdades de tendencias, y por el abastecimiento de liquidez al mercado. Si se compara con el inversionista a largo, será más rápido en realizar obligaciones y en tomar beneficios o (si es preciso) pérdidas. No se preocupará por mantener la "posición" en un mercado en cualquier acción concreta (aunque, como verá, trataremos de mantener una "Fuerza total Compuesta" de acuerdo con el estado en que se halla el mercado, lo cual da el mismo resultado).

Logrará, en cada transacción, ganancias menores que las del inversionista a largo, pero tendrá la ventaja de poder apartarse, con periodicidad, a un lado y revisar la situación al completo, antes de establecer una nueva obligación.

Más concretamente, estará protegido frente a los mercados de pánico. Hay instantes (y 1929 no fue, de ninguna manera, el único) en que el inversionista a largo tiene que ver cómo se "desvanecen" sus ganancias, que acumuló poco a poco, en cuestión de días. En estas calamidades, el operador a corto plazo es sacado de allí, por sus órdenes de stop de pérdida o sus órdenes de mercado, con solamente unas refrenadas pérdidas, y conservará todavía su capital, en gran medida intacto, para usarlo a medida que se desarrolla la nueva tendencia.

Por último, explicaremos, antes de ocuparnos del asunto de las tácticas, que las operaciones de las que hablamos son las del pequeño y mediano operador. Los métodos sugeridos aquí, ya sea para meterse o salirse del mercado, se emplearán a la compra o venta de lotes sueltos, 100, 200 acciones, y a lotes de hasta 1.000 o más acciones, dependiendo de la actividad y mercado de esa emisión concreta. Estos mismos métodos no darán resultado al operador que estuviera comercializando con bloques de 10.000 acciones, ya que, en estos casos, sus propias adquisiciones o ventas perturbarían al precio de la acción. Esas operaciones a gran escala se hallan en un campo especial que está administrado por las mismas tendencias y estrategias básicas, pero existe un tipo diferente de tácticas de mercado.

Capítulo XIX

Los detalles importantísimos

En este capítulo y en el próximo daremos una serie de sugerencias elementales cuyo propósito es, en gran medida, ayudar a aquellos que nunca han llevado gráficos. Gran parte de ellas parecerán claras y repetitivas al estudiante adelantado, aunque incluso este último podrá hallar aquí algunas ideas que simplificarán su trabajo. Se pide al principiante leer estos capítulos con esmero y utilizarlos como referencia posterior.

Los detalles sobre cómo y cuándo ocuparse de los gráficos no le avalarán beneficios. Sin embargo, si no desarrolla esos detalles de tal forma que le hagan el trabajo más fácil, como parte de una rutina regular y sistemática, no puede pretender llevar sus gráficos al día cabalmente ni tampoco obtener beneficios.

Dibujar sus gráficos en un papel y analizarlos no es un proceso complicado, ni le quitará mucho tiempo si ha resuelto trabajar con un número razonable de ellos y se ha organizado para hacer este trabajo regularmente, lo que significa día a día sin falta.

Requerirá una fuente de datos -los precios del mercado y el volumen diario que contenga los datos completos que precisa-, deberá hacerse con un periódico por la mañana, el cual será mandado por correo desde la ciudad más próxima. Sabemos de un operador de gráficos que, en estas mismas condiciones, ha arrendado un apartado de correos. Obtiene por correo el "Wall Street Journal", que le es mandado desde Nueva York, a las siete de la mañana aproximadamente (bastante antes del primer reparto regular), y es capaz, así, de poner sus gráficos al día y esbozar sus planes antes de que el mercado abra a las diez.

Debe tener un lugar adecuado para trabajar y dedicarse a sus gráficos. Si es en su propia casa. Ya sea en el salón o en el cuarto de estar, el resto de su familia debe entender que lo que usted está realizando es importante. Debe ser capaz de cerrar la puerta y trabajar sin interrupción. La luz debe ser clara y estar libre de sombras en la medida en que sea viable (esto supone realmente una diferencia, sobre todo si se ocupa de una gran cantidad de gráficos). La lámpara de escritorio normal arroja una luz deslumbradora que se refleja directamente sobre el papel y los ojos. Esto puede provocar una tensión, sobre todo si trabaja mucho. Es mejor tener una luz ubicada a unos cuantos centímetros por sobre la cabeza y a una distancia apropiada; y, si esa luz es fluorescente fijo en el que se utilizan bombillas de 40 watios, conseguirá entonces, una luz libre casi totalmente de sombras. Por supuesto, estas sugerencias se aplican en caso de que no trabaje de día.

Tenga de amplitud de espacio. Un gran escritorio, una mesa de salón con un gran espacio para libros de gráficos, hojas adicionales, papel rayado, regla, regla de cálculo y todo lo que puede requerir. Si su superficie de trabajo es más bien baja, pongamos 70 0 71 cm., será mucho más cómoda que la altura de escritorio normal de 75 cm.

Bien sea que trabaje con tinta o lápiz, elija el instrumento de trabajo que le resulte más fácil de usar. Si trabaja con lápiz, intente antes diferentes tipos y grados de dureza. Busque uno que sea lo bastante duro como para no manchar muy fácilmente, pero no tan duro que tenga que oprimir mucho para trazar una marca negra clara. El tipo erróneo de lápiz puede hacer que se canse e indignarlo más de lo que cree.

Tenga, también, muchos lápices, una docena por lo menos, bien afilados, de manera que cuando uno se ponga un poco blando y no ofrezca una línea limpia y clara, lo pueda cambiar por otro bien afilado.

Guarde sus gráficos en hojas de anillas sueltas, con anillas suficientes para pasar las páginas con facilidad. No llene mucho los libros. Hágase con algunos nuevos si un volumen tiene gráficos en abundancia. Los gráficos terminados se pueden guardar en archivos. Lo único que debe estar en los libros son las hojas actuales y las que va a usar inmediatamente después. Si puede, utilice una cartera de siete anillas. Las páginas se despegan fácilmente de las carpetas de dos y tres anillas, pero las de siete preservan bien las páginas y rara vez se despega una de ellas.

Los gráficos que guarda se volverán cada vez más valiosos a medida que se va montando la historia de gráficos. Guarde un espacio donde pueda incluirlos en un índice y ordenarlos cronológicamente; y tenga también ficheros para los errores de los agentes, las noticias sobre dividendos, los informes sobre la corporación, los recortes y artículos, las notas sobre sus propios métodos, y los análisis y estudios especiales del trabajo que está haciendo.

Con respecto a esto, almacenará, por supuesto, un registro simple pero completo de cada compra, venta, dividendo, etc., de las acciones que ha adquirido o vendido. Esto le facilitará el trabajo a la hora de calcular el impuesto sobre la renta. Le aportará también la información estadística para calificar los resultados de sus operaciones de Bolsa.

Capítulo XX

La clase de Acciones que queremos

Las descripciones sobre la clase de acciones que queremos llevar a un gráfico son sólo unas cuantas y bastante sencillas, además. Queremos una acción que nos deje obtener un beneficio en las operaciones comerciales. Eso representa una acción cuyo precio se desplazará sobre una gama lo suficientemente amplia como para que la operación sea digna de consideración. Se hallan también los que se preocupan, sobre todo, por la seguridad del capital y la promesa de ingresos por parte de la acción.

Existen, para ellos, acciones que presentan un grado enorme de estabilidad. Puede que quiera conservar una parte sustancial de su capital total en acciones de este tipo. Éstas se mueven en una gama estrecha de precios. Son agudamente resistentes a las rupturas hacia abajo del mercado. No son insensibles (precisamente) a los rápidos movimientos hacia arriba del mercado en su conjunto. Son muy apetecibles para el inversionista conservador. No son, sin embargo, las emisiones más apropiadas en las operaciones comerciales, ya que sus oscilaciones son pequeñas y las comisiones tenderán a comerse los pequeños beneficios que podrían lograrse. No crean tampoco las pautas de gráficos inclinadas y claras de las acciones más especulativas; por el contrario, se mueven con ondulaciones redondeadas y tardas.

Para extender este comentario y explicar un poco lo que subyace a lo que estamos haciendo, presumamos que una cierta compañía tiene dos emisiones de acciones, una preferente y otra común. Puesto que la compañía posee cierto beneficio mínimo regular que se ha logrado durante años, y suficiente para pagar el dividendo preferente, la continuidad de estos dividendos parece prácticamente asegurada. Sin embargo, los dividendos de la preferente están establecidos, pongamos como ejemplo, al 6%. La acción común se lleva todo lo que queda. En un año puede existir, para los accionistas comunes, acciones de 50 centavos. Al año siguiente habrá acciones de $2,00 o cuatro veces este valor. En un caso como este, siempre que no se interpongan otros factores, esperaría que la acción preferente vendiera a un precio algo regular sin mucho cambio, mientras que la acción común estaría sujeta a una "fuerza" y podría dispararse cuatro veces su valor inicial. Las emisiones más especulativas constituyen, bien un negocio que es, por naturaleza, inseguro en relación al beneficio neto de año en año, o bien uno en el que la mayoría del beneficio neto "seguro" se ha recortado para beneficio de las obligaciones principales. Hay también otros factores que influyen en la oscilación especulativa de una acción y, como resultado de ello, una acción puede ser muy sensible y otra muy conservadora; y entre ellas existiría todo tipo de sombras y grados de sensibilidad o inseguridad. Basta hacer notar momentáneamente que la naturaleza del negocio mismo

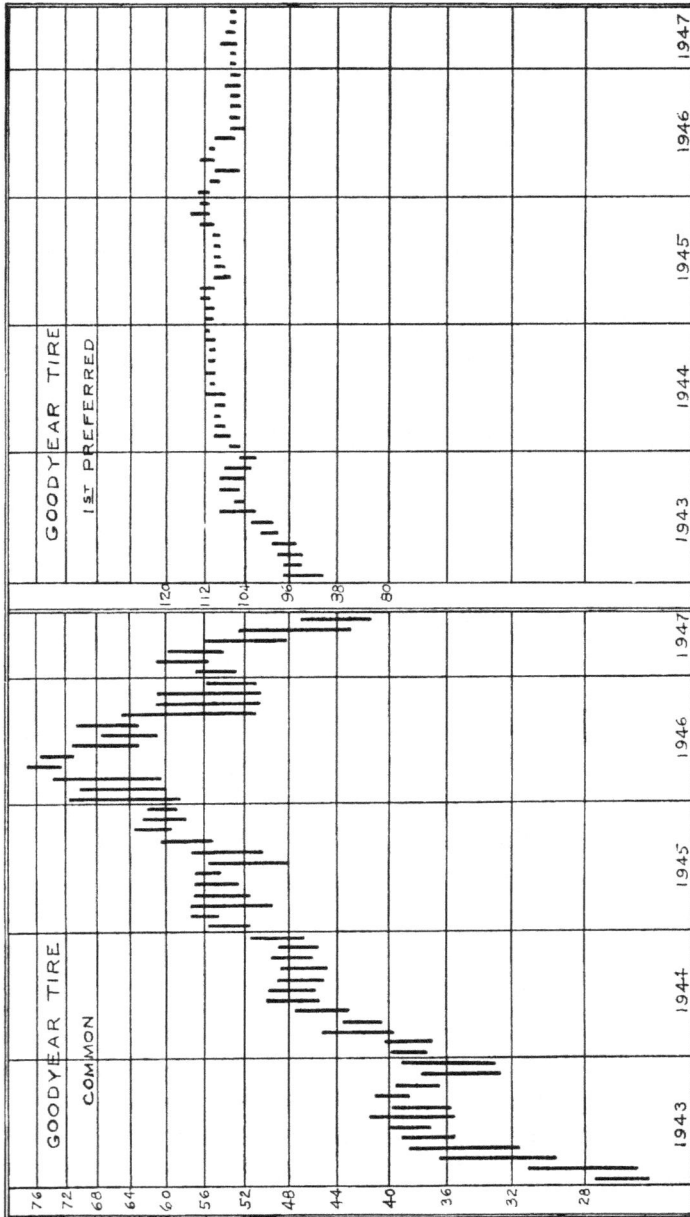

FIGURAS 187 Y 188. Oportunidad frente a Valor. Tenemos aquí (izquierda) a la Goodyear Común, que representa el interés residual de todos los beneficios, una vez que se encontraron las obligaciones senior, comparada (a la derecha) con la Goodyear Preferente de $5.00 que conlleva un alto grado de seguridad sobre el encontrarse con el dividendo de $5.00, pero no promete más participación en los beneficios. La gama mensual de cada acción para el mismo período de cincuenta y cuatro meses aparece en una escala de proporción. Mientras que la Común hace un avance por encima del 300%, la Preferente avanza un 25%, aproximadamente, nivelándose en un punto que representa el precio máximo que los inversionistas están dispuestos a pagar por el dividendo seguro de $5.00.

no siempre expone los hábitos de la acción, puesto que el resto de factores puede ser muy significativo. Pero la mayoría de las acciones, sin embargo, poseen un poder de "oscilación" bien definido, y habitualmente es posible determinar, por una actuación anterior, cómo se sobrellevará una acción en el futuro en lo que se refiere al alcance de sus oscilaciones.

Y, a propósito, para las operaciones a corto, estamos repasando los hábitos de la *acción* que vienen en parte establecidos por los negocios que representa. La compra de acciones de una compañía que tiene, en alguna medida, un registro de beneficios dudoso o fluctuante, *puede* ser más conservadora que la compra de una acción altamente ventajosa de otra compañía cuyo negocio básico es más regular y conservador. Hablaremos, posteriormente, sobre el asunto de determinar estas constantes de riesgo. Uno debería también comprender que la venta de una acción al descubierto no envuelve presentimiento de que el país se vaya a arruinar y tampoco de que el interés que simboliza se vaya a ir también a pique. Esa compra muestra solamente su creencia en que la acción pueda temporalmente sobrevalorase; en que los dividendos puedan haber sido anormales en los últimos años y es posible que se reduzcan; y en que, por una u otra razón, las acciones de la compañía puedan valer menos de lo que valían.

Para las operaciones técnicas necesitamos una acción bastante especulativa, una que haga considerables oscilaciones alcistas en un mercado alcista, y bajistas en una tendencia bajista. Los mismos factores que pueden hacer una acción segura y apetecible al inversionista, pueden hacerla totalmente inadecuada para la operación. Y, con ciertas reservas, de las que analizaremos más adelante, cuanto más especulativa es la acción, mejor se ajustará a nuestros objetivos.

Capítulo XXI

Selección de Acciones a poner en un Gráfico

El operador que procede sobre la base estadística o "fundamental", estableciendo sus compromisos en el análisis de ganancias, dividendos, gestión corporativa, expectativas para la industria, etc., se ceñirá, habitualmente (y forzosamente) a unas pocas acciones o a un sólo grupo de ellas, concernientes al mismo campo.

Por el contrario, el operador técnico que usa gráficos diarios debe poseer una gran carpeta de emisiones. Puesto que está interesado, fundamentalmente, en las pautas técnicas de gráficos, no tratará de hacer un estudio exhaustivo de la historia anterior de cada compañía. De hecho, son más importantes para él las características de las acciones en sí mismas, tal como se conducen en el mercado, que lo que estas compañías hacen o están ganando. La causa de esto es, tal como ya hemos visto, que, aunque las acciones simbolizan propiedad de la compañía, la organización del capital, la "fuerza" y la oferta flotante de las acciones, pueden (y, a menudo, así pasa) significar fluctuaciones en el precio de la acción que están en equilibrio directo con los cambios en los asuntos del negocio.

Descubrirá también, muchas veces, que las acciones de una empresa bien considerada, negociada, y establecida desde antiguo, cuyo reconocimiento de las últimas ganancias demuestra unos beneficios acrecentados, y con un largo registro de dividendos pagados, puede no ser una buena adquisición al precio del mercado. Puede estar sobrevalorada y se puede predecir una depreciación grave. Hallará también otros casos en los que una acción, que supuestamente no representa una gran promesa de ganancias o de dividendos, empieza repentinamente una serie de movimientos alcistas espectaculares y se muestra claramente como una venta. Por supuesto, la respuesta en ambos casos es que los registros disponibles se aplican al pasado, no al futuro; y la acción de los gráficos revelará, muy a menudo, el conocimiento interno de aquellos que están en posesión de los hechos que el público no ha adoptado todavía.

Cambiaremos nuestro ejemplo por otro más sencillo de visualizar: hay dos casas en venta. Una es una linda casa moderna, bien construida, situada en una zona atrayente de la ciudad, cuyo precio es de $20.000 -y la otra propiedad, una vivienda para seis personas algo deslustrada, se vende al mismo precio que la primera, $20.000. No hace falta preguntarse cuál es la "mejor" casa. Sin embargo, en un caso como el que nos ocupa, el mercado para casas bien edificadas a este precio puede ser pobre, mientras que la demanda de apartamentos puede ser grande. La casa para la familia de seis miembros puede ser la mejor inversión.

Y nos hallamos, otra vez, con la pregunta de qué es lo conservador y qué lo altamente especulativo. No siempre es bastante juzgar por el tipo de negocio de la compañía misma. Usted puede tener una compañía altamente conservadora, con un volumen de negocios estable, y un largo registro de procedimientos con éxito. Pero, si hay obligaciones, bonos, acciones preferentes y otras obligaciones superiores, la acción normal puede estar sujeta a amplias fluctuaciones. Si la emisión es pequeña, o gran parte de ella está estrechamente retenida, logrará un efecto de "ventaja", que dará como resultado oscilaciones extensas de la acción.

Por ende, a la hora de optar por la acción a situar en un gráfico, deberá considerar la *clase de acción* y su carácter y hábito en el mercado, más que el negocio de la compañía que representa. Volveremos otra vez a este punto y le demostraremos cómo puede constituir una lista que le ofrecerá el tipo de acciones que quiere para operar con ellas.

Mientras tanto, la pregunta de ¿cuántos gráficos?, ha quedado en el aire. Una contestación sería la siguiente: cuantas más acciones ponga en un gráfico, mejores oportunidades tendrá. Muchas acciones, inclusive de emisiones activas, cruzarán largos períodos en los cuales el gráfico no nos dirá nada -porque, en realidad, no hay mucho que decir. En los períodos de persistencia, el gráfico mostrará simplemente que *es* un período de estabilidad, y que la única actividad operativa posible será la de comprar y vender en los suelos y techos de sus ondulaciones. Los gráficos son más explicativos cuando se produce un cambio de situación; mostrarán un cambio de tendencia tan pronto como y, habitualmente, antes de que las noticias de las circunstancias cambiantes hayan salido a la luz. Si tiene bastantes gráficos, siempre poseerá acciones que hagan movimientos concluyentes y precisos hacia arriba o hacia abajo, en cualquier momento.

Debería, por lo tanto, preocuparse de tantos gráficos como le sea posible, pero recordando siempre el refrán: "quien mucho abarca, poco aprieta". Una persona que tenga solamente quince minutos o media hora al día para hacer este trabajo, debería ceñirse a 20 o 30 gráficos. Sería mucho mejor que pudiera poseer 100. Y, en caso de que pueda consagrar la mayor parte de su tiempo a ello, bien podría poseer 300.

Como consejo, le diremos que no comience algo que no pueda terminar. Al principio, es mejor tener muy pocos, que demasiados. Si descubre, después, que puede agregar otros, se encontrará, a la luz de su experiencia, en una situación más optimista para elegir los que quiera incluir. Pero, si usted, por el contrario, empieza con muchos gráficos, comenzará a quedarse rezagado y deberá hacer gráficos durante el fin de semana, no logrará el mejor uso de su cartera y será mejor cortar de base inmediatamente.

A raíz de lo que hemos dicho hasta ahora, sabe que es viable poner en un gráfico todo lo que se vende en unidades iguales en un mercado libre competitivo. Esto incluye, por supuesto, todo tipo de mercancías, bonos, obligaciones, contratos, etc., así como acciones. Puede poseer un interés especial que le llame a colocar un gráfico algo colocado fuera del campo de las acciones. Todo esto está muy bien.

Sin embargo, usted querrá, en general, poner en un gráfico acciones cotizadas de sociedades anónimas bien instituidas. No hay razón especial por la que una acción que no esté cotizada no se pueda colocar en un gráfico, aunque habitualmente las únicas cifras que se pueden conseguir de ella son los precios de la puja y la oferta. Con este tipo de acciones usted no tiene una relación publicada del volumen de ventas diario o un registro de precios en los cuales tuvieron lugar, verdaderamente, las ventas, y éstos son fundamentales para llevar al gráfico la acción técnica diaria. Par lo tanto, usted estará usualmente situando en sus gráficos acciones que estén cotizadas en alguna Bolsa. Esto supone además una ventaja, ya que las compañías cotizadas en las Bolsas más grandes deben congregar ciertas condiciones, publicar ciertas informaciones, y ajustarse a reglas y prácticas definitivas.

La mayoría de ejemplos de este libro están sacados de las acciones cotizadas en la Bolsa de Nueva York. Hay más de 1.400 emisiones que cotizan en dicha Bolsa y estas acciones simbolizan todo tipo de valor, desde el más conservador al más especulativo, desde el más barato al más caro, e incluyen todos los tipos importantes de industria y negocio. Conviene elegir acciones de esta gran lista, ya que las transacciones diarias de la Bolsa de N. Y. se anuncian en los principales periódicos, y su cinta esta a disposición de la mayoría de los corredores. Sin embargo, no existe razón para no preferir acciones de la Bolsa Americana o de otra Bolsa de este país o, inclusive, para ese quehacer, de cualquier otro país. En lo que se refiere a la acción de gráficos, las pautas y sus significados serán los mismos.

Capítulo XXII

Selección de Acciones a poner en un Gráfico (continuación)

A la hora de elegir sus acciones, buscará, seguramente, la mayor diversidad en cuanto a *tipo* de industria. Puesto que no está cultivándose en el estudio detallado de un sólo grupo, tratará de conseguir acciones de tantos grupos diferentes como sea posible. Querrá incluir minas y petróleos, ferrocarriles y químicas, licores y diversiones, líneas aéreas, servicios públicos, etc. La razón de esto es, sencillamente, que muy a menudo muchas acciones de un grupo industrial determinado mostrarán las mismas o parecidas pautas a medida que la industria completa está afectada por algunas condiciones principales. Descubrirá a menudo, por ejemplo, que cuando la Allis Chalamers realiza un Triángulo, la Deere, la Minneapolis-Moline, la Harvester y la Case también realizarán triángulos parecidos o posibles rectángulos o alguna otra figura de afianzamiento, seguidos de un movimiento alcista inclinado, Triángulos o, posiblemente, Rectángulos parecidos o alguna otra pauta de consolidación, seguidos de un movimiento alcista equivalente. Cuando la Schenley se está moviendo en una larga tendencia alcista, verá posiblemente que la Distillers-Seagrams, la National Distillers, la Publicker y la American Distilling, se están moviendo también en una gran tendencia bajista.

De manera que, a menos que quiera ocuparse de bastantes gráficos para contener así varias acciones de *cada* grupo importante, lo mejor es optar por sus acciones para establecer una lista lo más variada posible. De esta forma, en los momentos en que ciertos grupos se mueven con incertidumbre, o son inactivos, poseerá alguna representación en otros grupos que pueden ser activos. (No concluya de aquí que todas las acciones de un grupo se mueven siempre juntas. Las compañías individuales se moverán, con asiduidad, de acuerdo con influencias especiales que pesan sobre una sola compañía. Pero en los lugares donde la autoridad principal es una condición a nivel de industria, el grupo se moverá más o menos como una unidad).

Preferimos, por tanto, acciones que simbolizan una amplia variedad de grupos o industrias básicas. Pero, supongamos que tenemos restricciones con respecto al número de gráficos y debemos que elegir una acción de un grupo; ¿qué acción elegimos? Presumamos, por ejemplo, que tenemos que elegir una acción del grupo ferroviario. De hecho, queremos probablemente más de una ya que este grupo, en concreto, muy grande y trascendental. Pero elijamos, por el momento, solamente una. ¿Debe que ser una acción de bajo o de alto precio? Inspeccionemos este punto en primer lugar.

Si posee acceso a los registros pasados de las acciones (ferroviarias, en este ejemplo), descubrirá que, en general, las emisiones a precio más bajo establecen movimientos de *porcentaje* mucho más grandes que los de las acciones a precio más alto. No es raro que una acción que se vende alrededor de 5 escale al 100%, subiendo a

10, a veces, en cosa de semanas. Por otro lado, no verá movimientos del 100% en días o semanas, entre acciones que se venden a 100 o 200. El mismo movimiento a nivel de industria que sube su acción de $5 del 5 al 10, puede potencialmente llevar su acción de $100 del 100 al 140. Evidentemente, si hubiera puesto $1.000 para comprar la acci6n a 5, el movimiento habría aumentado el valor de su acción al 100% o $1.000. En un caso diferente, si hubiera puesto la misma cantidad en una acción instalada en el 100, el movimiento hacia el 140 (aunque con muchos más puntos) habría acrecentado su capital a sólo $1.400. La ganancia con la acción a precio más bajo sería cerca de dos veces y media mayor.

Los autores han determinado y dispuesto en una tabla los movimientos de porcentaje de grupos grandes de acciones sobre períodos largos de tiempo, y han puesto una tabla que demuestra la sensibilidad media *relativa* de las acciones a distintos niveles de precios. Esta tabla está relacionada sólo con el nivel de precio de las acciones; así, la misma acción que hoy vende a 5 y hace extensas oscilaciones de porcentaje, no oscilará de manera tan amplia cuando haya subido a un nivel de precios de 20 a 30.

Llegados a este punto, se le pueden ocurrir muchas preguntas. ¿No son más elevadas las comisiones (en relación al precio) de las acciones a bajo precio que las de las emisiones a precio más alto? *Si,* lo son, y observará que, por debajo de un cierto nivel de precios, este factor hace complicado o imposible realizar operaciones a corto o medio plazo en acciones de bajo precio. Los autores han instaurado una tabla de comisiones medias completas y de costes de impuestos (Capitulo XXXI). Esta tabla le será útil a la hora de conseguir de manera rápida un neto aproximado de una operación real o teórica. Las cifras existentes estarán, por lo general, entre unos cuántos centavos y un dólar en la mayoría de los costes que se proporcionan en la tabla, en un lote redondo de 100 acciones.

Al seleccionar el nivel de precios de las acciones en las que quiere operar, no puede fundar un límite demasiado arbitrario, ya que hay que considerar otros factores, y puede que tenga que componer algo en una cuenta para conseguir lo que desea en cualquier otra dirección. Las acciones entre 20 y 30 se hallan en una buena gama de precio de operación. Descubrirá, con bastante frecuencia, acciones que se hallan en la gama del 20 al 30 y, que son tan interesantes, que querrá operar en ellas. Encontrara una buena articulación en las acciones que venden de 30 a 40.

Más aun, entenderá, por supuesto, que las acciones que venden ahora a lo pueden estar vendiendo al año siguiente a 40, o viceversa. Y, puesto que no puede estar cambiando continuamente su carpeta de gráficos, no debe ser demasiado "elegido" a la hora de escoger la gama de precios de sus acciones. Sin embargo, no elegirá, por lo normal, una acción que estuviera vendiendo muy por encima de la gama de precios de la mayoría de acciones de este grupo, por ejemplo 150, cuando otras de la misma industria estaban vendiendo a 15, 28, o 37. Tal como hemos asentado, la acción a alto precio se

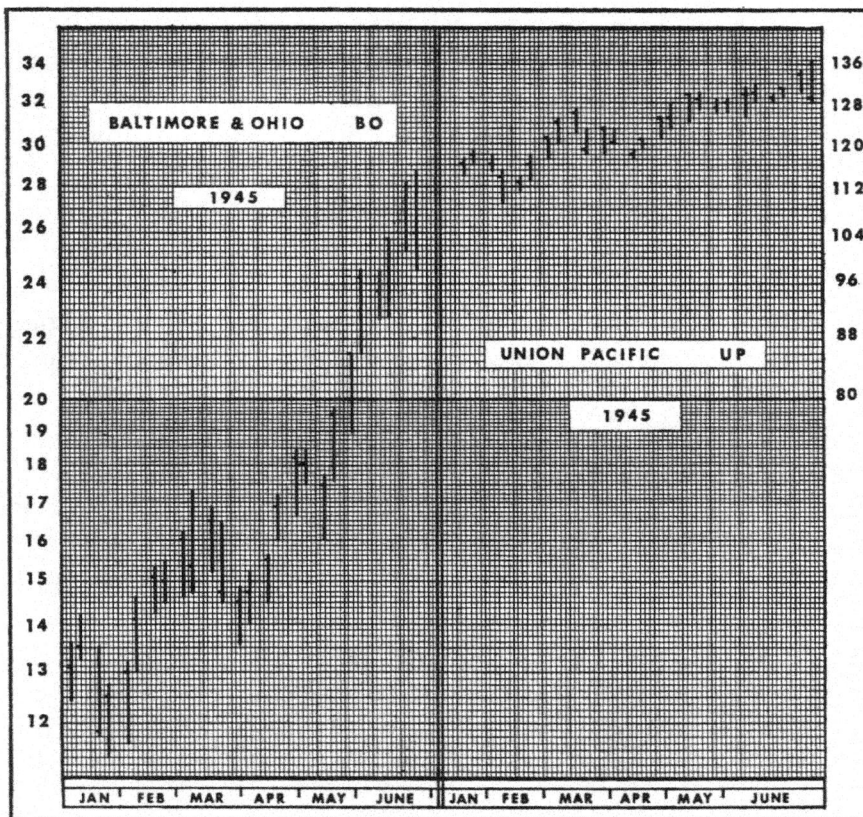

FIGURAS 189 Y 190. Las acciones a bajo precio se mueven más rápidamente que las de alto precio. Tenemos aquí los gráficos semanales de dos acciones ferroviarias, puestas en el gráfico a escala de porcentaje sobre el mismo período de seis meses. En esta época, la Baltimore y la Ohio avanzaron desde el 12 3/8 al 28 7/8, ganando así 16 1/2, mientras que la Union Pacific subió del 109 al 147, ganando 28 puntos. El avance de la "UP", sin embargo, comparado con su precio, es mucho *menor* que el de la "BO": en su totalidad su aumento hubiera sido del 133% o cinco veces más esa cantidad. Tenga presente que las acciones a bajo precio no sólo *suben* mucho más rápidamente, sino que también *bajan más rápidamente* que las acciones de alto precio. Cuando usted posee una acción a bajo precio, no puede con seguridad "guardarla en la caja y olvidarse de ella". En cuestión de seguridad y estabilidad haría mejor en comprar unas cuantas acciones de un papel del Estado de precio elevado, ya que, por cuestiones de negociación, deseará alcanzar un compromiso entre los valores "seguros", más bien lentos, y los "cats and dogs", extremadamente irregulares en el soporte de precios más bajo.

inclina a ser inactiva en una operación media. Por otro lado, no tomará las acciones de precio más bajo del grupo, que se venden, por ejemplo, a 4 o 6, cuando otras estaban en el soporte del 10 al 30. No sólo se verá afrontado a una acción de gráficos irregular y delicada, y a unos costos de porcentaje mucho más elevados, sino que también se verá incapaz de operar con margen. Hay limitaciones con respecto a la cuantía de margen en acciones a todos los niveles. En las emisiones a más bajo precio, estos límites son más duros. Y en las acciones a más bajo precio de todas, no le está permitido operar con crédito.

Así que, cuando consideramos el asunto del nivel de precios sólo, nos topamos con estos dos factores. Cuanto más alto es el precio de la acción, más barato es en cuanto a comisiones, y podremos usar el margen de manera más efectiva; pero la acción será más inactiva. Cuanto más bajo sea el precio, más caro será en lo que a comisiones se representa; y tendremos una restricción de margen, pero también mayor (quizá mucho) poder de oscilación.

Normalmente, obtendrá la mayor ventaja efectiva en algún punto de los 20, teniendo en miramiento todos estos factores. Y su operación puede bajar corriendo por los 10 y subir por los 40. Sobre el 40 y por debajo del 10, debe poseer razones firmes para operar. Sería mejor, por tanto, preferir la mayoría de las acciones de la gama de precios media (10 a 40), uniendo a ello aquellos escenarios concretos en las que está especialmente interesado en observar entre los soportes muy bajos y muy altos.

Recuerde que estábamos discutiendo sobre las acciones del ferrocarril. Por lo que hemos intentado hasta ahora, verá que, como acciones ideales de operación, excluiremos los "blue chips", tales cono la Union Pacific y la Norfolk & Western. Y podríamos descartar especialidades estrechas o de bajo precio como la Cuba Railroad, Dominante al 6%, la Illinois Terminal, la International Railways of Central America, etc., de nuestra lista de posibilidades de primera elección. (Tenga en cuenta que las condiciones cambian y que podemos querer inspeccionar nuestra selección en un futuro).

Con esta eliminación, hemos dejado todavía a un lado el cuerpo principal de ferroviarias especulativas significativas. Y mientras muchas de estas están vendiendo, en el momento en que se está escribiendo esto (1956), par encima del máximo sugerido de los $40, no nos agarramos muy fuertemente a un límite muy arbitrario, ya que estas acciones posen, en su conjunto, mayor sensibilidad que muchos otros grupos. En el grupo considerable de las ferroviarias que posen buenas características para la operación, se hallan la Baltimore y Ohio, la Great Northern, la Illinois Central, el New York Central, la Northern Pacific, la Southern Pacific y otras muchas.

Sin embargo, si retorna de nuevo al registro pasado de estas acciones, verá que, entre las acciones que se mueven a casi los mismos niveles de precios hoy, hay pautas de comportamiento que difieren mucho. Descubrirá que algunas acciones responden a un serio revés del mercado al renovarse, por ejemplo, un 20% --es decir, si estuvieran vendiendo a 30, que bajarán a alrededor del 24. Y hallará además otras que responden al mismo revés del mercado general a través de una reacción del 50%. Y se dará cuenta, si inspecciona los registros, que las mismas acciones que poseen estas reacciones relativamente diferentes en un revés, se moverán, mas a menos, de la misma manera, con movimientos relacionados el uno con el otro y los otros reveses.

Más todavía, las mismas que hacen sólo correcciones moderadas en los descensos, realizarán solamente avances moderados en los ascensos. Y las que caen en clavada en los reveses, se dispararán también como un cohete en un mercado alcista. Esto no tiene nada que ver can el fenómeno que analizamos anteriormente, por el cual vimos cómo las acciones baratas se mueven más rápido que las caras. Esto es debido a los hábitos de acciones concretas y esos hábitos parecen ser muy estables a lo largo de períodos de bastantes años. Vemos, por ejemplo, que la Missouri-Kansas-Texas Preferente es una emisión volátil y especulativa. Poseen oscilaciones de porcentaje mayores que las de la mayoría del resto de acciones en este nivel de precios. Y, por otra parte, descubrimos que la Canadian Pacific, vendiendo por mucho menos, posee oscilaciones de porcentaje menores que las de la mayoría de acciones a su nivel de precios. Este hecho puede nublarse, ya que la CP, teniendo un precio más bajo en comparación, puede realizar, en verdad, oscilaciones más grandes que las de la KT Pr.

Solamente podemos apreciar el hábito individual de la acción después de haber tenido en cuenta el nivel de precios.

Tal como dijimos antes, no estamos muy interesados en acciones que no hacen, por lo general, movimientos significativos. Estamos muy interesados en aquellas que realizan movimientos más amplios. Podemos calcular el poder básico de oscilación de una acción que denominamos Índice de Sensibilidad, y trazar el procedimiento para hacerlo (Capítulo XXIV).

Por tanto, habrá excluido de su lista aquellas acciones que se hallan en el nivel de precios equivocado y aquellas que no tienen suficiente poder de oscilación (ya que usted desea situar en un gráfico sólo aquellas acciones con las que pueda operar de manera provechosa). De las restantes, excluirá las otras. Descubrirá que algunas acciones que establecen movimientos de precios amplios y brindan, en apariencia, grandes oportunidades de obtención de bienes, pueden ser muy "estrechas". Los gráficos estarán repletos de puntos, huecos, días de "no venta", y movimientos de varios puntos con solamente unos pocos cientos de acciones. Estas acciones son estrechas ya que una emisión pequeña, debido a la propiedad, por parte de alguna sociedad anónima o algunos entendidos, de un gran bloque de acciones, o debido a otras razones. Es complicado operar con ellas por que son difíciles de adquirir y de vender; usted se conserva para perder fuertemente en la extensión ubicada entre la puja y la oferta. Puede ser complicado liquidar inclusive quinientas acciones bajando, a duras penas, el precio para su pérdida, y observará a veces cambios de uno o dos puntos con ventas de unos pocos cientos de acciones. Deseará descartar esto y, si desconoce los hábitos antes de preferir su cartera, posiblemente considerará conveniente dejar a un lado las acciones que hayan probado ser muy estrechas, suplantándolas por otras opciones nuevas y más fiables.

Después de haber estudiado su lista desde todos estos ángulos (continuamos hablando del grupo ferroviario), verá que ha dejado a un lado una opción de una serie de acciones, todas ellas vendiendo a una gama de precios que parece atractiva, lo suficientemente activas y sensibles a las tendencias de mercado, y disponibles en una oferta apta para suministrar una buena operación media. La designación final de una (o varias) de estas acciones es, por lo tanto, asunto de predilección. En el caso de las ferroviarias, puede desear una carretera en el Oeste, una en el Sur, uno de los caminos mineras, o puede poseer ya un interés especial por unas ferroviarias concretas.

Después de elegir sus ferroviarias, estudie el grupo de motores, las diversiones y demás, hasta que tenga, final mente, su selección de acciones a ubicar en un gráfico. Trate de hacer una representación de grupos tan completa y equilibrada como lo deje el número de gráficos.

Con respecto a esto, si sus planes no son la representación de todos los grupos, hay algunos que se inclinan más a proveer buenas acciones para la operación que otras. La alimentación y los tabacos, por ejemplo, son por lo general menos sensibles a las oscilaciones del mercado que las ferroviarias, los licores y líneas aéreas, que son muy sensibles. No se preocupe mucho, sin embargo, sobre qué acciones preferir exactamente. Porque, aunque usted tomara las primeras cincuenta o cien acciones de las emisiones cotizadas, tendría entre ellas al menos 25 buenas acciones para operar. Puede comenzar casi con cualquier lista y, a medida que pasa el tiempo, dejará algunas y agregará otras, optimando su cartera y elaborándola según sus propias necesidades.

Capítulo XXIII

La mecánica de construcción de un Gráfico

Ya está listo para comenzar a construir su conjunto de gráficos, los cuales le proveerán, en su momento, una herramienta de trabajo inestimable o "activo del capital". Tiene frente a usted la cantidad de cualquier tipo de papel de gráficos que haya decidido usar, archivadores para meter los gráficos en ellos, lápices, triángulo, regla y hoja de cotizaciones del periódico diario. Pondrá todos estos útiles en un lugar de trabajo grande, despejado y bien iluminado; y deberá trabajar sin ser incomodado. Ya ha preferido la lista de acciones que pretende llevar al gráfico.

Replete una hoja de gráficos con cada una de las acciones. En la esquina superior izquierda, coloque las fechas que cubran las 52 semanas o cualquier otro período de tiempo que vaya a cubrir en la hoja de gráficos. Sería una buena idea dividir sus gráficos, desde el principio, en cuatro grupos. Todas las acciones desde A hasta C (contenida) deben tener hojas de gráficos con fecha de enero-diciembre de 1957, por ejemplo (en caso de que este usando el papel de gráficos para un año en total), seguido, cuando se complete, por las hojas con fecha abril 1957-marzo 1957. Indistintamente, el tercer grupo incluirá acciones desde J hasta R, con fecha de julio 1957- junio 1958, y un cuarto grupo tendrá las emisiones restantes desde S hasta Z, con fecha octubre 1957- septiembre 1958. De esta forma, cada tres meses una cuarta parte de sus gráficos se agotará y requerirá nuevas páginas, y en ningún instante llenará *todos* sus gráficos, paralelamente, al final de sus hojas. Si la fecha en la que comenzó un gráfico cae en agosto, escriba la hoja fechada al igual que para otras acciones de su grupo alfabético, dejando en blanco aquellos meses que están colocados antes del comienzo de su gráfico. Así se hallará en el buen camino, desde el principio, y no errará nunca en lo que se refiere a fechas en las hojas de gráficos.

Escriba el nombre de la compañía en el espacio para el título ubicado en el centro de la parte superior; ponga las fechas que cubre la hoja a la izquierda, y el símbolo de la cinta a la derecha. Rellene entonces, la escala de precios en el margen vertical izquierdo. En caso de que este usando papel aritmético, puede sencillamente anotar las cifras que simbolizan a los precios por encima y por debajo del centro, haciendo que en el centro este el precio de mercado en el momento de empezar su gráfico. En el papel de raíz cuadrada o papel logarítmico (de proporción), ponga la escala de tal forma que el centro del papel esté tan cerca como sea posible del precio actual. (Vea lo siguiente: si esta usando el papel de gráficos Tekniplat, papel de proporciones, halará un bosquejo detallado en cuanto al procedimiento en el Apéndice A, aunque, si está habituado a la escala de proporción, no tendrá problemas en establecer el gráfico).

A partir de los ejemplos de este libro, observará la manera en que los gráficos se pueden titular, fechar y poner en escala. Se dará cuenta además, de que en las hojas hechas expresamente para poner en un gráfico los precios de la acción, cada línea vertical es, de alguna forma, más fuerte que sus vecinas; ésta simboliza un sábado, en el cual no hay colaboración, ya que el mercado no opera los sábados. Esta breve ruptura de cada semana no perturbará, sin embargo, materialmente a sus tendencias y otras indicaciones técnicas; y sirve para proveer un espacio entre las semanas, haciendo más sencillo escoger un día concreto de la semana rápidamente en el gráfico.

Es importante hacer su primera entrada para el día de la semana en la línea vertical correcta, de tal forma que, el final de la primera semana, llegará en una línea de sábado. Si un mes debe comenzar en lunes, empiece su gráfico en la primera línea ubicada seguidamente a la derecha de la línea limítrofe izquierda. Si el mes tiene que comenzar en jueves, empiece tres espacios más allá hacia la derecha, de manera que el sábado caiga sobre la primera línea más fuerte.

Por último, tendrá una escala de volumen cerca de la parte inferior del gráfico, y una escala de tiempo a lo largo de la parte inferior, la cual demostrará la fecha de cada sábado en el ciclo cubierto por la hoja de gráficos.

Hay cuatro cifras que debe recoger del periódico que sigue para situar en el grafico. Observará que, al principio, es preciso mirar hacia atrás y hacia delante, mirando por separado el máximo, el mínimo, el precio de cierre y el volumen del día. Practicando y haciendo un esfuerzo visible para adiestrarse en ello, verá que es posible tomar las cuatro cifras de una vez, reteniéndolas durante unos cuantos segundos, que es lo que tardaría en llevarlas al gráfico. Una vez que se domina esta habilidad, se recortará el tiempo preciso para poner en un gráfico el 50% o más; vale la pena un poco de esfuerzo extra.

Días festivos-días de dividendo

Cuando es día festivo o, por algún motivo, el mercado está cerrado, sáltese sencillamente ese día, dejando en blanco el espacio (línea vertical) donde lo hubiera puesto. Cuando no se producen ventas de una acción en un día determinado, marque una "o" minúscula en la escala de volumen. Si pasa que está siguiendo atentamente una situación específica de acción, puede desear iniciar, mediante una línea de puntos, el nivel aproximado entre la puja de cierre y los precios de oferta del día en que no se originaron ventas. No hace falta, sin embargo, hacer de esto un procedimiento habitual. Las fechas de reparto de dividendo se pueden mostrar mediante una "x" a lo largo del margen inferior de la escala de volumen, y los datos sobre los dividendos se pueden apuntar en el margen extremo inferior; por ejemplo, la "TrimestralInvariable de $50" o la "Pagadera en Fondos Americanos, $1,00", la cantidad del dividendo se puede apuntar de manera vertical sobre la superficie del gráfico, en la línea que constituye la fecha del reparto. Los dividendos de las acciones y los derechos deberían registrarse de la misma forma, mostrando su valor de mercado. Cuando las acciones reparten el dividendo, en especial si el dividendo es grande, puede haber un hueco de precios que a veces puede cambiar o deteriorar la pauta del gráfico. Un hueco de reparto de dividendo es indicador en el sentido técnico, y debe descartarse cuando no es más grande que la cantidad del dividendo (de derechos u otros beneficios). Esto es tenido en cuenta por la disposición en tablas de precios que realiza el periódico. Si una acción, por ejemplo, reparte el dividendo a 50 centavos y cierra a 3/8 de un punto por debajo del día anterior, el periódico registraría la acción "más 1/8", no "menos 3/8".

En el caso de un hueco de dividendo, puede, si quiere, ampliar la gama de precios de la acción a través de una línea punteada igual a la cantidad del dividendo; y usted debe moverse, el día de reparto del dividendo o distribución parecida, hacia abajo de los niveles de orden de stop, órdenes de límite, líneas de tendencia, etc. Con bastante frecuencia, la acción seguirá en la pauta (ajustada) de tendencia, aunque su *nivel* se haya cambiado en el día de reparto de dividendo.

Las divisiones de las acciones u otros cambios en la capitalización provocan un trabajo extra al dibujar los gráficos. Cuando la división es de dos-por-uno o cuatro por- uno, no hay ningún problema ya que, a partir de ese punto, se acomoda la escala entera al nuevo precio, dividiendo en dos o en cuatro el valor previo de cada línea horizontal. Vuelva a trazar la escala del gráfico y siga. Puede que el gráfico se torne más activo en cuanto a volumen (y probablemente así pase) a causa del número mayor de acciones pendientes, y puede desarrollar también una "textura más arisca" en sus pautas a partir de este punto, pero respetaría los niveles (ajustados) de soporte y resistencia, las tendencias. etc., determinados anteriormente. Cuando la división no es de dos-par-uno o cuatro-por-uno, sino que surge alguna cifra impar, tal como tres-por-uno o cuatro-por-siete, tendría que comenzar, normal- mente, una nueva hoja, dibujando el gráfico según los nuevos precios y extendiéndolo, después, hacia atrás unas cuantas semanas, dividiendo los precios anteriores entre 3 o 4/7, y situándolos en una nueva escala.

Le puede parecer conveniente anotar en sus gráficos algunas informaciones especiales sobre ciertas compañías -compras de filiales, disminución de emisiones de bonos, ganancias u otros datos importantes- aunque en este trabajo no nos centralizamos en estos asuntos "fundamentales", sino en el gráfico mismo.

Cuando el gráfico se sale del papel

Cuando una de sus acciones, que ha estado vendiendo en las cercanías de 20, sube cerca del 40 y parece posible que atraviese 40, será conveniente volver a poner la escala a 40 el centro del gráfico. Durante un tiempo, usted puede poner la acción en el gráfico usando, simultáneamente, las dos escalas, de tal forma que, si sigue hacia arriba, cruzando el nivel del 40, tendrá unas cuantas semanas del gráfico centradas y listas para seguir. Si, por otro lado, la acción se repliega hasta el 35 o así, se puede dejar a un lado, por el momento, el gráfico auxiliar. Lógicamente, cuando se origina una situación así, en la cual se usan las dos escalas simultáneamente para la misma acción, la hoja de gráficos siguiente se pondrá en una escala de tal manera que se sigue solamente el gráfico en el cual la tendencia de precios está más cerca del centro del papel.

El registro gráfico de las transacciones

Sería posible consagrar un buen espacio al interesante estudio de las "Cuentas en Papel", en las cuales las operaciones teóricas se imprimen y registran en los gráficos, sin establecer, en realidad, obligaciones, en dinero real. Se trazaron sugerencias detalladas para hacer este trabajo y se pensó incluir un capítulo dedicado a este tema, pero los autores pensaron entonces que muy pocos lectores estarían dispuestos a llevar a cabo el estudio detallado, los registros y análisis que, si quiere que tengan algún valor, se les debe dedicar tanto tiempo como a la operación verdadera.

Sin embargo, debemos señalar que cualquiera que trate de realizar una investigación posterior y un trabajo original en el Análisis Técnico, o hacer su carrera en el mercado de valores, requerirá muchísimos más casos para su puesta en tablas que los que le brindarán sus operaciones reales. Precisará cientos de situaciones para calcular un promedio y pueda así decir "esta idea, en concreto, parece marchar en un 75% de casos", O "ese plan no ofrece, por regla general, una ganancia suficiente que evidencie el riesgo y los costos de los impuestos, las comisiones, etc."

Lo principal, en lo que a la operación teórica se refiere, reside en marcar claramente en el gráfico los puntos de compra y venta *antes* de haberse producido el movimiento esperado, y debe conjeturarse que las órdenes teóricas se han llevado a cabo exactamente igual a como se haría en la oficina del corredor de Bolsa, haciendo una suposición correcta de la ganancia bruta final (o añadidura a la pérdida) que cubra las comisiones del corredor, las fracciones de lotes sueltos, los dividendos o títulos recibidos y, en caso de una venta al descubierto, los dividendos o títulos pagados. Es inservible hacer trampas jugando al solitario, y el único valor posible de esa "operación en papel" es un registro de experiencia que simboliza exactamente lo que habría pasado en una cuenta real.

Al registrar cada situación competente y la acción a emprender, tal como se revela, el analista se mantiene atento ante las posibles oportunidades que se le presenten para realizar una operación real. Estará prevenido para no dejar escapar esas oportunidades cuando surjan, e irá obteniendo confianza a medida que sus propias predicciones se van cumpliendo. Si guarda un cuidadoso y escrupuloso registro de sus operaciones teóricas, y sitúa todas estas en una tabla al finalizar cada serie de gráficos, tendrá, de esta forma, un criterio para estudiar su propio desarrollo y comparar su trabajo teórico con sus resultados verdaderos. Y, lo que es más, dispondrá de fuentes para cualquier tipo de investigación avanzada en la que quiera profundizar.

Es recomendable, aunque decirlo pueda producir oídos sordos, que el principiante realice todas sus operaciones "en papel" durante una serie de meses, antes de exponer un capital real en el mercado. Si se presentan buenas oportunidades para lograr beneficios, no hay que pensar que esa será la última oportunidad que el mercado ofrezca. El mercado continuará en su sitio al mes y al año siguiente; habrá otras ocasiones tan buenas como aquellas. Mientras tanto, se puede valorar una situación, mostrar lo que se querría hacer, y estudiar las consecuencias. Si un número mayor de principiantes hicieran, durante un tiempo, sus experimentos de esta forma, antes de poner en riesgo su dinero, se impedirían muchas de las trampas y peligros que conducen con tanta asiduidad a pérdidas y desaliento.

Apuntes suplementarios sobre el gráfico

Debemos mencionar aquí una serie de marcas especiales para seguir con el gráfico. Hemos hablado ya de llevar (en el propio gráfico) una observación de posibles compras y ventas y de operaciones teóricas -cuando se compró, cuando se vendió, tiempo de tenencia, ganancia neta o pérdida después de las comisiones y dividendos, etc. Debería registrar además, cualquier compra o venta *reales,* haciendo consignar el número de acciones, el precio, el corredor de bolsa (si lleva más de una cuenta), etc.
Este registro se puede llevar cerca de la parte superior de la hoja, en azul, por ejemplo, si es largo, y en rojo, si es corto, desarrollándolo desde la fecha de la obligación originaria hasta la fecha de cierre.

Al comenzar una nueva hoja de gráficos (como continuación), reubique a su margen izquierdo cualquier apunte sobre sus obligaciones reales o teóricas que siguen todavía abiertas, órdenes de stop, etc. Es también una buena idea marcar todas las hojas que cubran un cierto período de 54 semanas con una serie reconocible de números o letras ("A", "B", etc.) en la esquina superior izquierda. Esto facilitará el trabajo de ponerlos de nuevo por orden alfabético después de haber sido sacados del archivador para su estudio. Marque en el margen izquierdo, en los niveles de precio correctos, el precio de cierre más alto de la hoja anterior con una línea roja punteada. Estos niveles le suministran máximos y mínimos importantes, cuya violación simboliza, a menudo, que se producirán movimientos posteriores significativos en la misma dirección. Le ofrecen también la "gama" de la acción del período de 52 semanas precedente, que es esencial a la hora de constituir su velocidad, o lo que denominamos *sensibilidad* de la acción durante ese período. Usaremos esta gama para crear el Índice de Sensibilidad a más largo plazo, que es un factor que se usa para determinar los ratios de Leverage o Apalancamiento Compuesto.

Indicaremos un punto más sobre la mecánica de gráficos: cuanto más tiempo guarde el registro de una acción, más útil le será su gráfico. No realice cambios innecesarios en su carpeta de gráficos, sino agregue y descarte acciones sólo de manera gradual y cuando vea con seguridad, que el cambio mejorará el grupo. Cuando empiece por vez primera un gráfico nuevo, escriba la palabra "Nuevo", mostrando así que se agrega a su carpeta de gráficos. Bien puede también un gráfico seguirse durante una serie de semanas o incluso meses, antes de que tenga una formación de gráficos decisiva que le deje operar con ella. Si le apetece hacer una obligación en una acción que no está ahora llevando a un gráfico, mejor sería dirigirse corriendo a un gráfico, por lo menos durante tres meses, de los que conserva de las páginas financieras, que esperamos trate con cuidado, y conservarse para resguardar solamente esta necesidad.

Capítulo XXIV

Los posibles movimientos de sus Acciones

A primera vista, parece que todas las acciones se mueven precipitadamente sin orden ni concierto, por todas partes. Todas las acciones suben a veces y todas bajan a veces -pero siempre al mismo tiempo. Pero hemos observado ya que en estos ascensos y caídas, las acciones persiguen tendencias, establecen distintas pautas típicas y se comportan de manera no carente de orden totalmente.

Es verdad también que cada acción posee sus propios hábitos y características, las cuales se conservan más o menos estables de año en año. Algunas acciones responden normalmente a una fase alcista del mercado, acrecentándose en gran medida, mientras que otras, quizás del mismo tipo de precios, tienen solamente movimientos moderados. Descubrirá que las mismas acciones que realizan amplias oscilaciones *alcistas* son también las que poseen grandes *descensos* en los Mercados Bajistas, mientras que las que llevan a cabo movimientos alcistas menos espectaculares resisten mejor las desavenencias hacia abajo del mercado. En el Capítulo XLI, observará, en una discusión sobre el Apalancamiento Compuesto, que hay acciones que se mueven, por lo general, mucho más rápido que otras. No sabemos, por ejemplo, si de aquí a un año la Glenn Martin se estará desplazando al alza o la baja, pero lo sabemos, y este es uno de los aspectos más fieles que conocemos, que, ya se mueva en una u otra dirección, la Glenn Martin cubrirá terreno mucho más rápido que la American Tel. & Tel. Estas oposiciones de hábito se deben, par supuesto, al tamaño de la emisión, la oferta flotante, la naturaleza del negocio y la fuerza de la estructura del capital, asuntos que ya hemos tocado antes concisamente. En realidad, no estamos preocupados especialmente por el porqué de la presencia de diferencias. Nuestro principal interés reside en determinar cuáles son las diferencias y ver cómo podemos establecerlas.

Este punto es importante. Las acciones que se mueven corrientemente en una gama estrecha, aunque sean óptimas con vistas a la inversión donde la estabilidad e ingresos son los principales propósitos, no son buenas acciones de cara a la operación. Se requiere de un grado de sensibilidad muy alto, con amplios movimientos de porcentaje, para hacer posible obligaciones beneficiosas que cubrirán comisiones y dejarán una ganancia neta. Para estar en una situación favorable de cara a los beneficios, debe considerar la posibilidad de un movimiento de, al menos, un 15% en su acción. Entonces, ¿cómo decretar qué acciones son más sensibles y provechosas en potencia?

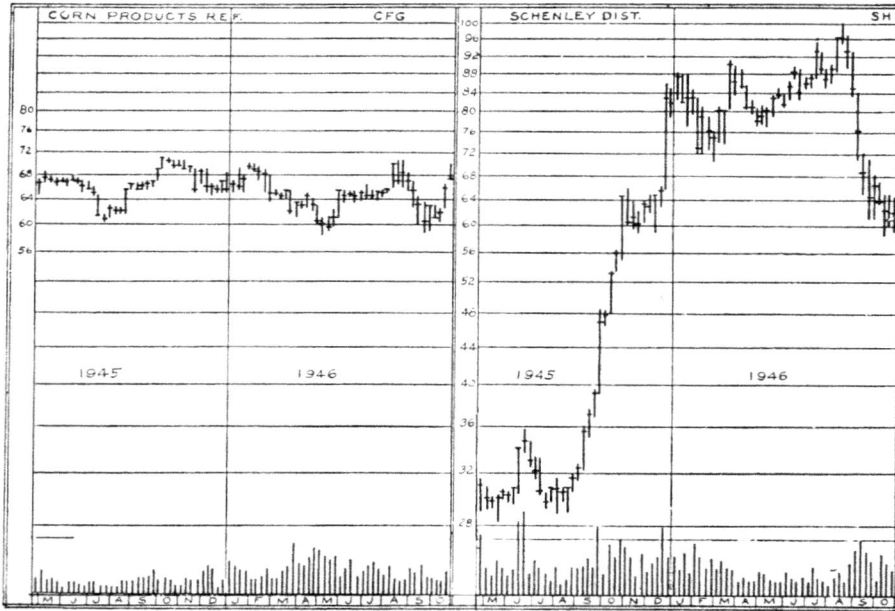

FIGURAS 191 Y 192. Algunas acciones se mueven más deprisa que otras. Ya hemos notado que las acciones a bajo precio tienen movimientos de porcentaje más grandes que los de las emisiones a alto precio. Pero existen, incluso, grandes diferencias en los hábitos de dos acciones que pueden vender al mismo precio, en un momento concreto. Y lo que es más, estos hábitos varían muy poco de año en año. Tenemos aquí un gráfico semanal de la Corn Products Refining Co., que cubre un período de dieciocho meses de los años 1945 y 1946. Aparece también un gráfico de la Scheley Distillers del mismo período. El precio medio entre el máximo y mínimo de estos gráficos es de unos 64 1/2, el mismo en ambas acciones. Sin embargo, en este período vemos que la "CFG" se mueve entre un mínimo de 58 1/2, y un máximo de 71, gama de 12 1/2, mientras que la "SH", al mismo tiempo, se ha movido entre 28 1/2 y 100, una gama de 71 1/2. Mil dólares puestos en compra de la "CFG" a su mínimo extremo se hubieran convertido en $1.210 en su máximo extremo, mientras que la misma cantidad empleada en la compra al contado de la "SH" en *su* mínimo hubiera crecido hasta $3.510. Su ganancia de $2.510 en la "SH" sería superior en más de diez veces a la ganancia de $210 de la "CFG" y esto sin la utilización de margen. No es probable, por supuesto, que compre una acción a su mínimo extremo ni que la venda a su máximo extremo. Lo que estamos tratando de decir aquí es que existen enormes diferencias en los hábitos de oscilación de las acciones. Las acciones individuales poseen sus hábitos característicos, así como también los tienen algunas industrias. Las acciones de alimentación, en general, tal como ocurre con la "CFG" son estables y se mueven lentamente. Por otro lado, las acciones de licores hacen movimientos amplios con cualquier avance o descenso generales del mercado. En este momento, la "CFG" tenía un Indice de Sensibilidad de 0,58, mientras que el de la Schenley era de 2,05. Al igual que en el pasado, podemos esperar que se produzcan en el futuro oscilaciones más amplias en las "SH" que en la "CFG"?

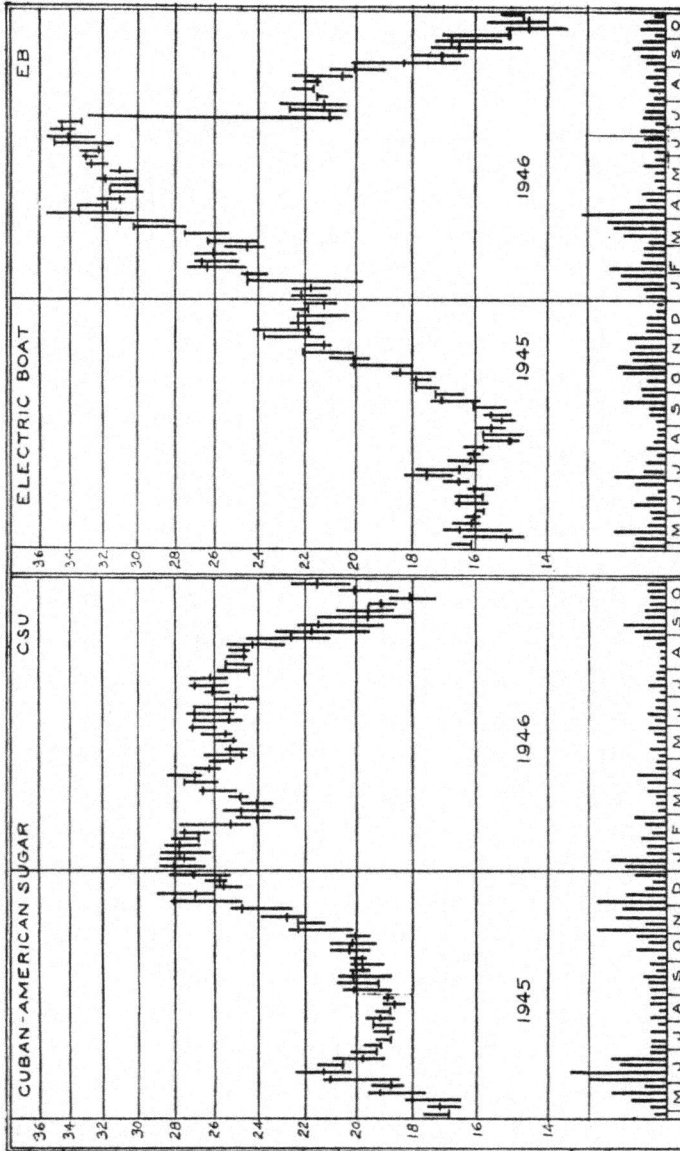

FIGURAS 193 Y 194. Otro ejemplo de la diferencia de oscilación entre acciones. En este caso, las acciones muestran también el mismo precio medio entre el máximo y mínimo del período, y ambas acciones se han trazado en el mismo período de dieciocho meses e 1945 y 1946. Aunque se encuentran en una gama de precios más baja y la disparidad en sus Indices e Sensibilidad es menor, existe una diferencia considerable en sus acciones. La Cuban-American Sugar, una acción de alimentación, muestra una gama del 76% desde su mínimo del 16 1/2 hasta su máximo del 29, mientras que la Electric Boat, una compañía naviera, avanza más del 140%.

Si es posible obtener el registro de una acción concreta de años pasados y concertar los movimientos de porcentaje que ha hecho con los movimientos de porcentaje del mercado global, usted puede lograr también un cuadro exacto de los hábitos de esa acción. No podrá decir, en cualquier instante concreto, "esta acción va a subir un 25%", pero *sí* puede decir, por el contrario, con una gran cantidad de confianza, "si el mercado, como un todo, hace un avance del 10%, esta acción avanzara, posiblemente, alrededor de un 25%". O, viceversa, por supuesto, "si el mercado baja un 10%, esta acción seguramente bajará, al menos, un 25%".

Se han usado muchos métodos para medir y evidenciar estos hábitos de movimiento del porcentaje, que difieren sólo en cuanto al detalle. Los autores han calculado los índices de varios cientos de acciones importantes evaluadas en la Bolsa de Nueva York.

Los índices son relativos. Demuestran que las acciones que poseen un índice de Sensibilidad alto se moverán mucho más rápido, ya sea en los Mercados Alcistas o Bajistas, que las acciones con índices bajos, y demuestran también con cuanta mayor rapidez se mueven en relación a otras acciones.

Con el objetivo de calcular los índices de Sensibilidad, se marca la gama de cada acción desde el cierre de máximo al cierre de mínimo en cada hoja del gráfico a través de una línea punteada azul (techo) y roja (suelo) en el margen izquierdo de la siguiente hoja de gráficos para esa acción específica. Al final de cada serie de hojas de gráficos recientemente terminada, se mide desde la línea del techo (azul) a la línea de suelo (roja), y estas gamas, que se formulan en octavos de pulgada, se agregan juntas y se dividen entre el número total de acciones ubicadas en el gráfico. Esto le brinda una *gama de promedios* para el período en cuestión, la cual simboliza el movimiento medio o compuesto del grupo completo de acciones. Una gama de promedios "normal" y arbitraria se elige siempre (sobre la base de la gama media de una serie de gráficos durante varios años)[4], y, cuando se completa cada serie de nuevos gráficos, para llegar así a una fracción decimal que constituye la mutua del movimiento de mercado de ese período. Así, un período de extensa actividad de mercado mostrará un pequeño decimal, menos de 1, tal como 0,65, mientras que un período de mercados lentos e inactivos dará como consecuencia una cifra mayor, como pueda se 1,49. Conoceremos esto como la Recíproca de Mercado (por darle un nombre que nos venga bien para una referencia posterior) de este período o serie de gráficos.

La gama de precios de cada acción, por turno, que se formula en octavos de pulgada, se divide ahora entre la gama que pertenece a la "norma" o gama media de una acción en ese precio (ver la tabla de Gama para Precios, Apéndice B), y esta fracción se multiplica por la Recíproca del Mercado. La cifra consiguiente es el Índice fraccional de Sensibilidad, que cubre la acción de esta acción especifica en este período

---

4 Teóricamente, la gama media "normal" debería ajustarse continuamente al cierre de cada período. En la práctica, no es necesario ser tan exactos.

concreto del mercado. Para obtener el Índice de Sensibilidad completo o de largo plazo de una acción, agregaremos sencillamente los índices fraccionales de cada período y los dividiremos entre el número de períodos. Cuando se completan las nuevas hojas de gráficos, agregamos las fracciones nuevas y calculamos el nuevo índice. Un único índice fraccional no es, como ya esperaría, fiable y le falta más bien de significado en lo que se refiere al futuro. Las series, segunda, tercera y cuarta, revisarán y "encontrarán" el Índice. A medida que pasa el tiempo y se agregan nuevas series, estos Índices de Sensibilidad se acomodarán a cifras bastante constantes; en caso de haber correcciones, estas serían leves, y se harían a medida que se van agregando nuevas series. Estos Índices son muy fiables a la hora de pronosticar la sensibilidad futura posible de cada acción.

La medición de las gamas de precio en octavos de pulgada, para obtener cifras que constituyan movimientos de porcentaje, implica, por supuesto, que usted está usando un papel de gráficos de proporción. En caso de que utilice otros tipos de papel, deberá calcular la gama de precios del porcentaje para cada período a partir de los precios de cierre altos y bajos de sus gráficos.

Hemos mostrado este método con cierto detalle de manera que pueda calcular, si quiere, sus propios Índices de Sensibilidad. 0, si esta usando la tabla de Índices del Apéndice C, será capaz de examinar estos y llevarlos at día a medida que se van originando cambios en los hábitos de las acciones; y puede también comprobar otras acciones, no incluidas, de acuerdo a una base similar con aquellas para las cuales mostramos los Índices. No hace falta que todas sus acciones sean de la Bolsa de Nueva York. Usando este método puede incluir acciones de otras Bolsas, promediándolas todas juntas y utilizando su carpeta completa como un grupo a la hora de determinar sus recíprocas de Mercado. Descubrirá que la Sensibilidad se mueve por encima de 2,00 (lo cual supone un 200%), en el caso de emisiones altamente especulativas, hasta bajar al 20 (esto es, el 20%) en acciones de inversión muy conservadoras. A groso modo, se pueden considerar como enormemente conservadoras las acciones con un Índice de Sensibilidad del 50% o menos, moderadamente conservadoras las del 50% al 100%, especulativas desde el 100% al 150%, y altamente especulativas todas aquellas ubicadas por encima del 150%.

Capítulo XXV

Dos preguntas susceptibles

Este capítulo va dirigido especialmente al nuevo operador, al hombre que ha seguido otros planes, y al inversionista que está ahora, por primera vez, ocupándose de la operación técnica de acciones a plazo más corto.

La primera pregunta sería el uso del margen. Muchas personas que conocen las demandas funestas de margen de 1929 y la forma asombrosa en que se multiplicaron las pérdidas en una cuenta con margen durante una ruptura inclinada del mercado, piensan que la utilización de margen es interiormente mala, peligrosa, ilógica y sin sentido. Le dirán que están dispuestos a exponer su propio dinero, pero nunca especularían con fondos prestados. Le dirán también que, al comprar valores al contado, están protegidos frente a cualquier clase de ruptura en el mercado.

Hay algo en esta línea de argumento, aunque muy a menudo descubrirá que el que discute no ha pensado en verdad lo que pasará en todo el proceso. Si lo hubiera hecho, se habría dado cuenta de que, al comprar al contado acciones que son sensibles o de mucha fuerza, está realizando exactamente lo mismo que alguien que compra acciones más conservadoras, empezando de una base de crédito. A pesar de su idea de que la adquisición al contado es más conservadora que la compra de crédito, es a menudo un especulador convencido. No está interesado solamente por los dividendos y la inversión estable. Está rebuscando, más bien, "algo con oportunidad de apreciación".

Y el no estar afrontándose de lleno a la acción le puede acarrear errores costosos. Si quiere ser constante a fondo, la persona que evita los riesgos propios de la operación con margen debería evitar también los riesgos de fuerza. Debe evitar el riesgo, olvidarse de la "oportunidad de apreciación" y apegarse a las acciones sólidas que producen ingresos y de un tipo que no fluctúe con mucha extensión.

Si estamos buscando estabilidad, no queremos una fluctuación excesiva. Y hay seguridades que brindan estabilidad. En este trabajo, sin embargo, estamos buscando el "poder de oscilación". Queremos un grado de fluctuación tan alto como podamos manejar estando a salvo. Esto se puede asegurar adquiriendo al contado una acción que está sujeta, habitualmente, a oscilaciones bastante grandes; es decir, una acción con un Índice alto de Sensibilidad. Se puede conseguir el mismo resultado operando con una acción de hábitos más conservadores, pero aumentando el Apalancamiento Compuesto usando margen. (En el Capítulo XLII se trata el método de calcular y comparar las Fuerzas Compuestas en varios escenarios).

Imaginemos, por ejemplo, que compramos 100 participaciones de una acción más bien especulativa, que designaremos UVW, sobre una base de compra al contado.

Posee un índice de Sensibilidad de 1,50 y vende ahora (pongamos, por ejemplo) a 20. Al mismo tiempo, compramos otra acción menos especulativa, la XYZ, que vende también a 20; pero, en este caso, compramos con un margen del 70%, colocando solamente tres cuartas partes del valor de la acción. En un avance general que influye en ambas acciones, las posibilidades favorecen un movimiento de porcentaje mayor en el caso de la UVW que en la XYZ. Si esa elevación general lleva a la UVW a 30, aguardaremos que la XYZ se eleve a un grado menor, por ejemplo, a 28. El avance de lo puntos de los $2.000 invertidos en la compra al contado de La UVW constituirá una ganancia de $1.000 o el 50%. El avance de la XYZ hasta 28 de $1.400 invertidos, con un margen del 70%, simbolizará una ganancia de $8000 el 57%. Dicho de otra manera, gracias a la utilización de margen, hemos desarrollado la fuerza efectiva de la XYZ; hemos hecho que sea, en verdad, más especulativa que la UVW.

El efecto que tiene el margen es el destacar o aumentar la sensibilidad de una situación. Es un mecanismo que nos admite asumir más riesgos y, en consecuencia, más oportunidades de lograr ganancias más rápidas. Suponiendo que esté usted dispuesto a acceder al riesgo (y debería estarlo, si trata de crear obligaciones especulativas), es simplemente cosa de saber aproximadamente qué riesgos está tomando y si puede aprobárselos. El peligro de margen reside en aquellos casos en que el cliente se extiende formidablemente, tomando un riesgo que sobrepasa su capacidad de protegerse. Esto no pasaría si instituyera un límite razonable a su fuerza total.

La transacción con margen se trata simplemente en comprar (o vender al descubierto) más acciones de las que puede pagar al contado. La adquisición hipotecada de una casa es, en esencia, una transacción con margen, así como lo es también la financiación de operaciones de negocio, usando dinero prestado como parte del capital. La adquisición de algo en lo que el comprador pone parte del capital y toma prestado el resto, usando el valor de la propiedad adquirida como seguridad del préstamo, es cabalmente igual a la negociación de acciones con margen. En cualquiera de estos casos, un cambio de valor de la propiedad causará un cambio neto más grande en el valor del capital de *margen*. De esta manera, si un hombre compra una casa de $10.000, pagando $5.000 al contado, y la vende después por $15.000 (acrecentando un 15% el valor de su propiedad), logrará un beneficio de $5.000 0,10 que es lo mismo, un 100% de su capital invertido.

Los asuntos de las demandas de margen, y de ser "liquidado" en las transacciones con margen, rara vez surgirán si está protegido apropiadamente, manteniendo en todo momento los stops y cerrando la transacción cuando haya violado ciertos puntos de peligro establecidos de antemano. Ni que decir tiene que, si ha dejado que una operación vaya tan mal que ha logrado la gama mínima de mantenimiento de margen, lo mejor que puede hacer es tomar su pérdida y dejar de lado el asunto; no trate de satisfacer sus aspiraciones. Pero no debe sucederle esto otra vez. Tal como veremos al hablar de sensibilidad y fuerzas, niveles de stop, etc., hay ciertos límites que se pueden precisar claramente, más allá de los cuales no puede aventurarse con seguridad. Si pudiera adquirir una acción con un margen del 10%, tal como lo pudiera hacer en un momento, podría llegar a tener visiones de que $1.000 subieran a $1.000.000 en un Mercado Alcista. Esto no es, sin embargo, una esperanza razonable, ya que no brinda ninguna seguridad arriesgar su capital por' un margen del 10%, puesto que, en muchos casos, su compra, cabalmente lógica, bajaría lo suficiente como para dejarlo "limpio" antes de seguir con el avance normal que esperaba. A la hora de juzgar cuanto margen puede o debe utilizar, dentro de los límites determinados par la ley para las operaciones con margen, debe tener en consideración el método de operación que está usando, la cantidad de fluctuación desfavorable que debe esperar en el funcionamiento de su método, la naturaleza de las acciones con las que está trabajando, es decir, el índice de Sensibilidad y la Gama de Precios Normal en el instante en que usted establece la obligación originaria. Bajo las condiciones actuales, en las que se requiere un margen del 70%, e incluso aunque este se redujera al 50%, puede usar con toda propiedad el límite total de su margen, excepto en las emisiones estrechas o más especulativas y en las acciones a precio muy bajo, que están sujetas al margen, de todas formas, por las reglas de la SEC.

Venta al descubierto

La otra pregunta apropiada es la de las ventas al descubierto. Una gran mayoría de operadores evaden el lado "descubierto" del mercado. Seis de cada siete que conozca, que hayan comprado o vendido acciones, le dirán que jamás venderían una acción al descubierto bajo ninguna condición, y en ningún momento. De hecho, la venta al descubierto está limitada, en gran medida, a un número de profesionales muy reducido. Si ha estudiado en este libro los gráficos a largo plazo (semanal y mensual), y los gráficos diarios, reconocerá varios hechos interrelacionados con la acción de los mercados. La mayoría de las acciones sube casi siempre. Por norma general, hay más avances que descensos en la lista que se publica regularmente de las acciones más activas. Las acciones avanzan, por norma general, dos de cada tres veces y bajan solamente una de cada tres.

Más aún, la mayoría de propagandas, rumores y comentarios en la prensa, en relación a acciones y asuntos de sociedades anónimas, tienen vínculo con el lado más prometedor de la industria. Es natural que ejecutivos, relaciones públicas y reporteros estén interesados por progresos esperados, nuevos procesos, ampliación de facilidades, ganancias acrecentadas, y similares; estos asuntos atestiguan ser más periodísticos que los informes menos optimistas.

Estos factores pueden revelar por qué "el público" es siempre alcista. El público espera siempre que las acciones suban *continuamente*. Si éstas suben, y se hallan en una fase alcista, el público espera que suban más todavía. Cuando las acciones sufren un descenso violento, el público considera que son ahora mejores compras y volverán a subir probablemente pronto. Pero están siempre al alza, al alza, al alza, siempre al alza, en la mente del público.

Sin embargo, el examen de los gráficos a largo plazo, que cubre la acción de las medias durante muchos años, le demostrará que los niveles de caída y ascenso, en estos períodos largos, se originan casi con la misma frecuencia.[5]

Si pasa esto, se concluye que las acciones recorren tanta distancia al bajar como al subir, y puesto que suben dos de cada tres veces, tienen que bajar mucho más rápido de lo que subieron. Se dará cuenta de que esto es verdad. Los ángulos del descenso en las medias y también en las acciones individuales son, por lo general, más agudos en los movimientos de Mercado Bajista de lo que lo son en los avances en los movimientos de Mercado Alcista. Una secuela natural de esto es que los bienes se obtienen *más rápidamente* en el lado bajista del mercado que en el alcista.

Estos bienes se consiguen *vendiendo al descubierto.* Si usted es operador, es importante que sepa el significado de la venta al descubierto. Cuando usted vende una acción al descubierto, toma en préstamo esa acción de su anterior daño y la vende después a otra persona, acordando con el primer propietario reponerle sus participaciones en algún tiempo futuro, que no se especifica. Los detalles de esta transacción los lleva, por supuesto, su agente de Bolsa. La mayoría de acciones pertenecientes a grandes emisiones están disponibles de préstamo en todo momento en las manos de los agentes, y su agente posee el acceso a ellas. Es interesante estudiar la mecánica de este préstamo y venta; puede que a usted le interese conseguir de su agente la historia completa de como se llevan a cabo estas operaciones. Sin embargo, todo lo que usted precisa, a efectos prácticos, es notificarle a su agente lo que quiere vender y dejar el resto en sus manos. Él le pondrá al tanto en el supuesto en que la acción que ha preferido, para vender al descubierto, no esté disponible de préstamo.

Aunque sus consecuencias son menores, existe otro aspecto práctico y es el de que se pone un pequeño impuesto sobre las ventas al descubierto. Si usted es operador, es importante también que aproveche las oportunidades que se le presenten de vender al descubierto tan pronto como adquiera acciones a crédito. Por desgracia, la venta se desafía a barreras psicológicas. Existen, por ejemplo, los falsos *slogans* faltos de

---

5 Este principio tiene todavía vigencia, probablemente, después de la ampliación de la Dow Jones Industrial Average hacia terreno de máximos desde finales de 1954. A pesar de la "tendencia secular" a largo y la historia de los últimos años sobre la media, parece seguro asumir que seguirán produciéndose descensos Mayores generales, tal como ocurrió en el pasado. Como es lógico, existe una serie de acciones importantes que se encontraron en tendencias bajistas a lo largo de los últimos años de Mercado Alcista: por ejemplo. la Celanase, la Kresge, la Lorillard y la Studebaker-Packard.

inteligencia y totalmente irrelevantes que hablan de "vender América al descubierto". En el aire flota el sentimiento, por parte de aquellos medianamente informados, de que la venta al descubierto es, de alguna forma, el truco inmoral del manipulador. Los hay que tienen la impresión de que, al vender al descubierto, uno espera servirse de las desgracias de otros en los momentos de desastre y pánico. El objetivo de este libro no es persuadir a nadie de vender acciones al descubierto, así como no lo es tampoco sugerir especular en el lado a crédito del mercado a alguien que no debería hacerlo. Sin embargo, se alzan continuamente tantas preguntas, incluso por parte de inversores bastante sofisticados, en relación a la ética y procedimiento práctico de la venta al descubierto, que deben perdonarnos si decimos algunas palabras en su defensa.

Todas las ideas populares sobre la venta al descubierto aludidas en el párrafo anterior deben calificarse de absurdos. No existe nada tan censurable de la venta al descubierto como el comprar a crédito. Cada una de ellas es una especulación en valores relativos. No hay diferencia práctica o moral entre pedir dinero prestado para adquirir una acción, porque cree que ésta última subirá en valor en lo que se refiere al primero, y pedir prestadas acciones para comprar "dinero", porque cree que éste último alzará el valor en lo que se refiere a las primeras. En cualquiera de ambos casos, usted se verá obligado a liquidar el préstamo, en su debido tiempo, ya sea en dinero o en acciones. En ambos casos, también, está tomando un riesgo empezando de la base de su pronóstico sobre la tendencia futura de los valores *relativos.*

Existen, de hecho, muchas prácticas de negocio habituales que son análogas en mayor o menor medida a la venta de acciones al descubierto. Por ejemplo, cada vez que el editor de una revista acepta dinero en efectivo par adelantado en motivo de convenio, está haciendo algo parecido a una venta al descubierto. Su beneficio o pérdida definitivos obedecerá a lo que hayan costado las revistas que facilitara a su momento, cuando se haya acabado la suscripción.

Cuando vende acciones al descubierto, usted (o, más bien, su agente de bolsa) recibe seguidamente las ganancias de la venta, pero está obligado a hacer volver un número semejante de esas mismas acciones, en una fecha futura, a la persona de la cual se tomaron prestados los títulos de las acciones. En resultado, usted debe volver, más tarde o más temprano, al mercado para adquirir esas acciones. Cuando las compra, usted (o su agente de bolsa, más bien) repone las acciones al primer prestamista, cumpliendo así su deber. Si el costa de su compra fue menor que las ganancias de 1a venta anterior, la diferencia es, entonces, el beneficio. Si le cuesta más comprar las acciones -o, como se ha designado, cubrir su venta al descubierto-, la diferencia representara, entonces, una pérdida. Usted no registra una transacción al descubierto a menos que espere que el precio de la acción baje y le suministre, así, un beneficio.

Uno de los resultados menos tenidos en cuenta del gran volumen de la venta al descubierto es, en verdad, fortificar el mercado. Cada vendedor al descubierto es un comprador en potencia. La mayoría de los vendedores al descubierto se contentan de cubrir y tomar sus beneficios en un descenso comparativamente menor. En consecuencia, si hay un gran interés descubierto, en cualquier instante, sobre una emisión concreta, eso significa que hay mucha gente que espera adquirir esa acción cuando baje. Esta condición tiende a "amortiguar" las rupturas dañinas. Algunos operadores sagaces comprarán una acción cuando saben que hay en ella un gran rendimiento descubierto (es decir, cuando un gran número de las participaciones de aquella se han vendido al descubierto y no se han cubierto todavía), porque son conscientes de que la competencia que hay entre los vendedores al descubierto por comprar la acción, siempre que sufra un pequeño descenso, puede dar como resultado una recuperación muy rápida y beneficiosa que cubra el descubierto. Una acción es, técnicamente, más fuerte si hay en ella un interés descubierto de dimensión importante.

Se ha levantado otra réplica contra la venta al descubierto. Debe señalarse que, cuando adquiera una acción a largo, su perdida, en el peor de los casos, no puede exceder la cantidad total que pagó por ella. Pero, en el caso de una venta al descubierto, el precio de su acción podría, en teoría, subir en perjuicio suyo hasta 50, 100, 1.000, o 10.000, dicho de otra forma, podría subir sin límites. Este argumento parece más inquietante de lo que es en realidad. Indudablemente, no debe quitarle el sueño. Las acciones no suben, de golpe, sin un límite. Es tan posible poner un stop a la perdida que esta queriendo tomar en una transacción al descubierto, como lo es ponerlo en compra a largo. Estas situaciones, tal como pasó con el famoso monopolio de la Northern Pacific en 1901, no es posible que se vuelvan a producir bajo las regulaciones actuales. Los autores son conscientes de que nada de lo que puedan decir, y posiblemente ningún análisis a sangre fría por parte del lector, terminará completamente con la agitación que la mayoría de los operadores no profesionales viven cuando venden al descubierto. Las amenazas mentales serán siempre mayores que al adquirir a largo. De todos modos, una venta al descubierto es, desde cualquier ángulo práctico, puntualmente lo mismo (aunque en dirección opuesta) que una compra sin riesgo mayor, con una oportunidad mayor de obtención de un beneficio transparente, y cambiando sólo en cuanto a los detalles de ejecución.

Una posición en contratos de futuros de mercancías, ya sea a largo o a corto, posee cierto parecido con una venta al descubierto de una acción, aunque se diferencie bastante teóricamente. Al realizar un contrato no se produce compra real, y no se implica ningún préstamo, ya sea en efectivo o de una mercancía. Ese contrato es sencillamente un acuerdo legal obligatorio de aceptar su distribución o de comerciar una mercancía concreta, a un precio concreto, y en un momento concreto. En este sentido, *se diferencia* de la venta al descubierto de una acción. Es también diferente en el sentido de que debe cerrarse antes de una fecha específica o en esa misma fecha. Sin embargo, la compra o venta de un contrato de mercancías es parecida a la venta al descubierto de una acción en los siguientes aspectos: (a) es, por necesidad, una transacción con margen y (b) establece una transacción "abierta" o incompleta, que debe liquidarse a su debido tiempo.

Una venta al descubierto de una acción debe ser *siempre,* y por necesidad, una transacción de crédito. Así, si usted adquiere 100 acciones al contado a 20, puede hundirse a 15 y no puede exigir más margen. Ha perdido $500, pero la acción es todavía suya. Si Ud. vende, vuelve a obtener $1.500, sin tener en consideración las comisiones. Por otro lado, si vende una acción al descubierto en 20, colocando un margen del 100%, y la acción se eleva a 25, habrá perdido también $500. El agente de bolsa, en ciertas condiciones, tales como las exigencias de un margen del 100%, vigentes hace unos años, podría solicitarle una garantía suplementaria de $500. O, si la transacción tuviera que cerrarse en ese instante, Ud. recuperaría $1.500, menos comisiones, igual que si se tratara de una transacción. En el caso de esta venta al descubierto, si el precio hubiera caído hasta 15, su beneficio hubiera sido de $500.

El efecto de la venta al descubierto, en movimientos a corto, es puntualmente el mismo que el de la compra de una acción, pero en dirección opuesta. En un Mercado Bajista, usted aplica sencillamente los mismos métodos, pero a la inversa, que los que aplicaría en un Mercado Alcista. Tal como hemos visto ya, las diferentes indicaciones técnicas que apuntan a movimientos alcistas en una fase alcista, tienen sus replicas en las señales bajistas de una fase bajista.

Las ventas al descubierto no pueden hacerse en el momento que lo desee y al precio que quiera. La venta al descubierto debe hacerse en un mercado *ascendente.* Está permitido vender una acción al descubierto en la Bolsa de Nueva York en una ruptura de mercado, cuando cada venta regular se halla a un precio más bajo que la seguidamente precedente. Sin embargo, esto no debe preocuparle enormemente ya que, por lo general, usted llevará a cabo tal venta en la recuperación cuando alcanzó su precio, y esto cumplirá las exigencias de un mercado ascendente. Su agente puede darle, de manera detallada, las reglas y regulaciones especiales que se emplean en las ventas al descubierto de lotes sueltos. Le será provechoso estudiar estos últimos, si quiere ubicar sus pedidos correctamente cuando llegue el momento de hacer tales ventas

Capítulo **XXVI** ————————————————————————————————

¿Lotes redondos o lotes sueltos?

———————————————————————————————————————

Una de las pequeñas preguntas tácticas que probablemente le atormentarán, es la de negociar con lotes de 100 acciones o con lotes sueltos (menos de 100 acciones activas).

Existen algunos operadores especializados en transacciones de lotes sueltos, aunque sus órdenes de lotes sueltos serán ubicadas por su agente de Bolsa, el cual, a su vez, negocia con los agentes de lotes sueltos. Su propio agente le puede conseguir, sin aumento, una copia de uno de los libros que han publicado los especialistas de lotes sueltos sobre la operación del mercado de lotes sueltos. Este tema requerirá su estudio. Muchas casas de corretaje celebran seminarios para examinar estas reglas y refrescar así la memoria de sus clientes en lo que se refiere a los lotes sueltos. La regla general es que, por cada compra o venta de lote suelto de una acción que vende por debajo de 40, el agente de lotes sueltos recoge una octava parte extra de la comisión que usted paga a su agente; y una cuarta parte con cada acción que vende a 40, o más. Las transacciones de lotes sueltos se fundan en transacciones de lotes redondos, tal y como aparecen en la cinta. Si usted compra una acción a un precio límite de 25 1/4, debe venderse un lote redondo a 25 1/8 en la cinta, de tal forma que realice su compra efectiva a 25 1/4. De la misma manera, si usted vende "en el mercado" y el siguiente lote redondo es el de 25 7/8, usted recibirá 25 3/4.

En los casos en que una acción es inactiva y se cotiza con un alcance extenso, el operador de lotes sueltos puede conseguir alguna ventaja. Si la acción se ofreció a 28, pero la puja sólo alcanzó 26, se debería ejecutar una orden al mercado de lotes sueltos para adquirir en 26 1/8, siempre que la siguiente transacción regular fuera una disposición de *vender* en el mercado. Sin embargo, una orden límite para adquirir 100 acciones a 26 1/8 alcanzaría el mismo precio y, por ese motivo, la oferta es, en cierta medida, ficticia. Lo que más se acerca a este punto es el hecho de que el operador de lotes sueltos no está continuamente obligándose a sí mismo a comprar más de una acción de la que está justificado a comprar, simplemente para "crear un lote redondo".

Esta es una de las ventajas de operar con lotes sueltos, y hay también otras de las cuales se puede beneficiar con los huecos de noche, aunque haya inclusive detallado un precio límite. La trascendental pregunta es si las ganancias pesan más que el coste de 1/8 de punto en cada transacción (lo que representa 1/8 de punto en la compra y otro *1/8* en la venta-un coste total de 1/4 de una acción que vende por debajo de 40).

Y este coste extra, supuestamente insignificante, puede aumentar hasta convertirse en un gasto serio, sobre todo cuando se operan activamente, y a corto plazo, acciones a bajo precio.

Observará como el coste de la operación de lotes sueltos es correspondientemente menor que la de las emisiones a precios mas altos. Un cuarto de punto no es un factor concluyente cuando se está negociando con una acción que vende a 50 o 60. En esos casos, esperará un beneficia de tal vez 8 o 10 puntos, y la ventaja de operar con lotes sueltos merece el pequeño costo. Por otro lado, el gasto extra de 1/8 de punto, en cualquier sentido, de las acciones que venden alrededor de 4 0 5, seria de 1/4 de punto, frente a un beneficio esperado de tal vez un punto o menos, y esta carga es muy pesada para cargar con ella.

A dura penas es posible instituir una regla y límite definitivos. Pero sí podemos decir que, por norma general, las acciones que venden por debajo de 20 deberían adquirirse en lotes redondos siempre que fuera posible, mientras que las acciones que venden por encima de 20 se pueden operar en lotes sueltos, así como en lotes redondos (siendo mejor, quizá, esto último). Indudablemente, no debería adquirirse o venderse ninguna acción que venda a 100 menos, en base a una operación a corto, en lotes sueltos.

Capítulo XXVII

Órdenes de stop

Vamos a analizar aquí de dos tipos de órdenes de stop o, más bien, de dos usos del mecanismo de las órdenes de stop totalmente distintos.

Analicemos primero la orden de stop preventivo. No es algo sencillo de hacer. Las órdenes de stop de este tipo son como extintores. Las ocasiones en que hay que usarlas no son motivos de alegría. Las órdenes de stop se san en un rescate de emergencia en las situaciones en que las cosas decaen tanto, que no parece que haya una esperanza razonable.

Donde quiera que instituya su stop preventivo, es probable que estalle en el peor momento posible. Lo ubicará a una distancia segura, bajo un suelo seguro. La acción se abrirá camino, tomará su stop, y seguirá después para crear a este nivel un nuevo suelo, para el siguiente ascenso, o para recuperarse prontamente y hacer nuevos máximos. No tiene importancia. Usted tuvo sus motivos a la hora de instaurar el stop.

La acción no se comportó tal como debiera haberlo hecho. La situación no está desarrollándose de acuerdo con lo que dijo Hoyle, ni tampoco de la forma que usted esperaba. Es mejor salirse de ella, aunque sea con una pérdida, que enfrentar un período de vacilación y preocupación. Si la acción ha empezado a actuar mal, usted no puede predecir en que medida declinará la situación. Si deja de ubicar un stop, puede esperar día tras día a que se origine una recuperación que nunca llega, mientras su acción se va hundiendo cada vez más, y descubrirá, a su debido tiempo (tal como millones de personas han descubierto), que lo que empezó siendo una pequeña reacción y una pérdida inadecuada, aunque trivial, se torna después en una calamidad ruinosa. No siempre se pueden poner las órdenes de stop. En ciertos casos de acciones activas, la Bolsa puede limitar el uso de órdenes de stop.

La pregunta reside en averiguar dónde y cuándo poner el stop, siendo conscientes de que no hay una regla perfecta y totalmente satisfactoria. Si el stop es muy ceñido, usted tomará, por supuesto, pérdidas innecesarias; perderá sus valores en cartera de acciones que, en su momento, prosperan constantemente y completan el ascenso provechoso que usted esperaba. Si los stops son muy extensos (están demasiado separados), tomará pérdidas mayores de las necesarias, en aquellos casos en que su acción se ha salido totalmente de la pauta.

Es claro, entonces, que la colocación de las órdenes de stop depende del precio de la acción y de sus hábitos. Usted no pondría su nivel de stop en la misma distancia de porcentaje bajo el suelo de una acción conservadora y de alto precio, como es el caso de la AT cuando está vendiendo a 80, que en la que lo pondría para proteger una emisión especulativa, como la PTC, cuando ésta está vendiendo a 8.

Las acciones de precio más alto tienen, como ya hemos visto, movimientos de porcentaje menores. Y, al contrario, las acciones de precio más bajo tienen movimientos de porcentaje más amplios. Por consiguiente, se debería dejar más retraso en los giros de las acciones de precio más bajo. Requeriremos, para ellas, un stop más amplio que para los "blue chips" menos volátiles.

De igual forma, se puede echar mano de nuestros Índices de Sensibilidad para que nos brinden un cuadro de los hábitos individuales de la acción. Aunque, en un instante determinado, dos acciones puedan estar vendiendo al mismo precio, usted esperaría que una acción como la GFO tuviera oscilaciones más grandes que una acción como la GFG; por tanto, usted pondrá sus stops de manera más amplia en la GFO que en la GFG.

Debemos tener en cuenta estos factores y confeccionar una especie de norma de experiencia simple que podamos seguir. Imaginemos una acción ficticia de hábitos de "fuerza" y un precio de 25. Supongamos también que nos satisfacemos, en este caso concreto, con una protección de stop del 5% por debajo del último suelo Menor establecido.

Para una acción de la misma sensibilidad que vende a 5, requeriremos tanto como la mitad de retraso del stop (sobre una base de porcentaje). Es decir, el stop se pondría un 7,5% por debajo del último suelo. Llegamos a éste tomando la gama normal esperada de una acción media de 25 de precio, que viene simbolizado por la cifra de índice relativos y significa sólo que la acción que vende a 5 se trasladará, por lo general, un 24% aproximadamente, mientras que la acción que vende a 25 está haciendo un movimiento de un 15%, aproximadamente. Si multiplicamos la distancia de stop básica del 5%, por la fracción 24/15,5, conseguiremos aproximadamente un 7 1/2%.

Usando el Índice de Sensibilidad, se introduce, de la misma forma, la sensibilidad relativa de la acción. Si el índice es de 1,33, multiplicamos otra vez la distancia del stop por esta cifra y alcanzamos un 10%. En el caso de una acción que tenga una sensibilidad de 2,00 en este mismo precio, nuestra distancia de stop será del 15%. Si la sensibilidad de la acción fuera sólo de 0,66, tendríamos un 5%.

En cualquier caso, la distancia de stop, formulada en tantos por ciento, se obtiene dividiendo entre 15,5 la Gama Normal de Precio, multiplicándola después por el índice de Sensibilidad, y multiplicando otra vez el resultado por el 5%. (Esta operación se puede hacer más expeditamente usando una regla de cálculo).

Todo lo que acabamos de decir puede parecer al lector medio algo infructuosamente complicado. Somos conscientes de que muchos no se preocuparían de confeccionar un nivel de stop científico y exacto para cada una de sus obligaciones ocasionales. Sin embargo, se ha analizado aquí con cierto detalle el método de determinar dónde se podrían colocar los stops de manera sistemática y lógica, de tal forma que los principios incluidos aquí serán perfectamente claros, y usted podrá cambiar o adaptar los diversos factores si cree que su experiencia demuestra los cambios.

Una tabla simplificada con las distancias de stop será suficiente para objetivos más corrientes. La tabla que sigue a continuación le brindará la distancia de stop aproximada que conseguiría usted con el método trazado anteriormente para acciones de varias clasificaciones de precios y grados de sensibilidad.

Tabla de distancias de stop
(Expresadas en tantos por ciento del porcentaje de la acción)

Precio	Sensibilidad conservadora por debajo de 0,75	Sensibilidad media 0,75 a 1,25	Sensibilidad especulativa por encima del 1,25
Sobre 100	5%	5%	5%
40 a 100	5%	5%	6%
20 a 40	5%	5%	8%
10 a 20	5%	6%	10%
5 a 10	5%*	7%	12%
Por debajo de 5	5%*	10%	15%

* **Nota:** Las acciones corrientes de estas gamas de precio no se encontrarían en el grupo conservador.

Debería marcar en su gráfico con una línea horizontal el nivel de stop, tan pronto como se haya realizado una transacción, debiéndose conservar hasta que ésta se cierre, o hasta que los stops *progresivos* (que explicaremos muy pronto) hayan empezado a suplirla. En el caso de compras, el nivel de stop estará, por lo normal, en la distancia indicada por debajo del último suelo Menor. En el caso de ventas al descubierto, estará habitualmente en la distancia indicada sobre el último techo Menor.

Si quiere establecer la posición de este nivel de stop, represente mentalmente a lo que subiría la distancia en tantos por ciento al precio de la acción. Si está negociando con una acción que vende a 30 y la distancia de stop se revela en un 10%, deje entonces tres puntos por debajo de su último suelo Menor.

Para facilitar las cosas, si usted esta usando el papel de Tekniplat, observará que es posible dividir cada uno de los ciclos haciendo cinco espacios en la hoja de gráficos. Si el centro del papel se nombrara con el número 10, esos espacios irían, entonces, del 10 al 12, del 12 al 14, del 14 al 16, del 16 al 18, y del 18 al 20. Cada uno de estos "saltos" está formado por dieciséis de los espacios verticales más pequeños. En la sección inferior, se precisarán alrededor de cuatro de estos espacios pequeños para establecer un 5%. Se necesitarán cinco en la segunda posición, seis en la tercera, siete en la cuarta y ocho en la posición de tope. Pronto aprenderá a contar, sin dudar ni un momento, el intervalo aproximado de stop de 15% o 8% o 12% a cualquier nivel de precios.

Bajo ningún concepto pondremos un nivel de stop preparatorio en un intervalo menor del 5%, aun en el caso de las acciones de alto precio más conservadoras. Salen las siguientes preguntas: ¿.Qué elementos componen un suelo Menor? ¿Qué establece un techo Menor determinado? ¿.Cómo sabremos elegir el Punto de Base desde el cual medir nuestro intervalo de nivel de stop? En el capítulo siguiente discutiremos los elementos que forman un suelo p un techo. De momento, aceptemos que determinaremos el Punto de Base correcto de que siempre formaremos nuestro nivel de stop en el instante de entrar en acción.

Se entiende, por supuesto, que *jamás* deben moverse hacia abajo los stops preventivos situados bajo acciones a largo, así como tampoco deben moverse hacia arriba los stops preventivos sobre las acciones al descubierto. Tan pronto como la acción se ha movido, en la dirección correcta, una distancia suficiente para crear un nuevo Punto de Base, el nivel de stop debe moverse hacia arriba (en las acciones a largo) o hacia abajo (en las acciones al descubierto), usando, a la hora de determinar el nuevo nivel de stop, las mismas reglas que se utilizaron al fijar el nivel originario.

El stop progresivo

Veremos en este apartado otro uso del stop. Se trata del stop progresivo, usado para cerrar una acción que ha hecho un movimiento ventajoso o en aquellos casos en que una acción ha dado una señal de peligro antes de consumar un movimiento provechoso o antes de violar un suelo Menor anterior.

Observará que, en muchos movimientos, la acción prosperará en la dirección primaria durante varios días, y puede desarrollar después un volumen particular. Esto se produce a menudo justo cuando la acción logra una línea de tendencia, una frontera de pauta, o una zona de resistencia significativos. Este fuerte volumen puede representar dos cosas. Normalmente muestra que el movimiento Menor ha llegado a un final, es decir, que, por el momento, este es el techo del ascenso. A veces, sin embargo, el volumen puede enseñar el comienzo de un movimiento de fuga que puede subir varios puntos (a veces muchos) casi verticalmente. (Por supuesto, la situación opuesta se puede desarrollar en los movimientos bajistas).

Si, dándose cuenta del fuerte volumen que sigue a un buen ascenso y sabiendo que ese día marca el final del movimiento, usted vende la acción en el mercado a un límite, puede sentirse totalmente defraudado si éste resulta ser uno de esos casos en los que la acción abre al día siguiente con un hueco hacia arriba y sigue tres, cinco o veinte puntos arriba los días siguientes. Por otro lado, la experiencia ya le habrá señalado que no debe esperar que un movimiento como éste se produzca con mucha periodicidad. Sabrá que, nueve de cada diez veces, es mejor estar fuera de la acción.

Bien. Tras un día de volumen asombrosamente alto (siempre que no sea el primer día de ruptura hacia nuevo terreno alto, ubicado más allá del último techo precio Menor), derogue su stop protectivo y ponga una orden de stop sólo para ese día, exclusivamente 1/8 por debajo del precio de cierre. Usted ha adquirido, por ejemplo, una acción a 21. Sube con un volumen moderado, rompe un día el techo Menor a 23 con un volumen fuerte, sigue el día siguiente hasta 23 3/4 con un volumen moderado, prospera el tercer día con un volumen moderado hasta 24 *1/4* y, el último día, definitivamente, tiene un ascenso hasta 25, con un volumen más fuerte del que tuvo cualquier día, a excepción del día en que rompió a través del 23. Advertirá la señal del volumen la mañana siguiente a su cierre en 25. Cancelará su stop preventivo, que puede estar ubicado en el 18, y colocará una orden de stop, sólo para ese día, para vender con stop a 24 7/8. En la mayoría de los casos, esto significará que su orden será detenida en la primera compra del día. Y usted puede conseguir un precio ligeramente más bajo que el que lograría en una orden de mercado directa. Por otro lado, no es probable que se quede en un mercado estrecho después de un día de actividad con volumen alto; debería haber pujas suficientes, cerca del techo, como para sacarlo en su precio de stop o cerca de él.

Mientras tanto, en caso de que se causara un movimiento seguido en la dirección correcta, usted estaría protegido frente a la pérdida de la acción. Imagínese que la apertura, la mañana después de haber determinado su stop en 24 7/8, es en un hueco en 25 1/4 Y los precios continúan entonces subiendo, cerrando a 26. (En los movimientos de este tipo, es muy probable que el cierre del día durante el movimiento se origine en el techo). Por lo tanto, usted instaurará su stop en 27 *5/8*, solamente para ese día. Si la acción abre en 26 *3/8* y sube hasta 28, pondrá entonces otro stop en 27 *5/8,* que es cogido, pongamos por caso, en la apertura del día siguiente a 27 *5/8.* En este ejemplo usted expuso s610 1/8 de punto el primer día, y, en este momento, gana en limpio un extra de 2 *5/8.* Debe recalcarse que todo esto es ganancia *neta,* ya que sus comisiones son aproximadamente las mismas en ambos casos.

Puede mostrar en el gráfico un stop progresivo de este tipo a través de la marca que desee; podría servir una franja de líneas diagonales cortas, por ejemplo. Cuando una acción se mueve durante varios días con un movimiento de continuación, puede renovar esta marca cada día, mostrando un stop ceñido a 1/8 de punto por debajo del cierre de cada día sucesivo, hasta que, posteriormente, uno de estos stops sea tomado. En el caso de las ventas al descubierto, se usa el stop de compra de la misma forma que el stop de venta, del que ya hemos hablado anteriormente, para seguir a la acción hacia abajo con una violenta caída de continuación.[6]

---

6 En el supuesto de una acción que haya completado su movimiento ventajoso y haya ofrecido una señal de techo Menor por su volumen, Ud. debe colocar un stop ceñido

Este uso de los stops se muestra siempre que una acción haya cumplido un objetivo razonable en lo que se refiere a volumen alto, o cuando haya excedido su propósito y se está saliendo del canal de tendencia hacia el aire libre, por así decirlo, y también en algunos casos en los que una acción no haya cumplido su objetivo.

Si su acción, por ejemplo, está subiendo por una canal de tendencia y, a mitad de camino, aproximadamente, entre las líneas de tendencia superiores e inferiores, desarrolla un gran volumen, un stop progresivo ceñido le protegerá, en este caso, del fracaso amenazador del movimiento. El volumen excesivo, antes de haberse producido una ruptura hacia un nuevo máximo sobre el último máximo Menor, establece un aviso y amenaza definitivos. Esto es verdadero, sobre todo cuando en este punto hay un hueco o una Vuelta en un día.

El día en que un stop ceñido *no* se emplea, después de haber aparecido un volumen alto, es el día en que la acción hace un nuevo máximo, sobrepasando totalmente el techo Menor previo y cerrando sobre él. Esta acción representa el movimiento que no se ha completado todavía. Sin embargo, si el movimiento continuara subiendo y mostrara *otra vez* un fuerte volumen, aunque esto pasara al día siguiente, entonces nos tendríamos que proteger con un stop progresivo y ceñido.

En este capítulo, al igual que en el resto del libro, la expresión "volumen fuerte" implica fuerte solamente en relación al volumen actual de ventas de la acción que está usted siguiendo. Mil acciones podrían simbolizar un volumen fuerte de algunas acciones estrechas, mientras que 10.000 acciones podrían simbolizar únicamente un volumen de ingresos normal en acciones operadas más precipitadamente. El gráfico de volumen mostrará, a través de un alza máxima marcada, el día en que se origina un volumen raramente alto.

Debe quedar claro que el propósito de los stops progresivos que hemos estado analizando aquí es el de tomar ganancias a corto, o cerrar un movimiento de huída extraordinariamente ventajoso que finaliza con un apogeo Intermedio. Mientras que las condiciones extremas que requieren este tipo de operación no son infrecuentes, no componen tampoco la acción normal y cotidiana del mercado. En el caso de los techos Menores corrientes, aunque surjan con frecuencia en forma de canales de tendencia, alza máxima (cresta) de volumen y otras indicaciones, muchos operadores e inversionistas elegirían esperar la reacción esperada, valga la redundancia, en vez de

---

(1/8 de punto) el primer día. Si la acción sube al día siguiente, sin mostrar volumen anormal, puede dejar ese stop en el mismo punto hasta que aparezca otra "sacudida" o señal de techo; es decir, hasta que observe otro día de volumen fuerte, un hueco o una Vuelta en un día y suba entonces el stop a 1/8 de punto por debajo del cierre del día. Este método ofrece a menudo un mejor resultado que el stop ceñido continuamente progresivo.

pagar comisiones adicionales y perder una posición que se halla, previsiblemente, en una tendencia Mayor favorable.

En resumen, el stop progresivo es un recurso que puede resultar a veces útil, pero que está imaginado para hacer frente a un movimiento especial y bastante extraño. Los stops preventivos, por otro lado, suponen para el operador medio, es decir, para el hombre que no puede pasarse toda su vida estudiando el mercado o no posee mucha experiencia, un recurso a través del cual puede limitar su posible pérdida.

Estará protegido de su propia alusión a cerrar el valor en cartera perjudicial y evitar, de esta forma, el quedarse estancado en una situación desesperada. Al ser sacado prontamente, sin tener en consideración si posee una ganancia o pérdida últimas, dispondrá así de capital para usar en acciones que son mejores supuestamente y no tendrá que preocuparse de las perspectivas de recuperación de su acción después de haberse movido varios puntos en desventaja suya.

Sin embargo, no le serán tan necesarias las órdenes de stop si tiene conocimiento y determinación requeridos para salirse tan pronto como la tendencia ha mostrado una evidencia concluyente de vuelta. Si este es su caso, es posible operar con éxito sin usarlos; y el no hacerlo tiene sus ventajas, ya que una orden de stop será tomada de vez en cuando por un movimiento falso o una reacción amplia y lenta. El técnico experimentado que se promete una posible ganancia a largo y esta dispuesto a esperar una reacción Secundaria, descubrirá también las ventajas de no usar las órdenes de stop. Sin embargo, es muchísimo mejor que la persona que no está segura de sus métodos sea parada pronto, a que se quede con una acción que adquirió a 60, por ejemplo, y que ha bajado a 20 ¡O inclusive más!

Capítulo XXVIII

¿Qué es un Suelo? ¿Qué es un Techo?

En este capítulo no vamos a hablar de lo que establece un techo o suelo Mayores, ni de lo que establece un techo o suelo Intermedios, sino de los techos y suelos *Menores,* que nos brindan importantes ganchos para poder enganchar ahí nuestras operaciones técnicas. Los niveles de orden de stop, los objetivos, los soportes y resistencias, vienen determinados por estos techos y suelos Menores. Son de una importancia asombrosa para nosotros, los operadores.

Estos techos y suelos Menores están, por norma general, bien marcados y son cabalmente claros, aunque a menudo no pasa así. A veces no es posible decir terminantemente si este o aquel otro lugar es o no un techo o un suelo. Pero es posible instituir ciertas normas o reglas prácticas de trabajo que nos ayuden a marcar estos puntos; y estas reglas, en la mayoría de los casos, no nos fallarán.

Una buena norma a la hora de establecer los niveles de stop, es pensar que se ha creado un suelo cuando la acción se ha movido "tres días": desde el día que marca el figurado máximo del suelo. Si una acción reacciona durante algunos días y realiza posteriormente un mínimo a 24, con el máximo en ese día a 25, no poseeremos, entonces, un suelo establecido hasta que pasen *tres días,* en los cuales la acción no vende por debajo de 25 1/8. La gama de precio total de tres días completos debe ubicarse completamente por encima del precio del techo del día que hace el mínimo.

Se trata de la norma de los "tres días", que se aplica de forma inversa en los mercados descendentes, en los cuales la gama de esos tres días debe estar totalmente por debajo de la gama entera del día que realizó el máximo.

Esto nos brinda una norma para establecer una orden de stop, originaria, y también una regla para cambiar la orden de stop. Tan pronto como la acción se ha trasladado desde el suelo nuevo tres días, movemos la orden de stop hacia una posición ubicada por debajo de ese suelo (ya hemos explicado en el Capítulo XXVII cómo establecer la distancia a la que debe situarse este nivel de stop por debajo del suelo). Los stops preventivos, para las acciones de largo, únicamente pueden moverse *hacia arriba.* Una vez que se ha determinado un nivel de stop, no debe moverse nunca a no ser que la acción reparta el dividendo; el stop, en ese caso, puede reducir la cantidad del dividendo o de los derechos.

De la misma manera, los stops preventivos para ventas al descubierto deben moverse sólo hacia abajo, y nunca elevarse. (En el caso de dividendos y derechos sin participación, el stop de la venta al descubierto reducirá la cantidad del dividendo o de los derechos). Hay ciertas situaciones en las que resulta complicado determinar los suelos y techos, en las que, ciertamente, parece que se haya elaborado un afianzamiento

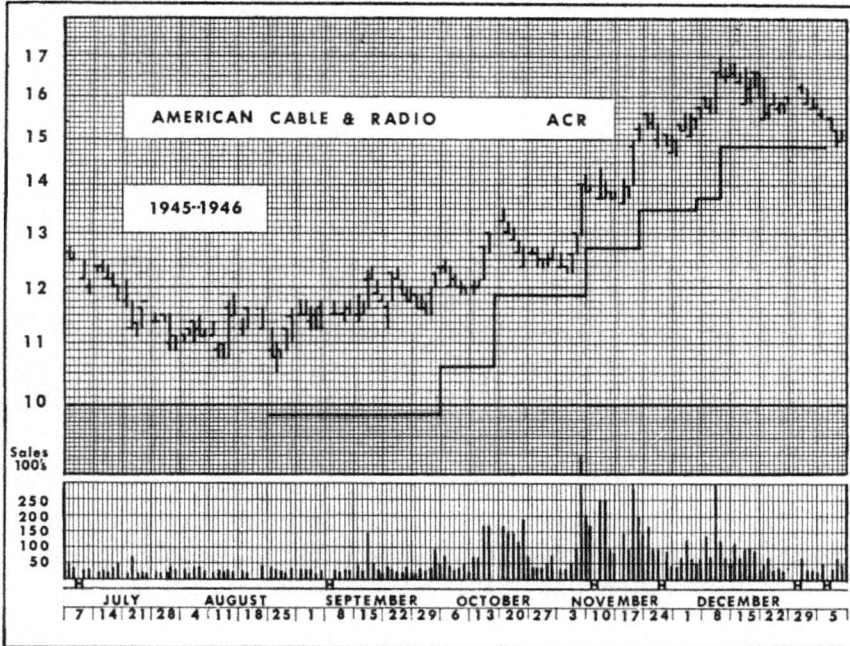

FIGURA 195. Avance de una orden de stop preventivo en una posición a largo. El gráfico diario de la American Cable & Radio creó en el verano de 1945 un Suelo redondeado, como parte de un período largo de consolidación que siguió al avance que finalizó en Julio de 1944. El 12 de Septiembre se produjo una ruptura con volumen fuerte, y se hicieron posibles así las ventas en cualquier retroceso menor. El primer stop preventivo se colocaría inmediatamente un 6% por debajo del suelo Menor previo del 21 de Agosto, utilizando la tabla del Cap. XXVII. Esto situaría el nivel de stop en 9 7/8. El 19 y 20 de Septiembre, o hasta 10 5/8. El movimiento siguiente se produciría después del nuevo cierre alto del 11 de Octubre, que es más alto, en un 3%, que el alza máxima (cresta) Menor del 1 de Octubre. El stop se colocaría ahora en el 11 7/8. El 2 de Noviembre se registró un nuevo cierre de máximo situado a más del 3% del alza máxima Menor del 7 de Noviembre. El stop se movería otra vez, esta vez hasta el 13 1/2. El 29 de Noviembre fue el tercer día que la gama entera de precios estuvo "alejada tres días" del suelo del 26 de Noviembre, y el stop se subió hasta el 13 3/4. El cierre del 5 de Diciembre supuso un avance del 3% sobre el máximo del 17 de Noviembre y tuvimos que mover de nuevo el stop hasta el 14 7/8. Finalmente, tal como se muestra en el gráfico, este stop se cogió el 3 de Enero de 1946. En un Mercado Bajista, los stops preventivos se moverán *hacia abajo* exactamente de la misma manera para proteger una venta al descubierto.

o corrección sin un movimiento significativo de dirección Secundaria. En tales casos (por diferencia con la situación clara en la que la acci6ón sube o baja con una serie de pasos y reacciones bien marcados, como si fuera una escalera), le será necesario todo su juicio y experiencia para establecer dónde se producen verdaderamente los Puntos de base Menores.

Puntos de base

Hemos denominado Puntos de Base a los niveles que fijan dónde instalarse los stops. En un movimiento de Mercado Alcista, consideraremos el suelo de cada reacción Menor como un Punto de Base, desde el cual constituir nuestro nivel de orden de stop tan pronto como la acción ha subido hasta una "separación de tres días". En un movimiento Alcista, usaremos también cada techo Menor como un Punto de Base. En un Mercado Bajista, consideraremos, de la misma forma, los techos de cada recuperación y también cada suelo menor como Puntos de Base de los stops preventivos.

Donde una acción ha realizado un movimiento sustancial de dirección Primaria, pongamos por ejemplo un movimiento del 15% o más, y se vuelve después al menos un 40% de la distancia comprendida desde el Punto de Base previo al final del movimiento Primario, esto formará seguramente un Punto de Base tan pronto como la acción se ponga en camino en la dirección Primaria. Sin embargo, si la acción reacciona menos de un 40%, y muestra quizá un tiempo en el mismo nivel durante una o más semanas, se debería considerar como un Punto de Base tan pronto como se siga el movimiento en la dirección Primaria (siempre que las indicaciones de volumen sean las correctas).

EI volumen, tal como ya hemos analizado, es como el termómetro c1ínico de la enfermera especializada; habla en gran parte de lo que le está pasando a una acción, y no sólo de los síntomas triviales del precio. Hay tres ocasiones en las que puede hallar un volumen originalmente alto: (a) el día de ruptura de una pauta o período de iniciación, sobre todo si la ruptura está del lado del alza; (b) el día que la acción se introduce en terreno nuevo en la dirección Primaria o en la Intermedia, es decir, se mueve por encima del último techo menor en un Mercado Alcista, o por debajo del último suelo menor en un Mercado Bajista, y (c) el día en que el movimiento Menor se completa, o casi, esto es, el nuevo Techo Menor en un Mercado alcista o el nuevo Suelo Menor en un mercado bajista. A esto, debemos agregar también que el enérgico volumen extra de cualquier *otro* día, durante un movimiento en la dirección Primaria, es muy probable que muestre que el movimiento ha llegado a un final y no completa ni el avance o descenso deseados.

Una vez que ha tenido lugar un techo menor, estando ahora la acción en terreno nuevo, y se ha creado sobre un volumen muy fuerte, podemos averiguar el movimiento correctivo. Por lo general, esto supondría un descenso de varios días, semanas o, inclusive, de un tiempo más largo. De vez en cuando, la corrección, tal como hemos dicho unos párrafos antes, acogerá la forma de una vacilación horizontal que dura una semana o más y sin producirse ningún movimiento correctivo específico de dirección bajista. Donde haya una corrección bajista, es probable que esta baje hasta el techo del último máximo previo Menor (soporte) o cerca de él. También, y, a menudo, al mismo tiempo, el movimiento correctivo continuará bajando hasta la línea de tendencia básica trazada sobre dos o más suelos Menores previos; o hasta la "paralela" de una línea de tendencia dibujada sobre los dos o más techos últimos Menores. Si el movimiento correctivo es horizontal, es posible que se agotase hasta que se encuentre con alguna de estas líneas.

En cualquier caso, lo que hay que observar es el descenso de volumen. Si la operación disminuye, tal vez de manera irregular pero fuerte en su conjunto, durante unos cuantos días después de haberse establecido un nuevo techo, tiempo en el cual la acción, o bien reacciona, o no prospera en la dirección Primaria, tiene usted entonces justificación para considerarlo como corrección Menor. Si la acción continúa ahora el movimiento Primario y llega a un punto que está "alejado tres días", puede considerar el suelo (es decir, el punto sobre el que dibujó su línea de tendencia; no precisamente a esta señal) como un nuevo Punto de Base.

Cuando una acción esta comenzando algo que tiene apariencia de ser un movimiento nuevo, una fuga de un período de movimientos vacilantes, es difícil, a veces, decir con exactitud qué punto debemos considerar como un suelo. Pueden producirse varios movimientos pequeños e indecisos con un volumen bajo que anteceden a la fuga real. En tal caso, consideraremos la aparición del volumen alto como una señal de fuga, y ubicaremos nuestro Punto de Base en el punto bajo que precede seguidamente a esa señal. Tendremos normalmente un punto así en un día de volumen alto de los tres o cuatro días anteriores a la fuga.

Todo lo que se ha dicho sobre los Puntos de Base en un Mercado Alcista se emplea también, pero a la inversa, a un Mercado Bajista, a excepción de que el volumen fuerte no siempre conduce a una fuga hacia abajo.

Se produce ahora la difícil y ardua situación en que una acción, que ha realizado un largo movimiento de continuación (supongamos que es un movimiento alcista), empieza supuestamente a crear una Bandera, y es comprada después de una corrección suficiente del 40% con un descenso de volumen; y sigue después bajando firmemente, sin recuperaciones ni indicaciones claras de volumen. Esta situación es infrecuente, pero, no obstante, se produce a veces en el lado alcista y bajista. En el caso que acabamos de indicar, buscaremos los niveles de soporte (pautas de consolidación, techos múltiples, etc.) que se constituyeron en el camino *a la baja* de la tendencia anterior, y que están ubicados por debajo del nivel en que adquirimos la acción. Usaremos estos soportes como Puntos de Base, en vez de mantener un stop bajo el suelo extrema del movimiento vertical.

En muchos casos como éste, no podrá hallar Puntos de Base apropiados. Por tanto, parece poco sabio tratar de meterse en correcciones producidas después de movimientos largos de huída, a menos que: (a) el lugar en que la acción se ha elevado muy por encima de un buen soporte pueda servir de Punto de Base, o (b) el lugar en que la acción esta totalmente por encima de todos los precios durante años y se está moviendo en un espacio "despejado". (Lo opuesto sería, por supuesto, lo siguiente: en los Mercados Bajistas, la acción debería haber caído por debajo de una fuerte zona de resistencia, o debe hallarse en terreno nuevo y bajo desde los últimos meses, antes de que piense la posibilidad de una venta al descubierto). Y creando una consolidación después de un movimiento vertical rápido y largo, usted *tiene* que haber descubierto un agotamiento visible de volumen a lo largo de la formación de corrección de la Bandera o Gallardete.

Debemos realizar una advertencia en lo que se refiere a operar en una tendencia Intermedia. Una serie de movimientos de una tendencia tendrá a menudo lugar de manera muy regular. Puede haber una buena línea de tendencia, y las reacciones pueden ser de un 40% 0 50% Y pueden volver a los techos Menores previos. El volumen en las correcciones puede bajar mostrando un volumen incrementado en los nuevos techos. Es fácil empezar a operar en tal "escalera" con la esperanza de que los movimientos sigan siendo regulares y lógicos. Pero las tendencias no duran siempre.

Cualquier tope Menor puede ser el último. La importancia de hallar los Puntos de Base radica en el hecho de que le ayudarán a salirse, en el mejor de los casos en cualquier violación del cierre y, en el peor, en su orden de stop preventivo. El volumen puede venir en su ayuda otra vez en esta cuestión de cuando parar las operaciones en una tendencia. Aunque busque volumen alto en los topes, sospechará sobremanera del volumen que es *mucho* más alto que el de cualquiera de los techos Menores anteriores. (O suelos, en un Mercado Bajista). La sacudida final 0 penúltima de una tendencia mostrará, por lo general, más volumen que cualquiera de las sacudidas menores del camino: y cuando vea tal volumen dominante, prepárese para meterse en su concha y aguardar a que se produzca una corrección total de las series enteras de movimientos que establecen la tendencia Intermedia. Semanas o incluso meses después, puede descubrir que la acción ha hecho una corrección del 40% o más de movimiento completo Intermedio y está descansando plácidamente con una actividad muy pequeña. Este es el momento de buscar nuevas oportunidades y una nueva tendencia en la dirección Primaria.

Capítulo XXIX

Líneas de Tendencia en Acción

Por lo que hemos dicho ya en la primera parte de este libro, estará ya familiarizado con las tendencias de línea recta características de las acciones, y las muchas excepciones y desviaciones que aparecen en el cuadro de cuando en cuando. Sabemos que las acciones se mueven a menudo en tendencias paralelas, a veces durante meses y, otras, inclusive durante años. Sabemos que pueden (y, de hecho, *así* pasa) salirse de la tendencia o cambiar la dirección de sus tendencias sin previo aviso.

La mayoría de las formaciones de pauta que hemos estudiado se pueden considerar manifestaciones de la acción de la tendencia, es decir, continuidades o cambios de dirección de la tendencia.

Así, un Triángulo Simétrico se forma puramente por el encuentro de dos tendencias. Durante la formación de un Triángulo, la acción sigue ambas tendencias con una pauta que tiende a estrecharse hasta que, posteriormente, la tendencia dominante se impone. Un Triángulo Ascendente sigue una tendencia al alza, pero ha topado en el techo con un nivel de resistencia. Una Cabeza y Hombros muestran el final de una tendencia alcista y el comienzo de otra bajista. Un Rectángulo es un canal de tendencia paralelo que corre en dirección horizontal. Y así sucesivamente.

Podemos programar una tendencia paralela y, en el caso de acciones que siguen moviéndose en esa tendencia, comprar y vender en los puntos de contacto casi exactos con la línea de tendencia. Por desgracia, las tendencias de línea recta, largas y perfectas, de este estilo, son la excepción más que la norma. Con el fin de operar de manera real, proyectaremos nuestras tendencias de forma más o menos continua en base a los *datos establecidos más actualmente.*

Consideremos, desde el punto de vista de las tácticas, las tendencias tal como vienen mostradas por los techos y suelos sucesivos Menores. Como ilustración a esto, y para que nos sirva también de guía, trabajaremos con situaciones ideales y simplificadas (ver ejemplos en el diagrama).

Para impedir confusión, marcaremos la línea de tendencia del techo en azul y la del suelo en rojo. Esto se puede hacer cómodamente en los gráficos diarios utilizando lápices de colores. Designaremos Tendencia Azul a la tendencia superior, y Tendencia Roja a la inferior. De vez en cuando, querremos dibujar una línea paralela del canal de tendencia ubicado entre dos techos y dentro de líneas paralelas. La denominaremos paralela azul y la marcaremos con una línea azul punteada o discontinua. Y, a la inversa, puede ser que pretendamos trazar una paralela a la Tendencia Roja, de tal forma que incluyamos el segmento del canal de tendencia entre dos suelos; y a esta línea roja punteada la designaremos Paralela Roja.

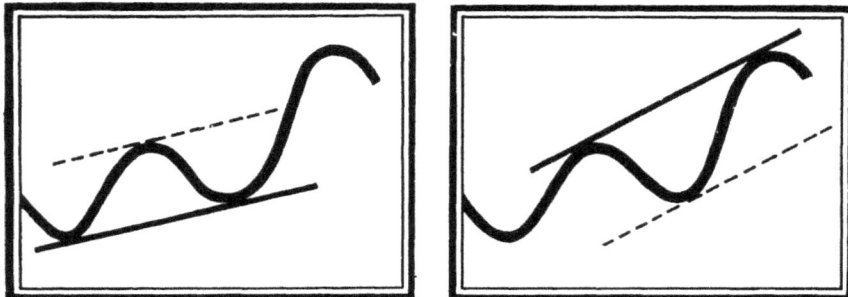

DIAGRAMA 3. Tenemos aquí una tendencia ascendente que muestra la línea básica de tendencia sobre dos suelos, que llamamos la Línea de Tendencia Roja, y su paralela (indicada por una línea discontinua,) que atraviesa el techo del alza máxima intermedia. La paralela sugiere el objetivo aproximado del siguiente movimiento si la acción sigue en la tendencia.

DIAGRAMA 4. La misma tendencia ascendente con la línea de vuelta, que llamamos Línea de Tendencia Azul, trazada sobre dos techos. La línea discontinua representa su paralela a través del suelo intermedio. Esta Paralela Azul nos es útil a la hora de determinar un punto de compra, sobre todo en las acciones de forma fácilmente cambiante, cuando la acción puede no reaccionar hasta su línea de tendencia *básica*.

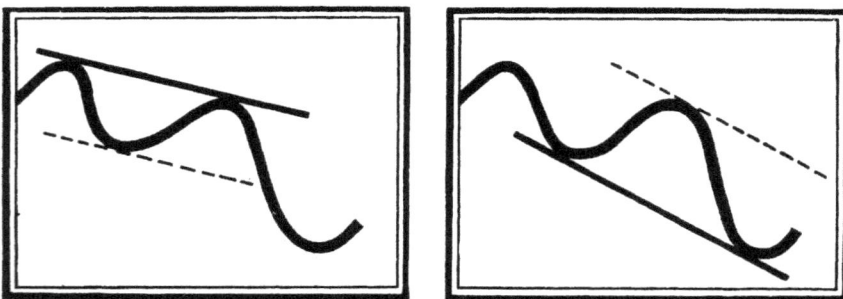

DIAGRAMA 5. Tendencia descendente que muestra la línea básica de tendencia sobre dos techos, que dominamos Línea de Tendencia Azul, y su paralela (indicada mediante una línea discontinua), que atraviesa el suelo del descenso intermedio. La paralela sugiere el objetivo aproximado del siguiente movimiento si la acción continúa en la tendencia.

DIAGRAMA 6. La misma línea de tendencia con la línea de vuelta, que denominamos Línea de Tendencia Roja, trazada sobre dos suelos. La línea discontinua representa su paralela a través del techo intermedio. Esta Paralela Roja es útil para determinar un punto en que hacer ventas al descubierto, sobre todo en las tendencias que cambian rápidamente de forma cuando la acción puede no recuperarse hasta su línea *básica* de tendencia.

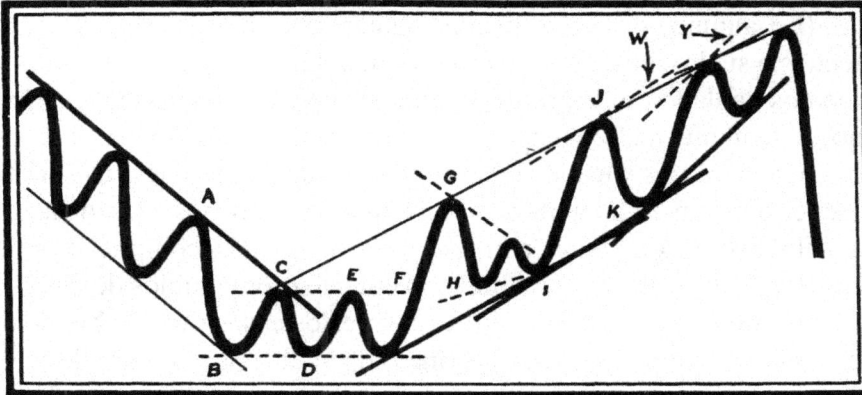

DIAGRAMA 7. Diagrama simplificado del gráfico de una acción que muestra la acción de la tendencia. Las líneas de tendencia básicas se marcan mediante líneas de trazo grueso; las líneas de vuelta se marcan con líneas finas.

Al principio, la acción desciende en un canal de tendencia paralelo. La Línea de Tendencia Azul es básica aquí. Una venta al descubierto en una recuperación hasta la Paralela Roja en el punto A encontrará su objetivo en la Paralela Azul en B. Otra venta al descubierto en la Paralela Roja en C vendría seguida por un fallo a la hora de alcanzar el objetivo. Existen, sin embargo, bastantes posibilidades de que el volumen incrementado aumente en el suelo doble y nos avise para que salgamos de las obligaciones al descubierto. La penetración hacia arriba de la Línea básica de Tendencia en E no es, por sí misma, motivo suficiente para cambiar de posición y seguir. Las Líneas de Tendencia establecidas durante la formación del Rectángulo se marcarían de la manera normal, pero se indicarían aquí mediante líneas discontinuas para enfatizar la pauta. Si se intentara otra venta al descubierto en el punto sexto de contacto con el Rectángulo en F, sería parada en la fuga.

La tendencia está ahora ascendiendo, aunque no podemos todavía trazar una línea básica (roja) de tendencia. La primera compra se haría en una corrección del 40-50% del movimiento de fuga del Rectángulo, o en una vuelta al nivel de techo (soporte) en H.

Se trazaría entonces una línea de tendencia hasta el primer suelo establecido en el Triángulo. No se muestra aquí, ya que se sustituiría por la línea mostrada a través del punto más exterior del Triángulo. Las líneas de tendencia establecidas durante la formación de la pauta se indican mediante líneas discontinuas.

El objetivo del movimiento de fuga desde el Triángulo sería la Paralela Roja a nuestra línea básica de tendencia que está ascendiendo ahora. Este objetivo se alcanzó en J. Una línea de vuelta (azul) se trazaría desde el primer techo de cambio de dirección del Triángulo en G atravesando el techo del movimiento de fuga en J, y la paralela a ésta, atravesando el punto I, indicaría el lugar aproximado donde realizar la siguiente compra. Precisamente, la acción no regresa en realidad hasta ese punto; en la práctica, la venta se haría probablemente en K sobre la base de una corrección de un 40-50%, o en una reacción hasta el nivel de soporte en G.

El siguiente movimiento alcista no atravesaría la Paralela Roja marcada con W. Sin embargo, la alarma sonaría probablemente con motivo de un día de volumen fuerte, una Vuelta en un día, o un hueco. Puesto que la tendencia es ahora claramente convergente, no debe considerar hacer más compras. El movimiento siguiente no logra avanzar mucho y se queda bastante lejos del objetivo marcado por la línea Roja Paralela Y. Poco después, la Cuña rompe por abajo.

Ya que, por lo normal, un techo se formará después de un suelo, y un suelo después de un lecho, esperaremos dibujar alternativamente una Línea de Tendencia Azul y después una línea de Tendencia Roja, dibujando ambas líneas tan pronto como se instaure el nuevo techo. (En algunos casos, se puede dibujar una línea fina a lápiz para mostrar supuestos techos o suelos, hasta que se produzcan desarrollos que ratifiquen su validez).

Ya hemos hablado de la cuestión difícil e importante de establecer los techos y suelos Menores. Con mucha frecuencia, estos puntos serán claros y obvios. A veces, por el contrario, serán sombríos y usted podrá dibujar líneas de tendencia con confianza sólo después de tener una experiencia considerable en cubrir muchos tipos de acción.

Los cambios de dirección son los momentos más complicados para poder determinar las tendencias Menores, sobre todo cuando esos cambios de dirección son de los tipos redondeado e irregular. Sin embargo, en estos casos (de cambio de dirección), no dependemos en tan gran medida de las líneas de tendencia a la hora de establecer los puntos de compra y venta.

En tanto que la acción siga en un canal de tendencia paralelo, es claro que deberá adquirir cerca del suelo del canal y vender cerca del techo. Partiendo de la geometría de la situación (ver ejemplos), observará a primera vista que no es posible obtener provecho vendiendo al descubierto en una tendencia que se mueve al alza (ya que las reacciones son forzosamente más pequeñas que los avances), así como tampoco se logra comprando acciones a largo en una tendencia que se mueve a la baja.

Por tanto, una tendencia debe demostrar que es posiblemente alcista antes de que usted halle justificación en comprar acciones a largo. Y, si quiere justificar una venta al descubierto, debe tener lo que es, con posibilidad, una tendencia a la baja.

Se dará cuenta, viendo los ejemplos que se exponen aquí, que las formaciones de pauta muestran tendencias. La ruptura de un Rectángulo por su parte de arriba tiene como consecuencia una inclinación al alza hasta llegar ala Tendencia Azul. El movimiento al alza que se sale de un Triángulo Ascendente confirma la Tendencia Roja ascendente y establece una Tendencia Azul ascendente. La ruptura hacia abajo de una línea clavicular de Cabeza y Hombros, ratifica una Tendencia Azul descendente y crea una Tendencia Roja descendente. Y así sucesivamente.

A partir del estudio de estas pautas y diferentes acciones de tendencia, llegamos a un conjunto compacta de reglas de operación basado en estas líneas de tendencia Rojas y Azules. Estas reglas se resumen a continuación.

Comprando acciones a largo

Señales de compra preliminares (indican que una oportunidad de compra puede estar en marcha) Penetración de la Tendencia Azul hasta un nuevo cierre de máximo (en la mayoría de casos). (La simple ruptura de una Línea de Tendencia Azul en la que no sale otra pauta o indicación, no es demostración suficiente y concluyente de que se ha producido un cambio de dirección y justificar así las obligaciones).

Contacto con la Tendencia Azul ascendente si la Tendencia Roja es también ascendente, siempre que las tendencias no sean concurrentes (canal de tendencia paralelo o divergente).

Contacto con la Tendencia Azul horizontal si la Tendencia Roja es también horizontal o ascendente (Rectángulo, Triángulo Ascendente). Penetración de la Tendencia Azul descendente con volumen si la Tendencia Roja es ascendente (Triángulo Simétrico).

Ejecución de compras (después de la señal preliminar).

En el supuesto de que la Tendencia Azul anterior haya sido descendente, trace la Paralela Azul y compre en esta línea o cerca de ella. Si la Tendencia Azul anterior ha sido horizontal o descendente (es decir, si ha surgido de Rectángulos, Triángulos y otras pautas de cambio de dirección), adquiera en una reacción del 40 al 59% de la distancia comprendida desde el último suelo Menor hasta el techo extremo del movimiento más reciente.

Vendiendo acciones a largo

Inmediatamente después de la realización de su orden de compra, establezca el nivel de stop (vea Capítulo dedicado a las Órdenes de Stop), y ubique su stop preventivo. La penetración de este nivel de stop cerrará automáticamente su transacción. El nivel de stop se puede subir de acuerdo con la norma de los "tres días de separación", pero no se puede bajar nunca (a no ser para los dividendos -títulos sin participación- o derechos). Si la acción cierra por debajo de un suelo previo Menor (instaurando así una Tendencia Roja descendente), venda en los *stops preventivos* ceñidos.

Si la tendencia prospera con un volumen moderado y desarrolla después un volumen normalmente alto cualquier día durante el avance, antes de que la Tendencia Azul se rompa (con un cierre por encima de esa línea de tendencia) o antes de que la acción haya hecho un nuevo cierre alto sobre el último techo Menor, cierre la transacción en los stops progresivos ceñidos.

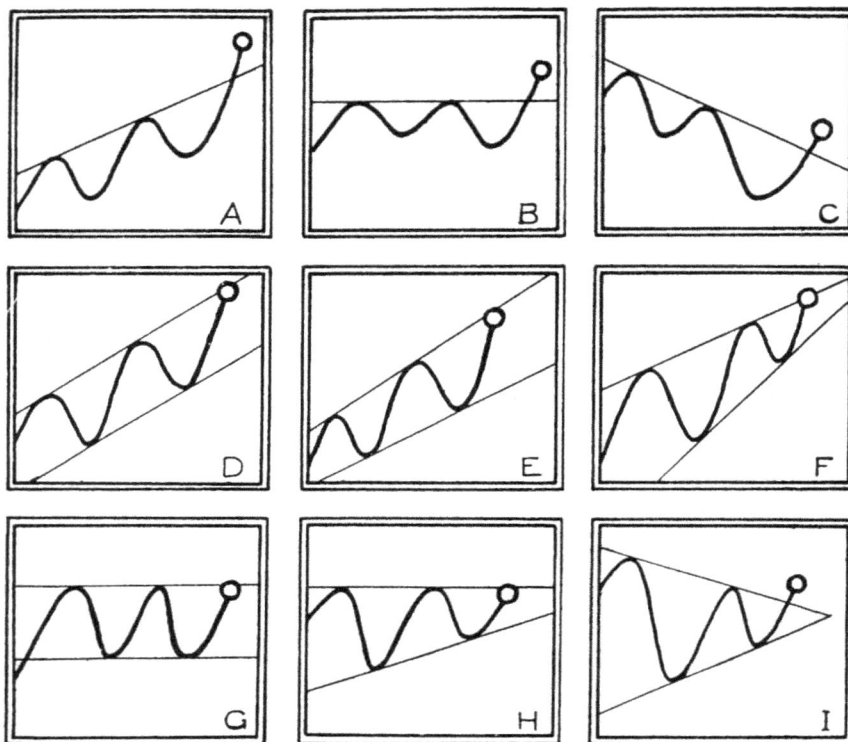

DIAGRAMA 8. Señales preliminares de Ventas al descubierto que muestra la Acción de la Tendencia.

A. Penetración de una Línea de Tendencia Azul ascendente.

B. Penetración de una Línea de Tendencia Azul horizontal.

C. La penetración de una Línea de Tendencia Azul descendente, sin ninguna indicación técnica, no es una prueba concluyente de cambio de Tendencia, y *no* justifica las obligaciones a crédito.

D. Contacto con una línea de Tendencia Azul de una pauta de tendencia ascendente y paralela.

E. Contacto con la Línea de Tendencia Azul de una pauta de tendencia ascendente y divergente.

F. En este caso, el contacto con la Línea de Tendencia Azul *no* sugiere una compra en la siguiente reacción, ya que la tendencia se presenta convergente; hay una Posible Cuña en camino, de implicaciones bajistas.

G. Contacto con la Línea de Tendencia Azul de un Rectángulo en su punto quinto de cambio de dirección.

H. Contacto con la Línea de Tendencia Azul de un Triángulo Ascendente.

I. Penetración *con volumen* de una Línea de Tendencia Azul Descendente cuando la Línea de Tendencia Roja es ascendente (Triángulo Simétrico).

En las tendencias ascendentes, la Línea de Tendencia Azul es una línea de vuelta, y las compras se realizarán en las reacciones que van hasta una línea paralela a la nueva Línea de Tendencia Azul establecida en el techo del movimiento de señal y trazada sobre los suelos intermedios. Nótese que, en el caso de fugas decisivas de pautas tales como Rectángulos y Triángulos, se puede hacer también una compra en base a una corrección calculada del 40-50% del movimiento de fuga, o en base a una vuelta al soporte.

Si la acción desarrolla un volumen alto el día en que hace techo y cierra sobre la Tendencia Azul o hace un nuevo cierre de máximo sobre el techo previo Menor, consérvela. Si se produce de nuevo un fuerte volumen al día siguiente o en días continuados, venda en los stops ceñidos progresivos.

Observará que, en muchos casos, la señal de volumen fuerte se originará (a veces junto con una Vuelta en un día o un hueco de agotamiento) en la Paralela Roja o cerca de ella. Esta premisa de volumen es la que deberá buscar fundamentalmente como signo de un punto bueno de obtención de beneficios. Si no surge la señal de volumen, su objetivo de venta será esta Paralela Roja, en un límite o en stops ceñidos y progresivos. Si no sale ninguna señal de volumen en el techo del movimiento y este no alcanza la Tendencia Azul ni crea un nuevo máximo, se está adentrando, potencialmente, en una situación de Triángulo. En este caso, deberá aguardar a que se produzca una fuga, ya sea en una u otra dirección. Mantenga, mientras tanto, su protección de stop par debajo.

Vendiendo acciones al descubierto

Penetración de una Tendencia Roja hasta un nuevo cierre bajo (en la mayor parte de los casos). (La simple ruptura de una Línea de Tendencia Roja ascendente, en la que no figura ninguna otra pauta o indicación, no es evidencia incuestionable de cambio de dirección que justifique las obligaciones).

Contacto con la Tendencia Roja descendente si la Tendencia Azul es también descendente, siempre que las tendencias no sean convergentes (canal de tendencia paralelo o divergente).

Contacto con la Tendencia Roja horizontal si la Tendencia Azul es también descendente (Rectángulo, Triángulo Descendente). Penetración de una Tendencia Roja ascendente (con o sin aumento de volumen) si la Tendencia Azul es descendente (Triángulo Simétrico). *Realización de ventas al descubierto* (después de la señal de venta preliminar). En el supuesto de que la Tendencia Roja anterior haya sido descendente, dibuje la Paralela Roja y venda en esta línea o cerca de ella. En caso de que la tendencia Roja previa haya sido horizontal o ascendente (es decir, salga de Rectángulos, Triángulos, y diferentes pautas de cambio de dirección), venda en una recuperación del 40 hasta e145% de la distancia que va desde el último techo previo Menor hasta el suelo extremo del movimiento más reciente.

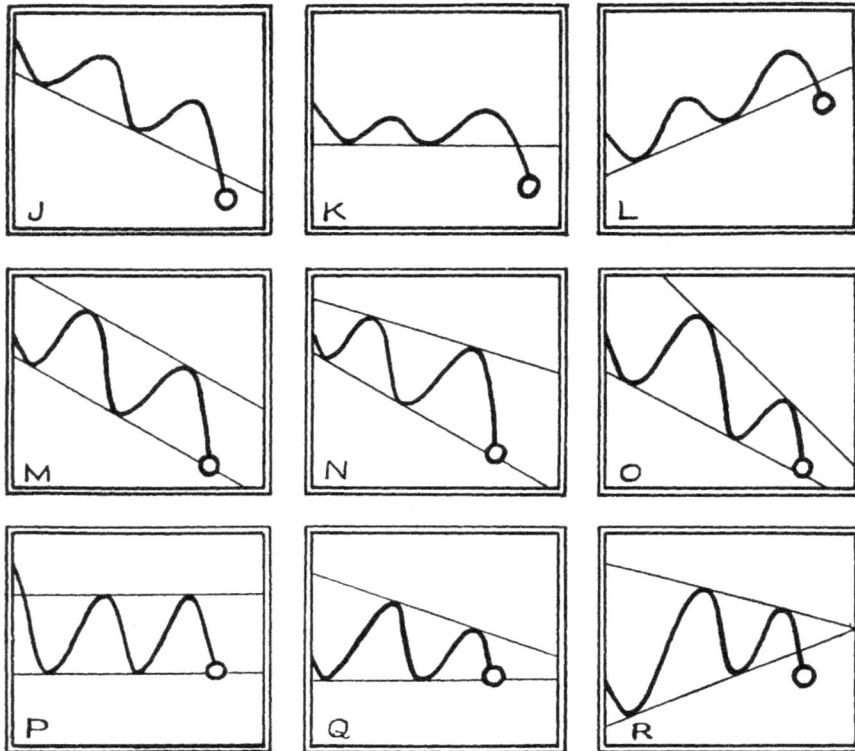

DIAGRAMA 9. Señales preliminares de Ventas al descubierto que muestra la Acción de la Tendencia.

J. Penetración de una Línea de Tendencia Roja descendente.

K. Penetración de una Línea de Tendencia Roja horizontal.

L. La penetración de una Línea de Tendencia Roja ascendente, sin otras indicaciones técnicas, *no* es una prueba concluyente de cambio de tendencia, y *no* justifica las obligaciones al descubierto.

M. Contacto de un canal de tendencia paralelo y descendente con la Línea de tendencia Roja.

N. Contacto de un canal de tendencia divergente y descendente con la Línea de Tendencia Roja.

O. En este caso, el contacto con la Línea de Tendencia Roja no sugiere una venta al descubierto en la próxima recuperación, ya que la tendencia aparece de forma convergente; posible Cuña en camino, de implicaciones alcistas.

P. Contacto con la Línea de Tendencia Roja de un Rectángulo en su quinto punto de cambio de dirección.

Q. Contacto con la Línea de Tendencia Roja de un Triángulo Descendente.

R. Penetración de la Línea de Tendencia Roja (con o sin volumen) cuando la Línea de Tendencia Azul es descendente (Triángulo Simétrico).

En las tendencias descendentes, la Línea de Tendencia Roja es una línea de vuelta; y las ventas al descubierto se realizarán en las recuperaciones hasta una línea paralela a la *nueva* Línea de Tendencia Roja establecida en el suelo del movimiento de señal y trazada sobre el alza intermedia. Nótese que, en el caso de las fugas decisivas de pautas como Rectángulos y Triángulos, se puede hacer también una venta al descubierto en base a una corrección calculada del 40-50% de un movimiento de huida, o en base a una vuelta a la resistencia.

Cubriendo las ventas al descubierto

Inmediatamente después de la Venta al descubierto, establezca el nivel de stop (ver Capítulo sobre las Órdenes de Stop), y ubique su stop preventivo. La penetración de este nivel de stop cerrará automáticamente su transacción. El nivel de stop puede bajarse de acuerdo con la norma de los "tres días de separación", pero nunca se puede subir.

Si la acción cierra por encima de un techo previo Menor (creando así una Tendencia Azul ascendente), compre para cubrir esos stops ceñidos y graduales.

Si la acción desciende con un volumen moderado y desarrolla después un volumen raramente alto cualquier día durante el descenso antes de que se rompa la Tendencia Roja (con un cierre por debajo de esa línea de tendencia), o antes de que la acción haya hecho un nuevo cierre alto por debajo del último suelo Menor, cierre la transacción o cierre con stops ceñidos graduales.

Si la acción desarrolla un volumen alto el día en que rompe y cierra por debajo de la Tendencia Roja o hace un nuevo cierre bajo por debajo del suelo previo Menor, consérvela al descubierto. Si se produce otra vez un volumen fuerte al día siguiente o en días sucesivos, compre para cubrir con stops ceñidos y progresivos.

Observará que, en muchos casos, la señal de volumen fuerte surgirá (a veces conducida también de una Vuelta en un día o de un hueco de agotamiento) en Paralela Azul o cerca de ella. Esta indicación de volumen muestra un buen punto de obtención de beneficios. Si la señal de volumen no se provoca, su objetivo de compra será la Paralela Azul, en un límite o en stops ceñidos y progresivos. En caso de que no se origine tal señal de volumen en el suelo del movimiento y este no alcance la Tendencia Roja ni realice un nuevo mínimo, probablemente esté ingresando en una situación de Triángulo. En ese caso, deberá aguardar a que se produzca una fuga en uno u otro sentido, pero conserve mientras tanto su protección de stop por encima.

Sugerencias adicionales

Cuando se alcanza un nivel que surge como suelo Menor o como reacción a un techo Menor en una recuperación, y cuando la acción sigue parada y persiste en este punto, moviéndose en una gama muy estrecha durante tres o cuatro semanas, sin brindar ninguna señal por medio de cambio de precio o volumen de acción en lo que se refiere al siguiente movimiento, es sensato suponer que esta congestión es terminantemente una zona clave, debería ser considerada como un techo o suelo Menores, y se le deberían concertar stops preventivos como Punto de Base, en vez del techo o suelo previamente determinados, frente a la posibilidad de que, cuando se origine el movimiento que se salga de esta zona, lo pueda realizar en la dirección errónea.

Después de una serie de movimientos en una tendencia, estando marcado cada movimiento de dirección Primaria por un volumen más fuerte que los retrocesos y movimientos correctivos en contra de la tendencia, es posible que se halle frente a un movimiento de dirección Primaria que viene marcado por un volumen *sorprendente;* es decir, por un volumen mucho más grande que el aumento normal que se origina en un movimiento Primario. En tal movimiento, después de tomar sus beneficios en deberes anteriores, empezará, por lo general, a planear la siguiente obligación en la corrección. Sin embargo, en este caso específico, notando el volumen extremo, usted derogaría cualquier plan inmediato de hacer obligaciones posteriores de dirección Primaria.

La razón de esto es que ese volumen *culminante* muestra, normalmente, la "sacudida" final de la tendencia Intermedia, para estar seguida de un cambio de dirección a, al menos, un período de suspensión, de pautas de formación o afianzamiento, o de una corrección intermedia. En tal caso, no es seguro realizar obligaciones posteriores en esta tendencia de la que están pendientes desarrollos posteriores y la reafirmación positiva de la tendencia.

Si puede inspeccionar los gráficos diarios de distintas acciones que cubren tendencias largas e importantes, descubrirá que es posible que las series de movimientos Menores que establecen la tendencia Intermedia terminen en un movimiento Menor marcado por un tremendo volumen. Esto es más cierto en relación a los techos que a los suelos, aunque al final de la etapa de pánico de un Mercado Bajista hallamos, a menudo, un volumen culminante. El auge indica, por un lado, la venta por parte de inversionistas fuertes de grandes cantidades de acciones a operadores débiles, cerca del techo; y, por otro lado, la liquidación de valores en cartera por parte de los operadores débiles cerca del suelo, a las manos de inversionistas fuertes, que las conservarán para el siguiente movimiento Mayor.

Uno de los errores más habituales, y más fáciles de cometer, es confundir un techo o suelo culminantes con una confirmación normal o señal preliminar para hacer una nueva obligación en línea con la tendencia precedente.

Se parece, en cuanto a su naturaleza, al error cometido, a veces, por novatos en el mercado, al adquirir en los techos Menores (quedándose estupefactos ante el rápido avance de precios y el gran volumen de actividad). Sin embargo, en el caso de estos movimientos finales de "sacudida", el volumen es mayor y el presagio desfavorable mucho mas grave.

Perfil general de la Política de Operaciones en la Tendencia Mayor

A. Opere siempre en la dirección de la tendencia Mayor o Primaria de Dow, como se muestra en su momento.

B. Si no hay un acuerdo entre las dos medias que forman la teoría de Dow (Industriales y Ferroviarias), opere en la direcci6ón de la última tendencia Primaria establecida, pero sólo en el elemento que sigue la tendencia.

C. Si tiene acceso a los gráficos de medios de grupo que cubren grupos de negocios en misma línea o relacionados, opere en la dirección Primaria cuando la tendencia de grupo se corresponda.

D. Opere en cualquier acción concreta cuando su propio gráfico individual muestre una tendencia en la misma dirección de la Primaria, y cuando el cuadro técnico haya ajustado un movimiento probable en esa dirección Realice todas las nuevas posiciones en las reacciones o recuperaciones que siguen al movimiento señalizador de dirección Primaria, menos en el caso de los cambios de dirección Primarios de Mercado Alcista a Bajista, cuando las ventas al descubierto se puedan efectuar en el mercado que sigue inmediatamente al cambio de dirección. Excepción: Tras un movimiento prolongado o una serie de movimientos de dirección Primaria, cuando surgen en gráficos individuales signos de agotamiento y cambio de dirección, se pueden realizar obligaciones en dirección opuesta con objetivos que se restringen a una corrección del movimiento Intermedio precedente de dirección Primaria.

Capítulo XXX

Utilización del Soporte y la Resistencia

Sabemos que, después de muchas fugas de pautas de consolidación y cambios de dirección bien definidos, conseguimos una contra jugada corta que vuelve al borde de la pauta, siendo la demostración de este movimiento es este punto un ejemplo de soporte y resistencia, según resulte. Deberíamos estar también habituados a la tendencia de las acciones a subir o bajar con una serie de pasos de zigzag.

Si el movimiento es alcista, la reacción después de cada avance tiende a pararse en el nivel del alza máxima precedente. Si el movimiento es bajista, la recuperación que se origina después de cada descenso tiende a detenerse en el nivel del suelo precedente. Se trata otra vez de un asunto de soporte o resistencia, y suministra una base para comprar en reacciones o vender en recuperaciones.

Se ha mencionado también que los movimientos Secundarios Intermedios se pararían con periodicidad en el techo o suelo previos Intermedios o cerca de ellos. Es preciso calcular la importancia de estos fenómenos de soporte y resistencia y aplicarlos a la práctica de mercado, ya que se hallan entre las herramientas más importantes que tenemos. Por desgracia, no resulta fácil reducir este tema específico a una fórmula precisa o cuerpo de reglas. Aquí depende, en gran medida, de la experiencia y la observación. Deberá estar listo para descubrir los niveles en que es posible encontrarse con resistencia o soporte, y se requiere juicio para equilibrar los diferentes factores que afectarán a la situación.

Por ejemplo, hay una acción que ha roto, saliéndose de un Rectángulo bien definido de duración considerable. Si el volumen fuerte del movimiento de fuga diera paso a una reacción lenta, buscaría una oportunidad de adquirir esta acción en un punto ubicado un poco por encima del nivel de techo del Rectángulo. Seguramente no penetrará muy por debajo de ese nivel y, reaccionará a menudo *todo* el recorrido hasta el soporte. Si la acción avanzara hacia un nuevo máximo, y descendiera una vez más con volumen bajo, debe investigar otro punto de compra alrededor del nivel de alza máxima conseguido en la fuga originaria. Otro avance puede estar seguido de una reacción a la segunda alza máxima, y este proceso se puede provocar unas cuantas veces, volviendo cada reacción al nivel máximo precedente.

Ahora sabemos todos que este tipo de situación sigue incesantemente. Cuando la acción rompe primeramente, moviéndose desde 15 a 19, pongamos por ejemplo, podemos adquirir con mucha confianza en la reacción hasta 17, si ese es el nivel de soporte. Si no compramos este movimiento, podemos comprar bastante seguros en la reacción hasta el soporte del siguiente avance. Este avance puede haber ubicado el precio en 21 y nuestro punto de compra estaría, por supuesto, en el alza máxima previa de 19. Sin embargo, a medida que la acción sube hasta 25, 30, 40, debe quedar claro que nos estamos aproximando a un techo real; aunque no podamos decir donde se alcanzará ese techo, podemos estar seguros de que los que conservan esta acción durante mucho tiempo, se verán cada vez más tentados a vender y tomar ganancias importantes. La serie de pasos tiene que llegar a un fin. Claro está que el curso Mayor de la acción y del mercado puede seguir al alza durante meses o años, pero, de una serie de ascensos inclinados, podemos esperar sensatamente que se produzca un cambio de dirección y un descenso Intermedio bastante importante, antes de que se siga el movimiento alcista. Por tanto, debemos considerar sospechoso cada paso de avance sucesivo, y es una norma bastante segura buscar una corrección Intermedia, o al menos un período importante de afianzamiento, después de que una acción haya hecho tres movimientos de ese tipo de dirección Primaria.

De esta forma, tenemos la apariencia tosca de una regla. Compre en la reacción hasta el soporte después de la primera fuga. Adquiera en la reacción hasta la primera alza máxima Menor, después del siguiente movimiento. Pero no compre en la reacción hasta la segunda alza máxima Menor.

Digamos entonces que hemos obtenido éxito en dos movimientos a corto plazo, comprando en la reacción hasta el soporte y vendiendo en el auge, después de haberse elaborado un nuevo techo. Pero hemos decidido no intentar una tercera operación así. ¿Qué podemos esperar, entonces, ahora? Podemos ver un período de afianzamiento, podemos ver el principio de un descenso Intermedio o podemos ver que la acción sigue moviéndose hacia arriba. No importa. Esperaremos la reacción Intermedia. Esperaremos hasta que la acción baje de forma sustancial, y esto puede tardar semanas. Si la tendencia Mayor no ha cambiado de dirección, buscaremos de nuevo una oportunidad de adquirir en (o por encima de) el soporte *Intermedio,* que será, por lo general, el nivel de techo del avance que *precede* al que se acaba de consumar. Es este el nivel desde el cual el siguiente avance Primario es posible que siga, y es también un buen punto de compra. Hallaremos, por supuesto, la misma situación en los Mercados Bajistas. Es probable que una fuga vaya seguida de uno, dos, tres o más pases de descenso, con recuperaciones intermedias hasta la resistencia Menor. Más tarde o más temprano (y no contaremos con más de tres pasos en cada serie), conseguiremos un giro y una recuperación Intermedia. Tendremos que aguardar entonces esta recuperación, que puede estar compuesta por varios pasos Menores, para lograr o acercarnos mucho al suelo precedente Intermedio, en el cual podemos buscar resistencia sustancial. Este es el lugar para poner descubiertos. Se le pueden ocurrir muchas preguntas. Una de las más importantes es la siguiente: ¿Cómo resolvemos cuando nos ha fallado un soporte o resistencia esperados, y en qué punto debemos renunciar a nuestra posición?

Estará claro que esta pregunta puede ser dolorosa. Digamos que ha visto ascender una acción hasta 25 y ha situado una orden para comprarla en 23 1/2 en base a un soporte esperado en 23, nivel de un alza máxima previa Menor. La orden se ejecuta en una reacción lenta. Al día siguiente, la acción resbala hasta 22 1/2 con sólo, tal vez, dos o tres ventas. Al día siguiente sigue bajando hasta 21 1/2, todavía con volumen bajo. Y la semana siguiente, baja enérgicamente, sin mucho volumen, estando casi todas las ventas a un precio más bajo, como si no se hubieran cogido nuevas pujas y no hubiera en el libro, en cualquier punto, un número importante de pujas. A su debido tiempo, un descenso de este tipo puede tomar la magnitud de una reacción Intermedia. El movimiento puede bajar hasta 15 antes de girar. Evidentemente, esto no es lo que usted esperaba y debería salirse de la acción. La parte dolorosa de estos movimientos que se mueven sin rumbo fijo es que usted no quiere vender su acción (que compró a 32 1/2) en un leve movimiento bajista, por ejemplo a 22 3/4, ya que hay una posibilidad fuerte de que se dispare, en cualquier instante, hasta nuevos niveles altos. Y, sin embargo, en algún punto de un descenso continuado, usted debe resolver, "esto ha cruzado el soporte; debería vender y tomar una pequeña pérdida, antes de arriesgar una perdida todavía mayor". Y lo más doloroso de todo esto es que, a veces, en el momento en que ha vendido y tornado su pérdida, la acción "resucitará" y mejorará lo que hubiera sido un movimiento ventajoso en extremo.

Debe prepararse también para este tipo de desilusión, ya que también le pasará a usted. Pero si quiere evitar noches sin dormir y días de inquietud, debe decidir, *en el momento en que ejecuta la posición primera,* cuánto retraso está dispuesto a permitir a la acción. Así no se verá tentado a demorar una decisión de día en día, si las cosas no van por el camino que deseaba.

En el caso de compras o ventas al descubierto, hechas contra alzas máximas o suelos Menores, según sea el caso, debe instaurar la norma siguiente. Ubique un stop midiendo desde el alza extrema del techo previo Menor (de soporte), o desde el mínimo extremo del suelo previo Menor (de resistencia), usando el método esbozado en el capítulo XXVII. Esto será con periodicidad el máximo o mínimo de un sólo día, y no precisamente el precio de cierre. La penetración hasta ahí debe ser una supuesta evidencia de que su soporte o resistencia esperados no van a funcionar.

Cuando adquiera frente a un soporte Mayor o Intermedio, o venda frente a una resistencia Mayor o Intermedia, puede permitir a la penetración un poco más de demora. En tales casos, inspeccione el área de soporte o resistencia y calcule, a simple vista, su centro o eje; en otras palabras, trate de calibrar el "centro de gravedad" de esta zona, es decir, el punto que es, con mayor aproximación, el precio principal de ventas que se ejecutan allí, teniendo en consideración el volumen, ya que lo importante es establecer el nivel aproximado de precios en el cual gran cantidad de acciones cambiaron de manos. Tras establecer este punto, coloque su stop por encima de él, de acuerdo con los métodos que se detallan en el Capítulo XXVII.

Hasta este punto, nos hemos preocupado (cambiando el orden normal) de como salir de situaciones que han resultado mal. No hemos dicho nada sobre, exactamente, dónde meterse o dónde tomar beneficios.

Con respecto al asunto de meterse, es decir, hacer la primera obligación, le parecerá, tal vez, que existe un conflicto entre actuar en soporte o resistencia y actuar en una acción de tendencia o en una reacción calculada del 40 al 50% después de un movimiento previo. A veces, se origina ese conflicto y no es viable dar una regla exacta que interceda estas tres distintas indicaciones de operación. Sin embargo, se alegrará de ver que, en muchos casos, una reacción de aproximadamente el 45% devolverá su acción a la línea de tendencia, y también cerca del nivel de soporte o resistencia. Después de un movimiento hasta un nuevo techo Menor, podemos esperar que una acción reaccione (a) alrededor de 40 a 50% de ese movimiento, (b) hasta la línea de tendencia básica, y (c) hasta el techo previo Menor de soporte. Su adquisición estará basada, por lo tanto, en la reparo de estos tres factores. Si usted ha comprado "temprano", en base a un único factor, debe aguardar que la acción reaccione un poco más allá, sin deteriorar las indicaciones triples, hasta el punto de coger su stop. Sería mejor que hiciera sus compras en base al factor que muestre la reacción más pequeña, y ubicar su stop más allá de la reacción más grande demostrada por cualquiera de esos tres. Por lo normal, la diferencia entre estos tres puntos no será muy grande. Como siempre, el método se aplica, aunque en sentido opuesto, a las ventas al descubierto.

En el sitio en el que está adquiriendo después de un descenso Intermedio, o vendiendo después de una recuperación Intermedia, se afirmará más fuertemente en el soporte y la resistencia que en un porcentaje calculado del movimiento Secundario o una línea de tendencia. Inspeccionará, por supuesto, la historia de la acción, preferentemente en gráficos semanales y mensuales, en primer lugar, para ver su tendencia Mayor, delimitará áreas importantes de soporte o resistencia, y calculará grosso modo el alcance del movimiento correctivo de finalización que está tratando de medir. Demostrará ahora estos datos en el cuadro más detallado que puede conseguir de sus gráficos diarios. A medida que el movimiento correctivo Intermedio se acerca a un 4 o 5% del nivel de soporte o resistencia, puede encontrarse con un día de volumen extremadamente alto y puede tratarse también de una Vuelta en un día. En ese caso, debería realizar inmediatamente su obligación, resguardándola, por supuesto, con un stop. De lo contrario, podría hacer su obligación cuando el gráfico empezara a oscilar o aplanarse o, a falta de otras indicaciones, cuando haya llegado al 3% del soporte o de la resistencia.

En este caso, su problema de conseguir beneficios es un poco más complicado que si se tratara de un movimiento Menor. Está esperando que se origine un cambio de dirección del movimiento correctivo Intermedio y se instaure una nueva tendencia Intermedia de dirección Primaria. Se halla en un punto en el que la acción del mercado es incierta. Debe darse cuenta de que los precios pueden perdurar en el nivel de soporte (o resistencia), formando una Línea o Rectángulo, y penetrar posteriormente ese nivel, estableciendo un cambio de dirección de la tendencia Mayor. o pueden también pararse y girar en el nivel de soporte o resistencia, para apartarse con un pequeño movimiento y después volver para llevar a cabo, posiblemente con éxito, otro intento de penetración. O (y eso es, por supuesto, lo que usted desea) puede desarrollarse una continuación de la tendencia Mayor, con un movimiento inclinado con volumen desarrollado en la dirección favorable, para estar seguido tal vez por un movimiento correctivo Menor, y otro avance en la dirección Primaria; y quizá también una serie de movimientos Menores que llevan la tendencia Primaria completa a un nuevo terreno.

Examinando estos casos uno por uno, si la acción persiste durante muchos días o varias semanas en el nivel de soporte o resistencia y penetra después ese nivel, cerrando a un precio que lo ha cruzado c1aramente, sálgase prontamente. Si la acción realiza un pequeño movimiento en la dirección correcta, busque indicaciones de volumen y prepárese para ubicar stops ceñidos y tomar así sus beneficios tan pronto como surja un volumen fuerte (excepto en un día de fuga). Por supuesto, una vez que ha aparecido esa señal, tiene justificación el seguir haciendo nuevas obligaciones en la siguiente corrección Menor y la que la sigue, ya que se está moviendo otra vez en la tendencia Mayor.

Debemos aludir aquí otra situación. Hasta este punto hemos asumido que todas nuestras obligaciones se han realizado para aprovecharse de un movimiento en la dirección de la tendencia Mayor. Supongamos, sin embargo, que un movimiento que ha subido una acción hacia nuevos niveles altos con una serie de escalones Menores, continúa constituyéndose para fugarse de la pauta de cambio de dirección. Debemos buscar ahora un movimiento Secundario de alcance Intermedio. Podemos vender al descubierto en la recuperación hasta la resistencia Menor y, si el movimiento sigue bajando, podemos realizar una segunda e, incluso, tercera obligación (aunque con más cuidado) contra suelos Menores sucesivos. Pero, en este caso, aguardaremos que el descenso termine en las proximidades del último techo previo Intermedio, que es ahora un nivel de soporte. De igual forma, siguiendo una pauta de cambio de dirección identificable y una fuga por arriba con volumen durante un Mercado Bajista, podemos esperar una recuperación Intermedia que se puede usar para operar hasta el suelo previo Intermedio, donde es posible que aparezca una resistencia fuerte. Un operador diestro puede convertir en beneficios estos movimientos Secundarios en períodos en que no es posible operar a largo de la tendencia Primaria demostrada; pero debe recordarse que estos movimientos, por lo general, no pueden ir tan lejos como los de dirección Primaria.

Podríamos cerrar este capítulo acordándole otra vez que, mientras que la acción del soporte y resistencia de la tendencia Menor se muestra patentemente en los gráficos diarios, los soportes y resistencias Intermedios y Mayores se registran más fácilmente en los gráficos semanales o mensuales.

Capítulo XXXI

No todo en un mismo cesto

La variación es importante, ya que las pautas técnicas no siempre cumplen su primera promesa. Si su capital se encuentra sujeto a una sola acción o a varias acciones del mismo grupo o línea de negocio, puede resultar dañado a causa de un movimiento falso que perturbe solamente a sus valores en cartera, inclusive aunque el resto del mercado pueda seguir conservándose fuerte o se mueva bastante por la tendencia Primaria. Al diversificar, Ud. impide, gracias a la ley de medias, que sus acciones vayan por el camino equivocado, a excepción, por supuesto, de algún cambio de orientación que afecte al mercado entero o a gran parte de él.

La diversificación inteligente requiere el estudio de los costes de la compra y venta de acciones, sobre todo cuando se trata de cantidades pequeñas. Puede que desee poseer una cartera de acciones que represente las medias completas de Dow Jones, o una selección que contenga, al menos, una acción de cada grupo importante. Sin embargo, si su capital es delimitado, sólo podrá adquirir media docena de acciones y los recargos mínimos de la comisión harán de esta operación algo costoso, muy costoso para operar a corto. El operador a corto debe tener siempre en cuenta estos costes. Son más significativos para él que para el inversionista a largo, ya que éste último puede tratar de mantener la acción durante meses o años. Para usted, como operador, un cuarto de punto o medio punto puede cobrar proporciones serias cuando se multiplica por una serie de transacciones.

Las comisiones se cargan con cada compra de acciones y con cada venta, de acuerdo con los inventarios que trascienden de fórmulas establecidas por las Bolsas.

Hay, en adición, un impuesto sobre transmisiones que se grava al vendedor (pero no al comprador) de acciones, fundado en el valor nominal de la acción. Las tasas de corretaje se pueden cambiar de vez en cuando. Su agente puede proporcionarle un inventario de las comisiones actuales y otros costes de operación, tales como impuestos sobre transmisiones y precio de la S.E.C.

Su agente puede proporcionarle también un inventario en el que aparezcan los costes de comisiones e impuestos y, en el supuesto de que existan cambios importantes en las tasas, debería estudiarlos para ver qué efecto tendrán en sus costes de operaciones con acciones a distintos precios. La tabla siguiente, basada en las últimas tasas anteriores a la publicación, le ofrece una guía aproximada con respecto al coste de operar con lotes redondos de acciones a diferentes niveles de precios. Se realizan concesiones para las comisiones y para el impuesto sobre transmisión de acciones.

Descubrirá que sus costes completos simbolizan un porcentaje más alto del capital invertido en acciones de bajo precio que en acciones de precio alto. Observará también que los costes de porcentaje serán mayores en un número menor de acciones que en un lote redondo, y crecen a medida que el número de acciones baja.

Se dará cuenta también de que los costes de porcentaje aumentan a medida que la cantidad total de capital es menor.

Costes de la compra y venta de lotes de 100 participaciones (completos)

(Aproximación: calculadas según las nuevas tasas sobre comisiones en vigor desde el 30 de Marzo de 1959)

- Acción que vende por debajo de $5,00, costes completos de 1/4 de punto.
- Acción que vende a $5,00 hasta $10,00, costes completos de 3/8 de punto.
- Acción que vende a $10,00 hasta $15,00, costes completos de 1/2 de punto.
- Acción que vende a $15,00 hasta $25,00, costes completos de 5/8 de punto.
- Acción que vende a $25,00 hasta 40,00, costes completos de 3/4 de punto.
- Acción que vende por encima de $40,00, costes completos de 1 punto.

Supuesto en esta cuestión de los costes se halla el asunto de la "fracción de lotes sueltos" de 1/86 1/4 de punto, que se grava a cada compra y cada venta de menos de un lote redondo de acciones. (Esto representa, por lo normal, con cada lote de menos de 100 acciones, aunque haya acciones, clasificadas de "inactivas", en las cuales el lote redondo o unidad de operación es de 10 participaciones).

Ya que estas comisiones, impuestos, y fracciones de lotes sueltos pueden convertirse en difíciles factores en la operación activa, será útil poseer una tabla aquí que muestre cómo puede invertir su capital a un coste sensatamente bajo, teniendo en cuenta las tasas actuales. Es preciso decidir, de manera más o menos arbitraria, lo que representa "coste bajo", ya que los costes irán desde alrededor de un 1%, en los lotes redondos de acciones de alto precio, hasta un 20% o más en las de precio más bajo.

Una cifra práctica podría ser e15%, y consideraremos como "coste bajo" a cualquier transacción completa que proporcione como resultado un coste total bruto del 5% o menos.

Se puede expresar una norma general buena para la operación a coste bajo: *no opere con lotes de menos de 100 acciones que vendan a 150 menos: no sitúe menos de $500 en una sola transacción.*

Si Vd. está invirtiendo en unidades de aproximadamente	Opere en acciones tasadas tal como se indica (Para costes brutos totales del 5% o menos)	
	Lotes Redondos	Lotes sueltos
$500	—	60 y más
$750	—	25 y más
$1.000	8 y más	20 y más
$1.500 o más	8 y más	16 y más

Si su capital es, por ejemplo, de $1.000 0 $2.000, haría bien en dividirlo en, unidades de unos $500 cada uno y restringir su operación a lotes sueltos de acciones que venden a 40 o por encima de 40. Si su capital es más grande, puede usar unidades de operación más grandes y ampliar la gama de su operación a acciones de precio más bajo. En cualquier caso, es primordial diversificar sus valores en cartera. Dividiendo su capital y utilizándolo de tal forma que evite multas por costes altos, estará más protegido frente a los movimientos anormales y los cambios repentinos que pudieran afectar difícilmente a una sola acción.

Por otro lado, si tiene mucho capital para asegurar abundancia de diversificación (8 o 10 acciones deberían suponer un máximo para una cuenta de operaciones activa), puede acrecentar el tamaño de las unidades de operación. La pregunta total se refiere a las cantidades *mínimas* a invertir en una sola obligaci6ón y, si estas cantidades se doblarán o triplicarán, no se aumentarían los costes, sino que se reducirían en muchos casos.

En base a las tasas sobre comisiones tales como las de Mayo de 1958, los costes totales completos (comisiones, fracciones de lotes sueltos, impuesto sobre transmisiones, etc. en la compra y venta) por valor de $1.000 de una acción, ascenderán alrededor de $44. Esta cifra se mantiene muy constante en acciones de varios precios; en algunos casos, los costes pueden ser de un dólar o menos. El porcentaje de coste se reducirá, de alguna forma, cuando la unidad de operación es de más de $1.000.

1 de mayo de 1975, aprobación de las comisiones competitivas

La cuestión tan largamente discutida de las tasas fijas sobre comisiones se resolvió, probablemente, con la apertura de tasas flexibles sobre comisiones para los agentes miembros, que admiten elegir al cliente la tasa que le sea más próspera. Esto dependerá, por supuesto, del tamaño de la cuenta y de la necesidad del cliente de servicios especiales por parte del agente, quedando establecida por negociación la tasa sobre comisión.

Capítulo XXXII

Implicaciones de Medición en las Pautas Técnicas de Gráficos

S i muestra uno de sus gráficos a un amigo suyo y le dice que parece alcista, la pregunta de este no se hará esperar: "¿cuánto tiempo estimas que seguirá siéndolo?" Se trata de una respuesta automática con la que debe contar.

Una buena pregunta es: ¿qué distancia es probable que se desplace el movimiento esperado? Usted no lo sabe, nadie lo sabe. Con mucha asiduidad, y con bastante seguridad, puede usted decir, "esta acción, que acaba de hacer tal y tal avance, reaccionará viablemente hasta tal o tal precio". Puede calcular *esto* con un grado de exactitud muy alto, siete u ocho veces de cada diez, remitiéndose a la línea de tendencia básica, ala proyección paralela de la línea de tendencia del techo, a la norma de reacción de 5/11 (45%), o al nivel de soporte.

Estas reglas funcionan muy bien cuando se emplean en reacciones de una tendencia Alcista, y podemos calcular equivalentemente las recuperaciones de una tendencia Bajista. Pero no son válidas para el movimiento que se causa en la dirección misma de la tendencia. Un movimiento alcista puede, y muy a menudo así lo realiza, sobrepasar la línea superior de tendencia, subiendo tanto como el movimiento hacia la línea de tendencia. Un movimiento bajista puede colmar la tendencia a la baja, cayendo supuestamente sin límite. (Esta es una de las razones por las cuales ubicamos stops preventivos -para impedir el desastre en caso de que la tendencia cambie de repente de dirección). Y por esto elegimos el uso de stops progresivos ceñidos como método de obtención de beneficios, en vez de utilizar las órdenes límites ubicadas en una línea de tendencia, en un nivel de resistencia, o en algún otro punto decisivo. A decir verdad, con mucha continuidad una acción examinará su avance en uno de estos puntos indicados; sin embargo, los casos en los que un movimiento sobrepasa sus objetivos son muy frecuentes, y en tales casos nadie puede realizar averiguaciones en relación al límite que la acción logrará en el movimiento.

La razón de esto es que el movimiento mismo es poco razonable. Es un ejemplo de participación pública, de agitación de especulación incontrolada (y, con mucha frecuencia, es la agitación terminal de esa tendencia concreta).

Exactamente de la misma forma, y a menudo de manera más violenta, la caída incontrolada, que se sale de la tendencia en un movimiento a la baja, es un ejemplo de miedo y, al estar totalmente fuera de razón, no sigue ninguna regla y no conoce límites establecidos de antemano.

Hay, sin embargo, ciertas pautas y situaciones en las cuales podemos hacer algún cómputo del posible alcance de un movimiento en dirección Primaria -por lo general, un cálculo de su alcance mínimo. En estos escenarios, poseemos una guía que nos ayuda a decidir si aquellas brindan una ganancia suficiente que justifique los riesgos que suponen. La medida enunciada nos ofrece al menos una pista del lugar aproximado donde debemos comenzar a buscar el volumen que indicará el techo.

Por ejemplo: una fuga definitiva de un Triángulo Simétrico es posible que llegue, *al menos,* hasta el máximo del Triángulo medido en toda su primera reacción. Se trata aquí de una medida conservadora. El movimiento puede ir todavía más lejos. De hecho, las implicaciones de tendencia del Triángulo sugieren una continuidad equivalente al movimiento que antecede al Triángulo y que se adentran en él, puesto que, si la tendencia sigue siendo válida, el movimiento debe subir hasta el límite superior del canal. En el caso de un cambio de dirección, usaremos también la altura hasta la primera reacción como una medida mínima.

En Triángulos Rectángulos, podemos considerar también su lado largo (constituido por la primera reacción) como una medida tosca del movimiento mínimo esperado.

Y, en el caso de los Rectángulos, el mínimo que podemos prudentemente esperar, después de una fuga, es una distancia semejante a la altura de Rectángulo.

La pauta de Cabeza y Hombros lleva consigo un buen mástil de medición. La altura de la formación, desde el techo extremo de la cabeza, bajando hasta el punto que se halla puntualmente por debajo del lugar donde cruza la línea clavicular, constituye el movimiento mínimo. Algunas pautas de Cabeza y Hombros, que representan un movimiento supuesto de no más de tres o cuatro puntos, han marcado el principio de un descenso que sube, en su momento, hasta cientos de puntos.

La fuga, más bien rara, que acoge la forma de un "mástil" casi vertical que sube (o baja) muchos puntos antes de conseguir un punto de stop donde se realiza alguna pauta de consolidación, lleva consigo una norma de medición muy clara que funciona con una exactitud asombrosa. La consolidación de Bandera o Gallardete se producirá en el punto de mitad de camino –"La Bandera ondea a media asta". El movimiento espectacular que lleva a la Bandera se verá, con toda posibilidad, duplicado por otro ascenso, al menos igual al primero, en un futuro cercano. Siguiendo el ascenso, se pueden o no originar otra consolidación u otros ascensos. Después de dos agitaciones como ésta, lo mejor es echarse a un lado y "pasar la pelota" a otro. Si guarda durante mucho tiempo suficientes gráficos, observará muchos ejemplos perfectos de esta linda formación. Pero verá también algunos ejemplos anómalos, algunos fallos. Y, puesto que el movimiento es tan enfáticamente provechoso cuando funciona, se verá tentado a adquirir con cada pauta de consolidación formada después de un violento ascenso. Lo mejor es esperar hasta que el ejemplo sea claro un ascenso casi vertical y casi extraordinario, seguido de varios días de congestión sin volumen, prácticamente. Si la congestión continúa o cede durante más de tres semanas, venda la acción; posiblemente encierra algún truco.

No es obligatorio decir que esta misma pauta aparece, en sentido opuesto, en tendencias bajistas y se puede operar con ella de igual forma a la baja.

Las preguntas relacionadas con las atribuciones de medición de los huecos se han estudiado en detalle en el Capítulo XII. El único tipo de hueco que sobrelleva implicaciones importantes, en cuanto a la trascendencia del movimiento a seguir, es el hueco de huída o continuación. La aparición de tal hueco durante un movimiento de precios claro es posible que marque, aproximadamente, el punto de mitad de camino; y se pueden también deducir dos o más huecos, en relación con el volumen y el alcance total del movimiento, para calcular el probable punto medio del movimiento, y predecir así el potencial objetivo último.

Las propiedades de medición se han agregado también a otras pautas y, de vez en cuando, funcionan según el plan. En general, sin embargo, los mejores recursos de medición son las líneas de tendencia, los niveles de soporte y resistencia, y todas las señales trascendentales de volumen alto que Ud. mismo tenga.

Capítulo XXXIII

Revisión Táctica de la Acción Gráfica

La teoría de Dow

EI registro muestra como un inversionista, que hubiera adquirido un grupo representativo de acciones en cada señal de Mercado Alcista Mayor de acuerdo con la Teoría de Dow, explicada en los Capítulos III, IV, y V, hubiera vendido todas sus acciones con cada señal de Mercado Bajista Mayor, desde el principio de las Medias de Dow (Dow Average), y habría salido muy bien parado a lo largo de los años (ver Tabla. Cap. V). Aunque esta habilidad en tablas no tiene nada en cuenta las ventas al descubierto, sería cabalmente lógico agregar que un grupo representativo de acciones debería venderse al descubierto con cada señal de Mercado Bajista Mayor y cubrirse ala siguiente señal de Mercado Alcista. Y, si contuviéramos las cifras de esas ventas al descubierto, basadas en el nivel de la Media Industrial, los beneficios totales de esas transacciones teóricas, a largo y a corto, serían muy grandes.

Creemos que este registro lleva consigo algunas implicaciones de peso que están relacionadas con las operaciones de todo operador e inversionista. Hablaremos de ellas en breve.

Pero, antes de hacerlo, deberíamos agregar que pocos inversionistas, si es que hay alguno, han seguido las señales de largo plaza del Dow, comprando o vendiendo al 100% con cada señal Mayor.

En primer lugar, hacer eso requeriría una vida de mercado larga, y aceptaría que el inversionista ha admitido la Teoría de Dow en su forma clásica, y jamás ha vacilado, nunca ha alterado las definiciones o su método de operar, y nunca ha sacado nada de capital en el período completo.

En segundo lugar, debemos asumir, por un lado, que nuestro inversionista ideal tiene un gran arrojo para mantenerse firme en los períodos en los cuales la tendencia Mayor parece amenazar su posición fortuitamente; y que, por otro lado, tiene mucha paciencia para esperar a que pasen los meses de paralización, en los cuales la tendencia parece ir a ningún lugar.

Y, en tercer lugar, deberemos asumir que el grupo de acciones comprado o vendido constituye, en realidad, un justo corte transversal de la media, en el sentido de que realizaría los mismos movimientos que la media misma. De hecho, si el grupo estuviera bien variado, habría buenas posibilidades de que sus movimientos se acercaran a los de las medias. Pero estamos dando mucho por sentado al suponer que un inversionista podría congregar todas estas condiciones en un período de años, condiciones que,

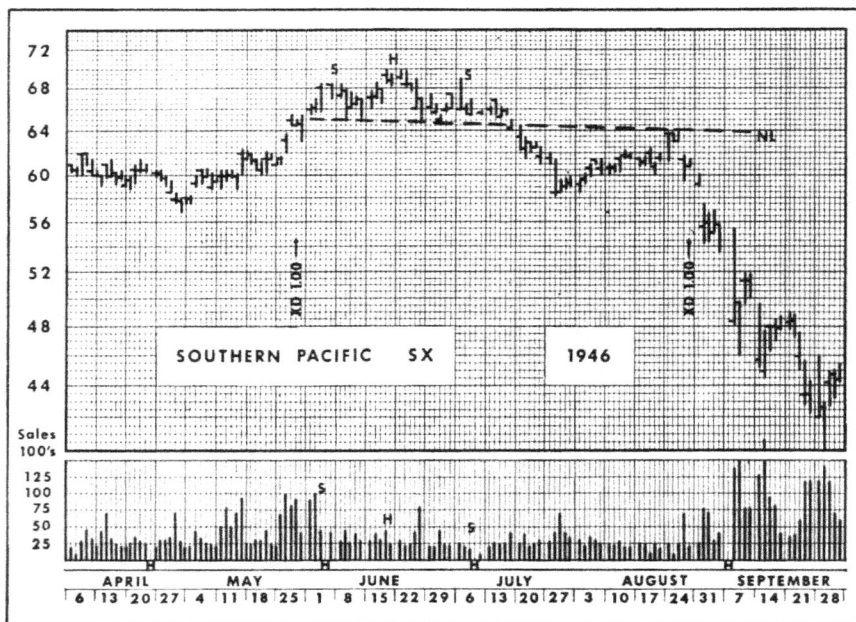

FIGURA 196. Techo de Cabeza y Hombros. El mercado Alcista que elevó a la Southern Pacific de 8 a 70 en los años 1941-46, culminó en Junio de 1946 con esta formación. Observe el fuerte volumen del hombro izquierdo, el volumen más bajo de la cabeza y el pequeño volumen del hombro derecho. La señal de fuga, que fue decisiva el 15 de Julio, avisó, a los que mantenían compras a crédito, de que vendieran en el mercado al día siguiente (a 63, aproximadamente) en lugar de esperar el stop preventivo, que se hubiera colocado en el 61, para ser cogido. El volumen se desarrolló, en su momento, en el suelo del movimiento de fuga en el 58 1/2, aproximadamente, que se movió y cumplió la medida mínima de la predicción de la Cabeza y Hombros. Sin embargo, a partir de este punto se produjo una débil recuperación con volumen bajo, y siguió al alza durante cuatro semanas. La debilidad de este cuadro justificaría una venta al descubierto en una recuperación del 40 al 50% del movimiento desde el hombro izquierdo hasta el suelo, o en una Vuelta a la línea clavicular, por ejemplo a 63. La recuperación se extendió hasta la línea clavicular en 64, huyó en un hueco con volumen, y siguió bajando con un movimiento que situó los precios, en los tres meses siguientes, por debajo de 40, y después incluso mucho más por debajo. Un rasgo extraordinario de los techos de Cabeza y Hombros es la frecuencia con que una formación relativamente pequeña, como la que aparece aquí, anuncia un movimiento Mayor, cambiando el curso de la acción durante meses e incluso años venideros. No *todas* las pautas de este tipo darán lugar a movimientos tan grandes como éstos; sin embargo, *nunca* debe considerarse a la ligera ninguna formación de Cabeza y Hombros.

positivamente, debería reunir si quiere operar estrictamente como un operador de la "Teoría de Dow".

No hablamos en serio al proponer este plan al pie de la letra. Las implicaciones importantes de las que hablamos son las siguientes: si el registro de las medias demuestra que es posible conseguir sustanciales beneficios teóricos con estas señales Mayores, y si los índices están constituidos por los precios de acciones individuales, las posibilidades favorecen, entonces, la compra o venta de una mayoría de acciones en línea con la tendencia Mayor de las medias. La evidencia demuestra que las tendencias normales siguen, corrientemente, durante meses o años. La línea de "ganancia más probable" es, por lo tanto, la línea de la tendencia Mayor.

En base a esto, podemos decir con certeza que, cuando está en camino una situación de mucha importancia como para haber producido una señal Mayor en las medias, habrá una probabilidad mayor de hallar situaciones provechosas en acciones individuales que se muevan en esa tendencia, que entre las que se muevan en la tendencia opuesta.

Le sugerimos que lea de nuevo, y con mimo, el párrafo anterior. Significa que no tratamos de vender acciones "en el techo" de un Mercado Alcista. No tratamos de "comprar gangas en el suelo" de un Mercado Bajista. Nosotros no intentamos dar ánimos a la tendencia que, tal como ha demostrado la historia, es posible que siga durante un período de tiempo indefinido y posiblemente largo.

Esto ha sido enunciado aquí con menos énfasis que en ediciones anteriores de este libro. Habrá advertido que no hemos dicho que no vendiera *nunca* una acción durante un Mercado Mayor Alcista, o que no adquiriera una acción en un Mercado Bajista. Habrá, y con mucha periodicidad los hay, casos de acciones que se mueven en, contra de la tendencia Mayor, y pueden evidenciar, en base a su comportamiento técnico individual, una obligación realizada en contra de la tendencia de las medias.

Tales operaciones deben hacerse con cuidado y con una comprensión plena de que la mayoría de las acciones se mueven de manera opuesta. Esas operaciones se pueden realizar por ejemplo, en casos específicos indicados por los gráficos de las acciones implicadas, en forma de posiciones parciales para bajar el riesgo completo.

Si un Mercado Alcista, por ejemplo, se hubiera mantenido durante varios años y estuviera, posiblemente, todavía en efecto, pero ciertas acciones hubieran roto malamente y demostrado debilidad individual, un operador podría seguir manteniendo tres cuartas partes de su capital en buenas posiciones largas, pero podría realizar un número limitado de ventas al descubierto en las acciones más frágiles. Si el Mercado Alcista siguiera después, tendría que cerrar en su momento los descubiertos por pérdidas, que se considerarían como el coste razonable del "seguro". Por otro lado, si la debilidad general se hiciera más grande y cambiara, a su debido tiempo, la dirección de la tendencia Mayor, las ventas al descubierto atenuarían, entonces, la devaluación de los créditos hasta el instante de producirse la señal de cambio de dirección.

Usando un índice de Evaluación (ver Capítulo XXXVII) en vez de las medias, o en adición a ellas, es viable decir "el mercado parece ser alcista en un 60% aproximadamente", o "en un 55%", en vez de decir sencillamente alcista o bajista. Al realizar esto, se tiene en cuenta el hecho de que algunos mercados son más alcistas o más bajistas que otros; y deja al inversor "moverse a favor de la corriente", en vez de tener que acoger una posición tenaz en uno u otro sentido.

Debemos hacer notar, sin embargo, que aunque éste adopte esa posición parcial en contra de la dirección de la (supuesta) tendencia Mayor, seguirá utilizando el grueso de su capital en escenarios que se adecúen a la tendencia principal. Nunca expondrá la mayor parte de su activo en oposición a la tendencia, hará cualquier contra jugada con un sentido claro de que tienen una naturaleza propia de seguros y cumplirá este objetivo aunque se cierren al final como ventas.

Sintetizando todas estas implicaciones de la Teoría de Dow: no haga una gran mayoría de sus obligaciones en contra de la tendencia Mayor. En los períodos de cambio de dirección potencial, baje paulatinamente sus valores en cartera, ya realice ventas al descubierto en acciones frágiles, pero en cantidades limitadas; pero no trate de anticipar un techo o suelo Mayores en las Medias desarrollando una tercera y tenaz posición en contra de la tendencia principal.

Techos de cabeza y hombros

(A) Si *posee acciones largas.* En caso de que se originara una ruptura que cruzara, bajando, la línea clavicular, con un cierre de, al menos, un 3% por debajo de la línea clavicular, ubique, a la mañana siguiente, un stop 1/8 de punto por debajo del cierre último. Siga poniendo esos "stops ceñidos", si no son tomados el primer día a 1/8 de punto por debajo del cierre de cada día, hasta que uno de ellos sea tomado.

(B) Las ventas al descubierto se pueden hacer después de una ruptura, en una recuperación del 40% de la distancia que hay desde el techo del hombro derecho hasta el fondo del movimiento de ruptura, en una recuperación hasta una línea dibujada sobre el tope de la cabeza y el hombro derecho, o en un retroceso a la línea clavicular; *cualquiera que sea el punto que se alcance primero.* Si el movimiento de ruptura sigue siendo bajista otro día, o durante muchos días, la recuperación del 40% se basaría en el movimiento total desde el techo del hombro derecho hasta el punto inferior conseguido.

Suelo de cabeza y *hombros*

(A) Si *posee acciones al descubierto*. Si se produjera una fuga con *volumen incrementado* que penetre la línea clavicular y cierre, al menos, un 3% por encima de ella, ubique, a la mañana siguiente, un stop para cubrir a 1/8 de punto más alto que el cierre. Si ese stop no es tomado, continúe cada día ubicando un stop 1/8 de punto más alto que el cierre del día previo, hasta que uno sea alcanzado.

(B) Se pueden realizar nuevas compras después de una ruptura en una reacción del 40% de la distancia desde el suelo del hombro derecho hasta el techo del movimiento de ruptura (debiendo tener esta reacción un volumen descendiente), en una reacción hasta una línea dibujada sobre el suelo de la cabeza y el hombro derecho o en un rechazo hasta la línea clavicular; cualquier cosa que se logre primero. Tal como pasa en el caso de la formación de techo, esta reacción del 40% se constituye en la distancia total del movimiento de fuga, en caso de que siga subiendo durante varios días.

Cabeza y *hombros complejo* o *múltiple*

Las mismas sugerencias tácticas que se emplearon para la Cabeza y Hombros simple, se aplican también para la compleja múltiple. En el Capítulo VII se entregan las definiciones y los rasgos especiales de estas formaciones.

Techos y *suelos redondeados*

Es complicado hablar de normas exactas a la hora de operar en estos cambios de tendencia graduales. En el caso de los Techos redondeados, si uno posee acciones a largo, la aparición general de una formación redondeada que se extiende sobre un período de muchas semanas, nivelándose desde el ascenso y girando después a la baja, muy probablemente con una disminución de volumen cuando se acerca al techo del ascenso y una recuperación de volumen a medida que el giro se vuelve hacia la baja, sugiere una salida del mercado (o de la acción) tan pronto como el cuadro parece dudosamente decisivo. Una venta al descubierto de un Techo redondeado podría ser muy ventajosa; pero no podemos instituir ninguna norma, excepto que en la ausencia de Puntos de Base fijos querríamos estar seguros de que la formación era, sin lugar a dudas, un Techo redondeado; le gustaría que estuviera bien formada, que siguiera un largo ascenso y que se desarrollara en su formación a lo largo de un período de varias semanas. Requeriría también estar protegido por un stop situado sobre el techo de la curva, tal como se expuso en el capítulo dedicado a los stops.

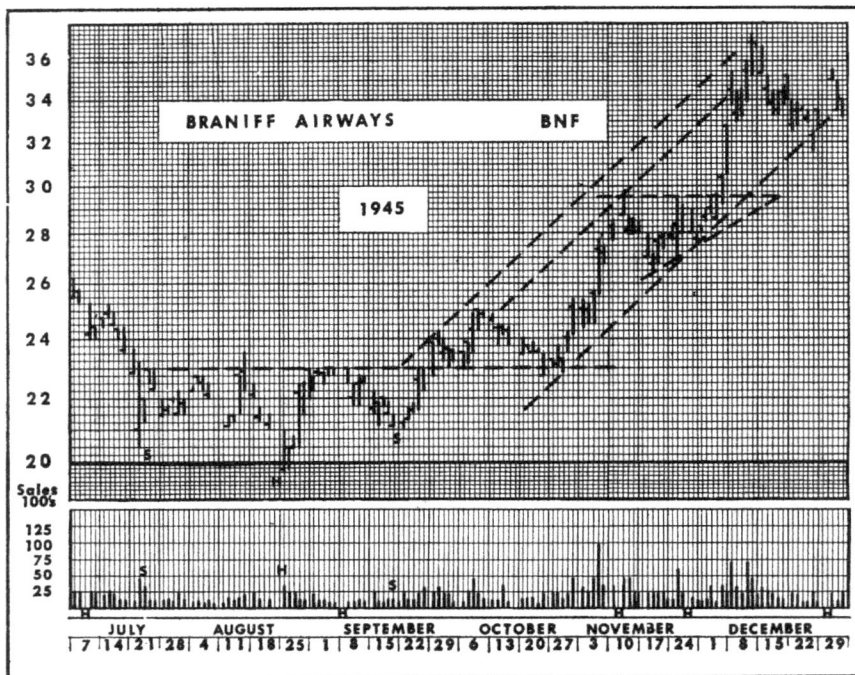

FIGURA 197. Suelo de Cabeza y Hombros en la Braniff Airways en 1945. SE trata, estrictamente hablando, de una continuación de una Cabeza y Hombros después de una corrección Secundaria en el Mercado Alcista. Normalmente tardaría más en formarse un suelo Mayor que cambiará la dirección de un Mercado Alcista largo.

Vemos aquí un volumen fuerte en el hombro izquierdo, algo menor en la cabeza, y muy poco en el hombro derecho, con un aumento brusco, tal como se exigió en el movimiento de ruptura del 21 de Septiembre. El movimiento de fuga estuvo seguido de un rechazo a la línea clavicular con un volumen en disminución, ofreciendo una buena oportunidad para comprar en 23. El movimiento alcista se reanudó de nuevo y se produjo otra vez una reacción hasta el soporte de la línea clavicular. No es infrecuente una segunda reacción de este tipo. El cierre a 2 3/4 el 19 de Octubre, por debajo del suelo previo Menor y con volumen incrementado, fue un poco inquietante. Sin embargo, a la vista de la fuerza de la pauta y de la fuga, no habríamos vendido la acción y el stop preventivo en 21 7/8 no hubiera estado amenazado. El 25 de Octubre reanudó el avance con un hueco de separación y siguió subiendo hasta el 29 1/2, donde el movimiento se señaló con una Vuelta en un día y un hueco de agotamiento.

Obsérvese que, al alcanzar 29 1/2, la "BNF" entró en una figura de consolidación durante unas tres semanas, haciendo un Triángulo Ascendente antes de saltar hasta 37 1/2. Observe también (podemos sacar el máximo partido de estos ejemplo) cómo el Triángulo Ascendente toma forma en, aproximadamente, el punto de mitad de camino del avance completo. Ya estamos familiarizados con esta tendencia de las acciones a formar, en movimientos rápidos, pautas o figuras de "medio camino".

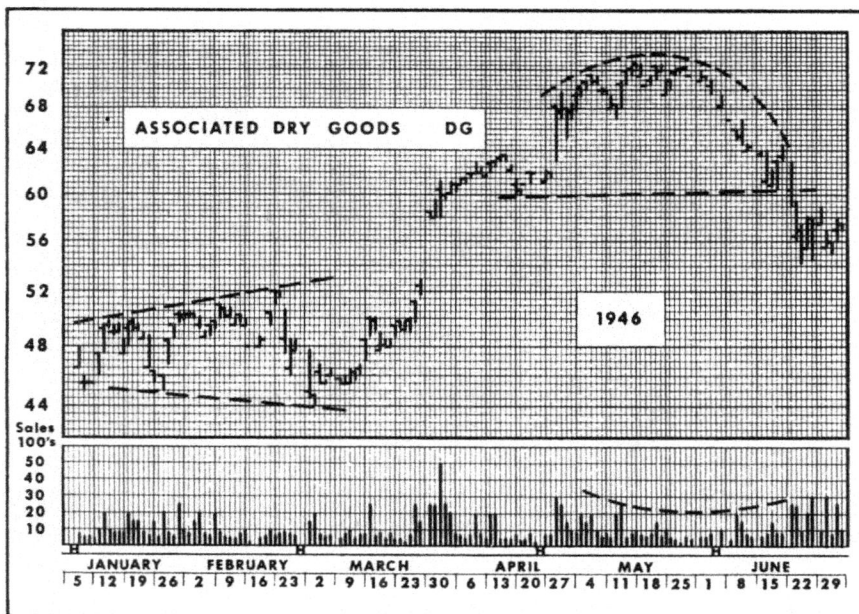

FIGURA 198. La Associated Dry Goods culmina su tendencia de Mercado Alcista con un Techo redondeado. Se trata de un gráfico diario de los primeros seis meses de 1946. El avance en la "DG", desde 4 hasta por encima de 72 en sólo 3 años y medio, es, cuando se ve en gráficos mensuales, una curva suave y en aceleración, que surgió de una larga formación de suelo que duró cinco años, desde 1938 hasta 1942. A medida que nos adentramos en los últimos seis meses que llevaron a su alza máxima final, observe, en primer lugar, el desarrollo durante Enero y Febrero. La "DG" acababa de completar una rápida carrera en el último cuarto de 1945 y se debía producir una consolidación o corrección secundaria. Al alcanzar 48, se volvió hasta 45, avanzó hasta 50 1/2 y, finalmente, hasta 52 y después reaccionó hasta 44 a finales de Enero.

Si el movimiento el 22 de Enero hubiera ido un poco más bajo y cerrado por debajo del mínimo del 3 de Enero, y hubiera estado seguido después por un cierre incluso más bajo el 26 de Febrero, tendríamos que haber considerado esta pauta de cambio de dirección. Sin embargo, la pauta no fue perfecta y, por lo tanto, tampoco fue válida; sin embargo, la acción de precios desigual muestra una debilidad incipiente. No es raro que los avances culminantes sean espectaculares y rápidos en estas últimas etapas, en los que la participación del público está siendo alta. Y esto es lo que vemos aquí. El 25 de Marzo se produjo un hueco de separación de cinco puntos, seguido de un avance que se agotó en 63 1/2, reaccionó y después subió hasta por encima de 68. A partir de aquí el movimiento avanzó de espacio, con algo que sugería una tendencia convergente y una sucesión de "cabezas" y "hombros", y con un volumen que disminuye a medida que se alcanzó el techo. La caída del 4 de Junio, por debajo del suelo Menor del 7 de Mayo de volumen incrementado, completaría el Techo redondeado y exigiría una venta inmediata si estuviéramos todavía a crédito; y la penetración de la "línea clavicular" del 18 de Junio fue una ruptura decisiva.

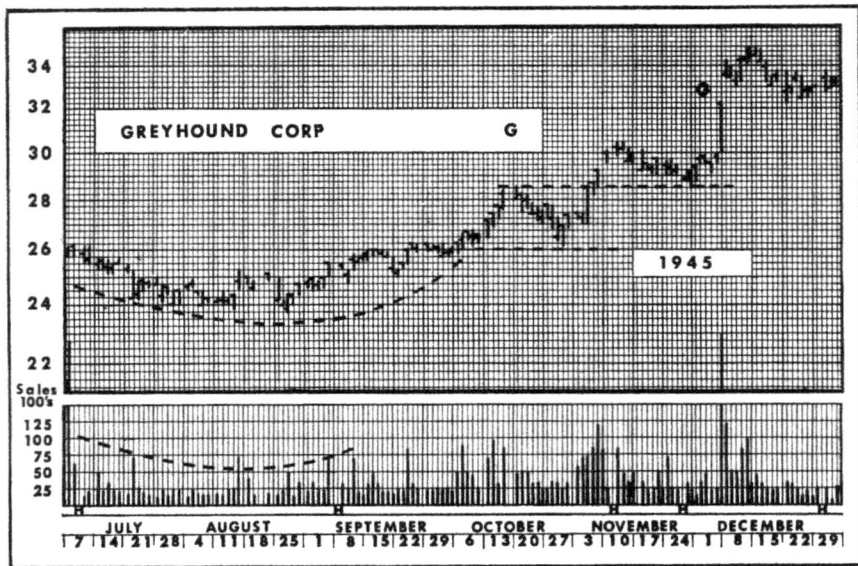

FIGURA 199. La Greyhound: suelo redondeado de 1945. Pauta de continuación después de la subida hasta 29 y la reacción hasta el soporte en 24, el máximo de 1944.

En Julio, el volumen corrió bastante alto en los días a la baja, agotándose a medida que nos adentramos en Agosto. El 10 de Agosto fue testigo de una aceleración de volumen en el lado alcista y después más inactividad.

Los distintos movimientos pequeños de Agosto y Septiembre no nos ofrecerán ninguna base para las operaciones. El movimiento hasta una nueva altura en la pauta del 31 de Agosto sugirió un giro al alza y de nuevo el 19-20 de Septiembre vemos otro pequeño empuje hasta el nivel del 26. Sin embargo, no es todavía definitivo.

El movimiento que se puso en camino la semana que acabó el 13 de Octubre es más definitivo. Este movimiento concluyente de buen volumen se sale directamente del "cuenco" con una subida casi vertical. No es un gran movimiento, sino una indicación clara de la posible tendencia. Buscaremos un punto para comprar G en una corrección del 40-50% del movimiento completo alcista desde el suelo o en una vuelta hasta llegar cerca del nivel de soporte, alrededor del 26. La compra se haría alrededor del 26 1/2. Observe el agotamiento de volumen en esta reacción.

El avance desde este punto hasta 30, que marca un máximo completamente nuevo de Mercado Alcista, se produjo casi inmediatamente. El 13 de Noviembre la G cerró a 30, con un volumen muy fuerte para ser un Sábado y, ya que este volumen no se produjo en el día de la ruptura, habríamos cerrado la transacción con un stop ceñido a 29 7/8 el Lunes (a menos que hubiéramos decidido esperar la siguiente reacción Menor para un avance posterior).

Dos semanas más tarde, en base a la reacción hasta un buen soporte, habríamos comprado la G otra vez en 29, aproximadamente (no podemos contar con conseguir el precio bajo extremo con cada reacción). El avance siguiente subió en dos días hasta 34 1/4. En ese punto, se podrían haber tomado beneficios o haber mantenido la acción a plazo más largo. Debe decirse que la G siguió subiendo hasta 54.

No es posible que, estando en posición corta, se quede sin acciones en un Suelo redondeado. La aparición larga y gradualmente redondeada con volumen inactivo, seguida de una reanimación imprevista con un volumen muy incrementado, sería señal suficiente para cubrir, en el supuesto de que se hallara en esta posición incómoda. Las adquisiciones tendrían justificación en el caso de una acción cuyo gráfico demostrara un fondo o platillo redondeado, después del primer arranque de actividad que prosigue a un período de inactividad largo y lento. De acuerdo con las reglas que hemos dado para las adquisiciones en las reacciones, deberá comprar, no en la ruptura, sino en la reacción que la sigue, que se producirá con mucha probabilidad.

Triángulos simétricos

(A) Si *ya posee una posición en la acción.* Durante la formación de un Triángulo Simétrico, puede ser incapaz de realizar cambios en sus valores en cartera. Pongamos que ha adquirido una acci6n en una reacción posterior a un movimiento alcista. La elevación siguiente no logra hacer un nuevo máximo y no brinda una señal de volumen suficiente como para incitarle a hacer una liquidación. La reacción siguiente no consigue constituirse por debajo de la anterior. Se halla "encerrado" dentro del Triángulo y no puede vender con seguridad, ya que el Triángulo que se ha formado puede salirse en la dirección primera y demostrarle un buen beneficio (las posibilidades apuntan en favor de una ruptura en esa dirección). En el caso de un movimiento de ruptura (que debe ir acompañado, por supuesto, de volumen aumentado en el lado al alza), lo puede cerrar para conseguir un beneficio (de acuerdo con las reglas para operar que ya hemos determinado), y marcar prestamente una nueva compra en la siguiente reacción. Si la ruptura se origina abajo (ya esté o no acompañada de volumen desarrollado), debería protegerse con un stop ceñido (118 de punto) al día siguiente y continuará situando esos stops preventivos ceñidos por debajo del cierre de cada día, hasta que se venda. Si posee acciones al descubierto, se aplicarán las mismas reglas pero en dirección opuesta, a excepción de que la ruptura en la dirección correcta (abajo) no requeriría una confirmación de volumen, y la ruptura adversa (arriba) precisaría ese volumen incrementado.

(B) Si *no posee una posición en la acción.* Apártese de las acciones que establecen Triángulos Simétricos hasta que se haya producido una ruptura clara y decisiva. Después de tal ruptura, si se ha producido en el lado del alza, adquiera en la siguiente reacción si la tendencia Mayor es alcista; si se halla en el lado de la baja, venda al descubierto en la siguiente recuperación si la tendencia Mayor es bajista. Ya hemos hablado de las normas para llevar a cabo estas obligaciones.

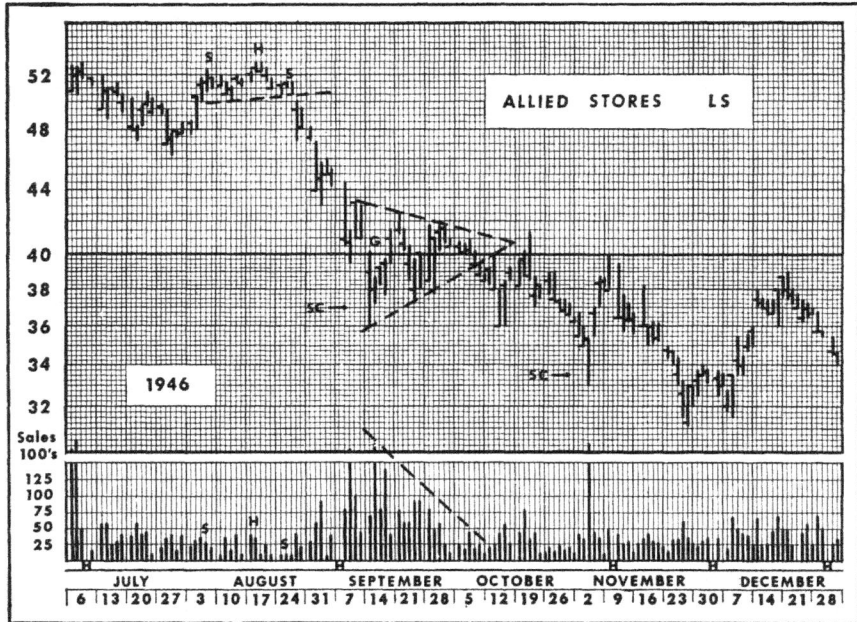

FIGURA 200. Triángulo Simétrico de la Allied Stores, consolidación del descenso de 1946. Fíjese en el fuerte volumen cuando la "LS" se hundió hasta el primer punto de cambio de dirección de la pauta el 10 de Septiembre, y el agotamiento de volumen durante las oscilaciones sucesivas del Triángulo. En los gráficos de Punto y Figura, este tipo de pauta sucesiva se conoce como un péndulo. Con frecuencia, el volumen se recupera algo en cada punto de cambio de dirección; sin embargo, un Triángulo válido debe mostrar algún descenso conjunto de volumen.

Si tuviera, por una triste casualidad, acciones de la "LS" a crédito, debería colocar su stop preventivo en el 33 1/8, un 8% por debajo del suelo alcanzado en el 36. Sin embargo, el movimiento hacia abajo que se sale de Triángulo de 4 y 5 de Octubre (Viernes y Sábado), fue, aunque de ligero volumen, una ruptura verdadera (recuerde que las rupturas *hacia abajo* no exigen confirmación de volumen) y habría tenido justificación si hubiera vendido su acción a crédito en el mercado el Lunes. Hubiera recibido alrededor de un 38 1/2. Sin embargo, para justificar una *venta al descubierto*, la ruptura tendría que haber cerrado al menos un 3% fuera del Triángulo. La vuelta al límite de la pauta a 40 fue interesante y habrá observado ya que el volumen aumentó típicamente a medida que el descenso se puso en camino el 9 y 10 de Octubre. No se puede cuestionar la validez de esta ruptura. Las ventas al descubierto se encontraban en orden en una vuelta hasta el límite del Triángulo, o en una corrección del 40-50% del movimiento de ruptura, pongamos por ejemplo en el 38 1/2 hasta el 39. La recuperación llegó hasta el vértice del Triángulo, se separó rápidamente para descender hasta el 33, punto en el que se produjeron, el 30 de Octubre, un Apogeo de Venta y una Vuelta en un día –una señal de toma de beneficios.

Observe la pequeña Cabeza y Hombros de Agosto. Se trató de una pauta de continuación que marcó el techo de la recuperación, antes del estallido de Septiembre-Noviembre.

Nota: impida rupturas de Triángulos Simétricos de este tipo que han seguido estrechándose hasta que el punto de ruptura se sale muy hacia fuera del vértice. Las rupturas más confiables se producen a unos dos tercios a lo largo del Triángulo.

Triángulos rectángulos

A los Triángulos Rectángulos se les emplean las mismas reglas que a los Simétricos (ver Capítulos dedicados a los Triángulos). Al igual que en los Triángulos Simétricos, las rupturas tempranas son más confiables. La confirmación del volumen es más importante en las rupturas hacia abajo de los Triángulos Ascendentes, y no es rigurosamente precisa en las rupturas hacia abajo de los Triángulos Descendentes.

Las posiciones que se han realizado se mantienen hasta que se produce la ruptura y se cierran de la misma forma que cualquier transacción que brinde una ganancia. Ya que los Triángulos Ascendentes y Descendentes sobrellevan una implicación de predicción direccional que no tienen los Simétricos, es posible realizar nuevas posiciones o reacciones *dentro* de un Triángulo Ascendente o recuperaciones dentro de uno descendente. Sin embargo, puesto que el lado plano horizontal de uno de estos Triángulos constituye una zona de oferta o demanda de dimensión desconocida, y ya que este Triángulo puede darse la vuelta (y, de hecho, así lo hace, a veces) antes de que la línea horizontal haya sido terminantemente penetrada, la mejor política sería la de asentarse en estas formaciones que se hallan en camino y aguardar la ruptura definitiva, antes de realizar la nueva posición.

Techos de ensanchamiento

Comprensiblemente, usted no tendría acciones a crédito en un Techo de Ensanchamiento.

Los primeros cambios de dirección de la pauta lo habrían sacado de la acción, si hubiera seguido las reglas tácticas basadas en las líneas de tendencia, tal como se trazaron antes, mucho antes de que terminara la pauta. Ni tampoco se vería tentado a adquirir en esa pauta, ya que las indicaciones de tendencia estarían claramente en contra de un movimiento.

Por otro lado, un Techo de Ensanchamiento, tras su término, brinda excelentes oportunidades de venta al descubierto. Después de una penetración hacia abajo y muy por debajo del cuarto punto de cambio de dirección de la pauta, está justificado el vender al descubierto en una recuperación de alrededor del 40% de la distancia cubierta desde el techo extremo (quinto punto de cambio de dirección) hasta el punto inferior conseguido con el movimiento de ruptura. El stop, por supuesto, debería ubicarse en distancia adecuada por encima del quinto cambio de dirección, es decir, en el techo extremo de la pauta.

Rectángulos

(A) Si *posee ya una acción comprada.* Los primeros movimientos de un Rectángulo puede que no le brinden ninguna señal que le deje salirse. Y no habrá, por supuesto, movimientos de "ruptura" durante la formación de un Rectángulo que le permitan tomar un beneficio. Sin embargo, tan pronto como el carácter del Rectángulo quede bien determinado (y eso exigirá dos semanas, al menos, para fundar un techo y un suelo), puede operar en los techos y suelos, es decir, vender en el techo o cerca de él o adquirir en el suelo o cerca de él. Ya que, como pasa con los Triángulos Simétricos, hay una presunción de que es más factible que lleven a movimientos de continuación que a cambios de dirección, esto simbolizaría que usted no aprovechó su primera oportunidad de salirse (en el quinto punto de cambio de dirección), y decidió seguramente seguir adelante con la esperanza de que el movimiento primero siguiera, lo cual compondría la dirección "correcta" para su obligación. Si se halla en la dirección errónea, use los stops progresivos ceñidos (1/8 de punto) como en los Triángulos.

(B) Si *no posee obligaciones en la acción.* Las operaciones se pueden realizar dentro del Rectángulo en el quinto cambio de dirección y en los subsiguientes. Puesto que hay una ligera posibilidad de que el movimiento siga en la misma dirección que el movimiento anterior, que llevó, por arriba o por abajo, al Rectángulo, lo mejor sería no realizar nuevas obligaciones hasta que no se originara el sexto cambio de dirección, lo cual instalara sus intereses en la misma dirección de una continuación. Y las ventas al descubierto pueden hacerse, por supuesto, después de una ruptura por abajo muy cerca del Rectángulo; y las compras, después de una ruptura por arriba con volumen desarrollado. Las ventas al descubierto y las compras a crédito se harán en el movimiento correctivo que sigue a la ruptura.

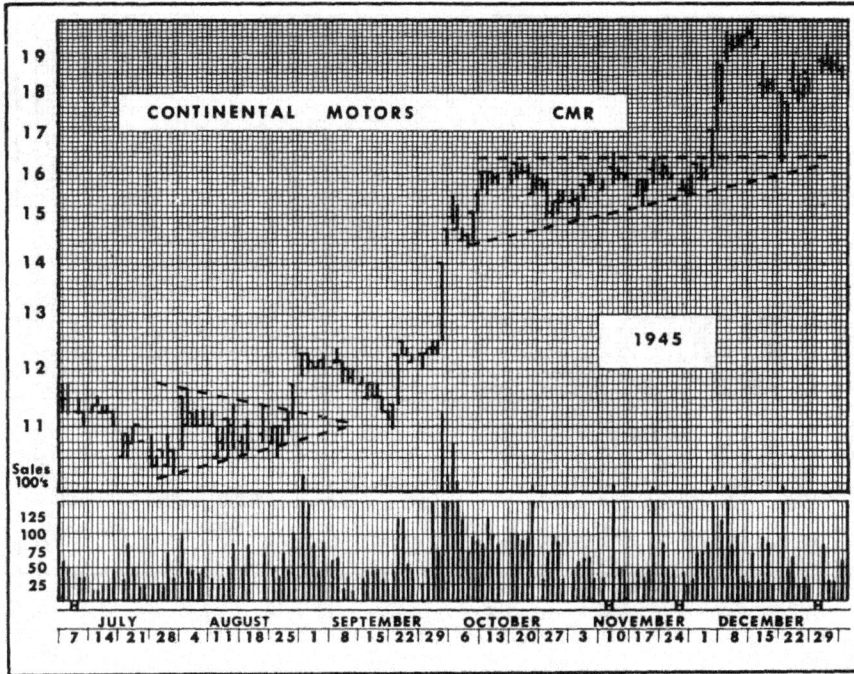

FIGURA 201. Triángulo Ascendente. Después de surgir de la calma de 1943, la "CMR" avanzó hasta el 12, Aproximadamente, a principios de 1945. Los primeros ocho meses del año muestran, en un gráfico diario, un Triángulo Ascendente con techo en 12 1/4. En los gráficos diarios, sin embargo, vemos de forma más detallada los aspectos de esta gran pauta. Por ejemplo, la reacción final de la formación completa (mensual) de Agosto se convirtió aquí en un Triángulo Simétrico. La ruptura de esta pauta cumplió los requisitos de medición mínimos, devolviendo de nuevo el precio al techo del 12 1/4, desde el cual se produjo una reacción que se paró en seco en el 11, el vértice del Triángulo. Una venta en la reacción que se produjo después de la poderosa fuga del Triángulo, por ejemplo alrededor del 11 1/2, se hubiera cerrado con stops progresivos, comenzando el 8 de Septiembre cuando la "CMR" alcanzó el 14, completándose un movimiento bastante provechoso.

La toma de beneficios de este tipo explicaría, en gran medida, la parada del ascenso y la formación de una pauta de consolidación que resultó ser el Triángulo Ascendente de techo en 16 1/4, que duró ocho semanas. Fíjese en el volumen del 7 de Noviembre, cuando el precio perforó el nivel del 16 1/4, pero no pudo cerrar la pauta por fuera; observe también el volumen del 30 de Noviembre, cuando una fuga precisa y definitiva cerró en el 17. Este movimiento corrió hasta llegar al 20 y se podrían haber hecho las compras en el 18 o menos, en la reacción. La siguiente onda llevó a la "CMR" hasta su último techo, situado en el 24, en Enero. En la escala de proporción, el techo del Triángulo Ascendente estaba situado exactamente a medio camino entre el suelo de Septiembre, en el 11, y el máximo extremo de 24. Este tipo de consolidación a medio camino es típica de Banderas y Gallardetes y este es un caso muy parecido.

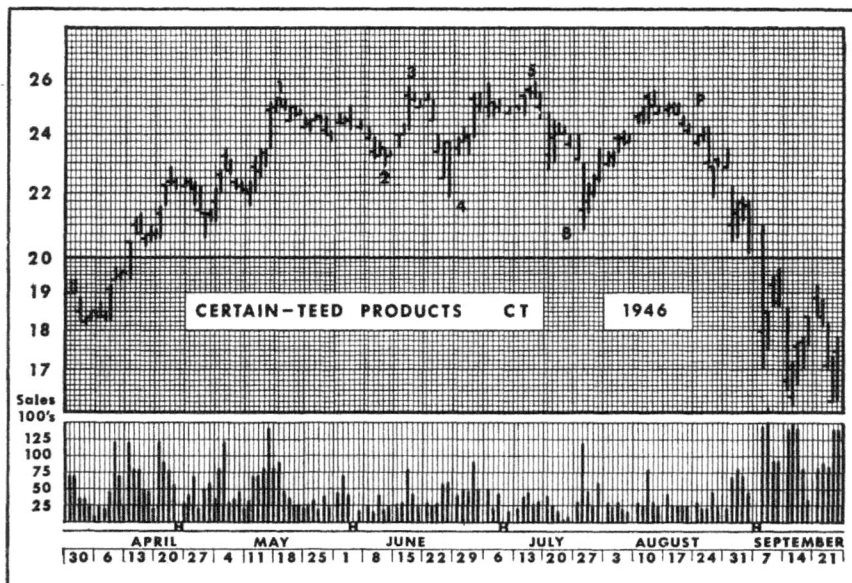

FIGURA 202. Techo de Ensanchamiento. Esta formación rara de alguna manera, aunque hermosa y altamente fiable, se desarrolló cuando la Certain-Teed hizo su alza máxima de Mercado Alcista de 1946. Un vistazo rápido a la escala de volumen de este gráfico diario nos muestra el volumen alto de las últimas etapas del avance, la lentitud durante el desarrollo de la pauta del techo, y el volumen incrementado después de la ruptura.

Tal como ya sabemos (puede volver al Capítulo X para revisar las especificaciones), un Techo de Ensanchamiento es un cambio de dirección de cinco puntos, que difiere de la Cabeza y Hombros, los Triángulos, Rectángulos, etc. en que cada cambio de dirección debe suponer un nuevo máximo o mínimo para la pauta. Es, si quiere, una especie de Triángulo invertido con el vértice en el lado izquierdo, y con oscilaciones haciéndose cada vez más amplias.

La segunda semana de Mayo, la "CT" (estas siglas se han cambiado por las de "CRT") hizo un nuevo máximo de Mercado Alcista en el 25 1/4 (marcado con el número "1"). La reacción volvió al soporte del alza máxima previa (punto "2") y avanzó, la semana siguiente, hasta otro nuevo máximo en "3", cerrando 1/8 de punto por encima del techo anterior.

Otra semana bajó la "CT" hasta el punto "4", con un cierre en el 22 1/2, 3/4 de punto por debajo del punto "2". Esta no es, en sí misma, razón suficiente para hacer posiciones al descubierto. Tres semanas más tarde, la "CT" cerró en el 25 5/8, otro nuevo máximo, en el punto "5". Por último, la acción cayó hasta el 21 1/2 el 23 de Julio, y la pauta se completó en este punto de cambio de dirección de la pauta. Los valores en cartera a largo se venderían en el mercado al día después de la ruptura. Pero los vendedores al descubierto deberían esperar a que se produjera una correción del movimiento del 40 al 50%, desde el punto "5" hasta el punto "B". Si se sacaran los descubiertos en 23, no deberíamos preocuparnos si la acción avanzara, tal como sucedió, sin hacer un nuevo máximo. El movimiento bajista de la "CT" fue rápidamente hasta 15 1/2 y, en un plazo de 12 meses, llegó a 11 1/2.

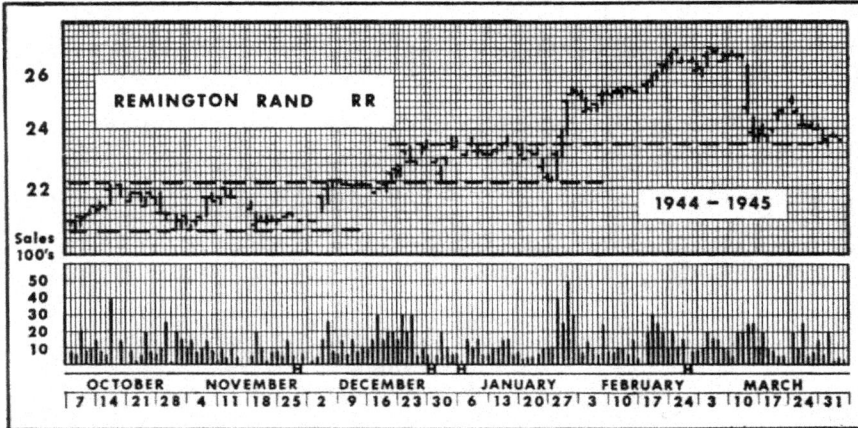

FIGURA 203. Rectángulos en la Remington Rand. Se trata de parte de un largo ascenso de Mercado Alcista que llevó a la "RR", que se encontraba por debajo del 10, hasta por encima del 50, en el período que va desde 1942 hasta 1946. Los últimos tres años de este avance fueron casi continuos, tal como aparecen en los gráficos mensuales, y sin reacciones extensas. Si trasladamos esta sección del gráfico que abarca el final de 1944 y los primeros meses de 1945 a un gráfico diario, vemos, justo en la mitad del avance, que el ascenso no fue en realidad continuo, sino que estuvo formado por escalones de una "escalera" ascendente de pautas de acumulación. Cada avance brusco de volumen incrementado vino seguido por un período de inactividad y ligero retroceso.

Un cuadro de este tipo nos habla de la campaña metódica de compradores que intentaron adquirir grandes bloques de acción con vistas a los avances a largo plazo, sin crear un mercado de "cohete" para sus propias operaciones de compra. Cada avance estuvo revisado, presumiblemente, por la distribución temporal de parte de las acciones que mantenían esos compradores, y se comenzó una "reacumulación" en las reacciones.

En Octubre y Noviembre nos encontramos con un Rectángulo bien definido entre el 20 3/4 y el 22. Se podría haber hecho una compra en el límite de suelo o cerca de él, en el 21 por ejemplo, en el quinto cambio de dirección del 14 de Noviembre. El movimiento que se salió de la pauta, la semana del 2 de Diciembre, no se salió de ella un 3%, sino que, unas dos semanas después, se puso en camino un movimiento calificado de ruptura válida, sin una confirmación de volumen, tal como se exige en los movimientos alcista. Fíjese en el aumento de volumen y la Vuelta en un día del 20 de Noviembre, a medida que este movimiento se aproximaba al techo. Las compras se habrían realizado alrededor del 22 1/2, en base a una corrección normal, y usted hubiera esperado que hubiera un soporte en el nivel del 22. Este soporte se respetó, pero el movimiento no avanzó más allá del 23 3/4, hizo este mismo techo tres veces en un período de dos semanas y volvió de nuevo al 22 1/4.

La ruptura del 25 de Enero no se cuestionó. Su alcance y volumen fueron decisivos. Observe el hueco y la Vuelta en un día del día siguiente, cuando este movimiento Menor iba camino de alcanzar su fin.

A mediados de Marzo, como puede observar, la "RR" se hundió desde su máximo de 27, pero el descenso fue detenido en el nivel de techo del Rectángulo de Enero, una buena plataforma de soporte. Nunca más, en el curso del Mercado Alcista, amenazó la "RR" este nivel, puesto que subió en Abril y siguió su larga marcha hasta el techo de 1946.

Techos y suelos dobles

Los techos y suelos dobles y múltiples no son válidos, a menos que se concierten con los requisitos de estas formaciones. Debe leerse atentamente el capítulo dedicado a estas pautas.

(A) Si *posee una acción adquirida a largo*. Venda la acción en los stops progresivos ceñidos (1/8 de punto) en la penetración y el cierre a un precio más bajo que el suelo extremo de la pauta instalada entre los techos múltiples.

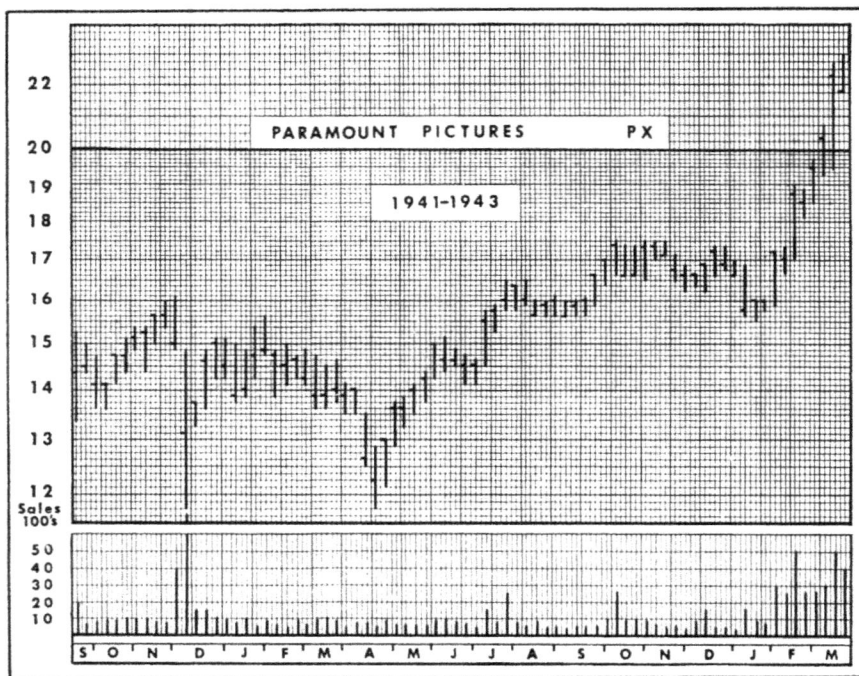

FIGURA 204. Suelo doble de la Paramount Pictures. Los Techos y Suelos dobles no son tan frecuentes como muchos operadores se inclinan a pensar. Exigen, para su desarrollo, un tiempo considerable y deben adecuarse a especificaciones en relación a la gama de precios y al tiempo, y también al volumen (en las rupturas por arriba de los Suelos dobles). Son más fáciles de detectar en gráficos semanales que en diarios. Tenemos aquí un gráfico semanal de la "PX", que abarca desde Septiembre de 1941 hasta Marzo de 1943. En el 11 3/4 se hizo suelo con un volumen culminante durante el movimiento de "pánico de Pearl Harbour". Se produjo después un ascenso que duró ocho semanas y devolvió a la "PX" al 15 5/8 –ascenso de volumen débil, que sugiere fuertemente la posibilidad de otro estallido a niveles incluso más bajos. Como podrá comprobar, este ascenso fue considerable, y supuso un 35% del precio del mínimo de Diciembre. Sin embargo, el movimiento bajista, que llegó hasta mediados de Abril, tuvo un volumen bajo y acabó exactamente en el mínimo del 11 3/4. (Nota: no es necesario que los movimientos de este tipo acaben todos en el mismo nivel; el segundo suelo podría haber sido un poco más alto o bajo, sin estropear, por ello, la pauta). La segunda semana de Julio muestra el primer signo de un posible cambio de dirección, cuando el precio avanzó con volumen incrementado, pero no cerró por encima del 15 5/8; y no fue, por tanto, una ruptura. Dos semanas después, la "PX" había subido hasta el 16 1/2, con un volumen fuerte, cerrando la semana en el 16. Es una ruptura auténtica, y las compras se habrían hecho por orden, en reacciones, a partir de este punto. El movimiento siguió siendo alcista durante tres años, hasta llegar a un techo último de 85.

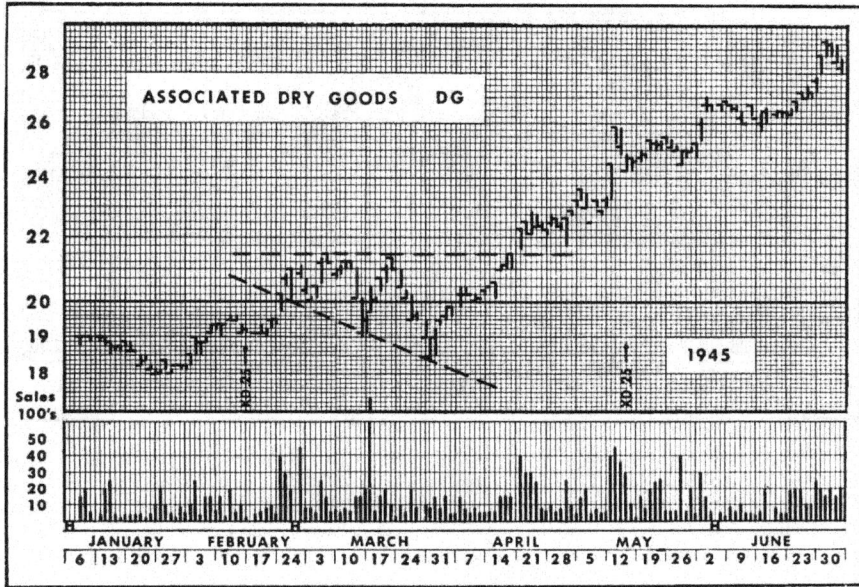

FIGURA 205. Formación de Ensanchamiento de Ángulo Recto de la Associated Dry Goods. Bello ejemplo de una ruptura que atravesó muchos techos y estuvo seguida de un movimiento importante. Se trata, sin embargo, de una pauta que es mejor observar y no seguir como operador activo. La acción había subido desde un suelo importante, situado alrededor del 4, establecido en 1938, 1940 y 1942. En el momento que refleja este gráfico, en 1945, la "DG" estaba comenzando la escalada acelerada que acabó en el Techo redondeado de 1946, situado sobre el 70. (Ver Figura 198). Si hubiera estado manteniendo la acción, habría estado esperando un movimiento correctivo sustancial después del avance de 12 a 20. A últimos de Febrero y en la primera semana de Marzo, la "DG" se adentró en nuevo terreno de máximo de Mercado Alcista, reaccionó hasta el soporte alrededor del 19 - 19 1/2, y avanzó después otra vez la semana del 17 de Marzo, siendo incapaz de hacer un nuevo máximo en este movimiento. Diez días después, la "DG" había reaccionado hasta el 18 1/2, cerrando por debajo del suelo Menor previo. Un observador sin experiencia hubiera dicho que se trataba de un "Suelo doble" y planeó vender la "DG" inmediatamente o incluso para realizar una venta al descubierto. Sin embargo, la pauta no tuvo la duración ni el alcance de movimiento de precios necesarios para poderse calificar de Techo doble, ni es ajustó tampoco a ninguna otra pauta reconocible de cambio de dirección. Ni el volumen fue tan alto como cabría esperar de un techo importante. La recuperación de principios de Abril llevó a cabo una ruptura decisiva de más del 3% del movimiento que alcanzó el 27 7/8 el 18 de Abril. Este movimiento fue una penetración clara del techo múltiple, y confirmó la tendencia alcista. Si mantuviera todavía sus acciones a crédito, descansaría más tranquilo ahora, y, en cualquier caso, hubiera buscado una oportunidad de comprar en una acción después de la ruptura. Si hubiera intentado comprar en el nivel de soporte del 22 1/2, se habría quedado atrás, pero si hubiera colocado su orden un poco más arriba, por ejemplo en el 22, hubiera obtenido un buen beneficio en el avance hasta el 25 7/8, donde habría vendido con stop ceñido en el 25 3/4.

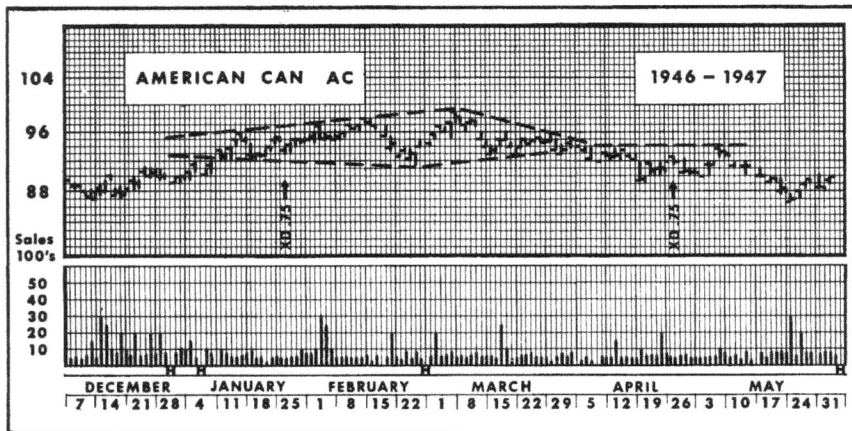

FIGURA 206. Pauta de Diamante en la American Can. El gráfico diario cubre el período que va desde Diciembre de 1946 hasta Mayo de 1947, incluido. Para tener un historial de esta situación, recuerde que la "A" hizo su alza máxima de Mercado Alcista en Octubre de 1945, cuando alcanzó el 112. Ya se ha hecho notar la tendencia de las acciones de alto grado y alto precio a hacer pronto techo al final de un Mercado Alcista. El primer descenso llegó casi hasta el 90, y estuvo seguido de una recuperación hasta el 106. La acción cayó después por debajo del 80, y una segunda recuperación nos puso frente a la situación que tenemos aquí. Se dará cuenta inmediatamente de que los movimientos tienen una apariencia "redondeada" gradual, debido al hecho de que estas acciones de precio conservador no llevan a cabo grandes movimientos porcentuales. Si se pusieran en una escala de intervalos verticales mayores, las pautas se parecerían bastante a las de las acciones especulativas. La primera parte de la pauta es parecida a un Techo de Ensanchamiento. La primera alza máxima en 96 estuvo seguida de una reacción hasta 92. La segunda alza máxima llega incluso más arriba, al 98; y la reacción baja esta vez hasta el 91 1/4. Una tercera recuperación lleva a la "AC" al 99. Hasta aquí, tenemos los cinco puntos de cambio de dirección de un Techo de Ensanchamiento, necesitando solamente un cierre por debajo del 91 1/4 para que se confirmen las indicaciones bajistas. Sin embargo, el siguiente descenso no logra salirse de la pauta y, durante varias semanas nos encontramos con un cuadro *que tiende a estrecharse*, como si se tratara de un Triángulo Simétrico. En su momento, la acción hace una ruptura precisa en el 89, lo que constituye la señal para salirse de las compras con crédito y considerar las ventas al descubierto en la siguiente recuperación. De hecho, la recuperación de tres semanas que comenzó en ese momento nunca llevó a cabo una penetración del nivel de resistencia en el 94, nivel del vértice de las líneas convergentes que limitan la última parte del Diamante. La American Can no realizó un movimiento bajista espectacular desde este punto, lo que no nos sorprende si tomamos en consideración la rebaja de precio que se había producido en la "AC" y si tenemos en cuenta los hábitos y el precio de la acción y las condiciones generales del mercado. No volvió a elevarse, sin embargo, hasta el nivel mostrado aquí, y de hecho retrocedió hasta el nivel del 80. El Diamante no es una pauta demasiado frecuente. Es una especie de Cabeza y Hombros compuesta, con una línea clavicular quebrada. Recuerda, al principio, a un Techo redondeado y su última fase se estrecha como un Triángulo Simétrico.

(B) *Si posee una acción al descubierto.* Cierre la venta al descubierto con stops ceñidos cuando se penetre el punto superior del cuenco invertido o en ascenso entre los suelos.

(C) *Si no está posicionado en el Mercado.* Considere una penetración y cierre mas allá del límite de la corrección entre los techos (o suelos) como una señal de cambio de dirección, y realice nuevas posiciones en las recuperaciones o reacciones.

Formaciones de ensanchamiento de Ángulo Recto

El manejo de estas en las rupturas, a través del lado horizontal, es parecido a lo que ya hemos dicho primeramente de los Techos y Suelos Múltiples, y los Triángulos Rectángulos.

El Diamante

Si está seguro de poseer una pauta de Diamante válida, deberá emplear las mismas reglas de operación que las que se usan en relación a las rupturas de los Triángulos Simétricos. Al igual que en los Triángulos de este estilo, debería esperar a hacer nuevas posiciones con ocasión de una ruptura definitiva; y las obligaciones que estén ya en vigencia deberán mantenerse como tales hasta que se haya producido esa ruptura, ya que afirma un cambio de dirección o se revela una posible continuación de la tendencia primera.

Las Cuñas

No es preciso detallar las reglas del sistema a utilizar dentro de una Cuña y durante su formación, ya que los principios generales desarrollados en relación a las líneas de tendencia, al soporte y a la resistencia lo sacarán de tal situación a la primera oportunidad, después de haber quedado clara la naturaleza fusionada de la pauta. En el peor de los casos, sus stops (que esperamos conserve fielmente en todas las situaciones) lo sacarán antes de que las consecuencias empeoren.

En lo que se refiere a las nuevas compras (desde una ruptura de Cuña Descendente) o a las ventas al descubierto (a partir de una Cuña Ascendente), esperaremos las mismas características de volumen: volumen marcadamente incrementado en una ruptura por arriba de una cuña Descendente; acción de volumen menos pronunciada en las primeras etapas de ruptura de una Cuña Ascendente. En línea con las implicaciones de la ruptura, se pueden realizar nuevas posiciones en las recuperaciones o reacciones después de haberse expresado un claro cierre de la ruptura, desplazándose más allá de las líneas de tendencia y constituyendo la cuña.

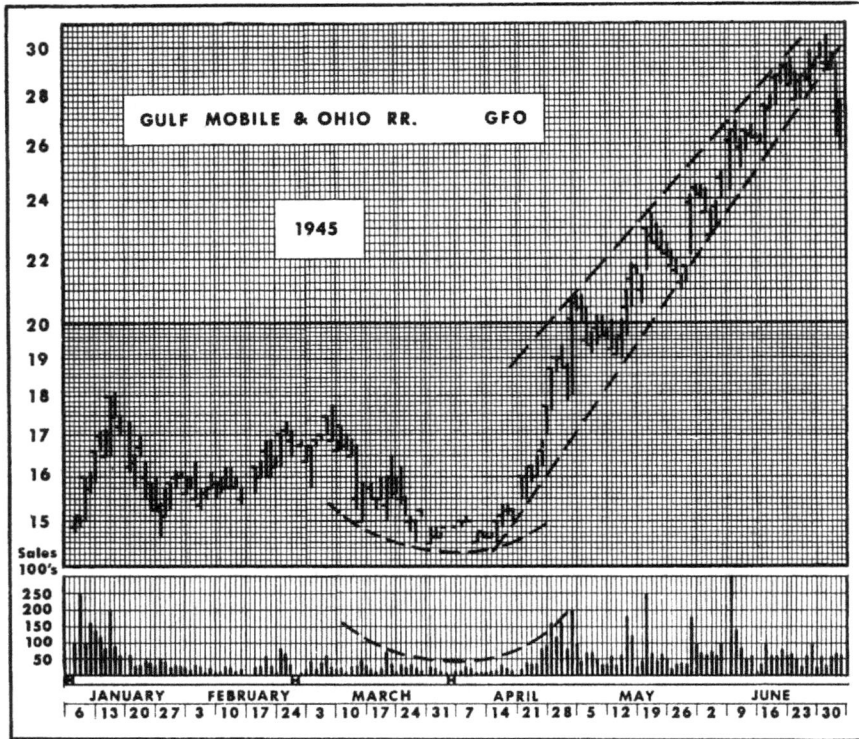

FIGURA 207. La Gulf, Mobile & Ohio creó una bonita Cuña, tal como se muestra en el gráfico diario de la primera mitad de 1945. Este movimiento fue el que puso fin al espectacular movimiento de la "GFO", su techo final de Mercado Alcista.

Inmediatamente después de producirse el derrumbamiento por abajo de la cuña, la "GFO" descendió hasta el 28 3/4, y se recuperó a partir de su mínimo Intermedio, que alcanzó en Agosto, convirtiéndose en un Rectángulo situado entre el 23 3/4 y el 26 3/4 que se derrumbó, en su momento, con una serie de estallidos que hicieron que se vendiera, en Mayo de 1947, en 6 1/8.

En una formación de este tipo es bastante difícil precisar con exactitud el punto en que se establece la convergencia de las tendencias. El movimiento de ruptura de últimos de Abril fue, por supuesto, normal; la acción fue una compra en la siguiente reacción. El avance siguiente del mes de Mayo, que alcanzó el 23 3/4, no llevó a cabo un canal de tendencia paralelo, y apreciamos una tendencia a converger a medida que los precios retrocedían en la reacción. Los tres avances siguientes repitieron y confirmaron el cuadro de Cuña, y vemos, en el techo, una especie de "disposición en forma de piña" a consecuencia del pequeño progreso (si es que lo hubo) de los precios. Se baraja la posibilidad de que algún operador astuto hubiera tomado beneficios en las posiciones a largo después de la aparición de volumen alto en el techo del movimiento Menor, que acabó el 4 y 5 de Junio. En cualquier caso, habría mantenido un stop preventivo en todo momento, para sacarlo si se produjera una ruptura por abajo.

Vueltas de un día

Las Vueltas en un día no son pautas técnicas apropiadas para operar en ellas, en el mismo sentido en que lo son los cuadros importantes de cambio de dirección y consolidación que ya hemos analizado. Son útiles, fundamentalmente, como norma para ayudar a localizar el techo o suelo exactos de un movimiento Menor y cuidar, de esta forma, los beneficios de las posiciones anteriormente hechas. La Vuelta en un día, el hueco de agotamiento, y el día de volumen sorprendentemente alto que sigue a varios días de movimiento en una tendencia Menor, son todos ellos indicaciones de que el movimiento haya podido terminarse. Vale la pena aguardar a que se produzca cualquiera de estas tres señales; dos juntas tienen más peso que una sola; y la aparición de las tres juntas conlleva implicaciones muy fuertes, que nos muestran un techo o suelo Menores. Con respecto a la operación en movimientos destacados por Vueltas de un día, este tipo de operación se halla casi en el campo del juego o, por lo menos, en la operación para lograr pequeños y rápidos beneficios en movimientos cortos. No se trata, de ninguna forma, del mismo tipo de operación que hemos estado analizando en la mayor parte de este libro. El Capítulo X trata de las indicaciones y explicaciones para operar en estos movimientos de un día.

Banderas y Gallardetes

En muchas ocasiones, el descenso total de una Bandera en una tendencia alcista devolverá el precio a un punto en el que deberá adquirirse la acción de acuerdo con nuestras tácticas regulares de operación, es decir, el descenso debe bajar hasta la línea básica de tendencia (Roja), hasta la Paralela Azul, o realizar una corrección del 40-50% del "mástil" ascendente que antecede a la Bandera. Si el movimiento de "mástil" es el primer movimiento que se sale de un nivel o de una tendencia comedidamente ascendente, y si la tendencia Mayor es alcista, tendremos justificación si adquirimos a la primera oportunidad que se presente, que será en la Paralela Azul. En un caso como el que nos preocupa, esperaremos que se provoque, y así pasa por lo general, una reacción posterior, siendo importante meterse rápido, ya que la reacción es, a veces, muy leve y no reúne cualquiera de los otros requerimientos de la corrección. Es importantísimo que el volumen caiga rudamente en una situación así. *El volumen debe disminuir y mantenerse bajo.* Cualquier acrecentamiento de volumen durante la formación de la Bandera, debe considerarse sospechoso en la pauta total; a excepción, por supuesto, del volumen incrementado que conduce típicamente al movimiento de fuga. Este movimiento es, por norma general, tan fuerte, que estaríamos a salvo instalando un stop ceñido (1/8 de punto) por debajo del cierre de un día cualquiera, durante la formación de una Bandera

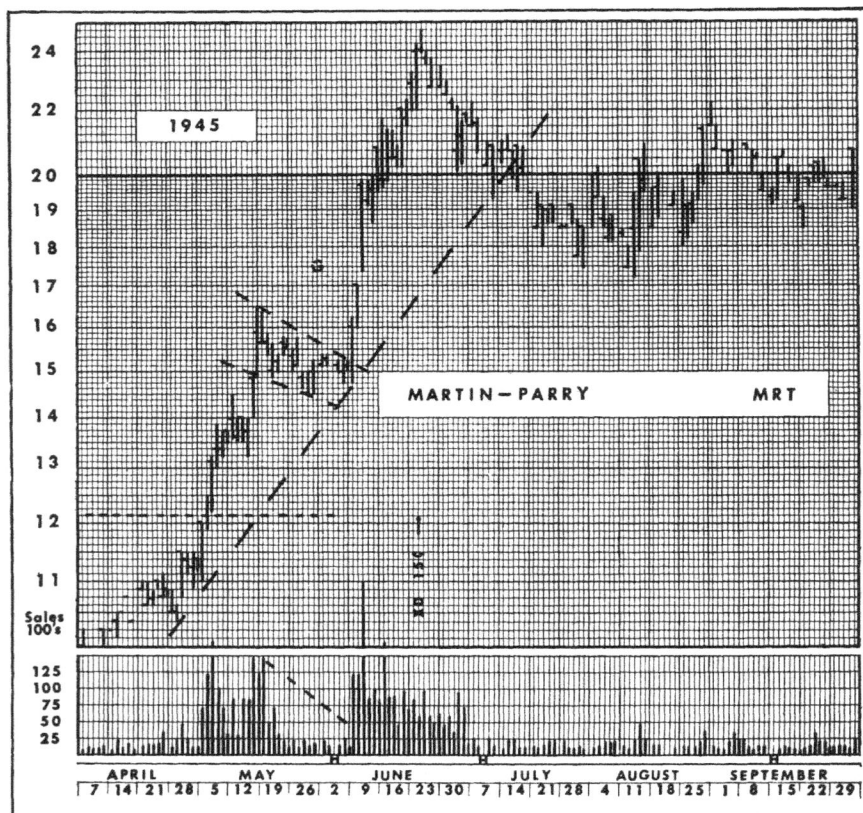

FIGURA 208. Gallardete de la Martin-Parry. Este tipo de pauta es bastante frecuente en los mercados de movimiento rápido. Lo que llama más la atención de las Banderas y Gallardetes (y, a veces, también de otras pautas de consolidación de movimientos rápidos) es su tendencia a formarse casi exactamente a medio camino del suelo y del techo.

Justo antes de este movimiento, la "MRT" había construido un Rectángulo entre el 10 y el 12. La ruptura de Mayo, con volumen fuerte, llevó a la "MRT" directamente al techo del Gallardete sin que se produjera una reacción suficiente. Fíjese en el aumento de volumen en el techo de ese ascenso. Durante tres semanas, los precios se dejaron simplemente llevar y hubo un agotamiento de volumen, claramente reflejado en el gráfico. La pauta no corrigió la fase primera completa, pero encontró soporte en el alza máxima Menor del 14 1/2.

Repentinamente, y con un volumen alto, se reanudó el movimiento y, ésta vez, subió directamente hasta el 24 3/4. Se estima la posibilidad de que los operadores que tenían todavía sus primeras acciones compradas a crédito, o habían comprado alrededor del 15 en el Gallardete, habrían vendido después del alto volumen del 6 de Junio, momento en que la "MRT" alcanzó el 19 7/8.

o Gallardete, que mostrará un volumen considerablemente incrementado. De tal manera que, si la ruptura estaba en camino, nos quedaremos potencialmente dentro, ya que la acción se moverá, por norma general, hacia arriba sin reacción alguna, estableciendo muy a menudo un hueco de separación.

En los movimientos bajistas, cuando la tendencia Mayor del mercado es bajista, se aplicarían estas mismas sugerencias, aunque con una divergencia. El último día de máximo de una recuperación de tipo de Bandera puede mostrar un volumen alto; y, por supuesto, puede expresar también el hueco de agotamiento o la Vuelta en un día. Si se ha hecho una venta al descubierto en un día como ese y ha mostrado un volumen alto, un hueco, o una Vuelta en un día, una orden de stop sobre el alza máxima de la Bandera lo protegería en caso de que el avance se renovara imprevistamente.

En las manifestaciones que se mueven hacia el alza y hacia la baja de esta acción, puede haber Banderas que posean techos y suelos horizontales que son, por supuesto, Rectángulos. Si el agotamiento de volumen y otros aspectos del cuadro, incluyendo el violento movimiento alcista o bajista que lo precedió, insinúan una consolidación del tipo de Bandera, tendrá usted motivos para realizar una posición en el punto sexto de cambio de dirección, o en casi cualquier otro punto de la pauta (ya que no puede esperar que esta pauta siga durante mucho tiempo).

Las Banderas y Gallardetes que siguen durante mucho tiempo (a lo largo de tres semanas), son discutibles. Los stops deben ubicarse, entonces, en la distancia corriente calculada por encima o por debajo de sus techos o suelo extremos (según resulte). Es de lamentar la habitual aparición de formaciones del tipo de bandera que caen en su momento, ya que es muy duro rendirse ante este tipo de pauta, y es preciso establecer el límite de las tres semanas para evitar que la acción se mueva sin dirección hasta volver a los niveles de stop determinados. Por otro lado, los movimientos de fuga de estas pautas, cuando se consuman anormalmente, se hallan entre las formas de acción de mercado más rápidas y ventajosas.

Queda en el aire la pregunta de qué hacer con las acciones que conserva mientras se convierten en una formación de Bandera o Gallardete. Lógicamente, debe seguir manteniéndolas si es que las tiene compradas a crédito y el movimiento que lleva a la Bandera es alcista; y, si el movimiento es bajista, deberían estancarse las posiciones al descubierto. Sin embargo, esto no debería pasar si hubiera seguido las reglas de operación al pie de la letra. En la mayoría de los casos, las señales que le requerían stops progresivos ceñidos (1/8 de punto) deberían haber aparecido durante la formación del mástil. Hubiera sido sacado del cuadro en algún lugar del recorrido, viablemente en el techo extremo del asta (aunque, por lo general, no puede esperar ser tan afortunado).

Sin embargo, si no aparece ninguna señal y Ud. sigue todavía conservando una posición tan pronto como la Bandera empieza a hacer su aparición, *mantenga,* por todos los medios, su posición. Las posibilidades se engrandecen a favor de la continuación del

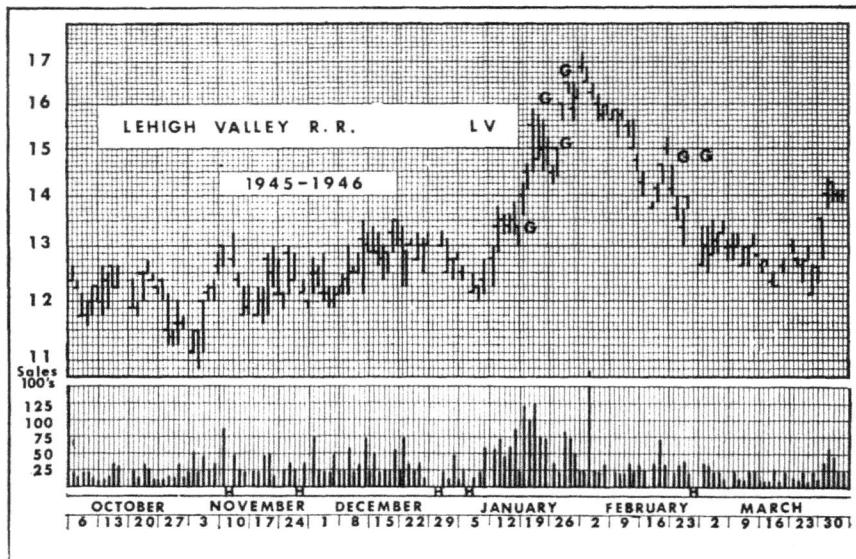

FIGURA 209. Este gráfico diario de la Leigh Valley R.R., de finales de 1945 y principios de 1946, muestra una variedad de huecos. En este momento concreto, la "LV" estaba completando un movimiento correctivo Secundario antes de hacer otro esfuerzo (que resultó ser el último) para sobrepasar el techo de 1945 justo por encima del 17. Esta situación a largo plazo se podría utilizar en una discusión sobre los Techos dobles, puesto que el suelo del movimiento que intervino fue violado el verano de 1946 y la acción siguió su curso bajista por debajo del nivel de 5.

No todos los huecos son significativos; tal es el caso del primer hueco que se muestra, 3 de Octubre, cuando la acción se estaba moviendo en una gama estrecha de volumen alto. Sin embargo, el hueco del Sábado, 3 de Noviembre, es importante, ya que el volumen (cuando se dobla) es alto. El movimiento no consiguió que se le calificara de fuga verdadera por un nuevo máximo del 3%, pero sus implicaciones fueron alcistas y el hacer compras en las reacciones Menores no hubiera carecido de valor. Los huecos de poco volumen de estas reacciones no tuvieron un especial interés.

Hasta la tercera semana de Enero no veremos otro hueco que parezca una separación real. El 14 de Enero, con volumen alto, la "LV" se movió hacia arriba y hacia fuera con una precipitación que la llevó al 15 7/8 el 16 de Enero, cerrando en el 15 1/2. La segunda aparición de volumen aquí habría sugerido la aplicación de stops progresivos y se hubieran cerrado las operaciones a largo en el 15 3/8.

Se podrían haber realizado nuevas compras en el 14 1/2. El 23 de Enero se desarrolló un segundo avance acompañado de un hueco de fuga. Si consideramos el segundo hueco (de 24 de Enero) como un hueco de medición o continuación, calcularemos que el techo probable de este movimiento se encuentra alrededor del 17 3/4. Sin embargo, cuando el 28 de Enero apareció un tercer hueco con una Vuelta en un día y un volumen culminante, se hizo claro que este movimiento estaba casi terminado y que se deberían utilizar los stops progresivos para cerrar las fugas.

Fíjese en el intento de recuperación después de la caída escarpada, y la Isla de un día formado por dos huecos, mientras la "LV" caía para sujetarse en el nivel del 15.

movimiento.

Pero, si ha estado conservando su acción a largo (en un Mercado Alcista), la ha visto después romper y saltar hacia nuevos máximos, por ejemplo desde el 20 al 32, ha sido detenido en el 30, y ve que, después de esto, el avance de precios se paraliza y retrocede los siguientes días con un volumen, que antes era alto, pero que ahora se ha consumido casi completamente (debe ser un agotamiento drástico), entonces tiene motivos para adquirir otra vez, inclusive a un precio más alto que el de algunos días antes.

Huecos

Si posee una acción larga que está en una formación de pauta bien marcada, o en un área de movimiento lento dentro de límites bastante estrechos, y la acción, de pronto, rompe por el lado de arriba con un volumen alto y un hueco, debe considerarlo como una indicación alcista. Deberá conservar la acción hasta que aparezcan signos de agotamiento a medida que sigue el ascenso, vuelva a aparecer un volumen alto, aparezca otro hueco o se provoque una Vuelta en un día. Entonces, especialmente si dos o todas las indicaciones surgen al mismo tiempo, podrá resguardar su posición con stops progresivos ceñidos. Deberá ver si es posible considerar un segundo hueco como hueco de agotamiento o continuidad, dependiendo del volumen y de la velocidad del ascenso, Tal como ya se analizó en los capítulos dedicados a los huecos y a sus implicaciones de medición.

Por lo general, después de un hueco de fuga, e independientemente de si vendió o no en el techo Menor, debe considerar que el movimiento es alcista, y se preparará para realizar una compra en la siguiente reacción.

Ahora bien, si pose una acción comprada a crédito y, durante el curso de un ascenso brusco, desarrolla un hueco días después del principio del movimiento, debe decidir si el hueco es o no de continuación. En caso afirmativo, se prepara para conservar la acción hasta que se origine un ascenso posterior igual, aproximadamente, al ascenso hasta el hueco; y observará también el acercamiento hacia el objetivo último, que se indica muy cerca, de manera que pueda cuidar sus valores en cartera con stops ceñidos cuando surjan señales de cambio de dirección.

Si cree que el hueco que sigue a un buen ascenso es, en verdad, un hueco de agotamiento, debería cuidar su acción raudamente con un stop progresivo ceñido.

En los Mercados Bajistas, aplicaría estas mismas reglas, pero en sentido opuesto, a sus ventas al descubierto, recordando siempre que una separación por debajo no va forzosamente acompañada del volumen alto que esperaría en una separación por arriba.

Si posee una acción comprada a crédito o al descubierto que se está moviendo en una formación de pauta, y la acción realiza entonces un hueco de fuga en la dirección opuesta, debería cerrar prontamente la posición en el mercado o con stops progresivos ceñidos.

Soporte y *Resistencia*

Si posee una acción comprada a crédito, no quiere que ésta viole cualquier suelo Menor previamente hecho. Ni tampoco deseará que viole cualquiera de los techos Menores precedentes que haya sobrepasado. Por tanto, deberá colocar sus órdenes de stop a una distancia calculada, tal como se analizó en el Capítulo de órdenes de stop, usando como Puntos de base los techos y suelos Menores. Por norma general, el suelo Menor más recientemente constituido se encontrará en el nivel aproximado del techo Menor precedente, de tal forma que estos Puntos de Base concordarán con frecuencia. Par este motivo, en una tendencia ascendente, observaremos, casi siempre, el suelo Menor de más reciente formación. Cuando la acción haya creado una gama de precios, durante tres días, que se halle totalmente por encima del día que marca este suelo, puede subir su protección de stop al lugar demostrado por este nuevo Punto Base. Este mismo procedimiento se aplicará también a los Mercados Bajistas, usándose la norma de los "tres días" para confirmar los Puntos de Base establecidos por las alzas máximas Menores y también por los suelos Menores anteriores.

Los techos y suelos intermedios se usan para establecer los posibles objetivos de los movimientos intermedios, ya que los techos previos establecen soporte por debajo de las reacciones intermedias, y los suelos previos muestran resistencia sobre las recuperaciones intermedias.

Los Techos Múltiples son niveles de soporte. Los Suelos Múltiples son niveles de resistencia. La línea clavicular de una pauta de Cabeza y Hombros es un nivel de soporte o resistencia, según sea el caso. El vértice de un Triángulo Simétrico es un soporte fuerte y un punto de resistencia que puede demostrar su efecto otra vez en un movimiento subsiguiente. Cualquier congestión o área situada en un cierto nivel de precios o dentro de límites de precio estrechos, puede brindar soporte o resistencia cuando una acción se mueva otra vez hasta ese precio o gama.

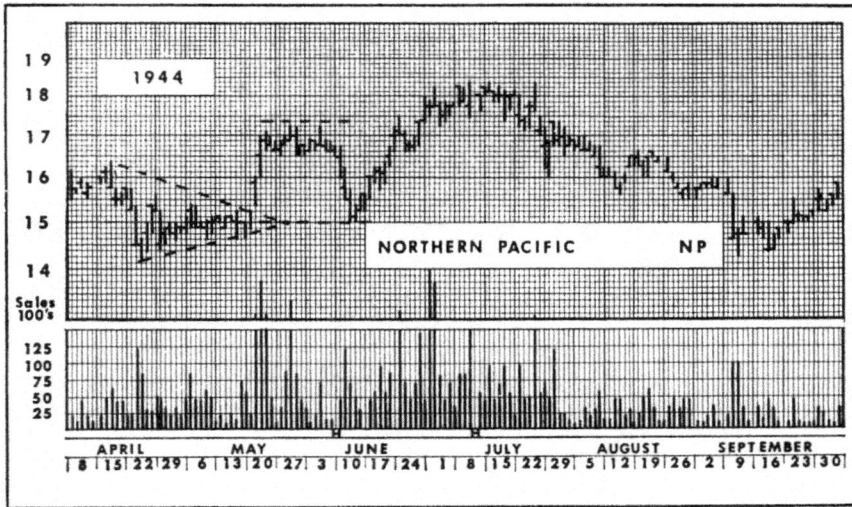

FIGURA 210. Este gráfico diario de la Northern Pacific, que cubre seis meses de 1944, muestra varios ejemplos de soporte y resistencia. El gráfico completo muestra solamente parte de la serie de consolidaciones que tuvo lugar en 1943 y 1944 y que precedió al avance que se desplazó más allá del 38. Los fenómenos de soporte y resistencia aparecen, por supuesto, en la mayoría de gráficos de este libro, y también los encontrará en sus propios gráficos. No hay nada especial, o incluso poco frecuente, en la acción de soporte-resistencia de la "NP".

Fíjese en la recuperación hasta el 15 5/8, en la cual el movimiento se detuvo en el nivel de resistencia de las dos semanas precedentes. Esta recuperación comenzó en Abril (lado izquierdo del gráfico) después de haberse producido el movimiento a la baja con volumen hasta el 14 1/4. Después de la formación del Triángulo Simétrico, se produjo un movimiento de separación con un hueco que subió directamente hasta situarse por encima del 17, lugar en el que se construyó un pequeño Rectángulo las tres semanas siguientes. La acción, al final, rompió por debajo de su pauta con un volumen considerable. No es seguro que alguien quiera operar en esta reacción, considerada como normal, después de la ruptura del Triángulo, a causa del volumen bajo y las implicaciones del Rectángulo.

Vea, sin embargo, cómo la reacción se detuvo en seco en la línea del 15, el nivel de vértice del Triángulo, y después se desplazó directamente hacia arriba. Sorprendentemente, hay sólo una duda de tres días en el suelo del Rectángulo, sin embargo se produjo un pequeño retraso en el techo de esa pauta.

El techo de Julio se puede clasificar de Cabeza y Hombros o Techo Redondeado o Complejo; de hecho, es casi un Rectángulo, y después de la ruptura por debajo, los precios vacilaron en el nivel del techo del Rectángulo de Mayo, siguieron bajando, encontraron soporte temporal en la plataforma de soporte de alrededor del 16, y acabaron, por último, un poco por debajo del 15. Aunque la "NP" penetró, en realidad, y cerró ligeramente por debajo del vértice del Triángulo, la violación fue escasamente del 3%, y es interesante hacer notar que este suelo de Septiembre fue el punto más bajo que se alcanzó. A partir de aquí, la acción comenzó su escalada hasta el nivel del 38, que se alcanzó en Diciembre de 1945.

Líneas de Tendencia

Nos hemos adentrado ya en los métodos precisos para seguir las tendencias de las acciones, y en la utilización de las líneas de tendencia (líneas básicas y de vuelta) del techo y del suelo como indicadores de oportunidades alcistas y bajistas y determinantes de precios para hacer compras o ventas al descubierto.

Queda incompleto el problema táctico de la acción en la que tiene alguna posición. Esa acción no está actuando de manera correcta, pero no ha roto una pauta reconocida ni ha violado un alza máxima Menor establecida. Esta situación, aunque no se origine con periodicidad, puede presentar problemas cuando aparece. Pongamos, como ejemplo, que la tendencia Mayor es alcista, y que una acción que ha estado subiendo de manera irregular en un canal de tendencia paralela, corrobora su tendencia alcista con un avance largo y más o menos continuo y exige nuevamente una compra en la siguiente reacción. Usted compra en la reacción y la acción sigue bajando; es decir, la reacción sigue hundiéndose durante días y semanas, sin recuperaciones, consolidaciones o correcciones que estén lo bastante bien definidas como para servir de Puntos de Base para las órdenes de stop.

En alejamiento de indicaciones claras durante la reacción, y también durante el gran movimiento alcista precedente, debe ubicar su stop a una distancia calculada *por debajo del techo del ascenso precedente.* Y si la reacción sigue bajando hasta que alcanza *ese* nivel, habrá sufrido una pérdida raramente grande.

En un caso como éste, debería inspeccionar las líneas de tendencia que crean el largo avance en el canal de tendencia. Los puntos de contacto con la línea de tendencia básica pueden servir de suplentes de emergencia de suelos Menores. A falta de Puntos de Base mejor definidos, su nivel de stop debería ubicarse a una distancia calculada por debajo del último punto en el que la acción conectó con la línea de tendencia del suelo y subió decididamente más allá de ella. Si se origina la penetración y cierre por debajo de este punto sin coger al stop, venda en stops progresivos ceñidos.

Esta norma se aplicaría, de manera inversa, al mismo tipo de situación en un Mercado Bajista, en el cual las ventas al descubierto se instalarían en la distancia calculada sobre el punto en el que ingresó en contacto con la acción y cayó apartándose de la línea de tendencia superior. Los cambios de angulosidad y dirección de las líneas de tendencia Intermedias son útiles a la hora de demostrar el giro progresivo de una tendencia Mayor.

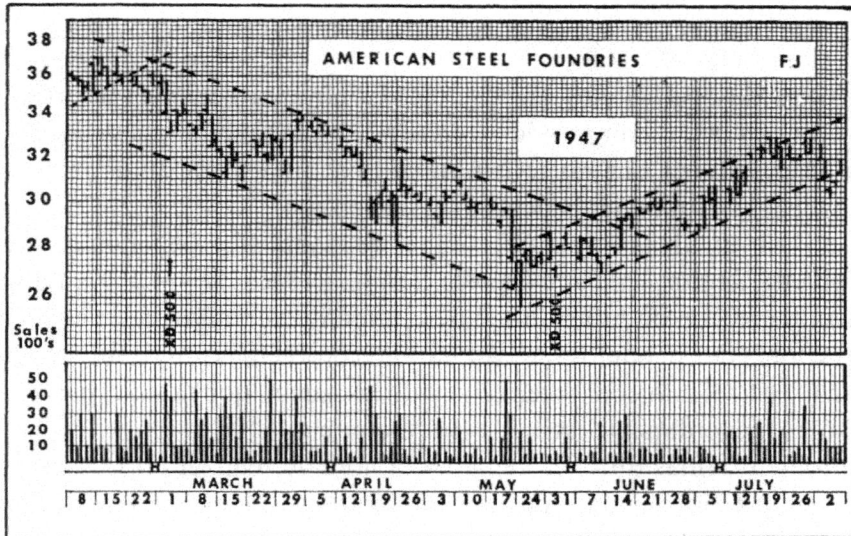

FIGURA 211. Líneas de tendencia en la American Steel Foundries. Este gráfico diario muestra la inclinación de las líneas de tendencia a desarrollarse a lo largo de canales rectos. Hemos señalado ya que, con frecuencia, es más fácil ver estos canales retrospectivamente que cuando se están formando; hemos dicho también que las acciones se mueven, sólo de cuando en cuando, en canales perfectos y que los canales llegan a su fin, casi siempre, sin avisar. En este caso, el largo canal de tendencia sí ofrece un aviso de cambio de dirección.

En 1946, la "FG" había descendido desde 48 hasta el nivel de soporte en el 30. Desde aquí se recuperó durante tres meses en un canal de tendencia, que nos llevó al techo de Febrero en el 37. El siguiente descenso rompió el canal previo y se desarrolló volumen en el suelo de esta ruptura. Si sigue el gráfico completo, observará que el volumen casi siempre muestra un aumento en los puntos de cambio de dirección, que son también, por regla general, puntos de contacto con el canal de tendencia. Fíjese igualmente en la forma en que los movimientos correctivos tienden a detenerse en los suelos Menores previos de la tendencia bajista o cerca de ellos, y en cómo las reacciones tienden a detenerse en los techos Menores previos en la tendencia alcista.

La operación, en esta situación, hubiera sido ventajosa. La recuperación Secundaria intermedia hasta Febrero se aproximó al nivel de resistencia marcado por un suelo, en 1946 de alrededor del 40, y una corrección de la caída desde el 48 hasta el 30 indicaría ventas al descubierto alrededor del 37 (objetivo que se alcanzó a duras penas). Tales ventas, si se hubieran realizado, se hubieran cubierto después de la primera caída (semana del 1 de Marzo) alrededor del 33 1/4. Las nuevas ventas en el 34 1/2 se hubieran cerrado la semana del 22 de Marzo, alrededor del 31/2. Las ventas al descubierto de la recuperación de la semana del 22 de Marzo, alrededor del 23, se hubieran cubierto en la semana del 19 de Abril, en el 30. Si se hubiera reducido de nuevo, la misma semana en el 31, la venta se hubiera cubierto después del suelo culminante de la semana del 24 de Mayo; y la combinación de un gran volumen y una Vuelta en un día nos habría prevenido frente a descubiertos posteriores.

El canal ascendente, por el hecho de ser Secundario y de alcance presumiblemente limitado, no induciría a la operación en el lado a largo, a falta de otras buenas razones.

Capítulo XXXIV

Resumen Rápido de los Métodos Tácticos

Hay tres tipos de operaciones tácticas: (1) Contraer posiciones nuevas,(2) salirse de posiciones que se han movido como se esperaba y demuestran un beneficio y (3) salirse de posiciones que no se han movido como esperábamos, bien sea que la transacción haya demostrado un beneficio o una pérdida.

Ya se han analizado los principios de toma de beneficios, basados en tendencias, niveles de resistencia y soporte, implicaciones de medición de las pautas, y, muy esencialmente, en el desarrollo diario técnico y de volumen de la acción. Estas operaciones de toma de beneficios rara vez exhiben problemas muy complicados, ya que el cuadro se ha desarrollado corrientemente y de la manera que usted esperaba. El punto de "salirse de" es, generalmente, sencillo de determinar.

Los problemas más difíciles surgen a la hora de realizar correctamente nuevas posiciones y en las operaciones defensivas fuertemente importantes de salirse de posiciones perdidas con la menor pérdida posible.

Debemos acentuar que una acción que ha dejado de actuar de manera alcista y que debería, por tanto, venderse, no compone necesariamente una venta al descubierto en la siguiente recuperación. En otras palabras, la señal que demuestra la debilidad o fracaso de un movimiento de tendencia no es siempre señal que involucre realizar nuevas posiciones en el lado opuesto del mercado. La mayoría de las veces no muestra nada de esto.

Sabemos que ciertos movimientos, tales como las rupturas adversas de Triángulos Simétricos o Rectángulos, nos sugieren simultáneamente salir de posiciones, en lo que es claramente la dirección "equivocada" y realizar otras nuevas en la dirección correcta. Sin embargo, el sencillo fracaso de una línea de tendencia en la que una acción penetra simplemente un antiguo suelo Menor sin completar una Cabeza y Hombros u otra pauta de cambio de dirección, aunque poseamos razón suficiente para salimos de obligaciones que están exponiendo pérdidas, no es prueba lo bastante concluyente, por sí misma, como para argumentar una actitud de cambio de dirección y realizar nuevas obligaciones en la dirección contraria. Separamos, por consiguiente, los dos tipos de señales como sigue a continuación:

Salirse de posiciones actuales
- En una ruptura contraria de una formación de Cabeza y Hombros.
- En una ruptura contraria de un Triángulo Simétrico.
- En una ruptura contraria de un Rectángulo.
- Al instituir un nuevo mínimo Menor o un nuevo máximo Menor de dirección

opuesta.

• En una ruptura contraria de un Diamante.

• En una ruptura contraria de una Cuña.

• En una Vuelta en un día si viene marcada por volumen fuerte o un hueco.

• En una ruptura contraria de una Bandera o Gallardete.

• En una penetración clara de cualquier nivel de resistencia o soporte en la dirección opuesta.

• En un hueco de separación opuesto.

• En la aparición de una Isla después de un movimiento de dirección favorable.

• En una penetración de la línea de tendencia básica a falta de pauta u otros criterios favorables.

Nota: se comprende que todas las rupturas deben cerrarse a sí mismas. Un cierre un 3% más allá de un soporte, tendencia o pauta, es bastante para dar señal de peligro. Todas las salidas de un valor se realizan a través de la utilización de stops progresivos de 1/8 de punto.

Realizar Nuevas Posiciones

• En línea con la tendencia Mayor de Dow, o hasta una cantidad limitada en movimientos de tendencia contraria como seguro para reducir el riesgo total.

• En una ruptura de una pauta de Cabeza y Hombros.

• En una ruptura de un Triángulo Simétrico, siempre que no se esté ingresando en el último tercio de su recorrido hasta el vértice.

• En una ruptura de un Triángulo Rectángulo.

• En una ruptura de un Triángulo Rectángulo o (potencialmente) en puntos de contacto, comenzando por el sexto cambio de dirección.

• En una ruptura de un Techo o Suelo Doble o Múltiple. (Se comprende con ello la ruptura a través del suelo del valle ubicado entre los techos o la penetración por arriba de la "bóveda" que se halla entre los suelos).

• En la ruptura producida por la penetración que cruza los techos o suelos Dobles o Múltiples de esa formación.

• En la ruptura de un Diamante.

• En la ruptura de una Cuña, o (potencialmente) en las posiciones dentro de la pauta, siempre que el volumen y el resto de indicaciones tiendan enérgicamente a confirmar la pauta.

• Una indicación clara de un área de soporte o resistencia bien definida.

• En un hueco de separación (potencialmente).

• Después de una formación de Isla importante y bien definida que siga a un movimiento considerable.

• En contacto con la línea de tendencia "favorable" o en su penetración, si las dos líneas de tendencia se están moviendo en la dirección de la tendencia Mayor. (Línea de tendencia Azul de techo, en un Mercado Alcista; línea de tendencia Roja de suelo en un Mercado Bajista).

Nota: Las rupturas y penetraciones deben demostrar un cierre en la zona de ruptura y deben ajustarse a los requerimientos del volumen. Los cierres de la ruptura deberían ajustarse a la norma del 3%.

Se pueden realizar obligaciones nuevas (marcadas como "posibles") en ciertos casos y dentro de ciertas pautas: rectángulos, cuñas, banderas y gallardetes. Se necesita un cuidado extremo en estos casos. Es extremadamente complicado tomar huecos de separación y no lo encomendamos como práctica general.

Todas las posiciones, excepto las ya analizadas, se realizan en la siguiente reacción o recuperación según las reglas expuestas anteriormente. Todas las posiciones están protegidas por stops desde el mismo instante en que se realizan. Los stops se pueden mover, siempre que las circunstancias lo justifiquen, pero siempre en la dirección favorable, nunca en la opuesta.

Capítulo XXXV

Efecto de la Operación Técnica
en la Acción de Mercado

Se ha expresado muchas veces la pregunta de si el hecho de que los operadores estudien los métodos y pautas tiende a *establecer* esas mismas pautas y tendencias- dicho de otra manera, si el método técnico instituye, en cierta medida, un mercado artificial en el cual la acción de mercado es puro reflejo de la acción del gráfico, en vez de a la inversa. Esto no tiene aspecto de ser verdad. Los gráficos que hacemos hoy parecen seguir las viejas pautas; hay una suposición fuerte de que los mercados han seguido estas pautas mucho antes de que los técnicos las llevaran a un gráfico. Las diferencias insinuadas brevemente en la Parte I y que se deben a las exigencias de margen, la limitación de prácticas manipuladoras, etc., parecen haber cambiado estos hábitos, si es que ha pasado así, sólo en cuanto a grado, pero no en cuanto a naturaleza primordial.

El mercado es grande, muy grande para que cualquier persona, corporación o asociación lo puedan controlar como unidad especulativa. Su operación es enormemente libre y democrática en el sentido de que simboliza la integración de las esperanzas y temores de muchas *clases* de compradores y vendedores. No todos ellos son operadores a corto. Existen inversionistas, industriales, empleados de sociedades anónimas, personas que adquieren para mantener, personas que compran para vender años más tarde -compradores y vendedores de todo tipo y condición.

Y, por descontado, no todos los operadores a corto son técnicos. Nos hallamos con los que operan en lo primordial; con los que se fían en consejos, presentimientos, horóscopos, o en el conocimiento personal de la empresa. Todos ellos forman parte del mercado competitivo; están usando métodos diferentes de los suyos -y, a veces, tienen razón y usted no.

Los técnicos que usan las distintas herramientas de análisis técnico –teoría de Dow, gráficos de punto y figura, osciladores, sistemas de orden de escala, y gráficos diarios, semanales y mensuales- son una minoría. El intento *frio* de examinar una situación en base, solamente, al registro de mercado, no atrae a mucha gente. El análisis técnico deja de lado el calor e interés humano de la sala, los rumores fascinantes sobre gruesos dividendos extra por obtener, la información que se rumorea sobre nuevas patentes, y el estudio emocionante de los reportajes sobre las ganancias trimestrales.

Es la influencia de todos estos rumores, realidades y estadísticas lo que provoca que la gente compre y venda sus acciones. Son sus acciones las que crean las pautas de gráficos familiares. Usted no está interesado en el *porqué* de lo que están realizando. En lo que se refiere a sus operaciones, está solamente interesado en los efectos de sus acciones.

Los hábitos y métodos de evaluación de la gente están hondamente arraigados. Los mismos tipos de situación provocan los mismos tipos de respuesta emocional y, de ahí, los mismos tipos de acción de mercado. Estas aproximaciones tan características son muy duraderas. No es totalmente cierto que "usted no pueda cambiar la naturaleza humana", pero es verdad que es complicado cambiar los hábitos de percepción de toda una vida. Y, ya que los inversionistas "ortodoxos" exceden, con creces, a los técnicos, podemos, asumir, sin miedo a equivocarnos, que la operación técnica tendrá poco efecto, si es que llega a tener alguno, en el proceder típico de los mercados libres.

Capítulo XXXVI

Línea de Tendencia Automática:
La Media Móvil

Hubo un tiempo, en 1941, cuando aún estábamos llenos de inocente ignorancia y pensábamos que, sencillamente trabajando mucho y mirando astutamente, descubriríamos la fórmula o sistema seguro e invencible que solucionaría todos nuestros problemas del mercado de valores y que todo lo que tendríamos que realizar el resto de nuestra vida sería presentar cada cierto tiempo la magia y el telégrafo a nuestro agente desde Nassau, Tahiti o Suiza o desde donde nos encontrásemos disfrutando de la vida en ese instante.

Hemos aprendido (esperamos) un poco desde entonces. Más puntualmente, hemos aprendido un número de cosas que no debemos hacer y, al no repetir los mismos errores una y otra vez, hemos podido mejorar substancialmente nuestra labor.

También hemos aprendido que (hasta la fecha) no hay fórmulas o sistemas invencibles y seguros en el mercado; que inclusive los métodos de previsión más útiles y normalmente seguros, deben considerarse solamente manifestaciones de probabilidad, sujetas a revisión y, a veces, sensibles al fracaso.

Una de las herramientas útiles y una de las primeras que muchos estudiantes de acción de mercado acogen, es la línea de tendencia. Aunque una acción se mueva normalmente hacia arriba, hacia abajo o hacia los lados, parece ser que hay una propensión a que la tendencia Principal siga, persista. Es cierto que toda tendencia se rompe, antes o después, y el hecho de que se haya roto es, a menudo, significante. Sin embargo, dada una tendencia bien fundada, las probabilidades aparecen ciertamente a favor de su continuidad más que de su cambio de dirección.

Sin embargo, al igual que con otros estudios de mercado, existen ocasiones y condiciones en que la acción de la línea de tendencia simple parece "no suficientemente buena". Uno piensa que debería haber alguna manera mecánica o matemática de determinar la tendencia, que podría impedir algunas de las confusiones de elegir el punto correcto a través del cual trazar una línea de tendencia. Fue en 1941 cuando descubrimos complacidos (aunque muchos otros lo habían realizado antes) que, al calcular la media de datos para un número fijado de días, semanas o meses, se podía derivar una especie de línea de tendencia automática que aclararía definitivamente los cambios de tendencia de los 30 últimos días, 200 días o de doce meses, o de cualquier período elegido. Parecía casi demasiado bueno para ser verdad. Efectivamente, era demasiado bueno para ser verdad. La media móvil es una herramienta fascinante y tiene valor real al mostrar, de manera más clara, la tendencia de una serie irregular de figuras (como un mercado oscilante). También posee valor en el sentido de que puede usarse para anular el efecto de cualquier variación cíclica regular, como una gama corriente de temperaturas estacionales, para conseguir un cuadro mejor de la tendencia secular verdadera.

El problema de una media móvil (y que descubrimos hace mucho tiempo, aunque continuamos tropezando de vez en cuando), es que no puede escapar totalmente de su pasado. Cuanto más suave se posee una curva (ciclo más largo), más "inhibida" es al responder a los recientes cambios importantes de tendencia. Además, hay un defecto muy grave en las medias móviles en el sentido de que "el rabo tiende a mover al perro"; las figuras que vuelven a la primera fecha de la actual tabulación, tal vez hace seis meses o hace un año, si son grandes, pueden afectar ilícitamente la media actual y pueden esconder o ocultar alguna característica importante al deformar la curva.

Pensamos que las líneas de tendencia y las medias móviles son útiles. Pero deberían ser comprendidas y usarse con prudencia y con un completo entendimiento de sus limitaciones.

Una vez vistas algunas advertencias sobre las medias móviles, vamos a ver algunas maneras de construirlas. Las medias móviles pueden catalogarse en medias móviles simples, medias móviles ponderadas o exponenciales, y medias móviles lineales. Pensamos, y lo hemos visto durante años, que los métodos sencillos funcionan tan bien, y a veces mejor, que las medias móviles más difíciles y las otras son más útiles cuando se usan ordenadores.

Por esta razón, nos centralizaremos en las medias móviles simples. Las más comunes son las medias móviles de los últimos 50 y 200 días. Si se desea aumentar la sensibilidad de una media móvil, debe acortarse la media móvil usando 10 o 20 días. Otra manera es acrecentar el plazo de tiempo de espera comenzando el tercer día para la media móvil de los últimos 10 días o en el vigésimo día para una media móvil de los últimos 50 días, etc.

Para erigir una media móvil simple, ya sea de 5, 10 días, 50 o 200 días, se agrega el precio de 5 días y se divide por 5, o de 10 días y se divide por 10, o de 50 días por 50, o de 200 días por 200. Una manera fácil de hacer la media móvil de los últimos 5 días, en lugar de agregar los 5 precios cada vez, es sacar el día 1 y agregar el día 6. Un método parecido puede usarse al realizar la media móvil de los últimos 50 días o la media móvil de los últimos 200 días. En lugar de agregar la media móvil de los últimos 50 días cada vez, sencillamente se saca el primer día de la media anterior y se agrega el día 51. Lo mismo con la media móvil de los últimos 200 días: se saca el primer día de los 200 días anteriores y se agrega el día 201. Otra manera de realizar la media móvil de los últimos 200 días es tomar un día de la semana de 30 semanas, como el miércoles o el jueves, agregarlo, y dividir por 30. Esto le dará las mismas medias móviles que realzando 200. Otra manera de expresarlo es tomar el total el segundo día, agregar el precio del día nuevo y restar el precio del día más antiguo de su media móvil de los últimos 5 días, la media móvil de los últimos 10 días, de los últimos 50 días o de los últimos 200 días, cualquiera que sea la manera de hacerlo. Repita el proceso en una base diaria y divida por el día representativo-para los últimos 5 días, divida por 5; para los últimos 10 días, dividiría por 10; para los últimos 50 días, dividiría por 50; y para los últimos 200 días, dividiría por 200.

Sensibilizando las Medias Móviles

Cuanto más corto sea el período de tiempo, mayor es la sensibilidad que desarrollará en su media móvil. La media móvil de los últimos 5 días será mucho más sensible que la de los últimos 10 días. El problema de las medias móviles a corto plazo es que se puede conseguir un gran número de movimientos falsos. Las medias móviles más cortas son más útiles para las mercancías. En relación a las mercancías, aconsejaríamos inclusive usar una media móvil de las 30 últimas horas, una de los 3 últimos días y una de los 6 últimos días. A menudo, es mejor usar dos medias móviles, una de más corta duración y otra de más larga duración. Además, se pueden usar canales, una media móvil de mínimos y una media móvil de máximos.

Entrecruzamientos y Penetraciones

Como norma general, considere el cruce de dos líneas por la línea de precios como una señal de venta o compra en la dirección del entrecruzamiento o de la penetración.

1. Tendencias alcistas. Las posiciones largas son retenidas mientras la tendencia de precios persista por encima de la línea de la media móvil.
A. Cuando la línea de precios se interseca o penetra en la línea de la media por arriba, activa una señal de compra.
B. Cuando la línea de precios va por encima de la media móvil de los 200 últimos días, pero cae violentamente hacia ella sin penetración, es una señal de compra.
C. Cuando la línea de precios cae por debajo de la línea de la media móvil mientras la línea está aún ascendiendo, podría ser una señal de compra.
D. Cuando la línea de precios baja muy deprisa y lejos por debajo de una línea de media móvil descendente, se puede esperar un rebote a corto plazo hacia la línea.

2. Tendencias bajistas. Las posiciones cortas se conservan mientras persista la tendencia de precios por debajo de la media móvil. Cuando la tendencia de precios alcanza un suelo y vuelve a subir, una penetración de la media móvil es una señal de compra.
A. Cuando la línea de precios se mueve por encima de la línea de la media

mientras esta está todavía cayendo, es una señal de venta.

B. Cuando la línea de precios de una acción se mueve por debajo de la línea media y sube hacia ella, pero no logra penetrar y baja otra vez, es una señal de venta.

C. Si la línea de precios asciende demasiado rápido por encima de la línea media ascendente, puede esperarse una reacción a corto plazo.

D. En ocasiones, la penetración de la línea de la media móvil pasará en conexión con la penetración de una línea de tendencia. Entonces, según su dirección, es una señal de compra o de venta.

3. *Movimientos Horizontales, Diagonales o Laterales.* Si las oscilaciones son extensas en comparación con la longitud de las medias móviles que se están usando, la tendencia de precios fluctuará hacia atrás y hacia adelante, mientras la media móvil, conforme a su carácter u objetivo, se moverá horizontalmente.

4. *Huecos.* Las medias móviles tendrán tendencia a ser penetradas cerca de un hueco de fuga, fundamentalmente al comienzo de una fase principal de un ciclo intermedio y también en casos en los que los huecos de fuga aparecen al principio de fases de corrección.

Las pautas de área pueden ser un peligro para las medias móviles. Normalmente, la media móvil oscila por el centro de estas áreas originando señales de compra y venta continuamente. En las pautas de área, la media móvil es un dolor de cabeza para el operador, ya que nunca sabe qué penetración es la que antecede a la renovación de la tendencia o a la confirmación de un cambio de dirección.

Cuando las áreas operativas se desarrollan en forma de Triángulos (Descendente o Simétrico), la media móvil oscilará por el centro del Triángulo. El técnico posee alguna pequeña ventaja al juzgar cual de las series de penetraciones de una media móvil es la importante. Cuando el Triángulo logra su vértice y el valor se fuga en una u otra dirección y penetra en la media móvil, es viable que la penetraci6ón sea la más importante durante el movimiento lateral del desarrollo del Triángulo. Las penetraciones pasan muchas veces en conexión con la penetración de una línea de tendencia.

Como producto derivado de los precios, la media móvil puede ser un indicador de tendencia por la manera en que se ajusta a una línea de tendencia. Sin embargo, debería considerarse como herramienta anexa para todo lo aprendido en relación al análisis técnico

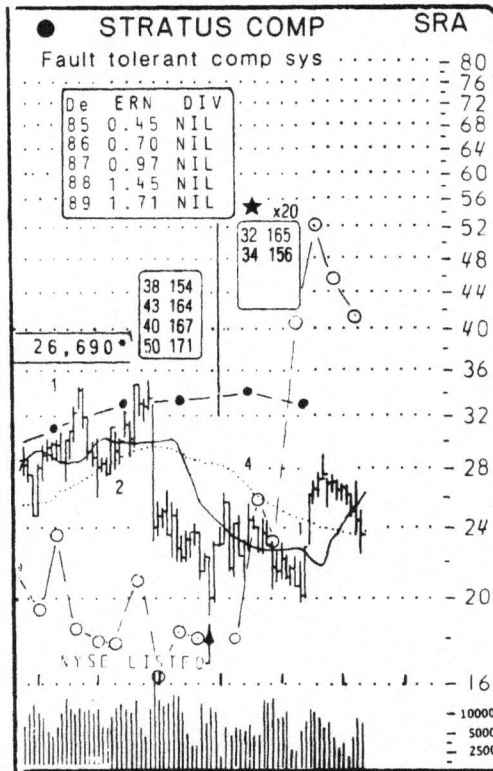

FIGURA 212. 1989-1990. El gráfico semanal muestra la pauta de entrecruzamiento de una media móvil de los últimos 50 días y una media móvil de los últimos 200 días con volumen en 29 indicando una señal de venta. Saliendo del suelo en 19. Entrecruzamiento en 24 indicando una señal de compra.

Capítulo XXXVII

"Las mismas Pautas de siempre"

Para el recién llegado, el mercado aparece tan lleno de fenómenos y misterios como, sin duda, aparecen en el paisaje de Marte a los primeros astronautas que desciendan allí. Hay rumores extraños, sacudidas en apariencia misteriosas, crecimientos raros. Una acción desconocida brotará repentinamente de un pantano de deudas y déficit, y continuará subiendo hacia nuevos máximos. Una acción antigua que parecía estar prevalecida en el suelo de la estabilidad económica, bajará incomprensiblemente y se hundirá. Todo parece estar en paz y seguridad y, de repente, el suelo se abre y se traga los valores en una ruptura del mercado extraordinaria.

Ese recién llegado, sin darse cuenta tal vez de que, lo que parece ser extraño y alarmante, es sólo la fluctuación y ajuste normales que se originan continuamente en el mercado de acuerdo con las evaluaciones versátiles de miles de inversionistas, se sentirá asustado, inseguro, vacilante. Puede ir recorriendo sala por sala, personalmente o por teléfono, inspeccionar las páginas financieras, hablar con amigos, acumular una masa de informaciones opuestas; y puede acabar cerrando los ojos e intentando algo a ciegas, con la ilusión de que surja la respuesta apropiada.

Los hay también que, a pesar de estar durante años en contacto con el mercado, nunca se acercan a él de manera tranquila y segura. Sin embargo, es posible aprender algo sobre la naturaleza básica de las tendencias de las acciones. Es posible conocer, dentro de unos límites razonables, lo que puede esperarse de ciertas situaciones. Y es posible también hallar formas de afrontar estas situaciones, incluyendo los casos excepcionales que persisten en llevar a cabo lo inesperado. Repetir: diremos que es viable hacer frente a lo inesperado, logrando salir victorioso, y a lo que no se puede adivinar con exactitud. Dicho con otras palabras, es posible errar parte del tiempo y tener todavía éxito, si se piensa bien. Y para hacer esto, lo único que se precisa es tener una experiencia suficiente como para conocer lo que pasará ante determinadas condiciones, con cuanta frecuencia se provocará lo inesperado, y como hacer frente a lo inesperado cuando tiene lugar. El astronauta, el químico, el físico o cualquier otra persona, debe hacer frente, en sus asuntos diarios, a estos mismos problemas generales.

Existen personas que han observado el mercado durante mucho tiempo y con el cuidado suficiente como para descubrir que no hay tantos acontecimientos de improviso como el recién llegado se inclina a pensar.

Los gráficos de este libro son, en su mayor parte, los mismos que se usaron como ejemplo en la primera edición de 1947. Algunos demuestran situaciones del período que va desde 1928 hasta 1929, otros desde los años 30 hasta los años 40. A duras penas podía

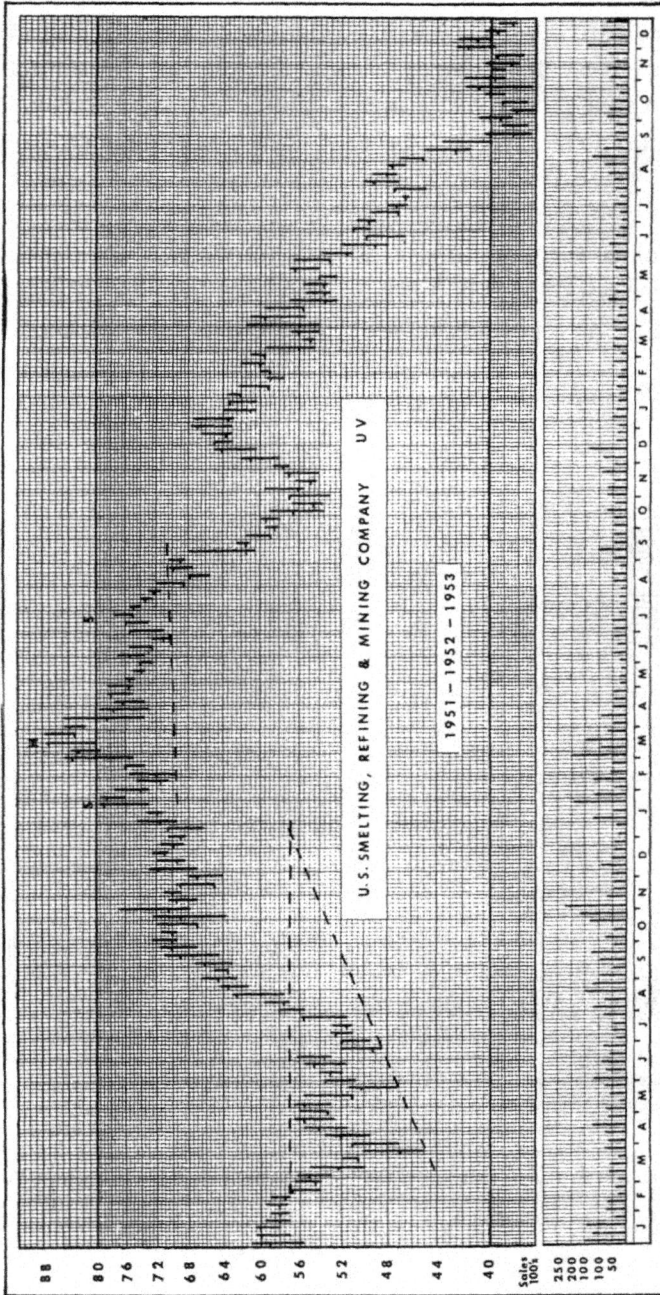

FIGURA 213. Techo Mayor de Cabeza y Hombros de la S. Smelting. Ref. & Mining, de 1952. Esta acción subió desde un suelo en 33, en 1950, hasta una alza máxima de casi 88, tal como se muestra aquí. El descenso bajó hasta el 37. Este gráfico muestra el volumen alto típico del hombro izquierdo. El volumen de la cabeza es un poco más alto que el de la pauta "ideal". El escaso volumen del hombro derecho es un aviso decisivo. Fíjese en la recuperación de retroceso hasta la línea clavicular de la última semana de Agosto. Note también la recuperación Secundaria de Noviembre y Diciembre. En la izquierda del gráfico aparece también un bello ejemplo de Triángulo Ascendente, de 1951, que indica la reanudación del avance anterior interrumpido.

el lector dominar con la vista las semejanzas que aparecen en varias acciones de épocas distintas y durante fases correspondientes de sus tendencias en coyunturas críticas.

Ya hemos dicho que estas mismas pautas, tendencias, y fenómenos de soporte y resistencia se repiten una y otra vez; y que cualquiera puede verlos en sus gráficos durante cualquier período de tiempo, en cualquier acción normal y activa, y en cualquier Bolsa o mercado.

A través de la demostración, se han incluido en este capítulo una serie de ejemplos típicos, parecidos a los ya analizados, pero tornados del período 1947-1966. Sería posible multiplicar por diez el número de ejemplos buenos, ya que cada situación anteriormente ilustrada se ha repetido una y otra vez en los últimos años.

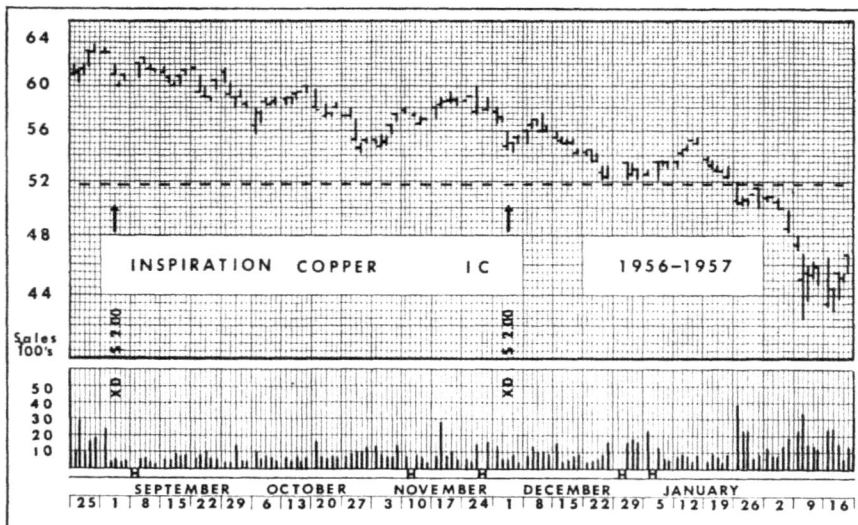

FIGURA 214. Las tendencias bajistas rara vez muestran las líneas de tendencia tan perfectas y regulares que vemos a menudo en las tendencias alcistas. Pero, a pesar de las recuperaciones desordenadas e irregulares y la esporádica acción del volumen, los principios básicos son casi los mismos que en el caso de los avances. Observe cómo en este período de seis meses la Inspiration Copper no tuvo una recuperación que la situara por encima del techo de la recuperación anterior. Se puede suponer que una tendencia bajista bien marcada, como lo es esta, continuará hasta que se produzca un cambio acentuado en la pauta y en la acción del volumen. Fíjese en el volumen y acción subsiguiente el día que la "IC" rompió el nivel histórico del 52.

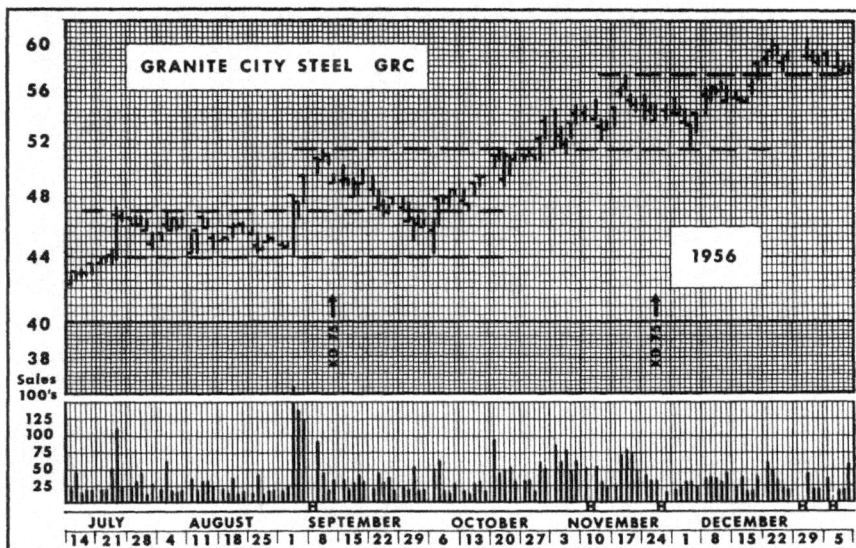

FIGURA 215. Parte del avance Mayor de la Granite City Steel. Observamos aquí el fenómeno familiar del soporte y resistencia en casi todos los movimientos a lo largo del período mostrado.

El Rectángulo de Agosto-Septiembre se mantuvo durante seis entre el límite de techo de 47, que se alcanzó en tres ocasiones, y el suelo de 44. Al igual que la mayoría de los Rectángulos, estuvo marcado por un volumen fuerte al principio, 19 de Julio, y descendió gradualmente a medida que la pauta avanzaba. El movimiento de ruptura del 29 de Agosto tuvo un volumen enorme.

Después de esta ruptura se produjo una reacción típica de Bandera con un volumen bruscamente decreciente; y, mientras que este movimiento penetraba el límite superior del Rectángulo, la penetración no fue decisiva ni significativa; y el límite inferior nunca fue violado. Fíjese ahora en el volumen que aparece el 15 de Octubre a medida que se alcanzaba el máximo antiguo, y en el del techo del movimiento el 14 de Noviembre. El descenso vuelve al nivel del máximo de Septiembre con una reacción de volumen bajo. Es interesante ver cómo en cinco ocasiones el nivel del 52, en este gráfico, sirvió de punto de resistencia o soporte; dos veces sirvió de resistencia, en el camino al alza, y tres veces después del nuevo máximo de Octubre, de soporte.

En el siguiente ascenso vemos casi el mismo tipo de avance. En este caso, el nivel de soporte-resistencia está alrededor del 57. Nótese la aproximación al nivel crítico, el apoyo, el movimiento agresivo hacia nuevo terreno de máximo (a mediados de Diciembre), y el retroceso hasta el soporte en 57.

Los avances de este tipo parecen representar el flujo de los movimientos Menores durante una tendencia Mayor cuando no se producen grandes "desarrollos nuevos" que cambien el desarrollo normal de la tendencia. En los lugares donde se producen cambios de mercado frecuentes e importantes o en las noticias que afectan a la industria, podemos apreciar consolidaciones largas o reacciones Secundarias. Sin embargo, la tendencia Mayor es duradera. No se debe asumir, prematuramente, que se ha producido un cambio de dirección Mayor.

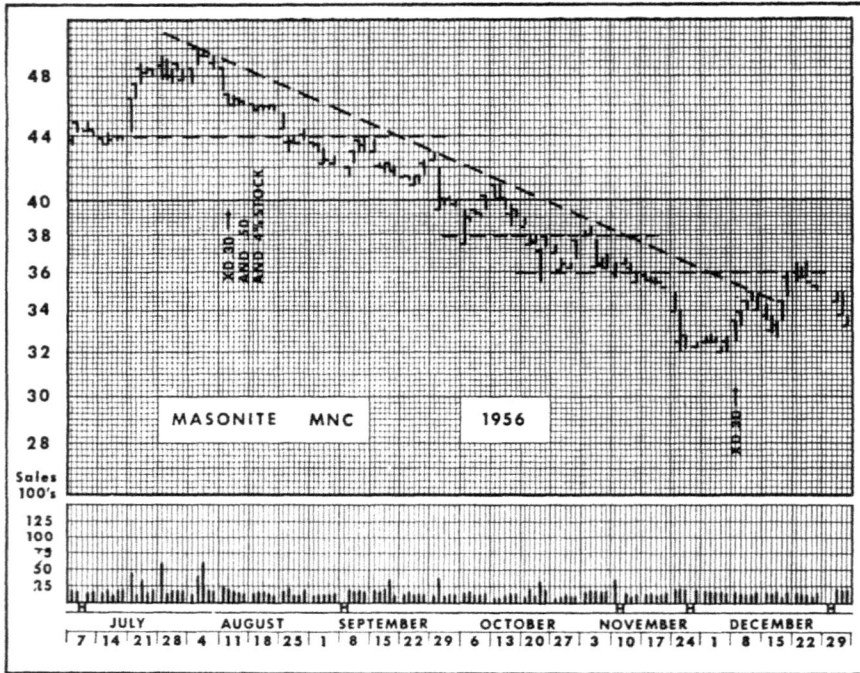

FIGURA 216. En el mismo periodo en que la Granite Steel estaba haciendo la serie de escalones alcistas, la Masonite estaba haciendo casi lo mismo, pero en sentido contrario.

Haber seguido esperando un cambio de tendencia en una acción que se comportó como lo hizo la "MNC" a finales de 1956 habría requerido una cantidad considerable de optimismo o inocencia en lo que se refiere a los hábitos de las acciones. Por supuesto, hubiera habido buenas razones que justificaran ese optimismo si la acción se hubiera vendido al descubierto al principio de la tendencia.

Este gráfico es casi una réplica perfecta del de la "GRC". No sólo tenemos una serie de descensos con recuperaciones que no pudieron establecer incluso máximos Menores sobre los techos previos; sino que podemos también trazar una línea de tendencia que tenga una serie de puntos de contacto en el camino a la baja, lo cual es más bien infrecuente en una situación de tendencia bajista.

Fíjese en la tendencia de las recuperaciones a parar en seco en el nivel de los suelos anteriores con una serie de niveles de soporte-resistencia. Vemos esa acción en el 44, 41, 38 y 36.

Ciertamente, no consideraremos la ruptura de la línea de tendencia en el lado alcista a últimos de Diciembre como una evidencia de cambio de dirección. Una ruptura así, después de una tendencia de este tipo, posiblemente no signifique más que una recuperación Secundaria. Para que su significación hubiera sido mayor, habría necesitado alguna aparición de volumen, del que careció completamente; y, antes de considerar una acción lo bastante fuerte como para comprarla, tendrá que producirse alguna especie de pauta de cambio de dirección. De hecho, una recuperación vacilante hasta alrededor del 40 sugeriría la conveniencia de posteriores ventas al descubierto.

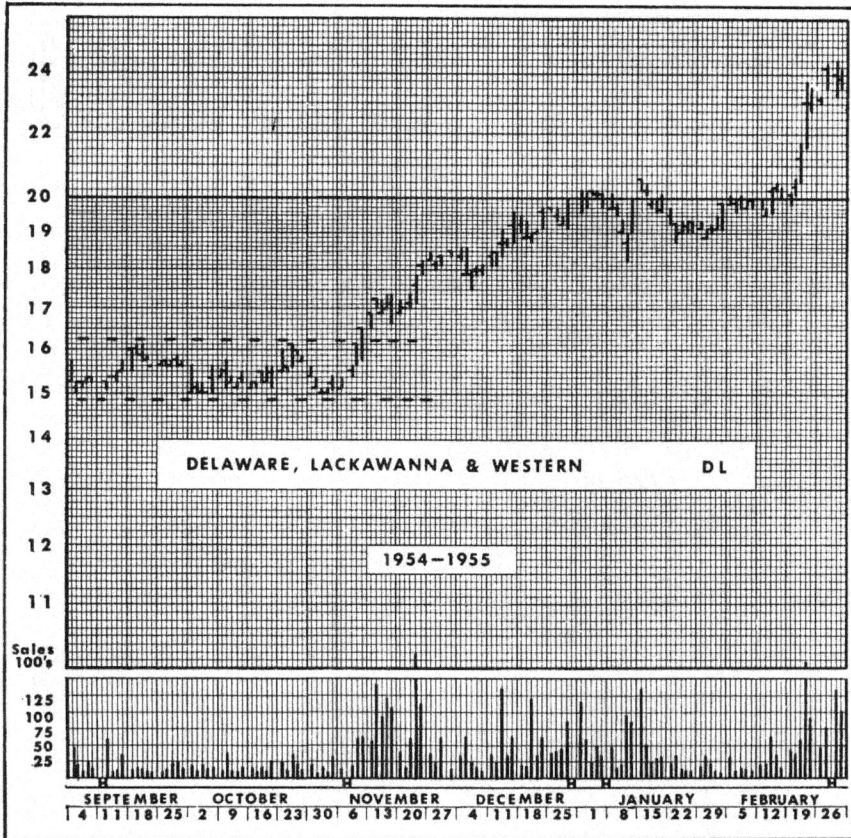

FIGURA 217. Con mucha frecuencia oirá la pregunta, "¿cómo puede Vd. saber si una formación técnica o una fuga es válida?" En muchos casos, y en una gran mayoría de pautas alcistas, el volumen ofrece una indicación tal, que todas las dudas quedan despejadas. No siempre la confirmación de volumen es tan clara como en este gráfico de la Delaware, Lackwanna & Western, pero es un ejemplo de muchas buenas rupturas en tendencias alcistas. Verá que el volumen fue, por lo general, escaso durante el Rectángulo, en el que observamos cinco techos y suelos claramente marcados.

El Jueves, 4 de Noviembre, el volumen aumentó bruscamente a medida que el precio subía hasta el techo del Rectángulo y cerraba en ese punto. El Viernes siguiente vemos de nuevo un buen volumen con un cierre más allá del límite de techo. A partir de este punto, el movimiento es claramente alcista.

No se produjo en ningún momento indicación de cambio de dirección después de producirse la ruptura. Se alcanzó un techo en Marzo en el 25 1/2.

Este movimiento tuvo especial fuerza cuando salió del Rectángulo. Normalmente esperaríamos retrocesos Menores tales como la serie de reacciones de la "GRC", Figura 214. Y si éstas se hubieran producido, no hubiera debilitado, en forma alguna, la pauta alcista.

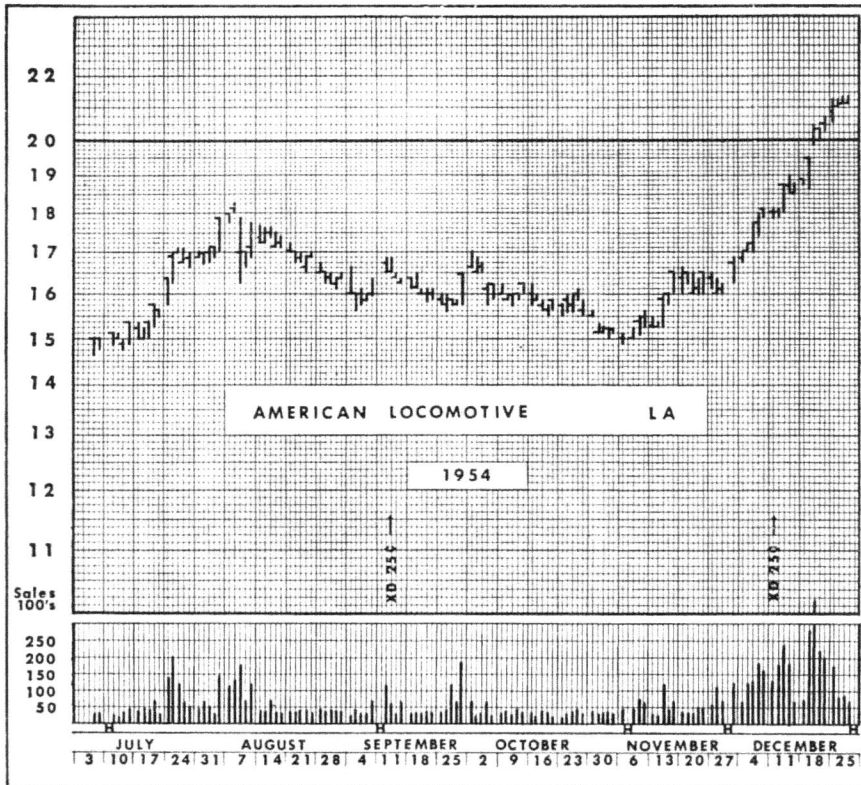

FIGURA 218. Esta situación, parecida en cierta manera a la de la "DL", presenta una pequeña complicación. El problema habría sido el vender o continuar manteniendo la "LA" después del derrumbamiento de finales de Octubre que atravesó el suelo del Rectángulo. No hubo un volumen importante en este movimiento a la deriva, y solamente un día cerró el precio a escasamente un 3% por debajo del suelo de la pauta. La persona que mantuviera la acción podría muy bien haberla vendido, y podría, incluso, haber realizado una venta al descubierto.

Supongamos que, en realidad, usted ha vendido la acción al descubierto. Observe el volumen y la acción de precios el Jueves, 4 de Noviembre, y el Viernes, 5 de Noviembre. Fíjese en el volumen y en el precio del Lunes y Martes siguientes, mientras reaccionaba ligeramente. Observe, después, la rápida mejora en volumen a medida que el precio avanzaba el Miércoles, la semana y media de lenta consolidación, y el volumen mayor del movimiento alcista del Viernes. Seguramente, a mitad de la primera semana de Diciembre, si no antes, hubiera apreciado las señales de peligro y cancelado su descubierto.

Ese giro no tiene por qué ser una tragedia o una desilusión. Algunos operadores que se desalientan con facilidad estarán tan preocupados por la pequeña pérdida de su venta fallida al descubierto, que estarán preparados para aprovechar la oportunidad de cambiar de dirección su posición y comprar la acción a crédito cuando se produzcan las señales alcistas. Este movimiento subió hasta el 26 3/4 en Marzo de 1955.

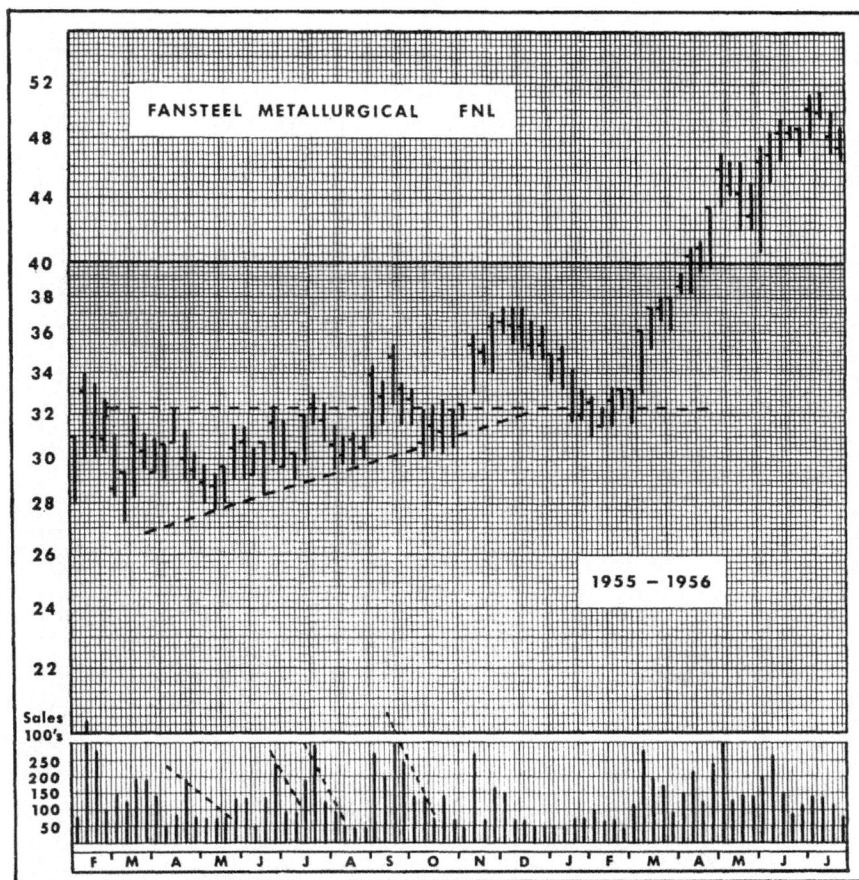

FIGURA 219. Normalmente los suelos tardarán más en complementarse que los techos. Hemos mostrado este gráfico mensual de la Fansteel para que se pueda apreciar un año y medio de la acción.

La pauta que aparece a la izquierda es una consolidación formada después de un ascenso desde los suelos múltiples de 1953-1954, alrededor del 21. El techo del Triángulo Ascendente se corresponde, a grandes rasgos, con el alza máxima de Abril de 1953.

Por supuesto, no fue posible identificar este Triángulo como tal en el momento en que comenzó (principios de 1955). Especialmente a partir de Febrero, subió un poco más que los techos que previamente formó. Sin embargo, durante los siete meses que precedieron a la primera ruptura, se hizo cada vez más claro que cada recuperación hasta las proximidades del 32 1/2 estuvo seguida de una reacción de volumen bajo, y estas reacciones estaban formando una serie de suelos ascendentes.

En la primera semana de Septiembre vemos una penetración precisa por el lado de arriba; y, a partir de aquí, los avances y descensos encajan en la típica pauta de un avance Mayor. Fíjese en el hueco de separación de Noviembre, y en el bajo volumen en la reacción de Diciembre-Enero-Febrero.

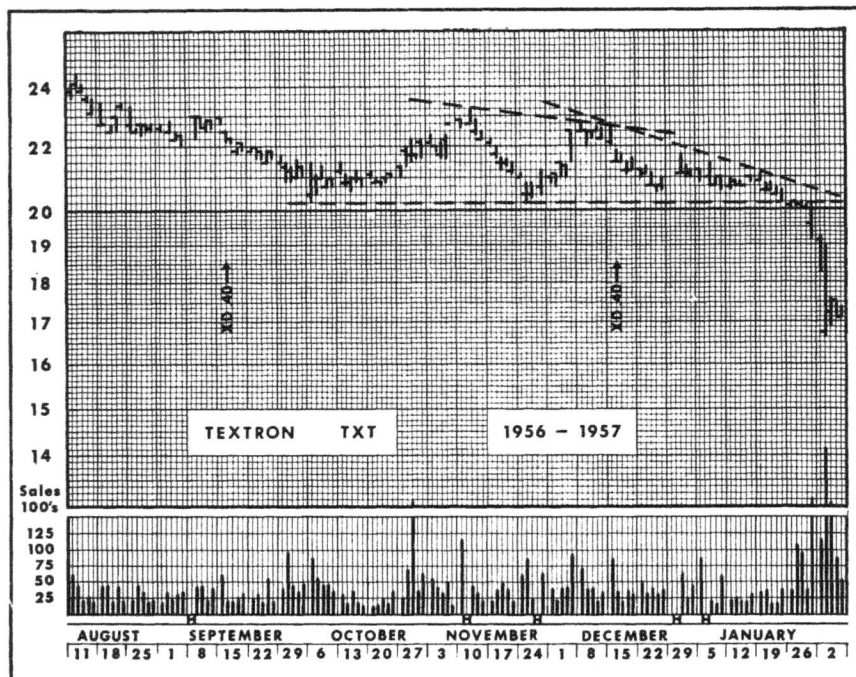

FIGURA 220. Vemos aquí, una vez más, en un gráfico diario, la dramática continuación hasta un Triángulo Descendente. Aparece una serie típica de techos descendentes, de volumen bajo, que retrocede entre las recuperaciones hasta una línea horizontal.

Observe que el soporte importante se violó, con volumen alto, el Viernes 25 de Enero. Aunque el grado de penetración no fue grande, a la vista de la acción generalmente bajista hasta llegar a este punto, venderíamos inmediatamente. Un Triángulo Descendente tiene implicaciones bajistas incluso antes de la ruptura.

No se produjo un retroceso sustancial después de la ruptura. Ya que no es posible contar con una recuperación así después de una ruptura a través del soporte, lo más seguro es vender inmediatamente los valores en cartera a crédito o colocarles un stop muy ceñido tan pronto como se produzca un cierre fuera de la pauta (en este caso, fuera de la pauta tal como se ajusta al dividendo).

Fíjese en la mejora de volumen a medida que cae el precio en picado a finales de Enero. El volumen fuerte no es necesariamente un rasgo de movimientos bajistas importantes, pero puede acompañarlos, y a menudo así lo hace, y en ese caso simplemente subraya la significación del movimiento.

Pregunta: ¿le parece la Textron una "ganga" al final de Enero, en este gráfico?, ¿se vería tentado a comprar esta acción porque "no puede bajar más", "porque tiene que producirse una recuperación", o porque "está vendiendo por debajo de su valor real"?

Suponga que la "TXT" tuviera una recuperación técnica, lo cual parece bastante probable tras el movimiento que se muestra. ¿Qué distancia esperaría que recorriera? ¿Esperaría que penetrara el nivel del 20 en un futuro próximo? ¿Diría que estamos frente a una situación alcista a finales de Enero de 1957?.

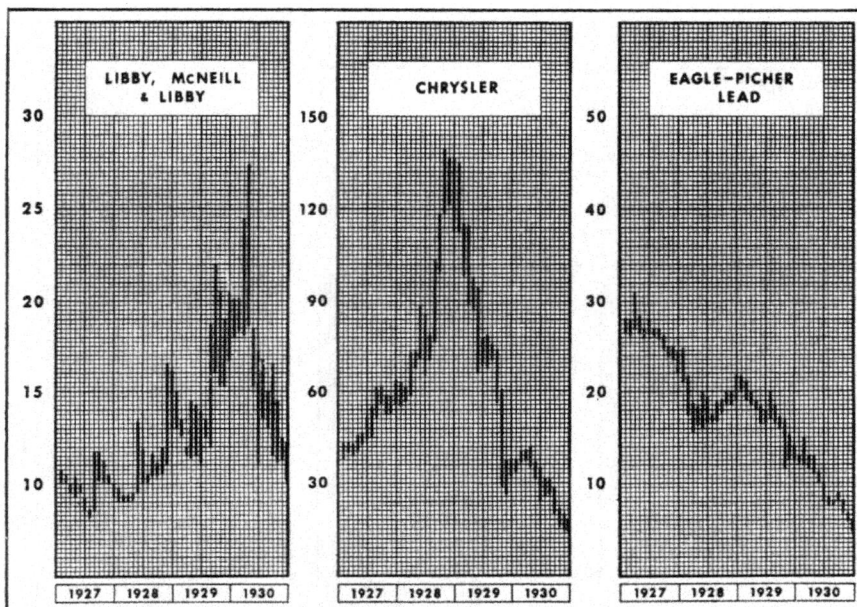

FIGURA 221. La Libby, Mc Neill & Libby no mostró efectos graves en la época en que se produjo el pánico de Octubre de 1929; subió hacia nuevos máximos en Marzo y Abril de 1930.

FIGURA 222. La Chrysler, una de las grandes líderes del mercado, hizo su techo de Mercado Alcista en 1928, un año *antes* del pánico, y ya había perdido un 60% de su valor antes de Octubre de 1929.

FIGURA 223. La Eagle-Picher Lead no disfrutó de ningún Mercado Alcista. Aparte de una recuperación insignificante en 1928, se encontró todo el tiempo en una tendencia Bajista.

Los ejemplos ofrecidos no son excepciones raras. Hay muchas otras que engloban acciones importantes que no siguieron la pauta marcada por las medias. Esta diversidad de comportamientos es típica del mercado. Hay que verla hoy en día; no todas son "iguales"; cada acción debe estudiarse individualmente. Tenemos aquí ejemplos que muestran la acción tan dispar durante los años 1953-1956. Hay otros cientos de acciones que ilustrarían igual de bien este punto.

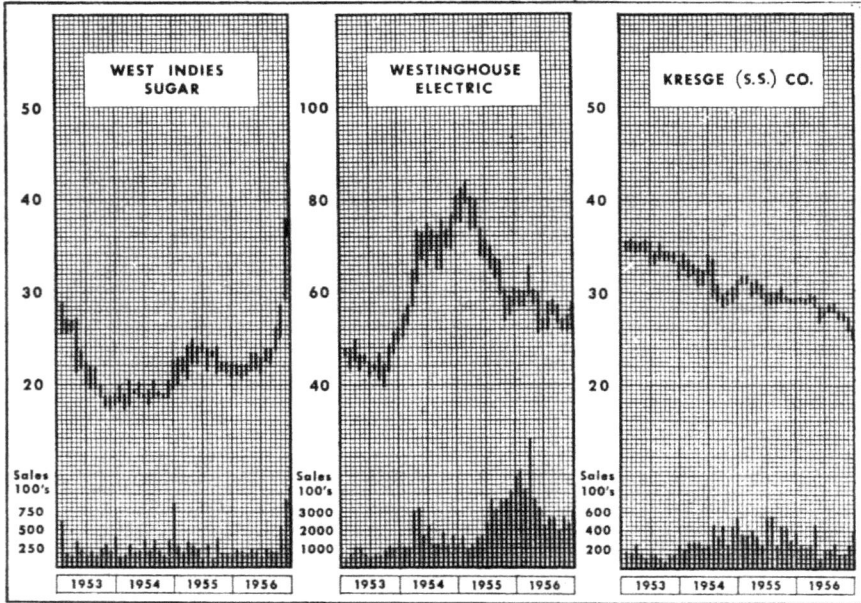

FIGURA 224. La West Indies Sugar se saltó de su pauta de "testón" a finales de 1956 para crear su propio Mercado Alcista, en un momento en que la acción en las medias era apática y débil, en general.

FIGURA 225. Aunque las medias continuaron creando nuevos máximos en la primavera de 1956, Westinghouse Electric hizo su techo y entró en un descenso Mayor más de un año antes.

FIGURA 226. Vemos aquí un gráfico compañero del de la Eagle-Picher de hace más de veinticinco años, mostrado sobre éste de la Kresge. Esta, al igual que otros "blue chips" (valores seguros), no participó de los movimientos de Mercado Alcista de 1953-1956.

Estos seis gráficos se adaptaron de "Graphic Stocks" (F.W. Stephens, Nueva York). Los gráficos de 1927-1930 pertenecen a una Edición Especial que abarca cerca de 700 acciones del período de 1924-1935. Los gráficos de 1953-1956 son de una edición posterior de "Graphic Stocks".

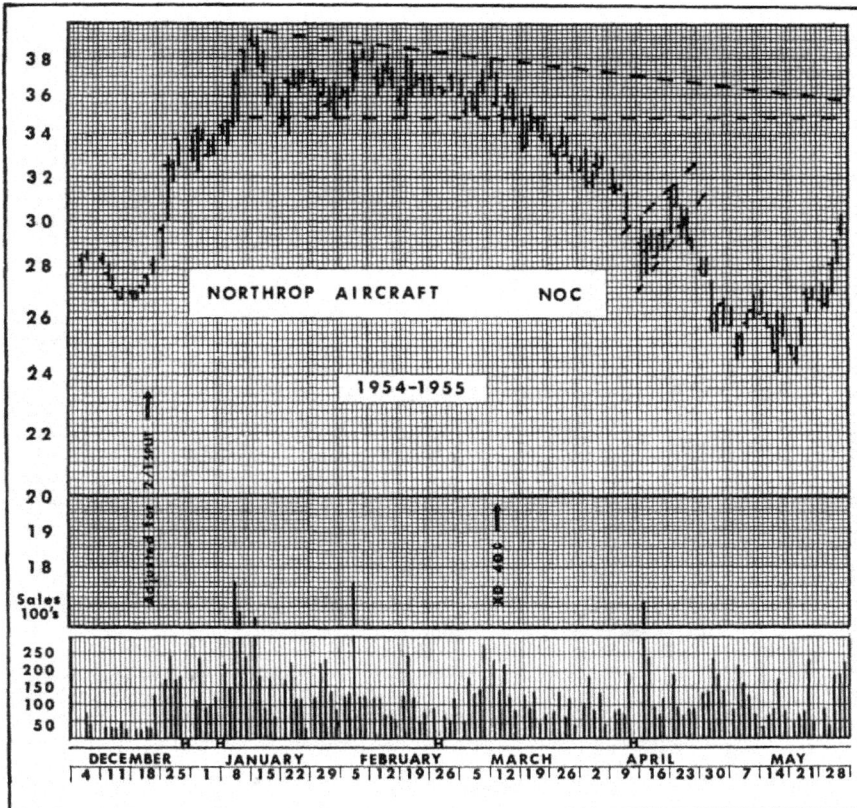

FIGURA 227. Bella formación de techo de la Northrop Aircraft. 1945-1955. El movimiento que finalizó aquí en el 39 3/4, en Enero de 1955, surgió de un suelo de 6 1/4, en 1953.

El Triángulo Descendente viene marcado por el volumen, más bien infrecuente, de las alzas máximas de las recuperaciones de Febrero y Marzo. Por lo demás, es típico de este tipo de pauta de cambio de dirección. Como ocurre con mucha frecuencia, se produjo un esfuerzo de retroceso después de la ruptura del 14 de Marzo; pero esta recuperación duró solamente dos días.

Observará que el volumen en la ruptura y a lo largo del movimiento bajista no fue espectacularmente fuerte; de hecho, no tan fuerte como el de las recuperaciones Menores dentro del Triángulo. Sin embargo, tal como apuntamos anteriormente, no necesitamos, ni esperamos, que haya tanto volumen en un descenso como esperaríamos en un avance.

El volumen no se desarrolló hasta el final de la primera etapa del descenso. Es bastante frecuente que el volumen fuerte aparezca al final de un movimiento Menor, ya sea en el lado alcista o en el bajista.

Observe la Bandera formada en la subsiguiente recuperación de mediados de Abril. Las implicaciones de medición de esta Bandera se cumplieron un mes más tarde, aproximadamente.

Durante el año siguiente, la "NCO" nunca alcanzó los 31 otra vez.

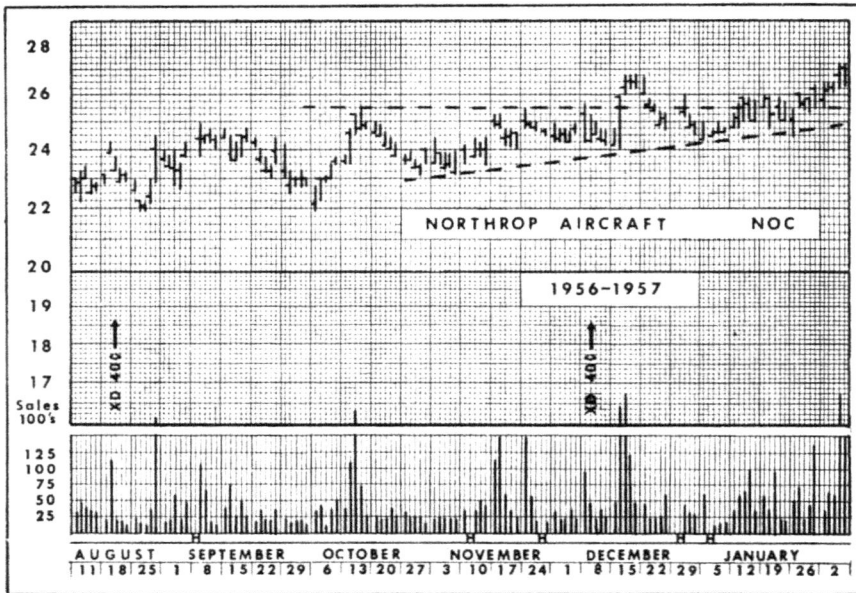

FIGURA 228. Teniendo presente el gráfico de 1954-1955 de la Northrop, volvemos ahora de esta misma acción a finales de 1956 y principios de 1957. La pregunta es, por supuesto, si la tendencia bajista Mayor sigue todavía vigente o si ha tenido lugar un giro al alza importante.

Como siempre, se debe observar y estudiar el volumen. Fíjese en el alza máxima Menor del 14 de Agosto y en el volumen tan fuerte del 24 de Agosto. Vea como la actividad se agota en Septiembre, pero se reanuda enérgicamente a medida que se establece un nuevo techo Menor en Octubre. Observe el agotamiento de volumen en los descensos y la actividad en las recuperaciones hasta el nivel del 25 1/2, que se ha convertido, a mediados de Diciembre, en el techo horizontal de un Triángulo Ascendente.

No se cuestionó la validez del movimiento de ruptura del 10 de Diciembre; y la subsiguiente reacción de las siguientes do semanas lo confirmó con esta falta de actividad en el descenso. Y de nuevo vemos, a principios de Febrero, recuperarse notablemente el volumen cuando se registró un nuevo máximo.

En el momento en que se está escribiendo esto, no podemos predecir si la "NCO" seguirá o no su curso alcista y romperá, a su debido tiempo, la "barrera del 31". Pero creemos que el lector no dudará en que, a principios de Febrero, la Northrop se estaba moviendo, presumiblemente, en una tendencia alcista, y debemos suponer que siga en esa tendencia hasta que se produzca un cambio decisivo en su acción de mercado. Parece bastante probable que si la "NOC" avanzara hasta el nivel del 30-31 se produciría un período de consolidación con la formación de una pauta de área antes de que se realizara un avance con éxito sobre los 31.

Como información incidental de este gráfico, debemos mencionar que, durante el período de avance mostrado aquí, muchas acciones de aviación se estaban moviendo más abajo.

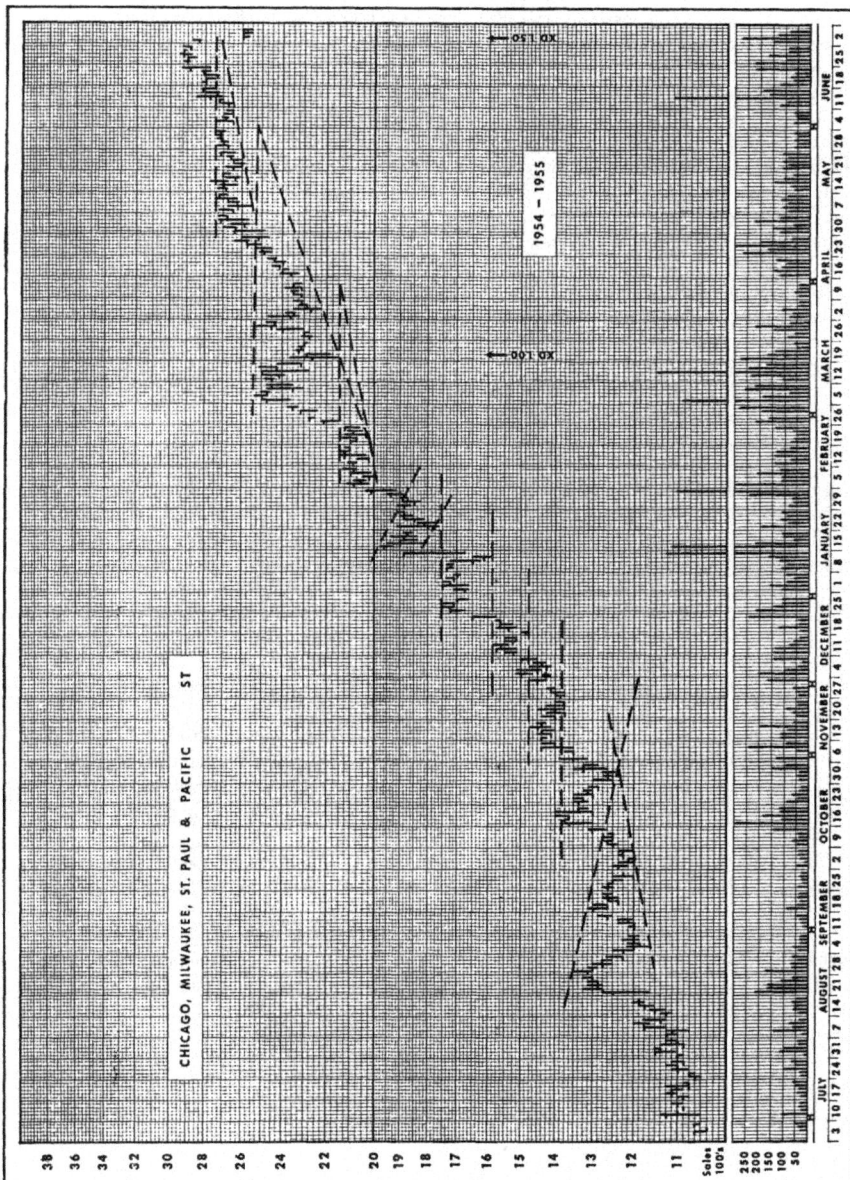

CHICAGO, MILWAUKEE, ST. PAUL & PACIFIC   ST

1954 — 1955

Una magnífica Tendencia Alcista en la St. Paul

FIGURA 229. Avance de 1954-1955 de la Chicago, Milwaukee, St. Paul & Pacific, lección objeto para los técnicos de Mercado Alcista. ¿A dónde llevará esa tendencia (de la cual hay muchos casos parecidos) a la persona que vende sólo "porque tiene un buen beneficio", por ejemplo a 15, o que presiente que "17 es un precio demasiado alto"?

Estamos ante un gráfico que merece un estudio amplio, puesto que ejemplifica muchos rasgos de la tendencia alcista "ideal". En este año completo de avance no hay ningún punto en el que un técnico principiante encontrara una causa de ansiedad o una justificación para vender la acción. Y no debemos pasar por alto las ventajas del impuesto a largo plazo sobre las ganancias.

Aquí tenemos, en Agosto y Septiembre, un ejemplo perfecto del Triángulo Simétrico como consolidación. El volumen es típicamente fuerte al comienzo de la pauta y disminuye hasta desaparecer casi por completo a medida que avanza. El volumen de ruptura es decisivo.

La reacción después de la ruptura, también con volumen más bajo como debe ser, vuelve directamente al vértice, al "punto de cuna" que es casi siempre un fuerte soporte en tal reacción.

Siga ahora la acción a partir de aquí. Los dos días de volumen más alto de la recuperación de principios de Noviembre representan la penetración del techo Menor anterior y el final de la recuperación, respectivamente. La reacción regresa al techo previo.

La recuperación de Diciembre está marcada por el volumen más fuerte, una vez que se sobrepasó el techo de Noviembre; y de nuevo, aunque en una proporción menor, al final del movimiento. Una vez más se produce una reacción; esta vez hasta el techo de Noviembre.

Un movimiento rápido cerca del final de Diciembre repite la misma acción de precio y volumen; y viene seguido de una típica reacción de volumen bajo hasta el techo de primeros de Diciembre. (Esto se está haciendo monótono. Pero es importante. Está viendo aquí una demostración a largo de la acción técnica alcista).

Tenemos después la ruptura de Enero. ¿Cuánta distancia cree que se desplazará la reacción Menor? ¿Se sorprendería si encontrara soporte en el nivel de los tres pequeños techos que se formaron en el 17 1/2, a principios de mes?

El siguiente avance se mueve a través del nivel del 20, y forma un Triángulo Ascendente en una serie de pequeñas fluctuaciones.

Hacia finales de Febrero se ha establecido otro nuevo máximo. ¿Sabría calcular dónde se encuentra el soporte de la reacción?

Nos encontramos ahora con la formación del segundo Triángulo Ascendente (observe el volumen relativamente bajo), que se rompió por el lado de arriba con un estallido de actividad operativa hacia finales de Abril. La siguiente reacción regresa al soporte de los primeros techos, tal como era de esperar.

Una vez más se forma un Triángulo Ascendente, y verá cómo se agota el volumen a lo largo de esta pauta, reanimándose enfáticamente en la ruptura del Miércoles, 8 de Junio.

Hay muchos estudiantes que, al ver por primera vez este gráfico, apuntan, "bueno, la tendencia no se rompió hasta el Martes, 21 de Junio". Por supuesto, la ruptura no se produjo ese día. El dividendo quedó repartido en $1.50, lo cual, lo único que hace, tal como podrá usted mismo comprobar si ajusta el precio a esa cantidad, es devolverla al soporte del nivel de techo del Triángulo Ascendente de Abril-Mayo.

Es inconcebible que esa serie regular de pautas alcistas pueda aparecer a lo largo de un año completo de operación en una acción "por accidente". Esto es parte del mecanismo normal del mercado, que representa los juicios, opiniones, esperanzas, y tácticas operativas de miles de operadores e inversionistas. Debe añadirse, sin embargo, que no se puede ver muy a menudo un avance Mayor, largo y "perfecto" como éste. Por regla general hay interrupciones, distorsiones, o reacciones Secundarias de vez en cuando.

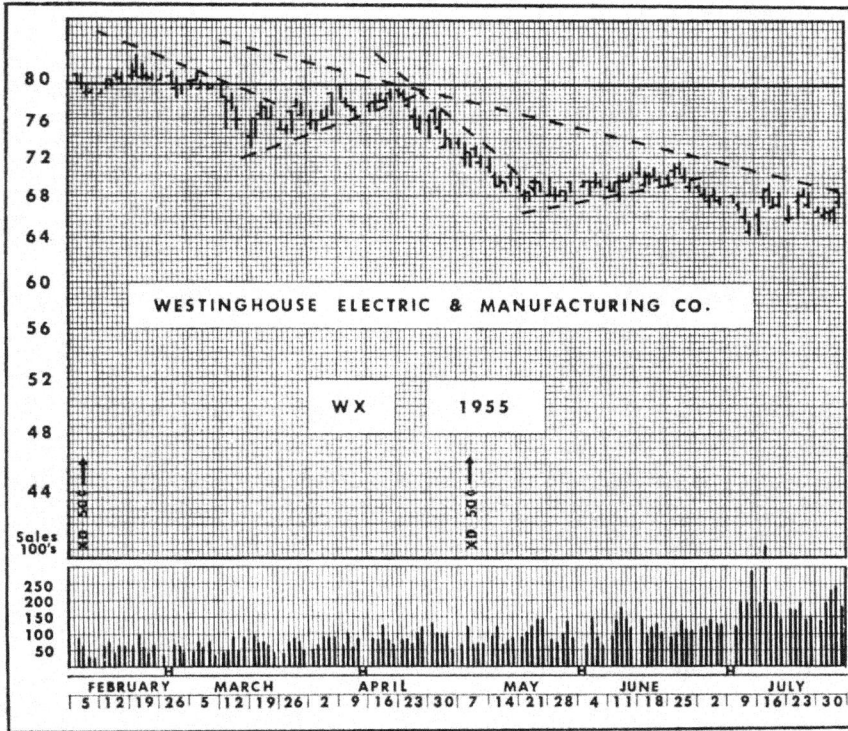

FIGURA 230. ¿Hace falta mirar esta figura dos veces antes de deducir que se trata de una acción bajista? Si usted estuviera siguiendo un gráfico de la Westinghouse Electric & Mfg, ¿no se hubiera dado cuenta, mucho antes del final del período que se muestra arriba, que la tendencia era bajista y no alcista?

Una de las grandes desilusiones del mercado es el hecho de que la acción que poseemos deba ser "buena". A medida que el precio desciende, el PDR, basado por supuesto en la historia *anterior*, mejorará. Y el PER aparecerá cada vez mejor. Los inversionistas hablarán de "promediar su coste" poniendo más dinero en una acción que se tambalea (en vez de buscar algo que vaya por su mismo camino). Hablarán sin descanso de una mejor perspectiva, nuevos productos, y una dirección esperada. Le demostrarán que está vendiendo "por debajo de su verdadero valor", sea lo que sea lo que quieran decir con esto. Harán todo tipo de esfuerzos para establecer que lo que sucede no es cierto; que la acción que parece débil es en realidad fuerte; que el público Americano está cometiendo un grave error y está juzgando mal esta acción; que la cinta está equivocada porque ellos *tienen que estar* en lo cierto.

Sin embargo, los valores del mercado se determinan de forma democrática y, a la larga, probablemente, representen la mejor valoración que pueda encontrar. Un movimiento como éste no carece de significado; ni es posible atribuirlo a las maquinaciones de unos cuantos manipuladores. En el gráfico podemos apreciar el reflejo de una evaluación colectiva que no podemos considerar a la ligera. La Westinghouse alcanzó los 50 7/8 en Noviembre de 1956.

Capítulo XXXVIII

Equilibrado y Diversificado

El inversionista medio querría recibir una respuesta bien definida, simple y fácil a su pregunta, "¿qué piensa usted del mercado?" Para él debe ser siempre un Mercado Alcista o un Mercado Bajista. Si, en respuesta a su tenaz demanda, usted responde con la pregunta, "¿en qué acciones específicas está interesado?", impedirá ese asunto y dirá: "no, si me refiero al mercado en general".

Y, si inspecciona las páginas de cualquier revista o periódico que encierre una gran cantidad de noticias financieras, verá que muchos asesores y servicios de asesoría otorgan gran importancia al hecho de dar opiniones "comprometidas" en relación al curso futuro del mercado, y estas opiniones se acuñan, con asiduidad, en términos de lo que realizará el "mercado como un todo".

La creencia popular de que "todos ellos se mueven al mismo tiempo" confina una verdad tal, que podemos considerar la afirmación anterior como enormemente peligrosa. Es cierto, por ejemplo, que podemos instaurar *definiciones* de lo que creemos que constituye un Mercado Alcista o un Mercado Bajista, tales como la Teoría de Dow, y si, además, una serie dada de condiciones cumplen las reglas que hemos determinado (es decir, nuestras definiciones), entonces podemos decir con precisión, "de acuerdo con mis premisas, esto es ahora un Mercado Alcista" (o Bajista, según sea el caso). Es verdad también que, a lo largo de los años, si hubiéramos considerado la Dow Industrial Average *como* si fuera una acción, y la hubiéramos comprado y vendido de manera teórica según la Teoría clásica de Dow, habríamos salido muy bien parados.

Es real también que en los grandes movimientos inflacionistas y deflacionistas, que manifiestan los cambios de los valores relativos de dólares a equities, la mayoría de las acciones tienden a moverse con la corriente.

También, es verdad que en los movimientos diarios de precios de acciones parece ser que la mayoría de las acciones "suben" o "bajan" juntas.

Pero no debemos perder de vista el hecho de que las Medias, en sí mismas, son contemplaciones, y no ferrocarriles, compañías manufactureras, líneas aéreas, etc. Si las Medias se mueven, es porque las acciones que las establecen también se han movido. Y, mientras es verdad que cuando las Medias prosperan, las acciones prosperan también, no es posible invertir esto y hacerlo imperioso diciendo que, puesto que las Medias están avanzando, *todas* las acciones *tienen que avanzar*. Si llevamos esto hasta su solución lógica, llegaríamos a un punto (al que ya han llegado algunos) donde el hecho de que una acción no haya evolucionado, sino que, por el contrario, ha descendido en un Mercado Alcista, se considera suficiente para considerar la acción una adquisición sobre la base de que debe "alcanzar" a las otras.

Si analizamos los hechos, es decir, los registros a largo plazo de lo que hacen en verdad las acciones, vemos que hay períodos en los que la mayoría de las acciones suben en valor, y otras veces en que la mayoría de ellas bajan, inclusive, a veces, acciones retrasadas se unen al resto para ubicarse en una tendencia alcista.

Pero no siempre pasa así. Y puede resultar muy incómodo comprar acciones en un mercado previsiblemente alcista, porque se hallan "detrás del mercado", o porque "todas van a subir" y esperar después durante meses mientras vemos que otras acciones logran nuevos máximos, mientras las nuestras se siguen debilitando o cayendo aún más. Con su conocimiento del mercado, posiblemente esté de acuerdo con nosotros en que no es una política sensata invertir todo su capital en la compra de acciones en lo que es claramente un Mercado Bajista en las Medias y en la mayoría de las acciones. Y usted nos dará también la razón si decimos que no es algo positivo vender acciones al descubierto, hasta el límite de sus fuerzas, en un Mercado Alcista que sube como un cohete.

Si tiene que estar en un 100% en uno u otro lado, es mucho mejor ir con la tendencia. Así, estará en línea con las posibilidades, tal como demuestran una mayoría de acciones y las Medias.

Pero debe darse cuenta también de que "ir con la tendencia" no es siempre tan sencillo como parece. Podemos instituir definiciones, tal como ya hemos hecho, de lo que compone la tendencia Mayor. La siguiente pregunta sería si usted tiene la paciencia y arrojo suficientes para conservar una posición en línea con estas definiciones a lo largo de meses de vacilación y posibles movimientos adversos. Durante los períodos críticos, es, a menudo, complicado decidirse a comprar o vender.

Y, sobre todo, está la posibilidad de saber lo que comprar y vender y cuándo. Las pautas y señales fáciles de las Medias no nos cuentan la historia entera. Existe un cierto provecho en considerar el "mercado como un todo" a la hora de estudiar la teoría de Dow, en la medida en que tengamos en cuenta que las Medias que examinamos son generalidades (abstracciones de grado alto), y las reglas que determinan su tendencia se destinan a estas generalidades y no precisamente a todas y cada una de las acciones cotizadas en la Bolsa. En muchos casos, por ejemplo, un grupo de acciones "crearán techo" y empezarán una importante tendencia bajista, mientras otros grupos de acciones continúan haciendo nuevos máximos. Esto mismo pasó en 1946, cuando un gran número de acciones hicieron techo en enero y febrero, y otras siguieron fuertes hasta finales de Mayo.

Pensamos en 1929 como el año en que el "mercado" "hizo su gran alza máxima" y se hundió en octubre para empezar la serie de rupturas que se adentraron hasta 1932. Hay algo de verdad en esto; pero no es toda la verdad. Hubo algunas acciones importantes que realizaron sus máximos mucho antes del techo de 1929. La Chrysler, por ejemplo, hizo su máximo en octubre de 1928 y había caído desde 140 hasta 60 *antes* del pánico de

1929. Hubo acciones que no se regocijaron en un Mercado Alcista en el período que fue desde 1924 hasta 1929. En un recuento real de casi 700 acciones cotizadas, vemos que 262 emisiones realizaron sus máximos de Mercado Alcista antes de 1929, 181 hicieron techo en 1929, pero antes de agosto de ese año. Hubo varias acciones que no sufrieron su primera ruptura por abajo hasta *después* de 1929. 44 acciones se introdujeron en nuevo terreno de Mercado Alcista después de 1929 y antes de mediados de 1932. Sólo 184 de las 676 acciones estudiadas hicieron sus máximos de Mercado Alcista en agosto, septiembre u octubre de 1929 y se hundieron en octubre y noviembre.

En otras palabras, sólo un 27% de Las acciones se comportaron de la manera en que todo el mundo "sabe" que se comportarían. Está bien admitir la tendencia "general" como un recurso útil, en la medida en que sepamos que es solamente un recurso, y no un cuadro minucioso de la realidad.

Debemos hacer frente al problema que debe confrontar continuamente todo estudiante del mercado; cómo protegernos de las acciones que no se están moviendo con la mayoría.

El problema se puede afrontar, en primer lugar, no tomando una cantidad de riesgo irracional (Ver Capítulo XLI).

Se puede afrontar también utilizando un Índice de Evaluación, en lugar de pasar de todo alcista a todo bajista. Con esto, queremos decir utilizar un indicador que demuestre, no sólo si se trata de un Mercado Alcista o Bajista, sino de "como de alcista" o "cómo de bajista" parece en un momento establecido.

A primera vista, esta concepción puede no parecer muy distinta de la clásica Teoría de Dow. Se emplean los mismos métodos técnicos. El índice de Evaluación mostrará también, durante un mercado potentemente alcista, La tendencia, así como las Medias. Pero con la siguiente diferencia: el índice de Evaluación mostrará también, aproximadamente, el grado de fuerza. A medida que el mercado empieza a desarrollar puntos frágiles, tal como pasó en 1928 y 1929, el grado *"alcista"* descenderá progresivamente.

Antes de estudiar el uso de este índice, permítanos recalcar lo que es y cómo se puede construir. Entenderá que no es una herramienta exacta; brinda solamente un cuadro aproximado del estado del mercado; no brinda señales positivas; y, en un estudio final, vemos que es reflejo del juicio y opinión de la persona que lo mantiene. Supongamos que usted lleva gráficos diarios de 100 acciones. Al final de cada semana las puede marcar en la parte inferior del gráfico con un signo +0 - pequeño, mostrando as se cree que una acción concreta se está moviendo en una tendencia Mayor alcista o bajista. En algunos casos, le será complicado decidirse. Sin embargo, esto no tiene mucha importancia, ya que estos casos no serán muy cuantiosos, y, en la mayoría de las acciones, podrá marcarlos con + 0 - en base a su estimación. Si calcula ahora el total de acciones con signo + y las acciones con signo -, conteniendo a aquellas que tuvo que

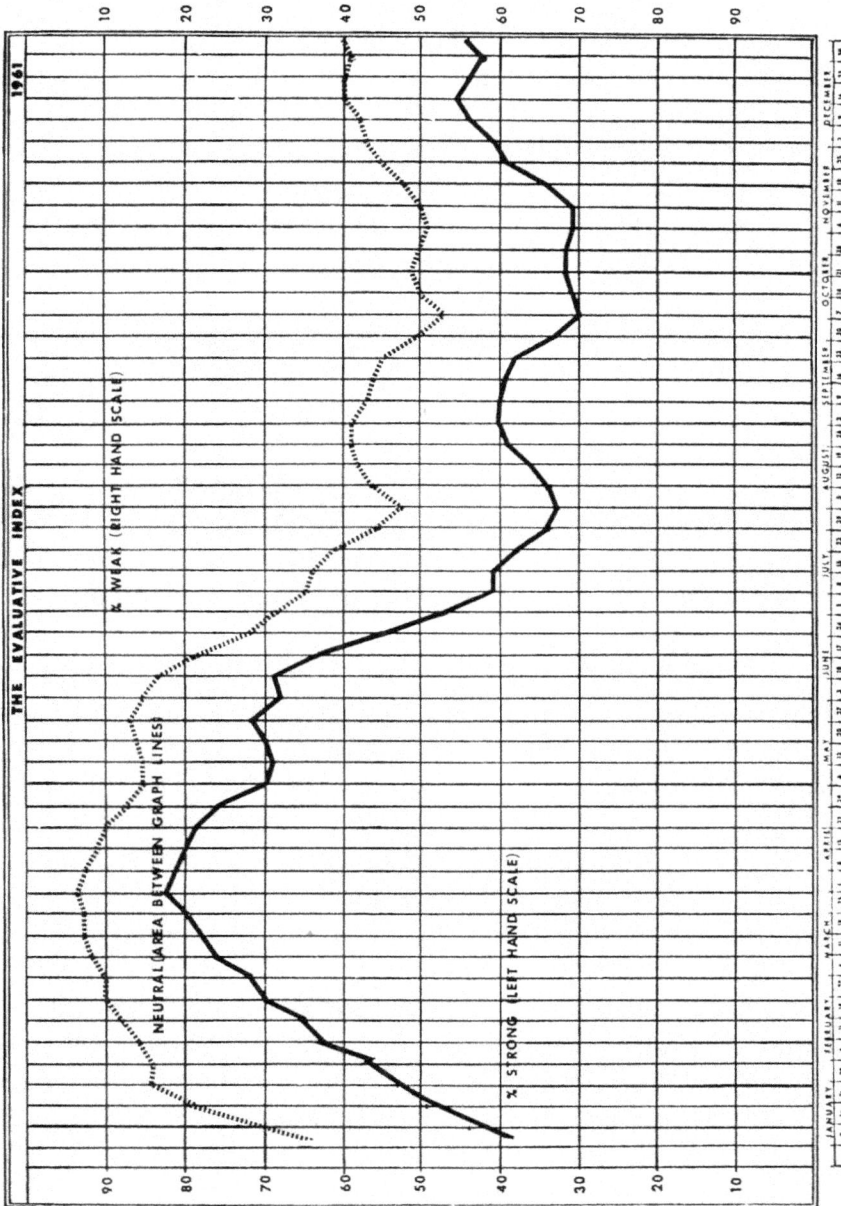

DIAGRAMA 10. El índice de Evaluación muestra el porcentaje de acciones que aparecen en tendencias Mayores alcistas o bajistas. En 1961, este Índice entró en conflicto con las "medias de acciones", lo que sugiere un posible giro Mayor.

tomar una decisión provisional, conseguirá dos cifras que totalizan el número de gráficos que tiene. Si 75 de ellos levan el signo +, puede decir que, para usted, el mercado es alcista en un 75%. Si, a la semana siguiente, el porcentaje es más alto, digamos de un 80%, indica una condición más fuerte o más alcista. Si es inferior, pongamos de un 70%, demuestra que, en equilibrio, un número menor de sus acciones parece fuerte, y de aquí que el mercado sea previsiblemente más frágil.

Tal como hemos dicho antes, si las Medias están realizando nuevos máximos, usted esperará (y descubrirá) que el Índice de Evaluación oscilará por encima del 50%. En un Mercado claramente bajista, el Índice perdurará considerablemente por debajo del 50%.

Pero mire que aquí no hablamos de "señales"". No existe el punto en el que podamos decir "venda todo". Así como tampoco existe el punto en el que podamos decir "compre ahora" en un sentido absoluto. El Índice flotará y se ajustará perseverantemente a las condiciones cambiantes.

Debe quedar claro que un mercado, en el que solamente un 53% de un gran grupo de acciones representativas está moviéndose al alza, no es tan fuerte como uno en el que el 80% de esas acciones se están comportando de manera alcista. Por lo tanto, tendrá justificación si realiza posiciones mayores en el lado largo del mercado, en este segundo caso.

De todas maneras, todavía se enfrentará con el problema de *selección* de acciones específicas a comprar. Pero estará justificado si hace posiciones totales más grandes, o si asume un riesgo total mayor (ver nuevo Capítulo XLI), que en un mercado que difícilmente se puede distinguir de alcista. Si el total del programa de inversión de cada uno, se ubica en línea con este Índice, es posible "moverse en el sentido de la corriente"; y uno será sacado casi automáticamente de un mercado en disminución, antes de que las cosas se vuelvan muy peligrosas. Más aún, esto se llevará a cabo sin la necesidad de tomar decisiones tormentosas sobre si "vender ahora" o "esperar un poco".

Este método se puede extender aún más. Si un inversionista siguiera el Índice de Evaluación solamente aumentando o disminuyendo sus posiciones con el ascenso o caída del Índice, conseguiría mejores resultados que si tuviera solamente dos alternativas de completo optimismo o completo pesimismo. Pero, inclusive en este caso, siempre apuntaría en una dirección y aguantaría perder en cierta medida sus posiciones si el mercado cambiara, en su momento, de dirección o se introdujera en un movimiento de pánico.

El propósito de extender el método es suministrar capital, o una cierta porción de capital, entre el lado largo y el lado al descubierto. Asumiendo que la definición de sus propios gráficos sea sensatamente correcta en una mayoría de casos, usted puede, en un instante concreto, seleccionar varias acciones más fuertes que la media; y de igual manera, varias acciones más frágiles que la media.

Con el Índice en las cercanías del 50% (tal como estuvo durante varios meses a mediados de 1956), usted puede elegir varias acciones fuertes para comprar, y varias candidatas para vender al descubierto, realizando posiciones que equilibrarán, aproximadamente, su riesgo total. En el caso de una agitación alcista que barra todo lo que interfiera en su camino, usted acumulará pérdidas en las ventas al descubierto, y puede que tenga que invertir la clasificación que hizo de ellas, desde - a +, cerrándolas con una pérdida. Pero, todavía en un caso así, las ganancias de sus buenas posiciones indemnizarán con creces la pérdida, suponiendo que eligiera bien; y la pérdida asumida puede ser absorbida como "seguro"; el precio que ha debido pagar para hallarse en una situación de protección.

Por otro lado, en el supuesto de que el mercado colapsara súbitamente (como pasó, por ejemplo, durante la enfermedad del Presidente Eisenhower en 1955), el aumento de pérdida en las posiciones largas se verá acrecentado por las ganancias de las posiciones al descubierto. Y si el descenso continuara hasta un punto que exigiera la venta de las acciones a crédito, las pérdidas aquí se podrían considerar como el precio de la protección de "seguro" a los descubiertos brindados por los créditos.

Es también viable, en un mercado más normal, que las posiciones largas y las posiciones al descubierto demuestren ganancias. Lo que planteamos es un arbitraje o apuesta continuos. A medida que el Índice de Evaluación prospera, la proporción de posiciones al descubierto se reduciría y las posiciones a largo aumentarían. A medida que baja el índice, se produciría el cambio de dirección.

Este método es fundamentalmente conservador. Aquellos que han considerado siempre la venta al descubierto como un juego puramente especulativo, podrían volver a inspeccionar la venta al descubierto desde el punto de vista de usarla como una parte regular de su programa de inversión como contrapeso a los valores en cartera.

El resultado que se puede esperar en este programa conservador "equilibrado y diversificado" es esencialmente protección del capital. En virtud de su naturaleza misma, excluye la posibilidad de "sumergirse" para conseguir beneficios espectaculares. Pero brinda también el mecanismo por el cual el método técnico puede persistir por sus méritos, independiente, en gran medida, de los "cambios y posibilidades" del mercado. Permite descartar gran parte de la ansiedad e inseguridad que sufren tantos operadores e inversionistas por el día y hasta bien adentrada la noche.

Capítulo XXXIX

Prueba y Error

No se puede esperar comenzar con un registro perfecto desde el principio. Puede que, al principio, las cosas no resulten muy bien. Esta es una de las razones por las cuales le hemos encomendado usar solamente una cantidad pequeña de su capital, ya que, si no rigiera bien sus campañas o si sufriera una pérdida Intermedia en la tendencia o en un giro Mayor, usted podría volver de nuevo con una mayor experiencia.

Sus registros de transacciones reales (y las notas sobre transacciones teórica) le ayudarán. A medida que pasa el tiempo, descubrirá métodos operativos más avanzados. Pruebe estos métodos con sus registros de gráficos anteriores. Evidencie si su mejora le favorece perseverantemente. De esa manera, puede probar nuevos detalles del método sin exponer capital real, hasta que haya llevado a cabo una comprobación total de la operación.

Hubo un caso real de un operador que tenía un registro de actuación muy pobre en una fase Bajista de movimiento rápido de mercado, y que volvió a evidenciar treinta de sus operaciones reales en ese período, a la luz de nuevos métodos que desarrolló a partir de ahí, cuando el registro original demostró una pérdida de un 40% al año, en el período en que éste estaba invertido sin posibilidad de sacarlo, los cambios que introdujo, usados en las mismas situaciones, habrían dado como consecuencia un beneficio a una tasa anual del 156%. Tal resultado, aunque no concluyente, recomendaría el probar el método nuevo en todos los escenarios parecidos en el futuro, y si la actuación siguiera demostrando esta ventaja, adoptarlo como una política permanente. Sólo realizando una comprobación de manera constante y continuada, podrá aprender a aprovechar mejor las oportunidades favorables y a cuidarse frente a los cambios de dirección inesperados.

Si sigue las recomendaciones de este libro, las que ya hemos dado y las que siguen en los capítulos siguientes, procederá de manera lenta y cautelosa, y no expondrá todo su capital de un sólo movimiento de una sola acción. De esta manera, cuando le afecten los errores y la mala suerte, no lo harán de manera muy grave. Estará preparado para afrontarse a movimientos e interpretaciones falsas y cambios de dirección completos de desarrollos esperados.

Si trabaja con entereza y a conciencia, sin dejar que sus emociones guíen su juicio, la ley de las medias le facilitará un éxito cada vez mayor. No está jugando a ciegas en este trabajo; esta utilizando de manera inteligente la experiencia pasada como guía -y una guía leal. Sus operaciones forman parte del funcionamiento competitivo del mercado libre; sus compras y ventas conciernen al proceso de interpretar la tendencia, evidenciando inflaciones y ritmo de la economía, y determinando la actividad de la industria, etc.

El mercado seguirá subiendo y bajando en el futuro tal como lo hizo en el pasado. Su conocimiento técnico lo salvará de "comprar en el techo" en la sacudida prominente final, y lo salvará además de vender todo en un instante de depresión y disgusto, cuando se ha determinado el suelo. En sus estudios sobre la acción anterior del mercado, hallará un fuerte escudo frente a los empujes repentinos que sorprenden y, con periodicidad, vencen al operador no experimentado.

Capítulo XL

Cuánto capital usar en las Operaciones

Hasta aquí, hemos estado hablando principalmente en términos de puntos y porcentajes. Se ha dicho muy poco sobre dólares. A partir de aquí, nos concentraremos en sus operaciones. Porque, ya que la sola intuición de las señales y pautas técnicas no le garantizarán beneficios sin un método táctico de aplicación, tampoco sus tácticas solas le aseverarán beneficios hasta que no haya elaborado un método que se ajuste a su bolsillo, y hasta que controle sistemáticamente su operación en términos de dó1ares y centavos.

Al principio de sus operaciones gráficas, no utilizará ningún capital. No realizará ninguna operación, ya sea real o teórica. Cualquier obligación que ejecute en un nuevo gráfico, las primeras cuatro o cinco semanas, será sencillamente una corazonada. Tardará, por lo menos, dos meses en conseguir un cuadro claro de la manera en que sus acciones actuarán técnicamente. A partir de aquí, su historia gráfica se hará más valiosa cada semana.

Sus primeras operaciones serán posiblemente teóricas. Querrá emplear a sus gráficos los métodos que ha estudiado. En un momento dado, deseará llevar a cabo una transacción real.

Entonces, saldrá la pregunta, ¿cuánto dinero tendré que emplear para mis objetivos de operación?

Eso depende de sus circunstancias y de cuanto tiempo y esfuerzo haya pensado utilizar en la operación de acciones, y también en su experiencia en el mercado. Si ha estado comprando y vendiendo acciones durante un número de años, 1ógicamente continuará en esta misma línea, aplicando sencillamente las nuevas técnicas a sus operaciones.

Por otro lado, si la operación de acciones es un campo totalmente nuevo para usted, o si es sólo una afinidad secundaria, le sería recomendable tomárselo con calma. Algunos escritores han apuntado que se precisan, por lo menos, dos años para conseguir la suficiente experiencia práctica y operar así con seguridad en el mercado, ya que, durante el período de instrucción de dos años, muchos operadores llegan, pierden lentamente su capital, y se salen del campo permanentemente, dejando tras ellos su dinero. Por tanto, no importa lo impaciente que esté por meterse, lo mejor será experimentar, en gran parte, sobre una base teórica, y utilizar solamente una pequeña cantidad de su capital verdadero, de manera que, pongamos después de dos años, si ha obtenido algunos beneficios reales, de manera regular y constante, por pequeños que sean, estará mejor capacitado para usar una cantidad mayor de capital de manera sensata y segura. Y, a la inversa, si durante ese período ha cometido muchos errores y ha registrado muchas pérdidas innecesarias, podrá remediar sus métodos y continuar sobre una base más sólida, sin haber perdido su principal reserva de capital. No arriesgue, bajo ningún motivo, todo lo que pueda reunir con la creencia de que esta es la manera más rápida de hacer dinero fácil. Esto no es verdad y, lo que es más, las posibilidades de conseguirlo se irán volviendo en su contra si trata de llevar adelante ese plan.

Lo mejor que puede hacer es pensar lo que puede guardar y lo que puede guardar, lo que se puede permitir el lujo de gastar, teniendo en cuenta que la cantidad con la que empieza equivale, mas o menos, al dinero que podría utilizar en un curso especial de instrucción, o para mejorar la propiedad que espera vender, o, para poner otro ejemplo, sería parecido al sueldo que va a perder al aceptar un trabajo peor pagado, pero que, en su momento, valdrá más que su trabajo reciente.

En otras palabras, no puede contar desde el principio con conseguir *algún* beneficio del capital que utiliza en la operación. Usted planeará su propio presupuesto sin tener en cuenta estos fondos, inclusive a costa de recortar su presupuesto para hacerlo posible. Así, puede seguir adelante y poner en práctica su propio método operativo, libre de cualquier influencia para tomar riesgos innecesarios, libre de la necesidad de vender acciones precozmente, y exento de temores y preocupaciones.

Puede comenzar sus operaciones con $500. Mejor si puede utilizar $1.000 o varios miles. No supone ninguna diferencia, en la medida en que sepa positivamente que tiene capital para seguir con su operación cuando desarrolle su habilidad.

Lo trascendental, al principio, no es cuantos dólares puede conseguir, sino qué porcentaje de aumento al año puede promediar con el capital que está utilizando. Si se acerca de esta manera al serio negocio de la operación, no temerá tomar pérdidas cuando sea ineludible (y hay momentos en los que es la única medida sabia que se puede adoptar), no se estará esforzando en realizar un beneficio irracional o imposible (con los consiguientes resultados funestos), y podrá construir con tranquilidad su política operativa, con el convencimiento firme de que el mercado estará ahí al año siguiente, que las oportunidades lo estarán esperando, y que los procedimientos básicos que está desarrollando son más valiosos que cualquier "racha de suerte" que puede obtener del aire o de los rumores de sala.

Capítulo XLI

Aplicación del Capital en Práctica

Déjense volver a nombrar una serie de aspectos sobre los que ya hemos hablado y, en los cuales, esperamos esté usted también de acuerdo.

1. Las tendencias Mayores suelen desarrollarse por largos períodos de tiempo, cubriendo una gran cantidad de puntos en el avance o descenso totales.
2. Se podrían realizar beneficios casi increíbles comprando acciones en el suelo extremo de un Mercado Bajista y vendiendo en el techo extremo del siguiente Mercado Alcista; o vendiendo al descubierto en el alza máxima extrema de un Mercado Alcista y cubriendo en el suelo extremo del siguiente Mercado Bajista.
3. No es viable llevar a cabo alguno de estos resultados tan deseables.
4. Es posible impedir quedar atrapado en compras hechas en o cerca del techo extremo de un Mercado Alcista, de tal forma que las pérdidas se vuelvan peligrosas o ruinosas en un cambio de dirección Mayor. Es también posible, por supuesto, impedir tales pérdidas a través de ventas al descubierto mal aconsejadas cerca del suelo extremo de un Mercado Bajista.
5. Es posible conseguir beneficios operando en línea con la tendencia Mayor y, en algunos casos, operando en las correcciones Intermedias a la tendencia Mayor o, a veces, en el comportamiento individual de una acción que se mueve de manera inversa a la tendencia Mayor.
6. Los beneficios mayores y más seguros se pueden conseguir en el período principal de avance de la tendencia Mayor (o de descenso, en el caso de ventas al descubierto), pero no en las primeras fases en las cuales el movimiento se pone en camino, sino durante el redondeo o fenómenos de cambio de dirección cercanos al final de movimiento.

Por tanto, para lograr los máximos beneficios de las tendencias Mayores siguientes, lo ideal sería tener una cantidad respectivamente pequeña en el mercado al principio del movimiento, y una muy pequeña cerca de su fin, pero con una cantidad muy sustanciosa a mitad de camino cuando el avance o el descenso estuvieran avanzando.

El autor cree que es viable expresar la relación entre la cantidad de capital invertido y el estado de la tendencia Mayor en una ecuación clara y definida. Pero, puesto que la idea de una tendencia Mayores, en sí misma, una cosa de definición, y ya que, tal como hemos dicho, la tendencia es una abstracción de los movimientos individuales de muchas acciones, no parece permisible dar una solución posible al problema de cuánto capital utilizar en un momento concreto.

Ni tampoco es preciso obtener una respuesta exacta y definitiva. Tal como ya hemos visto, es posible instituir un índice de Evaluación que dé una respuesta aproximada y lo suficiente buena, a efectos prácticos, en lo que se refiere a sopesar la "fuerza" de la tendencia en un momento específico.

Hay, sin embargo, otras preguntas. La más importante de ellas sería la de cuánto *riesgo* total está tomando. Ya que algunas acciones son muy conservadoras y otras muy especulativas, es suficiente determinar qué parte de su capital se debe emplear a una tendencia de mercado. La proporción de su capital total utilizado no equivale, obligatoriamente, a la medida completa de su participación. El nivel de precio de una acción afectará a sus hábitos (las acciones de bajo precio hacen movimientos de porcentaje más grandes que las acciones de alto precio). La cantidad de margen que está utilizado afectará al grado de riesgo.

Este plan no carece de contenido (de lo contrario, no nos habríamos molestado en analizarlo aquí), pero hay una pregunta seria sobre si la cantidad de capital a utilizar en un momento concreto se puede reducir siempre a una simple operación matemática.

Supongamos que está convencido de que esto es un Mercado Alcista en una fase potencial tal, que estaría justificado si utilizara el 80 porciento de su capital. Pero usted se dará cuenta raudamente, a raíz de lo que se ha dicho ya en capítulos anteriores, que si coloca este dinero en una acción de precio alto, tal como la American Telephone & Telegraph, no tendrá muchas posibilidades de beneficio (si está en lo correcto) o de pérdida (si no tiene razón), como si lo pusiera en una acción de más bajo precio, como es el caso de la American Radiator. De la misma forma, su dinero, puesto en una acción con bajo índice de Sensibilidad, es decir, una acción conservadora como la Detroit Edison, no le brindará tantas posibilidades de beneficio o pérdida como una acción con alto Índice de Sensibilidad, es decir, una acción especulativa como la Lockheed. Estos factores, casi tanto como la cantidad de dólares verdaderos, afectan a su situación e intervienen a la hora de responder a la pregunta, "¿estoy aislado y, si es así, en qué medida?

Para dejar esto cabalmente claro, tomaremos el 80 por ciento de su capital, por ejemplo $8.000 de $.1 0.000, y colocaremos esta cantidad en el mercado comprando en su totalidad la United States Steel Preferente de un 7%. Una subida grande del mercado general nos podría traer un aumento, en valor, de unos cuantos puntos, tal vez un 4 o 5 por ciento. Y a la inversa, un gran descenso puede hacer bajar la acción en, más o menos, la misma cantidad. Un ejemplo inverso sería adquirir $8.000 en opciones de una acción de precio bajo y altamente especulativa, en la cual el potencial resultado, en un plazo de noventa días, sería un beneficio de varios cientos por ciento o la pérdida total de los $8.000.

Obviamente, podemos variar nuestro estado durante el avance del mercado aumentando o disminuyendo la cantidad de la posición total, o cambiando la naturaleza de la cuenta, cambiando parte del total en acciones más o menos especulativas, de precio más alto o más bajo, y modificando también la cantidad de margen usado.

En el capítulo siguiente comprenderemos cómo los factores principales que afectan a una cantidad dada de capital usado (es decir, sensibilidad, precio y margen) se pueden concertar en una sola cifra, que designaremos Índice de Leverage o Apalancamiento.

Es totalmente cierto que debe variar su Leverage Compuesto para tomar ventaja de las porciones centrales de movimiento rápido de movimientos importantes, utilizando un Leverage (o Apalancamiento) más bajo al principio de tales movimientos, y durante los períodos de disminución o giro cerca del final. Sin embargo, una cosa es formular con exactitud el Leverage o Apalancamiento y otra muy diferente escribir una fórmula que permita emplear grados específicos de apalancamiento en momentos concretos. El método propuesto al principio de este capítulo no carece de valor pero, debido a las reacciones Secundarias y a la dificultad de establecer las Tendencias Mayores de acciones individuales, no es posible plasmar esto en la norma precisa y bien definida que estamos investigando. Debe ser un asunto de experiencia o de percepción, basada en esta experiencia. Usted no permitirá que el factor de Leverage o Apalancamiento se aísle hasta llegar a un punto delicado. Ni tampoco dejará que sea tan bajo en los momentos de buena oportunidad de mercado, que no esté logrando beneficios completos del movimiento.

Podemos tener "en mente" la manera general de una oscilación Mayor al considerar esto. Los Mercados Alcistas suelen subir a través de una serie de avances y descensos irregulares, empezando con una moderada tendencia alcista, y apresurándose gradualmente a medida que el mercado se acerca a su techo último. Los Mercados Bajistas se mueven más ágilmente al principio y van disminuyendo progresivamente hacia el final. Los Mercados Bajistas son más inclinados que los Alcistas. Estas consideraciones nos ayudarán a juzgar los momentos en que el mercado ofrece las mejores oportunidades, y los momentos en que debe aumentarse el Leverage o Apalancamiento. Hay otros factores, más complicados todavía de concretar en cifras sencillas. A veces, cambiaremos nuestros valores en cartera por razones que carecen de relación directa con los factores que disponen el Índice de Leverage o Apalancamiento de las acciones. Sabemos, por ejemplo, que las emisiones de alto grado, las que dirigen activamente el mercado y tal vez algunas acciones de naturaleza más conservadora, tienden a empezar sus movimientos en un Mercado Alcista bastante temprano, y a seguir su avance a un paso bastante regular. A partir de este punto descenderán, probablemente con un ángulo más inclinado que la pendiente. Por otro lado, las emisiones de bajo precio y bajo grado tienden a ser lentas a la hora de comenzar, permanecen inactivas durante las primeras fases de un Mercado Alcista y se mueven repentina y enfáticamente con un movimiento de cohete, en una serie de movimientos que los lleva a su techo último. Sin embargo, es posible que este techo se alcance en un punto más tardío (tal vez meses después) que el punta en el que hicieron techo muchas de las acciones más conservadoras. El grupo especulativo caerá después muy velozmente y retornará a los niveles muertos faltos de acción antes de que el grupo conservador haya acabado su descenso Mayor de manera pausada.

Esto significa que hará bien en reunir sus operaciones de Mercado Alcista en las primeras etapas, en las acciones de grado mas alto; y en las últimas etapas, en las acciones de grado más bajo. En un Mercado Bajista, puede, tal vez, realizar ventas al descubierto con éxito en acciones de alto grado, inclusive aunque algunos de los "cats and dogs" estén perfeccionando todavía su subida; pero usted estará esperando la oportunidad de cubrir estos descubiertos y quedarse al descubierto de las acciones de grado bajo tan pronto como se señale su cambio de dirección. El capítulo siguiente analizará del tema del Índice de Leverage o Apalancamiento. Debería ser un instrumento que le ayudará a medir sus operaciones de mercado, y una protección frente a la "operación en exceso". Pero no espere utilizarlo mecánicamente como un índice frente al mercado para contestar a todas sus preguntas sobre la naturaleza y tamaño de sus obligaciones. Ya que, su propia experiencia y juicio, deben ser los reguladores finales a la hora de medir, en cualquier momento, la condición de la tendencia Mayor.

Opciones de compra y venta

Las opciones de diferentes clases poseen una larga historia en los mercados comerciales. Hace casi 2.000 años, los comerciantes que operaban en la región del Mediterráneo utilizaban acuerdos ("to arrive") que correspondían a contratos de opción, como seguro para reducir los riesgos de tormenta o piratería. Los actuales contratos de futuros de commodities recuerdan a las opciones sobre acciones en su naturaleza dual de servir como medio de operaciones o como recurso de seguro. Las opciones se utilizan además considerablemente en transacciones reales de estado y con otras aplicaciones. Durante muchos años, las opciones de acciones se negocian solamente en base a un acuerdo individual entre un comprador o un agente, y un opuesto, directamente o a través de un corredor o tratante. El cliente y el emisor pueden resolver las acciones opcionales, en qué ejercicio o a qué precio, durante qué período de tiempo y a qué prima. Un tratado físico sobre este tipo de opciones "no cotizadas" es el libro concluyente de Herbert Files, fundador del grupo más antiguo y grande de comerciantes de acciones, "Understanding Put and Call Options".[7]

En el año 1973, la Chicago Board Options Exchange, y después la American Stock Exchange, abrió un nuevo método de manejar contratos de opciones, en el cual las opciones (de compra) de una lista escogida de acciones activamente operadas, se

---

7 Publicado por John Magee, Inc.

ofrecerían con fechas de acabamiento estándar (como contratos de mercancías) y a precios de ejercicio concluyentes, dependiendo la prima de las demandas y ofertas de los compradores y agentes. Una guía excelente para este mercado tan expansivo es el libro de Nicholas R.Bokron, "How to Use Put and Call Options".[8]

---

8 Publicado por John Magee, Inc.

Capítulo XLII

Discusión sobre el leverage o apalancamiento compuesto

Tal como sugerimos en el capítulo anterior, hay cierta relación entre el estado de un Mercado Mayor y su potencialidad de beneficio. Existen muchos planes y sistemas mecánicos para hacer frente al problema; pero no pensamos que pueda resolverse totalmente usando sólo medios mecánicos. Indicamos un plan por el cual las obligaciones se manejaron según el consenso de tendencias en una carpeta de gráficos. Hay otros planes que dependen de poner en una pirámide la obligación a medida que la tendencia prospera; y otros que se basan en el promedio de costes aumentando la obligación que trabaja contra la tendencia, es decir, adquiriendo en una escala bajista a niveles gradualmente menores en un Mercado Bajista, y vendiendo en una escala ascendente en Mercados Alcistas.

Ninguno de estos planes, considerados por separado, son adecuados para responder a las preguntas de cuando comprar y cuando vender. El principal objetivo de este libro es el de examinar los fenómenos técnicos de acciones individuales. Si podemos aprender de los gráficos en qué puntos comprar y bajo qué condiciones vender, habremos adquirido la herramienta básica para operar con éxito. Por otro lado, lógicamente, si su compra y su venta traen como consecuencia, la mayoría de las veces, pérdidas netas, no importa, entonces, como divida su capital o lo emplee en el mercado, ya que tenderá a disminuir hasta que desaparezca, a su debido tiempo.

El primer problema reside en aprender a usar las herramientas técnicas, pautas, tendencias, soportes, resistencias, etc. Así podremos considerar cuánto dinero podemos exponer y de qué manera.

Ya hemos visto que supone una diferencia y, a veces, grande, la manera en que apliquemos nuestro capital. Los diferentes factores de nivel de precios, sensibilidad, margen, entran a formar parte del concepto que vamos a nombrar Índice de Leverage Compuesto. En la segunda parte de este capítulo, lo definiremos. Mientras tanto, hemos dicho suficiente para que entienda a lo que nos referimos cuando utilizamos el término en relación a sus posiciones de mercado.

Usted se dará cuenta, por supuesto, de que no quiere ser tan conservador que excluya, prácticamente, todas las oportunidades de hacer ganancias. Si decide no resistirse nunca a la tendencia Primaria, deberá estar inactivo durante largas tendencias Secundarias, y puede estar esperando, a veces durante semanas sin fin, a que se origine una continuación del movimiento Primario. Naturalmente, desistirá de todas las señales frágiles y a las tendencias convergentes, y evitará nuevas obligaciones después de cada sacudida o auge de pánico. Si utiliza el máximo cuidado, su porcentaje de éxito, en vez de ser de un 60, 70 u 80%, puede aproximarse al 90. Pero este conservadurismo extremo supondría también que usted solamente operaría en las mejores posibles situaciones, cuando todos los factores fueran prósperos y estuvieran bien definidos. No tendrá muy a menudo tales oportunidades. El resultado que logre puede ser un beneficio, pero muy pequeño como para justificar todo el trabajo y estudio que empleó usted en sus gráficos. Usted puede alcanzar una ganancia del 2 o del 3 o, inclusive, del 4% en su capital, sin estudiar ni arriesgar mucho, y puede esperar una tasa de ingresos mucho más alta si sus esfuerzos valen la pena.

Para hacer funcionar sus gráficos, debe aprovecharse de las acciones de Leverage más alto, es decir, de las acciones que sobrellevan más oportunidades de ganancia y, por tanto, más peligro de pérdida. Deberá aceptar, por tanto, un riesgo mayor que el hombre que se contenta con adquirir una acción "segura", la pone en la caja y se olvida de ella. Manteniendo su Leverage o Apalancamiento Compuesto en algún nivel constante que su experiencia y juicio lo consideren seguro en la situación específica del mercado, estará protegido frente a una excesiva precaución. Y lo que es más importante, si conserva este Leverage o Apalancamiento en sus operaciones, estará protegido frente a una "operación en Exceso" de manera inconsciente. Esto es peor que la precaución extrema, y puede convertirse en un poderoso enemigo, todavía cuando su porcentaje de ganancias de operación teórica sea alto. Cuando usted elige un Leverage Compuesto terminante y adhiere a el sus obligaciones operativas, cambiándolo cuando sea preciso para reunir las condiciones cambiantes, se verá obligado a refrenar su entusiasmo dentro de unos límites seguros, y será consciente en todo instante de los riesgos que está tomando.

"Operación en exceso" y una paradoja

Esto nos lleva a otro punto. Una serie de iguales ganancias y pérdidas de porcentaje de su capital no se corresponde con una serie de ganancias y pérdidas semejantes en dólares y centavos. Este es un problema difícil que vale la pena entender.
Ya que un operador que se desarrolla demasiado, está intensificando ese problema (que existe de todas maneras, pero que no tiene porqué preocuparle mucho si ha estudiado su programa).

Usted puede entender la extravagante afirmación de que las ganancias y pérdidas de porcentaje no son iguales si toma, en primer lugar, el caso extremo de un hombre que, cada vez que ingresa en negocios, arriesga su capital entero con la esperanza de una ganancia del 100% o de una pérdida del 100%. Si su primera empresa sufre una pérdida, perderá el 100%. Está acabado, ya que no puede ganar consiguiendo un 100% en nada. Sin embargo, si la primera empresa tiene éxito y usa después todo su capital, incluyendo los nuevos beneficios, en los mismos términos, y su segunda empresa es un fracaso, acabará totalmente arruinado. No importa cuántos éxitos pueda poseer, perderá todo con su primer fracaso. Aunque en un grado menor, esta es la situación de la que estamos hablando.

No deberá exponer todo su capital en base a doblar su dinero o perderlo todo. Pero, supongamos que usted se ha desarrollado hasta un punto en el que estaba tomando el riesgo de una pérdida neta del 40% en cada transacción, con la esperanza de una ganancia neta del 40%. Si comenzara con $1.000 y sufriera diez pérdidas seguidas, terminaría solamente con seis dólares. Supongamos ahora que las diez transacciones siguientes son todas ellas un éxito. Terminaría, después de diez pérdidas y diez ganancias, cada una de ellas de un 40%, con un capital de menos de $100. No es preciso que estas diez pérdidas y ganancias lleguen en el orden aquí determinado.

Puede conseguir primero las diez ganancias, o tres ganancias, cuatro, siete y después seis. El resultado será el mismo. Cualquiera que sea el orden, después de diez ganancias y pérdidas, habrá perdido más del 90% de su capital. Por otro lado, si expusiera su capital completo en veinte empresas, en diez de las cuales tomo una ganancia neta del 8% y en las otras diez una pérdida neta del 8%, sus $1.000, después de las diez ganancias y las diez pérdidas, se verán reducidos a sólo $937. Todavía tiene un 94% aproximadamente, de su capital original. Por tanto, en este caso (y un 8% es una cifra media de transacciones a corto que da como resultado una pérdida, de hecho una cifra bastante liberal de acuerdo con los cálculos extensivos de transacciones reales) tendrá un obstáculo, debido a esta paradoja, de solamente 1/3 de uno por ciento en cada operación.

Es comprensible que diez operaciones sucesivas *puedan* resultar mal, aunque eso sería algo poco frecuente. Hubo un período de diez meses entre el giro real de mercado y la señal de Dow que muestra un cambio de dirección de la tendencia Primaria. La nueva tendencia resultante, una vez instituida, recorrió una larga distancia, y habría hecho perdidas y producido buenos beneficios. Pero durante los diez meses complicados, permitiendo 30 días para cada transacción, es viable que diez operaciones seguidas y erróneas se pararan para lograr pérdidas, reduciendo los $1.000 a $434.

Lo importante aquí es que las siguientes diez operaciones con éxito habrían devuelto estos $434 a $937; dicho de otra manera, podría haber dirigido bien el barco y haber seguido navegando, si estuviera trabajando sobre una base del 8%, mientras que, si hubiera seguido la base del 40% que dimos inicialmente como ejemplo, se habría hundido sin dejar rastro alguno, víctima de una operación excesiva.

Por tanto, conservando un Índice de Leverage o Apalancamiento Compuesto prudente y dejando que la ley de medias trabaje para y por usted, se hallara en un sólido terreno matemático. Sus estudios técnicos servirán en cualquier oportunidad de darle un beneficio. De otra manera, usted puede, simplemente por una excesiva y poco sensata extensión de sus operaciones, evitar que, inclusive el mejor análisis técnico, produzca un beneficio neto.

Índice del leverage compuesto de una sola acción

Si usted tiene un registro de sensibilidad, tal como se recalcó en el Capítulo XXIV, y ha calculado los Índices de Sensibilidad de sus acciones (o si puede utilizar la tabla del Apéndice B, si la acción es alguna de las que aparecen ahí registradas), puede establecer el Leverage o Apalancamiento Compuesto de cada compra cada venta al descubierto tal como sigue:
  • La S simboliza el índice de Sensibilidad de la acción.
  • La N simboliza la Gama normal para precios de la tabla del Apéndice B. basada en el precio en el momento de producirse la posición original.
  • La T simboliza la cantidad neta total pagada o recibida en la transacción original.
  • La C simboliza el capital reservado para financiar esta Obligación. En el caso de compras totales en efectivo o transacciones al descubierto con un margen del 100%, esta cifra excluye la T del numerador.

Entonces

$$\text{Apalancamiento Compuesto} = \frac{\text{SNT}}{15,5 \times \text{C}}$$

(1,55 es la Gama Normal para una acción que vende a un precio de 25, y es simplemente una selección arbitraria que sirve de punto fijo de referencia a la hora de determinar ratios).

Leverage compuesto de una cartera completa

El Apalancamiento Compuesto de la cuenta completa es la suma de los riesgos de las acciones que la componen y se puede representar de la siguiente forma:

$$\text{Apalancamiento Compuesto Total} = \frac{\text{Suma del SNT*}}{15,5 \times \text{Capital Total o Valor Neto}}$$

Déjenos agregar un ejemplo más sobre la importancia del Leverage Compuesto. En un momento en que las acciones se podrían adquirir con un margen del 30%, habría sido posible comprar, con $1.000, $3.000 válidos por una acción altamente especulativa, la Standard Gas and Electric Preferente de $4, cotizada en la bolsa de

Nueva York. Supongamos que el precio, en ese instante, era de 25 dólares la acción. El Apalancamiento Compuesto de su capital de $1.000 sería del 693%, utilizando los métodos que acabamos de exponer ala hora de determinar este Leverage Compuesto. Al mismo tiempo, una adquisición total de $1.000 válidos por la Celanese 4 3/4% Primera Preferente a 106, tendría un Leverage compuesto de sólo 11,8%.

Comparando estas dos transacciones, su compra de la SG Pr brindó un Leverage o Apalancamiento de 693 a 11,8, comparada con la compra de la CZ 1° Pro., aproximadamente 60 a 1 (58,7 a 1). Posiblemente, y basándonos en la antigua historia de las acciones, sus posibilidades de ganancia o pérdida de capital fueron unas 60 veces tan grandes en la SG Pro como en la CZ 1° Pro.

El método que se plantea aquí le facilita un medio de saber, aproximadamente, cuanto riesgo está asumiendo en una acción o en un grupo de acciones. Le puede ayudar a impedir exponerse inconscientemente a un grado excesivo de riesgo o por otro lado, a limitar indebidamente sus oportunidades de lograr una ganancia.

Política de cuenta de inversión

La gestión de la cuenta de inversión suele estar basada, en gran medida, en consideraciones de los "fundamentos" y no en conjeturas técnicas, en su mayor parte. Más aún, tales cuentas se instituirán normalmente sobre una más conservadora, y no tratarán de utilizar los Mercados Bajistas para las ventas al descubierto.

Sin embargo, el asunto del Apalancamiento Compuesto que se ha representado en la cuenta completa, es una ayuda a la hora de establecer la naturaleza de conjunto de la inversión. Ayudaría a determinar si la cuenta se debería ubicar en una posición más conservadora, o si podría resistir un cambio hacia valores en cartera, de alguna forma, más especulativos. Estas decisiones dependerán, obviamente, del tamaño de la cuenta, de la condición y exigencias del propietario, y de la condición general del negocio y del mercado mismo. Sin embargo, el índice de Leverage o Apalancamiento compuesto brindará una herramienta de cálculo útil para valorar el carácter de la cuenta, como un todo, en un momento específico.

Leverage o apalancamiento compuesto negativo

A raíz de lo que ya hemos dicho sobre la función de "seguro" de las ventas al descubierto en un Mercado Alcista (y las compras en un Mercado Bajista), donde esas transacciones de signo "contrario" se han usado para lograr el equilibrio a través del índice de Evaluación, habrá quedado claro que esas ventas al descubierto o compras preventivas deben tender a reducir el Leverage Compuesto riesgo total de la cuenta; que es exactamente el motivo por el cual se utilizan.

Podría parecer que, al considerar las transacciones opuestas como negativas, y aquellas en la línea de la tendencia posiblemente Mayor como positiva, esta suma podría reducirse a cero, o al menos hasta un punto donde no existiera riesgo total sustancial. Esto no es posible, ya que estamos trabajando con aproximaciones toscas y variables más o menos independientes, que pueden, y, de hecho, a veces lo harán, llevar a cabo movimientos irregulares.

Sin embargo, es verdad que podemos reducir, en gran medida, el riesgo total y que los movimientos contrarios "restan", en un sentido real, el riesgo de la cuenta total. Esta "resta" de riesgo surge en las cuentas de mercancías, en las que es regla de los agentes de bolsa reducir el margen ineludible en las obligaciones totales si algunas de estas posiciones son "contrarias", es decir, si hay algunas posiciones al descubierto junto con una mayoría de posiciones a crédito, o viceversa.

Capítulo XLIII

Manténgase firme

Se ha dicho, con frecuencia, que cualquier plan de operación, seguido de manera constante durante un período de años, habría producido una ganancia neta de operaciones de mercado. Los métodos que hemos analizado en este libro (y que representan el acercamiento técnico) son un ejemplo que hace al caso.

Lo cierto es, sin embargo, que muchos operadores, no habiendo determinado una estrategia básica y no teniendo una filosofía fundada de lo que el mercado está realizando y por qué lo está realizando, se encuentran a expensas de cada pánico, boom, rumor, pronóstico, de hecho, de cada viento que sople. Y puesto que el mercado es, por naturaleza, un lugar de encuentro de fuerzas combativas y competitivas, están continuamente amenazados por la preocupación, la incertidumbre y la duda. Como resultado de esto, a menudo sueltan sus buenos valores en cartera con una pérdida en un hundimiento o sacudida repentinos; pueden espantar sus obligaciones al descubierto a causa de una oleada de noticias optimistas; se pasan los días recogiendo chismes, pasando rumores, tratando de confirmar sus creencias o aliviar sus miedos, y las noches sopesando, comprobando y cuestionando, en una confusión de esperanzas y temores.

Más aún, un operador de este tipo se halla en peligro continuo de quedar atrapado en una situación que puede ser totalmente ruinosa. Ya que no tiene guías fijas o puntos de peligro que le avisen cuando una obligación ya no es buena y es hora de salirse con una pérdida pequeña, se inclina a dejar pasar el tiempo con la esperanza de que el movimiento hostil acabe pronto, y de que habrá una "oportunidad de salir ileso", una oportunidad que, a menudo, no llega nunca. E, inclusive aunque las acciones se movieran en la dirección correcta y mostraran un beneficio, su situación no es mucho mejor, ya que no tiene ninguna guía que le muestre en qué punto tomar estos beneficios. El resultado de esto es que, posiblemente, se salga demasiado pronto y pierda una gran parte de sus potenciales ganancias, o esté durante mucho tiempo en el mercado y pierda parte de todos los beneficios esperados.

Si ha seguido con detenimiento los capítulos anteriores, habrá notado que ninguna de las formaciones técnicas es cierta y garantizada. La acción gráfica de una acción descarta y registra toda la información *ya sabida* sobre esa acción (que *incluye* todas las cuestiones de dividendos declarados o esperados, divisiones y fusiones que se están planeando, ángulos políticos en la medida en que afectan al mercado, asuntos mundiales, cometido, registros de ingresos, etc.). El gráfico no puede adivinar los acontecimientos imprevisibles, los asuntos totalmente desconocidos para todo el mundo. En una gran mayoría de casos, los gráficos son fiables. Si no está convencido de que esto sea verdad, puede seguir considerando el hecho de usar o no gráficos.

Por otro lado, si está de acuerdo en que los gráficos componen la más fiable premisa del curso futuro probable de los precios de las acciones, debe seguir terminantemente las señales que ofrecen sus gráficos, ya sea de acuerdo con las reglas que insinuamos aquí, o de acuerdo con otras reglas y modificaciones que le dicte su experiencia. Pero si sigue un tipo de reglas o políticas, sígalas al pie de la letra. Es la única manera de que le puedan ser de ayuda.

Si así lo hace, tendrá grandes ventajas, justo desde el principio: (a) nunca se verá sumergido en una situación en la cual una obligación de una sola acción pueda terminar con todo su capital y hundirlo; (b) no se verá congelado en un mercado que se ha vuelto contra usted, con una gran pérdida acumulada y, su capital invertido, sin posibilidad de sacarlo, de manera que no pueda utilizarlo en la tendencia de dirección contraria para hacer obligaciones nuevas y, en patencia, provechosas; (c) puede tomar sus decisiones con calma, sabiendo exactamente lo que busca como señal para tomar beneficios y sabiendo también que, sus pérdidas, en el peor de los casos, se limitarán a una cierta cantidad.

Con todo esto, tendrá la conciencia tranquila. Tomará y conseguirá ganancias. En ningún caso deberá llevarse sus cuadernos a casa y preocuparse. Habrá tomado ciertas decisiones. Si los desarrollos le demuestran que estaba en lo correcto, tomará, en el punto adecuado, su beneficio. Y si resulta que usted estaba equivocado, puede tomar entonces su pérdida comparativamente pequeña, y comenzar a buscar una situación mejor, con un capital todavía, y en gran medida, intacto, líquido y disponible.

Su trabajo, como especulador, es el de brindar liquidez al mercado; y contrarrestar los excesos insensatos del mercado en movimiento. Parte de este trabajo reside en estar en liquidez cuando sea preciso, para cambiar su posición.

Y conservarse al margen de las acciones irracionales y enormemente emocionales. Si hace esto de manera inteligente y firme, estará haciendo un servicio útil y requerido al bienestar económico general, y vera que el mercado dará recompensas a sus esfuerzos, tan buenas o mejores como las que pueda dar cualquier otra línea de tentativas.

APÉNDICES

Papel de Gráficos Tekniplat

Si nunca ha conducido sus gráficos en este tipo de papel, conocido con el nombre de semilogarítmico, de ratio, o de proporción, las instrucciones que se brindan a continuación le ayudarán a leer y comprender los gráficos más sencillamente, y también a comenzar, si está realizando sus propios gráficos.

El ingeniero o el grafista experimentado no tendrán ningún tipo de problema, pero mucha gente que nunca ha llevado gráficos o que está acostumbrada sólo a la escala de precios aritmética, en la cual los intervalos son siempre uniformes, se pueden asombrar, en un primer instante, de los espacios verticales consecutivamente cambiantes. Sin embargo, tal como descubrirá, este rasgo permite una puesta en gráfico más fácil y rápida, puesto que los diferentes precios caen siempre en el mismo punto en uno de los "bordes", y el ojo se acostumbra a ubicar, de manera automática el punto requerido, sin tener que remitirse a las cifras del índice instaladas a lo largo del margen izquierdo.

En muchos gráficos sencillos que demuestran horas de trabajo, cambios de temperatura, profundidad del agua, etc., se puede utilizar cabalmente papel de sección transversal, de manera que cada "hora", "grado" o "pie" esté caracterizado por la misma distancia vertical en el gráfico. La diferencia existente entre 5 y 10 pies es igual a la distancia que existe entre 105 y 100. Pero esta no es la mejor manera de constituir las diferencias de precios de acciones. Es totalmente cierto que la diferencia, en valor de mercado, entre una acción que vende a 10 dólares la acción, es de 5 dólares, o de $500 en un bloque de 100 acciones. Sin embargo, en este último caso está implicada una mayor cantidad de capital.

Si pone, por ejemplo, $1.00 en una acción a 5, conseguiría (sin tener en consideración la comisión) 200 acciones. Y si vendiera éstas a 10, recibiría $2.000. Obtendría un beneficio de $1.000, o del 100%. Pero si, por el contrario, colocara sus $1.000 en una acción que vende a 105, sólo podría comprar 9 acciones, y cuando vendiera a cinco puntos por encima, al 110, su beneficio sería simplemente de $45, o del 41/2%.

Podrá comparar mejor los porcentajes de beneficios de diferentes transacciones de acciones si la escala de precios de su gráfico estuviera esbozada para mostrar *porcentajes* iguales de avance o descenso en forma de distancias verticales iguales, sin tener en cuenta el precio de la acción.

Esto es puntualmente lo que hace el papel de gráficos Tekniplat. Una cierta distancia vertical en el papel mostrará siempre el mismo cambio de porcentaje y una tendencia moviéndose con un ángulo establecido indicará siempre la misma tasa de cambio de porcentaje, no importa cual sea el precio de la acción.

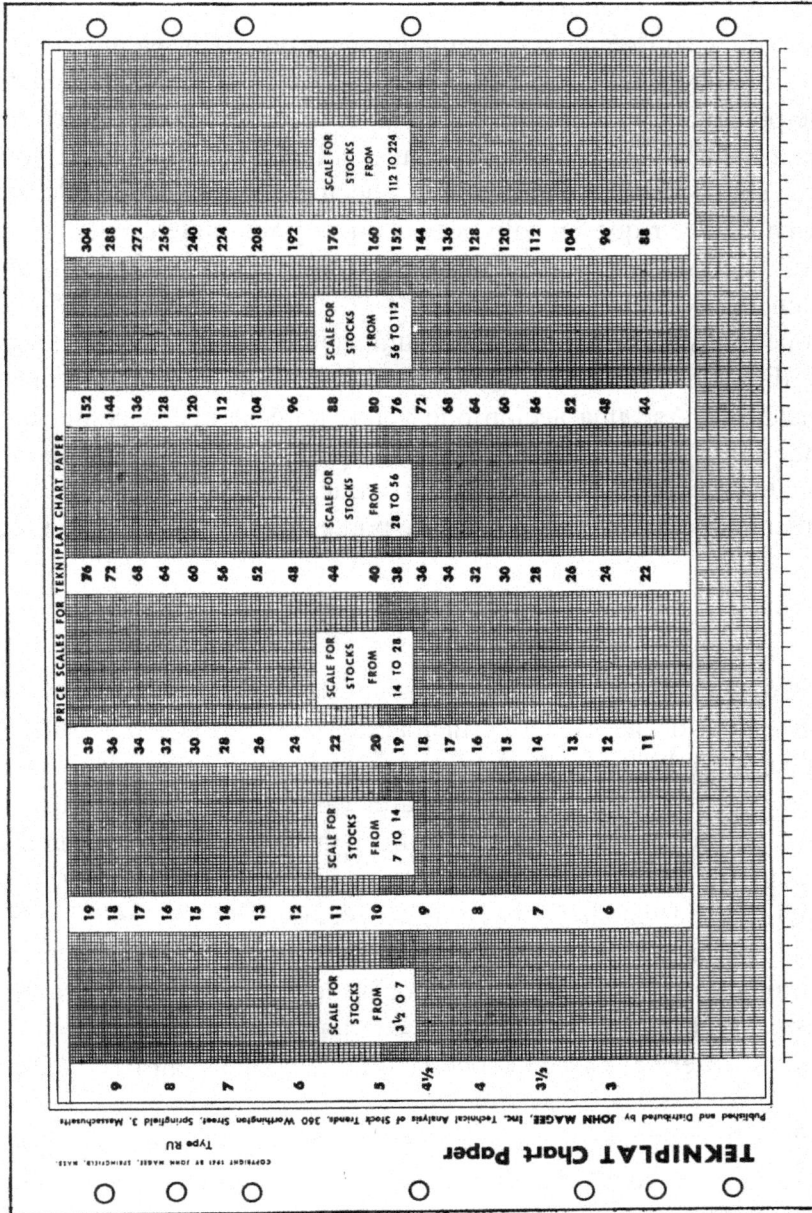

DIAGRAMA 11. Hoja de papel de gráficos Tekniplat cortada para mostrar las seis escalas de precios más utilizadas.

Obviamente, un punto de avance o descenso es mucho más importante para usted en una acción que está vendiendo a 5 o 6 dólares, que en una que vende a 100.

Por eso no debe sorprenderle que el intervalo entre 5 y 6 sea mucho más grande que el intervalo entre 100 y 101. Y, puesto que las acciones a precios más bajos realizan movimientos de porcentaje mayores en cada punto, medio punto 0 *1/8* de punto, estos movimientos se manifestarán mejor en los gráficos. En realidad, el papel Tekniplat no puede mostrar un sólo octavo de cambio de una acción que está vendiendo a 100. Pero esto es otra forma de decir que un sólo octavo no es importante en ese precio. Puede inquietarle la diferencia entre 1 ¼% y 1 1/3%. Pero no le preocupará mucho el hecho de si usted vendió en 103 o en 103 *1/8*.

Puesto que todas sus acciones se dibujarán sobre una base de proporción, usted puede comparar directamente la marcha de una acción con la de otra en lo que se refiere a pauta, tendencia. etc. Así, una acción que vende a 16 se puede contrastar con una acción que vende a 56. Sin embargo, a pesar de que los movimientos de porcentajes sean rigurosamente comparables, debe apuntarse que las emisiones de precio muy alto realizan, típicamente, menores movimientos de porcentaje que las de bajo precio.

La escala de precios

La escala de precios del papel Tekniplat consta de dos "orillas", que ocupan las mitades superior e inferior del espacio principal del gráfico. Estas dos orillas o bordes son fielmente iguales. Cada una representa un doblado de precios desde la parte inferior hasta la superior, de manera que, sea cual sea el valor que se le adjudique a la línea central, la línea superior será dos veces esa cifra y la línea inferior será la mitad de la misma. Presumamos que el punto central se marca en 20; así, la parte superior se ubicará en 40 y las nueve líneas intermedias estarán en 22, 24, 26, 28, 30, 32, 34, 36 y 38, leyendo desde el centro a la parte superior, representando cada uno de los espacios pequeños 1/4 de punto. En la mitad inferior del gráfico una orilla se ingresa en la otra, estableciendo una escala continuada. Lógicamente, usted puede tener 20 en parte superior, 10 en el centro y 5 en la parte inferior; o 10 en la parte superior, 5 en el centro y 2 1/2 en la parte inferior.

Al principio, puede tener problemas con los diferentes valores asignados a los pequeños espacios diferentes niveles de precios; puede preguntarse si un sólo espacio pequeño representa 1/4, 1/8 o tal vez un punto entero. No se preocupe por esto. En la escala puede ver donde se halla el 19 y el 20 y, por lo tanto, 19 1/2 será el punto medio, 19 1/4 representa un cuarto del espacio hacia arriba, y así sucesivamente. Pronto observará como su mente y su vista lo ajustarán casi inmediatamente sin ningún esfuerzo.

Si una acción se sale de la parte superior o inferior del papel, es sencillamente cuestión de reajustar la escala con otra nueva. Si el gráfico se desborda por arriba a 40, marque el centro del papel a 40 a partir de ahí -la parte superior en 20.

Por razones de uniformidad, y porque el papel está rayado de tal manera que puede dividir cada orilla o borde de las líneas gruesas intermedias en 10 partes, con espacios más pequeños que constituyen facciones estándar de operación de acciones de estas divisiones principales, debe usar las cifras 5, 10, 20, 40, 80 etc. Como valores de las líneas centrales y partes superiores e inferiores de los gráficos. Puede usar la tabla que se muestra a continuación para seleccionar escalas de acciones con las que está empezando nuevos gráficos.

Si la acción vende ahora entre	La línea de centro será	Techo	Suelo
224 y 448	320	640	160
112 y 224	160	320	80
56 y 112	80	160	40
28 y 56	40	80	20
14 y 28	20	40	10
7 y 14	10	20	5
$3^{1/2}$ y 7	5	10	$2^{1/2}$
$1^{3/4}$ y $3^{1/2}$	$2^{1/2}$	5	$1^{1/4}$

(Esta tabla puede, por supuesto, continuarse hacia arriba o hacia abajo tan lejos como sea necesario, multiplicando o dividiendo las cifras clave por dos).

La escala de tiempo

Este papel permite dibujar un año completo. La hoja está dividida en 53 semanas, cada una de ellas integrada por seis días, en los cuales la línea más gruesa representa un sábado, y este suele dejar en blanco, ya que los mayores mercados no abren en sábado. Sin embargo, la línea más gruesa hace posible localizar más fácil y velozmente un día dentro de una semana. El omitir el sábado no afectará de manera perceptible la tendencia de las pautas técnicas.

Cuando hay días festivos, se pasan por alto. Por lo general, se suele fijar una pequeña "H" ("holiday", día festivo) en la parte inferior del gráfico, para hacer notar que se trata de un día de fiesta y exponer la ruptura en el gráfico.

Muchos técnicos empiezan sus gráficos como si se tratara del primero de un año civil, apuntando las fechas de los sábados marcando el final de cada semana en la parte inferior del papel en los espacios suministrados para tal objetivo e, inmediatamente por encima de estas fechas, los meses. Sin embargo, no hay razón alguna por la que no se puedan empezar los gráficos en cualquier momento y, si lleva un gran número de gráficos, puede serle de ayuda empezar algunos de ellos en cada trimestre. Así, usted podría comenzar todos los gráficos desde la A a la Z en Enero; desde la G a la M en Abril; desde la N a la S en Julio y desde la T a la Z en Octubre.

La escala de volumen

La escala de volumen que ha resultado ser más cómoda es la aritmética, en la cual cada unidad medida verticalmente constituye el mismo número de acciones operadas. El espacio para las entradas de volumen se brinda en una sección especial situada por encima de las fechas. En un momento dado se usó la escala de volumen logarítmica, pero se excluyó posteriormente porque los volúmenes muy significativos de los días muy activos tendían a comprimirse, mientras que se ponía mucho énfasis en los períodos de inactividad.

Es preciso determinar las cifras apropiadas para la escala de volumen. No podemos ofrecer ninguna norma para hacer esto. Es meramente cuestión de juicio y error. Con sólo una poca experiencia será capaz de calcular, desde su conocimiento de la acción que va a colocar en un gráfico, cuánto volumen, aproximadamente, aparecerá en los días muy activos; y puede instituir una escala de volumen que permita poner la máxima alza esperada. Deberá evitar la situación en la cual el volumen se sale con mucha frecuencia de la parte superior de la sección de volumen; esto solo debería pasar en épocas de actividad poco común. Si una acción le es nueva y no sabe sus hábitos, lo mejor es marcar una escala de volumen provisional, de manera suave y a lápiz, y conservar el volumen en esta escala durante unas cuantas semanas. Así, si es preciso cambiar después la escala, lo podrá realizar sin necesidad de trazar de nuevo el gráfico completo.

Dividendos y divisiones

Cuando los dividendos o derechos de una acción se descuentan, el precio baja en la cantidad de dividendo o derecho que se repartió. En un día tal, se debe colocar una nota en el gráfico y ésta debe meterse de manera adecuada en la parte inferior, por debajo de las fechas, mostrando la cantidad del dividendo, el valor aproximado de los derechos, u otros beneficios. Si la cantidad involucrada fue importante y la disminución de precio es lo bastantemente grande como para requerir una explicación, se debe dibujar una línea de puntos verticalmente en esa fecha, desde el precio antiguo al precio que se quedó sin derecho, mostrando así que esta disminución no fue resultado de una fluctuación del mercado, sino solamente del ajuste del precio a esta distribución.

En el caso de una división, giro, u otro cambio primordial, se debe seguir un procedimiento parecido. Si la acción se desdobla en tres participaciones por una, por ejemplo, el nivel de precios cambiara y el gráfico se continuará a un nuevo nivel. Una línea vertical de puntos, más una nota explicativa, clarificarán lo que pasó. Para lograr continuidad del gráfico en un caso así, se puede calcar la pauta de precios anterior y llevarla después, con papel carbón, hasta la posición correcta, para dar como resultado un gráfico continuo ajustado a la nueva base, que se remonte tan lejos como se requiera.

Sin embargo, si una acción se desdobla en dos participaciones por una o cuatro por una, no realizar hacer ningún cambio en el gráfico, a excepción de hacer notar el hecho de la división, y cambiar la escala dividiendo todas las cifras entre 2 o 4, según sea el caso. Dicho de otra forma, si una acción ha estado vendiendo a 80 y se desdobla en dos por uno, volveremos sencillamente a poner en escala el gráfico con el precio en el 40 y seguiremos. Muy a menudo nos será de utilidad tirar una línea vertical roja que atraviese la fecha en que se causó una división u otro ajuste importante.

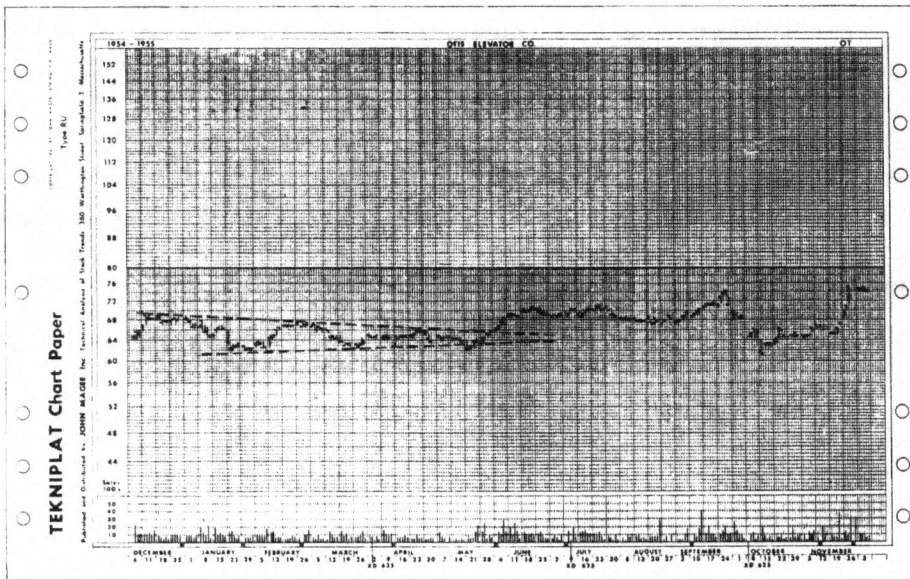

FIGURA 231. Típico gráfico de acción en papel de gráficos Tekniplat. Si excluimos los repartos de dividendo, la "OT" no violó nunca, de forma significativa, el vértice del Triángulo. El avance añadió, al final, un 60% al valor de la acción.

Este gráfico, con su movimiento largo y lateral en su mayor parte, es un buen ejemplo de la importancia de tener en cuenta la disminución de dividendo en el precio. En los cinco primeros meses que se muestran aquí, vemos un Triángulo Simétrico casi perfecto. El primer punto crítico se encontraría situado en el ligero derrumbamiento de mediados de Mayo. El límite inferior del Triángulo se violó un poco, aunque hubiéramos tenido en cuenta el dividendo de Marzo del 62 1/2. Si alguien hubiera vendido aquí la acción, ¿quién le hubiera culpado? Y no se hubiera cometido un daño grande o inmediato. Sin embargo, un técnico experimentado habría tenido en cuenta el volumen insignificante y hubiera esperado un poco; con un stop en 60, por ejemplo. (Vea una situación parecida en el gráfico de la "LA", Figura 218). Si se hubiera mantenido la "OT", la mejora de volumen en la recuperación habría mostrado que la tendencia todavía no ha cambiado de dirección. El segundo punto crítico se produjo a finales de Septiembre y a principios de Octubre en la época de la enfermedad del presidente. Sin embargo, si tenemos en cuenta los dos dividendos de Julio y Octubre, la ruptura no violó el suelo de Mayo. Y, lo que es más, se produjo con un volumen relativamente escaso. Si la acción se mantuvo todavía, no hubo una razón válida para venderla en este descenso. A partir de aquí, rompiendo bruscamente al alza desde la Isla de Octubre-Noviembre, la "OT" reanudó el avance Mayor interrumpido por este largo período de consolidación y avanzó hasta el equivalente de por encima del 100 (ajustado por la división de dos por uno) en 1956.

Apéndice b

Ejemplos suplementarios de Gráficos

Ya habrá leído que la historia "se repite" y, si comprendemos esto en el sentido de que podemos hallar situaciones paralelas significantes en hechos históricos de diferentes épocas, entonces, en ese sentido, será cierto. Y cuanta más historia sepamos, mejor sabremos ver las semejanzas y anticipar las probables consecuencias de ciertas situaciones. Pero sabemos que la historia nunca se "repite" exacta y absolutamente.

De la misma manera, el mercado de valores se repite hasta "cierto punto". A decir verdad, no ha habido dos acciones que se hayan comportado nunca de la misma forma en un período de tiempo considerable. Siempre hay diferencias. Pero existen también asombrosas semejanzas entre el comportamiento de una acción y el de otra en una época determinada, o entre acciones en períodos muy diferentes. Vemos pautas, tendencias, soportes y resistencias y relaciones de precio y volumen parecidas, en gran medida, a como fueron el año anterior, hace cinco años o hace cincuenta.

En esta edición de *Análisis Técnico de las Tendencias de los Valores* se han agregado varios gráficos adicionales, que demuestran varias acciones típicas de mercado del período que abarca desde 1957 hasta 1963. Se incluye también el ya clásico techo de ensanchamiento de la Dow Industrial Average de 1957.

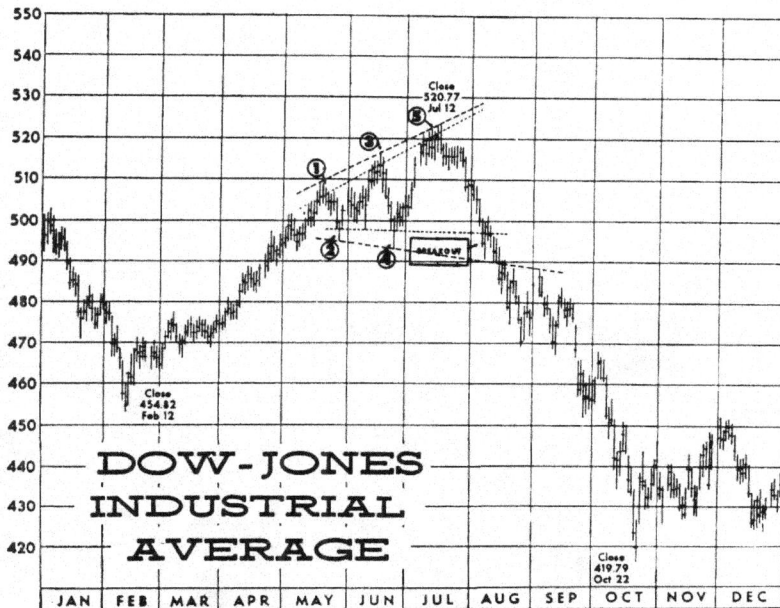

FIGURA 232. Techo de Ensanchamiento de la Dow-Jones Industrial Average que se formó en Mayo, Junio, Julio y Agosto de 1957. Aunque los techos de ensanchamiento han aparecido muchas veces en acciones individuales y, por regla general, han cumplido sus implicaciones bajistas, tal pauta de precios nunca se había completado anteriormente en la Industrial Average. En 1929 hubo, en dos ocasiones, pautas que comenzaron a mostrar tendencias de ensanchamiento pero, ya que aquí ellas fueron interrumpidas por movimientos de continuación, todo lo que podemos decir de ellas es que pueden haber indicado una debilidad técnica en el mercado.

La situación de 1957, por otro lado, fue definitiva y se completó totalmente. En las primeras etapas de la pauta, varios de nuestros amigos escribieron llamando la atención sobre el posible Techo de Ensanchamiento, entre ellos Charles E. Carden de Fort Worth Star Telegram. El gráfico que se muestra, a continuación, se ha adaptado de uno de los gráficos de Carden y se reproduce aquí con su permiso.

El primer punto significante después del suelo del 12 de Febrero fue el alza máxima Menor del Martes, 21 de Mayo, marcada como (1). El descenso Menor desde este punto hasta el Martes, 28 de Mayo (2), fue bastante normal, así como lo fue también el avance renovado hasta el Lunes, 17 de Junio (3).

El primer signo de tendencia de ensanchamiento se produjo cuando la media cerró el Lunes, 24 de Junio (4), por debajo del suelo del 28 de Mayo. Sin embargo, esto, tomado por sí solo, no constituyó una vuelta o cambio de dirección. El avance se reanudó y sobrepasó los techos Menores del 21 de Mayo y 17 de Junio, alcanzando una cifra alta de cierre de 520,77 el Viernes, 12 de Julio (5). El cuadro de ensanchamiento sólo necesitó de un cierre por debajo del suelo del 24 de Junio. El Martes, 6 de Agosto, la Industrial Average cerró definitivamente por debajo del suelo del 24 de Junio, señalando la finalización del Techo de Ensanchamiento. Se trató, por supuesto, de una indicación de debilidad mayor, un aviso para no ser tomado a la ligera.

El Techo de Ensanchamiento, tal como ya hemos apuntado anteriormente, es una indicación de un mercado que gira de forma salvaje, de un mercado sin liderazgo o tendencia definitivos. Se presupone que la distribución fuerte se produce al abrigo de las recuperaciones; y el movimiento de ruptura rara vez es falso.

Ya que estamos tratando aquí de una media, en vez de una sola acción, consideraremos que *cualquier* cierre por debajo del punto (4) después del alza máxima en (5), sin importar lo pequeño que sea el márgen, constituirá una ruptura válida, ya que las medias son menos sensibles que las acciones individuales y es costumbre considerar incluso las pequeñas penetraciones en puntos de señal (al igual que en la Teoría de Dow) como plenamente satisfactorios. Observará también que, aunque sería posible dibujar el Techo de Ensanchamiento atravesando las gamas extremas del precio, tal como hemos hecho con la línea de guiones espaciados, hemos utilizado los precios de cierre tal como vienen marcados por la línea de guiones más juntos. Esto se hace también en línea con la práctica de la Teoría de Dow, donde sólo se consideran los precios de cierre.

La implicación de la pauta, en lo que se refiere al "mercado como un todo", fue bajista. Tal como era de esperar, una gran mayoría de acciones mostró pautas o tendencias débiles en ese momento. Sin embargo, como ocurre siempre, fue necesario examinar cada acción por separado, ya que, como veremos en páginas siguientes, no todas las acciones se comportaron igual en esta situación de mercado extremadamente débil.

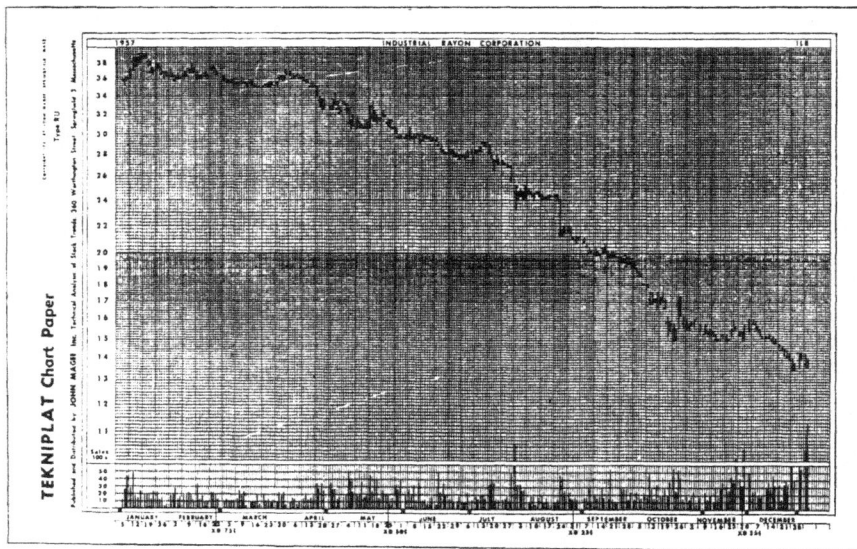

FIGURA 233. Tendencia bajista de 1957 en la Industrial Rayon. En ningún momento mostró esta acción una fuerza significativa.

Las Medias no cuentan la historia completa. Cada acción debe considerarse según sus propios logros. Mucho antes de la formación del techo de ensanchamiento de la Industrial Average de 1957, la Industrial Rayon estaba bajando en un descenso mayor. Encontrará muchos casos en los cuales es difícil "ver" lo que está haciendo una acción o determinar su tendencia Mayor. Pero, en una situación como esta (y no se trata de un caso infrecuente), está perfectamente claro que la tendencia es bajista. Aunque hubo una serie de recuperaciones y consolidaciones Menores durante el descenso, la pauta completa fue parte tan obvia del gran descenso, que nadie, aunque hubiera estado ligeramente familiarizado con el comportamiento típico de las acciones, se hubiera visto tentado a comprar la acción, incluso para cubrir descubiertos.

El Lunes, 29 de Julio, se produjo una brusca ruptura a la baja con un hueco de volumen culminante. Esto habría sugerido la posibilidad de un suelo Menor; y, durante semana y media, la acción se estabilizó alrededor del 24. Pero, incluso durante esta consolidación, la debilidad continua se mostró en el pequeño Triángulo que se formó y el Miércoles, 21 de Agosto, el precio rompió bruscamente para seguir el descenso Mayor.

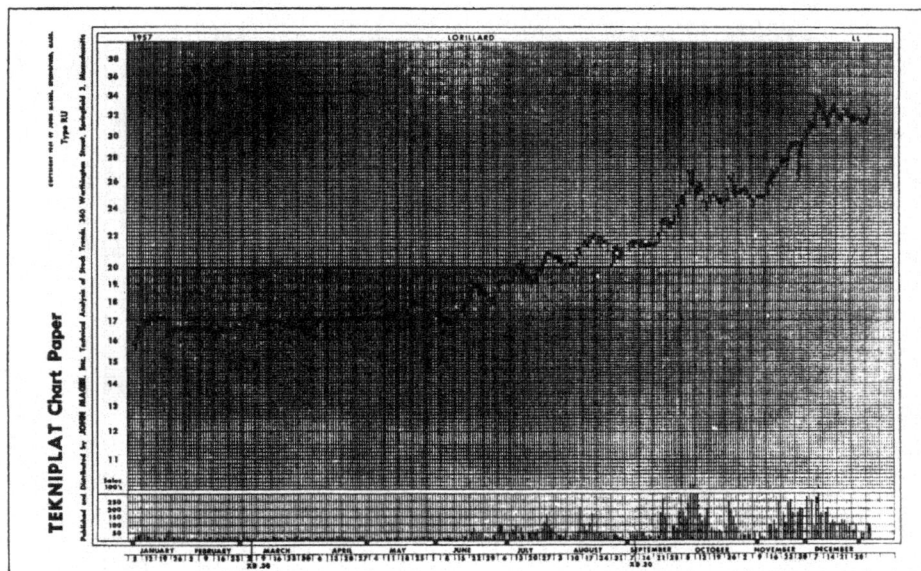

FIGURA 234. Tendencia alcista de 1957 en la Lorillard. Aunque una gran mayoría de acciones bajaron en 1957, hubo una serie de emisiones fuertes, como la que se muestra aquí, que parece que no estuvieron afectadas por el pesimismo general.

Las Medias no cuentan la historia completa. Será una sorpresa para muchos lectores, que apenas consideren la segunda mitad de 1957 como un Mercado Alcista Mayor, ver a la Lorillard llevar a cabo un avance típico de Mercado Alcista. La Lorillard subió desde 15- 5/8 ese año —y alcanzó 54- 1/8— los tres primeros meses de 1958. Es difícil creer que este gráfico y el que acabamos de ver de la Industrial Rayon, cubren el mismo período, esto es, el año 1957.

La mayoría de acciones sufrieron una fuerte depreciación. Pero hubo todavía muchas acciones que, como la Lorillard, disfrutaron de una tendencia general alcista a lo largo del año. Entre las acciones importantes que subieron de forma constante en 1957 se encuentran las siguientes: American Chicle, Anchor Hocking Glass, Colgate-Palmolive, General Foods, General Cigar, Grand Union, National Biscuit, Parke Davis, Penick & Ford, Plough, Inc., Procter & Gamble, Ruberoid, Vick Chemical, Winn Dixie Stores, y Zenith Radio.

Cualquiera que sean las teorías que tenemos sobre la condición del "mercado como un todo", debemos ser siempre conscientes de que estamos comprando o vendiendo acciones individuales. Podemos obtener un cuadro de extremo alcista o bajista del "mercado general", pero si este cuadro entra en conflicto con la evidencia clara de una acción concreta, debemos reconocer que tenemos que trabajar con la acción, y no con la media. No podemos dar por sentado que una acción "deba" seguir a la media. Y es posible, a menudo, obtener mayor estabilidad y seguridad comprando unas cuantas acciones fuertes en un Mercado Bajista o vendiendo al descubierto unas cuantas acciones débiles en uno Alcista, que intentar extremar los beneficios con una posición incondicional en uno y otro sentido.

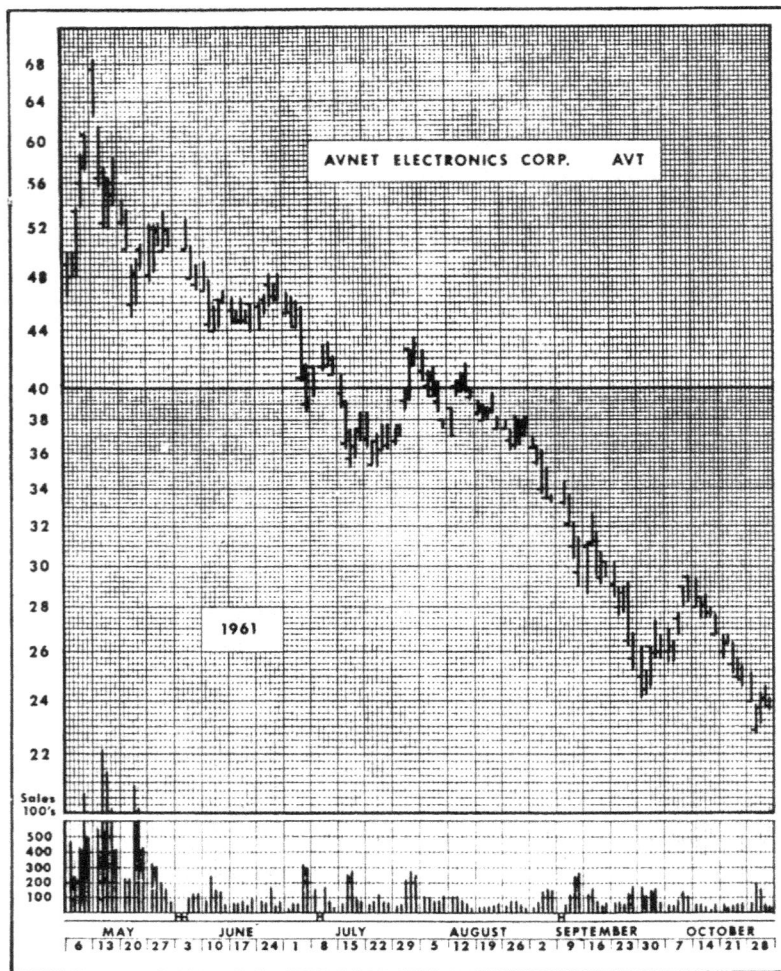

FIGURA 235. En los últimos nueve meses de 1961, algunas medias de mercado conocidas siguieron mostrando nuevos máximos cada vez mayores. Sin embargo, el Índice de Evaluación (ver Diagrama 10) en este período no indicó tal fuerza en su conjunto: muchas acciones sufrieron un descenso continuo en esos nueve meses. Entre éstas se encuentran acciones importantes como Air Reduction, Allied Chemical, Allis-Chalmers, Aluminium, Ltd., Fansteel Metallurgical, Flintkote, Hayden Newport Chemical, Sperry Rand, Texas Instruments, Trans World Airlines y Universal Match, entre muchas otras. En períodos así, no se puede "comprar las medias" y es mejor elegir acciones de forma selectiva y mantener reservas líquidas apropiadas.

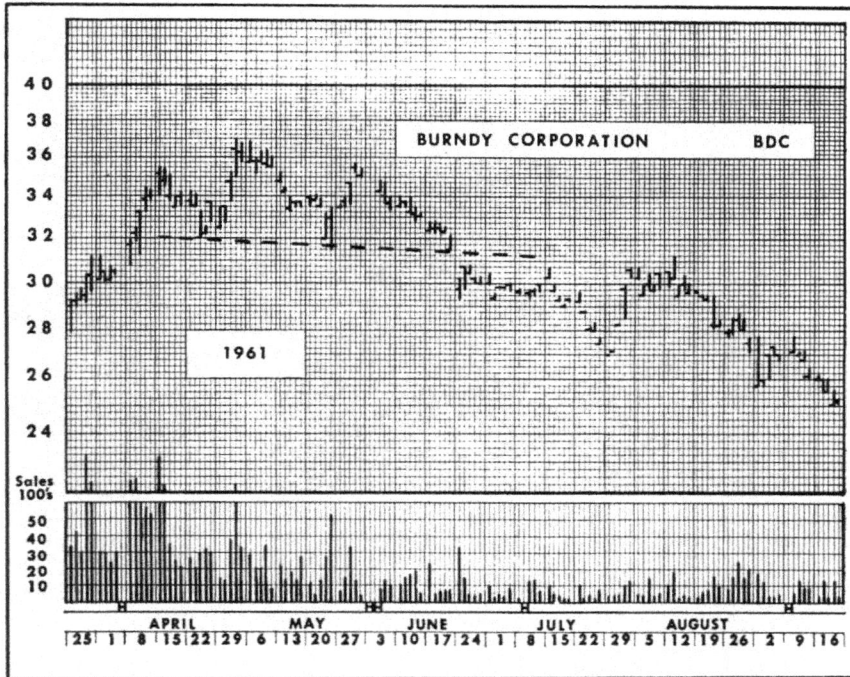

FIGURA 236. Pauta del techo familiar. Desde finales de 1957 hasta la primavera de 1961, la Burndy Corporation se movió desde por debajo de 10 hasta 37 en una tendencia alcista, en líneas generales. El avance se aceleró bruscamente en la recuperación post-electoral de finales de 1960 y principios de 1961. Pero en la Burndy, al igual que en muchas otras acciones, la recuperación finalizó en los primeros meses de 1961. No sólo tenemos aquí un ejemplo perfecto del techo de Cabeza y Hombros de la formación de precios, sino que aparece también la confirmación típica de volumen. La recuperación de primeros de Abril se produjo con fuerte volumen. La recuperación de la última semana de Abril tuvo en volumen decepcionante, de alguna manera, aunque se alcanzó un nuevo máximo en ese momento. Nos encontramos frente a un aumento decisivo de volumen en el retroceso desde esta alza máxima, y prácticamente también frente a una falta de entusiasmo en la recuperación final de la primera semana de Junio. La formación de techo vino confirmada por la ruptura del Lunes 19 de Junio, que estuvo acompañada de volumen más fuerte y un hueco definitivo en el camino de los precios. Aunque la Burndy se mantuvo alrededor del nivel del 30 durante algún tiempo y se recuperó hasta el 31 después de una nueva caída la tendencia Mayor, ya había cambiado definitivamente de dirección. En Junio de 1962 la Burndy estaba vendiendo a 11 3/4.

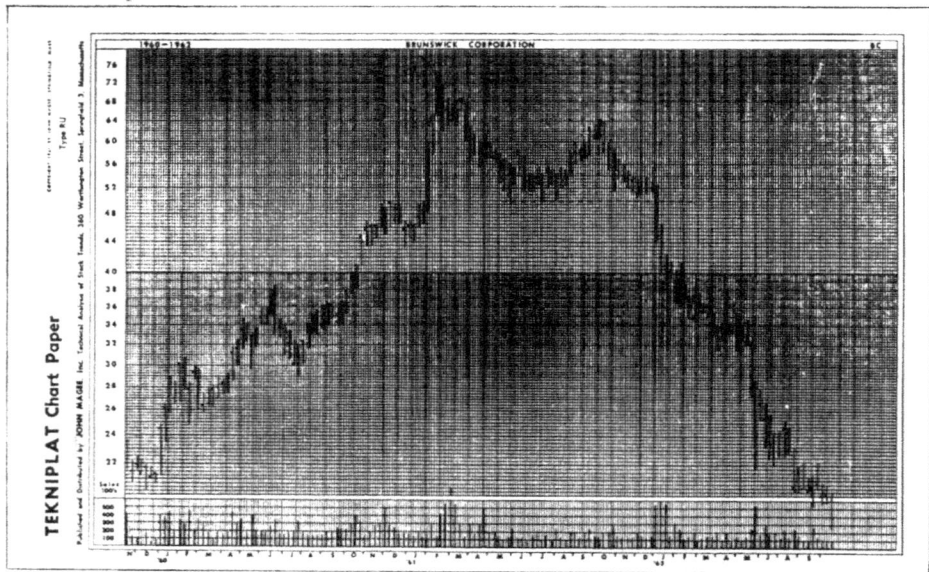

FIGURA 237. Gráfico mensual de la Brunswick Corporation que muestra las etapas finales del largo mercado alcista de la "BC", el alza culminante de Marzo de 1961, la fase de distribución de Diciembre de 1961 y la ruptura final.

Durante cinco años, desde 1956 hasta principios de 1961, la Brunswick avanzó con una gran agitación de Mercado Alcista. En este período la acción se dividió cuatro veces. La primera semana de Marzo de 1961, terminando la recuperación post-electoral, la "BC" alcanzó un nuevo máximo con un volumen extraordinario; pero cerró la semana casi al mínimo de la gama mensual. Esta Vuelta en un día bien podría haber servido de aviso a cualquier operador de mercado.

Sin embargo, dando por hecho que el propietario de las acciones de la Brunswik no fuera un operador y estuviera interesado en la acción desde el punto de vista a largo, podría haber mantenido la acción a lo largo de la ruptura del Triángulo Simétrico que se formó en Marzo y principios de Abril .Podría haber continuado manteniendo sus acciones a lo largo del verano y otoño de 1961 y la recuperación de Septiembre y Octubre. Si así lo hubiera hecho y hubiera estado observando el curso de la acción, se hubiera dado cuenta de que el nivel del 50-52 fue un área crítica y de que una ruptura que atravesara este mínimo anterior representaría un fallo grave del soporte. Y, ciertamente, la violación definitiva del nivel del 50 la primera semana de 1962 (con volumen fuerte) se pudo considerar una señal muy peligrosa de vuelta para la venta inmediata de la acción, independientemente del impuesto sobre ganancias del capital o cualquier otra cosa. Aunque este movimiento precedió en varios meses al colapso general del mercado, fue una clara indicación técnica de extrema debilidad y peligro de la Brunswick, sin tener en cuenta el curso de otras acciones en ese mismo momento. Si un inversionista hubiera sido consciente de la ruptura, pero hubiera decidido "esperar a que se produjera una recuperación" para vender su acción, no hubiera tenido posibilidades de salirse. La Brunswick nunca se recuperó y alrededor de Octubre de 1962, estaba vendiendo a 17.

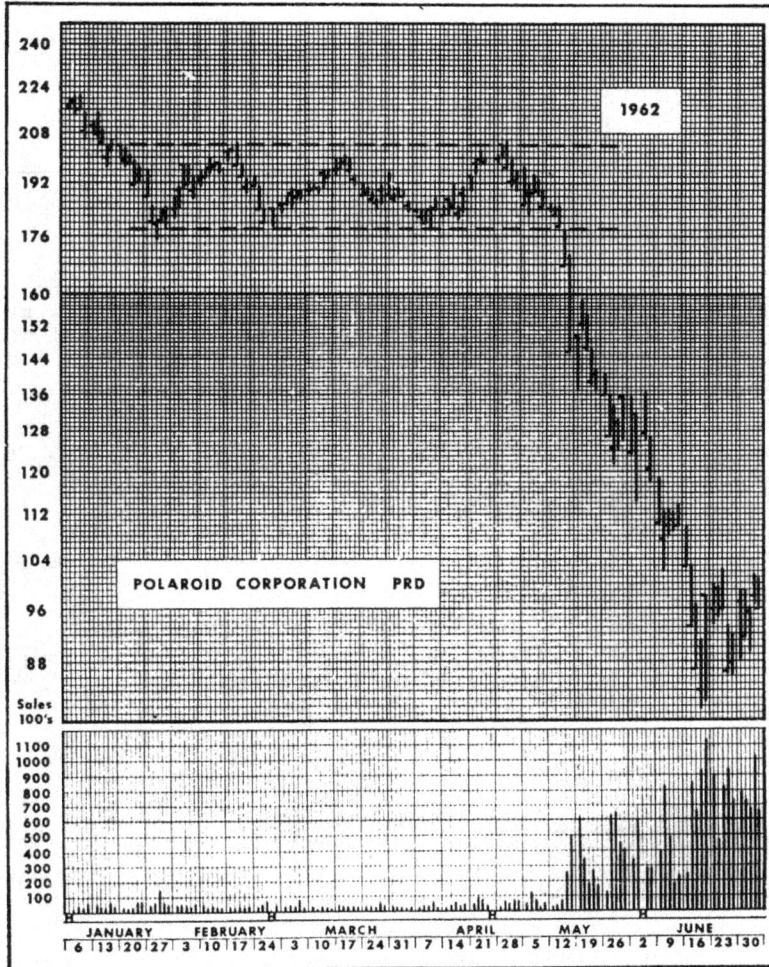

FIGURA 238. Bello ejemplo de Rectángulo en la Polaroid. Observe las fluctuaciones de volumen bajo entre, aproximadamente, el 178 y el 202. El Jueves, 10 de Mayo, día del volumen más alto del año a constatar, la Polaroid rompió el soporte y se hundió hasta el 168. Se trató de un movimiento claramente bajista. Hubiera sido fatal "mantenerse esperando una recuperación", puesto que no hubo tal recuperación. Puede costar muy caro agarrarse a una acción de forma esperanzada cuando la situación ha cambiado radicalmente, a pesar de lo buena que hubiera parecido anteriormente. Observe que esta ruptura se produjo más de dos semanas antes de lo que fue "casi un pánico", el 28 de Mayo. En ese momento, la "PRD" había caído cincuenta puntos y se dirigía hacia niveles aún más bajos.

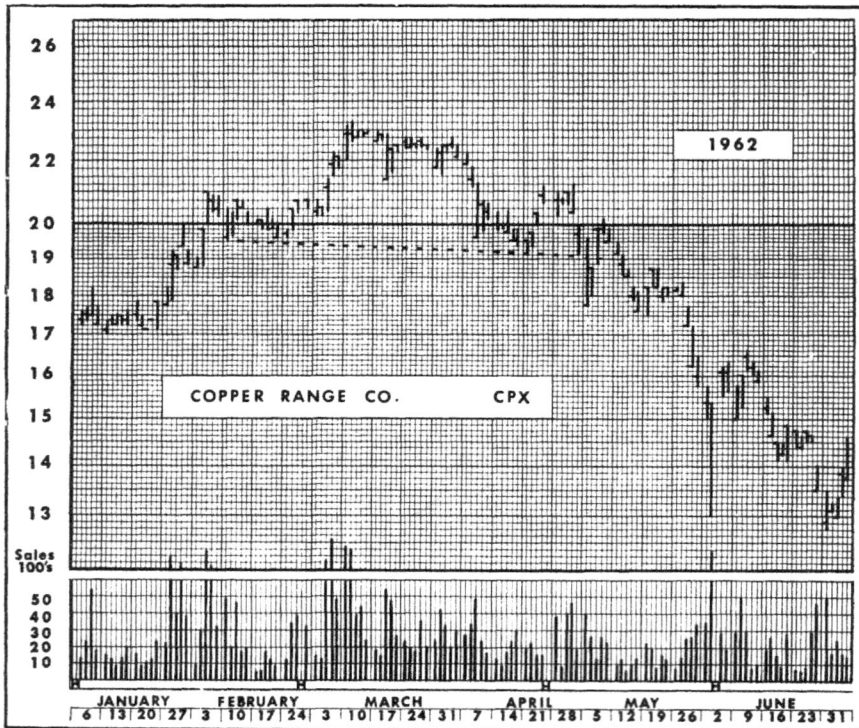

FIGURA 239. A principios de 1962, cuando una gran mayoría de acciones estaban ya mostrando signos de seria debilidad, la Copper Range estaba creando nuevos y fuertes máximos. Sin embargo, el movimiento no llegó muy lejos; nunca rompió sustancialmente por encima del techo de 1961.

La debilidad de la "CPX" no se hizo aparente hasta que, después de la recuperación de Abril relativamente débil, la acción rompió a través del 19, el Lunes, 30 de Abril, y cerró en el 173/4. Se trató, lógicamente, de la finalización de un techo de Cabeza y Hombros. En este caso, hubo tres días de recuperación antes de que el movimiento bajista se pusiera realmente en camino, pero hubiera sido peligroso contar con una recuperación después de esta señal claramente bajista.

Esta formación de techo se completó mucho antes de la caída escarpada de Mayo y Junio.

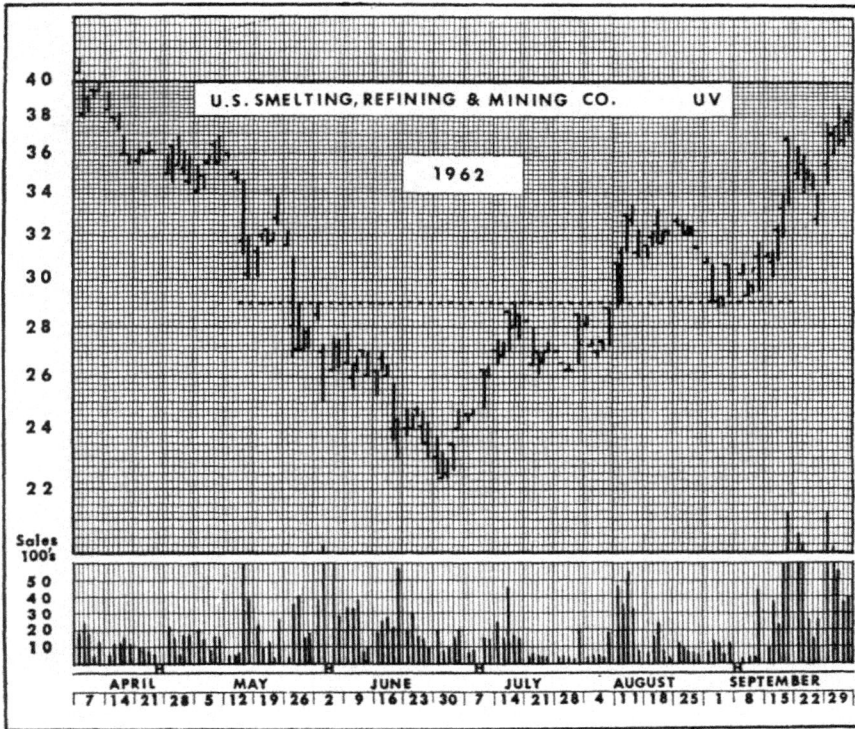

FIGURA 240. Al igual que casi todas las acciones, la "UV" se adentró en una barrena picada en la primavera de 1962. Después del "día malo", el 28 de Mayo, siguió cayendo a lo largo de todo el mes de Junio. En este punto comenzó lo que se podría considerar una recuperación técnica de Mercado Bajista. Esta recuperación se detuvo en el 29 y fue seguida de un descenso lento que duró unas dos semanas.

El siguiente movimiento, que tuvo lugar la segunda semana de Agosto, estuvo marcado por un volumen considerable y, aunque no hubo una pauta claramente definida, parece significativo que el nivel del 29, que tocó brevemente al 23 de Mayo, 28 de Mayo y 12 de Julio, se penetrará el 6 de Agosto.

Supondría un problema el tener que decidir entre considerar este cierre del 6 de Agosto como una señal de compra inmediata o esperar a que se produjera la finalización del movimiento de ruptura y buscar una oportunidad de comprar en una reacción. En este caso, hubiera sido aconsejable esperar. Observe como la reacción de finales de Agosto volvió al nivel del 29, donde encontró soporte y siguió después su movimiento alcista.

La acción de la "UV", si tenemos en cuenta la debilidad de la mayoría de acciones en este período, es notable. El aspecto importante a reconocer aquí es el hecho de que las acciones individuales no siguen necesariamente la "tendencia principal" de las medias.

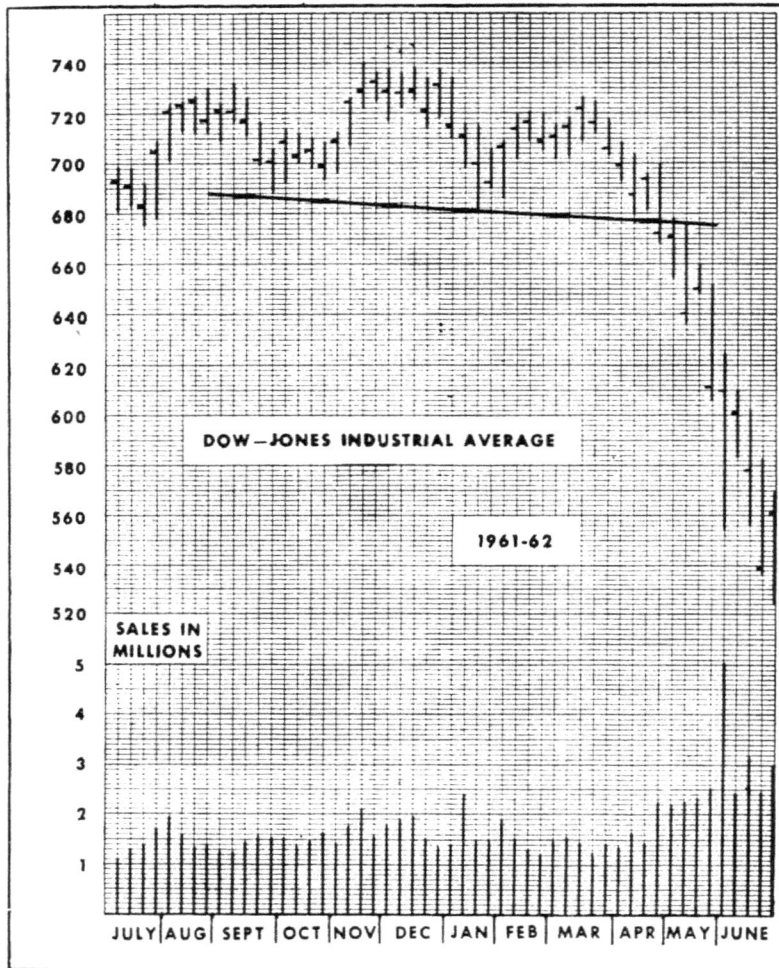

FIGURA 241. Semanal de Julio de 1961-Junio de 1962. Este gráfico muestra la formación de techo de Cabeza y Hombros de la Media Industrial (Industrial Average) que precedió al colapso de Abril, Mayo y Junio de 1962. Por regla general, y especialmente en los gráficos de acciones individuales, tendería a haber un volumen considerablemente más alto en el hombro izquierdo. Sin embargo, la pauta de precios es suficiente para marcar la pauta como situación de techo peligrosa. Más aún, en el período completo en que se configuró esta formación, muchas acciones individuales que representaban a grandes e importantes industrias, estaban mostrando síntomas de cambio de dirección de techo, tal como era de esperar. Observe que, en lo que se refiere a esta pauta de Cabeza y Hombros, la señal de cambio de dirección no es decisiva hasta que no se ha penetrado la línea clavicular.

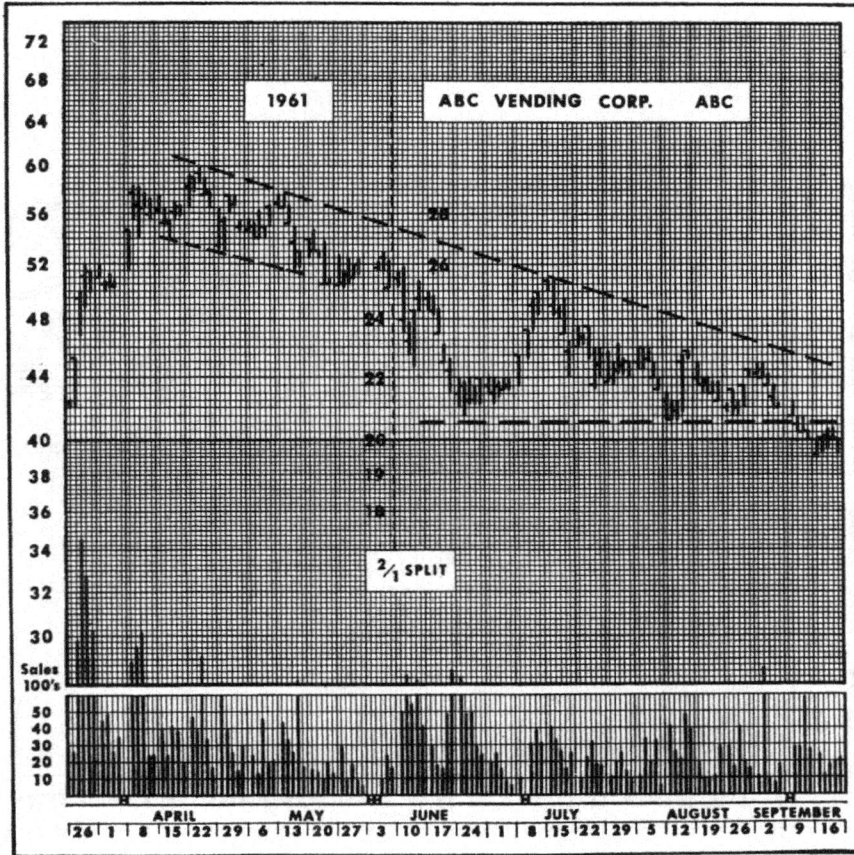

FIGURA 242. Diario de Abril-Septiembre de 1961. Nos encontramos frente a un gráfico complicado y más bien desconcertante, pero que, a la vez, contiene varios puntos de interés que merecen analizarse. Observe el bello y pequeño techo de Cabeza y Hombros de Abril y Mayo, especialmente la debilidad de volumen en la recuperación final antes de la ruptura hacia abajo. Observe también que esta acción se desdobló en 2 por 1 en Junio, pero no afecta al curso técnico de la acción, excepto en el sentido de que puesto que hay ahora dos acciones (a la mitad del valor del mercado) por cada acción, el número de acciones operadas al día puede aumentar. Observe también que, una vez que se estableció la tendencia bajista, las recuperaciones (especialmente la de mediados de Julio) no penetraron la línea de tendencia trazada sobre las alzas máximas de Abril y Mayo. Esta tendencia siguió siendo bajista hasta un año después, alcanzando un mínimo de 11 1/4 en Octubre de 1962.

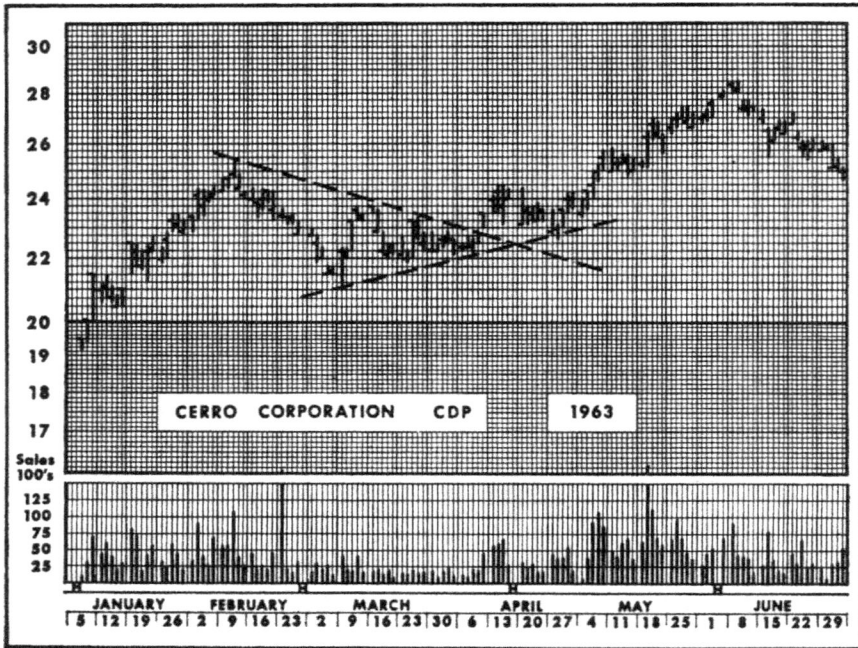

FIGURA 243. Diario de Enero-Junio de 1963. Estamos frente a un buen ejemplo de Triángulo Simétrico, como pauta de continuación. Los Triángulos de este tipo (Simétricos) pueden marcar consolidaciones en una tendencia Mayor, o constituir una formación de cambio de formación. Ya se trate de uno u otro caso, las características son un movimiento activo hasta el primer punto de giro del Triángulo y después un volumen que tiende, en general, a disminuir a medida que el precio fluctúa en una pauta que se estrecha. Se puede decir que la acción se encontraba en este período en una tendencia alcista, marcada por el límite inferior de la formación y en una tendencia bajista, que viene indicada por el límite inferior. Observe el aumento de volumen en la ruptura, que en este caso estuvo en el lado alcista. Fíjese también en la reacción hasta el "punto de cuna" definido por la intersección de las dos tendencias limítrofes del Triángulo. El avance de la acción desde Abril hasta Junio mide un poco más que el máximo del lado abierto del Triángulo. El logro de este "objetivo" no significa necesariamente la terminación de la tendencia Mayor y, alrededor de Agosto de 1963, la Cerro había alcanzado los 33 1/4.

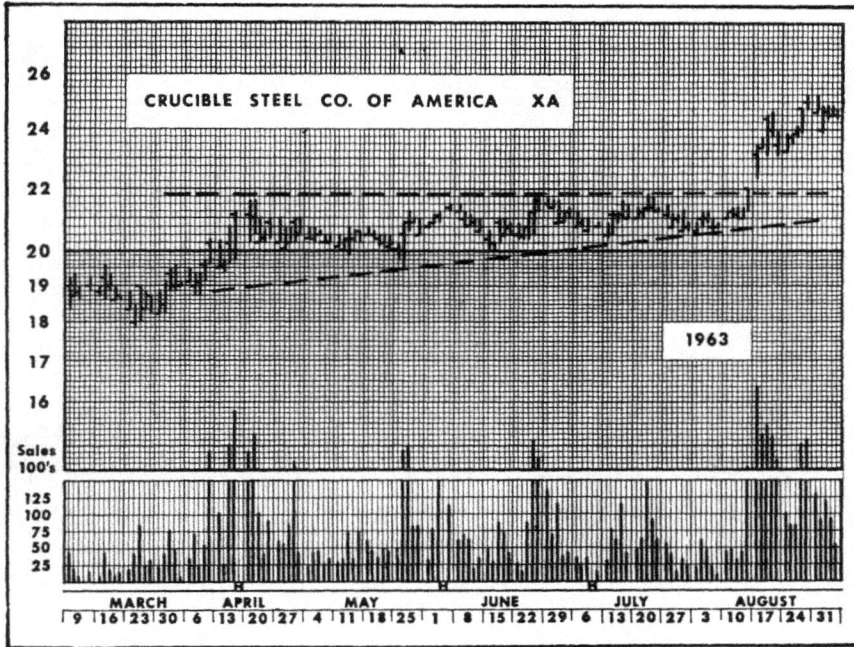

FIGURA 244. Diario de Marzo-Agosto de 1963. Tenemos aquí un buen ejemplo de Triángulo Ascendente en el que las recuperaciones avanzan hasta un buen nivel y las reacciones encuentran soporte en puntos cada vez más altos. Una pauta tal suele indicar que se encuentra en camino una situación potencialmente alcista, al igual que el cambio de dirección (Triángulo Descendente) implica una tendencia bajista. Observe el volumen más alto de las distintas alzas máximas cerca del 22; y el propio volumen alto en el movimiento de fuga de Agosto. Si hiciera falta una evidencia posterior de la fuerza de este movimiento, la encontraríamos en el hueco de separación de la apertura del Lunes, 12 de Agosto. Después de una ruptura de este tipo, sería normal que la acción sufriera alguna reacción de toma de beneficios, por lo general con escaso volumen, y tal reacción podría volver al 22 o, incluso, más abajo, sin que por ello se alterara la naturaleza extremadamente alcista de este cuadro.

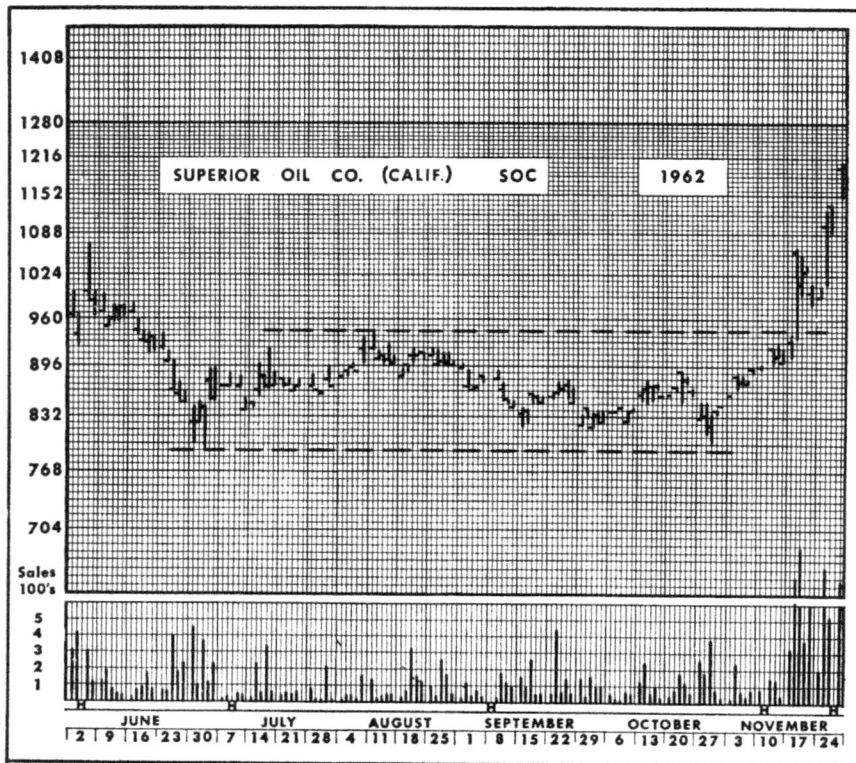

FIGURA 245. Diario de Junio-Noviembre de 1962. Antes de comentar la ruptura de Noviembre que vemos aquí, debemos destacar el hecho de que la "SCO" fue una de las acciones que se mantuvo bastante bien durante la crisis de Cuba en Octubre; y no hizo un nuevo mínimo por debajo de los suelos de Junio. Este gráfico es un ejemplo excelente de Suelo doble. No es necesario que los dos suelos estén a exactamente el mismo nivel si se encuentran razonablemente cerca. Lo importante es que la acción ha encontrado soporte una vez, se ha recuperado, y después a vuelto a bajar y ha encontrado soporte casi en el mismo punto. Debe haber cierta distancia entre los suelos, al menos seis semanas de separación; preferiblemente más. La recuperación entre ellas deber ser decisiva y ascender al menos hasta un 15% de la ganancia de su alza máxima. La formación no adquiere significación como pauta de suelo Mayor hasta que el nivel del techo de la recuperación se penetra con un volumen sustancial. Esta penetración tuvo lugar el Martes, 13 de Noviembre y, a partir de ese momento, siguió en una tendencia alcista Mayor, alcanzando el 1559 en Mayo de 1963, un avance así de casi 500 puntos.

Los Techos dobles tienen un significado opuesto; se parecen a los Suelos dobles, pero constan de dos techos situados a, aproximadamente, el mismo nivel, separados por varias semanas o meses y con un descenso entre ellos que se debe penetrar para que la formación de techo sea válida

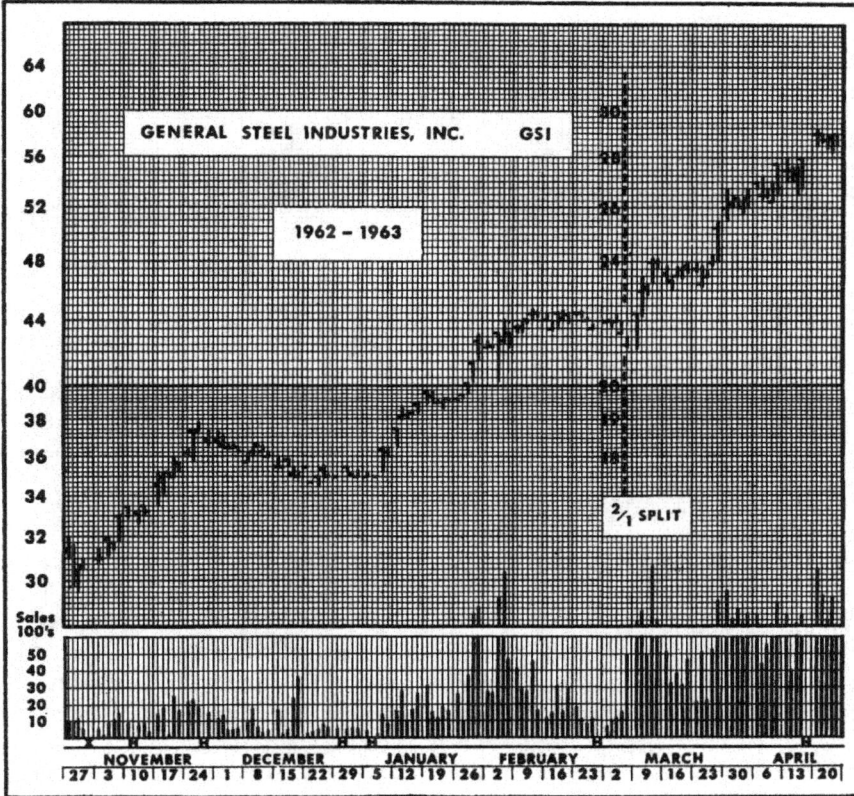

FIGURA 246. Diario de Noviembre de 1962 hasta Abril de 1963. Para la persona de "a pie", no familiarizada con el comportamiento normal de las acciones en el mercado, las fluctuaciones de precios le parecen carentes de sentido y completamente fortuitas. Si son conscientes de las tendencias generales que duran meses o años, se inclinan a menudo a considerar solamente la tendencia de "las Medias", pero no son conscientes del hecho de que muchas acciones pueden estar haciendo grandes avances, al mismo tiempo que otras están hundiéndose cada vez más. No siempre es posible colocar una regla sobre la tendencia y mostrar que tiene la forma de una línea perfectamente recta (aunque esto ocurre a veces) sino que, como ocurre con la General Steel Industries, no se puede cuestionar que el avance es bastante consistente en un largo período de tiempo, impidiendo las reacciones relativamente sin importancia, las consolidaciones, etc. que se producen en el camino. Observará también que el desdoblamiento en dos por uno a principios de Marzo no afectó materialmente a la tendencia alcista, excepto para mostrar un volumen mayor, tal como era de esperar, y un número mayor de acciones nuevas. Si quiere ver una tendencia alcista en contraste con ésta, remítase al gráfico de Avnet Electronics (Figura 235).

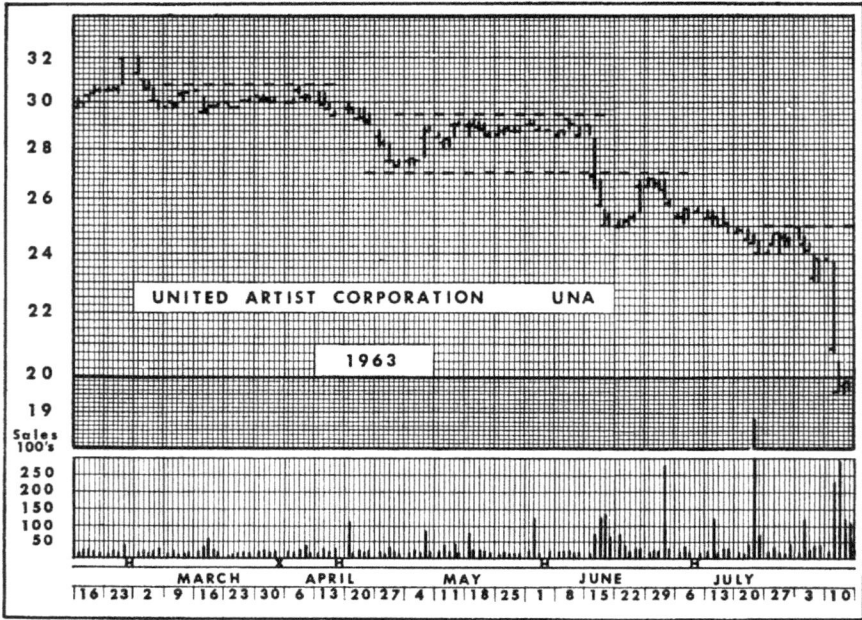

FIGURA 247. Diario de Febrero-Agosto de 1963. Estudio interesante de los fenómenos de soporte y resistencia. Ejemplo de acción bajista (y no la única, de ninguna manera) en lo que se consideró generalmente un mercado alcista, en la primavera y verano de 1963. Señalaremos varias recuperaciones hasta el 31 de Marzo y Abril y el derrumbamiento a principios de Mayo. En Mayo y Junio la acción se recuperó, pero se detuvo aproximadamente el nivel del mínimo de Marzo. Hubo después otra caída y esta vez llegó, en la recuperación, hasta el suelo de Junio situado en el 25 de ese mismo mes. Este es un comportamiento bastante típico de soporte-resistencia. El nivel de precios, que fue un soporte, tiende a volverse resistencia una vez que el soporte se ha roto de forma sustancial. Y, a la inversa, una resistencia por arriba, una vez que se ha roto, tiende a servir de nivel de soporte.

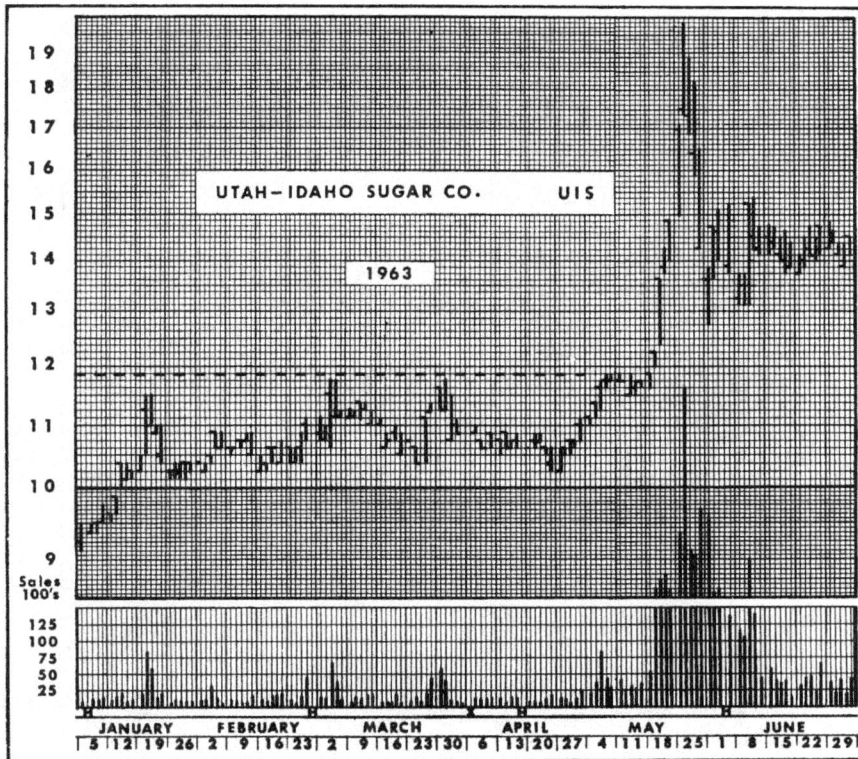

FIGURA 248. Enero-Junio de 1963. A veces se produce un movimiento de golpe y no da como resultado una larga tendencia continua. En este caso, no es posible decir si la tendencia a largo será alcista o no; el objetivo de mostrar este gráfico es el de apuntar la acción notable que puede seguir una ruptura a través de un importante nivel de resistencia o soporte. Observará que el período completo que va desde mediados de Enero hasta el Martes, 14 de Mayo, se puede considerar como un Rectángulo en el gráfico, con suelos alrededor del 10 1/8 y 10 1/4 y techos alrededor del 11 3/4. Observe el aumento de actividad en las distintas recuperaciones que se produjeron durante la formación. El movimiento, que fue algo "situacional" en la Sugar, afectó a todas las Sugars. A pesar de eso, fue espectacular y un operador con valor y agudeza podría haber recogido esta acción en forma de especulación después del cierre del Martes, 14 de Mayo. Los siguientes cinco días operativos subieron el precio desde la apertura del Miércoles en 12, hasta el cierre del Martes, 21 de Mayo, en 17 1/2: un avance del 46%. No recomendamos este tipo de operación de mercado; requiere valor, experiencia y estar dispuesto a tomar una serie de pequeñas pérdidas para asegurar una ganancia sustancial. Sin embargo, el operador que entra y sale, que observó la acción del 21 de Mayo y la Vuelta en un día con un volumen anormal y un hueco, podría haber asegurado beneficios máximos y rápidos vendiendo su acción en la apertura al día siguiente, o colocando una orden de stop de pérdida justo por debajo del cierre, por ejemplo en el 17 3/8.

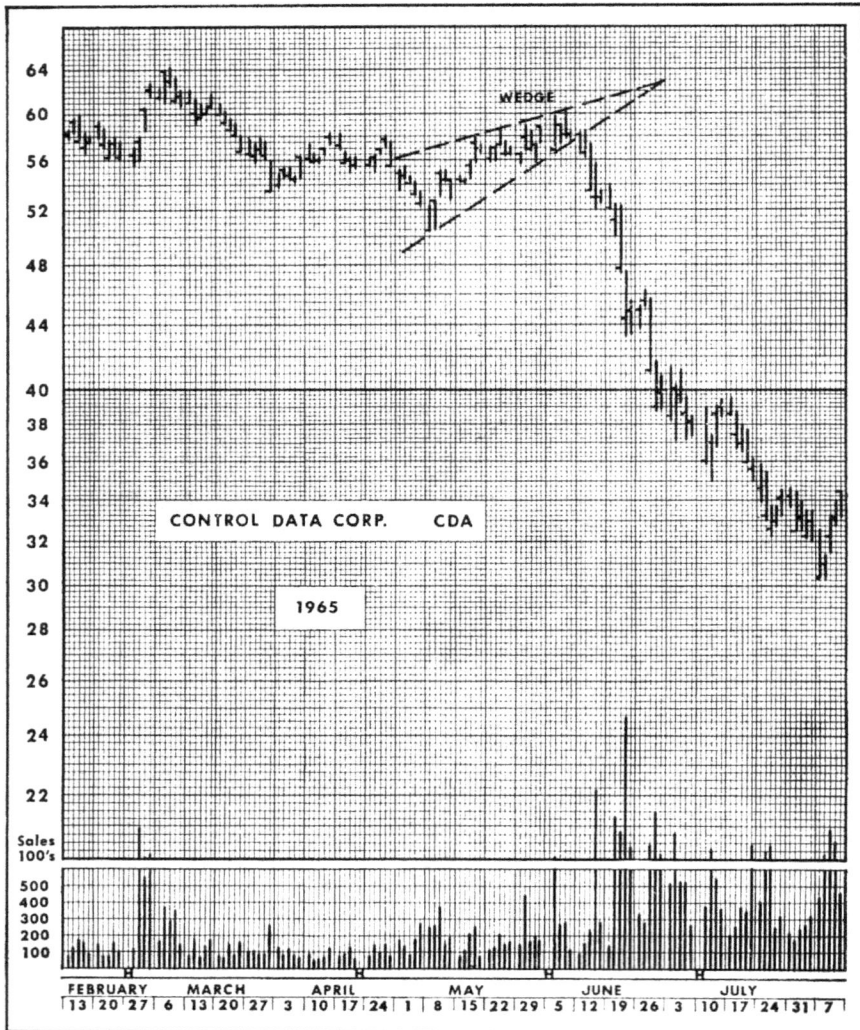

FIGURA 249. Hubo algunos signos de aviso en la "CDA" en los derrumbamientos Menores de últimos de Marzo y principios de Mayo. Sin embargo, lo que es especialmente significativo es la naturaleza del movimiento de recuperación de Mayo y principios de Junio de 1965. Los dos límites convergentes de la tendencia de recuperación forman una Cuña ascendente que tiene aplicaciones definitivamente bajistas. Si la Cuña hubiera apuntado hacia abajo, habría sugerido la posibilidad de una ruptura alcista definitiva. Observe que los dos días en que se alcanzaron los precios más altos en esta pauta de Cuña, la acción cerró cerca del mínimo de la gama del día. La consecuencia que se sigue de esto es el colapso con volumen fuerte, que demuestra lo dramática que puede ser una ruptura desde esta formación no demasiado frecuente.

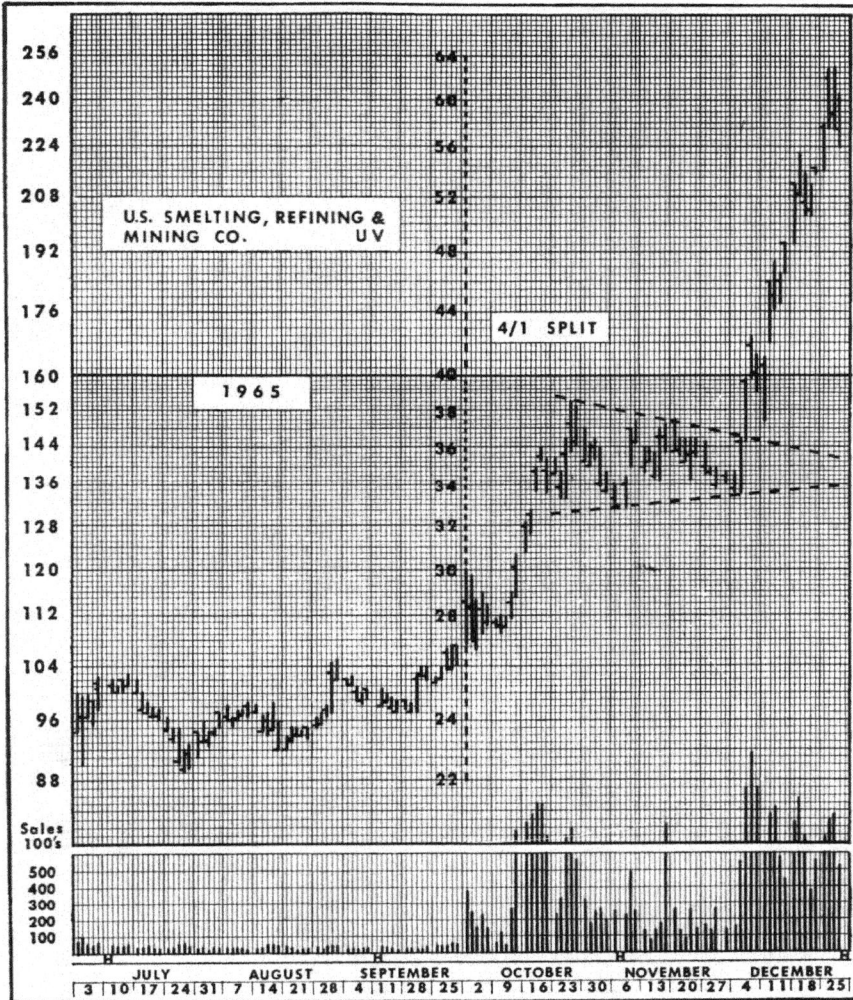

FIGURA 250. Vemos aquí un gráfico que muestra varios rasgos técnicos interesantes. En Julio, Agosto y la mayor parte de Septiembre, la "UV" se encontraba en un período de inactividad. La ruptura del 27 de Septiembre estuvo seguida por una semana de falta de acción, y después por una fuerte continuación del movimiento con gran volumen. Observe la consolidación de Octubre-Noviembre que adoptó la forma de un Triángulo Simétrico. Si dibujáramos el límite superior de este Triángulo y también el inferior, veríamos que la ruptura del Miércoles, 1 de Diciembre, que señaló una continuación del movimiento, fue definitiva en cuanto a acción de volumen y precio. En ningún momento durante el avance, desde el 28 1/2 hasta más allá del 62, hubo indicación alguna de debilidad potencial.

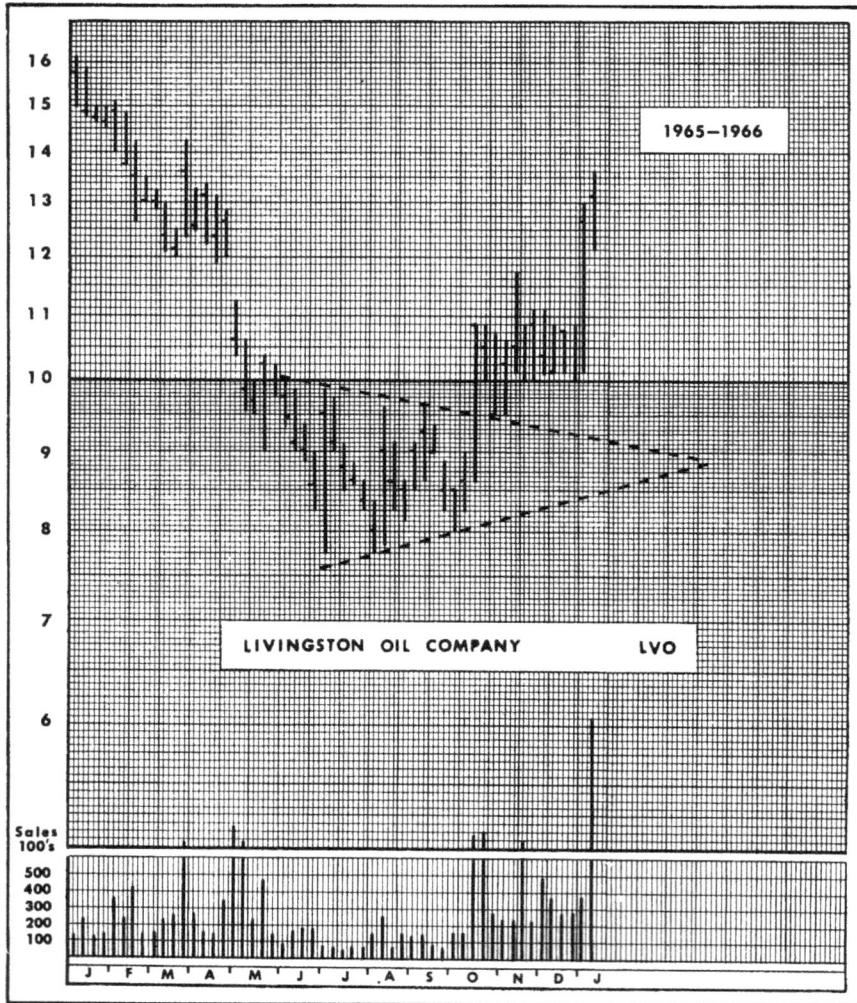

FIGURA 251. El gráfico mensual de la Livingston Oil de Enero de 1965 y que llega hasta Enero de 1966 es un buen ejemplo de suelo Mayor. El claro hueco hacia abajo del mes de Mayo es una indicación de debilidad de la acción durante los primeros meses de 1965. Observará también que el volumen durante este colapso completo fue más bien fuerte. Sin embargo, desde Julio hasta mediados de Octubre, la actividad operativa se "secó" y la acción fluctuó con oscilaciones cada vez más estrechas, formando un Triángulo Simétrico. La mejora en volumen de la ruptura de Octubre fue espectacular; y un inversionista observador hubiera tenido una "segunda oportunidad" de comprar en la reacción de la primera semana de Noviembre, cuando la acción cayó hasta el techo del Triángulo.

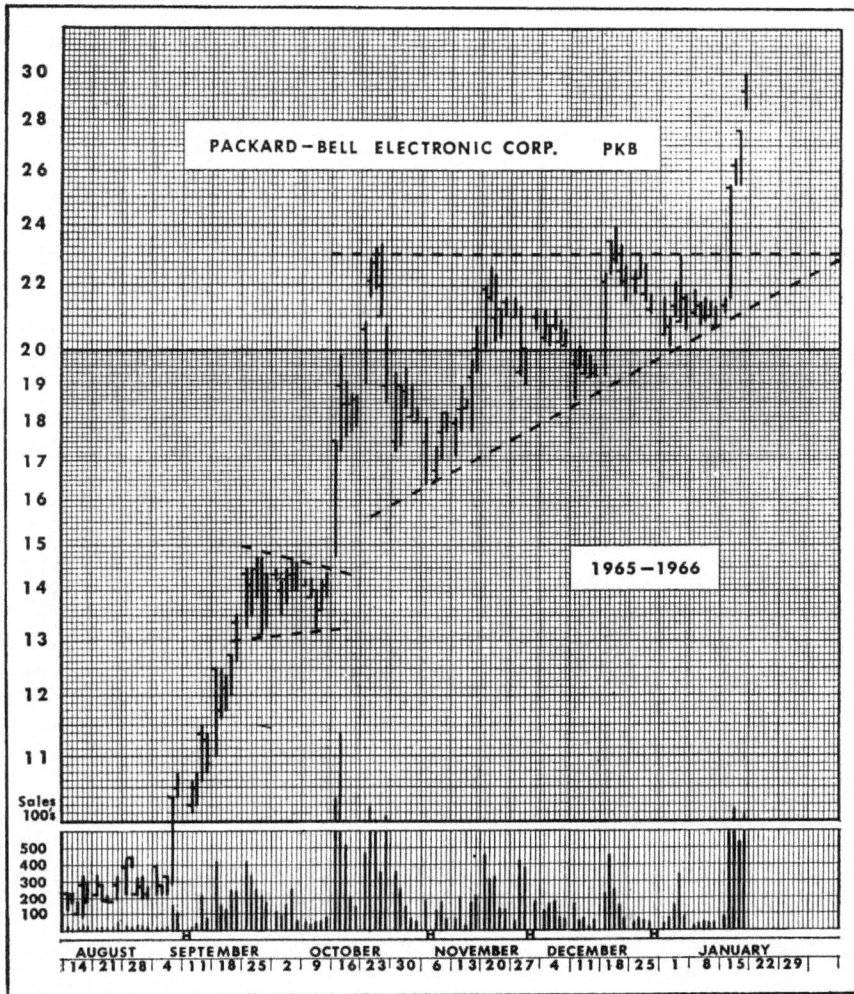

FIGURA 252. Tenemos aquí un bonito cuadro de acción técnica de mercado en la Packard-Bell Electronics. de Agosto de 1965 hasta Enero de 1966. El primer punto de interés es la consolidación de Bandera en Septiembre y Octubre, un clásico ejemplo ("la Bandera ondea a media asta") y, en la reanudación del movimiento alcista, la acción hizo algo más que duplicar el movimiento anterior. (Compare este gráfico con el de Martin Parry de 1945, Figura 105). Observe los techos casi planos y los suelos ascendentes desde Octubre hasta Enero, con un volumen generalmente descendente (Triángulo Ascendente) y el magnífico movimiento de fuga de la segunda semana de Enero de 1966. En este caso, no vemos motivo alguno por el cual vender la acción, en todo el período que va desde Septiembre hasta Enero.

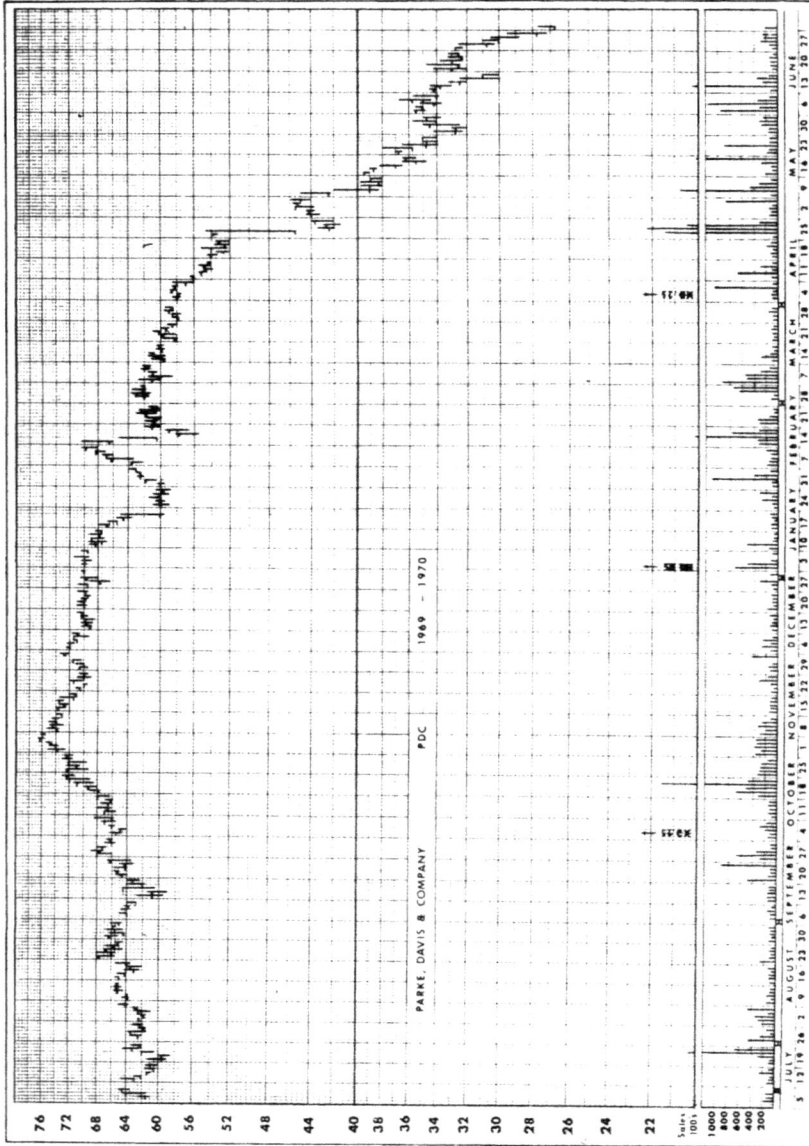

FIGURA 253. Esta figura podría considerarse como un techo muy plano de Cabeza y Hombros o como un techo largo y Redondeado. El derrumbamiento que atraveso el 66 fue un aviso; y, ciertamente, la brusca ruptura por debajo del 60, en Febrero, fue una señal definitivamente bajista.

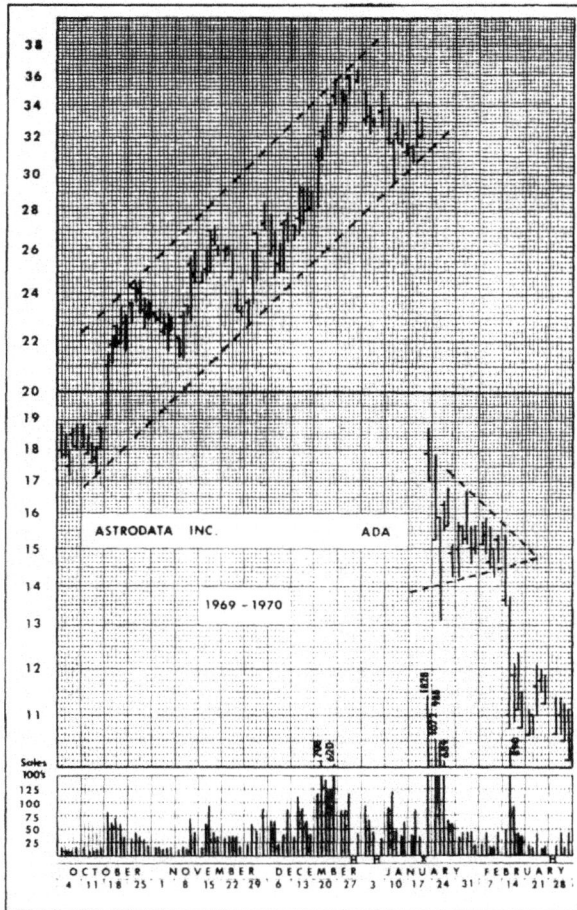

FIGURA 254. Colapso completo de un día en Astrodata (Enero del 1970). No constituye el tipo de acción que usted está acostumbrado a ver cada día o cada mes. Sin embargo es "normal" en el sentido de que se trata de un fenómeno que hemos visto muchas veces en el pasado y que, indudablemente, veremos muchas veces en años venideros. Cuando se produce un fenómeno así, debe prestársele atención. Significa complicaciones. La "ADA" estaba actuando bien en lo que parecía ser una tendencia alcista, típica y perfectamente sana. Después de una suspensión de un día, 15 de Enero, volvió a abrir muchos puntos más abajo y nunca se recuperó. Las operaciones se detuvieron a finales de Septiembre. Algunos lectores recordarán otros movimientos bajistas de este tipo en el pasado, tales como el de la Mack Trucks, la Fifth Avenue Coach y la American Woolen, hace ya bastantes años. Tal ruptura es debida, por descontado, a algún desarrollo o cambio en los asuntos de la empresa; pero no hace falta "conocer las causas"; los gráficos hablan por sí solos. Como dijo Lady Macbeth (aunque en otro contexto), "no consideres el orden de tus pasos; ve inmediatamente". Tenemos también un buen ejemplo de este tipo de "movimiento de hueco" en la Villager Industries el 30 de Abril de 1971, cuando la acción cayó un 42%, desde el 7 3/8 hasta el 4 1/4, en un solo día. Los tipos de movimientos que estamos tratando aquí se producen casi siempre en el lado *bajista*. Y después de este tipo de ruptura, aunque puede haber recuperaciones breves, la acción casi siempre reanuda la tendencia bajista y , en muchos casos, deja de cotizarse en Bolsa. Cualquiera que sea sorprendido manteniendo tal acción, no debe pensar que ha cometido un error comprándola ni debe buscar evidencia de debilidad antes de que se produzca el gran derrumbamiento, ya que, por lo general , no suele producirse. Pero debe salirse inmediatamente para evitar pérdidas mayores. A modo de reafirmación, diremos nuevamente que este tipo de colapso es, más bien, infrecuente.

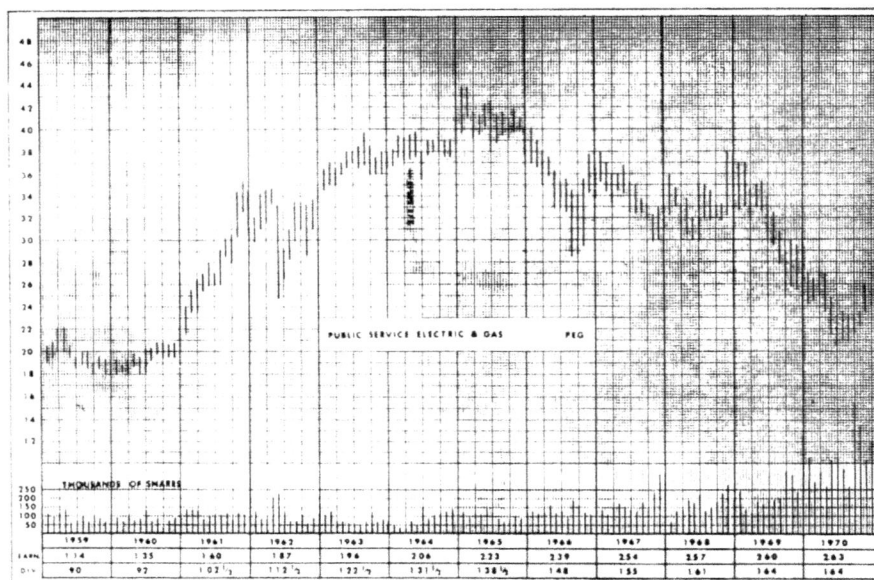

FIGURA 255. Típica acción de Utilidad de gas y electricidad. Este grupo, que sirve a varios municipios o regiones, lo forman un gran número de acciones. Tienden a mostrar un comportamiento de mercado parecido, puesto que son prácticamente iguales en naturaleza.

Existe, por supuesto, relación entre las ganancias de una sociedad y los dividendos pagados y el precio de mercado de las acciones. Sin embargo, ni las ganancias ni los dividendos, considerados de forma aislada, constituyen una determinación completa del "valor", considerados desde distintos ángulos, tales como la seguridad de ganancias, las perspectivas futuras, imponibilidad, la inversión para investigación y desarrollo por parte de la compañía, etc.

Las compañías eléctricas y de gas, que disfrutan de una posición regulada de monopolio en la mayoría de comunidades, tienen una fuente de ingresos segura y fuerte; y se encuentran también en una situación definitiva de "crecimiento", debido a las constantes demandas de energía por parte de los usuarios. La mayor parte de las Utilidades mostrarán un registro y pauta de operación a lo largo de una serie de años muy parecidos a los de la "PEG". Observará que las ganancias registradas han sido mayores cada año, desde 1959 hasta 1970. La tasa de dividendos ha aumentado también cada año, excepto en 1970, año en que se mantuvo igual con respecto al año anterior. Cualquier persona que base su cálculo del "valor" en un índice simple, tal como el "Price Earnings Ratio" concluirá con en que la acción fue en 1970 una compra a 2 1/2 tan buena, como lo fue a principios de 1965.

Lógicamente, hay algo más que esto. Los grandes fondos y otros grandes propietarios de acciones no desechan a la ligera, y, sin razón alguna, las "gangas" de ese tipo. El gráfico pesimista refleja indudablemente la situación espinosa a la que se enfrenta la industria de Utilidades y que incluye nuevas costosas facilidades, recursos contra la polución y otros problemas.

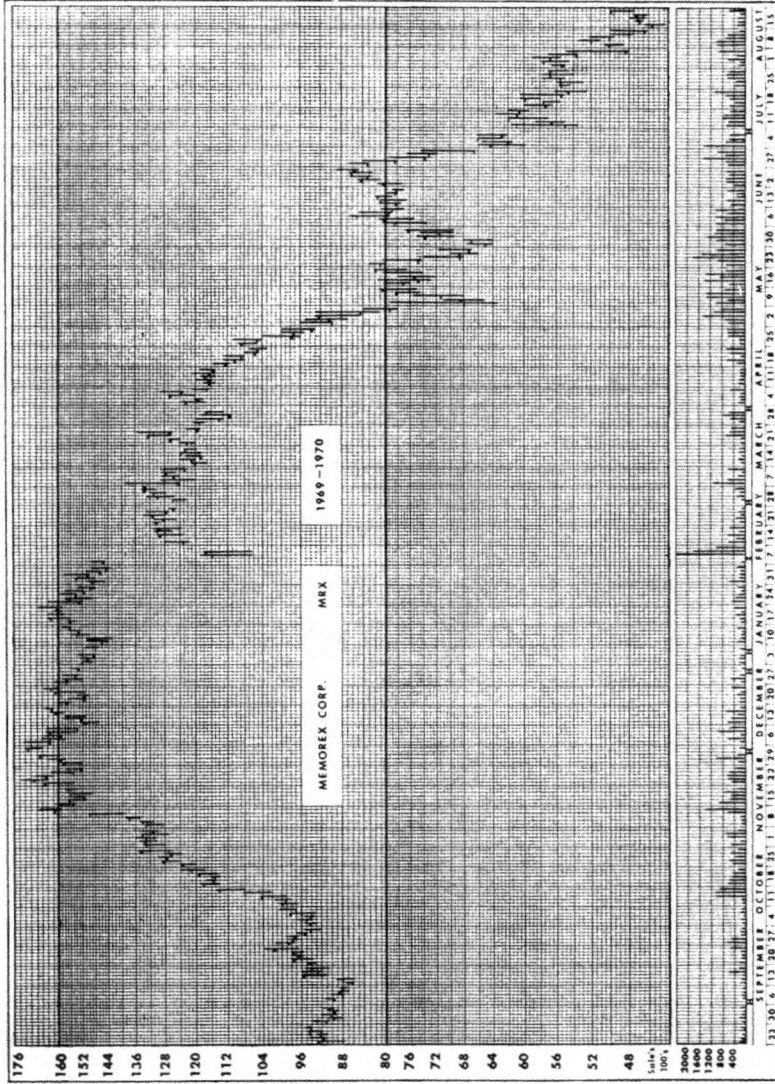

FIGURA 256. Aunque 1969 fue un año bajista para la mayoría de las acciones, la "MRX" estaba disfrutando de la etapa final de un avance dramático de cuatro años. Observe el techo en forma de Isla de Noviembre y Enero y el bajo volumen a lo largo de todo este período. El hueco de separación de principios de Febrero habla por sí solo. Ver Figura 254.

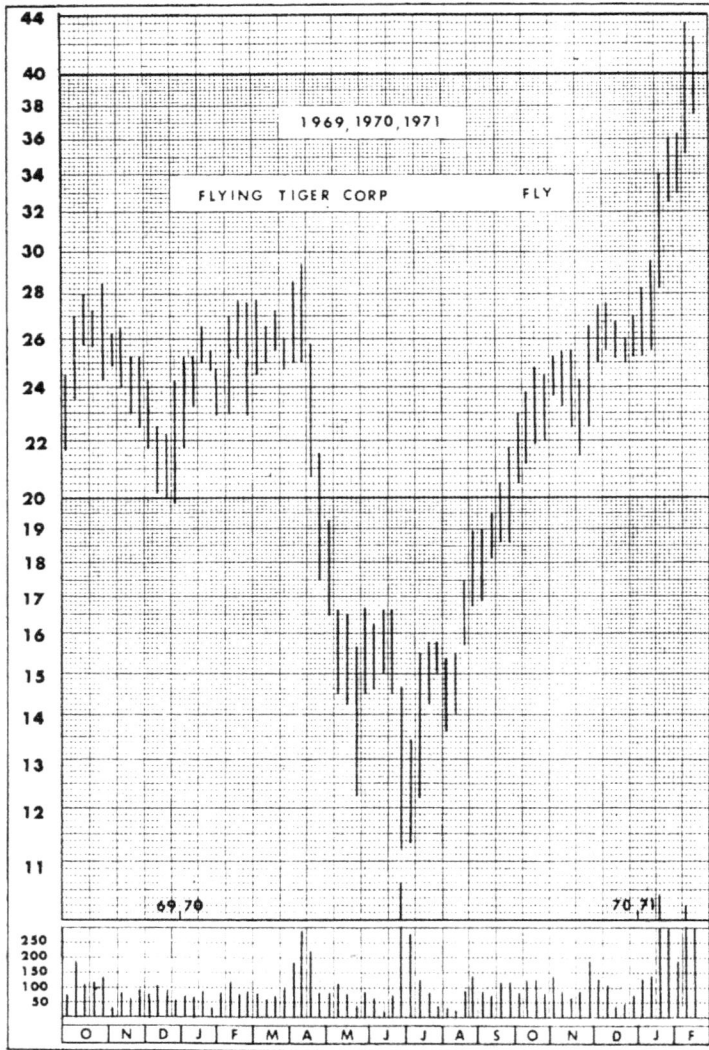

FIGURA 257. Desde un nuevo máximo de 48 1/2, en 1967, la "FLY" comenzó una tendencia bajista qu
duró dos años e hizo bajar la acción hasta el 11 1/4. Sin embargo, en la primavera y verano de 1970, la acció
encontró suelo, hizo un cambio de dirección de Cabeza y Hombros y despegó con un movimiento de cohet
que hizo que, en Febrero de 1971, hubiera recuperado casi todo lo perdido con la caída que duró dos años

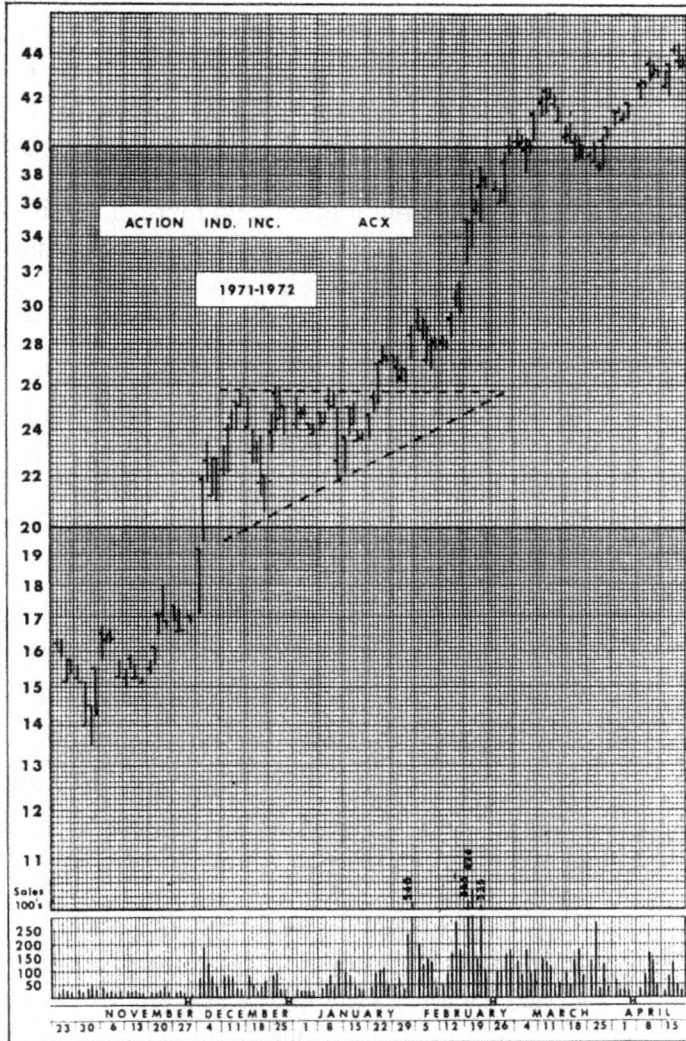

FIGURA 258. Pauta familiar que ya ha visto muchas veces en las páginas de este libro o en sus propios gráficos. Se trata de un gran Triángulo Ascendente del gráfico diario de la Action Industries, que se formó en Diciembre de 1971 y Enero de 1972. Observe la típica fuga y movimientos de reacción y la tendencia alcista continua que se adentró en Abril de 1972.

Glosario

A

ACUMULACIÓN (Accumulation). Primera fase de un mercado alcista. Período en que los inversores previsores comienzan a comprar acciones a vendedores desalentados. Los informes financieros están normalmente en su peor momento y el público está completamente disgustado con el mercado de valores. El volumen es sólo moderado, pero comienza a aumentar con las recuperaciones.

ACTIVIDAD (Activity). Ver volumen.

ALLANAMIENTO (Smoothing). Enfoque matemático que descarta la excesiva variabilidad de datos al mismo tiempo que conserva una correcta valoración de la tendencia prioritaria.

ALLANAMIENTO EXPONENCIAL (Exponential Smoothing). Metodología de previsión estadística matemática que supone que la acción de precios de futuros es una media ponderada de períodos pasados; serie matemática en la que la ponderación mayor es dada a la acción de precio más reciente.

APALANCAMIENTO (Leverage). Utilizar una cantidad más pequeña de capital para controlar una inversión de valor mayor. Por ejemplo, sin contar el interés ni los costes de comisión, si compra una acción en un margen del 50%, controla 1 dólar de acciones por cada 50 centavos invertidos o apalancamiento de 2 a 1.

APALANCAMIENTO COMPUESTO (Composite Leverage). En Edwards y Magee es una fórmula para combinar los factores principales que afectan a una suma dada de capital (es decir, sensibilidad, precio y margen) usada en una cifra índice.

APOGEO DE VENTAS (Selling Climax). Período de extraordinario volumen que llega al final de un vertiginoso y amplio descenso que agota las reservas marginales de muchos especuladores o la paciencia de los inversores. El movimiento de volumen puede sobrepasar el volumen de cada día durante el movimiento alcista previo, mientras que la venta de pánico se extiende a las acciones o a la mercancía. También llamado día de Barrido, un auge de ventas cambia las condiciones técnicas del mercado. Aunque es una forma de Cambio de Dirección en Un Día, puede llevar más de un día completarlo.

ARBITRAJE (Arbitrage). Compra y venta simultánea de dos valores distintos, pero muy relacionados, para aprovecharse de una disparidad de sus precios en un mercado o en diferentes mercados.

ASTA (Mast). Recuperación o reacción vertical anterior a una formación de Bandera o Gallardete.

B

BAJADA DE UN PUNTO BÁSICO (Downtick). Transacción de valores a un precio más bajo que la transacción anterior.

BANDERA (Flag). Pauta de continuación. Una bandera es un período de congestión de menos de cuatro semanas de duración que se forma después de un cambio brusco, casi vertical, en el precio. Las líneas de la pauta de los límites superior e inferior son paralelas, aunque las dos pueden inclinarse hacia arriba, hacia abajo o hacia los lados. En una tendencia alcista, la pauta recuerda a una bandera que se mueve con un asta, de ahí el nombre. A las banderas también se les llama pautas de medición o de media asta, porque tienden a formarse en el punto medio de la recuperación o de la reacción. El volumen tiende a disminuir durante la formación y a aumentar en la fuga. Fórmula de medición mínima: agregar la distancia desde el punto de fuga, que empezó la anterior recuperación o reacción del "asta", al punto de fuga de la Bandera.

BETA (Beta). Sensibilidad más alta para las oscilaciones del mercado.

BETA (COEFICIENTE) (Beta). Medida del mercado o riesgo no variable asociado con cualquier título dado en el mercado.

C

CABEZA Y HOMBROS COMPLEJA O MÚLTIPLE (Complex Head-and-Shoulders). Es una pauta de Cabeza y Hombros con más de un hombro y/o una cabeza derechos o izquierdos. Ver Cabeza y Hombros.

CABEZA Y HOMBROS HÍBRIDA (Hybrid Head-and-Shoulders). Pequeña pauta de Cabeza y Hombros dentro de una pauta más grande de Cabeza y Hombros. Ver Pauta de Cabeza y Hombros.

CAMBIO DE DIRECCIÓN DE 5 PUNTOS (Five-Point Reversal). Ver Pauta de Ensanchamiento.

CAMBIO DE DIRECCIÓN DE ISLA (Island Reversal). Gama compacta de operaciones formada habitualmente después de una nítida recuperación o reacción, que está separada del movimiento anterior por un hueco de agotamiento y del movimiento que sigue en la dirección opuesta por un hueco de separación. El resultado es una isla de precios separados por un hueco antes y después. Si la gama de operaciones contiene solamente un día, se llama Cambio de Dirección en un Día. Normalmente los dos huecos se producen al mismo nivel aproximadamente. Por sí misma, la pauta no posee mayor importancia, pero manda de vuelta frecuentemente los precios para realizar un nuevo trazado del movimiento menor que la precedió.

CAMBIO DE DIRECCIÓN EN UN DÍA (One-Day Reversal). Ver Cambio de Dirección de Isla.

CANAL (Channel). Si los techos de las recuperaciones y los suelos de las reacciones desarrollan líneas que son aproximadamente paralelas entre sí, el área entre las líneas se llama canal. Ver también Canal de Tendencia Ascendente, Canal de Tendencia Descendente, y Canal de Tendencia Horizontal.

CANAL DE TENDENCIA (Trend Channel). Posible gama de precios paralela centrada en la línea de precios más posible.

CANAL DE TENDENCIA ASCENDENTE (Ascending Trend Channel). Cuando los techos de las recuperaciones que componen un avance se desarrollan a lo largo de una línea (a veces llamada línea de vuelta) que es también paralela a la línea de tendencia alcista básica (es decir, la línea que está inclinada a través de los suelos de la onda en un avance), el área entre las dos líneas se llama canal ascendente o en alza.

CANAL DE TENDENCIA DESCENDENTE (Descending Trend Channel). Cuando los suelos de las reacciones que comprenden un descenso se desarrollan a lo largo de una línea (a veces llamada línea de vuelta), que es también paralela a las líneas de tendencia bajista básicas (es decir. la línea que baja por los techos de una onda en un descenso), el área entre las dos líneas se llama Canal Descendente o Bajista.

CANAL HORIZONTAL (Horizontal Channel). Cuando los techos de las recuperaciones y los suelos de las reacciones se forman a lo largo de líneas horizontales y paralelas entre sí, el área entre medias se llama canal de tendencia horizontal. También puede llamarse rectángulo durante las primeras etapas de formación

CARRERA FINAL (End Run). Cuando una fuga de una pauta de Triángulo Simétrico cambia de dirección y opera a través del soporte del eje (si hay una fuga en la parte de arriba) o de la resistencia (si hay una fuga por la parte de abajo), se denomina carrera final alrededor de la línea o carrera final para vender al descubierto. El término se usa a veces para denotar el fracaso de la fuga en general. .

CERRAR EL HUECO (Closing the Gap). Cuando una acción o mercancía vuelve a un hueco anterior y traza un nuevo recorrido del hueco. También se llama cubrir el hueco o llenar el hueco. Ver Hueco.

COBERTURA (Hedging). Tratar de disminuir el riesgo mediante una inversión que contrapese. En una cartera de acciones, un ejemplo de cobertura sería comprar 100 acciones de los valores XLZ y comprar una opción del mismo valor. Esto ayudaría a proteger contra un descenso del valor, pero también limitaría las potenciales ganancias por el lado alcista.

COMISIÓN (Commission). Cantidad que se cobra por una sala de corretaje para ejecutar un negocio sobre un valor, opción o mercancía. En un valor, valor con prima o mercancía, la comisión se cobra por cada compra y cada venta. En una mercancía, la comisión se cobra solamente cuando el negocio original de entrada se ha cerrado con una operación compensatoria. Esto se llama comisión de compra-venta.

COMISIÓN DE APERTURA Y CIERRE (Round Trip). Coste de una transacción de una acción completa o de una mercancía, es decir, coste de entrada y coste de salida combinados.

CONFIRMACIÓN (Confirmation). En una pauta, es el punto en el que una acción o mercancía salen de una pauta de área en la dirección esperada por una cantidad de precio y volumen suficiente para satisfacer los requisitos mínimos para una fuga genuina. En la Teoría de Dow significa que tanto la media Industrial como la media de Transporte han registrado nuevos máximos o mínimos durante el mismo avance o descenso. Si sólo una de las medias establece un nuevo máximo (o mínimo) y la otra no, sería una no-confirmación o divergencia. Esto es también cierto en los osciladores. Para confirmar un nuevo máximo (o mínimo) en un valor o mercancía, un oscilador requiere alcanzar un nuevo máximo (o mínimo) también. El fracaso de un oscilador al confirmar un nuevo máximo (o mínimo) se llama divergencia y se consideraría un pronto indicador de un cambio de dirección potencial.

CONGESTIÓN (Congestion). Operaciones laterales desde las cuales se desarrollan las pautas de área. Sin embargo, no todos los períodos de congestión producen una pauta reconocible.

CONSOLIDACIÓN DE CABEZA Y HOMBROS (Head-and-Shoulders Consolidation). Pauta de área que continúa la tendencia anterior. Ver Pauta de Cabeza y Hombros.

CORRECCIÓN (Correction). Movimiento en una mercancía o valor, opuesto a la tendencia dominante pero no lo suficiente para cambiar esa tendencia. Llamado recuperación en una tendencia bajista y reacción en una tendencia alcista. En la Teoría de Dow, una corrección es una tendencia Secundaria enfrentada a una tendencia Primaria, que normalmente dura desde tres semanas a tres meses y hace un nuevo trazado que va desde un tercio a dos tercios de la oscilación precedente en la dirección Primaria.

CUBRIR EL HUECO (Covering the Gap). Ver Cerrar el Hueco.

CUENCO (Bowl). Ver Suelo Redondeado.

CUENCO INVERTIDO (Inverted Bowl). Ver Techo Redondeado.

CUNA (Wedge). Formación de gráfico donde las fluctuaciones de precios se hallan dentro líneas rectas convergentes (o prácticamente rectas).

CUNA ALCISTA (Rising Wedge). Pauta de área con dos líneas de tendencia convergentes inclinadas al alza. Normalmente, tarda más de tres semanas en completarse, y el volumen disminuirá según se van moviendo los precios hacia el ápice de la pauta. La dirección anticipada de la fuga en una Cuna Alcista es hacia abajo. Distancia mínima de proyección: cambio de sentido del precio de todo el terreno ganado dentro de la cuna.

CUNA DESCENDENTE (Falling Wedge). Pauta de área con dos líneas de tendencia convergentes, inclinadas hacia abajo. Normalmente lleva más de tres semanas completarla, y el volumen descenderá cuando los precios se muevan hacia el vértice de la pauta. La dirección anticipada de una fuga en una Cuna Descendente es alcista. Formula de medición mínima: nuevo trazado de toda la pérdida de terreno dentro de la cuna. Ver Cuna.

D

DATOS HISTÓRICOS (Historical Data). Serie de pasados precios de mercados diarios, semanales o mensuales.

DEMANDA (Demand). Interés en la compra de una acción a un precio dado.

DÍA INTERIOR (Inside Day). Día en el que la gama de precios diaria está totalmente dentro de la gama de precios diaria del día anterior.

DÍA DE APOGEO (Climax Day). Ver Cambio de dirección de Un día.

DÍA DE DEPURACIÓN O BARRIDO (Clean-Out-Day). Ver Venta Culminante.

DÍA DE GAMA ESTRECHA (Narrow Range Day). Día de operaciones con una gama de precios más escasa comparada con la gama de precios del día anterior.

DÍA DE PESCA (Hook Day). Día de operaciones en el que la apertura está por encima debajo del máximo/mínimo del día anterior y el cierre está por debajo/encima del cierre del día anterior con una gama estrecha.

DIAMANTE·: (Diamond). Normalmente para de cambio de dirección, pero también se encuentra como pauta de continuación. Podría describirse como una pauta Múltiple de Cabeza y Hombros con una línea clavicular en forma de V (doblada), o una pauta de Ensanchamiento que, tras dos o tres oscilaciones, cambia a un Triángulo regular. La forma global es un Diamante de cuatro puntos. Como requiere un mercado bastante activo, se halla con más frecuencia en los Techos Mayores. Muchos Techos de Cabeza y Hombros Múltiples son pautas de Diamante dudosas. La principal diferencia se encuentra en el lado derecho de la pauta. Debería mostrar c1aramente dos Líneas convergentes can volumen menguante como en un Triángulo Simétrico. Fórmula de medición mínima: agregar la anchura más grande de la pauta al punto de fuga.

DISTRIBUCIÓN (Distribution). Primera fase de un Mercado Bajista, que empieza realmente en la última etapa de un Mercado Alcista. Perídodo en el que los inversionistas previsores piensan que el mercado ha excedido sus fundamentos y comienzan a descargar sus valores en un lugar de crecimiento. El volumen de operaciones es todavía alto; sin embargo, tiende a disminuir en las recuperaciones. El público está todavía activo, pero empieza a mostrar señales de precaución cuando las esperanzas de beneficios se desvanecen.

DIVERGENCIA (Divergence). Cuando los nuevos máximos (o mínimos) de un indicador no son realizadas en otro indicador comparable. Ver Confirmación.

DIVERGENCIA NEGATIVA (Negative Divergence). Cuando dos o más medias, Índices o indicadores no logran mostrar la confirmación de las tendencias.

DIVERSIFICACIÓN (Diversification). Concepto de poner los fondos en diferentes grupos industriales e instrumentos de inversión para distribuir el riesgo. "No poner todos los huevos financieros en un sólo canasto".

DIVIDENDOS (Dividends). Reparto de los beneficios -en metálico en acciones equivalentes- que se paga a los accionistas.

DIVISIÓN DE ACCIONES (Stock Split). Procedimiento usado por la gerencia para establecer un precio de mercado diferente para sus acciones, cambiando la estructura de acciones ordinarias de la compañía. Normalmente se requiere un precio mas bajo y se establece cancelando las acciones en circulación y volviendo a emitir un número mayor de nuevos certificados a los accionistas actuales. Los ratios más corrientes son

2 a 1, 3 a 1 y 3 a 2. En ocasiones, se quiere un precio más alto y tiene lugar un retiro proporcional de acciones donde se emite una nueva acción para un número múltiple de acciones antiguas.

DOBLE SUELO (Double Bottom). Pauta de cambio de dirección. Suelo formado sobre un volumen relativamente alto que va seguido de una recuperación (de al menos 15%), Y después un segundo suelo (posiblemente redondeado) al mismo nivel (más o menos el 3%) como el primer suelo sobre el volumen más bajo. Vuelta de la recuperación aunque el ápice de la recuperación intermedia confirma el cambio de dirección. Más de un mes debería separar los dos suelos. Distancia mínima de proyección: Tomar la distancia desde el suelo más bajo hasta el punto más alto de la recuperación intermedia y agregarla al punto más alto.

DOBLE TECHO (Double Top). Se forma un techo de alto volumen seguido de una reacción (de al menos el 15%) en una actividad menguante. Otra vuelta de la recuperación al máximo anterior (mas a menos el 3%) se crea, pero en un volumen más bajo al primer máximo. Un descenso por el mínimo de la reacción confirma el cambio de dirección. Los dos máximos deberían tener más de un mes de separación. Fórmula de medición mínima: agregar al punto de fuga la distancia desde el punto más alto hasta el mínimo de la reacción. También llamado formación "M".

E

EJE (Axis). En sentido gráfico, un eje es una línea recta para medición o referencia. También es una línea, real o imaginaria, sobre la cual una formación se considera rotativa.

E.JERCICIO (Exercise). Medios por los que el portador de una opción compra o vende acciones del título subyacente.

EMISION DELGADA (Thin Issue). Acción que posee un número bajo de participaciones flotantes y es negociada ligeramente.

EN EL DINERO (At the Money). Opción, cuyo precio de ejercicio es igual al valor de mercado de los contratos de futuros subyacentes.

ENTENDIDOS (Insiders). Personas que tienen la información fundamental que puede afectar el precio de una acción, pero que no está disponible al público. Un ejemplo sería una persona que está informada de una fusión de empresas antes de que sea anunciado al público. El negocio realizado por estas personas con este tipo de informaci6n es ilegal.

ENTRECRUZAMIENTOS DE LAS MEDIAS MÓVILES (Moving Average Crossovers). Punto donde las diferentes líneas de la media móvil se atraviesan o se cruzan entre sí.

ESCALA ARITMÉTICA (Arithmetic Scale). Escala de precios o volumen donde la distancia del eje vertical (es decir, el espacio entre las líneas horizontales) representa cantidades iguales de dólares o número de acciones.

ESCALONAMIENTO O FIGURA DE TRANSICIÓN (Bracketing). Mercado con gama de operaciones o área de precios que no posee tendencia.

ESCALA LOGARÍTMICA (Logarithmic Scale). Ver Escala Semilogarítmica.

ESCALA SEMILOGARÍTMICA (Semilogarithmic Scale). Escala de precios o volumen donde la distancia en el eje vertical (es decir, el espacio entre las líneas horizontales) representa iguales cambios porcentuales.

ESPIRAL (Coil). Otro término para Triángulo Simétrico

ESTOCÁSTICO (Stochastic). Literalmente significa aleatorio.

EX DIVIDENDO O PAGO DE DIVIDENDO (Ex-Dividend). Día en que el dividendo es restado del precio de la acción.

EXPIRACIÓN (Expiration). Ultimo día en el que una opción puede ser ejercitada.

F

FESTONES (Scallops). Conjunto de pautas de Suelo Redondeado (Platillo) donde el extremo alcista siempre pone los precios un poco más altos que el techo precedente al principio de la pauta. Las ganancias netas variarán de una acción a otra, pero hay una fuerte tendencia a alcanzar del 10% al 15% del precio. La reacción total, desde el lado izquierdo del techo de cada plato hasta su suelo, esta normalmente en el área 20%-30%. Los Platillos individuales de una serie de Festones duran normalmente entre cinco y siete semanas y raramente menos de tres semanas. El volumen mostrará una pauta convexa o Cuenco.

FORMACIÓN (Formation). Ver Pauta de Área.

FORMACIÓN DE ENSANCHAMIENTO (Broadening Formation). Algunas veces llamados triángulos invertidos, son formaciones que comienzan con fluctuaciones estrechas que se ensanchan entre las líneas extremas divergentes más que las convergentes. Ver también Formaciones de Ensanchamiento de Ángulo Recto, Techo de Ensanchamiento, Cabeza y Hombros y Pauta de Diamante.

FORMACIÓN DE MEDIA ASTA (Half-Mast Formation). Ver Bandera.

FORMACIÓN "W" ("W" Formation). Ver Techo Triple.

FÓRMULA DE MEDICIÓN (Measuring Formula). Hay ciertas pautas que dan al grafista la oportunidad de proyectar al menos un nivel objetivo intermedio de la dirección de la tendencia Primaria. Las más importantes de estas pautas se hallan en Triángulos, Rectángulos, Cabeza y Hombros, Gallardetes y Banderas.

Triángulos. Cuando una acción se fuga del Triángulo Simétrico (por arriba o por abajo), el movimiento consiguiente deberá llevar al menos hasta la altura del Triángulo a lo largo de su primera reacción.

Rectángulos. El mínimo que se esperaría de una fuga (por arriba o par abajo) fuera de una pauta de Rectángulo sería la distancia igual a la altura de la formación.

Techos/Suelos de Cabeza y Hombros. La pauta de Cabeza y Hombros posee una de las mejores formas de medición. En un techo o suelo, el objetivo provisional, una vez que la línea clavicular es penetrada, es la distancia desde el techo (o suelo) de la cabeza hasta el nivel de la línea clavicular directamente por debajo (encima) de la cabeza.

Gallardetes y Banderas. Lo único que hay que recordar de estas pautas de continuación es que "vuelan a media asta". En otras palabras, la posición de dentro iguala a la posición de afuera.

FUERZA COMPARATIVA RELATIVA (Comparative Relative Strength). Compara el movimiento de precios de un valor con el de sus competidores, grupo industrial o todo el mercado.

FUGA FALSA (False Breakout). Fuga que es confirmada pero que cambia de dirección rápidamente y al final lleva el valor o la mercancía a una fuga en la dirección contraria. No se distingue de una fuga prematura o de una fuga genuina cuando tiene lugar.

FUNDAMENTOS (Fundamentals). Información sobre una acción que pertenece al negocio de la compañía y de como se relaciona con las ganancias y dividendos. En una mercancía, sería la información sobre cualquier factor que podría afectar a la oferta o a la demanda.

G

GAMA (Range). Diferencia entre el máximo y el mínimo durante un período de tiempo concreto.

GAMA DIARIA (Daily Range). Diferencia entre los precios máximo y mínimo durante un día de operación.

GRÁFICO (Chart). Representación gráfica de una acción o mercancía en términos de precio y/o volumen. Ver también Gráfico de Barras y Gráfico de Punto y Figura.

GRÁFICO DE BARRAS (Bar Chart). También llamado gráfico lineal. Representación gráfica de los precios, que utiliza una barra vertical para unir el precio más alto del momento con el precio más bajo. Los precios de apertura se anotan con una pequeña línea horizontal ala izquierda. Los precios de cierre se indican con una pequeña línea horizontal a la derecha. Los gráficos de barras pueden construirse para cualquier período de tiempo en el que los precios estén disponibles. Los períodos de tiempo más comunes hallados en gráficos de barras son de cada hora, día, semana y mes. Sin embargo, con el número creciente de ordenadores personales y la disponibilidad de cuotas de tiempo real, no es anormal que los operadores usen algún período de minutos para construir un gráfico de barras.

GRÁFICO DE PUNTO y FIGURA (Point & Figure Chart). Método de construir gráficos, considerado creación de Charles Dow. Cada día el precio se mueve por una cantidad específica (tamaño de caja arbitrario): una X (si es alcista) o una O (si es bajista) se ubica sobre una columna vertical de papel cuadriculado. Mientras que los precios no cambien de dirección par una cantidad especificada, se considera que la tendencia está en vigor y no se crea ninguna columna nueva. Si tiene lugar un cambio de dirección, se crea otra columna vertical inmediatamente a la derecha de la primera, pero en la dirección contraria. No hay estimación de tiempo en un gráfico de Punto y Figura.

H

HOMBRO (Shoulder). Ver Pautas de Cabeza y Hombros.

HUECO (Gap). Agujero en la gama de precios que ocurre cuando 1) el precio mínimo en el que una acción o mercancía es negociado durante cualquier período de tiempo es más alto que el precio máximo en que fue negociado en el período de tiempo anterior, o 2) el precio máximo de un período de tiempo es más bajo que el precio mínimo del período de tiempo anterior. Cuando las gamas de dos períodos de tiempo son trazadas, no coincidirán o tocarán el mismo nivel horizontal en el gráfico -habrá un hueco de precios entre ellos. Ver hueco de Área o Común, Hueco de Dividendo, Hueco de Separación, Hueco de Continuación, Hueco de Agotamiento y Cambio de Dirección de la Isla.

HUECO DE AGOTAMIENTO (Exhaustion Gap). Hueco relativamente ancho en el precio de una acción o mercancía que tiene lugar cerca del final de un fuerte movimiento direccional en el precio. Estos huecos se cierran rápidamente, normalmente antes de dos o cinco días, lo cual ayuda a distinguirlos de los huecos de continuación, que normalmente no son cubiertos durante un considerable espacio de tiempo. Un hueco de agotamiento no puede interpretarse como un cambio de dirección mayor o incluso como un cambio necesariamente. Señala una parada de la tendencia predominante que va seguida ordinariamente de algún tipo de desarrollo de pauta de área.

HUECO DE CAMBIO DE DIRECCIÓN (Reversal Gap). Formación de gráfico donde el mínimo del último día está por encima de la gama del día anterior, con el cierre por encima de la gama del medio y por encima de la apertura.

HUECO COMÚN (Common Gap). También llamado hueco de área. Cualquier hueco del gráfico que tiene lugar dentro de una pauta de área. La significación de la previsión del hueco común es nula. Ver Hueco.

HUECO DE CONTINUACIÓN (Runaway Gap). Hueco relativamente ancho en los precios que tiene lugar en un momento de avance o descenso. También llamado "hueco de medición", ya que con frecuencia ocurre en el punto intermedio entre la fuga que empezó el movimiento y el día de cambio de dirección que lo llama terminación. Fórmula de medición mínima: Tomar la distancia desde el punto de fuga original hasta el principio del hueco y agregarla al otro lado del hueco.

HUECO DE FUGA (Breakaway Gap). Agujero hueco creado en el gráfico cuando un valor o mercancía sale de una pauta de área.

HUECO DE MEDICIÓN (Measuring Gap). Ver Hueco de Continuación.

HUECO DE PAGO DE DIVIDENDO (Ex-Dividend Gap). Hueco en el precio causado cuando el precio de un valor es ajustado a la baja después de que se ha deducido el pago de dividendo.

I

INDICADOR DE SOBRECOMPRA Y DE SOBREVENTA (Overbought/Oversold Indicator). Indicador que trata de definir cuando se han movido los precios demasiado lejos y muy deprisa en cualquier dirección y, por lo tanto, son propensos a una reacción.

INDICADOR DEL MOMENTO (Momentum Indicator). Indicador de mercado que utiliza estadísticas de volumen para predecir la fuerza o debilidad de un mercado actual y posibles condiciones de sobrecompra o sobreventa de las acciones y para distinguir puntos de inflexión dentro del mercado.

INTERÉS CORTO (Short Interest). Número de acciones vendidas al descubierto y todavía no readquiridas. Esta información es mensual de la Bolsa de Nueva York.

L

LECTOR DE CINTA (Tape Reader). Persona que hace decisiones de negocios al observar el flujo de los datos de precios y volumen de la Bolsa de Nueva York y de la Bolsa Americana que salen a través de la cinta electrónica.

LÍMITE AL ALZA, LÍMITE A LA BAJA (Limit Up, Limit Down). Restricciones en el cambio de mercancías sobre los movimientos máximos alcistas o bajistas permitidos en el precio para una mercancía durante un día de sesión de operaciones.

LÍMITE O EXTREMOS (Boundary). Bordes de una pauta.

LÍNEAS BÁSICAS DE TENDENCIA (Basic Trendlines). Ver líneas de tendencia.

LÍNEA CLAVICULAR (Neckline). En una pauta de Cabeza y Hombros, es una línea dibujada a través de los dos mínimos de reacción (en un techo), o dos máximos de recuperación (en un suelo), que aparece antes y después de la cabeza. Esta línea debe romperse por el 3% para confirmar el cambio de dirección. En una pauta de Diamante, que es similar a una pauta de Cabeza y Hombros, la línea clavicular se dobla en forma de V o de V invertida. Ver Diamante y Cabeza y Hombros.

LÍNEA CLAVICULAR QUEBRADA (Bent Neckline). Ver Línea Clavicular.

LÍNEAS DE ABANICO (Fan Lines). Conjunto de tres líneas de tendencia secundaria dibujadas desde el mismo comienzo del máximo o del mínimo, que se extienden en forma de abanico. En una tendencia alcista Primaria, el abanico estaría a lo largo de los techos de la reacción Secundaria (Intermedia). En una tendencia bajista Primaria, el abanico estaría a lo largo de los suelos de la recuperación Secundaria (Intermedia). La ruptura de la tercera línea de abanico señala la reanudación de la tendencia Primaria.

LÍNEA DE LA TEORÍA DE DOW (Line, Dow Theory). Una línea en la Teoría de Dow es un movimiento lateral intermedio en una o ambas medias (Industrial y/o de Transporte) en el curso de la cual los precios oscilan dentro de una gama de 5% (del precio medio) o menos.

LÍNEA DE MEDIA MÓVIL DE LOS ÚLTIMOS 50 DÍAS (50-Day Moving Averaging Line). Se determina tomando el precio de cierre de los últimos 50 días de operaciones y dividido por 50.

LÍNEA DE MEDIA MÓVIL DE LOS 200 ÚLTIMOS DÍAS (200-Day Moving

Average Line). Se determina tomando el precio de cierre de las 200 últimas sesiones de operaciones y dividiendo por 200.

LÍNEA DE OFERTA (Supply Line). Ver Resistencia.

LÍNEA DE TENDENCIA (Trendline). Si aplicamos una regla a un número de tendencias de precios de un gráfico, enseguida hallamos que la línea que más frecuentemente es recta en una tendencia alcista, es una línea que une los dos extremos inferiores de las recesiones dentro de estas líneas. En otras palabras, un anda que avanza en el mercado de valores se compone de una serie de rizos, y los suelos de cada uno de estos rizos tienden a formarse sobre, o muy cerca de una línea recta ascendente. Los techos de los rizos normalmente son menos uniformes; a veces también pueden ser definidos por una línea recta, pero, más a menudo, varían ligeramente en amplitud, así, cualquier línea que conecta las puntas superiores será más o menos curva. En una tendencia de precios descendente, la línea con más posibilidades de ser recta es la que une los techos de las recuperaciones Menores dentro de ella, mientras que los suelos Menores pueden o no caer a lo largo de un borde recto. Estas dos líneas -la que se inclina hacia arriba a lo largo de los sucesivos suelos de onda dentro de un movimiento extenso hacia arriba y la que se inclina hacia abajo a través de sucesivos techos de onda dentro de un movimiento extenso hacia abajo- son las líneas básicas de tendencia. Se dibuja una línea de tendencia alcista trazando la línea sobre el lado interior. Se dibuja una línea de tendencia bajista trazándola en el lado exterior. Se dibuja una línea de tendencia lateral en el suelo.

LÍNEA DE TENDENCIA ASCENDENTE (Ascending Trendline). La onda que avanza en un valor o mercancía esta compuesta de una serie de rizos. Cuando los suelos de estos rizos se forman sobre o muy cerca de una línea recta inclinada hacia arriba, se forma una línea de tendencia ascendente o en alza.

LÍNEA DE TENDENCIA AZUL (Blue Trendline). Línea recta que une dos o más techos. Para evitar confusión, Edwards y Magee utilizan una línea azul para las líneas de tendencia de techo y una línea roja para las líneas de tendencia de suelo.

LÍNEA DE TENDENCIA DOBLE (Double Trendline). Cuando dos líneas de tendencia paralelas relativamente próximas son requeridas para definir la pauta de tendencia real. Ver Línea de Tendencia.

LÍNEA DE TENDENCIA DESCENDENTE (Descending Trendline). La onda descendente de un valor o mercancía se compone de una serie de rizos. Cuando los techos de estos rizos se forman sobre o muy cerca de una línea recta inclinada hacia abajo, se forma una tendencia básica Descendente o Bajista.

LÍNEA DE TENDENCIA HORIZONTAL (Horizontal Trendline). Línea horizontal dibujada a lo largo de los techos o suelos en un mercado de tendencia lateral.

LÍNEA DE TENDENCIA ROJA (Red Trendline). Línea recta que conecta dos o más suelos. Para evitar confusión, Edwards y Magge utilizan una línea roja para líneas de tendencia de suelo y una línea azul para líneas de tendencia de techo.

LÍNEA DE VUELTA (Return Line). Ver Canales de Tendencia Ascendente o Descendente.

LOTE REDONDO O ENTERO (Round Lot). Paquete que consiste en 100 acciones.

M

MARGEN (Margin). Cantidad mínima de capital que se precisa para comprar o vender una acción. La tasa, actualmente el 50% de valor, es establecida por el gobierno. En una mercancía, el margen es también el mínimo, normalmente el 10%, que se necesita para comprar o vender un contrato. Pero la tasa es establecida con los cambios individuales. Las dos difieren también en el coste. En una acci6ón, el corredor presta al inversor el balance del dinero debido y cobra interés por el préstamo. En una mercancía, el margen es tratado como pago de fe. El corredor no presta la diferencia y, por lo tanto, no se ejecuta ningún gasto de interés.

MEDIAS (Averages). Ver Medias Industriales de Dow-Jones, Medias Móviles, Medias de Transporte de Dow-Jones, y Medias de Utilidad de Dow-Jones.

MEDIA COMPUESTA (Composite Average). Media de valores compuesta de 65 valores que forman la Media Industrial de Dow-Jones, la media de Utilidad de Dow-Jones.

MEDIA DE TRANSPORTE DE DOW-JONES (Dow-Jones Transportation Average). Establecida a la vuelta del siglo con la nueva media Industrial, se llamó originalmente media de Ferrocarril y estaba compuesta de 20 compañías ferroviarias. Con la llegada de la industria área, la media fue actualizada en 1970 y se cambió el nombre a media de Transporte.

MEDIA DE UTILIDAD (Utility Average). Ver Media de Utilidad de Dow-Jones.

MEDIA DE UTILIDAD DE DOW-JONES (Dow-Jones Utility Average). En 1929, las compañías de utilidad fueron retiradas de la media Industrial y se creó una nueva media de Utilidad de 20 compañías. En 1938, el número de emisiones se había reducido al actual 15.

MEDIA FERROVIARIA (Rail Average). Ver Media de Transporte de Dow-Jones.

MEDIA INDUSTRIAL DE DOW-JONES (Dow-Jones Industrial Average). Desarrollada por Charles Dowen 1885 para estudiar las tendencias de mercado. Originalmente compuesta de 14 compañías (12 ferroviarias y 2 industriales), las acciones de las compañías ferroviarias, para 1987, estaban separadas en su propia media y las 12 compañías industriales del momento eran elegidas para la media industrial. El número aumentó a 20 en 1916 y a 30 en 1928. Las acciones incluidas en esta media se han cambiado de vez en cuando para aumentar la lista actualizada o para dar espacio a una fusión. La única emisión original que esta todavía en la media es General Electric.

MEDIA MÓVIL (Moving Average). Técnica matemática para suavizar datos. Se llama *móvil* porque el número de elementos es fijo, pero el intervalo de tiempo avanza. Los datos antiguos deben eliminarse cuando se agregan los datos nuevos, lo que hace que la media se "mueva" con el progreso de la acción o mercancía.

MEGÁFONOS (Megaphones). Megáfonos son Techos de Ensanchamiento. La formación de Ensanchamiento puede desarrollarse en cualquiera de las tres formas, comparables respectivamente a Triángulos Simétricos Invertidos. Ascendentes Invertidos o Descendentes. El tipo simétrico, por ejemplo, consiste en una serie de fluctuaciones de precios a través de un eje horizontal, con cada Techo Menor más alto y cada Suelo Menor más bajo que su predecesor. La pauta puede así estar señalada por dos líneas divergentes: la superior con inclinación ascendente de izquierda a derecha y la inferior en descenso. Estas pautas de Ensanchamiento son característicamente sueltas e irregulares, mientras que los Triángulos Simétricos están definidos claramente, como regla. Los Techos y los Suelos dentro de la formación tienden a caer con bastante precisión sobre estas líneas extremas. En la Formación de Ensanchamiento, las recuperaciones y los descensos no paran todas en líneas extremas claramente marcadas y están expuestos a movimientos en vertical. Podríamos llamar esto punta de megáfono porque la formación sigue amontonándose en las líneas y parece un megáfono. Tiene una tendencia a "clavarse" hacia abajo más que hacia arriba.

MERCADO ALCISTA (Bull Market). Período en el que los precios son principalmente ascendentes, normalmente durante un período de tiempo extenso. Generalmente, pero no siempre, se divide en tres fases. La primera fase es la acumulación. La segunda fase es de avance casi continuo con volumen ascendente. La tercera fase está señalada por una considerable actividad, ya que el público comienza a reconocer y a intentar sacar provecho del mercada alcista.

MERCADO BAJISTA (Bear Market). En su forma más sencilla, un mercado bajista es un período en el que los precios son principalmente descendentes, normalmente durante un período largo de tiempo. Los mercados bajistas consisten normalmente en tres fases.

La primera fase es de distribución, la segunda es la de pánico, y la tercera es semejante a una calamidad, donde los inversores que se han mantenido durante las dos primeras fases finalmente renuncian y liquidan.

MERCADO EN CIERRE (Market on Close). Especificación de orden que requiere que el corredor consiga el mejor precio disponible al cierre del mercado.

MERCADO CONTÍNUO (Running Market). Mercado en el que los precios se mueven rápidamente en una dirección con pocos o ningún cambio de precios en la dirección opuesta.

MERCADO EN EQUILIBRIO (Equilibrium Market). Área de precios que representa un balance entre la oferta y la demanda.

MERCADO EN TENDENCIA (Trending Market). El precio se mueve en una sola dirección, normalmente cerrando en un valor extremo.

MES PRIMERO (Front Month). Primer mes de expiración de una serie de meses.

MOVIMIENTO LÍMITE (Limit Move). Cambio en el precio que sobrepasa los límites establecidos por el cambio sobre el que se negocia el contrato.

MOVIMIENTO VERTICAL (Spike). Brusca subida en el precio en un sólo día o dos.

N

NIVEL DE RESISTENCIA (Resistance Level). Nivel de precios en que una oferta suficiente de acciones está próxima a parar y, posiblemente, a volverse durante un tiempo una tendencia alcista.

NIVEL DE SOPORTE (Support Level). Nivel de precios en el que una cantidad suficiente de demanda está próxima a parar y, posiblemente, a volver más alta, durante un tiempo, una tendencia bajista.

NUEVO TRAZADO O RECORRIDO (Retracement). Movimiento de precios en dirección opuesta a la tendencia anterior.

O

OFERTA (Supply). Cantidad de acciones disponibles a un precio dado.

OFERTA FLOTANTE (Floating Supply). Número de acciones disponibles para negociar en cualquier momento dado. Normalmente es el número de acciones en circulación menos las acciones mantenidas y que probablemente no están disponibles al público. Por ejemplo, las acciones de una compañía mantenidas por el fondo para pensiones de sus empleados no entrarían en la serie de operaciones y podrían restarse de las acciones en circulación.

OPCIÓN (Option). Derecho que un inversor le garantiza a otro para comprar (llamada opción de compra) o vender (llamada opción de venta) 100 acciones, o un contrato de una mercancía, a un precio fijo durante un período fijo de tiempo. El comprador de la opción paga una prima no reembolsable, al inversor que garantiza el derecho (el vendedor de la opción).

OPCIÓN DE COMPRA (Call Option). Opción que da derecho al comprador a comprar el contrato subyacente a un precio concreto dentro de cierto plazo y que obliga al vendedor a vender el contrato por la prima recibida antes del vencimiento del período de tiempo designado.

OPCIÓN DE VENTA (Put). Opción para vender una cantidad concreta de una acción o mercancía en un momento acordado y a un precio de ejercicio establecido.

OPERACIONES DE PROGRAMAS (Program Trading). Operaciones basadas en señales de diferentes programas de ordenador, iniciados directamente desde el ordenador del operador al sistema de ordenadores del mercado.

OPERACIONES EN BLOQUES (Block Trades). Grandes transacciones de una acción particular vendida como unidad.

OPERACIONES EN CESTA (Basket Trades). Grandes transacciones compuestas de diversos valores.

ÓRDEN (Order). Ver Órden al Límite, Orden al Mercado y Orden de Stop.

ÓRDEN AL MERCADO (Market Order). Instrucción para comprar o vender al precio dominante cuando la orden alcanza el suelo de los cambios.

ÓRDEN LÍMITE (Limit Order). Órden de compra o venta que está limitada de alguna forma, normalmente en el precio. Por ejemplo, si se estableciese una orden límite para comprar IBM a 100, el corredor no cumpliría la orden a menos que pudiera hacerlo a ese precio o mejor, es decir, a 1000 menos.

OSCILADOR (Oscilator). Forma del momento o indicador del tipo de cambio que está normalmente valorado desde +1 hasta -1 o desde 0% hasta 100%.

P

PÁNICO (Panic). Segunda etapa de un Mercado Bajista cuando los compradores disminuyen y los vendedores se hacen más urgentes. La tendencia bajista de precios se acelera de repente en una caída casi vertical mientras que el volumen sube a proporciones culminantes. Ver Mercado Bajista.

PAPEL TEKNIPLAT (Tekniplat Paper). Papel de gráfico semilogarítmico, de dos cielos, con seis líneas verticales, utilizado para hacer gráficos de precios de acciones o mercancías. Disponible desde John Magee, Inc.

PARALELA AZUL (Blue Parallel). Línea dibujada paralela a la línea de tendencia (Línea de Tendencia Azul) que une al menos dos máximos. La paralela azul empieza en un mínimo y se usa para estimar el siguiente punto mínimo.

PARALELA ROJA (Red Parallel). Línea dibujada paralela a la línea de tendencia (línea de tendencia roja) que conecta al menos dos suelos. La paralela roja (básicamente línea de vuelta) parte de un máximo y se usa para estimar el siguiente punto máximo.

PAUTA (Pattern). Ver Pauta de Área.

PAUTA DE ÁREA (Area Pattern). Cuando el momento alcista o bajista de una acción o mercancía se ha agotado temporalmente, el consiguiente movimiento lateral en el precio normalmente traza un diseño o una ordenación de forma llamado pauta de área. La forma de alguna de estas pautas de área o formaciones tienen valor de predicción bajo ciertas condiciones. Ver Triángulo Ascendente, Formaciones de Ensanchamiento, Triángulo Descendente, Diamante, Bandera, Cabeza y Hombros, Triángulo Invertido, Gallardete, Rectángulo, Triángulos Rectángulos, Triángulos Simétricos y Cuñas.

PAUTA DE CABEZA Y HOMBROS (Head-and-Shoulders Pattern). Aunque en ocasiones una pauta invertida de Cabeza y Hombros (Hamada Cabeza y Hombros de Consolidación) formará lo que es una pauta de continuación, normalmente esta pauta es una de las más comunes y más fiables de las pautas mayores de cambio de dirección. Consiste en los cuatro elementos siguientes (un Techo de Cabeza y Hombros será descrito para la ilustración); 1) Una recuperación que termina un avance más o menos extenso sobre un volumen fuerte y que es seguida de una reacción menor sobre menos volumen. Esto es un hombro izquierdo. 2) Otro avance de alto volumen que sobrepasa el máximo del hombro izquierdo, seguida de otra reacción de bajo volumen que baja los precios hasta cerca del suelo y de la reacción anterior y por debajo del techo del máximo del hombro izquierdo. Esto es la cabeza. 3) Una tercera recuperación, pero sobre menos volumen que si estuviera acompañada de cualquiera de los dos primeros avances y que no consigue sobrepasar el máximo establecido en la cabeza. Esto es el hombro derecho. 4) Un descenso por una línea dibujada a través de dos mínimos de reacción (línea clavicular) y un cierre bajo esa línea equivalente al 3% del precio del mercado de valores. Esto es la confirmación de la fuga. Un suelo de Cabeza y Hombros o cualquier otra pauta de combinación de Cabeza y Hombros contienen los mismos cuatro elementos. La diferencia principal entre una formación de techo y una formación de suelo radica en las pautas de volumen. La fuga en un techo puede producirse sobre un volumen bajo. La fuga en un suelo debe mostrar un "notable estallido de actividad". Fórmula de medición mínima: agregar la distancia entre la cabeza y la línea clavicular al punto de fuga.

PAUTA DE CAMBIO DE DIRECCIÓN (Reversal Pattern). Pauta de área que se fuga en dirección opuesta a la tendencia anterior. Ver Triángulo Ascendente, Formación de Ensanchamiento, Techo de Ensanchamiento, Triángulo Descendente, Diamante, Suelo Durmiente, Doble Suelo o Techo, Triple Suelo o Techo, Cabeza y Hombros, Rectángulo, Suelo o Techo Redondeado, Platillo, Triángulo Simétrico y Cuña Alcista o Bajista.

PAUTA DE CONSOLIDACIÓN (Consolidation Pattern). También llamada pauta de continuación, es una pauta de área que sale en la dirección de la tendencia anterior. Ver Triángulo Ascendente, Triángulo Descendente, Bandera, Continuación de Cabeza y Hombros, Gallardete, Rectángulo, Festón y Triángulo Simétrico.

PAUTA DE CONTINUACIÓN (Continuation Pattern). Ver Pauta de Consolidación.

PAUTA CONVERGENTE (Convergent Pattern). Pautas con líneas extremas superior e inferior que se encuentran o convergen en algún punto si se extienden hacia la derecha. Ver Triángulo Ascendente, Triángulo Descendente, Triángulo Simétrico, Cuñas y Gallardetes.

PAUTA DIVERGENTE (Divergent panern). Aquellas pautas con líneas extremas superior e inferior que se encuentran en algún punto si se extienden a la izquierda. Ver Formación de Ensanchamiento.

PLATILLO (Saucer). Ver Suelo Redondeado y Festón.

PENETRACIÓN (Penetration). Ruptura de una línea extrema de pauta, línea de tendencia o nivel de soporte y resistencia.

PERROS Y GATOS (Cats and Dogs). En España llamados chicharros. Acciones a bajo precio sin valor de inversión.

PRECIO DE CIERRE (Closing Price). Último precio de venta de la sesión de operaciones para un valor. En una mercancía representa un precio oficial determinado a partir de una gama de precios que se considera que se han negociado al cierre. También llamado precio de liquidación.

PROGRAMA DE EQUILIBRIO (Balanced Program). Capital en proporción, o cierta parte del capital, igual entre el movimiento alcista y bajista del mercado.

PROMEDIAR EL COSTE (Averaging Cost). Técnica de inversión donde el inversor compra una acción o mercancía a sucesivos precios más bajos. De ahí que "baja la media" del coste medio de cada acción o contrato de mercancías. Las compras a precios sucesivamente más altos "suben la media" del precio de las acciones o los contratos de mercancías.

PRUEBA (Test). Término usado para describir la actividad de una acción o mercancía cuando "prueba" la validez de una línea de tendencia anterior o nivel de soporte o resistencia.

PUNTOS BÁSICOS (Basis Points). Medida de rentabilidad en bonos y billetes. Un punto básico es igual al 0.01 por ciento de rentabilidad.

PUNTO DE BASE (Basing Point). Nivel de precio de un gráfico que determina donde se ubica un punto de pérdida de stop. Como las condiciones técnicas cambian, el punto de base y los stops pueden ser adelantados (en un mercado alcista), o disminuidos (en un mercado bajista). Ver stops progresivos.

PUNTO DE CUNA (Cradle). Intersección de las dos líneas extremas convergentes de un Triángulo Simétrico. Ver Vértice.

PUNTO MÁXIMO (Peak). Ver Techo.

R

REACCIÓN (Reaction). Descenso en el precio que cambia de sentido parte del anterior avance de precios.

RECHAZO (Throwback). Vuelta de los precios a la línea límite de la pauta después de una fuga hacia arriba. La vuelta después de una fuga por abajo se llama Retroceso.

RECÍPROCA DE MERCADO (Market Reciprocal). Gama normal de una acción basada en la escala media durante un número de años, dividida por la gama media actual. El resultado es la recíproca del movimiento del mercado durante el período. Por ejemplo, una actividad amplia de mercado, mostraría una decimal pequeña, menos de 1. Un mercado inactivo sería un número mayor.

RECTÁNGULO (Rectangle). Arca de operaciones que está limitada en el techo y en el suelo con líneas horizontales o casi horizontales. Un Rectángulo puede ser una pauta de cambio de dirección o de continuación, dependiendo de la dirección de la fuga. Fórmula de medición mínima: Agregar la anchura (diferencia entre el techo y el suelo) del Rectángulo al punto de fuga.

REGLA DE LOS TRES DÍAS DE SEPARACIÓN (Three Day Away Rule). Período arbitrario de tiempo utilizado por Edwards y Magee al señalar techos o suelos Menores sospechosos.

RETROCESO (Pullback). Vuelta de los precios a la línea límite de la pauta después de una fuga hacia abajo. La vuelta después de una fuga por arriba se llama rechazo (Throwback).

RUPTURA (Breakout). Cuando un valor o mercancía sale de una pauta de área.

S

SACUDIDA (Shakeout). Movimiento correctivo lo bastantemente grande para "sacudir" a los nerviosos inversores antes de que se reanude la tendencia Primaria.

SENSIBILIDAD (Sensitivity). Índice utilizado por Edwards y Magee para medir el posible movimiento porcentual (sensibilidad) de una acción durante un movimiento porcentual concreto en el mercado de valores como conjunto.

SOBRECOMPRA (Overbought). Precios del mercado que han subido demasiado alto y demasiado deprisa.

SOBREVENTA (Oversold). Precios de mercado que han descendido mucho y muy rápidamente.

STOP (Stop). Órden de contingencia situada por encima del precio actual de mercado si es para comprar, o por debajo del precio actual de mercado si es para vender. Una orden de stop se convierte en una orden al mercado sólo cuando la acción o la mercancía suben hasta el precio del stop de compra, o baja hasta el precio de un stop de venta. Un stop puede utilizarse para entrar en una nueva posición o salir de una antigua posición. Ver Stop Preventivo o Progresivo.

STOP PREVENTIVO (Protective Stop). Órden de stop utilizada para proteger las ganancias o limitar las pérdidas en una posición existente. Ver Stop.

STOP PROGRESIVO (Progressive Stop). Órden de stop que sigue al mercado alcista o bajista. Ver Parada.

SUBIDA DE UN PUNTO BÁSICO (Uptick). Transacción de valores hecha a un precio más alto que la transacción anterior.

SUELO (Bottom). Ver Triángulo Ascendente, Suelo Inactivo, Doble Suelo, Suelo de Cabeza y Hombros, Suelo Redondeado y venta Culminante.

SUELO DE CABEZA y HOMBROS (Head-and-Shoulders Bottom). Pauta de área que cambia de dirección un descenso. Ver Pauta de Cabeza y Hombros.

SUELO DE PÁNICO (Panic Bottom). Ver Apogeo de Ventas.

SUELO DURMIENTE (Dormant Bottom). Variación de Suelo Redondeado (Cuenco), pero en forma de suelo llano extendido. Normalmente aparece en valores "delgados" (es decir, aquellas emisiones con un número pequeño de valores en circulación) y mostrará característicamente períodos larguísimos durante los cuales no se registrarán ventas durante días en un tiempo. El gráfico aparecerá con "salpicado de moscas" debido a los días perdidos. El resultado técnico es de fuga por arriba.

SUELO TRIPLE (Triple bottom). Similar a un suelo llano de Cabeza y Hombros, o Rectángulo, los tres suelos de un Suelo Triple.

T

TANGENTE (Tangent). Ver Línea de Tendencia.

TECHO (Top). Ver Techo de Ensanchamiento, Triángulo Descendente, Doble Techo, Techo de Cabeza y Hombros, Triple Techo y Techo Redondeado.

TECHO CULMINANTE (Climatic Top). Avance brusco acompañado de un volumen extraordinario, es decir, volumen mucho mayor al aumento normal, que señala la sacudida final de la tendencia, seguido de un cambio de dirección, o al menos de un período de estancamiento, de una formación de la pauta de consolidación o de una corrección.

TECHO DE CABEZA y HOMBROS (Head-and-Shoulders Top). Pauta de área que cambia de dirección un avance. Ver Pauta de Cabeza y Hombros.

TECHO DE ENSANCHAMIENTO (Broadening Top). Pauta de área de cambio de dirección que puede desarrollarse en una de las tres formas, comparables en forma, respectivamente, a Triángulos invertidos Simétricos, Ascendentes o Descendentes. A diferencia de los triángulos, sin embargo, los techos y los suelos de estas pautas no paran necesariamente en líneas limítrofes divergentes claramente marcadas. El volumen, más que disminuir en los triángulos, tiende a ser extraordinariamente alto e irregular en toda la construcción de la pauta. No hay ninguna formula de medición disponible.

TECHOS DE RECUPERACIÓN (Rally Tops). Nivel de precios que finaliza una recuperación a corto plazo en una tendencia continua.

TECHO REDONDEADO (Rounding Top). Pauta de área que dibuja un cambio gradual, progresivo y casi simétrico en la tendencia, de arriba hacia abajo. La pauta de precios muestra una forma convexa a veces llamada Cuando Invertido (Inverted Bowl). La pauta de volumen se vuelve de forma cóncava (bowl) a medida que la actividad de operaciones desciende al punto máximo de la pauta de precios, y aumenta cuando los precios empiezan a bajar. No hay una fórmula de medición asociada con la pauta de cambio de dirección.

TECHO TRIPLE (Triple Top). Una pauta de área con tres techos ampliamente espaciados, de bastante profundidad y normalmente redondeados, reacciona entre ellos. Hay menos volumen en el segundo punto máximo que en el primero y todavía menos en el tercer punto máximo. A veces llamado pauta "W", especialmente si el segundo punto máximo está por debajo del primero y del tercero. El triple techo se confirma cuando el descenso desde el tercer techo penetra en el suelo del valle más bajo entre los tres puntos máximos.

TENDENCIA (Trend). Movimiento de los precios en la misma dirección, o propensión a moverse en línea recta. Ver Canales de Tendencia Ascendente, Descendente y Horizontal, Tendencia Convergente, Tendencia Divergente, Tendencia Intermedia, Tendencia Mayor y Tendencia Menor.

TENDENCIA ALCISTA (Uptrend). Ver Línea de Tendencia Ascendente y Tendencia.

TENDENCIA BAJISTA (Downtrend). Ver Línea de Tendencia Descendente y Tendencia.

TENDENCIA INTERMEDIA (Intermediate Trend). En Edwards y Magee el término *Intermedia o Secundaria* se refiere a una tendencia (o pauta que indica una tendencia) contra la tendencia Primaria (Mayor) que puede durar desde tres semanas hasta tres meses y que puede trazar un recorrido entre un tercio y dos tercios del anterior avance o descenso Primarios.

TENDENCIA MAYOR (Mayor Trend). En Edwards y Magee el termino *Mayor (o Primaria)* se refiere a una tendencia (o pauta que conduce a dicha tendencia) que dura al menos un año, y muestra una subida o un descenso de al menos el 20%.

TENDENCIA MENOR (Minor Trend). En Edwards y Magee el término *Menor* se refiere a breves fluctuaciones (normalmente menos de seis días y raramente más de tres semanas) que, en total, forman la tendencia Intermedia.

TENDENCIA PRIMARIA (Primary Trend). Ver Tendencia Mayor.

TENDENCIA SECUNDARIA (Secondary Trend). Ver Tendencia Intermedia.

TRIÁNGULO (Triangle). Ver Triángulo Ascendente, Triángulo Descendente, Triángulo de Ensanchamiento de Ángulo Recto y Triángulo Simétrico.

TRIÁNGULO ASCENDENTE (Ascending Triangle). Una de las clases de pautas de área llamadas Triángulos Rectángulos. Esta clase se distingue por el hecho de que una de las dos líneas extremas es prácticamente horizontal, mientras que la otra se inclina hacia ella. Si la línea del techo es horizontal y la más baja se inclina hacia arriba a un punto de intersección a la derecha, la pauta de área resultante se llama Triángulo Ascendente. El resultado es alcista y se espera una fuga aunque la línea sea horizontal. Fórmula de medición: agregar la parte más ancha del triángulo al punto de fuga.

TRIÁNGULO DESCENDENTE (Descending Triangle). Triángulo de una clase de pautas de área llamadas Triángulos Rectángulos. Esta clase se distingue por el hecho de que una de las dos líneas extremas es prácticamente horizontal, mientras que la otra se inclina hacia ella. Si la línea de suelo es horizontal y la de arriba se inclina hacia abajo a un punto de intersección a la derecha, la pauta de área resultante se llama Triángulo Descendente. El resultado es bajista y se espera una fuga a través del lado llano (horizontal). Fórmula de medición mínima: agregar la parte más ancha del triángulo al punto de fuga.

TRIÁNGULO INVERTIDO (Inverted Triangle). Ver Triángulo de Ensanchamiento de Ángulo Recto.

TRIÁNGULO RECTÁNGULO (Right-Angle Triangles). Ver Triángulos Ascendentes y Descendentes.

TRIÁNGULO RECTÁNGULO DE ENSANCHAMJENTO (Right-Angled Broadening Triangle). Pauta de área con una línea extrema horizontal y otra en un ángulo que, cuando se extiende, convergerá con la línea horizontal en algún punto a la izquierda de la pauta. Similar en forma a los Triángulos Ascendente y Descendente, excepto que estos están invertidos y parecen megáfonos que tienen el techo o el suelo planos. Las Formaciones de Ensanchamiento de Angulo recto normalmente tienen consecuencias bajistas sin importar qué lado está llano. Pero cualquier ruptura decisiva (3% 0 mas) a través de la línea extrema horizontal posee la misma importancia que una ruptura en un Triángulo Ascendente o Descendente.

TRIÁNGULO SIMÉTRICO (Symmetrical Triangle). También llamado Espiral. Puede ser una pauta de cambio de dirección o de continuación. Congestión lateral donde cada techo menor no logra alcanzar la altura de la anterior recuperación y cada suelo Menor se para por encima del nivel del mínimo anterior. El resultado es que las líneas extremas de superior e inferior convergen, si se extienden, en un punto a la derecha. La línea extrema superior debe inclinarse hacia abajo y la línea extrema inferior debe inclinarse hacia arriba o sería una variedad de Cuna. El volumen tiende a disminuir durante la formación. Fórmula de medición mínima: agregar la distancia más ancha dentro del triángulo a su punto de fuga.

V

VALIDÉZ DE LA PENETRACIÓN DE LA LÍNEA DE TENDENCIA (Validity of Trendline Penetration). Aplicación de las siguientes tres pruebas, cuando se rompe una línea de tendencia, para determinar si la ruptura es válida o si la línea de tendencia está intacta: 1) la extensión de la penetración, 2) el volumen de negocio de la penetración y 3) la acción de operaciones después de la penetración.

VALOR CONTABLE O EN LOS LIBROS (Book Value). Media teórica de lo que vale una acción, basada en el valor del activo de la compañía menos la deuda de la compañía.

VALORES SEGUROS (Blue Chips). Nombre dado normalmente a las compañías altamente valoradas con buenos records de ganancias y estabilidad de precios. También se les llama títulos de crédito de primera c1ase. Ejemplos: IBM, AT&T, General Motors y General Electric.

YALLE (Yalley). Acción de los precios en forma de Y que tiene lugar entre dos puntos máximos (peaks). Ver Techo Doble y Techo Triple.

VENTA AL DESCUBIERTO (Short Sale). Transacción en la que la posición de entrada es vender una acción o mercancía primero y volver a comprarla (esperando que a precio más bajo) en una fecha posterior. En el mercado de valores, las acciones que no se posean pueden venderse tomando prestadas acciones del agente y reponiéndolas cuando tiene lugar la compra compensatoria. En la bolsa de contratación, los contratos se crean cuando un comprador y un vendedor se unen por medio de un agente auxiliar de Bolsa. Como consecuencia, el procedimiento para vender en la bolsa de contratación es el mismo que para comprar.

VÉRTICE (Apex). Punto más alto; extremo final apuntado, punta de un Triángulo.

VOLATILIDAD (Volatility). Medida de la tendencia de un valor al subir y bajar de precio, basada en la historia de su precio diario a lo largo de los 12 últimos meses.

VOLUMEN (Volume). Número de acciones o contratos en mercancías negociadas a lo largo de un período de tiempo concreto.

VOLUMEN Y/D (V/D Volume). Relación que hay entre el volumen diario ascendente y el volumen diario descendente. Es una relación de cincuenta días determinada al dividir el volumen total de los días en que las acciones cerraron al alza del día anterior, por el volumen total de los días en que las acciones cerraron a la baja.

VOLUMEN FUERTE (Heavy Volume). La expresión "volumen fuerte" usada por Edwards y Magee significa fuerte sólo en relación al volumen de ventas reciente en el valor que se está observando.

LIBROS RECOMENDADOS

- Todo Sobre La Bolsa: Acerca de los Toros y los Osos,   Jose Meli

- Navegando en la Tormenta de los Mercados Forex, Jose Meli

- Piense y Hágase Rico, Napoleon Hill

- El Sistema Para Alcanzar El Exito Que Nunca Falla,   W. Clement Stone

- La Ciencia de Hacerse Rico, Wallace D. Wattles

- El Hombre Mas Rico de Babilonia, George S. Clason

- El Secreto Mas Raro, Earl Nightingale

- El Arte de la Guerra, Sun Tzu

- Cómo Gané $2,000,000 en la Bolsa, Nicolas Darvas

- Como un Hombre Piensa Asi es Su Vida, James Allen

- El Poder De La Mente Subconsciente, Dr. Joseph Murphy

- La Llave Maestra, Charles F. Haanel

Disponible en www.bnpublishing.net